Karl Philipp Moritz
Reisen eines Deutschen in Italien

Die Andere Bibliothek

Begründet von
Hans Magnus Enzensberger

Karl Philipp Moritz

Reisen eines Deutschen in Italien in den Jahren 1786 bis 1788

Mit einem Nachwort versehen von Jan Volker Röhnert
und mit Fotografien angereichert von Alexander Paul Englert.

Reisen

eines Deutschen

in

Italien

in den Jahren 1786 bis 1788.

In Briefen

von

Karl Philipp Moritz.

Erster Theil.

Berlin,
bei Friedrich Maurer, 1792.

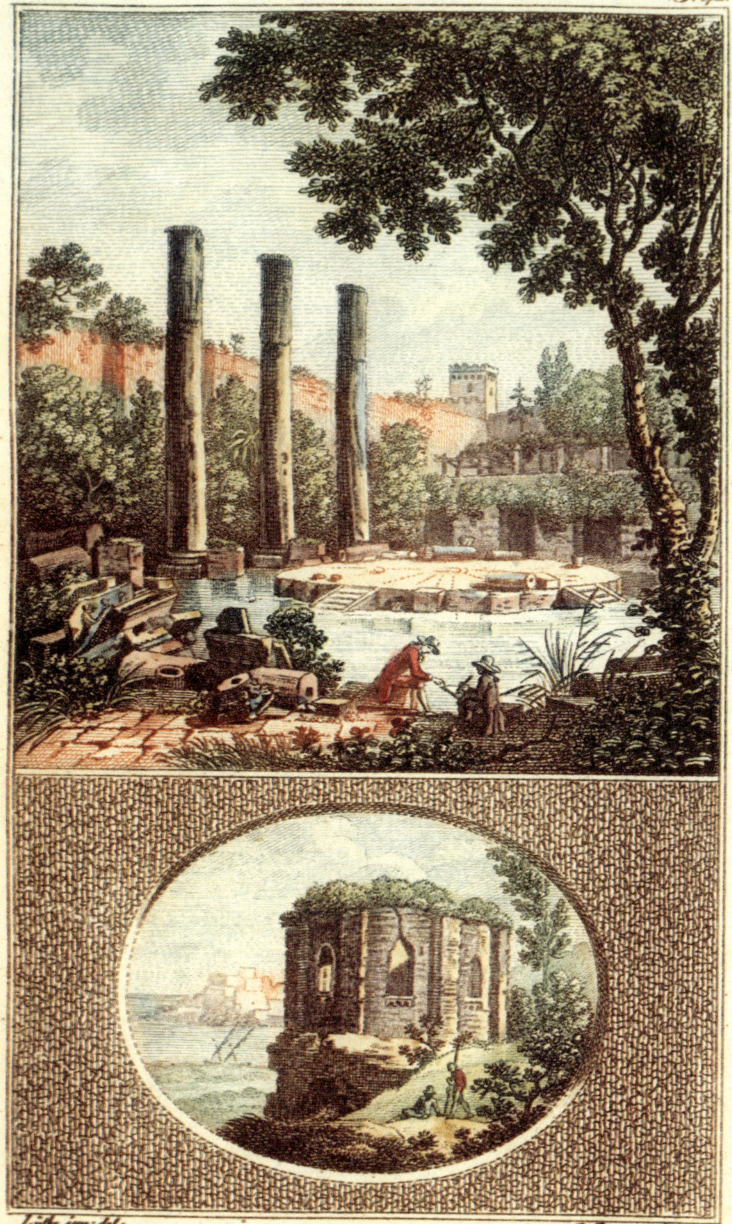

Lütke jun: del:

D. Berger Sculp 1792

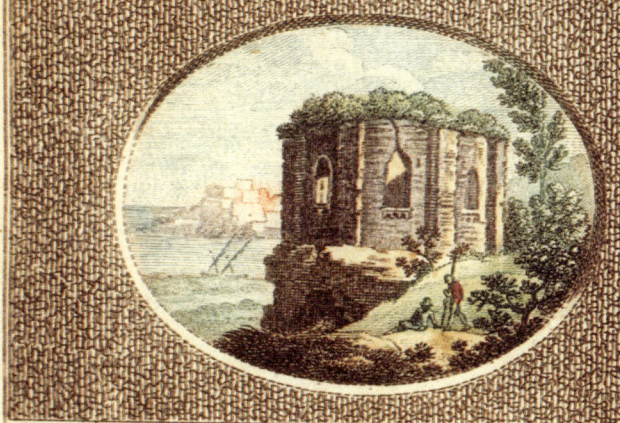

Reisen
eines Deutschen
in
Italien
in den Jahren 1786 bis 1788.

In Briefen
von
Karl Philipp Moritz.

Zweiter Theil.

Berlin,
bei Friedrich Maurer, 1792.

In jeder Kammer fand man die vollständige Rüstung für zwei Mann, Helme, Harnische, u. s. w. von vorzüglicher schöner Arbeit, die sich jetzt im Museum zu Portici befinden.

Aus diesen Rüstungen schloß man auf die Bestimmung des Gebäudes, und hat es das Soldatenquartier benannt; — in einer von den Kammern fand man noch das Eisen, wo die Gefangnen an den Füßen geschlossen wurden.

Der Tempel der Isis.

Nicht weit von den Kasernen liegt der Tempel der Isis.

Dieses Tempelchen macht einen sonderbaren Anblick; es ist noch wohl erhalten, und weil es nicht, wie die andern Tempel, in eine christliche Kirche verwandelt ist, so bekömmt man dadurch einen anschaulichern Begriff von dem Gottesdienste der Alten.

In der Mitte eines Vorhofs, der von einem Säulengange umgeben ist, erhebt sich der Tempel, in dessen Vorhalle man auf vier Stufen steigt; die kleine Kapelle, in welche man aus der Vorhalle tritt, faßt die Erhöhung eines Altars in sich, der inwendig hohl ist, und wo man eine

S. 66.

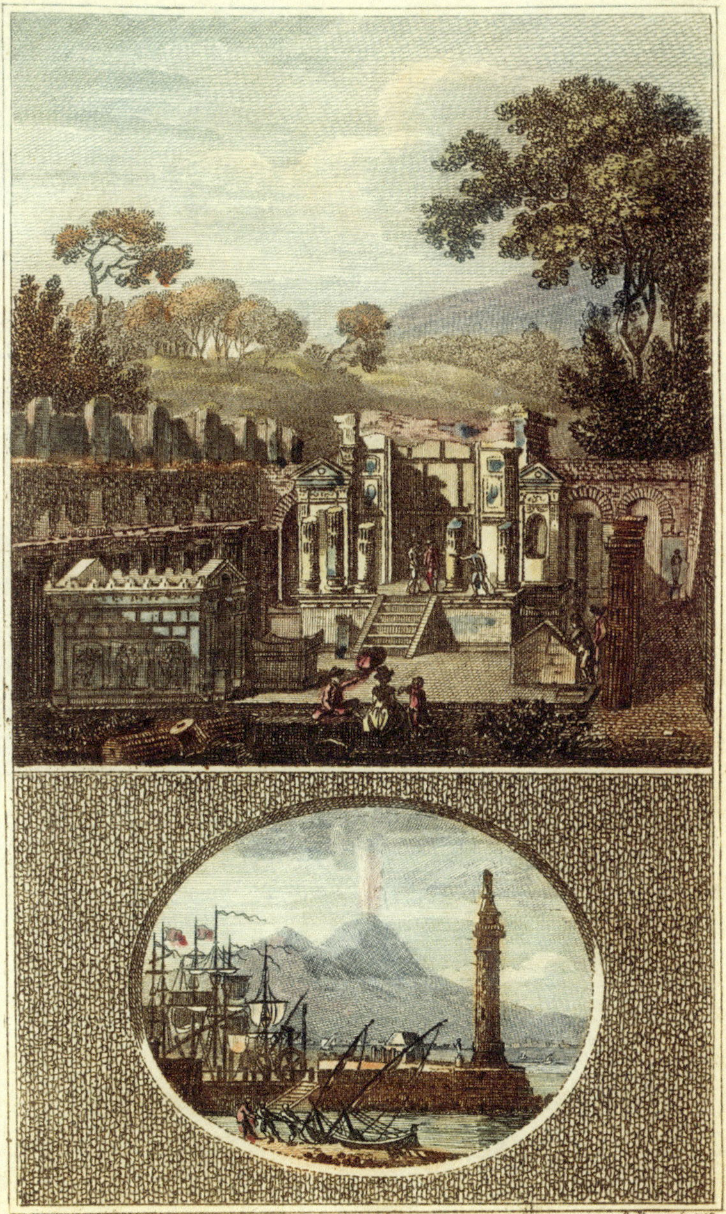

F. Lütke jun. del. — S. 21. — D. Berger sc. 1792.

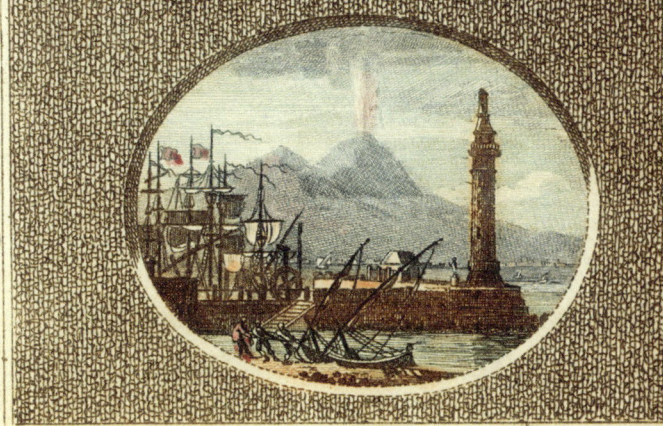

Reisen
eines Deutschen

in

Italien

in den Jahren 1786 bis 1788.

In Briefen

von

Karl Philipp Moritz,

Dritter Theil.

Berlin,
bei Friedrich Maurer, 1793.

Erster Theil

Seiner Königlichen Hoheit
dem Kronprinzen von Preußen

Der gnädige Beifall, welchen EW. KÖNIGL. HOHEIT mir über meine Reisen eines Deutschen in England zu bezeigen geruhten, hat mir den Muth eingeflößt, auch diese Reisen eines Deutschen in Italien HÖCHSTDENENSELBEN unterthänigst und ehrerbietigst zu widmen. Ich ersterbe in tiefster Ehrfurcht

EW. KÖNIGL. HOHEIT

Berlin,
den 18. Januar 1792.

unterthänigster
Moritz.

Vorbericht.

Ich muß den Leser bitten, dieß erste Bändchen meiner Reisen eines Deutschen in Italien nur als eine Vorbereitung zu den folgenden zu betrachten, worin ich mich über Sitten, Gebräuche, Litteratur und Kunst, in Italien überhaupt, und vorzüglich in Rom, ausführlicher verbreiten werde.

Romam quaero!

Verona, den 2. Oktober 1786.

Das DORT, ist nun HIER geworden, mein Lieber! Die zakkigten Tyroleralpen, durch welche wir uns in manchen Krümmungen gewunden haben, sind hinter uns, und ich betrete nun den Boden des Landes, wohin ich mich so oft sehnte, das mir mit seinen Monumenten der Vergangenheit zwischen immer grünen Gefilden so oft in reizenden Bildern vorschwebte, und den Wunsch des Pilgrims in mir weckte, die heiligen Plätze zu besuchen, wo die Menschheit einst in der höchsten Anstrengung ihrer Kräfte sich entwickelte, wo jede Anlage in Blüthen und Frucht emporschoß, und wo beinahe ein jeder Fleck durch irgend eine große Begebenheit, oder durch eine schöne und rühmliche That, welche die Geschichte uns aufbewahrt, bezeichnet ist.

Aber dorthin eil' ich, wo auf den sieben Hügeln, das Größte und Glänzendste, was einst der Erdkreis sahe, sich gründete und bildete, und wo noch itzt die Kunst bei den erhabenen Ueberresten der Vorzeit ihren festen Wohnsitz findet; von jenem höhern Standpunkt aus, will ich meine Blicke auf diesen großen Schauplatz heften, und von dort aus meine Wanderungen anheben.

Deswegen erwarten Sie, mein theuerster Freund, ja nicht eher irgend etwas Ganzes oder Ausführliches, als aus Rom, von mir. Denn bis dahin reise ich nicht eigentlich, sondern EILE dem Ziel der Wallfahrt zu, das mein Verlangen stillen, und meine Wünsche befriedigen soll, und welches ich eine Zeitlang wie meine Heimath betrachten will.

Jetzt ist meine Ankunft in diesem schönen Lande noch wie im Traume. – Als wir gestern Nacht nur wenige Meilen von Verona waren, brach uns ein Rad am Wagen. – In der Nähe war kein Dorf, und es dauerte einige Stunden, bis unser Fuhrwerk wieder im Stande war.

Ich setzte mich auf einen Stein am Wege, – es wehte eine angenehme Luft, und nach und nach wurden die Gegenstände sichtbar. – Dicht vor mir lag ein Feld mit Bäumen bepflanzt, an welchen Reben hingen. –

Nun kam schon ein Winzer mit der Leiter in der Hand, und setzte sie an einen Baum, um sein frühes Tagwerk anzufangen. – Weinbeladne Wagen, von bekränzten Ochsen gezogen, fuhren vorbei, und jauchzende Knaben saßen reitend auf den Fässern.

Die umschattende Dämmerung, welche noch rund umher verstreut war, brachte dies alles so nahe, wie reizende Bilder eines Traumes, vor die Seele; und die laue Luft ließ es einen ganz vergessen, daß man sich in der Nacht auf dem Felde unter freiem Himmel befand.

Dieß war also nun wirklich das milde italiänische Klima, welches sich in unsrer Vorstellung immer an das Bild von diesem reizenden Lande knüpft. – Am östlichen Himmel zeigten sich die ersten Streifen der Morgenröthe, worauf der eine von den Leuten, die aus dem nächsten italiänischen Dorfe zur Hülfe herbeigeholt war, aufmerksam machte.

So wie es heller wurde, ragten in der Ferne die Spitzen der hohen Zypressen und weinbekränzten Hügel empor, und rund umher entfalteten sich die mannichfachen Schönheiten der Natur. –

Da dachte ich an Sie und S ... und die Ferne zwischen uns wurde mir auf einmal lebhaft, als ich auf den Feldern von Verona am Wege sitzend, an dem schönen mit sanften Blau sich wölbenden italiänischen Himmel den ersten Morgen anbrechen sah.

Verona, den 2. Oktober 1786.

Das Amphitheater.

Es versteckt sich auf einem großen und weitläuftigen Platze hinter unansehnlichem Gemäuer. – Freilich verliert die Einbildungskraft bei dem wirklichen Anblick ihren schönen Spielraum, wo sie nach Gefallen zusetzen und abnehmen konnte. – Allein die Wirklichkeit tritt bald wieder in ihre Rechte. – Der Anblick der simplen Majestät erhält die Oberhand über jede übertriebene Vorstellung, welche hier wie Nebel verschwindet, da das Auge seinen sichern Maaßstaab hat.

Ich blickte von der Arena, oder dem mit Sand bedeckten Kampfplatz in die Höhe, bis dahin, wo die oberen Stufen rund umher den Horizont beschränken und die Ruinen, welche sich in der Luft abschneiden, einen mahlerischen Anblick machen. – Dann stieg ich hinauf, und hatte nun die Aussicht von jenen obersten Stufen, bis auf die Arena hinunter, wie in einen tiefen Trichter. –

Ein kleines modernes Theater mit Vorhang und Kulissen, das unten auf der Arena erbaut ist, und worauf man von

oben herab sieht, verursacht mit seiner großen Umgebung einen seltsamen Kontrast. Wie sonst die Sitze zum Theater, so hat man hier ein Theater zu den Sitzen erbaut.

Heute Nachmittag streifte ich noch ein wenig in der Gegend vor Verona umher, um die Fluren zu sehen, wo der zärtliche Katull als Knabe spielte, und die erste Nahrung seines Geistes aus der umgebenden Natur einsog.

Von den Anhöhen bei Verona macht die alte Stadt mit ihren Brücken über die Etsch, von welcher sie durchströmt wird, einen sehr schönen Prospekt; kömmt man aber hinein, so findet man größtentheils enge und krumme Straßen, in welchen dennoch eine ziemliche Lebhaftigkeit herrscht, die freilich vorzüglich mit dadurch bewirkt wird, daß die Werkstätten der Handwerksleute nicht in verschlossenen Zimmern, sondern in offenen Boutiquen, im Freien sind, und einige sogar ihren Arbeitstisch auf die Straße hinausgerückt haben.

Mantua, den 4. Oktober.

Hic virides tenera
praetexit arundine ripas Mincius. – VIRG.

Hier, sagt Daphnis in Virgils Ekloge, ruhe dich im Schatten aus, wenn du ein Weilchen Zeit hast, Melibdus! die Stiere werden von selbst schon hier auf die Weide kommen um ihren Durst zu löschen. Hier deckt der Mincius mit zartem Schilf das grünende Ufer, und um die heilige Eiche summt der Bienenschwarm!

Melibdus läßt sich willig finden; setzt die Arbeit noch ein wenig hindan, und legt sich in den Schatten, um dem Wettgesange der beiden Hirtenknaben, die seinen Richterspruch verlangen, zuzuhören.

Auch ich verweile hier, mit meinem Dichter in der Hand, eine kurze Zeit auf meinem Wege am schönen Ufer des Mincius, der in seinem schlängelnden Laufe, schmale Inseln bildet, auf welchen Heerden zwischen dunklen Gebüschen im Grünen weiden, indeß den Wiesenrand das zarte Schilf umkränzt.

Vor mir liegt die Stadt mit ihren Thürmen, zur linken der hohe Damm, und um mich her die grüne Ebene, welche der sanfte Fluß durchirrt.

Alles wird Leben und Gegenwart um mich her, das Bild der Vorzeit spiegelt sich in diesem reizendem Umfange, der noch dieselbe Flur umschließt, welche der Dichter sang.

Mantua, den 4. Oktober.

Virgils Grotte.

Ich machte dann auch einen Spaziergang nach dem Geburtsorte Virgils, dem Dorfe PIETOLA, welches ehemals ANDES hieß, und nur zwei italiänische Meilen von der Stadt entfernt ist.

Wir gingen aus der Porta VIRGILIANA, über einen Damm, welcher durch den Sumpf führt, der die Stadt umgiebt, und den der schöne von dem Dichter des Alterthums besungene Mincius hier verursacht.

Unterwegs sprach mein Wegweiser von nichts als von der GROTTE VIRGILS, *(la Grotta di Virgilio)* die er mir zeigen würde, – wir langten denn zuerst in dem Dörfchen Pietola an, wo wir uns Brodt, Kastanien und Weintrauben geben ließen.

Hier setzten wir uns vor dem Hause nieder, wo mehrere Leute aus dem Dorfe versammelt waren. Welche sogleich

schlossen, daß der Fremde aus keiner anderen Ursache hierher gekommen sey, als um die GROTTE VIRGILS zu sehen, die nicht weit von diesem Dorfe in der herzoglichen Menagerie, welche auch VIRGILIANA heißt, befindlich ist. Die Besuche der Fremden haben das Andenken des Dichters selbst unter den Bewohnern dieses Dorfes wieder aufgefrischt, welche in Ansehung ihres berühmten Landsmannes nicht so unwissend waren, daß sie nicht von seinem großen poetischen Genie hätten reden sollen; auch wußten sie von seinen Lebensumständen zu erzählen.
Wir gingen nun von hier nach der herzoglichen Menagerie, wo alles ein trauriges und wüstes Ansehen hatte. Hier gingen wir einen langen Hof oder verfallenen Garten hinunter, und kamen endlich an die Grotte Virgils, welche diesmal das Ziel unserer Reise war.
Hier sahen wir nun den Platz, wo ehemals eine Grotte gewesen seyn soll, welche Virgil, bei seinen früheren Versuchen in der Dichtkunst zu seinem einsamen Aufenthalte wählte. Jetzt standen alte Waschfässer und hohes Unkraut hier umher; alles war zerstört und öde, und von dem Heiligtum des Dichters war keine Spur mehr da.

Bologna, den 7. Oktober.
Vetturine.

Der Vetturin muß dem Fremden, welcher mit ihm wegen einer Reise akkordirt, ein Stück Geld zur Sicherheit geben, statt daß es sonst umgekehrt ist. Das Geld heißt KAPPARA, und mit dieser Kappara in der Hand steht ein solcher Vetturin vor einem, wie der Teufel, der im Begriff ist, eine Seele zu fangen. Er braucht alle mögliche Ueberredungskunst, und nimmt man das Geld, so ist man sein, oder man muß ihm den doppelten Werth ersetzen.

Mein Vetturin in Mantua ließ denn auch nicht ab, bis er mich gefangen hatte, ob ich gleich erst gesonnen war, zu Wasser nach Bologna zu gehen. Zwischen ihm und mir wurde von einem Kaufmann, an den ich empfohlen war, ein schriftlicher Kontrakt aufgesetzt, der auf alle mögliche Chikanen eingerichtet war, die sich Leute in unserm Verhältniß einander nur zufügen konnten, und auf deren Ausübung man nun von beiden Seiten Verzicht that.

Mit diesem Kontrakte in der Hand faßte ich eine Art von Zutrauen zu meinem Vetturin, der am andern Morgen früh mit einem ganz neuen sehr eleganten Wagen, der garkeinem Reisewagen ähnlich sahe, vorfuhr, und mich einzusteigen nöthigte, indem er mich meinem Reisegefährten, einem jungen Kaufmann aus Bologna vorstellte. Hierauf verschwand mein Vetturin, und ein Unbekannter trieb mit dem Wagen fort.

Nachdem ich mich eine Weile mit dem Kaufmann unterhalten hatte, bezeigte ich meine Verwunderung über unser schönes Fuhrwerk, und vernahm denn von ihm, daß dieser Wagen gar nicht zur Reise bestimmt sey, sondern daß er ihn erst neu habe machen lassen, und ihn jetzt, für jemanden nach Bologna bringe, der ihm die Besorgung davon aufgetragen habe; daß sein Vetturin aus Verona sey, und ihn gebeten habe, gegen eine Kleinigkeit, die er am Fuhrlohn nachgelassen, mich mitzunehmen.

Ich fuhr also mit einem fremden Fuhrmann, in einem fremden Wagen, und hing gewissermaßen von der Diskretion meines Gefährten ab, der bei dem Akkord, den sein Vetturin mit ihm gemacht hatte, noch dazu auf meine UNTERHALTUNG angewiesen war, und mich dafür auch um ein Paar Paol weniger hatte mitnehmen müssen.

Als wir uns auf die Weise verständigt hatten, schilderte mir mein Reisegefährte die italiänischen Vetturine, als eine ganz eigene Menschenklasse, eben nicht zum besten, machte aber doch eine Ausnahme von dem, der uns jetzt fuhr, und rühmte ihn als einen der besten mit dem er noch zu thun gehabt habe.

Wir kamen nun über den Po, durch Reggio und Modena über die große Ebene bis Bologna, und noch dicht vor der Stadt, wo wir in dem Gasthofe einkehrten, hörte das freundschaftliche Vernehmen zwischen dem Vetturin

und meinem Reisegefährten plötzlich auf, indem er nun erst noch eine Forderung machte, die im Akkord nicht gegründet war. Der Streit wurde immer heftiger. – *Vetturini son' Vetturini!* (Vetturine sind doch Vetturine) sagte mein Reisegefährte im größten Affekt, nahm seine erste Ausnahme gänzlich wieder zurück und warnte mich, da wir Abschied nahmen, vor allen Vetturinen der Welt.

Da ich nun hier in Bologna anlangte, sahe ich auch meinen Vetturin aus Mantua, merkte aber wohl, daß er mich hier schon wieder an einen andern verhandelt hatte, der mich nun weiter mitnehmen soll. Er hat mir diesen Herrn, der mich fahren soll, schon vorgestellt, es ist ein Kerl mit einer abscheulichen Physiognomie. Ich fragte ihn, ob es sein Knecht wäre? *per servirla!* war seine Antwort.

Rimini, den 10. Oktober.

Die Reisegesellschafter.

Von Bologna kein Wort! Weil ich nach einem Aufenthalte von zwei Tagen, nicht sagen kann, daß ich es gesehen habe, und die auswendig gelernten Sprüche eines Cicerone nicht niederschreiben will.

Der Vetturin mit der bösen Physiognomie, an welchen mich mein Mantuaner verhandelt hatte, machte mir ein grimmiges Gesicht, als ich bei dem ersten Schlagbaum vor Bologna mich weigerte das Wegegeld zu bezahlen, und mich auf meinen schriftlichen Kontrakt berief. – Er fuhr langsam weiter, und sahe sich von Zeit zu Zeit sehr unfreundlich nach mir um.

Dieß machte mir kein Vergnügen, da ich allein im Wagen saß, und es war zu meinem großen Troste, als wir einen alten Franziskaner-Mönch am Wege sitzend antrafen, wel-

chen mein Vetturin mitzufahren einlud; aber nicht umsonst; denn dieser Franziskaner, welcher nach seinem Kloster zu Assisi reiste, trug Geld bei sich, und mein Vetturin akkordirte erst lange mit ihm, ehe sie über das Fuhrlohn für eine kleine Strecke einig werden konnten; auch warnte er ihn vor den Mördern und Spitzbuben in den Gebirgen, vor denen er sicher seyn würde, wenn er sich ihm anvertraute, und nicht allein und zu Fuße ginge.
Der alte Mönch stieg endlich auf, und setzte sich neben mich, ich wünschte mir Glück zu seiner Gesellschaft, weil ich nun mit meinem Vetturin nicht mehr allein war. Allein verdrießlicher habe ich in meinem Leben kein Gesicht gesehen, als dieses alten Mönchs. Es ließ sich mit mir zwar ins Gespräch ein; aber jedes Wort, das er sprach, schien ihm zu verdrießen; und als er endlich gar von mir hörte, daß ich ein Preußischer Unterthan, und also ein Protestant sey, so sprach er kein Wort mehr, sondern fing nun einmal über das andre an zu jähnen, und machte sich, so oft er jähnte, ein Kreuz über den offenen Mund. –
Diese traurige Gesellschaft hatte mir schon ziemlich Langeweile gemacht, als wir vor ein Kloster kamen, wo er abstieg um einzukehren, und nicht weiter mitfuhr.

Dieß Kloster hatte auf einer Anhöhe eine reizende und gesunde Lage, und die Leute eine blühende Gesichtsfarbe.

Ein junger Mönch aus diesem Kloster meldete sich nun zum Reisegefährten, und ein anderer, der ihn begleitete, akkordirte für ihn mit dem Vetturin. Als der junge Mönch mich anredete, und ich mich nicht geläufig genug im Italiänischen ausdrückte, so nahm der andre sogleich hievon Gelegenheit, noch etwas am Fuhrlohn abzudingen, weil nehmlich auf meine Unterhaltung nun weniger zu rechnen wäre, und der Vetturin, der sich dieß gefallen lassen mußte, warf mir abermals einen sehr unfreundlichen Blick zu.

Zwischen dem jungen Mönch und meinem vorigen Reisegefährten war nun der auffallendste Kontrast, den man sich denken kann. Der junge Mönch, welcher jetzt mit mir fuhr, war vom Augustinerorden, kaum zwanzig Jahr alt, von blühender Gesichtsfarbe, und unter seinem Ordenshabit, den er unterwegs ablegte, in einem leichten Sommerrock, wie ein Stutzer gekleidet.

Er machte schon den Freidenker; sagte Doktor Luther sey ein großer Kopf gewesen; und wenn ein Bettler uns ansprach, so ertheilte er ihm die Benediktion, worauf er mich ansahe und lachte.

Von seinen Bekannten, die uns hier noch begegneten, nahm er mit den Worten Abschied: *in Paradiso cì revedremo!* (im Paradiese werden wir uns wiedersehn!) welches die gewöhnliche Form des Abschiedsnehmens ist, und so viel heissen soll, als: Lebt wohl auf immer!

Er war immer aufgeweckt und munter, erzählte mir, daß er jetzt in ein ander Kloster ginge, und freute sich auf diese bevorstehende Veränderung des Ortes seines Aufenthaltes. Die Augustiner, meinte er, machten von den Mönchsorden doch so die Mittelgattung aus, sie hätten nicht zu viel und nicht zu wenig, wären auch nicht sehr genirt, und könnten das angenehmste und zufriedenste Leben von der Welt führen.

Wir fuhren hier in einem immerwährenden Lustgarten, wo Wein, Getreide und Obst, auf einem und demselben Boden gedeihen, und wo man sagen kann, daß die Staaten zwischen den Wäldern, und die Wälder zwischen den Staaten wachten, weil wirklich ein Wald von dichtaneinander gepflanzten Obstbäumen, die Getreidefeldern deckt, wo das hohe Korn im Schatten der Bäume steht, und die Weinranken, welche wie Guirlanden von einem Baum zum andern voll schwerere Trauben hängen, von oben eine immerfortgehende Laube bilden.

Dieser Anblick ist immer derselbe und ist doch immer neu und schön; das Auge ersättigt sich nicht, in diese Schatten zu blicken, wo aus einer immer dunklern Ferne, dennoch die reizende Frucht hervorblinkt, und des Reichthums und der Fülle sich gar kein Ende zeigt.

Die Einbildungskraft kann sich dieß so schön nicht mahlen, als es wirklich ist. Denn mit der Schönheit ist hier die Fülle verknüpft, welche KEIN BILD fassen kann, seine Umrisse mögen auch noch so reizend seyn.

Was soll ich Ihnen neues von den kleinen Städten Forli, Faenza, u. s. w. sagen, durch welche wir gekommen sind? – In CESENA, der Geburtsstadt des jetzigen Pabstes und dem eigentlichen Wohnorte meines Vetturins, haben wir übernachtet, und auch einen Tag hier zugebracht, der ein Festtag war, welchen mein Vetturin hier feierte. Hier habe ich auf einem großen Platze vor dem Rathhause dem Ballonspiel zugesehen, wobei sich eine Menge Zuschauer aus allen Ständen befanden, die sich ganz ausserordentlich für dieß Schauspiel interessirten, und durch lautes Beifallzurufen von Zeit zu Zeit die Spieler aufmunterten, die ebenfalls die Sache sehr ernsthaft zu nehmen schienen. – Das Spiel dauerte mehrere Stunden nacheinander, ohne daß Spieler oder Zuschauer müde wurden.

Als wir uns Rimini näherten, stieg ich aus, und ging, weil der Wagen langsam fuhr, eine Strecke zu Fuße. In dem nächsten Flecken vor Rimini war Markt gewesen, von welchem die Leute zu Haufe kehrten. Die Tracht der jungen Mädchen welche mit bloßen Köpfen gingen und natürliche Blumen in ihr Haar geflochten hatten, war fähig die Einbildungskraft nach Griechenland zu versetzen – und halb erschien nun zur linken Hand, hinter den allmälig zurücktretenden Bäumen, das adriatische Meer, welches, wenn man aus diesem waldigen Garten, auf einmal ins Freie tritt, einen Anblick macht, der über alle Beschreibung geht. – Bei heiterm Wetter entdeckt man hier schon die gegenüberliegenden Küsten.

Wir kamen nun über die große von Augustus erbaute Brücke, nach Rimini, wo wir in dem wohlgebauten Gasthof zum Löwen des Evangelisten Markus einkehrten, und ich den festen Entschluß faßte, mich von meinem Vetturin zu trennen, der mir unterwegs schon manchen Verdruß gemacht, und mit dem ich die Reise bis Rom zu machen auf keine Weise gesonnen war.

Ich traf hier einen deutschen Handschuhmacher, der meinen Vetturin kannte, und durch dessen Vermittlung ich noch ziemlich ohne Schaden von ihm los kam. Auffallend war es mir, indem diese beiden wegen meiner Sache miteinander disputirten, daß sie sich immer einander erst das Kompliment, *parlate bene!* oder *dite bene!* (ihr redet wohl! ihr redet gut!) machten, ehe sie zu der Widerlegung ihrer Meinungen schritten, und also der Gegner, ob er gleich mit dem Gedanken des andern nicht zufrieden war, doch immer seinem AUSDRUCK Gerechtigkeit wiederfahren ließ.

Nun bin ich also frei, und denke mich ein paar Tage hier aufzuhalten, wo ich denn auch die kleine Republik St. Marino, die man hier so nahe vor sich liegen sieht, besuchen werde; von dieser kleinen Wanderung sollen Sie denn in meinem nächsten Briefe hören!

Rimini, den 12. Oktober.
Die Republik St. Marino.

Die Aussicht von Rimini nach St. Marino hat schon an sich etwas romantisches, und je beschwerlicher der ganze Weg dahin ist, desto reizendere Aussichten gewährt er.
Die Ebenen um Rimini sind noch schön und fruchtbar, die nächsten Hügel sind mit Obst- und Weingärten umkränzt, oder mit Olivenbäumen bepflanzt; so daß die ganze Natur hier noch ein lachendes und fröhliches Ansehen hat; jemehr man sich aber den republikanischen Bergen nähert, desto rauher, steinigter, und unfruchtbarer wird die ganze Gegend.
Die kleine Republik wird sehr selten von Fremden besucht; es gehet daher auch keine ordentliche gebahnte Straße dahin, und wegen der Rauhigkeit des Weges kann man wohl nicht anders, als zu Pferde oder zu Fuß hinkommen.
Ich wählte das Letztere, und nahm mir zu dem Ende aus Rimini einen Wegweiser mit.
Es war noch früh am Tage, da wir unsere Reise antraten, und so wie wir von Rimini bergan stiegen, erweiterte sich die Aussicht über das adriatische Meer, und nur der blendende Glanz der Sonne verhinderte, daß wir die jenseitigen Küsten nicht entdecken konnten, die sich sonst wie dunkle Nebelstreifen zeigen.
Mein Wegweiser war sehr aufgeräumt, und wenn ich nicht

Erster Theil

mit ihm sprach, so sang er, und zwar recht zärtlich und schmachtend: *una bella contadina inamorar mi fa,* (eine schöne Bäuerin hat mein Herz gefesselt, u. s. w.) Er sang dies viel langsamer, als wir unsere Choräle, und in lauter dichtaneinandergrenzenden, unreinen Tönen, so wie von dem gemeinen Volk in Italien alles, was ihnen einfällt, gesungen wird.

Eine gute Strecke von Rimini hatten wir noch wie in einem immerwährenden Lustgarten gewandelt, nun aber fing der Weg schon an, rauh und steinigt zu werden, und bald befanden wir uns auch auf der Grenzscheidung zwischen der Republik und dem päbstlichen Gebiet.

Diese Grenzscheidung ist auf einer kleinen Brücke, die über ein fließendes Wasser geht; und die Grenzlinie ist so äußerst genau bestimmt, daß sogar die Jahrzahl 1779 davon durchschnitten wird.

Wir kehrten nun in dem republikanischen Dorfe Ceravallo ein, wo wir mit Wein und Brodt, und sehr wohlschmeckenden Feigen bewirthet wurden.

Mein Wegweiser erzählte der Frau vom Hause, daß ich von Rimini hergereist sey, blos um die Republik zu sehen, und daß ich in Rimini meinen Fuhrmann zurückgelassen hätte; *per vedere la nostra republica!* (unsere Republik zu sehen!) rief die Frau voller Freuden aus, und ließ sich von meinem Wegweiser erzählen, wie weit ich schon hergekommen sey, um alle diese Gegenden zu sehen. Dann beklagte sie uns wegen des schlimmen Weges, wobei mir ihre Aussprache des Italiänischen merkwürdig war, weil man hier das a völlig wie im Englischen, und z. B. Strada wie Strädä ausspricht.

Nach einem sehr ermüdenden Wege langten wir endlich kurz nach Mittag erst am Fuß des steilen Berges an, auf welchem die Stadt gebauet ist.

Hier unten am Berge ist eine Art von Vorstadt oder Flecken, den man im Italiänischen *Borgo* nennt. Dieser Borgo ist lebhafter und bewohnter, als die Stadt selber, und weil nun in der ganzen Republik St. Marino kein Gasthof ist, so führte mich mein Wegweiser in das Haus eines Schusters von seiner Bekanntschaft, wo ich die Nacht mit ihm herbergen sollte, und der uns erst nach einigem Bitten von Seiten meines Wegweisers aufnahm, weil diese Leute nicht darauf eingerichtet waren, Fremde zu beherbergen.

Auf dem Heerde war Feuer gemacht, woran wir uns wärmten, weil wir auf einmal aus dem Sommer von Rimini, in den kältesten Herbst gekommen waren, so sehr abstechend ist das Klima aus diesen Bergen, von dem auf der Ebene. Wärend der Zeit kleidete unser Wirth sich an, um mit mir in die Stadt hinaufzugehen, und mir die Merkwürdigkeiten zu zeigen.

Der Weg zu der Stadt ist nur ein einziger, welcher sich an dem steilen Berge hinaufwindet. Unterwegs begegneten uns einige Leute, von welchen mein Begleiter mir mit einer Pantomime zu verstehen gab, daß sie schon manchem den Dolch in die Brust gestoßen hätten. Nachher erzählte er mir, daß dies Mörder wären, die sich hierher geflüchtet hätten, aber auch das Gebiet der Republik nicht überschreiten dürften, wenn sie nicht wollten gefangen werden; in der Republik aber dürfte ihnen niemand etwas thun.

Wir stiegen so hoch, daß der Borgo oder Flecken aus dem wir gekommen waren, wie eine Pygmäenstadt zu unseren Füßen lag, und daß Rimini mit seinem Hafen, welches doch drei deutsche Meilen entfernt ist, ganz nahe am Fuße des Berges zu liegen schien. Das adriatische Meer lag vor uns in seiner ganzen Breite, und hie und da entdeckte man die weissen Segel von kleinen Fischerböten. – Der Berg von St. Marino selbst wirft seinen Schatten weit ins Meer.

Auf dieser Höhe nun lag die Stadt, in welche wir hineingingen, und wo die meisten Häuser mehr in den Felsen eingehauen, als darauf gebauet zu seyn schienen; denn oft macht die Felsenwand zugleich die Wand des Hauses, und die menschlichen Wohnungen sind wie Nester in Ritzen und Spalten hingebaut, denn die Stadt liegt gerade auf dem schmalen Rücken des Berges, der vorn ganz schrof in die Höhe steigt, und hinter sich auf einmal wieder abhängig wird, so daß er sich selbst beschützt.

Hinter der scharfen Ecke des Berges zieht sich die Stadt hin, und verbirgt sich dahinter. Auf der scharfen Ecke aber sind in einiger Entfernung von einander drei Kastele mit Thürmen gebaut, welche sehr weit hin können gesehen werden. Diese drei Thürme sind auch in dem Wapen der Republik, welche drei Kastele, drei Klöster, und fünf Kirchen in ihrem Gebiete zählt.

Den sonderbarsten Anblick machen die kleinen Gärten, welche auf dem ganz nackten Felsen zwischen den Häusern stehen, und zu denen man die Erde nothwendig von unten muß heraufgebracht haben.

Die Stadt überhaupt hat etwas todtes und stilles, wodurch man ganz natürlich auf ihren Ursprung aus einer Eremitage zurückgeführt wird, welcher Ursprung schon an sich etwas auszeichnendes hat, und daher mit ein Paar Worten hier berührt werden muß.

Der Heil. Marino, welcher dieser Republik stiftete, war nehmlich seines Handwerks ein Maurer, und half vor mehr als dreizehnhundert Jahren die Stadt Rimini wieder aufbauen, welche damals ganz zerstört lag.

Als er auf die Weise der Welt nützlich gewesen war, begab er sich, um nun ganz dem Himmel zu leben, auf diesen einsamen Berg, der recht dazu gemacht zu seyn schien, um das Gemüth von dem Erdboden abzulenken, welcher hier in öder Unfruchtbarkeit durch keinen Reiz die Sinne fesselt. Ganz dem Irrdischen abgestorben und schon sich selbst entnommen, that dieser heilige Mann ein Wunder, oder glaubte doch, es zu thun, und der Ruf von seiner Heiligkeit erscholl nun in der ganzen Gegend, so daß selbst die Landesfürstin davon gerührt, ihm ein Geschenk mit dem Berge machte, den er bewohnte.

Von allen Seiten strömte nun das Volk dem Berge und dem Manne zu; und der heilige Marino wurde bei seiner unausgesetzten strengen Lebensart, noch einmal wieder der Welt nützlich, indem er auf diesem Berge eine Stadt zu bauen anfing, und die Republik stiftete, welche sich noch itzt nach seinem Nahmen nennt, und ihn als ihren ersten Schutzheiligen verehrt. Er wird abgebildet wie er einen Berg mit drei Thürmen auf seinen Händen trägt.

Wir gingen nun in die Hauptkirche der Republik, welche dem Schutzheiligen gewidmet ist, und die gegen die sonst übliche Pracht in den katholischen Kirchen sehr auffallend absticht; so arm und ungeschmückt sieht dieser kleine Tempel aus. Hinter dem Altare sieht man die bloße Felsenwand, an welchen die Kirche gebaut ist; und in diesem Felsen sind gegen einander über zwei Oefnungen gehauen, in deren ein jeder ein Mensch ausgestreckt liegen kann. Dies war die Schlafstätte des heiligen Marino und seines Gehülfen, der auch ein Maurer war, und mit ihm zugleich diesen Aufenthalt bezogen hatte. Sie hatten sich mit ihren eigenen Händen diese harten Betten in dem Felsen ausgehauen, der von ihrer Aufopferung und Selbstverleugnung ein immerwährendes Denkmal ist.

Die übrigen Kirchen und Paläste zeichnen sich ebenfalls durch Simplicität aus, die an Armuth gränzt, und machen daher kein Mißverhältniß mit dem Ganzen der Republik, welche auf Resignation gebauet ist.

Wir besahen den Pallast eines gewissen *Cavalieri Magi d'Urbino,* wo uns denn doch eine Gemähldegallerie von sehr mittelmäßigen Kupferstichen, ein Porcelanservice von Fayance, und ein Prunksaal mit ganz gemeinen Stühlen und Tischen meubliert, gezeigt wurde. Der Bediente, welcher den Cicerone machte, nahm, wie es in Italien Gebrauch ist, ein Trinkgeld dafür, daß er uns die schönen Sachen gezeigt hatte. Er war auch gar nicht geheimnißvoll damit, daß sein Heroismus, den er durch einen Dolchstoß bewiesen, ihn auch zu diesem Zufluchtsorte gebracht habe.

Wir stiegen darauf zu dem ersten von den dreien Thürmen hinauf, wo die Staatsgefängnisse sind, und wo uns die Gefangenwärterin jedes Zimmer bezeichnete, in welchem eine merkwürdige Person in Verhaft saß. Sie redete dabei

ganz leise mit einem geheimnißvollen Wesen. Die vielen Staatsgefangenen sind ein Beweiß, wie strenge die kleine Republik in der Verwaltung ihrer eigenen Justiz verfährt. Der Senat der Republik besteht aus vierzig Personen, wovon die eine Hälfte aus dem Adel, und die andere aus dem Volke genommen ist. Es dürfen in diesem Senat nicht zwei von einer Familie seyn; kein Sohn kann bei Lebzeiten seines Vaters, und niemand ohne vorhergegangene Wahl eintreten. Die höchsten Staatsbediensteten sind zwei Kapitäne, welche alle sechs Monate gewählt werden, und einen Justitiarius zur Seite haben, der ein Fremder seyn muß, und nur auf drei Jahre zu dieser Stelle gewählt wird, damit man unter einer schlechten Wahl nicht zu lange leiden möge. In Staatsgeschäften von außerordentlicher Wichtigkeit wird der große Rath zusammen berufen, in welchem jedes Haus seinen Repräsentanten hat.

Da wir gegen Abend wieder nach unserm Borgo heruntersiegen, begegnete uns ein Mann in einen Roquelaur gehüllt, den mein Begleiter ehrerbietig grüßte; und als er vorbei war, sagte er: das sei der *Capitano regente* (der regierende Befehlshaber) aber incognito gewesen; denn sonst gehe er immer mit Begleitung, und trage eine Alongenperücke. Mein republikanischer Schuster schien doch eine Art von Stolz darin zu finden, mir seinen *Capitano* so glänzend wie möglich zu schildern; ihm wäre sonst eine Wache von sechzehn Mann bestimmt, wovon sein Sohn einer sey, den ich den Abend würde kennen lernen.

Als wir zu Hause kamen, war es strenge kalt; wir setzten uns ans Feuer; der Sohn meines Wirths, ein junger wohlgewachsener Bursche, kam auch zu Hause, und setzte sich zu uns, und nun wurde über Staatseinrichtungen gesprochen, und mein Wirth erzählte mir, daß außer ihm noch fünf Schuster in der Republik wären, daß die Zahl von sechsen nicht dürfe überschritten werden; und daß ein jeder sein Leben daran wagen würde, die Republik bei einem feindlichen Angriffe zu vertheidigen.

Einmal hatte sich ein päpstlicher Legat mit Gewalt und List der Republik schon so weit bemächtigt, daß er im

Nahmen des Pabstes feierlich Besitz davon genommen hatte, und in der Hauptkirche das Te Deum anstimmen ließ; als ihn während dem Lobgesang auf einmal eine Flintenkugel dicht vor dem Ohre vorbei sumte, die den siegreichen Kardinal so in Schrecken setzte, daß er plötzlich und still mit seinen Truppen die Republik beständig in Ruhe ließ.

Freilich ist es dem päbstlichen Despotismus höchst zuwider, mitten im Schooße des Kirchenstaats ein freies Völkchen zu dulden, da überdem verschiedene Große aus dem Kirchenstaate sich das Bürgerrecht von St. Marino für eine Ehre schätzen.

Man sucht daher im Kirchenstaat, und besonders in dem benachbarten Rimini die Republik auf alle Weise lächerlich zu machen, um sich gleichsam dafür zu rächen, daß dieses Volk seit Jahrhunderten edler und größer, als sein Nachbarn denkt.

Ueber diese und ähnliche Gegenstände brachten wir den Abend mit Gesprächen hin, und verzehrten dabei unser Abendessen dicht neben dem Heerde, auf dem es zubereitet war.

Den andern Morgen früh machte ich allein wieder eine

Wanderung auf den Berg, um eine vollständige Idee von dem ganzen Umfange der Republik zu haben, die ich dann auch bekam, weil sich ein paar junge Leute zu mir gesellten, die mir nach allen Seiten die Grenzen der Gebietes von St. Marino bezeichneten, so daß man dasselbe von der einen Spitze des Berges ganz übersehen konnte.

Diese beiden jungen Leute waren wohlgekleidet, und schienen sehr wohl erzogen zu seyn. Sie befriedigten noch über verschiedenes meine Wißbegierde; zeigten mir die großen Cisternen, worin das Regenwasser aufgefangen wird, weil es gänzlich an Wasser fehlt; und führten mich in die Kapuzinerkirche, wo über dem Altar ein schönes Gemälde hängt, das eine Abnehmung Christi vom Kreuze darstellt. Die Kapuziner haben aus ihrem Kloster die schönste Aussicht, und auf dem Felsen hinter dem Kloster einen Garten, der für St. Marino so schön ist, als er nur seyn kann.

Meine beiden höflichen Begleiter sagten mir, es sey sehr ungewöhnlich, daß Fremde hierher kämen, darum sey auch kein Gasthof in ihrem Gebiet. Vor mehreren Jahren wären einmal Engländer da gewesen. Sie fragten mich, ob man in unserm Lande den Nahmen ihrer Republik wisse? und was man mir in Rimini für eine Beschreibung davon gemacht habe, u. s. w. Nach dem, was sie sagten, zu schließen, war ihr republikanischer Stolz sehr bescheiden.

Sie begleiteten mich bis zu dem Borgo hinunter; und die Frau des Schusters, die uns hatte kommen sehen, sagte mir mit einer sehr bedeutenden Mine: ob ich wohl wisse, wer der eine von meinen Begleitern gewesen sey? es sey der Sohn des *Capitaneo regente* gewesen.

In dem Borgo war es lebhaft, weil gerade Markt war; und in einem Kaffeehause war eine Anzahl Priester versammelt, denen man es an der armseligen Kleidung und hagern

Gestalt wohl ansahe, daß sie keine päbstliche, sondern republikanische Geistliche waren.

Wir nahmen nun Abschied von unserm Wirth, dessen Sohn uns noch eine Strecke begleitete; dann eilte ich mit meinem Wegweiser schnell den Berg hinunter. In Ceravallo hielten wir uns nicht auf, und kurz nach Mittag erreichten wir schon die Grenzscheidung. Der Berg von St. Marino hatte sich in Wolken gehüllt, und wir befanden uns wieder auf päbstlichem Gebiet.

Rimini, den 14. Oktober.

Rimini selbst ist ein lebhafter Ort; alles hat hier bei der schönen Jahreszeit ein lachendes Ansehen, und die Weinlese bietet dem Auge manche malerische Scene dar. – Auf den weinbeladenen Wagen stehen die Winzerinnen, das Haar mit Blumen durchflochten, und Jauchzen und Gesang ertönt von allen Seiten.

Rechter Hand von der Brücke ist ein angenehmer Spazier-

gang längst dem Flusse hin, wo man vor sich die Aussicht auf das Meer hat; nach der Landseite, auf den Anfang der Appenninen, die hier erst allmälig mit kleinen Hügeln und Anhöhen sich erheben.

In dem Hafen sieht man nur Fischerkähne, deren weiße Seegel auch in der Ferne auf dem Meere schimmern. Die Wohnungen der Fischer nach dem Meere zu, sind eine Reihe kleiner und niedriger Häuser, deren Einwohner, als ich hier am Sonntage spazieren ging, in ihrem festlichen Schmuck vor der Thüre saßen, und heiter und vergnügt aussahen.

Hier sah ich denn auch an der Mündung des Flusses eine Kirche des heil. Antonius, mit der Inschrift: DASS AUF DEN RUF DIESES HEILIGEN DIE FISCHE SICH VERSAMMELTEN, UM AUS SEINEM MUNDE DAS GÖTTLICHE WORT ZU HÖREN, UND DASS, DURCH DIESES WUNDER BEWOGEN, VIELE THÖRICHTE KETZER ZUR VERNUNFT GEBRACHT WÄREN *(desipientes resipuere)*. – Da nun die Fische eine solche Ehrfurcht gegen den heiligen Antonius hegten, was Wunder denn, wenn

die FISCHER ihn mit der größten Andacht in seinem Tempel verehrten.

Es war schönes und stilles Wetter, und ich machte den Abend noch einen Spaziergang bis dicht ans Meer, wo sich die Wellen sanft zu meinen Füßen brachen. –

Als ich zurückkehrte, saßen die glücklichen Fischer noch vor den Thüren ihrer niedrigen Häuser, in welchen der enge Kreis ihres Daseyns sich beschränkt, das in dem festen Glauben an den heiligen Antonius, und an die Andacht der Fische, die seiner Predigt zuhörten, still und sanft verfließt.

Auf dem Wege nach Pesaro, am Ende der Strada Romana, steht der Triumphbogen, welcher dem Augustus hier zu Ehren errichtet ist, und einen ehrwürdigen Anblick macht. – Die lange Straße, welche dahin führt, erstreckt sich von dem einen Ende der Stadt zum andern, und in der Mitte derselben ist eine Art von antiken Altar befindlich, wo Julius Cäsar, wie die Inschrift sagt, nachdem er in dem Bürgerkriege über den Fluß RUBIKON gegangen war, seine Soldaten soll angeredet haben.

Dicht neben diesem Monumente ist nun eine kleine Kapelle, mit der Inschrift: daß hier die Säule aufbewahrt sey, an welcher der heilige Antonius zu dem Volke geprediget habe.

Hier gegenüber zeigt man ein altes Haus, wo nach der Volkssage ein arger heidnischer Ketzer wohnte, der nicht eher glauben wollte, bis er sahe, daß ein Esel vor der Monstranz seine Knie beugte, dessen Beispiele er denn mit großer Andacht folgte.

Sonderbar nimmt sich die Inschrift an einer Festung der Stadt aus, welche von einem KARDINAL erbaut, oder wieder hergestellt ist: DAMIT DER RUBIKON NICHT UNGESTRAFT ÜBERSCHRITTEN WERDE (ne Rubico transeatur impune!). – Wenn man sich nun die vormaligen und jetzigen Zeiten denkt, so kann es wohl nicht leicht einen komischern Kontrast geben.

Ueber den RUBIKON selbst aber streiten sich bis jetzt die Antiquaren, welcher von den kleinen Flüssen in dieser Gegend es gewesen sey. Man trägt sich mit der drolligten Anekdote, daß der jetzige Pabst zu Gunsten seiner Vaterstadt, und vermöge seiner Infallibilität für einen Fluß bei Cesena entschieden habe, daß er der wahre Rubikon sey.

In das hiesige Kapuzinerkloster sind die Ueberreste von einem Amphitheater verbaut, welches der Konsul Publius Sempronius hier errichten ließ; und ich fand auf dem Walle sogar einen Handweiser, mit der Inschrift: daß derselbe auf die Ruinen des von Konsul Sempronius errichteten Amphitheaters hindeute – woraus man also sieht, daß die Aufmerksamkeit auf die Ueberreste des heidnischen Alterthums doch auf keine Weise durch das Religiöse verdrängt wird.

In einem Kaffeehause las ich hier in der florentinischen Zeitung ein Stück aus ZÖLLNERS Predigt, womit derselbe in der Marienkirche in Berlin, den jetztregierenden König bei seinem Eintritt soll angeredet haben. Der Artikel von Berlin mit den Anekdoten von den letzten Lebenstagen Friedrich des Großen nahm fast die ganze Zeitung ein, deren Lesung mich im Geiste nach Berlin versetzte.

Auf dem Markte fand ich einen Buchladen, der eben nicht viel zu bedeuten schien. Ich kaufte mir eine Beschreibung von Italien, die sechzehn Bogen stark, und schön auf Schreibpapier gedruckt war, für zwei Paul, welches noch nicht acht Groschen ausmacht, und also nach unsern Bücherpreisen zu rechnen, sehr wohlfeil war.

Das prachtvollste Ansehen in Rimini hat der FISCHMARKT, welcher mit seinem neugebauten Portikus einen schönen Platz einschließt, und vielleicht allen übrigen Fischmärkten den Rang streitig macht; wobei man sich denn natürlicher Weise an den heiligen Antonius, und an den Umstand erinnert, wodurch die Fische hier ein so merkwürdiger Gegenstand geworden sind, und alles, was auf sie Bezug hat, auch ein glänzendes Ansehen erhält.

Eine sehr zahlreiche Procession habe ich auch hier mit angesehen, wo die Madonna, gleich einer Juno oder Cybele, in einem Kleide mit Sternen besät, vorangetragen wurde, und die Matronen der Stadt dem wunderthätigen Bilde folgten, wozu sich junge Mädchen und Knaben gesellten, welche dieser Göttergestalt zu Ehren Lobgesänge anstimmten. – Die Dominikanermönche, welche ich bei diesem Aufzuge folgen sahe, waren viel feiner und zierlicher gekleidet, wie diejenigen, die ich in Deutschland gesehen hab; auch schienen sie überhaupt gebildeter zu seyn.

Die Kirche des heiligen Franziskus, welche ganz von Marmor im Jahr 1450 erbaut ist, hat ein sehr ehrwürdiges Ansehen. Auf der rechten Seite der Kirche stehen sieben

Marmorsärge unter eben so viel Bogen, auf dem marmornen Fuß der Kirche.

Auch der Erbauer der Kirche, Sigismund Pandulfus Malatesta, welcher im Jahr 1463 starb, hat sein Grabmal hier, und seine Grabschrift steht an dem Marmorsarge nahe bei der Thüre. Diese Reihe von Grabmälern auswendig an der Kirche, macht einen ganz besondern melancholischen Eindruck. Das Grab hat gleichsam seine Innenseite herausgekehrt, und die Monumente der Zerstörung zeigen sich in ihrer furchtbaren Pracht dem Auge.

Auf dem großen Platze vor dem Rathhause steht, neben einem Springbrunnen, die bronzene Statüe des Pabstes Paulus des 5ten mit den Schlüsseln in der Hand. – Die EHERNE Rechte ertheilt dem Volk den Seegen.

Die Geschichte von zwei Spitzbuben, TOMASINI und TREMOND, welche jetzt gefangen sitzen, nachdem sie eine

lange Zeit allen Schlingen, die man ihnen legte, glücklich entkommen sind, wurde mir hier mit der größten Theilnehmung an dem Schicksale dieser Spitzbuben erzählt.

Sie hatten sich sogar eine Art von Vestung gebaut, und aus derselben lange Zeit den Häschern Widerstand gethan, wären auch den Galgen wohl entkommen, wenn nicht ihre Religiosität sie mit Gewalt zu demselben gebracht hätte; denn sie konnten sich nicht enthalten, sonntäglich eine Messe in einer Kapelle zu hören, wozu sie durch einen unterirdischen Gang gelangten; dies war denn die Veranlassung, daß durch Verrätherei die Vestung überging, und diese devoten Räuber in die Hände der Sbirren fielen.

Den Heldenmuth des Tomasini und Tremond konnte man nicht genug bewundern und erheben, so daß man, indem man sie beklagte, dennoch gewissermaßen ihr Schicksal zu beneiden schien.

Rimini, den 14. Oktober.
Die Klöster.

Gestern Nachmittag ging ich noch aus dem Thore von Rimini nach Westen zu spazieren, wo hinter der Stadt, dem Meere gegenüber, einige reizende Hügel emporstiegen, auf denen drei Klöster, eines über dem andern, gebauet sind, die mit ihren fruchtbaren Gärten und Weinbergen den angenehmsten Prospeckt machen.

Ich übersahe von hieraus die umliegende Gegend, die Stadt und das Meer, und sahe die Sonne über der Küste von Dalmatien untergehen, die sich wie ein dünner Nebelstreif schon von hieraus zeigt. Man kann sich keine angenehmere Lage denken, als die drei Klöster auf diesem Berge haben, zu welchen sich der Weg beständig zwischen grünen Hecken, Obstbäumen und Weingärten hinaufwindet, und wo sich, so wie man in die Höhe steigt, der Horizont mit jedem Schritte erweitert.

Die klösterliche Stille und Einsamkeit, die hier oben herrscht, macht die Scene noch feierlicher, und diese Hügel bilden gewiß die angenehmste Eremitage, die man sich denken kann.

Hier, über die niedrigen Sorgen des Lebens hinweggesetzt, und über allen Tand der Erde erhaben, in Einsamkeit und Stille, und in Betrachtung göttlicher Dinge, seine Tage zuzubringen, des Morgens den ersten Strahl der Sonne, wenn sie emporsteigt, zu begrüßen, und mit seinen Empfindungen in das große Loblied der ganzen Natur harmonisch einzugreifen, oder im Sturm und Ungewitter von fern das tobende Meer zu betrachten, und hier unter seinem ruhigen Obdach gesichert und in Frieden zu seyn. – Das sind Gedanken und Empfindungen, die dem Menschen so natürlich sind, daß es einem gar nicht be-

fremden kann, an einem solchen Orte einsame Wohnungen der Stille und Andacht zu finden.
Wie schade also, daß gerade hier die Imagination mit einer so grotesken Zusammenstellung von unzähligen Bildern, und Bilderchen aus einer selbstgemachten Ideenwelt angefüllt und vollgepfropft ist, daß für ein einziges großes erhabenes Bild aus der Natur kein Platz mehr übrig bleibt, und die lebhafteste Einbildungskraft am Ende unter sich selbst erliegen muß!

Ancona, den 18. Oktober.
Der Wegweiser.

Da ich nun in Rimini von meinem Vetturin befreiet war, und das Wetter immer schöner wurde, so konnte ich nicht enthalten, eine Strecke meiner Reise zu Fuße zu machen. Zu dem Ende nahm ich mir meinen alten Wegweiser aus Rimini mit, der mich schon nach St. Marino begleitet hatte; dieser führte denn einen Esel bei sich, welcher mein Felleisen trug, und den sein Besitzer mit einer besondern Zärtlichkeit *il cavallino* (sein Pferdchen) nannte, indem er den eigentlichen Nahmen desselben sorgfältig vermied.
Wir wanderten am frühen Morgen bei etwas trüben Himmel, und einer angenehmen Kühle aus Rimini, durch den Triumphbogen des Augustus, auf der *strada Romana* nach Pesaro zu, hatten das Meer zur Linken, den hohen Berg von St. Marino zur Rechten, und vor uns allmälig sich erhebende Hügel.
Die Straße war nicht so reizend wie die von Bologna nach Rimini, aber doch nicht unangenehm. Die Hügel waren zum Theil bebaut, und boten eine abwechselnde Aussicht dar, ob wir gleich zur Linken bald die Aussicht auf das Meer verlohren.

In den Gasthöfen, wo wir einkehrten, war das Gewöhnliche, was wir immer sogleich erhalten konnten, Trauben, Käse, Wein und Brodt. – Die Straße war ziemlich einsam – mein Wegweiser sang von Zeit zu Zeit seine langsame Arie: *una bella contadina inamorar mi fà,* in lauter halben Tönen, die gar keine angenehme Melodie machten. Dann drehete sich sein Gespräch immer um den Punkt, daß er zwar arm, aber ein vorzüglicher *Galant'uomo* (ehrlicher Mann) sey. – *Siamo poveri, ma* – (wir sind arm, aber – –) bei dem ABER fügte er denn eine Pantomime hinzu, die den ganzen Werth seiner Ehrlichkeit bezeichnen sollte.

Diese Bemerkungen hatten Bezug auf den Umstand, daß mein deutscher Landsmann in Rimini, welcher mir Geld umwechselte, es mir im Beiseyn des Wegweisers heimlich gab, mit dem Bedeuten, es ihn nicht sehen zu lassen. Das hatte diesen *Galant'uomo* verdrossen, daher schrieb sich die öftere Wiederholung des Ausdruckes: *siamo poveri, ma* – –

Seine Aussicht auf die Zukunft bestand darin, daß, wenn er nun alt wäre, und nichts mehr verdienen könnte, ihm doch das noch übrig bliebe, mit dem Hute in der Hand zu sagen: *date qualche cosa!* (gebt mir ein Allmosen) welches er mit einer so vergnügten und hoffnungsvollen Miene vorbrachte, als ob er es wie eine Art von Versorgung oder Pension betrachtete, die ihm auf sein Alter gewiß sey.

Um desto mehr aber schalt er denn auch schon im Voraus auf die Vornehmen und Reichen, welche diese Versorgung auf alle Weise zu schmälern suchen, und statt einem Bajocko (ein 3½ Pennigstück) dem Armen einen QUATTRINO (einen Heller) hinwerfen; hierüber gerieth er denn in eine Erbitterung gegen die Reichen, und seine Deklamationen wurden immer heftiger.

Auf die Weise unterhielt mich mein Wegweiser aus Rimini,

und versicherte mir, daß er nichts mehr wünsche, als IMMER so mit mir zu reisen, *in qua, in la* (hierhin und dorthin), ohne ein bestimmtes Ziel, weil er nehmlich auch schon in St. Marino mit mir gewesen war. Wenigstens wünschte er bis nach St. Loretto mit zu gehen, um auf die Weise einen doppelten Endzweck zu erreichen; die Wallfahrt nach Loretto zu thun, und dazu noch Geld zu erwerben.

Wir kamen gegen Mittag in dem merkwürdigen Orte, CATOLICA an, der seinen Namen von der Orthodoxie hat. Denn die katholischen Bischöfe, welche im Jahr 1359 bei der Kirchenversammlung zu Rimini von den Arianern überstimmt waren, begaben sich hierher, und vertheidigten von hieraus ihre angefochtenen und erschütterten Glaubensartikel.

Eine ausführliche Inschrift an der Kirchenmauer erzählt diese Begebenheit, wodurch der Ort gleichsam zu einer Festung des katholischen Glaubens wurde, aus welcher sich die geschlagenen Truppen gegen die siegenden vertheidigten.

Der Ort an sich ist lang und schmal; die Häuser sind niedrig, aber von Stein, und mit dicken Mauern versehen, einige scheinen sehr alt und an Ruinen gebauet zu seyn.

Vor dem Thore des Gasthofes hörte ich, wie mein Wegweiser erzählte, daß er mit einem *Signore forastiere* (fremden Herrn) zu Fuße gienge. Die Leute wunderten sich hierüber, und meinten, es werde denn wohl immer *piano, piano* gehen. – *Piano?* rief mein Wegweiser aus, und machte eine Beschreibung von der Geschwindigkeit unsers zu Fuße Gehens, daß die Leute noch mehr in Erstaunen geriethen.

Denn, wie ich bemerkt habe, ist es auch hier etwas seltenes, daß man wohlgekleidete Leute zu Fuße reisen sieht. Wer nicht zu Wagen oder zu Pferde ist, reitet wenigstens mit einem Esel, welche letztere Art zu reisen hier gar nichts Auffallendes hat; denn unterwegs sind uns schon zum öftern Geistliche und andre wohlgekleidete Personen, die auf Eseln ritten, begegnet.

Indeß wurde das Wetter immer schöner – der Himmel wurde heiter, und die Luft blieb kühle, so daß ich nicht leicht in meinem Leben einen angenehmern Spaziergang gemacht habe, als den von Rimini nach Pesaro. Mein Wegweiser wurde auch immer aufgeräumter, und feuerte mit *Allegro!* und *Coraggio!* seinen Muth zum Gehen an.

Allein ihm stand noch ein großer Verdruß bevor: in einem Dorfe hinter Catolica nehmlich, wo wir anhielten, war einem Herrn ein Schnupftuch aus der Tasche genommen, und dieser warf seinen Verdacht auf keinen andern als auf meinen Wegweiser, der ihm am nächsten gestanden hatte. – Dies brachte denn natürlicherweise meinen Begleiter, der mir so oft wiederholt hatte: *siamo poveri, ma* – – in eine solche Wuth, daß jener sich bald zurück zog, und kein Wort mehr sagte.

Nun war auf unserm ganzen übrigen Wege nach Pesaro von nichts, als dieser Beleidigung die Rede. Und jede Periode schloß sich immer mit einer Pantomime, als wenn man einem den Dolch ins Herz stößt; das, meint' er nämlich, hätte jener *signore* für seine Beschuldigung verdient, und auf diese Weise hätte er sich rächen sollen.

Pesaro.

Wir kamen vor dem Schlosse der ehemaligen Herzoge von Urbino, Poggio Imperiale, vorbei, welches nur noch eine Weile von Pesaro entfernt ist, und auf einer Anhöhe eine sehr reizende Lage hat.

Es war schon gegen Abend, da wir uns Pesaro näherten, wohin uns der Weg durch eine anmuthige Gegend führte. In Pesaro waren die Straßen noch sehr lebhaft, und die Stadt schien volkreicher wie Rimini zu seyn.

Da wir nun hier in einem Gasthofe mitten in der Stadt eingekehrt waren, und von unserer Wanderung ausruhten, wußte mein Wegweiser nicht genug zu rühmen, was ihm diese Tagereise für Vergnügen gemacht habe; wie traurig und schläfrig die Leute in den Reisekutschen gesessen hätten, die uns begegneten, und wie munter und vergnügt wir den ganzen Weg über gewesen wären.

Sonderbar war es, daß dieser Wegweiser, so wie seinen Esel, *il Cavallino* (das Pferdchen), sich selber auch *il Vetturino* (den Fuhrmann) nannte, ob wir gleich zu Fuße giengen; und also seinen Esel sowohl als sich um eine Note höher zu tituliren suchte.

Am andern Morgen früh ging ich auf dem Walle von Pesaro spazieren. Hier sah ich auf der einen Seite das adriatische Meer, und auf der andern die Stadt vor mir, welche ein nettes Ansehen hat, nur daß die meisten Straßen sehr enge,

und gemeiniglich die schönsten Palläste in den engsten Straßen sind.

Die Hauptstraße und besonders der Markt war sehr lebhaft; hier fand ich auch einen Buchladen, dessen Besitzer sich auf dem Schilde, eben so wie der in Rimini, *libraro di Venetia* (Buchhändler von Venedig) nannte. Die Buchhändler von Venedig müssen also hier wohl in vorzüglicher Renommé stehen, wie aus diesem Zusatze zu schließen ist.

Die Feigen von Pesaro sind schon von Alters her berühmt, und werden für die besten in Italien gehalten. – Als ich ei-

ner Verkäuferin auf dem Markte zwei Bajock (ohngefähr sechs Pfennige) hingab, daß sie mir Feigen dafür geben sollte; so sahe sie mich verwundernd an, weil ich keinen Korb oder Sack bey mir hatte, worin ich die Feigen fortbringen wollte; alsdann stopfte sie mir beide Taschen voll, und dankte noch dazu für die zwei Bajock, die ich ihr gegeben hatte; in solchem Ueberfluß waren die Feigen.

Auf dem Markte steht auch eine marmorne Statüe des Pabstes Urbanus des Achten, der auf dem päbstlichen Stuhle sitzend, den Seegen ertheilet. An den Basteien, welche um die Stadt sind, befindet sich das päbstliche

Wappen, worin sich hier die beiden Schlüssel, wie ordentlich bedeutendes Symbol ausnehmen, in so fern sich die lösende und bindende Macht, in dem Gebiete des Pabstes, auch auf die irrdischen Vestungen erstrecket.

Fano.

Von Pesaro bis Fano, welches nur sieben italiänische (kaum anderthalb deutsche) Meilen sind, machten wir einen Spaziergang dicht am adriatischen Meer, auf dem feuchten und kühlen Sande, wo sich die Wellen zu unseren Füßen brachen.

Zur rechten Seite sind kleine Anhöhen, und Fani, welches sich mit seinem kleinen Hafen ins Meer erstreckt, sieht man gleich von Pesaro aus deutlich vor sich liegen, so daß dieser Weg einem vorkommt, als ob man gar nicht auf der Reise begriffen wäre, sondern nur von einem benachbarten Orte zum andern einen Besuch machte.

Wir langten noch Vormittags in Fano an, welches ebenfalls ein kleiner lebhafter Ort ist, der in seinem äußeren Ansehen viel Aehnlichkeit mit Pesaro hat.

Der Nahme dieser Stadt schreibt sich aus dem Alterthume her, weil der Glücksgöttin hier ein Tempel *(Fanum)* von den Römern erbauet war; und es ist merkwürdig, daß diese Stadt noch jetzt eine Fortuna im Wappen führt, deren Statüe von Bronze auch einen Springbrunnen auf dem Marktplatze ziert. Auf den Ruinen von dem Tempel der Glücksgöttin ist die Augustinerkirche erbauet.

Der Fluß Metauro, bei welchem das Heer des Asdrubal von den Römern geschlagen wurde, bildet dicht vor der Stadt einen kleinen Wasserfall. Auch siehet man hier einen marmornen Triumphbogen, der bei einer Belagerung der Stadt im Jahr 1458 zwar beschädigt, aber nicht zerstört wurde.

Das mittelste Thor ist nur davon noch übrig; denn die eine Seitenöffnung ist durch ein Haus verbauet, und die andere zum Behuf eine Kirchenbaues abgetragen. Das Ganze macht demohngeachtet einen sehr schönen Effekt, und man sieht noch die Spuren der alten Inschriften, die zum Theil verloschen, zum Theil mit Moose bewachsen sind.

Das Theater von Fano ist von solcher Pracht und Größe, daß man beinahe sagen könnte, diese kleine Stadt sey zu dem Theater, nicht das Theater für die Stadt erbauet.

Die Gemälde, welche ich in den Kirchen gesehen habe, stellen schwebende Heilige, voll Andacht knieende Mönche, u. s. w. dar; mich hat nichts davon vorzüglich angezogen; auch werfe ich auf dieß alles nur einen flüchtigen Blick, weil ich dafür noch keinen Maaßstab und Gesichtspunkt habe, woraus ich es betrachten kann, so lange ich von demjenigen noch keinen anschaulichen Begriff habe, was die zerstreuten, einzelnen Schönheiten auf einmal in sich faßt, die sich in den mittelmäßigen Werken der Kunst unter dem Mangelhaften verlieren, und sich dem ungeübten Blick entziehen.

Senigaglia.

Von Fano bis Senigaglia waren noch ohngefähr drei deutsche Meilen, und wir machten uns also gleich nach Mittage auf den Weg, um vor Abend dort zu seyn. Ankona, das wie ein Vorgebirge oder Fels ins Meer hervortritt, konnten wir schon am Morgen liegen sehen.

Der Weg bis Senigaglia war nicht so angenehm, wie der von Pesaro nach Fano. Wir bekamen einen Gefährten, der in Senigaglia zu Hause war und meinen Wegweiser kannte, mit dem er sich in Unterredung einließ, und ihm, ohne daß ich befragt wurde, den Antrag that, daß wir die Nacht in seinem Hause herbergen sollten, wozu ich denn auf keine Weise geneigt war.

Als wir nun gegen Abend in Senigaglia in der Vorstadt ankamen, nöthigte unser Gefährte mich und meinen Wegweiser in sein Haus, daß allein und ziemlich abgelegen stand; und als ich dieß verbat, ward mir der Einwurf gemacht, ich könnte doch nicht mehr in die Stadt kommen, weil das Thor schon geschlossen sey. – Ein unbekannter Mensch aber, der nicht weit davon stand, versicherte mir geradezu, ich könnte noch sehr gut in die Stadt kommen, und nannte mir zugleich ein Thor, durch welches wir hinein müßten.

Mein Wegweiser sowohl als unser Gefährte schienen auf den Unbekannten, wegen der freundschaftlichen Auskunft, die er mir gab, sehr unwillig zu seyn, und ich wurde noch dringender eingeladen, da zu bleiben, weil man mich ganz vorzüglich bewirthen würde; worauf ich denn er-

klärte, daß ich schlechterdings in der Stadt im Posthause logiren müsse, und auf die Weise mit einigem Nachdruck die so sehr zudringliche, und mir eben deswegen einigermaßen verdächtige Einladung ablehnte, und nun auch den Entschluß faßte, meinen Wegweiser abzudanken.
Wir gingen nun in die Stadt, wo gleich beim Eintritt ins Thor einige schöne neugebaute Palläste prangten. Im Posthause, wo wir einkehrten, schien man meinen Wegweiser sehr verächtlich anzusehen, und von unsrer Ankunft zu Fuße sich keinen hohen Begriff zu machen. Indeß wurde ich doch noch ziemlich gut bewirthet, und verabschiedete am andern Morgen meinen Wegweiser, zu dem sich schon ganz in der Frühe unser Gefährte eingefunden hatte, um sich vermuthlich nach meinem Befinden zu erkundigen.
Nun machte ich denn am Vormittage einen Spaziergang nach der Stadt, die größtentheils aus neugebauten Häusern und regulären Straßen besteht, und wo noch itzt an vielen Orten gebaut wurde. Auch machte ich einen Spaziergang nach dem kleinen Hafen, dessen Damm oder Molo mit dem schwarzen Gitterthurme, der am Ende steht, einen schönen Prospekt macht. Auf den Straßen der Stadt hat man an vielen Orten die Durchsicht nach

dem Meere. Längs dem Hafen hin sind einige prächtige Häuser und die Straßen schön und breit.

Im Hafen lagen aber nur kleine Schiffe oder vielmehr Fischerkähne, obgleich in der großen Messe, welche im Julius hier gehalten wird, Schiffe aus Norden und der Levante in diesem Hafen landen.

Als ich nun hier nach einem Kaffeehause auf dem öffentlichen Platze oder dem Markte ging, versammelte sich gleich eine Anzahl Vetturine um mich her, welche schon wußten, daß ich zu Fuße gekommen war, und mich zu bereden suchten, mit einem unter ihnen zu fahren, indem sie mir die Gefahr des Fußreisens so fürchterlich wie möglich zu schildern suchten.

Jemehr ich nun zu erkennen gab, daß ich entschieden sey, zu Fuß zu reisen, desto geringer wurden ihre Forderungen, bis sich zuletzt einer erbot, mich für viel Paul (etwas über einen halben Thaler) bis Ankona zu fahren, das von Senigaglia ohngefähr drei deutsche Meilen liegt. Dieß Anerbieten nahm ich denn an, und der Vetturin schien sehr zufrieden zu seyn, daß er nur etwas verdiente, weil er sonst leer hätte zurückfahren müssen.

Die Aussicht auf das Meer zur linken, und auf die Hügel mit den einzelnen Landhäusern zur rechten Seite, blieb noch immer dieselbe. Wir hatten die Stadt Ankona immer im Gesicht, die wie eine steile Felsenmasse ins Meer hervortrat, bis, so wie wir uns näherten, allmälig die Dächer der Häuser sichtbar wurden, und diese graue Felsenmasse nach und nach das Ansehen einer Stadt bekam.

In der Nähe von Ankona kamen wir über einige Anhöhen, die eine vortreffliche Aussicht auf das Adriatische Meer und die jenseitigen Küsten darboten, die sich hier nun schon weit deutlicher als in Rimini zeigten, und den griechischen Himmel der Einbildungskraft und dem Auge darstellten.

Die Hügel selbst, über die wir fuhren, waren schön und fruchtbar, und die Stadt Ankona stellte sich mit ihrer amphitheatralischen Lage, je näher wir kamen, immer prächtiger dar. Aus der Masse der übrigen Häuser trat auf der Höhe ein majestätischer Dom mit einem Portikus hervor, der die Idee von einem alten griechischen Göttertempel erweckte, der auch ehemals der Venus geweiht, und von den alten Griechen oder Doriern erbaut, auf eben diesem Fleck soll gestanden haben, worauf sich ein Vers aus dem Juvenal bezieht:

Vor dem Tempel der Venus, vom Dorischen Ankon emporgetragen.

Dicht vor der Stadt begegneten uns sehr viele wohlgekleidete Leute, welche spazieren gingen. – Wir kamen durch eine enge Straße nach dem Posthause, und es war hier so gedrängt voller Menschen, wie in einer Londoner Straße. Auch ist unter allen italiänischen Städten, die ich bis jetzt gesehen habe, Ankona bei weiten die lebhafteste.
Wir kamen noch zu Mittage hier im Posthause an, wo an der Wirthstafel gespeißt wurde, und die Bewirthung vorzüglich gut ist. Für Frühstück, Mittag, Abendessen und Logis, wurde zehn Paul (ohngefähr 1½ Thaler) bezahlt, welches um zwei Paul mehr ist, als man sonst gewöhnlich für die tägliche Zehrung entrichtet, wenn man *alla mercantile* (wie Kaufmann) reist; denn darnach wird man ordentlich gefragt, wie man bedient seyn will? und dann giebt es die beiden Arten, daß man entweder wie Kavalier, oder wie Kaufmann reist. Diese Eintheilung scheint darin ihren Grund zu haben, daß man sich unter der Benennung KAUFMANN einen jeden denkt, der sich auf der Reise so

ökonomisch wie möglich einzurichten sucht, wornach denn auch sogleich die Bedienung abgemessen wird.

Bei Tische sprach ich einen Deutschen, der ein katholischer Geistlicher war, und gerade von Rom nach Wien zurückkehrte. Dieser rühmte mir denn am angelegentlichsten ein deutsches Gasthaus in Rom, wo ich ja nicht aus der Acht lassen sollte, meinen Tisch zu nehmen, wegen der vielen Vorzüge, die es vor den italiänischen Speisehäusern hätte. In Mantua sprach ich auch einen Kanonikus, der eben aus Rom zurückgekehrt war, und mir ebenfalls das deutsche Speisehaus ganz vorzüglich rühmte. Uebrigens sprachen diese beiden Herren von ihrem Aufenthalte in Rom eben nicht mit viel Interesse.

Ich machte nun gestern noch einen Spaziergang in der Stadt. Am lebhaftesten ist die Straße, welche sich am Fuße des Berges, worauf die Stadt erbaut ist, längs dem Meere hin erstreckt, und wo die Waarenlager, und gleich hinter den Häusern die Anstalten zu der Ausladung der Schiffe sind. Diese Straße ist gewissermaßen im Kleinen, was der Strand in London im Großen ist.

In dieser Straße ist auch die Börse, von der man auf einem Balkon eine herrliche Aussicht aufs Meer hat. Das Gebäude selbst ist prachtvoll verziert; in dem gewölbten Saale steht eine Religion von Marmor, und Glaube, Liebe und Hoffnung sind ebenfalls in Marmor abgebildet. Man kann hier auch Erfrischungen bekommen, und wegen der vielen Fremden von allen Nationen, die man hier zusammensieht, ist es sehr angenehm hier eine Weile zuzubringen. Ich wurde hier auch von einem jungen Menschen angeredet, der mich dem ersten Anblick nach gleich für einen Deutschen hielt, und mir sagte, daß er im Begriff sey, von hier aus zu Schiffe nach Venedig zu gehen.

An dem südlichen Ende der langen Straße längs dem Meere kömmt man durch einen engen Gang auf einmal an den Hafen, der mit seinem Molo und dem Triumphbogen des Trajanus auf demselben, einen prächtigen Anblick macht. – In dem Hafen lagen eine beträchtliche Anzahl großer Schiffe, worunter sich mehrere englische befanden. Und dieß ist also nun der Hafen, von dem es heißt:

Unus Petrus in Roma, unus portus in Ancona.

EIN Petrus ist nur in Rom, EIN Hafen in Ankona.

weil dieser Hafen wirklich an der adriatischen Küste der vorzüglichste, und allen Religionen hier ein ungehinderter Aufenthalt verstattet ist, worauf die schöne Inschrift über dem einen Stadtthor anspielt:

Wechselseitiger Treu und Glauben,
Auf welche der Flor eurer Stadt, ihr edlen Bewohner, sich gründet,
Freuen sich, hier in geselligem Frieden
An einem Orte zu wohnen

Das Gewimmel so verschiedener Nationen und Kleidertrachten hier im Hafen und auf der Börse macht wirklich einen schönen Anblick, wozu sich noch die angenehme Vorstellung gesellt, daß man sich im Kirchenstaate befindet, und dennoch eine solche Freiheit und wechselseitiges Verkehr der verschiedensten Glaubensverwandten an diesem Orte statt findet.

Der Hafen heißt noch itzt in öffentlichen Inschriften der Stadt der Hafen des Trajanus, welcher ihn auf eigene Kosten ausbessern ließ, und dem dafür, auf dem Molo dieses Hafens, ein Triumphbogen von schönem weißen Marmor von dem Senat errichtet wurde. – Dieser Triumphbogen ist noch ganz unversehrt, und gewiß eines der prächtigsten Denkmäler des Alterthums, obgleich die Statuen und Trophäen von Bronze, womit er ehemals verziert war, itzt nicht mehr daran vorhanden sind.

Die Quaderstücke, woraus er bestehet, sind von parischem Marmor, und so genau mit eisernen Klammern an einander gefügt, daß man kaum die Fugen sehen kann. Er hat vier korinthische Säulen, und einen Durchgang mit einer Attika darüber, auf welcher nach der Stadtseite zu noch die alte Inschrift steht:

> Der Senat und das römische Volk haben dem
> Trajan diesen Triumphbogen errichtet, weil
> er diesen Hafen auf eigene Kosten,
> zu der Sicherheit der Schiffenden in bessern Stand
> gesetzt, und wieder hergestellt hat.

Auch die Nahmen der Frau und Schwester des Trajans, welche er vorzüglich liebte, sind an den Seiten zwischen den Säulen eingehauen, und dem Nahmen des guten Kaisers zugestellt worden.

Mit dem einen Fuß steht dieser Triumphbogen im Meere und mit dem andern auf dem Molo; auf einer kleinen

Mauer kann man bis dicht heran gehen, und dieses Denkmal auch nach oben zu ganz in der Nähe betrachten, wo man die erstaunliche Größe der Marmorblöcke, woraus es zusammengesetzt ist, deutlich bemerken kann: ein solches Werk mußte freilich wohl anderthalb Jahrtausende trotzen, und das Gepräge der Vorzeit unversehrt auf die Nachwelt bringen.

Aber eine der wunderbarsten Empfindungen ist es, sich diesen Zeitraum, und die Generationen zu denken, die in diesem Zeitraum verschwunden sind, und nun ein Werk von Menschenhänden gemacht vor sich zu sehen, das alle diese Generationen ausgedauert hat, und nun in seiner ursprünglichen Pracht und Schönheit, sich noch itzt, wie damals, dem Auge der Lebendigen darstellt.

Einen furchtbaren Anblick machten die Galeerensklaven, welche gegen Abend, Paarweise, mit ihren Ketten klirrend, unter der Anführung ihres Befehlshabers oder Zuchtmeisters, auf dem Molo aufzogen, und ein fröhliches Lied sangen.

Als der Zug zu Ende war, und alle gezählt waren, lagerten sie sich auf den Boden, wo einige das Geld zählten, das sie sich den Tag über in der Stadt erbettelt, oder mit Arbeit erworben hatten, und einige sogleich wieder mit einander darum würfelten.

Die Verschiedenheit unter diesem Haufen war erstaunlich: – einige waren zerlumpt und halb nakt, und machten mit ihrem straubichten Haar einen abscheulichen Anblick, – andere waren so wohl gekleidet, daß nur die Kette am Fuße verrieth, daß sie zu der Anzahl der Uebrigen gehörten.

Ihr Anführer, dessen Anzug selbst ziemlich schlecht war, las zur bestimmten Stunde ihre Nahmen ab, und sie mußten Paar bei Paar in ihren Kerker gehen, worin sie die Nacht über eingesperrt werden.

Es war erstaunlich, welche Ruhe und Zufriedenheit sich auf den Gesichtern der meisten auszeichnete, und wie sie gerade so vergnügt waren, und untereinander scherzten und lachten, wie Leute, die nach vollbrachter Tagesarbeit, sich nun in ihren Häusern unter den Ihrigen wieder finden, und in ihren Betten sich niederlegen.

Da, wo man durch einen engen Gang aus der Stadt auf den Molo geht, wurde von allerlei zusammengeraftem Holzwerk, und anderen brennbaren Sachen zur Vertreibung der schädlichen Dünste, ein großes Feuer unterhalten, und gegen Abend wurde es schon so kühle, daß man sich an diesem Feuer zugleich wärmte.

Es war übrigens ein sehr schöner Abend, und ich machte nun noch einen Spaziergang in der Stadt von unten bis oben hinauf, wo denn natürlicher Weise, die Straßen immer enger, das Aufthürmen der Häuser übereinander immer gedrängter wurde. – Auf den Straßen war es sehr lebhaft, und eine große Anzahl Leute gingen immer mit mir nach einer Richtung die Stadt hinauf, bis wir auf einmal auf einen großen und schönen Platz vor der Hauptkirche gelangten, die, wenn man sich der Stadt nähert, mit ihrem hervorspringenden Portikus schon einen so prächtigen Anblick macht.

Auf dem Platze vor dieser Kirche gingen nun die Einwohner von Ankona spazieren, um der schönen Aussicht und der frischen Abendluft zu genießen.

Heute früh wiederholte ich meinen Spaziergang von gestern Abend, und stieg noch eine kleine Anhöhe hinauf, bis zu der Kirche St. Cyriac, wo ich nun vor mir das adriatische Meer und die jenseitige Küste, und zu meinen Füßen den Hafen und mit seinen beiden Triumphbogen sah; denn nicht weit von dem Triumphbogen des Trajans ist noch ein anderer moderner unter dem Nahmen des Klementinischen Bogens, aber nicht von Marmor, errichtet.

Ich konnte gerade auf den mit einer hohen Mauer umgebenen schmutzigen Hof auf dem Molo, hinunterblicken, der die Galeerensklaven einschloß. Hier sah ich nun deutlich ihre ganze häusliche Einrichtung, das ganze Gewühl und Gewimmel der in diesen engen Raum eingesperrten beträchtlichen Anzahl von Menschen; wie sie mit ihren Töpfen und Kesseln durcheinanderliefen; einige auf der schmutzigen Treppe lagen und würfelten, andere sich ihr Frühstück kochten; und wie diese hier vereinte Familie den schönen Morgen genoß, dessen erquickender Glanz ihnen freilich nur zum Theil vergönnt wurde; denn noch ließen die hohen Mauern keinen Strahl der Sonne in diese gemeinschaftliche Schlafstätte fallen.

So wie man nun von dieser steilen Anhöhe der Stadt immer tiefer hinuntersteigt, vermehrt sich das Leben und Gewühl; die Straßen, in denen oben die Häuser wie Nester an den Felsen hängen, erweitern sich allmälig, bis man ganz unten schöne Gebäude, geräumige Plätze, und alle Merkmale einer wohlhabenden Stadt sieht.

Einen prächtigen Anblick macht das Lazareth, welches mitten im Meere angelegt ist, und wo alle aus der Levante kommenden Schiffe Quarantaine halten müssen. Der Zweck dieses Gebäudes ist durch die simple Inschrift bestimmt:

Ad suspicionem pestilentiae amovendam.
Den Argwohn wegen der Pest zu verbannen.

An der Landseite ist eine schöner Spaziergang, wo man dieß Gebäude genau betrachten kann; es ist wie eine Festung mit Mauern und Thürmen umgeben, und inwendig sind erst die Wohnungen, deren Fenster nicht nach außen, sondern alle auf den Hof zu gehen; in der Mitte auf dem Hofe ragt eine Kapelle von besonderer Bauart hervor. Von

Erster Theil 71

dem berühmten Baumeister Vantirelli schreibt sich der Plan zu diesem Gebäude her.

Als ich von diesem Spaziergange wieder in die Stadt zurückkehrte, begegneten mir eine Anzahl Galeerensklaven, welche Tonnen trugen; ich hörte ihre Ketten schon von ferne klirren, und dachte mir alles Schreckliche ihres Zustandes, welches bald verschwand, da ich näher kam, und sah wie sie mit den Leuten in der Stadt vertraulich sprachen, von Vorbeigehenden angeredet wurden, und sich mit ihnen grüßten, gleichsam als ob sie gar nicht von der Gesellschaft der übrigen ausgeschlossen wären, und in ihrer Funktion mit zu dem Staate gehörten.

Als ich nun zum erstenmale auf den Markt kam, überraschte mich das erstaunliche Gewühl von Menschen, von allerlei Stand und Nationen, worunter sich besonders viele Griechen befanden. Die Tracht der Bäuerinnen zeichnete sich durch eine besondere Art Deckel oder Mützen auf dem Kopfe mit herunterhängenden Fransen aus. Da, wo das Gemüse verkauft wurde, klang das einzige Wort BAJOCKI (eine päbstliche Scheidemünze von Kupfer) mir von allen Seiten her in die Ohren; denn mit Bajocki werden hier im Kleinen alle Rechnungen abgethan, und die Rechnung mit dem päbstlichen Gelde ist sehr leicht; denn zehn Bajocki machen einen Paul (ohngefähr 4 Groschen), und zehn Paul einen Skudo. In der hiesigen groben Aussprache der Bauern und des gemeinen Volks aber heißt *un paulo,* UN PAWOLO.

Die Bildsäule des Pabstes Clemens des Zwölften in Ankona.

Auf dem Marktplatz vor der Kirche des heiligen Dominikus steht die Statüe des Pabstes Klemens des Zwölften von Marmor, und die Inschrift sagt, daß ihm DER SENAT UND DAS VOLK VON ANKONA diese Statüe deswegen errichtet habe:

WEIL ER MITTEN IM MEERE, UM DIE PEST ABZUWENDEN, EIN GERÄUMIGES GEBÄUDE FÜR DIE ANKOMMENDEN FREMDEN ERRICHTET; DEN HAFEN DES TRAJANUS VERLÄNGERT UND ERWEITERT, VON ABGABEN BEFREIT, IHN ALLEN NATIONEN ERÖFNET, UND DADURCH DEN HANDEL BEFÖRDERT, UND DEN WOHLSTAND DIESER STADT VERMEHRT HABE.

Diese Art Inschriften, wodurch GENAU BESTIMMT WIRD, WARUM jemanden irgend ein Ehrendenkmal errichtet sey, hat sich doch noch aus den alten römischen Zeiten erhalten, und gewiß etwas vorzüglich Ehrwürdiges, weil sie dem Volke selbst sowohl, als demjenigen, welchem es seine Dankbarkeit bezeigt, gleichsam einen höhern Werth giebt. Das Volk huldigt nicht bloß, sondern es BELOHNET.

Die seegnende Stellung nimmt sich bei dieser Bildsäule vorzüglich schön aus, weil sie gerade auf dem Platze errichtet ist, wo das größte Leben und Gewühl herrscht, und das Gewimmel von Menschen aus verschiedenen Nationen sich zusammendrängt, die nun gerade dieser Seegnungen von Toleranz und Glaubensfreiheit genießen, welche von jenem, in dem Marmor verewigten Regenten ertheilet wurden, und gewiß konnte einem Pabste nie eine ehrenvollerer Statüe, als diese, errichtet werden.

Die herrlichsten Feigen und andre edle Früchte waren hier im Ueberfluß, und die reiche und ergiebige Mark Ankona prahlte hier mit allen ihren Schätzen.

Die schöne Kirche, die prächtigen Palläste, die Kurie mit ihren Thürmen, und unten die Wache, alles trägt dazu bei, die Lebhaftigkeit und das stattliche Ansehen dieses schönen Platzes zu vermehren. Die päbstlichen Soldaten, welche vor der Wache spazieren gingen, waren alle sehr wohl genährt und gekleidet, und schienen es sich ziemlich bequem zu machen. Hier war nichts Strenges und Rigoröses, und auch sie schienen unter der seegnenden Hand ihres obersten Chefs ein vergnügtes und ruhiges Leben zu führen. – An einem Hause auf diesem Platze las ich die Inschrift:

Officium fanitatis commoditati nobilium.

An manchen Orten in der Stadt wurde gebaut; von den Schiffen aus dem Meere wurden große Steine heraufgewunden; überall wo ich hinkam, sah ich Geschäftigkeit und Betriebsamkeit von Hohen und Niedrigen; und selbst kleine Kinder waren schon mit Arbeit und Zulangen beschäftigt; die Freiheit und ungestörte Geselligkeit scheint hier alles mit neuem Muth zu beleben.

Auf meinem Spaziergange nach der Citadelle, welche auf der höchsten Anhöhe des Hügels von Ankona liegt, kam ich ganz oben noch durch eine schöne breite Straße, wo mir eine lange Procession begegnete, welche zwei Heiligenbilder trug. Die jungen Leute, und besonders die Mädchen, welche dieser Procession folgten, hatten alle eine sehr lebhafte und blühende Gesichtsfarbe, die ich nun schon auf dem ganzen Striche am Meere von Rimini an bemerkt habe.

Als ich wieder hinabstieg, und an das Thor kam, aus welchem ich nach Loretto fahren werde, fand ich dieß Thor, dem Heiligen zu Ehren, dessen Fest heute gefeiert wird, mit Festons und Blumenkränzen geschmückt, und als ich von da zu Hause kehrte, fand ich die Straße an beiden Seiten mit papiernen Cylindern besetzt, die mit Pulver angefüllt waren, und dem Heiligen zu Ehren wie Kanonen abgefeuert wurden.

Heute Mittag habe ich denn auch die berühmten Ankonischen Seekrebse oder Hummer als eine sehr wohlschmeckende Speise kennen lernen, und nun kommt mein alter Vetturin, der mich von Senigaglia bis Ankona für die Summe von vier Paul gebracht hat, und erbietet sich, mich um eben den Preis noch heute Nachmittag bis Loretto zu fahren, so daß wir den Abend bei guter Zeit dort anlangen sollen; diese bequeme und wohlfeile Wallfahrt will ich mir denn gefallen lassen, und für diesmal bis auf meine nächste Station von Ihnen, mein Theuerster, Abschied nehmen.

Loretto, den 20. Oktober.

Als ich vorgestern Nachmittag von Ankona abreiste, erhielt ich unvermuthet noch einen Reisegesellschafter, welcher erst vor dem Thore aufstieg, und von seinen Freunden, die ihm glückliche Reise wünschten, in einem so treuherzigen Tone Abschied nahm, wie ich ihn in der italiänischen Sprache noch nicht bemerkt habe.

Mein Reisegesellschafter war ein ältlicher sehr gesprächiger und freundlicher Mann, aus Loretto gebürtig, und es dauerte nicht lange, so gesellten sich zwei Fußgänger zu uns, die auch aus Loretto waren, und immer in ziemlich starkem Schritt neben dem Wagen hergingen; diese sprachen nun mit meinem Gefährten von allerlei Stadtneuigkeiten, die sich in Loretto ereignet hatten, so daß es mir auf die Länge auch fast vorkam, als ob ich in Loretto zu Hause wäre.

Vorzüglich war die Rede von einem entlaufenen Galeerensklaven, der ein Anverwandter von dem einen Fußgänger war, welcher außerordentlich viel zu seinem Lobe sagte; und hier bemerkte ich wieder, daß der Nahme Galeerensklave in den Ohren dieser Leute gar nicht so fürchterlich klinget, sondern daß sie von diesem Zustande, wie von einem gleichgültigen Schicksal sprachen, das einen jeden betreffen kann, und welches in der Erzählung gar nichts Auffallendes hat.

Die Landstraße von Ankona nach Loretto war abwechselnd hoch und tief; das Meer zur Linken zeigte sich bald, und bald verschwand es wieder.

Wir kamen durch ein Dorf, wo uns wiederum eine sehr zahlreiche Prozession begegnete, und papierne Kanonen, so wie in Ankona, zu Ehren des Heiligen abgefeuert wurden.

Jemehr wir uns Loretto näherten, desto reizender und einem Lustgarten ähnlicher wurde die Gegend; wir fuhren nun noch weit in die Tiefe hinab, und dann eine ziemliche Anhöhe nach Loretto hinauf, das man immer schon von weiten auf dem heiligen Berge liegen sah, welchen nun schon so mancher Pilger sich zum Ziele seiner Wallfahrt gesetzt, und mühsam ersteigen hat. – Wir fuhren ihn sehr bequem hinauf, in einer fast immerwährenden Allee, und in der Abendkühle kam der frische Duft von den Bäumen uns entgegen.

Loretto.

Als wir gegen Abend in Loretto anlangten, waren die Straßen noch ziemlich lebhaft, und ich machte von dem Gasthofe aus, wo wir einkehrten, noch einen Spaziergang nach der *Santa Casa,* wovon ich für jetzt nur die äußere prachtvolle Umgebung, aber noch nicht das innere Heiligthum sahe.
Ich ging darauf nach der anderen Seite von Loretto, und blickte von dem Hügel auf das adriatische Meer. Als ich zurückkehrte, war schon Licht in den Häusern, wo die Leute bei eröfneter Hausthür auf dem Flur noch arbeiteten oder ihre Abendmahlzeit hielten, welches einen angenehmen Anblick machte, indem man das häusliche Leben so vieler Familien gleichsam mit einem Blick übersehen konnte.
Als ich in dem Gasthofe nach dem Preise der täglichen Bewirthung fragte, stellte man mir frei, ob ich für acht, oder sechs, oder vier Paul bedient seyn wollte; ich wählte das Letztere, und befinde mich gar nicht übel dabei; erhalte zwar Mittags und Abends nur ein Gericht, aber dies recht gut zubereitet, und in reichlicherem Maaße, als ich bedürfte.
Ein paar Eheleute, die als Pilgrimme hier sind, lassen sich auf eben den Fuß speisen, und wir essen gemeinschaftlich auf einem Saale. Der Pilgrimm macht sich durch ein silbernes Herz kenntlich, das er auf dem Oberrocke trägt, und vermuthlich zum Opfer darbringen will. Uebrigens schcinen jetzt gerade nicht viele Pilgrimme hier zu seyn.
Heute in aller Frühe machte ich wieder einen Spaziergang nach den Anhöhen von Loretto; die Sonne stieg über dem Meer auf, indeß der Mond in Nebel über den Bergen schwand, die sich in einer langen majestätischen Kette tief ins Land hin erstrecken, während daß nun über dem Meere

die Küsten von Griechenland ganz deutlich vor mir lagen. Zur Linken schimmerte im Sonnenglanze der prächtige Tempel, welcher das heilige Haus umschließt, mit dem schöngebauten Thurme darneben, und dem Säulengange, der den Vorhof zu diesem Heilgthume ziert.

Loretto selbst hat ein sehr angenehmes Ansehen; die Straßen gehen hoch und tief, und die Häuser sind mit Gärten untermischt. Besonders schön ist die Strada Romana, da wo sie sich den Berg hinunterwindet.

Zur Linken sah ich bei meiner Rückkehr von der Anhöhe den hohen Berg bei Ancona, und die Hügel in der Nähe und in der Ferne mit Städten und Dörfern besäet, und zur Rechten über kleine waldige Hügel das Meer; – und nun war denn auch mein erster Gang nach der

Santa Casa,

oder dem heiligen Hause, das wie ein kostbares Kleinod in einem doppelten Gehäuse verwahrt ist, und seinen Namen von der frommen Dame LAURETA führt, in deren Gebiet in dem Walde von Rekanati, es zuerst von den Engeln, die es über das Meer durch die Lüfte trugen, niedergesenkt wurde, und von ihr den Nahmen *Domus Lauretana* erhielt.

Der Räuber wegen, welche die Pilger in diesem Walde beunruhigten, huben es die Engel von dort wieder auf, und trugen es tausend Schritte weiter auf einen Berg, wo es aber durch den Zwist zweier Brüder, denen dieser Berg gehörte, und welche sich um den Gewinnst dieses heiligen Hauses durch die Pilgrimme, stritten, entweiht, von den Engeln aufs neue emporgetragen, an dem Orte, wo es jetzt steht, niedergesenkt, und nachher doppelt verwahrt und mit einer prächtigen Kirche umbauet wurde, wodurch es nun gleichsam hier fixirt ist, und nicht so leicht von den Engeln oder ihren Repräsentanten wieder weggetragen werden kann.

Die Geschichte dieses heiligen Hauses sagt, daß im Walde zu Rekanati, wo es zuerst sich niederließ, sich die Bäume neigten, und so lange, bis die letzten ausgerottet wurden, in dieser Stellung blieben; daß aber die übrigen Geschichtsschreiber Italiens von diesem Hause geschwiegen haben, sey aus Bescheidenheit geschehen, weil man gezweifelt habe, ob auch die Nachwelt solchen Wundern Glauben beimessen würde.

Der Platz vor der Kirche macht einen prachtvollen Anblick; man sieht an der einen Seite dorische und korinthische Säulen übereinander, mit Bogenstellungen dazwischen, und an der andern die schönen Klostergebäude.

Die Hauptthür zu der Kirche ist von Bronze, und es macht einen sonderbaren Eindruck, wenn man in diesen Tempel tritt, und in der Mitte desselben wieder einen kleinen Tempel von nicht unbeträchtlichem Umfange sieht, dem der erstere nun zur Decke oder Umgebung dient. – Alles erweckt hier die Idee von einem Heiligen und Allerheiligsten, wie im Salomonischen Tempel; denn der kleine Tempel, den man in der Mitte des Großen sieht, ist auch nur wieder eine Umgebung oder Umhüllung des Allerheiligsten, dessen strahlender Schimmer durch eine Gitteröffnung, wie aus einem heiligen Dunkel hervorbricht.

Rund herum an den Seiten in der Kirche saßen die finstern und ernsthaften Bußpriester in ihren Beichtstühlen, und über einem jeden Beichtstuhle stand mit großer Schrift der Nahme des Landes, dessen Einwohner hier die Absolution in ihrer eigenen Sprache ertheilet wurde, als Germania, Polonia, Hispania, u. s. w. Diese Inschriften selber bezeichnen also schon diesen Tempel als einen solchen,

wo alle Völker und Nationen von den entferntesten Enden sich versammeln.

Ich näherte mich nun auch dem Heiligthume, und das erste, was mir auffiel, war eine Inschrift an der marmornen Einfassung des heiligen Hauses: daß man ja nicht unwürdig diesen Ort betreten solle; DENN DER ERDKREIS BESITZE NICHTS HEILIGERES.

Orbis terrarum nil santius habet!

An den äußern Wänden dieses Marmorhauses befanden sich nun eine Menge Basreliefs, welche vorzüglich Scenen aus der Geschichte der heiligen Jungfrau darstellen, und den andächtigen Pilger auf den Eintritt in das Allerheiligste vorbereiten. Aber auch schon diese äußere Marmorwand denkt man sich von der Heiligkeit dessen, was sie umschließt, durchdrungen; denn ihr werden von den Pilgrimmen, ehe sie in das Innere treten, tausend Küsse aufgedrückt, und die Spur des immerwährenden Kniens um diese Wände ist selbst dem marmornen Fußboden eingegraben.

Ich gesellte mich nun zu noch einigen Fremden in der Kirche, und machte mich zum Eintritt in das heilige Haus gefaßt; vor der Thür stand eine Schildwache, und wir mußten an einem Mann, der nicht weit davon in einer Art von Komtoir saß und schrieb, unsere Stöcke, und wer einen Degen trug, seinen Degen abgeben; dann wurden wir erst in die eine Abtheilung des heiligen Hauses gelassen, worin der heilige Kamin *(il santo camino),* wo die heilige Jungfrau Maria kochte, die hölzerne Schaale, woraus sie mit dem Jesuskinde aß, und das wunderthätige Bildniß der heiligen Maria von Cedernholz selbst befindlich ist.

Ihr Antlitz ist schwarz, wie einer mohrischen Königin. Sie trägt eine von Juwelen strahlende Krone auf ihrem Haupte, und ihr Gewand ist ganz mit Edelsteinen besäet, wovon der Schimmer bei dem Glanz der goldenen Lampen beinahe die Augen blendet.

Sobald wir hier hereintraten, kniete alles nieder, und einem jeden von uns wurde die hölzerne Schaale, woraus das Jesuskind gegessen hatte, zum Küssen dargereicht. Alsdann war es uns erlaubt wieder aufzustehn, und mit Muße die Gegenstände zu betrachten, da man ohnedem durch den Schimmer von Gold und Edelgesteinen, und durch den Schein der Lampen, beim ersten Anblick mehr in Erstaunen gesetzt wird, als daß man etwas deutlich unterscheiden könnte.

Zur Rechten der heiligen Jungfrau wird ihr von einem Engel aus gediegenem Golde ein Herz überreicht. Ein Geschenk der Mutter des Prätendenten, da sie sich von der heiligen Jungfrau einen Prinzen erbat.

Auf der andern Seite bringt ein silberner Engel von dreihundert Pfunden der Jungfrau Maria ein goldenes Kind von vier und zwanzig Pfunden dar. Welches bey der Geburt Ludwigs des Vierzehnten von dessen Vater in dies

Heiligthum geschenkt wurde; der übrigen goldnen und silbernen Kinder zu geschweigen.

In der hölzernen Schaale, die wir küßten, werden Paternoster umgerührt, welche alsdann eine besondere Kraft haben, und den Pilgrimmen um den doppelten Preis verkauft werden.

Aus dieser Küche der Jungfrau Maria traten wir nun heraus, und wurden durch einen andern Eingang durch das Marmorhaus, welcher dem Haupteingange in die Kirche gegenüber ist, in das eigentliche Wohnzimmer der heiligen Familie geführt, wo jeder, der in der ersten Abtheilung gewesen ist, eine Messe hört, und also in einem fort, so lange Besuchende und Pilgrimme da sind, Messe gelesen werden muß.

Hier machen nun die leeren ungeschmückten Wände von bloßen rothen Backsteinen einen sonderbaren Anblick, wenn man sich denkt, daß diese schlechten und wohlfeilen Ziegel mit so vieler Pracht und Schätzen umgeben und eingefaßt sind; und wenn irgend etwas bei dem gläubigen Pilgrim die Idee von Heiligkeit vermehren kann, so ist es dieser Kontrast.

Und dies war also nun das eigentliche heilige Haus, worin ich mit den übrigen kniend eine Messe hörte. Der Altar stand am Ende gerade dem Eingange gegenüber, und über dem Altare war ein Gitter, durch welches das Bild der heiligen Jungfrau in der andern Abtheilung mit aller seiner Pracht schimmerte; und dies war eben der Glanz, der schon bei dem großen Eingange in die Kirche, einem wie aus einer dunklen heiligen Ferne entgegenstrahlte.

Zur linken Seite des Altars war oben eine Oefnung, wie ein Fenster, in der Mauer, durch welches Gabriel der Jungfrau Maria den englischen Gruß brachte, da sie eben auf dem Fleck betete, wo itzt der Altar steht.

Da nun dieser englische Gruß in der katholischen Welt von den Lippen so vieler Tausenden ertönt, und beinahe das erste ist, was die Zunge des Kindes stammeln lernt; was kann dem andächtigen Pilger wohl heiliger seyn, als nun, seinem Glauben nach, auf demselben Fleck sich zu befinden, wo eben dieser Gruß aus dem Munde des Engels selbst ertönte, der ihn der heiligen Jungfrau brachte.

Der Schatz des heiligen Hauses

wird alle Morgen um eilf Uhr an beinahe zwei Stunden lang einem jeden Fremden, der ihn sehen will, unentgeltlich gezeigt; und mehr Edelgesteine und Kostbarkeiten mögen sich denn doch wohl nicht leicht in einem so kleinen Raum, wie hier, zusammenfinden.
Der Schatz ist nehmlich in einer Art von Sakristei in Wandschränken mit gläsernen Thüren aufbewahrt, und Gold und Silber scheinet das Geringschätzigste unter dem, was man siehet, zu seyn: denn Gewände, Kelche, Monstranzen, Tabernakel, und was an Heiligthümern in diesen Schränken prangt, ist mit Edelgesteinen ganz besäet.

Die Königin Christina von Schweden hat Krone und Zepter, von Edelgesteinen strahlend, als sie die königliche Würde verließ, hier zu den Füßen der heiligen Jungfrau niedergelegt, und dieses große Opfer prangt nun in dem Schatze des heiligen Hauses zu Loretto.

So widmete der gelehrte Justus Lipsius seine Feder der heiligen Jungfrau, und auch diese wird hier aufbewahrt.

Ganze Städte haben ihre Ehrfurcht gegen die heilige Jungfrau an den Tag gelegt, indem sie, in Silber abgebildet, hier zum Opfer dargebracht, den heiligen Schatz vermehren.

Ja was ist hier nicht alles der heiligen Jungfrau dargebracht! Ein Priester auf einem Gemählde in der Kirche vom heiligen Hause opfert ihr sogar sein Eingeweide; denn als ihm, wie die Legende sagt, die Türken das Herz ausrissen, und spottend hinzusetzten, er möge es nun der heiligen Jungfrau darbringen, brachte er es ihr wirklich dar, und starb erst, nachdem er dies mit Andacht verrichtet, und durch den Genuß des Sakraments sich zum Tode bereitet hatte.

Auch müssen die Kastraten, welche als Priester am Altare der heiligen Jungfrau Messe lesen, dasjenige bei sich tragen, durch dessen Mangel sie sonst zu diesem Dienste unfähig seyn würden.

Wegen der Türken ist man ziemlich unbesorgt, daß sie hier eine Landung unternehmen möchten; denn wie die Sage geht, wurden sie vor zweihundert Jahren, da sie hier eine Landung wagen wollten, mit Blindheit geschlagen, und mußten unverrichteter Sache wieder nach Hause kehren.

Zwei Schränke zeigt man voll von Dolchen und andern mörderischen Gewehren, welche die bekehrten Banditen, so wie Justus Lipsius seine Feder, und die Königin Christina ihre Krone und Zepter, hier der heiligen Jungfrau darbrachten. Den Türken abgenomme Waffen und Rüstungen werden als heilige Trophäen im Arsenale gezeigt.

Beinahe scheint es, als ob seit dem Wunder vor zweihundert Jahren die Türkischen Seeräuber noch mit Blindheit geschlagen wären, daß sie seit so geraumer Zeit auf diesen unvertheidigten Schatz noch keine Unternehmung gewagt haben.

Die Weinkeller des heiligen Hauses, unter dem Pallaste, der dazu gehört, und der Geistlichkeit zur Wohnung dient, sind von ungeheurer Größe, und mit angefüllten Fässern von erstaunlichem Umfange versehen. – In der Apotheke des heiligen Hauses befinden sich die Gefäße von Fayance, welche von Raphael gemahlt seyn sollen.

Einem Aufzuge von Pilgrimmen, welche durch die Stadt nach dem heiligen Hause ziehen, habe ich nicht beigewohnt, weil jetzt nur wenige hier sind, von denen ich mir aber doch einen Begriff von einem solchem Aufzuge machen kann. – Die Tracht mit Mänteln von Wachstuch ist eine gute Erfindung für den Wanderer, um gegen den Regen geschützt zu seyn.

Als ich nun den Schatz des heiligen Hauses gesehen, und zu Mittage gegessen hatte, ging ich noch ein wenig in der langen und schmalen Straße von Loretto spazieren, wo die Kaufläden an beiden Seiten ein unterhaltendes Schauspiel darbieten; denn hier siehet man nichts, als Rosenkränze von allerlei Art, Kruzifixe, bleierne Schaumünzen mit heiligen Geprägen, geweihte Bänder und Mützen, u. s. w., welches alles dadurch einen doppelten Werth erhält, daß es in der hölzernen Schaale umgerührt ist, woraus das Jesuskind gegessen hat.

Ich kaufte einen artigen Rosenkranz, der zwischen den kleinen braunen Kügelchen mit feinem Silberdraht umwunden war, für zwei Paul; – und nun erbot sich wieder ein Vetturin, der mich sogleich für einen Fremden erkannte, und vermuthete, daß ich nach Rom ginge, mich für vier

Paul bis Macerata zu fahren, welches ohngefähr so weit von hier, wie Loretto von Ankona liegt.

Dieser Vetturin, obgleich in der gewöhnlichen Tracht mit Mütze und Jacke, war sehr reinlich und wohl gekleidet, und hatte ein paar schöne Pferde vor seinem Wagen. Er gab sogleich die Kappara, nehmlich einen Paul, auf die Hand, zur Sicherheit, daß ich auch mit ihm fahren würde.

Nun kam ich auf den Marktplatz von Loretto, wo ein Kastrat in geistlicher Kleidung mich in gebrochenem Deutsch anredete, weil er mich gleich, dem Ansehen nach, für einen Deutschen hielt; wie ich denn überhaupt auf meiner bisherigen Reise bemerkt habe, daß die Italiäner sehr geübt sind, Engländer, Deutsche, Franzosen, u. s. w, gleich beim ersten Anblick zu unterscheiden.

Als ich dem Kastraten sagte, daß ich aus Berlin sey, erzählte er mir, daß er bei der dasigen Oper engagirt gewesen wäre; als ich ihn hierauf fragte, was er jetzt bediente, so gab er mir naiv genug zur Antwort: ICH BIN NUN HIER BEI DIE MUTTER GOTTES ANGESTELLT.

Nun war seine erste angelegentliche Frage an mich, ob ich ein Katholik sey; als ich ihm, seinem gutgemeinten Wunsche gemäß, mit ja antwortete, ergriff er sehr freundschaftlich meine Hand, und erzählte nun allen Leuten auf dem Markte, als ein Wunder, daß ich aus dem ketzerischen Berlin und demohngeachtet ein Katholik sey, worauf sich sogleich ein Vetturin, der freilich eben nicht das honetteste Ansehen hatte, erbot, mich für zwei Zechinen von Loretto bis Rom zu fahren.

Um dies Anerbieten anzunehmen, mußte ich nun erst meinen vorigen Vetturin befriedigen, indem ich ihm die Kappara oder das Handgeld verdoppelt zurückgab. Dieser aber wollte damit nicht zufrieden seyn, sondern *tutta la Vettura* (die ganze Fuhre von Loretto bis Macerata) und also vier Paul bezahlet haben; und zwar aus dem Grunde, weil ich ihn deswegen abdankte, um mit einem andern Vetturin zu reisen, der gewiß ein Bandit und Spitzbube seyn müsse, weil er mich sonst nicht für zwei Zechinen nach Rom fahren könne.

Der Vetturin, mit dem ich zankte, hatte, wie ich schon bemerkt hatte, ein stattliches Ansehen, und auch auf dem Streite selbst hatten seine Gestus und Ausdrücke mehr Offenes und Gerades, als Hämisches und Tückisches.

Als er mir demonstrirt hatte, warum er Recht und ich Unrecht habe, fügte er hinzu; so ist die Sache, *se capice Italiano!* (wenn der Herr Italiänisch versteht); welches aus seinem Munde eben so klang, als wenn jemand bei uns in der Hitze des Affekts sagt: so ist die Sache, wenn der Herr Deutsch versteht!

Ein Haufen Leute, die unser Streit herbeilockte, versammelte sich auf der Straße um uns her, wovon einige mir, andere dem Vetturin Recht gaben. Dieser äußerte endlich mit einem derben Fluche *per Christo benedetto!* daß ich mit jenem schlechten Kerl nur fahren möchte, und er wolle auch seine Kappara nicht einmal wiederhaben! Hierauf entschloß ich mich denn sogleich, und sagte: ich will mit euch fahren!

Fate bene! Fate bene! (Ihr thut wohl!) sagten darauf die Umstehenden, welche auch auf meiner Seite gewesen waren, zu mir, indem sie mir diesen Vetturin als einen wohlbekannten Mann und *Galant' huomo* schilderten, da jener andere hingegen ihnen ganz unbekannt sey.

Dies schreibe ich Ihnen, indem ich noch mit Muße meinen Kaffee trinke, ehe ich mit meinem nun völlig ausgesöhnten Vetturin aufbreche, der mir verspricht, daß wir heute Abend noch bei guter Zeit in Macerate anlangen werden.

Macerata, den 20. Oktober.

Gestern Nachmittag fuhren wir denn bei schönem Wetter von Loretto ab. Unterwegs begegnete uns wieder eine erstaunlich zahlreiche Prozession, die uns eine halbe Stunde aufhielt, zu Ehren des Heiligen, dessen Fest auch in Ankona gefeiert wurde.

Ohngefähr auf der Hälfte des Weges hierher, erhielt ich noch einen sehr artigen Gesellschafter, der aus Macerata gebürtig war, und mir viel von einer Akademie, die hier existirt, erzählte.

Wir fuhren eine ziemliche Weile in der Ebne, und kamen denn auf einmal eine Anhöhe herauf, von der man wieder das Adriatische Meer sehen kann, und auf welcher Macerata liegt, welche der Sitz des Generalgouverneurs der Mark Ankona ist.

Heute früh machte ich einen Spaziergang um die Stadt, die über den Nebel emporragte, der wie ein Meer von Wolken zu meinen Füßen hinzog. Die Stadt selber ist ziemlich wohl gebauet, und hat ein prächtiges Thor, das einem Triumphbogen ähnlich sieht.

Den Gasthof, wo ich logiere, besitzen zwei Brüder, welche zugleich Vetturine sind; mit diesen habe ich wegen meiner weiten Reise bis Rom schon akkordirt, und bin um ein sehr Billiges mit ihnen einig geworden.

So eben erscheint nun der Vetturin, mit dem ich bis Rom reisen soll, und dies ist wieder ein ganz unbekannter Mann. Ich gebe mein Mißtrauen und meinen Verdacht darüber zu erkennen; worüber mir denn der eine von den beiden Brüdern den Vorwurf macht, daß ich gar zu argwöhnisch sey, indem er hinzufügt: *Siamo Italiani, ma siamo christiani* (Wir sind zwar Italiäner, aber wir sind auch Christen). Diese Aeußerung fiel mir denn freilich ganz außerordentlich auf, weil sie ohngefähr zu verstehen zu geben schien, daß ein Fremder den Italiänern als Italiänern freilich nicht sehr trauen dürfe, aber doch erwägen müsse, daß sie ALS CHRISTEN es nicht gar zu arg machen dürften. Dies hat mich denn auch beruhigt, und ich werde nun mit dem unbekannten Vetturin, der übrigens gar keine schlimme Physiognomie hat, noch diesen Vormittag von hier abreißen.

Spoleto, den 24. Oktober. Abends.

Meine Sehnsucht nach Rom vermehrt sich, je näher wir hinzukommen, und die Gegenstände, welche vor mir vorübergehen, verlieren immer mehr von ihrem Interesse, weil ich den Gedanken nicht vermeiden kann, daß der Fremde, welcher von seinen Reisen in diesem Lande gehörigen Nutzen ziehen will, sich durch den Aufenthalt in Rom, und durch den Anblick und das Studium der größten Meisterwerke, zu diesen Reisen erst vorbereiten müsse, um seine Aufmerksamkeit auf die unzähligen Gegenstände gehörig vertheilen zu lernen.
Als wir von Macerata abfuhren, war die Gegend anfänglich schön und reizend; nachher wurde sie rauh und bergigt, bis wir gegen Sonnenuntergang nach

Tolentino

kamen, wo unsre Einfahrt in einer entsetzlich engen und schmutzigen Straße war, die denn aber doch auf einen schönen Platz mit wohlgebauten Häusern führte, auf welche Zierde man auch in den kleinsten Italiänischen Städten vorzüglich zu halten scheint.

Erster Theil 91

Hier war es ziemlich lebhaft; unter den vielen Leuten aber, die uns begegneten, bemerkte ich nur einen einzigen wohlgekleideten Mann; die übrigen alle trugen die Kennzeichen der Armuth und des Mangels.

Als wir aus dem anderen Thore der Stadt wieder hinausfuhren, kamen wir in eine reizende Gegend im Thale, wo sich ein schöner Fluß hindurchschlängelte, an dessen Ufer einige der Einwohner von Tolentino spazieren gingen, worunter sich einige in weißen Kutten sehr elegant gekleidete Mönche befanden, welche junge Damen am Arme führten, und auf die Weise aus ihren einsamen Zellen das schöne Wiesenthal besuchten.

Hier erhielt ich nun auch einen Reisegefährten, den ich bis Rom behalten werde; ein alter, ehrlicher und frommer Bürger aus Loretto, der seinen Rosenkranz fleißig betet, und übrigens von wenig Worten ist, so daß er mich in meinen Meditationen, die ich eben anzustellen Lust habe, niemals stört; er muß wegen einer Ehescheidungssache, die seine Tochter betrifft, nach Rom reisen, und seufzet sehr oft über die Kosten, welche ihm diese Reise macht.

Gegen Abend spät kamen wir nach Valcimara an, wo alles ein armseliges trauriges Ansehen hatte, aber die Bewirthung doch ziemlich gut war, weil ich mit meinem Vetturin zusammen speiste, der mich von Macerata bis Rom zugleich in die Kost genommen hat.

Denn so wie man sonst, wenn man zu Schiffe reist, sich die Beköstigung bei dem Schiffer mit ausbedingen kann, so findet dies in Italien auch zu Lande statt, wenn man mit einem Vetturin reist. Man braucht alsdann für nichts zu sorgen, sondern wird zu Tische gerufen, wenn es Zeit ist, und wenn man abfährt, macht der Fuhrmann alles richtig, wozu auch das Schlafgeld mit gehört.

Man ist auf die Weise sicher, immer besser bewirthet zu

werden, und viel wohlfeiler wegzukommen, als wenn man sich selber seine Mahlzeiten bestellen, und mit den Wirthen akkodiren will.

Daher kommt es denn auch, daß man an dem Vetturinstische gemeiniglich gute Gesellschaft trifft, weil die meisten, welche, wie man sich hier ausdrückt, *alla mercantile,* und nicht wie vornehme Herren reisen, sich dieses Vortheils gern bedienen.

Der Vetturin ist in einem solchen Gasthofe gemeiniglich schon bekannt, und weil er öfter wiederkömmt, so darf man es nicht wagen, ihn zu schlecht zu bewirthen, und seine Passagiere dadurch mit ihm mißvergnügt zu machen.

Am andern Morgen früh fuhren wir wieder ab, und kamen durch die Gebirge, um Mittag nach Cerravalle, das in einem tiefen Thale liegt, durch welches ein kleiner Bach fließt, und wo die Aussicht schön und romantisch ist.

Unser Weg ging nun oft sehr steil hinunter und hinauf, so daß wir verschiedenmale aussteigen und zu Fuß gehen mußten. Unser Wagen mit zwei Rädern, wo nur das eine Pferd vor die Deichsel gespannt ist, und das andere wie eine Art von Gehülfen nebenhergeht, scheint recht für diese rauhen Wege in den Gebirgen gemacht zu seyn. Ein elegantes Ansehen hat er freilich nicht, weil er, so wie alle die gewöhnlichen Wagen der Vetturine, mehr einem Karren als einer Karosse, ähnlich sieht.

Endlich fingen die Berge an sich zu senken, und immer weniger rauh und steil zu werden, bis wir zuletzt aus ihnen hinaus, auf eine reizende Ebne blickten, in welcher die Stadt Foligno mit ihren Thürmen vor uns lag.

Foligno.

Die Straße bei der Einfahrt in die Stadt war häßlich, enge und schmutzig; wie dies denn bei den kleinen italiänischen Städten, durch welche wir gekommen sind, fast immer der Fall war, bis man auf den Markt oder öffentlichen Platz kömmt, wo es auf einmal geräumig und helle wird, die Häuser ein wirthbares Ansehen erhalten, und man wieder freier athmet.

Wir logierten nicht weit vom Thore. Bei einem Spaziergange vor die Stadt, begegneten wir wiederum sehr wohlaussehenden Mönchen mit Kutten von feinem Tuche, welche Damen am Arme führten. Sonderbar fielen mir die Reuter auf, mit Haarbeutel, Schuhen und seidenen Strümpfen, welche von einem Spazierritt zu kommen schienen.

Die Kathedralkirche machte einen prächtigen Prospekt, und giebt, wie ich höre, denjenigen, welche nach Rom reisen, schon einen Vorgeschmack von der Pracht der Peterskirche, deren Hochaltar unter der Kuppel, mit dem Baldachin und vergoldeten Säulen hier im kleinen abgebildet ist, welches wirklich schon einen sehr prachtvollen Anblick macht.

Heute früh machte ich einen Spaziergang um die Stadt auf dem Walle, von welchem man sehr reizende Aussichten hat, und der zum Ausruhen für die Spaziergänger rund herum mit schönen Sitzen versehen ist.

Die Stadt selber ist ziemlich unansehnlich; die Häuser sind von Steinen nur gleichsam wie aufgeworfen, und haben ein unwirthbares und verfallenes Ansehen.

Sonderbar ist die Abstammung des Nahmens der Stadt Foligno von Forum Flaminii, welches ihre erste Benennung unter den Römern war; man findet aber mehrere ähnliche

Zusammensetzungen der alten lateinischen Nahmen in den jetzigen Benennungen der italiänischen Städte.

Gegen Mittag fuhren wir erst von Foligno wieder ab. Dicht vor der Stadt kamen wir vor einem großen, sehr schön angelegten, Garten vorbei, in welchem ein angenehmes Landhaus zwischen den hohen Cypressenbäumen hervorschimmerte.

Dann führte uns unser Weg im Thale durch anmuthige Gegenden zwischen den Bergen hin. Die Landstraße war sehr lebhaft, und wir kamen nun auch vor dem berühmten Fluß Klitumnus vorbei, dem der jüngerer Plinius in seinen Briefen, durch die reizende Beschreibung davon, ein so schönes Denkmal gestiftet hat, und von welchem Virgil schon sang:

»Von der unbefleckten Heerde, die an deinem Ufer, o Klitumnus, weidet, aus dem heiligen Quell getränkt, wird der weiße Stier zum Opfer im Tempel der Götter dargebracht.«

Auch ich sah nun hier im Thale die schönen Heerden weiden, welche der Dichter der Vorzeit besungen hat. – Der Felsen, unter welchem der Fluß hervorquillt, war grün überwachsen, und der Fluß selbst fließt, wie der Mincius bei Mantua, so klar und spiegelhell, daß man bis auf den Kies am Boden sehen kann.

Ein kleiner Tempel, nicht weit von hier, am Ufer des Flusses, soll noch eben derjenige seyn, welcher, nach der Beschreibung des Plinius, ehemals dem Flußgott geheiligt war; jetzt hat man eine christliche Kapelle daraus gemacht, und ihr den Nahmen St. Salvatore gegeben.

Dieser Weg von Foligno nach Spoleto war einer der angenehmsten auf meiner ganzen Reise; so etwas Sanftes und dennoch romantisch Großes hat diese Gegend, die auch, wie man dafür hält, die Wiege des zärtlichen Propertius war, dessen Geist in diesen Fluren die ersten Eindrücke aus der schönen umgebenden Natur einsog.

Hier wehte gegen Sonnenuntergang eine milde Luft; auf den Bergen ruhte der Nebel; tief in der Ferne zwischen den Bergen lag Spoleto vor uns; das Gewölke wurde immer schimmernder und goldner, bis sich ein Regenbogen am Himmel bildete, der diese reizende Gegend schmückte, und unsre Einfahrt nach Spoleto erhaben und glänzend machte, indeß die Straße zu einer immerwährenden Allee und immer volkreicher wurde, so wie wir der Stadt uns näherten.

Spoleto.

Noch vor Sonnenuntergang langten wir hier in Spoleto an, deren Einwohner auf das Alterthum ihrer Stadt nicht wenig stolz sind, und sich noch immer der Tapferkeit ihrer Vorfahren rühmen, welche den Hannibal nach seinem Siege über die Römer bei dem Trasimenischen See von ihren Thoren zurücktrieben; von welcher Begebenheit noch itzt ein Thor seinen Nahmen führt, das Porta Fuga oder Porta di Hannibale heißt, und die Inschrift hat:

»Daß Hannibal, nachdem er die Römer geschlagen, und mit zerstörender Gewalt auf Rom habe zueilen wollen, mit einer großen Niederlage von Spoleto zurückgetrieben, und dieses Thor nach seiner Flucht benannt sey.«

Noch wird das Wasser durch eine von den Römern angelegte Wasserleitung sechs italiänische Meilen weit, von dem Monte Luko, in diese Stadt geleitet, zu welchem Ende eine Brücke von einem Berge zum andern hinüber gebaut ist, welche Ponte delle Torri heißt.

Die romantische Gegend bei Spoleto hat schon an sich

etwas Einladendes zur Stille und Einsamkeit; und eine Anzahl Weltleute, die kein Ordensgelübde leisten, deren Zahl aber immer wieder ersetzt wird, haben sich auf dem Berge Luko bei Spoleto, unter dem Nahmen Comiti de Monte Luko, als Einsiedler angebauet.

Wenn man in das Thor von Spoleto kömmt, so steigt man eine ziemlich lange Straße gerade bergan.

Ich machte heute Abend, da es schon dunkel war, noch einen Gang in die Stadt, weil wir morgen früh schon wieder abreisen, und ich also von Spoleto eben nichts weiter mehr sehen werde.

Die Straße war nicht erleuchtet, aber doch helle genug, weil alle Läden eröffnet waren; und in der langen bergangehenden Straße war fast Laden an Laden, wovon die meisten Tuchwaaren enthielten. Auch sahe man noch die Handwerksleute an ihren Tischen bei offenen Thüren arbeiten, welches das innere Ansehen der italiänischen Städte vorzüglich lebhaft macht.

Nun aber erhalten Sie auch nicht eher wieder, als aus Rom, einen Brief von mir, wobei ich Sie sich zu erinnern bitte, daß ich Ihnen bis dahin nichts versprochen habe, als flüchtig entworfene Skizzen, so wie im schnellen Vorübergehen der Stoff sich mir darbieten würde.

Rom, den 27. Oktober 1786.

Das Ziel meiner Wünsche hätte ich also nun erreicht; es ist mir aber heilig, und nur in den besten und ruhigsten Momenten soll sich meine Beschreibung daran wagen.

Als wir bei frühem Morgen von Spoleto abreisten, ruhte der Nebel noch auf den Bergen, und wir fuhren, im eigentlichen Sinne, in den Wolken, durch welche wir manchmal, wenn sie sich eröffneten, in reizende Thäler blickten, die mit Weinstöcken und Oehlbäumen bepflanzt waren.

Unser Weg ging hier zum öftern sehr steil bergauf und ab, und so oft wir irgend eine gefährliche Passage zurückgelegt hatten, stattete mein frommer Gefährte aus Loretto in einem Stoßgebete der heiligen Mutter Gottes seinen Dank ab, daß sie uns abermals treulich beigestanden habe.

Die italiänischen Gebirge, durch welche wir bis jetzt gekommen sind, haben etwas majestätisches in ihrem Anblick; ihre Umrisse sind groß und sanft, und mischen sich in Wellenlinien mit dem auf ihnen ruhenden Gewölke.

Als wir aber gegen Mittag in Terni ankamen, hatte sich der ganze Himmel umzogen; es regnete sehr heftig, und das Wetter war so stürmisch, daß ich keinen Wegweiser erhalten konnte, um mich zu dem berühmten Wasserfall von Terni zu begleiten, weil es unmöglich sey, bei diesem Wetter die schlüpfrigen Felsen zu ersteigen.

Da ich alle diese Gegenden von Rom aus noch wieder besuchen werde, so faßte ich den Entschluß, für diesmal auf den Anblick dieser großen Naturerscheinung Verzicht zu thun, um meine Reise nach Rom zu beschleunigen.

Als wir in eine reizende Ebne, durch welche die Nera schlängelt, von Terni nach Narni fuhren, klärte sich allmälig der Himmel wieder auf, und die Sonne beschien abwechselnd, durch die Wolken hervorbrechend, das grüne

Gebüsch an den Krümmungen des Flusses, und die Anhöhen der Berge, welche dies angenehme Thal einschließen.

Diese schönen Fluren waren es, wo Tacitus, der ein getreues spiegelhelles Bild seines Zeitalters der Nachwelt überlieferte, seine frühe Kindheit verlebte, und sein Geist in ihm zu künftiger Größe emporwuchs.

Wir fuhren nun nach Narni einen hohen und steilen Berg hinauf, wo wir durch ein altes Thor in eine ziemlich schmutzige Straße, mit schlechtgebauten Häusern, kamen. Demohngeachtet fehlte es auch dieser Stadt nicht an einem kleinen Platze, wo vor dem Rathhause ein alter Springbrunnen stand.

Wir fuhren nur durch und auf der andern Seite wieder in die Tiefe hinab, und abwechselnd wieder bergan, während daß man die Nera sich immer tief im Thale hinschlängeln sahe.

Die Sonne neigte sich zum Untergange, und beleuchtet die Berge, aus denen die Felsenstücke weiß und glatt, wie Marmor, hervorschimmerten, und mit dem Grün der Olivenwälder und niedrigen Gesträuche, welche dazwi-

schen hervorsproßten, den angenehmsten Kontrast machten.

Der kleine Ort, wo wir übernachteten, bot eine schöne Aussicht nach allen Seiten dar.

Gegen Mittag und Abend blickte man auf die Hügel nach Rom zu, gegen Morgen auf eine Anhöhe mit Weinstöcken und Oehlbäumen bepflanzt. Auf dem Balkon vor dem Hause sahe man in der Ferne eine Stadt am Abhange eines Berges liegen, und auf einer höhern Spitze einige Häuser von einem Dorfe hervorragen. Hier konnte ich mich nun also mit der süßen Hoffnung niederlegen, Rom binnen zwei Tagen zu erblicken.

Civita Kastellana.

Gestern gegen Mittag kamen wir in Civita Kastellana an, das auf einem steilen Felsen liegt, den in der Tiefe drei kleine Flüsse umströmen, die sich nicht weit von hier vereint in die Tiber ergießen.

Am Fuße der Stadt zeigt man eine Brücke über den Fluß Cremera, wo die dreihundert tapfern Römer aus der Familie der Fabier von den Einwohnern von Veji erschlagen wurden; wie denn das alte Veji selber auf dem Fleck gestanden haben soll, wo Civita Kastellana erbauet ist.

An drei Seiten ist diese Stadt mit Wasser umgeben, und an der vierten hängt sie, wie eine Halbinsel, mit einem Berge zusammen, auf welchen eine Citadelle angelegt ist, wovon die Stadt selber den Nehmen Civita Kastellana führt.

Gegen Norden ist dieser isolirte Felsen mit dem umgebenden Lande durch eine erstaunlich hohe Brücke verbunden, welche über einen der kleinen Flüsse führt, die in der Tiefe die Stadt umgeben. Dem Erbauer derselben statten die

Einwohner des Orts durch eine öffentliche Inschrift über dem Geländer der Brücke, für diese wohlthätige Einrichtung ihren Dank ab.

Die von der Natur so sehr befestigte Lage dieser Stadt wird von denjenigen vorzüglich zum Grunde angeführt, welche behaupten, daß das alte Veji auf diesem Fleck gestanden habe, dessen Einwohner sich über dreihundert Jahre mit dem hartnäckigsten und tapfersten Widerstande vertheidigten, ehe sie sich von den Römern unterjochen ließen.

Indeß habe ich doch an einigen öffentlichen Inschriften in der Stadt gesehen, daß sich die Einwohner den Nahmen der Falisker geben, deren Hauptstadt, nach anderer Meinung, auf diesem Fleck soll gestanden haben.

Uebrigens habe ich nun schon in mehrern kleinen Städten Italiens gefunden, daß die Einwohner sich in den öffentlichen lateinischen Inschriften immer noch die Benennung ihre alten Vorfahren geben, die zu den Zeiten der Römer, nach der angenommenen Meinung, den Ort bewohnten.

Civita Kastellana an sich selber hat ein trauriges Ansehen; die Häuser scheinen von aufeinandergethürmten Steinen gleichsam wie zusammengeworfen, und mehr durch Zufall als durch Kunst entstanden zu seyn; wie denn wirklich in dem Felsen Höhlen ausgehauen sind, welche armen Leuten zur Wohnung dienen.

Von Civita Kastellana hatten wir nun einen ziemlich unangenehmen Weg, durch eine öde unangebaute Gegend, über lauter kleine Hügel, bis Kastel nuovo, wo wir erst den Abend spät anlangten.

Die Aussicht hatte aber demohngeachtet bei ihrer Einförmigkeit etwas Großes, und verschönerte sich besonders bei Sonnenuntergang.

Zu unserer Linken in der Nähe lag der Berg Sorakte, und in der Ferne schimmerten die Schneebedeckten Gipfel der Apenninen, und warfen im Schein der Abendsonne einen leuchtenden Glanz von sich.

Diese Gegend war nun einst der Schauplatz so mancher großer und tapfern Thaten, wo fast ein jeder Fleck mit Römerblut erstritten, und zu einem heiligen Denkmal für die Nachwelt geweihet wurde.

Hier kamen wir auch auf die antike Via Flaminia, wovon noch einige Ueberreste bis jetzt der Zeit getrotzt haben.

Vieleckigte glatte Steine von großem Umfange sind dicht aneinander gefugt, und bilden ein ganz ebnes Pflaster, das aber durch die Länge der Zeit ganz ausgeglättet, und äußerst unbequem für die Pferde ist, weswegen mir denn mein Vetturin auch versicherte, daß er diese Steine verfluchte, so oft er darüber führe, wobei er mir in sehr übler Laune zugleich vorher verkündigte, daß wir in Kastel nuovo ein schlechtes Abendbrodt finden würden, und daß dies die letzte, aber auch die unangenehmste Station bis Rom sey.

Voll von reizenden Aussichten und Erwartungen, und so nah am Ziele, konnte ich in seinen üblen Humor unmöglich einstimmen, sondern ließ mir das schlechte Abendbrodt in Kastel nuovo sehr wohl gefallen.

Heute früh brachen wir auf, und Rom blieb noch lange vor unsern Augen verborgen, bis auf einmal hinter den Hügeln, die es verdeckten, die Peterskuppel ganz allein majestätisch hervorragte.

Dann zeigten sich hier und da allmälig einige der kleinen Kuppeln; dazwischen ragten auf den Anhöhen mit hohen Cypressen bepflanzte Villen und Landhäuser hervor.

Es waren nur die hin und her zerstreuten Merkmale einer Stadt von ungeheurem Umfange, die sich den Augen entdeckten, bis wir an den alten *Pons milvius,* oder die Brücke, welche jetzt Ponte Molle heißt, über die Tiber kamen, und nun die Via Flaminia, welche hier auf beiden Seiten mit Lustgärten und Landhäusern geschmückt ist, in gerader Richtung uns auf Rom zuführte, wo ein ganzes kleines Thürmchen gerade vor uns in der Ferne uns schon den Fleck bezeichnete, auf welchem einst das Kapitolium stand.

Auf der schnurgeraden Straße von der Ponte Molle bis zu der Porta del Popolo, begegneten uns schon römische Bürger in französischer Kleidung, welche Damen am Arme führten, und an dem schönen Morgen nach Ponte Molle einen Spaziergang machten. Diese Straße von der Brücke bis ans Thor ist schön gepflastert, und zur Bequemlichkeit für die Fußgänger an den Seiten mit breiten Steinen versehen.

Wir hielten nun mit unserm zweirädrigen Fuhrwerke unsern Einzug in die Porta del Popolo, wo denn der erste Anblick von Rom meine Vorstellung, die wahrlich nicht klein war, bei weitem noch übertraf.

Der majestätische Obelisk, dies Denkmal des grauesten Alterthums, mit der in Hieroglyphen ihm eingegrabenen Geschichte der dunklen Vorzeit, ragt innerhalb des Thores, in der Mitte des Platzes, welcher den Nahmen del Popolo führt, empor, und giebt dem Auge seine Richtung auf drei prachtvolle Straßen, deren Eingang zwei einander ähnlich gebaute schöne Kirchen mit ihren Kuppeln zieren.

Die prächtigste von diesen Straßen ist der Korso, welchen man seiner ganzen Länge nach hinaufblickt, bis dahin, wo der kapitolinische Berg die Aussicht hemmt.

In die ansehnliche Strada Babuina zur Linken, und Ripetta zur Rechten, blickt man eine ziemliche Strecke hinauf in schräger Richtung, so daß man gleich beim ersten Eintritt in Rom einen ansehnlichen Theil der Stadt mit den Augen fassen, und in der reizendsten Perspektive in dies Heiligthum schauen kann,

In der Mitte des Platzes del Popolo vor dem Obelisk, ist ein Springbrunnen; und selbst die schlechten Häuser dieses Platzes stören den Eindruck des Ganzen nicht, welcher etwas unbeschreiblich Großes und Majestätisches hat.

Das Thor del Popolo selbst mit Marmorsäulen verziert, und mit den Statüen der Apostel Petrus und Paulus, und dem päbstlichen Wappen zwischen zwei großen Füllhörnern, geschmückt, begrüßt die Kommenden mit der Inschrift:

Salus Intrantibus!

Die päbstliche Wache am Thore ließ uns in Frieden ziehen, und wir fuhren den Korso hinauf, wo die überraschendsten Gegenstände an beiden Seiten vor unsern Blicken vorübergingen, bis wir zu der Kurie oder Basilika des Kaisers Antoninus kamen, wovon noch eilf große antike Marmorsäulen, mit Frieß und Architraven stehen, und worin sich jetzt die Dogana oder das Zollhaus befindet, wo ich mein Felleisen mußte visitiren lassen, welches mir nach Erlegung eines Trinkgeldes ohne Umstände verabfolgt wurde, da ich es sonst, wegen einiger Bücher die darin befindlich waren, erst in einigen Tagen wieder erhalten hätte.

Und nun ging es denn aus dieser Basilika nach Vincenzens Hause, in der Strada Kondotti, zu dem deutschen Wirthe, der mir unterwegs so oft war angerühmt worden; und hier schreibe ich Ihnen nun mein Theuerster, nachdem ich heute Nachmittag schon einen Spaziergang nach dem Kolossäum und dem römischen Forum gemacht, und mich in einem Meer von Eindrücken verlohren habe, worunter meine Einbildungskraft erliegt.

Es ist schon spät, und ich wünschte wohl zu schlafen; aber eine große Anzahl deutscher Künstler, die sich in dem Speisesaal, woran mein Zimmer stößt, versammelt haben, scheinen sich ihrem fröhlichen Humor, der ziemlich laut wird, noch länger überlassen zu wollen, und von der Sehnsucht nach dem Schlafe noch fern zu seyn. Ich suche mich also, so gut ich kann, in mein Schicksal zu finden, und mich, so lange ich wach bin, des Gedankens, daß ich nun, trotz der Alpen und Apenninen, in Rom bin, zu erfreuen.

Rom, den 1. November.

Vidimus flavum Tiberim!

Nun habe ich, mein Theuerster, hier in Rom, das ich so bald nicht wieder zu verlassen gesonnen bin, meine Wohnung aufgeschlagen, und schreibe Ihnen, indem ich aus meinem Fenster in der Strada Babuina, über einen großen Theil der Stadt, nach dem emporragenden Janikulus hinüberblicke, auf welchem eine Reihe Pinien mit ihren geraden Stämmen, und ihren sich wölbenden Kronen, in der Ferne den reizendsten Anblick machen.

Ehe ich aber dieß angenehme Stübchen gefunden, habe ich erst eine gefährliche Probe gemacht, wo eine schöne Aussicht mich in eine sehr schlimme Behausung lockte.

Am andern Morgen meines Hierseyns nehmlich, ging ich gleich früh mit einem Lohnbedienten aus, um mir eine Wohnung zu suchen; wir kamen an den sogenannten Hafen von Ripetta, wo eine schöne steinerne Treppe, die bis an den Fluß hinuntergeht, die Reihe von Häusern an der Tiber unterbricht, und wo sich dem Auge auf einmal nach dem jenseitigen Ufer der Tiber, der Peterskirche, der

Engelsburg, und dem Vatikan, die prachtvollste Aussucht eröfnet.

Besonders reizend stellen sich die gegenüberliegenden Wiesen und Gärten, und etwas weiter hin zur rechten Seite, ein Theil des Janikulus, unter dem Nahmen des *Monte Mario,* dar, wo man in der Ferne sich den Weg hinaufschlängeln, und aus den dunklen majestätischen Cypressenhainen, angenehme Landhäuser hervorschimmern siehet.

Die den Strom hinunterkommenden Schiffe, welche hier ausgeladen werden, die Arbeiter und Leute aus der Stadt, die hier zu thun haben, machen den Hafen von Ripetta zu einem der lebhaftesten Plätze in Rom.

Die Porta del Popolo, und der Korso sind nicht weit entfernt, und ein Fahrzeug für diejenigen, welche sich nach dem jenseitigen Ufer wollen übersetzen lassen, steht hier immer bereit, und wird der Sicherheit wegen, weil der Strom reißend ist, an einem über den Fluß gespannten Thau gezogen.

Diese Gegend hatte einen unwiderstehlichen Reiz für mich, und ich konnte mir nichts Angenehmeres denken, als in einem der nahe liegenden Häuser eine Wohnung mit der Aussicht auf die Tiber zu besitzen, wo zu der Stille und Einsamkeit, der immerwährende ungestörte Anblick einer paradiesischen Gegend sich gesellte, und ich, in diesem lebendigen Anschauen, meines Hierseyns in jedem Moment mich freute.

Ich stand auf der untersten Stufe der Treppe; zu meinen Füßen strömte die gelbe Tiber, und ich blickte zur rechten Seite das dichtbebaute Ufer des Stroms hinunter, wo hie und da an den Häusern kleine Balkons hervorragten, die so etwas Anziehendes für die Phantasie, und einladendes zur stillen Betrachtung hatten, daß ich mich des sehnlichen Wunsches nicht enthalten konnte, wo möglich ein Zimmer mit einem solchen Balkon und der Aussicht auf die Tiber, zur Wohnung zu bekommen.

In einigen Stunden wurde denn auch dieser Wunsch erfüllt; mein Lohnbedienter hatte mir bald ein Zimmer mit einem Balkon auf die Tiber ausgefunden, und führte mich in der Strada Ripetta, nicht weit von dem Platze del Popolo, zwei Treppen hoch, hinten nach dem Flusse hinaus, in meine neue Wohnung, wo ich mit dem Wirthe, der selbst ein Miethsmann in diesem Hause war, um eine billige Miethe bald einig wurde.

Ein gewisser Herr Giusepe, der meine Stube mit dem Balkon bisher bewohnt hatte, räumte mir dieselbe sogleich, und zog auf ein benachbartes Zimmer, wobei er mir versicherte, daß er dieß einem Kardinal nicht würde zu Gefallen gethan haben, mir aber, weil ich ein vorzüglicher *galant' uomo* (ehrlicher Mann) sey, überlasse er die Stube mit Vergnügen. – Mein Wirth, versicherte er, sey zwar ARM, aber auch ein *galant' uomo,* (ehrlicher Mann) wie es keinen vorzüglicheren mehr gäbe. Hierbey fiel mir denn mein Wegweiser mit seinem *siamo poveri, ma* – – wieder ein, und ich mußte nothwendig auf den Gedanken kommen, daß povero und galant' uomo, hier etwas bezeichne, das sich sehr selten zusammenfindet, weil mir so oft versichert wurde, daß mein Wirth zwar ARM, ABER DOCH EIN *galant' uomo* SEY.

Indes fing ich sogleich an, mich einzurichten, zu lesen und zu schreiben, und abwechselnd auf dem Balkon in ungestörter Ruhe der schönen Aussicht zu genießen.

So brachte ich diesen Tag zu, legte mich am Abend mit frohen Gedanken nieder, und war in diesem unbekannten Hause so unbesorgt, wie jemand im Schooße seiner Familie, eingeschlafen, als ich gegen Mitternacht auf ein-

mal durch ein entsetzliches Klopfen an meiner Thüre aus dem Schlafe geschreckt wurde.

Der Mann, welcher mir so großmüthig seine Stube räumte, verlangte nehmlich nichts weniger, als daß ich ihm meine Thüre aufschließen sollte, weil in meiner Stube sich noch von seinen Sachen befänden, die er jetzt gerade brauche.

Da nun von seinen Sachen nicht als ein Paar Pistolen in meiner Stube sich befanden, und ich nicht einsahe, wozu er jetzt gerade, mitten in der Nacht, die Pistolen brauchen wollte, so gab ich ihm keine Antwort, bemächtigte mich aber der Pistolen, welche in einem Tischkasten neben meinem Bette lagen, und stand Schildwache an meiner Thüre, an welche immer noch mit Heftigkeit gepocht wurde.

Bald hörte ich mehrere Stimmen; das Pochen an meiner Thüre ließ nach; und es schien zwischen meinem Wirth, und dem *galant' uomo,* welchem die Pistolen gehörten, zu einem heftigen Zank zu kommen, in welchen sich mehrere rauhe Stimmen mischten, die ich am Tage hier gar nicht vernommen hatte, und die sich nun gerade um diese Zeit hier einfanden.

Der größte Lärm, wobei sehr arge Flüche und Drohungen von den streitenden Partheien ausgestoßen wurden, dauerte wohl eine halbe Stunde, während welcher Zeit ich mich ganz stille verhielt; dann ließ das Getöse allmälig nach, es schien eine Art von Versöhnung statt zu finden; man sprach wieder leiser und ruhiger, und wünschte sich endlich gute Nacht, welches für mich eine angenehme Losung war, um auch der Ruhe wieder zu genießen.
Als ich am andern Morgen aufwachte, war es schon heller Tag. Ich zog mich an, und wollte ausgehen, fand aber die Thüre zu der Treppe verschlossen, und in der ganzen Wohnung keinen Menschen, auch konnte ich niemanden aus dem Fenster abrufen, und mußte mich also in diese Gefangenschaft, mit so viel Geduld wie möglich zu finden suchen.
Endlich um zehn Uhr, hörte ich die Thüre aufgehn; meine Wirthin, die sich *Signora Clementina* nannte, bot mir einen sehr höflichen Gutenmorgen, und entschuldigte sich, daß sie hätte zuschließen müssen, weil sie schon früh in die Messe gegangen wäre.
Des nächtlichen Lärms erwähnte sie auch mit ein paar Worten, und bat mich, ja nicht übel zu nehmen, wenn ich etwa aus meiner Ruhe dadurch gestört worden sey; von den Leuten des Herrn, der mir die Stube geräumt habe, wäre einer betrunken gewesen, den sie erst hätten zur Ruhe bringen müssen.
Ich ließ das gut seyn, und ging aus, um einige meiner Landsleute aufzusuchen, wovon ich die Herren Sch…, L… und B… aus Berlin, antraf, denen ich von meiner schönen Wohnung, aber auch von dem nächtlichen Getümmel, das mich aus dem Schlafe weckte, eine Beschreibung machte, woraus sich denn bald entdeckte, daß ich in eine Herberge von Häschern gerathen war, welche hier Sbirren heißen,

und selbst wegen ihrer Ehrlichkeit nicht in dem besten Rufe stehen.

So sehr also meine Wahl einer Wohnung, wegen der schönen Aussicht auf die Tiber, zu billigen war, so sehr war doch das fernere Beibehalten derselben zu widerrathen. Meine Freunde begleiteten mich wieder hin, und wir fanden ausser den Pistolen in dem Tischkasten auf meiner Stube noch ein fürchterliches Stilet, das auch meinem edlen Hausgenossen angehörte, der in diesem Augenblick hereintrat, und uns allen, ohne daß wir irgend einen Zweifel geäußert hatten, versicherte, daß er ein wahrer *galant' uomo* sey.

Noch an demselben Tage besorgten mir meine Freunde in ihrer Nähe eine Wohnung in der Strada Babuina, in welcher ich mich jetzt befinde. Ich fand mich mit meinem bisherigen Wirth, wegen der Miethe ab, und nahm von ihm sehr höflich Abschied, unter dem Vorwande, daß ich mit einem Freunde, den ich hier angetroffen, zusammenleben wolle, und auf die schöne Aussicht über die Tiber leider Verzicht thun müsse.

Nun wohne ich bei dem Herrn Pasquale, einem Mahler und Bilderhändler, den meine Freunde sehr wohl kennen, welcher sich rühmt, ein Schüler des deutschen Mengs zu seyn, und mir noch kein einzigesmal versichert hat, daß er ein galant' uomo sey.

Rom, den 6. November.

In den ersten Tagen meiner Ankunft in Rom, zu Ende des vorigen Monaths, war der Himmel heiter, und die Luft ziemlich kalt und schneidend, so daß die Leute selbst im Gehen auf den Straßen sich schon an Kohlentöpfen wärmten, welches um so mehr auffällt, je sanfter und milder man das italiänische Klima sich gedacht hat.

Mit dem Feste aller Seelen aber, im Anfange dieses Monathes, trat wieder laues, trübes und regnigtes Wetter ein, und das Traurige und Grauenvolle bei der Feier jenes melancholischen Festes, bekam nun noch ein desto düsterers Ansehen.

Die Kirchen waren inwendig und zum Theil auch auswendig schwarz bekleidet, und mit den Abbildungen von Schädeln und Todtenbeinen ausgeschmückt. Und allenthalben ertönte auf den Straßen das Geschrei der Kläglichbittenden um ein Allmosen zu einer Todtenmesse für die armen Seelen im Reinigungsfeuer, *(per le povere anime del purgatorio!)*

Am grauenvollsten war der Anblick einer unterirrdischen den Todten geweihten Kirche, am Ufer der Tiber, die ich in der Dämmerung des Abends auf einer meiner ersten Wanderungen in Rom besuchte.

Auf dem Wege dahin begegnete mir zum erstenmal eine Prozession von Kindern, welche in weisse Tracht gehüllt, mit Wachslichtern in den Händen, paarweise einem offnen Sarge folgten, worin man einen ihrer Gespielen zu Grabe trug; ein Anblick der äußerst überraschend und rührend für mich war!

Ich kam nun in die Kirche, die von den Todten, denen sie geweiht ist, ihren Nahmen führt, und wo von einer Todtenbrüderschaft für die Armen, welche auf dem Felde gestorben *(per gli poveri morti in campagna)* zu Todtenmessen gesammelt wird.

Ich stieg nun einige Stufen hinab, und gleich am Eingange an einem Tische saßen drei schwarzgekleidete Männer, wie Höllenrichter, wovon zwei die Summe des eingekommenen Todtenlösegeldes in große Bücher verzeichneten, und einer mit dem dumpftönenden Ausruf: *i poveri morti in campagna!* eine große Büchse, in welcher die Allmosen gesammelt wurden, gegen die Ankommenden schüttelte.

Und welch ein Anblick erfolgte nun beim Eintritt in diese unterirrdische Kapelle, deren Wände von oben bis unten mit würklichen Todtenschädeln und Todtenbeinen, die äußerst zierlich übereinandergelegt waren, ausgeschmückt, gleichsam mit dem ganzen verborgenen Schatze der grauenvollen Zerstörung prangten.

Und, was noch dieß alles übertraf, so waren große Nischen in den Wänden, worin die zusammengetrockneten Körper einiger unter freiem Himmel gestorbenen Armen, leibhaftig, und sogar noch mit ihren Lumpen bedeckt, und Stäbe in den knöchernen Händen haltend, aufgestellt, ein fürchterliches Schreckbild waren.

Dazwischen war hin und wieder an den Wänden eine transparente Inschrift in Versen angebracht, wo die Tugend und die Schönheit an ihr Ende, die Pracht an ihre Vergänglichkeit, und der Stolz an seine Thorheit, mit Flammenschrift erinnert wurde, welche zugleich die einzige Erleuchtung dieses dunklen Verhältnisses war.

Zur Rechten stieg man wieder einige Stufen hinauf, und hier war eine Art von theatralischer Dekoration, wie eine waldige Gegend, wo, nach einer Erzählung im alten Testamente, ein Esel und ein Löwe bei einem menschlichen Leichnam sich zusammen finden; welches also auch Beziehung auf den Endzweck hat, wozu diese ganze fürchterliche Scene veranstaltet wird; um nehmlich durch den sinnlichen Eindruck das Mitleid für die Todten zu erwekken, welches sich im milden Almosen äußert, wovon sich die Lebenden gütlich thun.

Wenn irgend etwas in die Idee der Alten eingreift, daß die Seelen der Todten, deren Körper unbegraben liegen bleiben, von dem rauhen Fährmann zurückgewiesen, nicht an das jenseitige Ufer des Styx gelangen können, sondern vergebens dahin ihre Arme ausstrecken; so ist es diese Allmosensammlung und Fürbitte für die Seele derer, die verlassen von aller menschlichen Hülfe und Beistand, auf den Feldern gestorben sind, und niemanden haben, der für den armen gequälten Schatten ein Todtenopfer darbringt.

Zugleich dringt sich einem aber auch die Vorstellung von dem fürchterlichen Elende auf, welches hier so manchen hülflos unter freiem Himmel verschmachten läßt, der demohngeachtet selbst durch dieses unbeschreibliche Elend, nach seinem Tode noch wie ein Scheusal ausgestellt, der allesverschlingenden Priesterschaft, die für die Ruhe der Seelen Gebete murmelt, Allmosen und reichen Gewinn verschaft.

Auf einigen Stufen stieg man nun zu der ordentlichen Kirche hinauf, die über dieser Gruft erbaut, und mit unzähligen Wachskerzen erleuchtet, aber ebenfalls mit schwarzem Tuch rund umher ausgeschlagen war.

Hier kniete eine Menge von Menschen, die kaum nebeneinander Platz hatten, und in ihrer Mitte stand ein Ordensgeistlicher mit vollem Gesicht und blühenden Wangen, der die Qualen des Fegefeuers mit den lebhaftesten Farben schilderte, und seinen Zuhörern zu erwägen gab, wie viele Linderung sie dem gequältem Geiste schon für EINEN EINZIGEN PAUL (eine Summe ohngefähr von vier Groschen) wofür sie eine Todtenmesse lesen ließen, verschaffen könnten.

Diese Kirche erweckt wieder die Idee von dem *mundus patens* der Alten; ein düsteres Fest, wo man sich die Schlünde der Unterwelt, auf eine zeitlang eröfnet, und die Scheidewand zwischen den Lebenden und Todten hinweggerückt dachte, und durch eine kurze Hemmung der

Geschäfte und Gewerbe des Lebens den unterirrdischen Mächten gleichsam ein Opfer brachte, und den ihnen schuldigen Tribut bezahlte.

Alles bekömmt auch hier in diesen Tagen ein melancholisches Ansehen. – Ich besuchte auf einer meiner Wanderungen das alte römische Forum, das von prächtigen Ruinen auf allen Seiten eingeschlossen, jetzt ein einsamer Spaziergang ist, wo eine kleine Allee zur stillen Betrachtung, und zum ruhigen Nachdenken den staunenden Fremdling einladet.

Wenn man von dem Kapitolinischen Hügel auf das Forum hinuntersteigend, nach dem Triumphbogen des Titus blickt, welcher gleich einem Thore den Umfang dieses Platzes endigt, so sieht man zur Rechten den palatinischen Berg mit seinen majestätischen Ruinen; zur Linken eine Reihe alter Göttertempel zu christlichen Kirchen eingeweiht, den Beschluß hievon machen die Ruinen des großen Friedenstempels von Vespasian erbaut.

Noch drei Säulen vom Tempel des Jupiter Stator mit ihrem Gebälk, streben in der Mitte des Platzes himmelan; grade vor sich aber dicht neben dem Triumphbogen des Titus erblickt man eine Kirche und Kloster mit einem gothischen stumpfen Thurme; der Triumphbogen des Kaisers Septimius Severus steht gleich im Vordergrunde am Fuße des kapitolinischen Hügels. Zwischen den prächtigen Ruinen hat hie und da ein armer Handwerker seine Wohnung. Auf dem freien Platze des Forums liegen rund umher abgebrochene Säulenschäfte, Kapitäle, und Fragmente von Gebälken, durcheinander.

Hier ruhete ich in der Abenddämmerung von meinem Spaziergange aus, und in der kleinen Allee ging niemand, als ein paar Kapuzinermönche, mit aufgedunsenen Gesichtern, schweren hängenden Häuptern, und dem ganzen

Erster Theil 117

Ausdruck der dumpfen Trägheit in ihren Mienen, auf und nieder, bis die Stunde schlug, die sie wieder in ihre öde Zelle, zu ihrem ewig einförmigen traurigen Geschäfte rief. Nun war der Platz ganz leer; die Geschichte der Vorwelt stieg vor meiner Seele empor; aber der Schleier der Nacht verbreitete sich über die glänzende Erscheinung; und in der Ferne ertönte die Sterbeglocke der Vergangenheit aus dem dumpfen Kloster.

Rom, den 8. November.

Der Pabst.

Zum erstenmale habe ich gestern den christlichen Pontifex maximus gesehen.

Er kam auf den spanischen Platz, um den Ort in Augenschein zu nehmen, wo auf einer Anhöhe vor der Kirche *Trinità di Monte* (die Dreieinigkeit vom Berg) ein alter egyptischer Obelisk soll aufgerichtet werden, der jetzt noch bei St. Lateran am andern Ende der Stadt liegt.

Der heilige Vater, (wie ihn die Schweizersoldaten nennen) war aus dem Wagen gestiegen, und ging eine Strecke zu Fuße. Ihn schmückte ein langer weißer Talar; über die Schultern hing Gold- und Silberstoff; in der Hand trug er einen Stab; und ein rothes Käppchen deckte sein weißes Silberhaar.

Ein päbstlicher Kammerherr in schwarzer Kleidung trug ihm die Schleppe; hinter seinem Wagen wurde ein Paradepferd geführt, und von zwei Maulthieren noch eine Sänfte getragen.

Voran gingen eine Anzahl Trabanten, und die Garde zu Pferde begleitete den Zug, worauf noch eine Anzahl Kutschen folgte; und dieß war nur der ganz gewöhnliche

Pomp, womit der Pabst, so oft er aus seinem Pallast geht, einherzieht.

In den Straßen, durch welche der Zug kömmt, wird jedesmal mit allen Glocken geläutet, damit die Leute in den Häusern die Ankunft des Statthalters Christi erfahren, und sich dieser Gelegenheit bedienen können, die heilige Benediktion zu empfangen.

Man sagt, im Anfange der Regierung des jetzigen Pabstes stürzte alles aus den Häusern, um des Segens theilhaftig zu werden; jetzt aber scheint man etwas kälter geworden zu seyn, und ist nicht mehr so eilig, sich aus den Stuben auf die Straße zu begeben, wo die Ankunft des Pabstes durch das Geläute der Glocken verkündigt wird.

Besonders war auf dem spanischen Platze, wo die meisten Fremden wohnen, der Haufe der Knieenden gar nicht

zahlreich; sonderbar fiel es mir auf, wie der Pabst wieder eingestiegen war, und die Buben von der Straße neben dem Wagen herliefen, und mit einer Art von Frechheit riefen: *Santo padre! dateci la benedizione!* (heiliger Vater! gebt uns den Segen) und nachher hinterdrein lachten, und hinzufügten, *coll una bona collazione!* (mit einem guten Frühstück!)

Man kann wirklich sagen, daß der jetzige Pabst ein schöner alter Mann sey; die außerordentliche Würde in seinen Mienen aber hat die Einbildungskraft hinzugesetzt; auch haben seine Gesichtszüge nichts Karakteristisches.

Zwei Kardinäle saßen im Wagen ihm gegenüber, und er selbst ertheilte in einem fort den Seegen von beiden Seiten aus seinem Wagen, wobei er alle Nachläßigkeit, die sonst bei einer so oft wiederholten und fast mechanisch gewordenen Handlung, natürlich ist, sorgfältig zu vermeiden schien, indem er jedesmal mit einer Art von erneuerter Andacht und Nachdruck seine Seegnungen gab.

Sonderbar nimmt es sich auch aus, daß der Kutscher auf dem Bock mit unbedecktem Haupte sitzt; der Wagen des Pabstes ist vergoldet und von ungeheurer Größe, so wie auch die Wagen der Kardinäle, welche ihm folgen, wodurch der ganze Zug ein schwerfälliges Ansehen hat, welches vermuthlich den Eindruck von Majestät und Würde noch vermehren soll, worauf doch hier alles ankömmt, da der SCHEIN die Hauptsache ist, dem sich alles übrige, Bequemlichkeit, Leichtigkeit und Bewegsamkeit, unterordnen muß.

Eine Stadtgeschichte, mit welcher man sich jetzt hier trägt, für deren Authenticität in den einzelnen Stücken ich aber nicht bürgen will, würde, zu einer poetischen Bearbeitung, einen schönen tragischen Stoff hergeben.

Ein junger Edelmann von der Familie des jetztregierenden

Pabstes faßt eine zärtliche Zuneigung gegen eine hiesige Bürgerstochter von guter Erziehung; und edel genug gesinnt, um den Gedanken der Verführung zu verabscheuen, bietet er dem Mädchen seine Hand an, und bewirbt sich um sie bei ihren Eltern.

Sobald man ein so sträfliches Unternehmen am Hofe erfährt, wird ihm der Umgang mit dem jungen Frauenzimmer auf das strengste untersagt; und da er auf diesen Befehl wenig achtet, so bemächtigt man sich seiner Person, und bringt ihn, als einen Staatsgefangenen auf die Engelsburg in sichere Verwahrung, bis er von seiner unadlichen Passion geheilt seyn würde.

Zwischen dem verliebten Paare wird indes ein zärtlicher geheimer Briefwechsel gepflogen, wo beide auf jeden Fall sich ewige Treue versichern. Mit einem Fernrohre blickt der junge Mann oft von der Zinne der Engelsburg nach der Wohnung seiner Geliebten, während daß sie ihre zärtlichen Blicke nach jenem hochaufgethürmten Gebäude richtet, in welchem ihr Geliebter, um ihretwillen seiner Freiheit beraubt, in seinem Kerker nach derjenigen seufzet, die sich als die Ursach seines Unglücks unaufhörlich anklagt.

Da dieser Zustand über ein Jahr gewährt hat, und für den jungen Mann keine Hoffnung bleibt, jemals in Freiheit gesetzt zu werden, als wenn er seiner Liebe entsagt, dieser aber standhaft erklärt, daß er eher sterben, als diese Bedingung eingehen wolle, die ihm weit fürchterlicher als der Gedanke eines immerwährenden Kerkers sey; so faßt das bürgerliche Mädchen einen edelmüthigen heroischen Entschluß, auch das Letzte zu wagen, und wenn dieß fehlschlüge, durch einen freiwilligen Tod ihren treuen Liebhaber zu befreien.

Sie tritt zum Pabste, indem er aus der Kapelle kömmt, in

den Weg, wirft sich ihm zu Füßen, und erfleht sich in den beredtesten und rührendsten Ausdrücken ihren Geliebten zum Gemahl, nicht sowohl um ihre Wünsche zu krönen, als vielmehr um ihn zu retten, da er ohne sie der Freiheit auf immer entsagend, sich vor Gram verzehrt.

Ihr Gesuch aber findet kein Gehör; die Familie der Braschi soll nicht mit unedlem Blute befleckt werden! –

Trostlos, mit stummen Schmerz geht das arme Mädchen von dem Antlitz des Vaters der Gläubigen, der allem Volke seinen Segen ertheilt, hinweg.

Mit beängstigter Seele eilt sie vom Petersplatze über die Engelsbrücke der Wohnung ihrer Eltern zu. Auf der Brükke bleibt sie stehen, und heftet noch eine Weile ihren starren Blick nach den Zinnen der Engelsburg hinauf, bis endlich ihrem beklemmten Herzen die hervorsteigenden Thränen Luft machen, womit sie ihrem Geliebten den letzten Abschiedskuß nach seinem Kerker zuwirft, aus dem er nun bald durch sie befreit werden soll.

Denn schon hält sie in ihrer Tasche das Giftfläschen in der Hand, und leert es entschlossen aus, indem sie wieder in das Haus ihrer Eltern tritt, das sie noch hoffnungsvoll wieder verließ, und nun verzweiflungsvoll wieder betreten mußte.

Ehe sie entschied, entdeckte sie ihren Eltern, wodurch sie zu diesem Entschluß bewogen sey, und daß man sogleich ihren Tod berichten möge, um die Befreiung ihres Geliebten zu bewirken.

Der Unwille, womit man sich hier diese Geschichte erzählt, erstreckt sich auf die vornehmsten Zweige vom Hause Braschi, die jetzt den Glanz dieses Hauses machen, und ehemals, wie man sich zu sagen nicht entblödet, ihren Einzug in Rom auf Eseln hielten.

Rom, den 10. November.

Der Spanische Platz.

Dieser Platz hat seinen Nahmen von der Residenz des Spanischen Gesandten, die sich auf demselben befindet, und unter dessen Gerichtsbarkeit auch dieser Platz steht, auf welchen kein Verbrecher von päbstlichen Häschern angetastet werden darf.

Der Spanische Platz ist also gleichsam ein *status in statu;* auf diesem Platz und in der Nähe desselben wohnen die meisten Fremden, besonders Künstler, welche hier unter sich eine Art von Republik ausmachen, unter der Protektion ihrer respektiven Gesandten stehen, und in der Ansehung der Freiheit, die sie genießen, beinahe wie Studenten auf einer deutschen Universität zu betrachten sind. Ein Fremder zu seyn, der für sein Geld hier lebt, giebt an sich schon ein gewisses Ansehen, und die Benennung *forestiere* gilt in diesem Betracht für einen Ehrennahmen.

Auf dem spanischen Platze, der wie eine Art von Versammlungsort für die Fremden zu betrachten ist, trift man sich gewöhnlichermaßen zusammen. Auch hat dieser Platz an sich etwas Angenehmes und Einladendes.

Er liegt am Fuße eines der Hügel von Rom, der in den alten Zeiten *collis hortulorum,* der Hügel der Gärten, hieß, und noch itzt zum Theil mit den schönsten Lustgärten bedeckt ist.

Dieser Hügel heißt jetzt *monte Pincio,* und es führt zu demselben eine prachtvolle steinerne Treppe von hundert fünf und siebenzig Stufen hinauf, welche sich bald in zwei Arme theilen, bald wieder zusammenstoßen; und durch breite Ruheplätze mit Geländern, mehrmalen unterbrochen werden.

Diese Treppe, welche, statt zu irgend einem Hause oder

Gebäude unmittelbar zu führen, einen ganzen Berg hinauf gebauet ist, dessen Anhöhe man auf ihr ersteigt, macht beim ersten Anblick eine erstaunliche Würkung auf das Auge, das eine solche Menge von Stufen übereinander zu zählen ungewohnt ist.

Diese Würkung würde noch frappanter und der Anblick würklich majestätisch seyn, wenn diese Stufen nicht durch so viele Abtheilungen, Schweifungen, Geländer, und Verzierungen unterbrochen wären, sondern in einem fort den Berg sich hinan erhüben.

An dem Fuße dieser ungeheuren Treppe, in der Mitte des Platzes, ist ein Springbrunnen in der Form eines Schiffes, von Porphyr, worin das Wasser aus einer hohen Schaale springt, aus welcher es sich wieder in das Schiff, und aus diesem in das umgebende Bassin ergießt. Von diesem porphyrnen Schiffe führt die Fontäne selbst den Nahmen Barcaccia.

Oben auf dem Berge, der Treppe gegen über, steht die Kirche *S. Trinità de monti,* oder der heiligen Dreieinigkeit vom Berge, mit einem Franziskanerkloster, dessen Bewohner alle Franzosen von Geburt seyn müssen, und das auf dieser Anhöhe die reizendste Lage hat, die man sich denken kann.

Wenn man nun unten bei dem Springbrunnen steht, so macht von der einen Seite die Treppe, und oben auf dem Berge die Kirche, und auf der andern Seite, dem Springbrunnen gegenüber, die Einsicht in die Strada Kondotti, die schönste Perspektive.

Unten im Hintergrunde des spanischen Platzes steht das große Gebäude der PROPAGANDA (zur Fortpflanzung des katholischen Glaubens) von dunklem schwärzlichen Ansehen.

Oben nach der Strada Babuina zu hat der Platz ein freies, lachendes Ansehen; die Treppe und noch ein anderer mit Bäumen bepflanzter Aufgang zu dem Hügel der Gärten, unterbrechen die Gebäude, womit der Platz eingeschlossen ist, und laden auf jene reizenden Anhöhen ein, deren Abhang schon zum Theil mit Gartenbeeten geschmückt, und mit Obstbäumen bepflanzt ist.

Die Strada Babuina in welcher ich wohne ist schön und breit; mit wenigen Schritten komme ich auf der einen Seite nach dem Platze del Popolo, und auf der andern nach dem spanischen Platze. Dicht neben dem Hause, wo ich wohne, ist das große Theater ALIBERTI, wo aber nur im Karneval Oper gespielt wird. Durch ein paar kleine Nebenstraßen kommt man auch auf den Korso; so daß man sich hier in der lebhaftesten Gegend des am meisten bewohnten Theils der Stadt befindet.

Diese ganze Gegend gehörte ehemals zu dem Kampus Martius, und hier waren die eigentlichen Plätze, wo das Volk zu der Wahl der obrigkeitlichen Personen sich versammelte. Auf der Anhöhe wo jetzt die Treppe auf dem spanischen Platze hinauf gebaut ist, standen die

Kandidaten, um desto besser von dem ganzen Volke gesehen zu werden.

Am Ende des spanischen Platzes ist ein Speisehaus, welches dadurch merkwürdig wird, daß sich die Künstler von allen Nationen da zusammen finden. Die Engländer speisen gewöhnlich in einem Zimmer für sich besonders; die Franzosen sind mit Italiänern und Deutschen untermischt; die Russen pflegen auch in einem Zimmer für sich zu seyn. In diesem Speisehause ist auch die löbliche Einrichtung, daß ein jeder von den Speisen, die auf der Liste stehen, nach seinem Appetit fordern kann, und nicht mehr bezahlen braucht, als er wirklich verzehrt hat.

Die Deutschen aber pflegen größtentheils die solidere Kost bei dem deutschen Speisewirth in der Strada Kondotti vorzuziehen. Unter den italiänischen Speisen ist eine Art Kohlstaude von vorzüglichem Wohlgeschmack, welche BROKKOLI heißt, und die selbst Winkelmann, bei dem geistigen Genuß der hohen Kunstschönheiten, dennoch auch zu rühmen nicht vergessen hat. Auch am Sauerkraut findet man viel Geschmack, welcher hier Surkrut heißt, weil man im Italiänischen dafür keinen Nahmen hat.

Die Villa Medicis.

Wenn man vom spanischen Platze auf der hohen Treppe den pincianischen Hügel hinansteigt, gewinnt man eine der schönsten Aussichten über Rom; man siehet den ganzen ebenen Theil der Stadt an der Tiber, wo ehemals das Marsfeld war, vor sich liegen, und blickt jenseit der Tiber über die Wiesen des Cincinnatus nach dem Vatikan, der Engelsburg, und dem Janikulus hinüber.

Die Peterskirche, das Vatikan, und die Engelsburg, stellen sich, in Vergleichung mit der übrigen Stadt, wie Riesengebäude dem Auge dar. Vor der Kirche und dem Kloster Trinita ist hier ein schöner Spaziergang, welcher häufig besucht wird, und den man auf der großen Treppe bequem ersteigt.

Will man von hier noch höher steigen, und seinen Horizont erweitern, so darf man nur in den mediceischen Pallaste, der am Ende dieses freien Platzes liegt, eine Treppe hinaufgehen, die zu einem schönen mit Bildsäulen geschmückten Portikus führt, aus welchem man auf einmal in die prächtige Villa Medicis tritt, die wegen ihrer reizenden Lage alles übertrift was man sich in dieser Art vorstellen kann.

Denn nun übersieht man zugleich einen großen Theil der Landschaft um Rom, und der prachtvollen Villen, welche die Stadt in ihrem ganzen Umfange umkränzen.

Natur und Kunst haben sich hier wie von selber die Hand geboten, um in der reinen Aetherluft, die man hier einathmet, ein Paradies zu schaffen.

Weil die Prospekte in diesem hohen Garten das Schönste sind, so hat man die Hecken von Lorbeer so angelegt, daß sie allenthalben die schönsten perspektivischen Durchsichten gewähren, und man in jedem Moment durch neue Erscheinungen überrascht wird.

Nach der Seite der Stadt zu stellt sich die hohe Kuppel von St. Karlo auf dem Korso in der Nähe dem Auge dar. Dieser Dom, welcher in Vergleichung der Peterskuppel gar nicht in Betracht kommt, ist demohngeachtet an sich von einem so beträchtlichem Umfange, daß seine Größe ohne jede Vergleichung in Bewunderung setzen würde.

Nach dem mit einem dunklen Cypressenhain bepflanzten Monte Mario, und den Weingärten jenseits der Tiber, ist

von einem Ende des Gartens, wo man zwischen zwei Lorbeerwänden einen Gang hinauf geht, in der durchbrochenen Mauer eine Durchsicht angebracht, die sich in der Ferne, beim Eintritt in den Gang, vollkommen wie ein Gemählde ausnimmt; und so wie man näher hinzutritt, wird man durch die überraschende Erscheinung der wirklichen Natur in Erstaunen gesetzt.

Auf der nördlichen Seite übersieht man die hüglichte Gegend um Rom bis nach dem Berg Sorakte hinauf; und in der Nähe die große Villa Borghese, welche Hügel und Thäler, Wälder und Ebenen in ihrem Bezirk einschließt; und auf dieser Seite grenzt die Villa Medicis dicht an die Stadtmauer.

Ein kleiner ägyptischer Obelisk mit Hieroglyphen, auf einem freien Platze, in der Mitte des Gartens, macht einen schönen Anblick, und giebt den lachenden Scenen wieder eine Art von Ernst und Würde.

In den schattigten dunklen Gängen wird man von Zeit zu Zeit durch den Anblick einer antiken Herme überrascht, wo irgend ein Faunen- oder Silenenkopf schalkhaft aus dem dunklen Grün hervorblickt.

Ehemals stand hier in einer Halle die schöne Gruppe der Niobe mit ihren Kindern, die von den tödtlichen Pfeilen des Apollo und der Diana unter mannichfaltigem Ausdruck der Furcht und des Schmerzens zu Boden sinken. Diese Gruppe ist jetzt nach Florenz in das herzogliche Musäum gebracht, und man fürchtet, daß dieser schöne Garten auf die Weise noch mehrerer seiner Zierden beraubt werden wird.

Nun steigt man im Garten selber noch eine Terrasse hinauf, auf welcher ein Schneckengang zu einem Gipfel führt, wo man ganz Rom im Schooße der einsamen Gegend, wovon es umgeben wird, übersieht, und wo der Blick auf der einen Seite von den hohen Appeninen, und auf der andern von der Meeresfläche umschränkt wird.

Auf diesem Gipfel steht ein kleines Lusthaus, worin man mit Bequemlichkeit dieser Aussicht genießen kann.

So wie man nun hier zum Aether sich emporhebt, so steigt man auf eben dieser Stelle auch in die unterirrdischen Grüfte hinab; denn nahe hierbei ist ein Eingang in die Katakomben, welche wie ein unterirrdisches Labyrinth sich unter einem großen Theil der Stadt hin erstrecken, und wovon man glaubt, daß sie in den Christenverfolgungen zu Begräbnißplätzen für die Todten und Zufluchtsörter für die Lebendigen gedient haben.

Wenn man hineingeht nimmt man Fackeln, und, wie Theseus, Knäul und Faden mit, um den Weg wieder zurück zu finden.

Wegen der ungesunden Ausdünstung wagt sich freilich niemand zu weit hinein. Was Wunder also, daß die Einbildungskraft diesen unterirrdischen Gängen die ungeheurste Ausdehnung giebt, sie nicht nur unter der Tiber selbst wegführt, sondern auch bis nach Neapel unter der Erde hin sich erstrecken läßt. Vor dem Sebastiansthore ganz am andern Ende der Stadt, giebt es noch einen Eingang in diese Katakomben.

Ich bin denn auch auf dem Vatikan gewesen, habe den Apollo von Belvedere, den Laokoon und den Torso gesehen; den Fechter in der Villa Borghese, und so viel andre herrliche Monumente, dennoch aber wage ich es jetzt nicht, über dieß alles eine Silbe zu schreiben.

Ich finde daß es den neuangekommenen Künstlern hier ebenso geht, wie mir; sie verlieren sich in dem Anschauen des Mannichfaltigen, ihre Einbildungskraft verschwimmt sich, und kann sich auf nichts einzelnes heften; jedes Neue ist zu anziehend und zu reizend, als daß man nicht eine Zeitlang mit Muße darauf verweilen sollte; eine bestimmte Auswahl aus diesem allem würde im Anfange sogar eine Art von Verwegenheit seyn; und nur einer, der die Kunst wie ein Handwerk treibt, oder durch die dringendsten Bedürfnisse dazu genöthigt ist, kann hier sogleich beim Eintritt in dieß Heiligthum, ohne sich erst darin umgesehn zu haben, mit bestimmter Arbeit und täglichem Fleiß den Anfang machen.

Auch ist die Seel noch zu voll von den Gegenständen; alles was sie darüber sagen, oder davon wieder ausdrücken soll, kömmt ihr viel zu klein und geringfügig gegen die Sachen selber vor.

Ich muß Sie also bitten, mein Lieber, so lange mit einer Beschreibung von der Villa Medicis; von einem Aufzuge des Pabstes, u. s. w. vorlieb zu nehmen, bis allmälig sich mir die Zunge löset, und ich im Stande bin, über Schönheit und über Kunst, die ersten Laute hervorzubringen, die ihres Gegenstandes würdig sind.

Rom, den 20. November.

Der Hr. v. G. ist hier angekommen, und mein hiesiger Aufenthalt hat dadurch ein neues und doppeltes Interesse für mich gewonnen.

Dieser Geist ist ein Spiegel, in welchem sich mir alle Gegenstände in ihrem lebhaftsteten Glanze und in ihren frischesten Farben darstellen.

Der Umgang mit ihm bringt die schönsten Träume meiner Jugend in Erfüllung, und seine Erscheinung, gleich einem wohlthätigen Genius, in dieser Sphäre der Kunst, ist mir, so wie mehreren, ein unverhofftes Glück.

Denn bei allen Schönheiten der Natur und Kunst giebt es doch nichts Höheres, als den harmonischen Gedankenwechsel, wodurch die dunklen Empfindungen erst zur Sprache und zum Bewußtseyn kommen.

Es ist hier jetzt mitten im November noch das angenehmste Frühlingswetter, und ich machte vor ein paar Tagen in der Gesellschaft des Hrn. v. G. und einiger Künstler, die mit ihm wohnen, einen Spaziergang nach der Villa Pamphili, der mich in eine neue Welt von Ideen und herrlichen Eindrücken geführt hat.

Alles stimmt doch hier zusammen, um den Geist zu der Betrachtung des Großen und Schönen zu erheben. Die gen Himmel emporragende dunkle Cypresse ladet durch ihre melancholische Pracht zum ernsten Nachdenken ein; und die majestätische Pinie, welche ihren Wipfel ausbreitet, und unter dem blauen Aether hoch über unseren

Häusern ein grünes Obdach wölbet, erheitert und belebt das Bild, das von dem hohen Himmel, und der grünen Wiesenfläche sich in der Seele abdrückt.

Schattige Lorbeerhaine, in denen man sich verliert, weite Gefilde, in denen man sich wiederfindet; besonnte Hügel, die man ersteigt, angenehme Thäler, wo man sich im Schatten lagert; Wälder, die die Wiesen umkränzen, dieß alles hat etwas Neues und Ungewohntes; die Idee von Garten verschwindet ganz; auch scheint selbst da, wo er aufhört, die natürliche Landschaft nur eine Fortsetzung von ihm zu seyn.

Künftig einmal mehr von dieser Villa! – Vorzüglich aufmuntern für einen Fremden, der sich hier belehren will, ist der allgemeine Enthusiasmus und Wetteifer, welcher die Künstler aller Nationen hier belebt, die ihren Aufenthalt in Rom, wie den unschätzbarsten Theil ihres Lebens betrachten, wo jeder Moment ihnen nutzbar werden muß. Ihre Empfindungen für das Große und Schöne jeder Art zu erhöhen und zu vervollkommnen, dazu müssen selbst ihre Erholungen und Spaziergänge beitragen, von denen nicht leicht einer BLOSS auf Vergnügen abzweckt.

Auch kann man hier ja fast keinen Schritt thun, ohne sich zu belehren, und seinen Ideenkreis zu erweitern, wenn man sich nur irgend für bemerkenswerthe Gegenstände der Natur und Kunst zu interressiren weiß; und es giebt nicht leicht einen Garten, einen Weinberg, oder eine Villa, die man zum Vergnügen besucht, und welche nicht zugleich irgend eine Merkwürdigkeit aufzuweisen hätte.

Daß Studium und Genuß auf die Weise immer eins wird, macht auch wohl den hiesigen Aufenthalt für manchen Künstler so reizend, und zuletzt unentbehrlich. –

Und was für die hiesigen Einrichtungen und Hospitalität höchst ruhmwürdig ist, so wird der Zutritt zu den herrlichsten Schätzen der Kunst, und den kostbarsten Ueberbleibseln des Altherthums auf keine Weise erschweret.

Für die Kleinigkeit von vier Paul, (etwas über einen halben Thaler) welche man an den Kustos bezahlt, steht eine jede Gallerie, und jede Antikensammlung den Fremden offen. Auch sind diese vier Paul nicht etwa als eine Bezahlung für den Eintritt, sondern nur wie ein kleines Geschenk für den Kustos angesehn.

Wenn sich nun eine Gesellschaft, um eine Gallerie zu sehen, zusammenfindet, so wird von allen auch nicht mehr als nur vier Paul für den Eintritt entrichtet, so daß jeder Einzelne eine kaum nennenswerthe Kleinigkeit beitragen darf.

Auf die Weise bleiben auch dem ärmsten Künstler die höchsten Schätze der Kunst und des Altherthums nicht verschlossen; was auch der Aermste mit leichter Mühe erwerben kann, dafür kann er Tagelang in dem Anschauen der erhabensten Werke schwelgen, welche die Vorbereitung von Jahrhunderten zur Reife brachte.

Ueberhaupt herrscht hier eine große Geselligkeit unter den Fremden; denn alle werden gewissermaßen durch

einen gemeinschaftlichen Zweck verbunden, jeden Moment ihres hiesigen Aufenthaltes zu ihrer Vervollkommnung zu nutzen, und ihren Sinn für das Große und Schöne in der Kunst zu erhöhen und zu verfeinern.

Hierauf beziehen sich meistentheils die gesellschaftlichen Unterhaltungen und Gespräche. Man spricht mit Bewunderung und Enthusiasmus, über das was man gesehen, und jeder sucht dem andern seine Empfindungen mitzutheilen, weil es selbst der Eigenliebe schmeichelt, für den Genuß des Schönen hinlängliche Empfänglichkeit zu haben.

Es ist ein ordentliches Fest, wenn eine Gesellschaft sich verabredet hat, einen Vormittag oder Nachmittag anzuwenden, um irgend eine Sammlung von Kunstwerken gemeinschaftlich zu sehen. Entweder man sieht sie zum erstenmale, so ist die Erwartung desto höher gespannt, oder man hat sie schon gesehen, so freuet man sich darauf, als wenn man alte Bekannte und Freunde wieder findet.

Das griechische Kaffeehaus in der Strada Kondotti, nahe bei dem spanischen Platze, ist für die jungen Künstler

gemeiniglich der Sammelplatz, wo sie sich einfinden, und manchmal sich auch erst bereden, welche Villa oder welche Gallerie sie an dem Tage besuchen wollen.

Des Sonntags werden vorzüglich solche lehrreiche Wanderungen angestellt; woran denn auch Künstler Theil nehmen, welche sonst die ganze Woche über mit Arbeit beschäftigt sind, und denen dieß nun eine eben so angenehme als nützliche Erholung ist.

Ich habe nun auch das kapitolinische Museum, den sterbenden Fechter, Antinous, u. s. w. gesehen; in der sixtinischen Kapelle habe ich das jüngste Gericht von Michel Angelo angestaunet; unter den majestätischen Trümmern des alten Roms wandle ich alle Tage umher, und suche mich nach und nach in diesem großen Schauplatze zu orientiren, um dann auch nach einiger Zeit einmal ein Wörtchen darüber sagen zu können.

Da ich dieß nun aber mit hinlänglicher Muße thun will, so bin ich mein eigner Cicerone. Mit meinem Wegweiser, *Roma antica e moderna,* in der Hand, werde ich die Regionen der Stadt durchwandern, und kein Plätzchen und keinen Winkel unbesucht lassen, der nur irgend etwas Merkwürdiges enthält.

Das Merkwürdigste aber findet sich hier so nahe beieinander, daß man immer nur einige Schritte gehen darf, um auf einen neuen Gegenstande zu stoßen, bei welchem man sich eine Zeitlang verweilen kann, und den man sich nun für die Folge aufspart, um durch das öftere Wiedersehen erst gleichsam bekannter mit ihm zu werden.

Wo man hintritt, da kontrastirt das alte Rom mit dem neuen in den sonderbarsten Gestalten und Erscheinungen. Kirchen und Klöster steigen auf den Ruinen heidnischer Tempel empor; auf Obelisken und Säulen ist das Kreuz gepflanzt; statt der römischen Toga sieht man, wohin das Auge blickt, die Mönchskutte und das schwarze Abbatenkleid.

Mit der Erinnerung an die Vorzeit zusammengenommen, macht dieß alles dennoch ein erhabenes Schauspiel. Durch den Anblick tausendjähriger Ruinen ist es, als ob der ungeheure Zwischenraum von Zeit gleichsam vors Auge gebracht, und das Vergangene, wie in einem Zauberspiegel, mitten in dem Nebel des Gegenwärtigen sich wieder darstellte.

Ich habe nun meine ordentlichen Wanderungen in Rom von da angefangen, wo es sich zuerst in seiner Pracht mir darstellte, von der Porta del Popolo.

Ich wußte erst nicht, was der Eintritt in dieß Thor immer für eine alte Erinnerung bei mir erweckte, bis ich darauf kam, daß in Berlin sich eine ähnliche Aussicht auf einen Platz und von diesem in drei Straßen eröfnet, wenn man in das hallische Thor tritt, wo man vor sich ebenfalls eine lange schnurgerade Straße, eben so wie vor der Porta del Popolo den ganzen Korso, hinaufsieht.

Wenn man den Korso hinuntersieht, so macht die Durchsicht durch das Thor del Popolo, mit dem Obelisk davor beständig einen mahlerischen Prospekt, und eine reizende Perspektive. Der Anblick unterscheidet sich von allem Gewöhnlichen und Alltäglichen, was man sonst in den Städten siehet, und bezeichnet einem deutlich, daß man sich in Rom befindet.

Das Thor und der Platz del Popolo führen ihren Nahmen von einem Pappelhain, der in dieser Gegend um das Grabmal des Augustus gepflanzt war.

Der RÖMISCHE KONSUL Kajus Flaminius ließ dieß Thor erbauen, wovon es denn in alter Zeit die Porta Flaminia hieß; der Pabst Pius der vierte ließ es durch den berühmten Baumeister Vignola wieder herstellen und verzieren.

Daß man in das neue und nicht in das alte Rom tritt, wird auffallend genug durch dieses Thor bezeichnet. Denn oben erblickt man gleich das päbstliche Wappen, die dreifache Krone nebst den Schlüsseln, und die Statüen der Apostel Petrus und Paulus, von einem schlechten Meister verfertigt, zwischen den Säulen.

Dieß Thor ist gleichsam ein Bild von der ausgearteten modernen Baukunst, in welcher sich der Geist der Zeit abdrückt, wo man es vergeblich versuchte, die edle Simplicität der Alten nachzuahmen, weil die Auswüchse des gesunkenen Geschmacks, und der kleinlichen Denkungsart sich immer zwischen das Ideal des Künstlers und die Ausführung stellten; so daß man wohl sieht, wie der Geist, durch die Betrachtung des Großen und Schönen in den Kunstwerken der Alten gebildet, dennoch unter der Frivolität seines Zeitalters erliegen mußte.

Wie eine Erscheinung aus der grauen Vorzeit ragt in der Mitte des Platzes del Popolo der ägyptische Obelisk empor, der fünfhundert Jahre vor der christlichen Zeitrechnung in der ägyptischen Stadt Heliopolis errichtet wurde, von wo ihn Augustus über das Meer nach Rom bringen ließ, um mit ihm die Pracht des Cirkus Maximus zu vermehren. Mit Roms Herrlichkeit war auch dieses Denkmal in Schutt und Staub gesunken, aus welchem Sixtus der fünfte es wieder emporrichten, und an dem Platze aufstellen ließ, wo nun der Korso anhebt, der ohngefehr das im neuern Rom ist, was der Cirkus Maximus im alten war. Fontana war der Baumeister, welcher dieß herrliche Monument hier errichtete.

Wenn irgend etwas einen hohen Grad von Bildung unter den Menschen bezeichnet, so sind es doch die Werke, welche für die Nachwelt hervorgebracht, der Zerstörung trotzen.

Denn so wie die Bildung des Geistes abnimmt, beschränkt sich auch der Gesichtskreis immer mehr auf die gegenwärtigen Bedürfnisse, der Gedanke an die Nachwelt verliert seine Wirksamkeit und seyn Interesse. Es entstehen Hütten, die nicht so lange wie ihre Bewohner dauern. Aus dem selbstsüchtigen Bestreben, nur seine täglichen, dringlichsten Bedürfnisse zu befriedigen, erwächst nichts Majestätisches und nichts Großes.

Nun ist aber dieser gen Himmel emporragende Obelisk in einem einzigen Stücke aus dem härtesten Fels gehauen, und in diesen Fels die Geschichte oder Gedanken der Vorwelt in Hieroglyphen eingegraben, die für die nachkommenden Zeitalter ein Räthsel sind, dessen Auflösung noch itzt die Forscher des Alterthums beschäftigt.

Wenn man nun oben auf diesem Obelisk das Kreuz erblickt, welch eine ungeheure Reihe von religiösen und politischen Revolutionen muß man sich dann nicht zwischen diesen beiden sichtbaren Zeichen denken. Und alle diese Revolutionen hat ein Werk von Menschenhänden ausgedauert, das nun mitten in dem Wechsel der Dinge, und in der Ebbe und Flut der Schicksale, wie ein großes Merkmal uralter Menschenbildung da steht.

In Rücksicht auf die Kürze der Dauer einer Generation, verglichen mit dem unermeßlichen Gesichtskreise der sich den Gedanken eröfnet, kann man wohl behaupten, daß mit der Bildung des Geistes, das Wirken für die Nachwelt unzertrennlich verknüpft sey, und mit ihr gleichen Schritt halte.

So wie nun die Griechen durch schöne Formen, die ewig zum Muster dienen, sich unsterblich gemacht haben, so tragen die ägyptischen Denkmäler vorzüglich das Gepräge der Dauer und Unzerstörbarkeit. Gleich den Schiffern, die auf der entfernten Insel, wo sie einst landeten, ein Denkmal zurücklassen, richteten auch jene, ehe sie hinschieden, das Zeichen auf, woran mach noch in der spätesten Zukunft erkennen sollte, daß damals wirkende und denkende Menschen waren.

Rom, den 2. März 1787.

Nach einer langen Pause erhalten Sie erst wieder einen Brief von mir, – denn meine Wanderungen in Rom, die ich Ihnen zu beschreiben anfing, sind durch einen widrigen Zufall eine Zeitlang unterbrochen worden.

Meine letzte Exkursion war ein Spazierritt in Gesellschaft einiger Freunde, nach der Mündung der Tiber bei Fiumicino.

Wir kehrten den Abend ziemlich spät zurück, und langten glücklich in Rom wieder an, wo die Ueberbleibsel des antiken Pflasters in der Gegend des Pantheons mir dießmal ein schlimmes Zeichen waren.

Denn auf eben diesem Pflaster, das durch die Zeit ganz

ausgeglättet, und von einem feinen Staubregen noch schlüpfriger geworden war, hatte ich das Schicksal, durch einen Sturz mit dem Pferde, den linken Arm zu brechen.
Darüber habe ich ein paar Monathe Bette und Zimmer hüten müssen. Nun kann ich, obgleich noch mit dem Arm im Bande, wieder ausgehen, und habe seit einigen Tagen meine Wanderungen, da wo ich stehen geblieben bin, bei dem Obelisk auf dem Platze del Popolo wieder angefangen. Aber wie hatte sich der Schauplatz hier verändert! Ich kam auf einmal aus meiner stillen Einsamkeit in das Gewühl und Gedränge von Menschen, welche im Karneval den Korso und diesen Platz anfüllen.
Der Korso war wieder zum Cirkus Maximus geworden; vor dem großen Obelisk war das Seil gespannt, nach dessen Niederlassung, so wie in dem alten römischen Cirkus, die vor Ungeduld stampfenden und wiehernden Pferde, auf ein gegebenes Zeichen den Wettlauf beginnen.
Ein bretternes Amphitheater bei dem Obelisk trug ein buntes Gemisch von Zuschauern. Auf dem erhöhten Pflaster an beiden Seiten des Korso vor den Häusern waren Stühle gesetzt; Fenster und Balkons waren mit Teppichen geschmückt; auf dem reinlichen Boden des Korso ging man wie in der Stube; die ganze lange Straße erschien wie ein ausgeschmückter Saal, dem der Himmel zur Wölbung diente.
Und in dem Gedränge von Menschen, die auf und niedergehen; zwischen den Zuschauer, die an beiden Seiten auf Stühlen sitzen, und den Kutschen, die langsam auf und ab fahren, dünkt man sich in einer großen Volksassemblee, wo keiner fremd und schüchtern ist, sondern sich alle zutraulich einander nähern.
Wenn nun irgendwo dem Gott des Lachens ein wohlgefälliges Fest gefeiert wird, so ist es hier, wo in den groteske-

sten Gestalten, und mannichfaltigsten Erscheinungen die Thorheit mit sich selber wetteifert, und jeder den andern an Lächerlichkeit und liebenswürdigen Possen zu übertreffen sucht.

Hier kann man sagen, ist der Ort, wo das *dulce desipere in loco* ordentlich mit einer Art von Gewissenhaftigkeit beobachtet wird, und ein jeder es für Pflicht hält, zu dem großen Fastnachtsspiele das seinige beizutragen.

Würklich macht das hiesige Karneval ein so sonderbares Schauspiel, daß ich wohl wünschte, aber mir nichtgetraue, Ihnen einen anschaulichen Begriff davon zu geben*.

Eine ganz besondre Scene bezeichnet den letzten Abend, wo von den vielen tausend Menschen, die sich dem Korso auf und niederdrängen, ein jeder einen brennenden Wachsstock in der Hand trägt, den jeder dem andern auszublasen aus allen Kräften sich bemühet, um dann gleichsam triumphirend ausrufen zu können: *ammazzato sia, chi non porta moccolo!* (Es sterbe wer kein Lichtlein trägt!)

Dieser unschuldige Scherz verbindet die ungeheure Menschenmasse, zu einer einzigen vertraulichen Gesellschaft, wo Schalkhaftigkeit und Ausgelassenheit unbeleidigend sind, und ein jeder für den Muthwillen, der an ihm ausgeübt ist, sich dadurch zu rächen sucht, daß er ihn an seinem Nachbarn wiederholt.

Nichts ist drolligter, als wenn man jemanden, der einen darum bittet, recht ehrbar seinen ausgelöschten Wachsstock anzünden läßt, und dieser nun, indem er höflich dankt, einem, ehe man sichs versieht, im Weggehen be-

---

* Das Publikum besitzt nun die meisterhafte Beschreibung des römischen Karnevals von GÖTHE, welche daß Ganze so täuschend und so wahr, wie die Bilder in einem optischen Kasten, dem Leser vors Auge bringt.

hende das Licht ausbläst; oder wenn zwei recht ernsthaft beieinander stehen, und einer dem andern sorgfältig das Licht anzündet, und auf einmal ein dritter dazwischen tritt, und beide Lichter auf einmal ausbläst, so daß die Anzündenden plötzlich einerlei Schicksal haben, und über den losen Muthwillen lächeln.

Junge Mädchen, Kinder, Männer, Greise, Einheimische und Fremde, machen an diesem Abend nur eine Familie aus, wo jeder sich an der Zutraulichkeit des andern ergötzt, und die Gemüther alle zur Heiterkeit und zu geselligem Genuß des Lebens, in diesen kurzen vorübergehenden Momenten einer so allgemeinen Mittheilung gestimmt sind. Einer von unserer Gesellschaft hatte den Einfall, eine Anzahl kleiner Lichter auf einer hohen Stange emporzutragen, damit sie ihm niemand ausblasen könnte; nun bemühte man sich, oben aus den Fenstern die Lichter auszuwehen, und auch diese Vorsicht gegen das unvermeidliche Ausblasen zu vereiteln.

Die Vornehmen, welche in den Kutschen fahren, tragen jeder ein brennendes Wachsstöckchen vor sich in der Hand; ehe sie sichs versehen, hat irgend ein kleiner Bube am Kutschenschlage sich angeklammert, und bläst mit vollen Backen schnell ein Licht nach dem andern aus, und wenn es nun plötzlich in der Kutsche dunkel ist, so ruft er triumphirend sein *ammazzato sia!* aus.

Nicht weit von mir an der Seite des Korso stand ein Knabe, der immer seinem Vater das Licht ausblies, und wobei es sich sehr komisch ausnahm, daß er jedesmal rief: *ammazzato sia il signor padre, chi non porta moccolo,* welches ohngefähr so herauskam, als ob ein hiesiger Student sagte: *pereat* mein Herr Vater, der kein Lichtlein trägt! Der Vater wurde endlich böse darüber, und drohete ihm ernsthaft, worauf der Sohn denn immer noch ärger schrie: *ammazzato sia il signor padre!* – Denn auch die väterliche Gewalt hatte während dieser Saturnalien aufgehört.

Das Operntheater Aliberti in meiner Nachbarschaft habe ich denn auch ein paarmal besucht, und das Betragen des Publikums war mir hier noch ein merkwürdiger Schauspiel, als das Schauspiel selber.

Bei den Recitativen dürften die Opernsänger bloß die Lippen bewegen, ohne einen Laut hervorzubringen; denn es herrscht ein solches allgemeines Getöse, im Parterre und Logen, daß einer kaum sein eignes Wort vernimmt; ein jeder spricht laut mit seinem Nachbarn, und auf das Schauspiel achtet keiner.

Sobald denn aber auch eine Lieblingsarie kömmt, herrscht auf einmal eine bewundernswürdige Stille; zitti! zitti! ertönt von allen Seiten; alles lauscht und scheint ganz Ohr zu seyn; man getraut sich kaum zu athmen.

Und wenn denn der Sänger, gleich einem Sieger am Ziel der Laufbahn, die letzte gefährliche Kadanze glücklich geendigt hat, so geht die allgemeine Stille auf einmal in ein betäubendes donnerndes Beifallsgetöse über.

Dabei ertönt der Nahme des Sängers mit lautem Zuruf von allen Lippen, und was mir am drolligsten schien, so suchte man dem einen Sänger, Nahmens Massolo, der einen sehr schönen Tenor singt, vorzüglich seinen Beifall zu bezeigen, indem man seinen Nahmen selbst im Superlativ ertönen ließ, und mit dem höchsten Ausdruck von Enthusiasmus und Bewunderung, einmal über das andre MASSOLO! MASSOLISSIMO! rief.

Während den Lieblingsarien selbst hört man mit solchen ängstlichen Gebehrden, durch ein bittendes *zitti!* manchen um Stille flehen, als ob mit jedem Ton, der dem lauschenden Ohre entschlüpfen könnte, ein unersetzlicher Verlust dem entzückten Horcher drohte.

Und nichts ist karakteristischer als das lispelnde *bello!* welches während der tiefsten Stille, sich gleichsam aus der ganz entzückten Brust hervordrängt, die den Zeitpunkt nicht abwarten kann, wo nach dem vollen Genuß der allgemeine Beifall laut und ungehindert ertönen darf.

Tausend Nüancierungen von Freude und Bewunderung

drücken sich während der Lieblingsarien auf jedem Gesicht aus, und verrathen deutlich, daß diese innige Teilnahme gewiß nicht Affektation ist.

Was übrigens den Geschmack anbetrift, so scheint man freilich an dem Künstlichen und Schwierigen, und was ohne weitern Sinn dem Ohre schmeichelt, mehr Gefallen zu finden, als an dem einfachen und wahren Ausdruck der Empfindung; die Töne bleiben in des Ohres Wölbungen, in den Vorhallen der Empfindung schweben, die Seele bleibt unerschüttert.

Es scheint fast, als ob die bloße Bewunderung der Kunst des Sängers hier einen solchen Grad von Rührung hervorbringt, den sonst nur ein äußerst rührender Gegenstand erwecken kann. Daher kommt es aber auch wohl, daß der Lieblingssänger, wenn er nur auftritt, beinahe wie ein übermenschliches Wesen, mit einem Enthusiasmus empfangen wird, der alle Beschreibung übersteigt.

Denn die unartikulirten Töne, in welche man ausbricht, sind dumpf und abgebrochen, gleichsam als ob das Erstaunen über eine angenehme und wunderbare Erscheinung selbst die Stimme erstickte.

Ein sehr gerechter Unterschied in Ansehung des Beifalls, den ich hier zum erstenmale gehört habe, ist der, daß man dem Komponisten, er mag nun zugegen oder abwesend seyn, durch ein *bravo Maestro!* sein Lob besonders zutheilt, wovon der Sänger sich alsdann nichts zueignen darf, weil der Beifall hier nicht der Ausführung, sondern dem Werke selber gilt.

Kurz, die allgemeine Aufmerksamkeit ist hier auf eine Lieblingsarie so gespannt, daß die alten Römer bei den wichtigsten Staatsverhandlungen wohl nicht mehr Eifer und Theilnahme beweisen konnten, als die jetzigen Römer bei den beliebten Stellen einer Oper im Karneval.

In einem pantomimischen Ballet sahe ich das große hölzerne trojanische Pferd aufs Theater führen, welches von den Trojanern triumphirend umtanzt, und von dem Parterre mit jauchzendem Geschrei empfangen wurde.

Während die Trojaner schlummerten, stiegen die griechischen Helden auf einer Leiter aus dem Bauche des Pferdes, und dem Aeneas erschien um Mitternacht der Schatten des Hektor, und verkündigte ihm mit ängstlichen Gebehrden den Sturz und die Zerstörung von Troja.

Schon stand Troja in Flammen, durch welche der fromme Aeneas seinen Vater Anchises auf seinem Rücken trug, während er seinen Sohn an der Hand führte, und seine Gattin Kreusa ihm folgte.

Hinter der Kreusa aber kam eine weiße Gestalt, und zog sie unwiderstehlich zurück, daß sie von ihrem Gatten sich verlohr, der nachher wieder umkehrte, und sie ängstlich suchte, bis sie ihm plötzlich wie eine geistige Gestalt erschien, und mit Gebehrden ihn zur Flucht ermahnte.

Die Griechen führten nun die gefesselten Trojanerinnen, im Triumph auf, unter welchen sich auch Kassandra befand, die vergeblich, und ohne Glauben zu finden, das Verderben von Troja prophezeit hatte, welches nun die Gefährtinnen ihres Unglücks mit ihr bejammmerten.

Dies Ballet hatte das Verdienst, daß es die Darstellung des Virgil fast buchstäblich nachzuahmen strebte, und eben deswegen, ohngeachtet der Einförmigkeit und der Härte des Kontrastes in dem pantomimischen Ausdruck, im Ganzen genommen, eine vortrefliche Wirkung that.

Fraskati, den 8. Merz.

Hier wandle ich auf den höchsten Gipfeln der tuskulanischen Hügel unter den Ruinen von dem Landsitze des Cicero. Zu meiner Rechten schimmert aus den sabinischen Bergen das glückliche Tibur hervor, welches Horaz besang.

Vor mir in der Ebne liegt Rom auf seinen Hügeln, über welche alle die majestätische Kuppel der Peterskirche, selbst einem Berge ähnlich, weit emporragt. – In der Ferne das Meer, auf welchem das bloße Auge die seegelnden Schiffe entdeckt.

Dort die sehnlich gewünschten Ufer, wo nach so mancher Widerwärtigkeit und überstandenen Stürmen, der fromme Aeneas landete, und auf jenem Fleck, wo itzt ein kleines Vorwerk steht, für seine geflüchteten Trojaner in dieser neuen Heimath die erste Stadt erbaute.

Zu meiner Linken der Hügel von Alba Longa, und hinter mir der Gipfel von dem albanischen Berge, wo einst der Tempel des Jupiter Latialis stand, bei welchem die Völker Latiums alljährlich ihr Bündniß erneuerten.

Zu meinen Füßen, am Abhange des tuskulanischen Hügels, liegt Fraskati, in dem Bezirk, den eine einzige Villa des Lukullus einnahm, von welcher sich noch die Spuren in Ruinen zeigen.

Ohngeachtet der Annäherung des Frühlings, herrscht noch eine strenge Luft auf diesen Hügeln, und die hohe Morgensonne schmilzt erst das Eis, welches noch immer vom nächtlichen Frost sich bildet.

Der Weg von Rom hierher, welcher drei deutsche Meilen lang ist, und den ich vor einigen Tagen mit L. und B. an einem schönen Nachmittage zurücklegte, liegt in täuschenden Verkürzungen vor mir.

So wie auch, wenn man von Rom ausgeht, das Städtchen Fraskati wegen seiner Lage an dem Abhange des Hügels viel näher scheint, als es wirklich ist; denn unser Weg wurde uns am Ende, besonders da es bergan ging, ziemlich lang. Meine beiden Gefährten sind schon wieder nach Rom zurückgekehrt, und ich denke nun ein paar Wochen hier einsam zuzubringen, und der heilsamen Luft zu genießen, um mit erheiterter Seele, und gestärkten Sinnen, zu dem Genuß und der Betrachtung der herrlichen Schätze der Kunst in Rom zurückzukehren.

Von meiner Wohnung in der Mitte des Städtchens steige ich des Morgens früh die jähe Anhöhe hinauf, welche mich erst zu der Villa Aldobrandini, und von da bis zu diesem Gipfel führt, wo ich die Stadt tief unter mir liegen sehe.

Hier oben ist ein schattiger Spaziergang in einer Cypressenallee, die man von Rom aus sieht, und welche auch in der Ferne einen reizenden Prospekt macht. Die Ruinen von der Villa des Cicero werden von einsamen Pinien umschattet.

Das Städtchen Fraskati selber ist ein angenehmer Wohnort; man kann es im eigentlichen Sinne DURCHSCHAUEN; denn man kann alle die kleinen Straßen hindurch ins Freie sehen.

Ich wohne auf dem Marktplatze, gerade der Hauptkirche gegenüber, die eine ansehnliche Fassade hat; und der Sohn meiner Wirthin selbst ist Priester an dieser Kirche.

Der Bischof, welcher hier residirt, nimmt, wenn er ausfährt, mit seinem sechsspännigen Wagen jedesmal beinahe diesen ganzen Marktplatz, und also einen großen Theil der Stadt ein, die zu einer mit sechsen bespannten Kutsche gar kein Verhältniß hat.

Müssiges Volk gibt es hier genug die des Morgens, wenn ich ausgehe, schon auf der Straße zu spielen angefangen haben, und die ich des Mittags, wenn ich zurückkehre, noch dabei antreffe. Ihr Spiel ist sehr einfach, und hat eine entfernte Aehnlichkeit mit dem Billard; denn es wird auch auf dem ebenen Boden mit Kugeln nach Kugeln gezielt.

Fraskati, den 10. Merz.

Des Nachmittags ist mein gewöhnlicher Spaziergang nach der Villa Ludovisi dicht vor der Stadt, wohin ich mit wenigen Schritten aus meiner Wohnung komme.
Auch von hier hat man die Aussicht, auf die Stadt Rom, so wie auf einen großen Theil des alten Latiums und auf das mittelländische Meer.
Wenn ich diesen Schauplatz der Entstehung Roms betrachte, so steigt die uralte Dichter- und Fabelwelt oft vor meinen Blicken auf.
Es däucht einem, als ob ein Traum der frühen Kindheit, wo man zuerst die unbekannten Nahmen dieser Oerter und ihre Geschichte hörte, nun in Erfüllung ginge, da man das, womit die junge Einbildungskraft sich so oft beschäftigt hat, nun in der Würklichkeit vor sich sieht.
Dichter und Geschichtsschreiber der Vorzeit hier gelesen, wo man den Schauplatz der Ereignisse, die sie schildern, mit allen seinen Merkmalen vor sich ausgebreitet sieht, versetzen die Seele in eine sanfte melancholische Stimmung, indem sie gleichsam mitleidsvoll über die Flucht der Zeit und über die hinrollenden Menschenalter trauert.
Noch breitet der Platanus seine nackten Aeste aus; aber der entblätterte Mandelbaum blühet; und ich wandle hier in schattigten Lorbeerhainen, und unter immergrünenden Eichen, wo keine Spur des Winters merkbar ist.

Rom, den 22. Merz.

Ich bin nun nach einem Aufenthalt von zwölf Tagen in Fraskati, nach Rom wie in eine Heimath wieder zurückgekehrt, und habe, nach dieser Pause, die mir nun schon bekannten Gegenstände, wie meine alten Freunde, wieder begrüßt.
Eine solche Unterbrechung aber scheint wirklich nöthig zu seyn, um sich wieder zu erholen, und zu der erneuerten ruhigen Betrachtung des Schönen den Geist zu sammeln.
Es ist, als ob man nun schon einen Lauf vollendet hätte, und mit neuem Anlaß seine Laufbahn wieder von vorne anfinge, in welcher man ungehinderter forteilt.
Aber so lange bin ich nun schon in Rom, und habe Ihnen noch kein Wort von der Peterskirche geschrieben, von der es doch, wenn man sie einmal gesehen hat, schwer seyn soll, nicht zu reden und zu schreiben, wenn man nur irgend zu reden oder zu schreiben im Stande ist.
Allein ich habe es oft vergeblich versucht, den Eindruck zu entwickeln, welchen dieß Gebäude bei seinem ersten Anblick, und bei dem ersten Eintritt in dasselbe hervorbringt.
Sehr schön und treffend scheint mir ein Engländer seine Empfindung ausgedrückt zu haben, indem er von diesem Gebäude sagt: *it mends on the Eye in every moment* (es verschönert sich dem Auge in jedem Moment, oder, es erhält mit jedem Augenblick neue Reize.)
Einer meiner liebsten Gänge ist nach der Peterskirche, und mein angenehmster Aufenthalt wirklich IN DER PETERSKIRCHE, wo man sich in der majestätischen Umgebung dennoch so bequem und gemächlich, wie in einem Wohnzimmer findet; ich lese und studiere daher oft in dieser Kirche, und sie hat immer schon fern für mich etwas Einladendes, dem ich nicht widerstehen kann.

Doch muß ich Ihnen erst, wo möglich, eine Schilderung von dem Platze geben, welcher den Eintritt in dieß schöne Heiligthum vorbereitet; auf welchem jetzt das Volk den Seegen des Pabstes empfängt, und der Vorzeiten eine sehr verschiedne Bestimmung hatte.

Denn hier war einst der Cirkus des Nero; ein Theil des Janikulus, von wo man diesen Schauplatz übersehen konnte, und auf welchem jetzt die Barberinischen Gärten, hieß das kleine Palatium. Und Nero ergötzte sich von hieraus an den von ihm veranstalteten Kampfübungen der Christen mit den wilden Thieren.

Diesen Platz schließt nun die majestätische Kolonnade ein, durch welche sich der Petersplatz allein schon vor allen berühmten Plätzen in der Welt auszeichnet.

Dreihundert und zwanzig Säulen von Travertin, eine jede von dem Umfange, daß zwei Männer sie kaum umklammern können, und von verhältnismäßiger Höhe, bilden diesen prächtigen Säulengang.

Die Säulen stehen vierfach in der ganzen Länge der Kolonnade, und bilden drei Gänge, von denen der mittelste weiter ist, als die beiden Seitengänge.

Acht und zwanzig Statüen von Heiligen schmücken das Säulengeländer, womit das platte Dach der Kolonnade umgeben ist. Die Geländer von den beiden Gängen, welche in die Halle der Kirche führen, sind auch noch mit acht und vierzig Statüen von Heiligen bepflanzt, so daß man die Heerscharen der triumphirenden Kirche hier vor sich zu sehen glaubt.

Gewiß hatte das alte Rom nichts aufzuweisen, daß diesem Platze und diesem Säulengange an Pracht zu vergleichen gewesen wäre.

Es scheint, als ob man es ordentlich darauf angelegt habe, daß auf demselben Fleck, wo das Christenthum die tiefsten

Erniedrigungen erlitten hatte, nun auch der höchste äußere Glanz und Herrlichkeit desselben, in seiner ganzen Pracht hervorschimmern sollte.

In der Mitte dieses Platzes ragt ein ägyptischer Obelisk, aus einem einzigen Stück von orientalischem Granit, empor.

Auch dieser Obelisk, der ehemals zweien Kaisern, dem August und Tiber gewidmet stand, war mit der Herrlichkeit von Rom in Schutt und Staub versunken, bis Sixtus der fünfte ihn auf diesem Platze wieder aufrichten ließ, und ihn dem heiligen Kreuze weihte, das nun auf seiner Spitze triumphirend aufgepflanzt ist.

Gerade auf diesem Platze, wo einst Nero seine Augen an den schmählichen Hinrichtungen der Christen weidete, die hier, selbst wie Thiere geachtet, mit wilden Thieren kämpfen mußten, vereinigt sich nun der höchste Glanz des christlichen Roms, das Vatikan und die Peterskirche. Aeußerst bedeutend wird durch diese Vergleichung die Inschrift auf dem Obelisk; DAS KREUZ HAT TRIUMPHIRT! –

Auf jeder Seite des Obelisk rauscht ein Springbrunnen empor, welcher an Sommertagen die brennende Hitze kühlt, und wodurch dieser Platz bei der Pracht, die ihn umgiebt, auch zugleich ein lebhaftes Ansehen, und eine einladende Anmuth erhält.

Zu dem ersten Tempel der Christenheit, dessen Vorderseite dem großen Oval dieses Platzes zum Hintergrunde dient, führt eine Marmortreppe, deren Stufen die Schwellen der Apostel heißen. Aus einer Pyramide von dem Grabmal des Scipio, das sich in dieser Gegend befand, und der Peterskirche weichen mußte, sind diese Stufen genommen, welche nun, durch eine der sonderbarsten Metamorphosen, zu den SCHWELLEN DER APOSTEL geworden sind; denn unten an dieser Treppe stehen die Statüen der Apostel Petrus und Paulus, welche gleichsam den Eingang in den Tempel bewachen.

Wenn man die Vorderseite der Peterskirche im Hintergrunde dieses Platzes sieht, so ist es einem, als ob man in einen optischen Kasten blickte; das Ganze macht mehr den Eindruck eines Gemähldes, als eines Gegenstandes aus der wirklichen Welt, wo man etwas so vollkommen ebenmäßiges, und bei einem solchen Umfange dennoch vollkommen ausgearbeitetes, nicht zu sehen gewohnt ist.

Man muß erst dicht hinzutreten, und die Säulen an seinem Körper messen, ehe man sich einen Begriff von ihrer ungeheuren Höhe und Dicke machen kann, welche einen erstaunlichen Eindruck hervorbringen müßten, wenn die vielen Unterbrechungen, Abtheilungen und Vorsprünge zwischen den Säulen an dieser Vorderseite, diesen Eindruck nicht wieder verminderten, so daß das Ganze mehr einen reizenden und zierlichen, als großen Anblick giebt; wie denn überhaupt die Größe sich nicht leicht mehr in Verhältniß und Ebenmaaß verlieren kann, als bei diesem Gebäude, welches, ohne ein solches Ebenmaaß, mehr einem Berge oder einer Felsenmasse als einem Hause ähnlich sehen würde.

Fünf große Oefnungen zwischen den Säulen führen in die Vorhalle der Kirche. Ueber dieser Vorhalle ist eine zweite Gallerie mit dem Balkon in der Mitte, von welchem der Pabst den Segen ertheilet; oben über den Säulen läuft eine Attika, und auf dieser ein Geländer, wo die kolossalischen Figuren Christi und der zwölf Apostel diese Vorderseite bekränzen, hinter welcher denn die Kuppel, wie ein luftiges Pantheon, emporragt, in dessen höchstem Gipfel diese unermeßliche Zusammensetzung mit dem aufgepflanzten Kreuze sich vollendet.

Beim Eintritt in die Peterskirche fühlte ich mich lange nicht so überrascht, als beim ersten Eintritt in die Paulskirche in London, welche doch in Ansehung des Umfanges bei weitem von der Peterskirche übertroffen wird: aber dort kann freilich wohl die LEERHEIT zu der Größe des Eindrucks viel beitragen, weil der ganze Theil der Kirche, welcher GEBRAUCHT wird, sich eigentlich nur auf den angebauten Chor beschränkt, wo gepredigt wird, und die Gemeine sich versammlet.

Der ungeheure Umfang der Paulskirche wird durch den protestantischen Gottesdienst nicht ausgefüllt, weil die protestantischen Kirchen, ihrem Endzweck gemäß, eigentlich nur LEHRHÄUSER seyn sollen; da hingegen die katholischen Kirchen sich schon mehr dem Begriff von Tempel nähern, wo man nicht sowohl Unterricht ertheilte, als vielmehr nur durch OPFER und Gebet die Gottheit zu verehren suchte.

In den protestantischen Kirchen ist daher die erhabene Baukunst im Grunde zweckwidrig, und wo sie statt findet, macht sie einen ungewohnten Eindruck. Bei einer katholischen Kirche hingegen erwartet man, nach den mehr sinnlichen als spekulativen Religionsbegriffen, auch mehr in die Augen fallende Pracht, welche mit diesen Begriffen harmonirt. Für die südlichen Nationen scheint diese Pracht sogar mehr Bedürfnis zu seyn, als für die nördlichen, und es scheint in dieser verschiedenen Denkungsart mit seinen Grund zu haben, daß die nördlichen Völker sich eher, als die südlichen zum Protestantismus hingeneigt haben.

Wenn man nun die Pracht der Peterskirche als den Mittelpunkt betrachtet, wo einst die Schätze des Erdbodens zusammenflossen, so steht sie da, wie ein großes Denkmal der monarchischen Religion, durch deren Alleinherrschaft nur dieß Wunderwerk emporsteigen konnte, wodurch das delphische Heiligthum und Ephesus Tempel verdunkelt wird.

Was aber zuerst beim Eintritt den Eindruck von Größe vermindert, ist der Glanz und die Reinlichkeit, welche einem von allen Seiten, wie aus einem geschmückten Wohnzimmer entgegenstrahlet; hier erscheint einem nichts Wüstes und unerreichbar Hohes, die Nettigkeit und Sauberkeit selber bringt der Einbildungskraft alles so nahe, als ob man es mit Händen greifen und fassen könnte.

Auch durchschaut man alles mit einem einzigen Blick; nicht Wirklichtes und Verborgenes läßt die Einbildungskraft weiter schweifen, als das Auge siehet; darum scheint auch bei dem ungeheurem Umfange, alles so beschränkt und nahe aneinander, als ob man von den Wänden eines angenehmen warme Zimmers eingeschlossen würde.

Kurz, einem ist wohl bei diesem Anblick; die Höhe, Breite, und Länge dieses ungeheuren Gebäudes macht nichts weniger, als einen schauerlichen Eindruck; man fühlt sich in dieser Weite gar nicht, wie verlohren, sondern von allen Seiten bequem und gemächlich eingeschlossen.

Statt daß in dem gothischen Dome alles darauf angelegt ist, daß die Höhe furchtbar, die Weite wie eine Wüste erscheine, und das ganze Schauer und Bewunderung errege, so ist hier alles darauf angelegt, bei dem erstaunlichsten Umfange, dennoch die Idee des Angenehmen, Bequemen, und Wohnbaren zu erregen. Bei dem gothischen Gebäude soll das Haus einer Felsenmasse, hier soll die Felsenmasse dem Hause ähnlich sehen.

Statt daß man dort durch die ungeheuren Verhältnisse gezwungen wird, mit einer Art von Entsetzen empor zu schauen, und der Geist sich unter der Masse gleichsam erdruckt fühlt, fühlt man sich hier durch einen sanften Zug emporgehoben, weil das Ebenmaaß der Verhältnisse die man erblickt, mit dem Geiste des Menschen harmonirend, und sein eignes Werk ist, worin er sich allenthalben wieder erkennt und wieder findet, da er in dem gothischen Gebäude sich selber in schauervollen Labyrinthen zu verlieren sucht.

Hier blickt das Auge gleich beim Eintritt zu der schön gewölbten Decke empor, die mit ihrer geschmackvollen Vergoldung sich sanft dem Blicke entgegen zu senken scheinet.

In der Mitte erhebt sich die Wölbung der Kuppel, welche auf dem Erdboden nichts ihres Gleichen hat, und demohngeachtet nichts weniger als einen furchtbaren Eindruck macht, sondern das Auge allmälig, durch ihre sanfte Krümmung bis zu ihrem Schlußpunkt in die Höhe zieht.

Unter dieser schönen Wölbung steht der zierlich geschmückte Hochaltar unter dem vergoldeten Baldachin, welcher auf vier gewundenen bronzenen Säulen ruht, und selbst die Höhe eines ansehnlichen Gebäudes hat, ob er gleich dem Auge nur wie eine bloße Zierde erscheint.

Die vier gewundenen Säulen, welche den Baldachin über dem Hochaltare tragen, sind mit Laubwerk und Genien verziert. Auch die Eitelkeit hat sich hier ein bleibendes Denkmal errichtet; weil nehmlich der Stifter des Altars aus dem Hause Barbarini war, so schmücken auch die goldenen Bienen aus dem Baberinischen Wapen das Gebälke, und achtmal ist an dem Postamente der Säulen das Barberinische Wapen angebracht.

Einen sonderbaren Anblick machen auf jeder von den vier Säulen des Baldachins zwei Genien, deren einer die Binde- und Löseschlüssel, und der andre die dreifache päbstliche Krone darüber in die Höhe hält, so wie man etwa in alten Basreliefs die Liebesgötter mit dem Helm des Mars, und der Keule des Herkules spielend, abgebildet findet; denn dieß sind doch nun ebenfalls die Insignien der neuen Göttergestalt, die sichtbar unter den Menschen auf Erden wandelt.

Vier Engelfiguren auf den Enden des Baldachins halten in jeder Hand einen Blumenkranz. Der Baldachin selber bildet sich in seinem Gipfel zu einer Krone, auf welcher man eine Kugel, und über dieser ein Kreuz erblickt.

Wenigstens konnten die Verzierungen des ersten Hochaltars der katholischen Kirche nicht zweckmäßiger und bedeutender, als dieses, ausgedacht werden. Diesem Altar mußte eine Krone aufgesetzt werden, die seinen höchsten Triumph bezeichnete. Um diese Krone zu vollenden, wurden die Vorhallen des Pantheons alles ihres Schmucks beraubt, und aus dem Metall, welches man diesem alten Denkmale entriß, wurden überdem noch achtzig Kanonen gegen die Feinde des päbstlichen Stuhls gegossen.

Unter diesem Hochaltare ist die Gruft, welche des heiligen Petrus und Paulus Gebeine in sich aufbewahrt, und um die sich ein Geländer zieht, auf welchem bei Tag und Nacht hundert silberne Lampen brennen. Man steigt auf einer Marmortreppe in die kostbare unterirdische Kapelle hinab. Die hundert silbernen Lampe um diese heilige Gruft, über welche der Hochaltar gebaut ist, machen einen sehr feierlichen und schönen Anblick, und geben dem Ganzen wieder ein ernstes Ansehn, indem sie die Idee einer immerwährenden Todtenfeier in diesem dem ersten Apostel gewidmeten Tempel erwecken.

Die vier Hauptfeiler, welche die Kuppel tragen, haben selbst einen Umfang, wie beträchtliche Gebäude, und ohne es zu wissen, sieht man sie gar nicht für Pfeiler an. In den Nischen dieser Pfeiler stehen die kolossalischen Figuren von vier Heiligen, deren schmutzige und häßliche

Uebereste diese prächtige Kirche als einen kostbaren Schatz aufbewahrt.

An diese vier Pfeiler der Peterskirche läßt sich am besten die Geschichte ihrer Erbauung knüpfen. Denn auf den Begriff dieser ungeheurn Grundlage stützte sich der Gedanke des Baumeisters, ein Pantheon in der Luft zu erheben.

Bramante hieß der Baumeister, welcher dem Pabst Julius dem zweiten diesen kühnen Gedanken vorlegte. Von der alten Kirche, welche der Kaiser Konstantin auf diesem Fleck hatte erbauen lassen, blieb die Gruft der Apostel Petrus und Paulus, und die Tribune mit dem Stuhl des heiligen Petrus. Zu dem neuen Tempel legte Julius der zweite im Jahr 1506 den Grund, und Bramante errichtete die vier ungeheuren Pfeiler bis an die Bogen, auf welchen noch jetzt die Kuppel ruht.

Nicht weiter als bis dahin sahen Julius der zweite und Bramante ihr Werk emporsteigen, als beide kurz nach einander der Tod hinrafte, und die Vollendung dieses ungeheuren Werks dem Zufall überlassen blieb.

Unter drei Päbsten gieng der Bau der Kirche nur langsam fort, und dem allumfassenden Genius des Michel Angelo war es vorbehalten, den kühnen Gedanken des ersten Baumeisters, nach seiner eignen Bildung und Umschaffung, zur Wirklichkeit zu bringen, indem er unter fünf Päbsten selbst an dieser Kirche baute, und zu der Fortsetzung des Baues einen Plan hinterließ, der, durch ein päbstliches Breve sanktionirt, nach seinem Tode unabänderlich blieb. Nach diesem Plan des Michel Angelo wurde dann unter dem Pabst Sixtus dem fünften endlich die Kuppel selber aufgestellt, und der Bau derselben, welcher von sechshundert Arbeitern Tag und Nacht fortgesetzt wurde, binnen zwei und zwanzig Monathen zu Stande gebracht, so daß der Pabst Sixtus, welcher im August des Jahres 1594 starb, die Vollendung dieses ersten Werks der Baukunst noch erlebte.

DELLA PORTA und FONTANA hießen die Baumeister, welche unter dem Pabst Sixtus diesem bewundernswürdigen Werke die Krone aufsetzten. KARLO MODERNO aber vollendete im Jahr 1614 erst den ganzen Bau der Kirche, nachdem derselbe von der ersten Grundlegung an gerechnet, hundert und acht Jahre gedauert hatte. Und nun fügte BERNINI erst den Säulengang hinzu, welcher die Majestät dieses Tempels gleichsam vorbereitet, indem er den Platz vor demselben mit der prachtvollsten Einfassung umschließt.

Gewiß ist es zu verwundern, daß dieß Gebäude, dessen Vollendung so sehr vom Zufall abhing, und an welchem ein ganz Jahrhundert hindurch von ganz verschiednen Meistern gebauet wurde, dennoch in solcher Schönheit und Regelmäßigkeit, als ob es selbst wie ein Modell bearbeitet wäre, dasteht.

Darum muß bei einem solchen Gebäude auch schon die bloße WÜRKLICHE EXISTENZ desselben alle seine Mängel übertragen helfen, weil der Zufall selten so etwas emporkommen läßt, ohne manches daran zu verderben, und es immer sehr viel ist, wenn sich das Schöne und Regelmäßige unter dem Druck der Umstände, die es verhindern, nur einigermaßen empordringen und entwickeln kann.

Die vier Pfeiler selbst, auf welchen die Kuppel ruht, haben oft gewankt, und von Zeit zu Zeit verstärkt werden müssen, und demohngeachtet hat die Kuppel einen Riß erhalten. – Nach diesen Betrachtungen über die vier Pfeiler und ihre Entstehung, wollen wir uns nun wieder in das Innre der Kirche begeben, und ihre Gestalt betrachten.

Da sie in Form eines Kreuzes erbauet ist, so erhält sie die größte Erweiterung, wenn man in die Mitte derselben tritt, und nun auf einmal in unermeßlicher Höhe nach oben sich die Kuppel wölbet, und die höchste Breite und Länge der Kirche in Form des Kreuzes sich auf einmal dem Auge darstellt. Die höchste Breite, oder der Queerschnitt in dem Kreuze, soll schon an sich dem Umfange des Mayländischen Doms gleich kommen, welcher doch selber eines der größten Gebäude in der Welt ist.

Den Hochaltar in dieser Mitte haben wir schon betrachtet. Nun blicken wir nach dem Hintergrunde oder der Tribune, wo aus der alten Kirche Konstantins, noch das größte Heiligthum, nehmlich der eigentliche PÄBSTLICHE STUHL, oder der heilige Stuhl, worauf der Apostel Petrus selbst gesessen, in der prachtvollen Umgebung aufbewahrt wird.

Dieser Stuhl des heiligen Petrus, über dessen Identität eine gelehrte Abhandlung existirt, ist in einen andern Stuhl von vergoldeter Bronze eingeschlossen.

Diesen Stuhl tragen nun die vier Kirchenlehrer Augustinus, Ambrosius, Athanasius und Chrysostomus, welche hier also recht im eigentlichen Sinne, als die Stützen der Kirche vorgestellt werden. Sie sind in kolossalischer Größe von Bronze, und wiegen zusammen achtzigtausend Pfund. Ueber dem Stuhle schwebt die dreifache päbstliche Krone, und eine Glorie von Engeln scheint ehrfurchtsvoll auf dieses Heiligthum hinunter zu blicken, zu welchem sich auch der heilige Geist in Gestalt einer Taube hinabsenkt.

Nebst Oben an dem Gewölbe ist ein zu dem Ganzen passendes Gemählde nach einer Zeichnung von Raphael, wo Petrus die Bindeschlüssel empfängt, und also die päbstliche Gewalt in ihrer ersten Grundlage sich dem Auge darstellt.

Nächst dem Stuhle des heiligen Petrus sind nun die Grabmäler seiner Nachfolger auf diesem Stuhle, bei weitem das Prachtvollste in der Peterskirche.

Gleich zur rechten Seite des heiligen Stuhles ist das Grabmal des Pabstes Paul des dritten, von welchem Grabmale, das für das schönste in Rom gehalten wird, man sich mit sehr ärgerlichen Geschichten trägt.

Von den beiden liegenden Statüen, der Klugheit und der Religion, soll nehmlich die letzte, einer natürlichen Tochter des Pabstes Paul des dritten, die er als Kardinal erzeugte, nachgebildet seyn.

Eben diese Statüe hatte einst, durch die Reize des Nackenden, einen Spanier zu einer unnatürlichen Liebe verleitet, weswegen sie nachher mit einem Gewande von Bronze bedeckt ist, welches die verborgenen Schönheiten derselben noch jetzt vor den spähenden Blicken verhüllt.

Zur linken Seite des heiligen Stuhls ist das Grabmahl des Pabstes Urban des achten, welches dem vorigen an Pracht nichts nachgiebt. – Die übrigen Grabmäler von Päbsten will ich Ihnen nicht beschreiben. Es läßt sich im Ganzen nur drüber sagen, daß sie mehr durch überladenen Prunk das Auge blenden, als durch eine edle Simplicität das Herz zur sanften Theilnehmung, und das Gemüth zu stillem Ernst bewegen. – Der Gegenstand scheint es aber auch fast so zu erfordern; was im Leben nur durch äußern Prunk geblendet hat, kann auch nach dem Tode nur mit erborgtem Schimmer prahlen; jede große und erhabene Idee muß nothwendig unter der kindischen Pracht erliegen, welche die päbstliche Würde im Leben und nach dem Tod umkleidet, und welche dem, der sie besitzt eine bedrückende Last seyn muß, wenn Eitelkeit oder Stolz ihn für diese goldnen Fesseln nicht schadloß halten.

Merkwürdig ist noch das Monument der Königin Christina

an einem Pfeiler, wo an dem Basrelief des Marmorsarges ihre Abschwörung des lutherischen Glaubens abgebildet ist, und eine Inschrift darunter sagt, daß sie des rechten Glaubens wegen ihre Krone niederlegt, und Rom zu ihrem geliebten Aufenthalt gewählt habe.

Nun sollte ich Ihnen noch die Kapellen zu beiden Seiten des Schiffes der Kirche beschreiben, wovon eine jede wiederum den Umfang einer beträchtlichen Kirche hat, und wodurch das Auge, so wie man die Kirche hinauf geht, in jedem Moment mit neuer unerwarteter Pracht überrascht wird, bis man in die Mitte kommt, wo auf einmal das Kreuz, in dessen Form die Kirche gebaut ist, majestätisch seine Arme ausbreitet, und sich plötzlich die Aussicht rund umher erweitert. –

Allein die Pracht ist ebenfalls dasjenige, worunter bei diesen Neben- oder Seitentempel die Schönheit oft erliegt. Und die Merkwürdigkeiten, wodurch sich die Kapellen auszeichnen, sind auch nicht groß, weil sie gröstentheils in Heiligthümern bestehen, die für uns kein Interesse haben. Von den Gemählden in der Peterskirche überhaupt aber behalte ich mir vor, Ihnen in der Folge ausführlicher zu schreiben.

Durch die Einsicht in die Kapelle entstehen, so wie man die Peterskirche hinaufgeht, immer abwechselnde Perspektiven. – Die vielen Altäre in der Peterskirche haben außer ihrer Pracht und den Gemählden auch nichts besonders merkwürdiges. Einer darunter, welcher an einem der vier großen Pfeiler gebaut ist, heißt der LÜGENALTAR *(della bugia)* und zwar aus dem Grunde, weil ein Gemählde über diesem Altare befindlich ist, welches den Ananias vorstellt, den der Apostel Paulus mit den Worten tödtet: du hast dem heiligen Geiste gelogen!

Das Schönste von der Peterskirche bleibt dennoch immer

der Eindruck des Ganzen, wenn man seine Augen nicht auf Kleinigkeiten heftet, und sich durch die überflüssige Pracht und Verzierungen der einzelnen Theile nicht irren läßt. Denn so gewaltig ist der Eindruck dieses Ganzen, daß wenn man nur seine Augen darauf heftet, alle das Kleinliche und Spielende verschwindet, womit eine kindische Ehrfurcht es auszuschmücken suchte.

So verliert sich auch in dem Anblick von dem Umfange und der Höhe der Kuppel das Kleinliche der Mosaiken von Heiligen und Engelsköpfen, welche in sechs Reihen darin angebracht sind, und in deren höchstem Mittelpunkte Gott der Vater herniederschauend, nach einer Zeichnung von Arpino, abgebildet ist.

Diese Kuppel bleibt immer das Größte, was bis jetzt in dieser Art die menschliche Einbildungskraft auszusinnen, und der menschliche Verstand auszuführen vermochte, und sie verdient gewiß nicht weniger, als die ägyptischen Pyramiden, oder irgend eines von den größten Denkmälern der Vorzeit, unter die Wunder der Welt gezählet zu werden.

Wenn es nun einmal ein vorzüglich schöner Tag ist, so wollen wir auch auf diese Kuppel und auf die Zinne dieses Tempels steigen, und von da die Ruinen des alten und die Ruinen des neuen Roms betrachten!

Rom, den 24. Merz.

Vor ein paar Tagen machte ich einen Spaziergang längst dem Ufer der Tiber hin, jenseit des Aventinischen Berges, ohne meinen Wegweiser bei mir zu tragen, den ich sonst immer bei meinen Wanderungen zu Rathe ziehe.

Ich fand ein großes Vergnügen daran, mich in der öden

und einsamen Gegend zu verlieren, die ich zum erstenmale betrat, und wo mir die Gegenstände noch neu und unbekannt waren; als ich mich auf einmal auf dem ersten Kirchhofe der Welt befand, der durch die Pyramide des Cestius, eines der ehrwürdigsten Denkmäler aus dem Alterthum, bezeichnet wird, bei welchem die Ketzer noch innerhalb der Mauren von Rom eine ehrenvolle Grabstätte finden.

Nichts kann überraschender seyn, als der Anblick dieser Pyramide in der Nähe, welche das Grabmal eines römischen Konsuls bezeichnet, und um sie her die niedrigen Leichensteine der Protestanten, welche hier begraben liegen. Ich las die alte Inschrift auf der Pyramide, welche tief in das zweite Jahrtausend steht, und dann die Inschriften auf den Leichensteinen der protestantischen Fremdlinge, welche hier ihr Grab fanden.

Die eine Hälfte der Pyramide liegt außerhalb, die andere innerhalb der Stadtmauer; sie ist von außen mit Marmorplatten überzogen, und hat ein schwärzliches Ansehen. An einigen Stellen ist sie mit grünem Moose bewachsen,

und junge Sprößlinge von Gesträuch keimen hie und da aus den Ritzen hervor.

Maulbeerbäume beschatten die grüne Ebene, welche dieß Monument umgiebt, und auch den sonderbaren Berg einschließt, der seinen Nahmen, *monte testaccio,* von den SCHERBEN führt, durch deren Anhäufung er entstanden, und bis zu einer beträchtlichen Höhe erwachsen ist.

Diese Gegend, welche jetzt still und einsam war, wird im Sommer von den Römern häufig besucht, welche in den kühlen Grotten unter dem *monte testaccio* Erfrischungen genießen, und auf diesen grünen Ebenen lustwandeln, die daher auch *(prati del popolo romano)* die WIESEN DES RÖMISCHEN VOLKES, heißen.

Die alte Stadtmauer, die schwarzgraue Pyramide, und der von Schutt und Scherben aufgehäufte Berg, machen mit der grünen von Bäumen beschatteten Ebne den reizendsten Kontrast. Die Schönheit der umgebenden Natur scheint hier der düstern Melancholie selber ein Lächeln abzuzwingen; und wenn nun hier zugleich Gesang und Freude herrscht, so kann es nicht leicht einen Platz in der Welt geben, wo die Extremen sonderbarer aneinander grenzen.

Zwei von den Inschriften an den Leichensteinen waren englisch und eine deutsch. Einige kleine Grabhügel waren ohne Leichenstein. Ein mit einer hohen Mauer umgebenes klösterliches Gebäude, war das einzige Haus, was man in dieser Gegend sahe.

Ich konnte mich von diesem Platze, zu welchem mich der Zufall geführt hatte, lange nicht wieder losreißen, und hing mit Wohlgefallen der süßen Schwermuth nach, welche der erste Anblick dieser Gegenstände erweckte, die sich wahrlich nicht leicht an einem Orte der Welt so zusammen finden.

Noch oft wird nun in Zukunft diese Pyramide des Cestius das Ziel meiner Wanderungen seyn, so wie sie es im ganz eigentlichen Sinne für diejenigen unserer Glaubensgenossen ist, die hier ihrer Grabstätte entgegen sehen.

Rom, den 26. Merz.

Ich stand auf dem hohen Janikulus,
Und unter mir rollte der Tiberstrom. –

Sehr überraschend war mir der Anblick als ich neulich bei einem meiner einsamen Spaziergänge zum erstenmale jenseits der Tiber die Anhöhe des Janikulus bestieg, und mich auf einmal vor der Kirche und dem Kloster *S. Pietro in montorio* auf einem freien Platze befand, wo sich mir über ganz Rom und die umliegende Gegend die schönste Aussicht eröfnete.

Die klösterliche Stille, welche hier herrschte, die nur durch das Geräusch eines Springbrunnens mitten auf diesem Platze unterbrochen wurde; die kleinen Fenster zu den Zellen der Mönche in dem Kloster, mit den Blumentöpfen davor, und dann wieder der ganze Ueberblick der geschäftigen und prachtvollen Welt, die sich hier vor einem ausbreitet; dieß alles versetzt das Gemüth in eine feierliche ernste Stimmung.

Ich trat in die eröfnete Kirche um Raphaels Gemählde, die Verklärung auf Thabor zu sehen. – Der Vorhang wurde aufgezogen, und die Glorie des Künstlers strahlte mir entgegen. In bewundernswürdig schönen Stellungen auf ihr Antlitz hingesunken, drückten die anbetenden in dem Bilde selbst die Empfindung des Künstlers aus, womit er sein höchstes Ideal entwarf. – Ich werde dies Gemählde öf-

ters sehen, und dann sag' ich Ihnen mehr davon. Es war Raphaels letztes Gemählde, und wurde, als der Triumph des Künstlers, bei seinem Leichenbegängniß mit in Prozession getragen.

Von hier stieg ich noch weiter zu der prachtvollen Fontäne *aqua paola* hinauf, welche mir schon von ferne entgegen rauschte. Drei Wasserströme stürzen sich aus den Arkaden hervor, und ergießen sich in ihr Wasserbehältniß, welches den Umfang eines beträchtlichen Teiches hat; fünf und dreißig italiänische Meilen weit wird das Wasser hergeleitet.

An diesem rauschenden Wasserfall stand ich mit Entzücken, da in dem Umfange der weiten Gegend sich mein Blick verlohr, und um mich her die Gärten des Janikulus mit ihren hohen Pyramiden und Cypressen, den reizendsten Vordergrund bildeten.

Es war ein herrliches Schauspiel, als ich beim Sonnenuntergang von dieser Anhöhe hinunterblickte, und sahe die

Hügel Roms noch von den letzten Strahlen der Sonne erleuchtet, während daß die dichtbebaute Fläche des Marsfeldes an den Ufern der Tiber, schon im nächtlichen Dunkel lag.

Der Kapitolinische, Aventinische, Palatinische, und Quirinalische Hügel zeichneten sich ganz deutlich wie die lichten Parthien in einem Gemählde mit schattigten Gründen aus.

Unter den Häusern in der Ebne ragte das runde Stuffendach des Pantheons hervor, und erinnerte an die Zeiten, wo dieß Gebäude noch einsam auf dem grünen Marsfelde stand, in welche die Römer, wenn die Centurien sich versammelten, in schimmernder Rüstung bei Sonnenaufgange, von ihren Hügeln hinabstiegen.

In jener dunklen Ebne war es, wo das erste Volk der Erde seine Konsuln, seine Feldherren wählte, und zu den großen Thaten sich vorbereitete, womit es jedes Jahr seiner glänzenden Dauer bezeichnete.

Jener Glanz ist nun in Nacht versunken. – Auch die Hügel sinken in graue Dämmerung hin – und den weiten Gesichtskreis deckt ein trüber Flor.

Rom, den 28. März.

Auf einem Spaziergange nach der Peterskirche und von da nach dem Kolossäum sieht man die Herrlichkeit des alten und des neuen Roms in wenigen Momenten vor sich emporsteigen.

Eine Kuppel in der Größe des Pantheons, mit dem aufgepflanzten Kreuze, steigt dort gen Himmel, und hier ragen die Ruinen des halbzerstörten Amphitheaters empor, das von seiner kolossalischen Größe seinen Nahmen führt, und dennoch von jenem Koloß der modernen Baukunst weit übertroffen wird.

Und auch dieses Amphitheater hat seine Erhaltung nur seiner Weihung zum gottesdienstlichen Gebrauch zu danken, welche das Kreuz auf dem Gipfel desselben andeutet. Auf der Arena, wo die Kampfspiele gehalten wurden, wird hier sonntäglich unter freiem Himmel gepredigt, welches Geschäft gewöhnlich die Kapuzinermönche aus einem benachbarten Kloster auf dem Palatinischen Berge verrichten. Der Prediger steht auf einem Gerüste von Brettern, und das Volk versammlet sich um ihn her.

Dieser Platz hat sonderbare Verwandlungen erlitten; erstlich war es ein Teich in der Mitte der Stadt, um welchen der Kaiser Nero die Häuser wegbrennen ließ, weil er in dieser Gegend gerne *Solitudines* (Wüsteneien) haben wollte, und ihm also die Häuser im Wege waren.

Vespasian ließ diesen Teich zudämmen, als das jüdische Volk unterjocht war, und aus der Zerstörung der Stadt

Jerusalem stieg nun dieses neue Wunder der Welt empor, woran zwölftausend gefangene und in die Sklaverei geführte Juden arbeiten mußten.

Dieß alles wird einem so lebhaft und gegenwärtig, wenn man mit ein paar Schritten von hier nach dem Triumphbogen des Titus geht, wo man in den Basreliefs den Triumph des Titus selber, und unter andern auch den großen goldnen Leuchter mit den sieben Armen aus dem Tempel zu Jerusalem, abgebildet siehet. Jene Geschichten sind durch diese Denkmäler im eigentlichen Sinne verewigt worden: denn es ist einem, als ob der Zwischenraum von Zeit verschwindet, indem man dasjenige wirklich vor Augen sieht, was zu jenen Zeiten mit Kunst und Sorgfalt gebildet wurde.

Bei dem nahen Anblick des Kolossäums oder Kolisäums, wie man hier zu sagen pflegt, fühlet man sich am lebhaftesten in das alte Rom versetzt; denn man sieht hier rund um sich her mehr Ruinen, Triumphbogen, u. s. w. als moderne Gebäude.

Das Amphitheater liegt in der Mitte zwischen dem Palatinischen, Cölischen, und Esquilinischen Hügel. In der Ebene steht der Triumphbogen des Konstantinus; auf dem Palatinischen Hügel ragen die Ruinen von dem Palaste des Nero, auf dem Esquilinischen die Bäder des Titus empor, und in der Ferne am Fuße des Aventinischen Berges sieht man die ungeheuern Ruinen von den Bädern des Karakalla. – Alles ist hier einsam und öde, und nur hier und da verweilt das Auge auf einer Hütte in einem Weinberge, oder auf einem Kloster mit seinem Thürmchen, zwischen den himmelansteigenden Ruinen.

Das Kolossäum selber bildet mit seinem ungeheuern Umfange in der Luft dennoch einen reizenden Kontur. Auch macht es einen sonderbaren Eindruck, ein Gebäude

von solcher Größe zu sehen. Welches aus einem bloßen ovalen Umfange ohne Decke besteht.

Die Sitze selber in diesem Amphitheater sind verfallen; demohngeachtet aber kann man bequem bis zu einer beträchtlichen Anhöhe in den Ruinen hinaufsteigen. Bettler und Diebe verkriechen sich jetzt in den ehemaligen Behältnissen der wilden Thiere; und sogar ein Einsiedler hat mitten in dieser verfallenen Steinmasse seine bequeme Wohnung, und ein artiges Stübchen. Wegen des vielen Märtirerbluts was hier vergossen wurde, wird nun selbst die Erde dieses ehemaligen Amphitheaters für heilig gehalten.

Am sonderbarsten nehmen sich vierzehn kleine Kapellen aus, welche unten auf der Arena in der Ründung stehen, und den Weg bezeichnen, den Christus mit dem Kreuze nahm, welcher in vierzehn Stationen oder Ruhepunkte der Andacht abgetheilt wird.

Vom Kolossäum geht man durch den Triumphbogen des Titus, wie durch ein Thor, auf das Campo Vaccino oder alte römische Forum.

Auf diesem einsamen Platze macht eine kleine Allee, welche ohngefehr die alte Via sacra, oder den HEILIGEN Weg bezeichnet, zwischen den Ruinen an beiden Seite, den reizendsten Prospekt.

An diesem heiligen Wege war bei den alten Römern die Wohnung der Vestalinnen und des Pontifex Maximus. Die Auguren nahmen zu ihren Amtsverrichtungen ihren Weg durch diese Straße, und bei den Triumphen wurde durch dieselbe ein feierlicher Aufzug zum Kapitol gehalten, wodurch sie gleichsam zum heiligen Wege geweihet wurde.

In der Mitte dieses Platzes bezeichnet ein Brunnen den Ort, wo ehemals ein Sumpf oder See war, in welchem Kurtius, nach der Sage der dunklen Vorzeit, zur Rettung

Roms sich stürzte, und welcher deswegen der See des Kurtius hieß.

Nahe hiebei am Fuße des Palatinischen Berges, wo zu Evanders Zeiten, vierhundert Jahren vor Roms Erbauung, dem Pan eine Grotte geweiht war, welche Luperkal hieß, ist jetzt eine kleine Kirche Maria der BEFREIERIN *(Maria liberatrice)* erbaut, weil der Pabst Sylvester, wie die Legende sagt, unter Anrufung der heiligen Maria, mit seinem Petschaft diese Höhle versiegelte, in welcher sich zu seiner Zeit ein fürchterlicher Drache befand.

Gleich anfänglich aber, wenn man durch den Triumphbogen des Titus kömmt, zur rechten Seitc, machen die Ruinen von dem Friedenstempel des Vespasianus einen majestätischen Anblick. Vespasian erbaute diesen Tempel, nachdem er das sogenannte goldne Haus des Nero, welches vom Palatinischen Berge bis zum Esquilinischen Berge reichte, zerstört hatte. Jetzt stehen von diesem Tempel noch drei in Felder abgetheilte Gewölbe, und eine Säule, welche in ziemlicher Entfernung von hier vor der Kirche St. Maria Maggiore ganz einzeln aufgerichtet ist, und woraus sich allein schon auf die Pracht und Größe dieses Tempels schließen läßt.

Ueber den Wölbungen des Friedenstempels blühet ein luftiger Garten, zu welchem man durch ein Haus hinauf steigt, worin eine Anzahl verwaister Mädchen wollene Zeuge verfertigen, und sich auf die Weise durch ihren Fleiß ernähren.

Die Stadt Rom selbst wurde von ihren alten Bewohnern in dem ganzen Umfange des Begriffs womit man sie sich dachte, wie ein heiliges Wesen verehrt, und ihr war ein kleiner Tempel gebaut, der neben dem Friedenstempel steht, und jetzt, in eine christliche Kirche verwandelt, zwei Heiligen mit Nahmen St. Cosimo und Damiano gewidmet ist.

In diesem Tempel der Roma befand sich in der Mauer auf einer Marmorplatte ein Grundriß des alten Roms, den die Arbeiter bei der Umwandlung der Kirche in Stücken zerschlugen, die man nachher sorgfältig wieder zusammengelesen und zusammengefügt, und bei der inwendigen Treppe, in dem jetzigen Kapitolium oder Kapitolinischen Musäum eingemauert hat.

Neben diesem kleinen Tempel steht ein größrer, von welchem noch zehn Marmorsäulen mit dem Gebälk sich erhalten haben, und welcher dem frommen Kaiser Antonin und seiner Gemahlin Faustina zum dankbaren Andenken gewidmet war.

Ob nun gleich dieser Tempel in eine christliche Kirche verwandelt, und dem heiligen Laurentius geweiht ist, so steht doch noch mit großen leserlichen Buchstaben die alte römische Inschrift auf dem Frieß des Marmorgebälkes:

> *Divo Antonino et divae Faustinae ex s. c.*
> Dem unter die Götter versetzten Antonin, und der unter die Götter versetzten Faustina, nach dem Schluß des Senats errichtet.

Die Kirche führt auch die sonderbare Benennung *S. Lorenzo in miranda,* aus keinem andern Grunde, als weil sie in der Mitte so vieler BEWUNDERNSWÜRDIGEN Monumente des Alterthums lag, wovon ein großer Theil schon verschwunden ist.

Auf diesem Tempel folgt, wenn man nach dem Kapitol zu geht, die alte Kirche St. Adrian, welche auf den Ruinen eines Tempels des Saturnus steht, von dem man die alte Vorderwand der Kirche, die alles Schmucks beraubt ist, noch für ein Ueberbleibsel hält.

Dieser Tempel des Saturnus war einer der ältesten Tempel

selbst im alten Rom. Hier war eine Bildsäule des Saturnus mit Banden an den Füßen, die in den Saturnalien, während den Tagen der allgemeinen Freiheit, gelöset wurden. Die Erlösung der Sklaven ist nun auch in den christlichen Zeiten das Geschäft der Priester, welche in diesem Tempel dienen, und deren Orden von diesem frommen Geschäfte seinen Nahmen *del riscatto* führt. Die Mönche von diesem Orden sammeln nehmlich Beiträge zu der Erlösung der Christensklaven, die in der Türkei gefangen sind. – Eine merkwürdige Reliquie, deren sich diese Kirche rühmt, sind die Gebeine der drei Männer im feurigen Ofen.

Eine große bronzene Thüre, die ehemals an diesem Tempel befindlich war, hat von hier eine Wanderung nach St. Lateran gemacht, wo sie nun den uralten christlichen Tempel schmückt, der sogar vor der Peterskirche sich noch Vorzüge anmaaßt.

In dem alten Tempel des Saturnus wurden am neunzehnten December des Morgens früh eine Menge Wachskerzen angezündet, mit welcher Ceremonie das Fest der Saturnalien deswegen anhub, weil man statt der Menschenopfer, die in den rohen Zeiten, dem seine eignen Kinder verschlingenden Saturnus dargebracht wurden, ihn durch diese Anzündung der Kerzen in seinem Tempel zu versöhnen suchte.

Einen sonderbaren Eindruck machte es auf mich, als ich mit dieser Idee zum erstenmale in die alte Kirche St. Adrian trat, und dieselbe zufälliger Weise, weil gerade das Fest des Heiligen der Kirche gefeiert wurde, mit unzähligen Wachskerzen erleuchtet fand. – Es war mir immer, als ob in der Dämmerung hinter dem Hochaltare noch die Statüe des Saturnus auf ihrem alten Sitze thronte, während daß der wunderbare Wechsel der Dinge vor dieser ernsten Göttergestalt vorüberginge.

In der Gegend dieses Tempels stand auch die Meilensäule von vergoldeter Bronze, welche Augustus hier aufstellen ließ, und von der die Meilen aller Hauptstraßen in dem römischen Gebiete gerechnet wurden. Hiervon ist jetzt keine Spur mehr vorhanden.

Noch näher nach dem Kapitolium zu, indem man eine Queergasse, die nach dem Forum des Nerva führt, vorbeigeht, ist auf dem Platze, wo ein Tempel des rächenden Mars stand, nunmehro den friedlichen Künsten eine Kirche und ein Haus geweiht.

Die Kirche führt ihren Nahmen von dem heiligen Lukas, der in der heiligen Legende nicht nur als ein großer Evangelist, sondern auch als ein großer MAHLER berühmt ist, welcher besonders glücklich im Treffen war, indem er die heilige Maria konterfeite. Diese Portraits von seiner Hand haben sich denn in alle Welt verbreitet, und sind nun lauter Wunderbilder geworden, deren innere Kraft und Wirkung die äußere Schönheit entbehrlich macht.

Dafür ist nun der heilige Lukas auch, statt der Minerva und des Apollo, der Beschützer der Kunst geworden, und das Versammlungshaus der Künstler, neben dieser Kirche, ist unter dem Nahmen der Akademie St. Luka, ihm geweiht.

So schön, wie der heilige Lukas, wenn er auch mahlte, nie gemahlt hat, ist in einem Bilde von Raphael, das diesen Tempel schmückt, der heilige Lukas selbst dargestellt, wie er im Begriff ist, die heilige Jungfrau Maria abzumahlen.

Hier hat also gleichsam die Kunst sich selber zu ihrem eignen Gegenstande gewählt; und dieß Gemählde ist die schönste Zierde einer Akademie der Mahler, wo der Eifer für die Kunst sich selber an den Begriff des Religiösen knüpft, und wo ihr fast im eigentlichen Sinne ein Tempel errichtet ist; denn die Kirche St. Luka selbst gehört der Akademie der Mahler.

Eine wirklich heilige Reliquie ist der Schädel von Raphael, welcher hier aufbewahrt wird. Wer wird nicht mit Ehrfurcht diese Behausung des göttlichen Genius betrachten, der jene reizenden Schöpfungen auf der Leinwand und auf dem nassen Kalk hervorrief, in welcher die ganze Fülle der Einbildungskraft, die einst in diesem Schädel wohnte, noch nach Jahrhunderten, mit allem ihrem Zauber auf die Seelen wirkt. – Und diese dürre Knochenschale verbarg jene Welten voll von Kraft und lebendiger Darstellung in ihrem zartesten weichsten Keime.

Heilig ist das Organ, in welchem und durch welches solche Schöpfungen sich bilden konnten! Der Funken der Gottheit selber hat in ihm geglimmt, und ehrwürdig sind seine Ueberreste.

Auch ein Heiliger und Märtyrer der Kunst, mit Nahmen Lazarus, liegt in der Kirche St. Luka begraben. – Ihm wurden die Hände verbrannt, weil er, frommen Eifers voll, Marienbilder mahlte. Zum Denkmal seiner Heiligkeit ist seine Marter hier abgebildet.

Aber auch unheilige neuere Mahler haben in dieser Kirche Monumente, worunter das von Pietro di Kortona das Merkwürdigste ist, welcher die Reichthümer, womit ihn die Kunst beglückte, auch diesem Tempel der Künste dankbar weihte; sein letzter Wille bedachte nehmlich die Kirche St. Luka mit nicht weniger als einer Summe von hundert tausend Thalern.

Dafür prangt auch die Kapelle, welche sein Monument umschließt, mit vierzehn Marmorsäulen aus dem Tempel des Mars, die nicht mehr kriegerische Trophäen tragen, sondern bei ihrer Auferstehung des Künstlers stilles Denkmal schmückten.

Am Fuße des Kapitolinischen Berges liegt das älteste römische Gefängniß, welches vom Könige Tullus Hostilius erbaut, und für die zum Tode verdammten Missethäter bestimmt war. In diesem Gefängniß wurden auf den Befehl des Cicero die vornehmen Römer hingerichtet, welche an der Verschwörung des Katilina Theil genommen, und sich des Hochverraths schuldig gemacht hatten.

Weil aber nachher auch die Apostel Petrus und Paulus in diesem Gefängniß gesessen haben, so ist es nun in eine Kirche verwandelt worden, welche den Nahmen *S. Pietro in carcere* führt, wo beständig Lampen brennen und fromme Seelen ihr Gebet verrichten. Man sieht in dieser Gruft oder unterirdischen Kapelle noch die Wand des alten Gefängnisses von ungeheuren Quadern, und die Andacht selbst erhielt dieses Denkmal auf die kommenden Zeiten. Dicht hieneben ist ein Aufgang auf den Kapitolinischen Berg, wo man zur linken Seite noch das alte Fundament von einem Gebäude des Kapitoliums siehet; auf welchem nun das neue Kapitolium, oder der Pallast des jetzigen römischen Senators erbauet ist.

Wenn man das Kapitolium von hier wieder hinuntersteigt, so stößt man gerade auf den Triumphbogen des Kaisers Septimius Severus, an welchem man schon die Spuren des

Verfalls der Kunst bemerkt; er hat drei Durchgänge, und besteht aus weißem Marmor, welcher aber durch die Länge der Zeit ein schwärzliches Ansehen erhalten hat.

Die Verzierungen an diesem Triumphbogen haben schon ihre Auswüchse, welche vorzüglich in den Verkröpfungen und überflüssigen Vorsprüngen bestehen, die den Eindruck des Ganzen viel zu sehr unterbrechen, und dadurch diesem prachtvollen Werke einen Theil seiner Würde benehmen.

Man darf nur zwischen diesem und dem Triumphbogen des Titus, zu welchem man hier mit wenigen Schritten kömmt, eine Vergleichung anstellen, um den auffallenden Unterschied in den Basreliefs und übrigen Verzierungen zu bemerken, und zu beurtheilen, was für ein Geist in den Künsten zu den Zeiten des Titus, und zu den Zeiten des Septimius Severus herrschte.

Demohngeachtet hat man bei modernen Gebäuden den Triumphbogen des Septimius Severus häufig zum Muster der Verzierungen genommen; vielleicht gerade deswegen, weil man selbst von der edlen Einfalt der Alten zu weit abgewichen war, um von dem gothischen Geschmack auf einmal wieder zu derselben zurückzukehren.

Jetzt da nun ein solcher Triumphbogen gar keinen Zweck und keine Bestimmung mehr hat, nimmt er sich auf dem freien Platze, von lauter christlichen Kirchen umgeben, sehr sonderbar aus. Er steht ganz isolirt, als ob er nicht zu der neuen Welt gehörte, und nun gleichsam nur der Zeit zum Trotz noch aus dem Schutt, in welchem er halb versunken ist, emporragt.

So stehen auch die drei Säulen vom Tempel des Jupiter Stator, welche sich am Fuße des Palatinischen Berges mit ihrem Gebälke majestätisch gen Himmel erheben, und selbst noch als Ruinen die schönste Zierde des alten römischen Forums sind.

Das zierliche Ebenmaaß und die Schönheit, welche in diesen drei emporstrebenden korinthischen Säulen mit ihrem Gebälke herrscht, übertrift alle Beschreibungen. Sie sind mit das Schönste, was die alte Baukunst aufzuweisen hat, und dienen schon seit langer Zeit den Architekten in Verzierungen dieser Art zum Muster.

An diese drei Säulen knüpft sich die alte Sage von der Rettung Roms, dessen Schicksal bald nach seiner Eroberung schon auf der Spitze stand, und dessen Dauer durch den Muth und die Tapferkeit seines ersten Stifters, auf eben diesem Fleck, von neuem gegründet wurde.

Rom, den 2. April.

Mit meinem Livius in der Hand sitze ich unter den Bäumen der alten Via sacra; und dicht vor mir liegt das enge Thal zwischen dem Kapitolinischen und Palatinischen Berge. – Vor drittehalb tausend Jahren ereignete sich in diesem Thal die Scene, die mein Geschichtschreiber so rührend schildert, daß, bei dem Anblick dieser Gegend, das Auge sich der Thränen kaum enthält.

Hier war es, wo die Sabiner, die den Raub ihrer Töchter ahnden wollten, vom Kapitolium, das sie schon erobert hatten, gerade auf Rom eindrangen, welches damals nur noch den Palatinischen Hügel einnahm.

In diesem kleinen Thale kam es zu einem blutigen Treffen, wo der römische Feldherr fiel, und die Römer schon nach dem alten Palatinischen Thore zu die Flucht nahmen. – Das Schicksal des damals kaum gegründeten römischen Staates stand in diesem Augenblick auf der Spitze.

Und auf dem Fleck, wo jene drei Säulen stehen, hob Romulus, welcher selbst durch die Fliehenden mit zurück-

PERICOLO:DIVIETO DI ACCESSO
DANGER: NO TRESPASSING

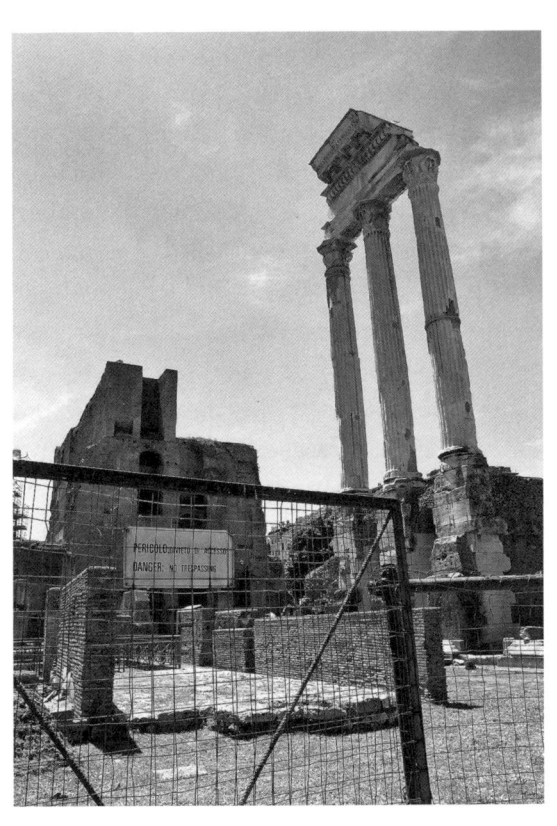

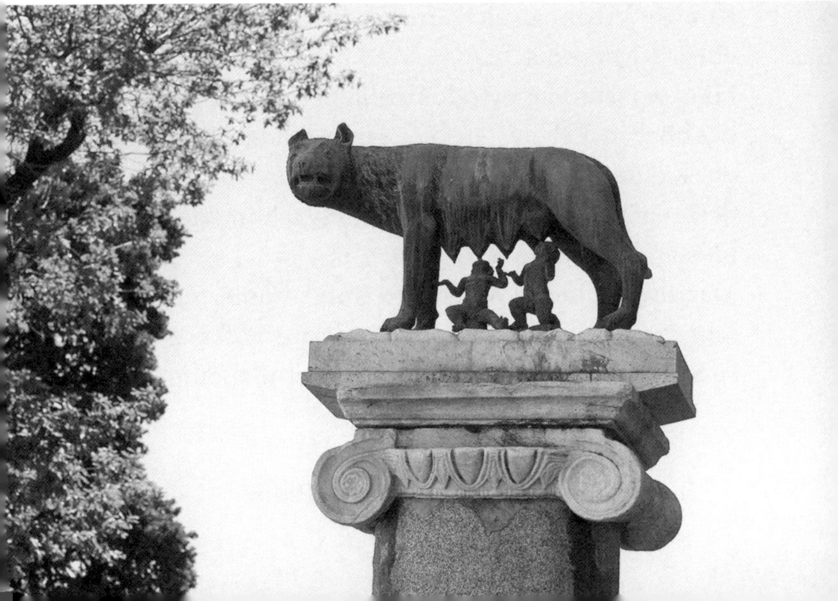

gedrängt wurde, seine Waffen gen Himmel, und gelobte dem JUPITER STATOR einen Tempel, wenn er verleihen wollte, daß die fliehenden Römer STÄNDEN.

Und als er nun die fliehenden Männer anredete: Jupiter WILL, daß ihr still stehn, und das Treffen erneuern sollt! so standen die Römer still, und fochten mit erneuertem Muthe.

Als nun das Treffen aufs neue mit verdoppelter Erbitterung anhub, und die Römer schon anfingen, wieder die Oberhand zu behalten, so stürzten sich die mit den Römern vermählten Sabinischen Töchter, um derentwillen dieser Krieg entstanden war, mit zerrissenen Kleidern und zerstreuten Haaren, mitten unter die beiden fechtenden Heere, und trennten sie voneinander, indem sie auf der einen Seite ihre Väter um Schonung für ihre Männer, und auf der andern ihre Männer um Schonung für ihre Väter anflehten, damit sie durch jene nicht Witwen, durch dies nicht Waisen würden.

Der außerordentliche Anblick rührte die ganze Menge, man hielt auf einmal mit dem Treffen inne, und es entstand eine tiefe Stille, Nach einigen Augenblicken aber gingen die Anführer zur Versöhnung einander entgegen; es wurde nicht nur Frieden geschlossen, sondern die Könige verbanden sich, und aus beiden Staaten ward nun ein einziger gemacht.

Hier, wo jetzt diese Todtenstille herrscht, war also damals das höchste Leben; jenes erste unermüdete Emporarbeiten der Kräfte, woraus der mächtigste Staat auf Erden sich bildete, nach dessen Zerstörung nun schon wieder ein Jahrtausend verflossen ist.

Mag diese älteste Geschichte Roms immerhin nur Volkssage seyn, so ist es doch die schönste Volkssage, die man sich denken kann, durch deren Fortpflanzung von einer

Generation zur andern, die Tapferkeit genährt, der Muth gestärkt, der Patriotismus erhöhet wurde.

Livius schrieb die Geschichte der dunklen Vorzeit, und die Zeit, wo Livius schrieb, ist nun für uns schon wieder in das Alterthum gewichen. – Wir frischen das Andenken der ALTEN von ihren ältesten Geschichten, in unserem Gedächtniß wieder auf, und stellen uns jene längst entschwundenen Scenen, noch einmal wieder als gegenwärtig vor.

Dieser einsame Platz, der mich umgiebt, war oft ein Zeuge großer Ereignisse in dem glänzendsten Zeitpunkte der römischen Herrschaft.

Hier versammelte sich das Volk; dieser Platz war mit den Bildsäulen berühmter Römer umgeben; nicht weit von jenem Brunnen, aus welchem die Kühe getränkt werden, war die Rednerbühne, auf welcher Cicero sich seinen unsterblichen Ruhm erwarb.

Hier war die Kuria Hostilia, wo sich der Senat versammelte, und wo man auch den alten römischen Staatskalender in Marmor eingegraben fand, welcher nun in dem neuen Kapitolium wieder aufgestellt, und bis auf unsere Zeiten fortgesetzt ist.

Dort am Fuße des Palatinischen Berges steht noch der Tempel, der einst dem Romulus geweiht war, und in dessen Nähe man mit frommer Andacht den Fleck zeigte, wo der Feigenbaum stand, unter welchem Romulus und Remus von der Wölfin gesäuget wurden.

Das alte Rom hatte auch seine geweihten Plätze und seine Heiligen, aber diese Heiligen waren Helden, die nichts weniger als Schmach und Unrecht duldeten, und deren Beispiel ihre Verehrer selbst mit Muth und Tapferkeit erfüllte.

Zu meiner Rechten an dem grünbewachsenen, mit Bäumen bepflanzten Abhange des Kapitolinischen Berges ragen die acht Jonischen Säulen vom Tempel der Konkordia mit ihrem Gebälk empor.

Dieß war eben der Tempel, den Kamillus bei einem furchtbaren Tumult, wo das Schicksal des Staates auf der Spitze stand, und er zum Diktator erwählt war, der Göttin Eintracht gelobte, wenn es ihm gelingen würde, die Gemüther zu versöhnen, und den Tumult zu stillen.

Dieser Tempel diente nachher auch zu den Versammlungen und Berathschlagungen des Senats in den wichtigsten Staatsangelegenheiten. Denn eine Senatsversammlung selber wurde als heilig betrachtet. – Auf dem Gebälke dieses Tempels steht die Inschrift:

»Der Senat und das Volk haben diesen Tempel, der vom Feuer verzehrt war, wieder hergestellt.«

Nichts ist reizender * als der Anblick dieser Ruinen, wenn man den Abhang des Kapitolinischen Berges zur linken Seite, zwischen einer Reihe von schattigten Bäumen hinaufgeht, und hinter dem dunklen Grün diesen Tempel der Eintracht hervorschimmern sieht, welcher einst, in dem römischen Senat, die Könige der Erden in sich faßte, in welchem Cicero seine Reden gegen den Katilina hielt, wo das Schicksal von Nationen entschieden wurde, und der jetzt zu der Vormauer eines kleinen Gärtchens dient, den ein Privatmann besitzt, der hinter diesen Ruinen wohnt, und auf die Säulenfüße seine Blumentöpfe hingestellt hat. Zur Rechten hinter den Bäumen ragt das kleine Thürmchen von dem neuen Kapitolium hervor. – Die Gegend im Vordergrunde ist einsam und ländlich.

* Siehe das Titelkupfer.

Ende des ersten Theils.

Zweiter Theil

Rom, den 6. April.

Wir Fremden haben bei dieser reizenden Jahreszeit hier keine Ruhe; kleine Reisen nach Fraskati und Tivoli wollen uns nicht mehr genügen; die sanfte Frühlingsluft lockt uns nach Neapel.

Unsre Reise sollte erst längs der Küste hin zu Wasser angestellt werden; wir schiften im Geiste schon an den Ufern vorbei, wo Aeneas landete, und Ulysses mit seinen Gefährten den gefährlichen Wohnsitz der mächtigen Circe betrat. Aber die Beschwerlichkeiten und Gefahren einer solchen Reise, in einem kleinen sehr unbequemen Fahrzeuge, haben uns von diesem Unternehmen abgeschreckt.

Drei von unsrer Gesellschaft, ein Architekt, ein Landschaftsmahler, und ein Bildhauer, sind entschlossen, die Reise nach Neapel zu Fuße zu machen.

Ich bin hiezu noch nicht im Stande, und werde mit Herrn Gm… einem jungen Kupferstecher aus der Schweiz, auf die gewöhnliche Weise, mit einem Vetturin, der uns schon durch seine Kappara gefesselt hat, die Reise nach Neapel machen.

Darüber werde ich nun freilich alle die Feierlichkeiten der heiligen Woche versäumen, und diesmal nicht zugegen seyn, wenn der Pabst von dem Balkon der Peterskirche dem Volke den Seegen ertheilet; ich denke aber diesen Tag hier noch einmal zu erleben, und werde dann gewiß nicht fehlen.

Wir haben noch verschiedene Spaziergänge nach den Villen um Rom gemacht, aber die paradisischen Küsten von Neapel mahlen sich der Einbildungskraft im Wachen und im Träume vor. Wir sehen schon die glühende Spitze des Vesuv, und wandeln unter den Ruinen von Herkulaneum und Pompeji.

Velletri, den 8. April.

Unsere erste Tagesreise haben wir vollendet, und sind nun in Velletri, dieser alten Hauptstadt der Volsker, angelangt, von der ich Ihnen diesmal wenig zu sagen weiß, weil wir sie erst in der Abenddämmerung zu Gesicht bekommen haben, und in der Morgendämmerung schon wieder verlassen werden.

Wir fuhren heute Morgen aus Rom in einem unangenehmen dicken Nebel, der uns die Gegenstände rund herum verdeckte; um desto herrlicher war der Anblick, als wir, drei Meilen von Rom, den albanischen Hügel hinauffuhren, und nun der Nebel sich zerstreute, die Sonne hervorbrach, und Rom, mit seinen Gärten umkränzt, in seinem ganzen ungeheuren Umfange, mit allen seinen Kuppeln und Spitzen, gleichsam wie aus der Nacht emporstieg, und in der einsamen Ebene ausgebreitet vor uns lag.

Nun sahen wir auch Aricia, welches noch jetzt Lariccia heißt, und wo Horaz übernachtete, als er, vor achtzehnhundert Jahren, einen Theil derselben Reise von Rom aus machte, die wir jetzt in seiner Begleitung machen; denn wir unterlassen nicht, die fünfte seiner Satyren zu lesen, welche das artigste Tagebuch einer Reise enthält, das je ein Wanderer entworfen hat, und wobei wir, mit innigem Ergötzen, jene Zeiten wieder in unsere Seele zurückrufen, die, durch die Erzählung der kleinen Umstände wieder aufgefrischt, sich gleichsam vergegenwärtigen, wenn man, mit dem Buche in der Hand, sich nun auf demselben Fleck befindet.

Velletri ist eben kein angenehmer Ort; die Straßen sind eng und schmutzig, wie in den meisten kleinen italiänischen Städten, wo sich aber doch gemeiniglich das Stadthaus durch eine edle Bauart auszeichnet, welches auch hier der Fall ist.

Mein Reisegefährte wurde hier unpäßlich; er fragte nach seinem Koffer, und sprach das *b* in *baula,* nach seiner oberdeutschen Mundart, wie *p* aus. Man verstand ihn nicht, oder wollte ihn nicht verstehen; endlich sagte der Aufwärter zu dem Wirth, indem er auf uns deutete: *sono ignoranti!* (es sind Unwissende!) Das heißt: sie verstehen die italiänische Sprache nicht!

Terracina, den 9. April.

Heute Mittag sind wir schon hier angelangt, denn wir fuhren noch vor Tage von Velletri aus.
Eine der längsten und schnurgeradesten Landstraßen in Europa ist wohl diejenige, welche sich hinter Velletri, durch die pomptinischen Sümpfe bis nach Terracina erstreckt.
Nichts ist aber auch langweiliger und ermüdender, als diese Straße, wo man immer die Bergecke, auf welcher Terracina liegt, vor sich sieht, und immer den ganzen Horizont überblickt, ohne daß das Auge einige Abwechslung findet.
Die Reihe Berge zur Linken machen zwar keinen unangenehmen Prospekt; dagegen geben die Sümpfe zur Rechten einen desto traurigern Anblick.
Man denkt sich den chaotischen Zustand, wo Meer und Erde sich noch zu Schlamm vermischte; denn nach dem Ufer zu ist das Erdreich größtentheils überschwemmt, und es ragen nur einzelne Streifen davon aus dem Wasser hervor.
Uns überfiel hier, wegen der immerwährenden Einförmigkeit der Gegend, eine fast unwiderstehliche Müdigkeit, und doch mußten wir suchen, der Warnung, die man uns gegeben hatte, zu folge, dem Schlaf zu widerstehen,

der bei den giftigen Ausdünstungen dieser Gegend äußerst gefährlich ist.

Ich las meinem Reisegefährten bei dem langwierigen Anblicke des berüchtigten Zauberberges, *(Monte Circello)* aus dem zehnten Gesange von Homers Odüssee in der vortreflichen Vossischen Uebersetzung die Erzählung vor, wie Ulyß mit seinen Gefährten an dem Gestade der schöngelockten Circe anlandete; wie er von der Höhe des schroffen Felsen umher sahe, und den Rauch von Circens Wohnung erblickte.

Und wie darauf die Gefährten des Ulysses im Thal des Gebirges die Wohnung der Circe finden:

Von gehauenen Steinen, in weitumschauender Gegend, – wo die Bergwölfe und mähnichten Löwen, durch die verderblichen Säfte der mächtigen Circe bezaubert, umherwandeln, die nicht wild auf die Männer springen, sondern schmeichelnd mit langen wedelnden Schwänzen an ihnen emporsteigen; und wie die Abentheurer nun im Hofe der schöngelockten Circe stehen, und anmuthige Melodien im Hause vernehmen, wo Circe den großen unsterblichen Teppich wirkt. –

So wie wir nun zur Rechten den Berg der Circe immer im Auge behielten, so sahen wir zur Linken die Bergecke von Terracina immer vor uns liegen, wo das alte Anxur stand, das sich den Reisenden, nach Horazens Beschreibung, von seinen weißen Felsen auch schon von ferne zeigte.

Horaz machte damals nur kleine Tagreisen; er hielt das erste Nachtlager nur drei deutsche Meilen von Rom zu Aricia, wo wir gestern vorbeifuhren, und das zweite in Forum Appii, wo wir heute Morgen schon würden vorbei gekommen seyn, wenn noch eine Spur davon vorhanden wäre.

In dieser Gegend las ich meinem kranken Reisegefährten die lustige Erzählung des Horaz in der Wielandschen

Uebersetzung vor, wie er durch einen Theil der pomptinischen Sümpfe, auf einem Kanal, vor welchem wir vorbeifuhren, in der Nacht zu Schiffe seine Reise macht; der Schiffer das Zugseil an den nächsten Meilenstein bindet, das Maulthier weiden läßt, und sich schnarchend auf den Rücken legt, wo denn die Passagiere zuletzt gegen Tagesanbruch erst bemerken, daß der Kahn nicht weiter geht, und einer von ihnen aufspringt und mit einem Weidenknittel das Maulthier und den Schiffer antreibt.
So wie aber Horaz im Forum Appii, wegen des schlimmen Wassers, seinem Magen den Krieg ankündigen mußte, so durften wir auch, in einem Gasthofe in eben dieser Gegend, es nicht wagen, mit einem Trunk Wasser unsern Durst zu löschen, weil der Wirth, welcher todtenbleich aussahe, uns selber davor warnte.
Forum Appii selbst muß damals eben kein ansehnlicher Ort gewesen seyn; denn Horaz beschreibt es, als

> Ein Nest, mit Schiffertros und Beutelschneidern
> Von Wirthen vollgepfropft –

Der Quell Feronia, bei welchem damals die Reisenden den andern Vormittag anlangten, und Haupt und Hände wuschen, ist jetzt versiegt; seine Stelle aber kann man ohngefähr noch wissen, weil es von da bis nach Anxur noch drei römische Meilen waren.
Der jetztregierende Pabst hat die alte appische Straße durch die Pomptinischen Sümpfe wieder herstellen lassen. Hin und wieder an den Seiten entdeckt man noch Ueberbleibsel von der alten Via, welche, so wie alle römischen Landstraßen, mit großen vieleckigten ineinandergefugten Basaltsteinen gepflastert war.

Fondi, den 9. April.

Die Sonne röthete noch die Spitzen der umliegenden Berge, als wir heute Abend in diesem reizenden Thale anlangten.

Diese stillen Gründe, dies rundum von Bergen eingeschloßne Thal, dieser Orangenwald, und dieser duftende Myrthenhain, locken den entzückten Wanderer in ihre Schatten, der hier, von der übrigen Welt gesondert, in süßer Einsamkeit seine Tage verleben möchte.

Ein so reizendes Thal, als das, worin Fondi liegt, habe ich noch nie gesehen. Diese Gegend bezaubert meine Sinne, weil sie alles übertrift, was meine Einbildungskraft sich noch bisher gedacht hat.

Was ich von Mirthenhainen und duftenden Wäldern früh in Dichtern las, und was der bloße Klang der Worte in schwachen Schattenbildern vor die Seele mahlte, das alles erhielt nun hier erst Wahrheit und Wirklichkeit, und dieser Anblick gewährt mir einen neuen Aufschluß in die Dichterwelt.

Die Stadt an sich selber aber ist gewiß keine Zierde dieser paradisischen Gegend. Man athmet freier, sobald man aus ihren Thoren tritt; ich habe daher auch heute Abend, sobald wir im Gasthofe abgestiegen waren, noch einen Spaziergang um die Stadt gemacht.

Mir begegnete im Thore ein ansehnlicher Mann, welcher, nach dem Respekt, den ihm das Volk erwieß, zu schließen, eine Magistratsperson dieses Orts war, wobei mir der Prätor einfiel, den Horaz beschreibt, der mit dem Purpurstreifen, als dem Zeichen der obrigkeitlichen Würde, prahlte, und ein Rauchfaß vor sich hertragen ließ.

Welch ein ungeheurer Zwischenraum von Veränderungen in den Weltbegebenheiten, in so fern sie diese kleine Stadt betreffen, zwischen dem damaligen Prätor, den Horaz beschreibt, und diesem, der mir jetzt im Thore begegnete. Mäcenas reiste damals durch Fundi, nach Brundusium, die Herrn der Welt, Antonius und Augustus zu versöhnen; nun herrscht in Rom der Papst, über Neapel, wozu nun auch Fundi gehört, ein Sohn des Königs von Spanien. Jene Herrlichkeit ist vereinzelt und zerstückt, und nur das Andenken von jenen großen Zeiten schwebt uns noch, wie ein erhabenes Traumbild, vor.

Was diesem Orte und dieser Gegend noch einen vorzüglichen Reiz giebt, ist die Tracht des hiesigen Frauenzimmers, welche ganz im griechischen Kostüm gekleidet sind.

Ihr Gewand ist unter der Brust gegürtet, und läßt den ganzen Wuchs des Körpers durchschimmern; ihr Haar ist mit Blumen durchflochten. Das Gewand ist gemeiniglich von rother Farbe, dies mag nun aber noch so grob und armselig seyn, so macht es bei Alten und Jungen, und auch bei denen die barfuß gehen, immer einen schönen Anblick.

Weil es keine förmliche Kleidung, sondern gleichsam nur nachlässig umgeworfen scheinet, so sieht man nicht sowohl auf die Güte und Schönheit des Gewandes, als vielmehr auf die Gestalt, welche es verdeckt.

Bei dem Anblick dieser reizenden Tracht, der Rosenbüsche und Myrthenwälder, von denen man umgeben ist, glaubt man sich wirklich unter griechischen Himmel versetzt. –

Mola, den 10. April.

Von Fondi kamen wir heute Morgen durch Itri, ein kleines unansehnliches Städtchen, das aber auf einem Hügel eine romantische Lage hat.

Von Itri bis Mola wird die Gegend immer mannichfaltiger

und reizender, Immer üppiger und in der seltensten Mischung drängen sich die edelsten Gewächse aus diesem Boden hervor, und geben einen Anblick von Fülle und Reichthum, der über alle Beschreibung geht.

Unter Rosengebüschen erhebt sich der Oehlbaum und der Weinstock, und die gelbe Pomeranze schimmert aus dem dunklen Grün hervor. Mit balsamischen Gerüchen ist die ganze Luft erfüllt.

Auf einem Berge bei Mola wuchs der Cäkuber Wein, welchen Horaz besang, und der noch jetzt diesen Namen führt; dies waren also

Formiani colles,

die Formianischen Hügel, welche mir ehemals nur in Bildern der Dichtkunst vorschwebten, und die nun wirklich vor meinen Augen da liegen.

An der sanftesten Meeresbucht erstreckt sich Mola in die Länge; aus den Fenstern unsers Gasthofs blicken wir auf die stille Meeresfläche, auf welcher sich in der Nähe und in der Ferne kleine Kähne wiegen.

Wir nutzen die Zeit, die wir hier verweilen, um eine kleine

Fahrt nach den Ruinen von der Villa des Cicero anzustellen, da Gaeta uns zu weit entfernt ist.

Unsre Schiffer sind ein paar reinlich gekleidete, wohlaufgeräumte junge Männer.

Sie fahren uns rechter Hand längst dem Ufer hin, und zeigen uns die Rudera von der *Piscina* oder dem Fischteiche im Meere, der zu der anliegenden Villa gehörte.

Nun lassen sie uns an Land steigen, und führen uns unter der Erde in die sogenannten Kammern oder Grotten des Cicero, welche noch von seinem prächtigen formianischen Landsitze übrig sind, und Grotten heißen, weil man zu ihnen unter die Erde herabsteigt; denn über diesen unterirdischen Kammern blühet ein schöner Garten, in welchem unsre Führer uns Rosen pflückten.

Nun befuhren wir wieder die Bucht. – Gegen Neapel zu stiegen die Inseln Ischia und Procida aus dem Meer empor; auf der andern Seite erstreckte sich das Vorgebürge, worauf Gaeta liegt, vom Lande ins Meer.

Von der Anhöhe von Gaeta, ragt das Grabmal eines alten Römers, des Munatius Plankus, weit in die Ferne, dies Grabmal heißt nun der Rolandsthurm; so seltsam ändern sich die Namen. Nur das Andenken der Amme des Aeneas

ist nicht vertilgt worden. Eben das Vorgebürge, welches nach ihr Cajeta hieß, heißt jetzt noch Gaeta.

So wie der Kahn uns wiegte, las ich meinem halbkranken Gefährten, aus dem Vossischen Homer, die schöne Beschreibung von diesem Hafen vor:

> Jetzo erreichten wir den treflichen Hafen – –
> – niemals erhob sich eine Welle darinnen,
>   Weder groß noch klein: rings herrschet spiegelnde Stille –

Und wie wir nun, gleich den Gefährten des Ulysses, ans Land stiegen, so kamen wir auch an die Quelle Artacia, welcher die Altersthumkenner noch itzt diesen Namen geben, wo die Tochter des Königs der großen Lästrygonen, die damals diesen Ort bewohnten, Wasser schöpfte; vor uns lag das Gebürge, von welchem die hochbeladnen Wagen zur Stadt fuhren. Alles dies erschien uns nun in einem schönen poetischen Lichte, durch die folgende Beschreibung des Homer:

> Die Gefährten des Ulysses
> – steigen ans Land, und gingen die Straße, worauf man
>   Hochbeladne Wagen vom hohen Gebürge zur Stadt fährt.
> Ihnen begegnete dicht vor der Stadt ein Mädchen, das Wasser
> Schöpfte – –
> Diese stieg zu der Nymphe Artacia sprudelnder Quelle
>   Nieder, denn daraus schöpften die Lästrygonen ihr Wasser. –

Der Fluß Liris.

Nun sehe ich also auch den Liris, den ich mir oft gedacht habe, wie er, mit leisen Wellen den festen Boden nagend, durch die fruchtbaren Ebnen rollt, deren glücklichgepriesene Besitzer der genügsame Dichter in Tibur unbeneidet läßt.
Auf dem Wege nach Neapel wird man über den Liris, welcher jetzt Garigliano heißt, auf einer Fähre übergesetzt. Es ist erstaunlich, wie öde und einsam diese paradisische Gegend ist, die, ihrer Fruchtbarkeit nach, mit Dörfern und Landhäusern ganz übersäet seyn müßte; jetzt sieht man, unabsehbare Strecken lang, auf den fruchtbarsten Wiesen nicht einmal Heerden weiden.

St. Agathe.

Dies ist ein einzelner Gasthof, wo wir bei guter Zeit einkehrten. Zur Linken den Berg hinauf liegt Sezza, welches das ehemalige Suessa oder Sinuessa der Volsker ist.
Ich ging gegen Abend noch nach der Stadt hinauf; den Leuten, die mir begegneten, schien dies etwas Ungewohntes zu seyn. Ein Trupp von Männern und Weibern redete mich an, und fragten lachend, wo der HERR FREMDE *(signor forestiere)* noch so spät hinwolle?
Die Stadt lag sehr reizend auf dem Hügel, und gleich vorn war eine Kirche und Kloster, wo feine und wohlgekleidete Mönche mit jungen Damen sich unterhielten, indem sie unter schattigten Bäumen der kühlen Abendluft genossen. Auf einer Anhöhe wurde ein Grund zu einem großen Gebäude gelegt; die Aussicht von der Stadt über das Thal, auf die umliegenden Berge, war mahlerisch und schön.

Den 11. April.

Nun geht unsere Fahrt nach Kapua; immer fruchtbarer und üppiger wird der Boden – hier lauschte die Gefahr, die dem Hannibal und seinem tapfren Kriegesheere Verderben und Schande drohte, welche in dem Andenken der Nachwelt nicht wieder ausgelöscht ist.

Hier wuchs auch der gepriesene Falernerwein, der zugleich mit seinem Namen auf die Nachwelt fortgepflanzt ist, und auch itzt, mit seinem alten Ruhm, noch seinen Werth behauptet.

Kapua.

Die sonderbare goldbesponnene Kuppel des Doms giebt diesem kleinen Orte in der Ferne ein auffallendes Ansehen. – Hier in Kapua seh' ich nun die erste neapolitanische Wachtparade aufziehn – ich sehe Gräben und Zugbrücken – die kleine Stadt hat doch ein kriegerisches Ansehen – sie erinnert gleichsam in einem chinesischen Schattenbilde an ihre große Vorgängerin, die um die Herrschaft der Welt mit Rom und Karthago buhlte.

Aversa.

Dies ist also das alte Atella, durch den Witz seiner ehemaligen Bewohner berühmt. Wenn daher die jetzigen Einwohner nur ein wenig witzig sind, so erinnert man sich doch ohnfehlbar dabei an die atellanischen Späße.

Die Einfahrt in Neapel.

Ein Wald von hohen Bäumen, deren Wipfel mit Weinguirlanden sich vermählen, beschattet die Einfahrt von Aversa nach Neapel, welches sich hier so lange dem Blick entzieht, bis man sich in dem Gewühl seiner Straßen findet.
Wir fahren nach dem Hause der Madame Bontout, nicht weit vom Hafen, wo wir logieren wollen. Zwei halbnakkende Lazzaroni verfolgen unsern Wagen durch die ganze Stadt, und zanken sich dabei fürchterlich, weil ein jeder von beiden sich zuerst will zu unseren Diensten erboten haben, die darin bestehen, unsern Koffer im Wirthshause abzuladen.
Da wir ankommen, steigt die Wuth der Zankenden aufs Höchste; sie drohen sich mit Messerstichen; unser Vetturin mischt sich unter die Streitenden; die Madam Bontout kömmt auch dazu; wir geben den beiden Lazzaronis etwas, um dem Kriege ein Ende zu machen.

Ein neapolitanischer Arzt.

Nun sind wir in einem ansehnlichen Hotel; die Dame vom Hause ist sehr artig und spricht französisch; mein Reisegefährte aber wird zusehends kränker; wir schicken zu einem Arzt. –
Er kommt, erkundigt sich, und unterhält uns, eine halbe Stunde lang, mit einer sehr gelehrten Auseinanderstellung aller Symptomen, die sich bei dem Patienten geäußert hatten, wobei sehr viel Griechisch und Latein, und eine erstaunliche Menge Arzneiwissenschaft ausgekramt wird.
Der Herr Arzt würdigt mich auch anzureden, und frägt,

wie sich Berlin ohngefähr zu Neapel verhalte? da ich erwiedre, es sey im Umfange größer, wendet sich der Charlatan HÖNISCH um, gleichsam, als ob er das Lachen verbergen will, sieht den Lohnbedienten an, und zuckt mitleidig über mich die Achseln.

Er ließ es hierbei noch nicht bewenden, sondern erzählte, zu meiner Beschämung, die folgende Anekdote: wie man einst einem Spanier versichert habe, daß es in Neapel mehrere Pfund schwere Trauben gebe, und dieser darauf erwiderte, in Madrit müßten zwei Ochsen an einer Traube ziehen.

Das war nun eine Anspielung auf mich, weil ich behauptet hatte, Berlin sey von größern Umfange, als Neapel.

Lazzaroni.

Hier vor dem Hause der Madame Bontout muß wohl auch eine Art von Sammelplatz der Lazzaroni seyn, denn ich sehe sie den ganzen Tag aus meinem Fenster, Greise, Männer und Knaben, halbnackt, mit wenigen Lumpen bedeckt, sich hier im warmen Schein der Sonne lagern.

Diese Philosophen scheinen so wenig das Bedürfniß von Zeitvertreib zu fühlen, daß sie sich auch nicht einmal zu irgend einem Spiel anstrengen, sondern halbe Tage lang mit untergeschlagenen Armen sitzen, stehen oder liegen.

Auch das Gefühl der Armuth und Blöße scheint ihnen nicht drückend zu seyn; sie jammern nicht, sie klagen nicht, sondern scherzen und lachen untereinander; und aus ihren Mienen und Aeußerungen kann man nichts anders schließen, als daß ihnen wohl seyn muß.

Gewiß giebt es unter diesen mehr als einen Diogenes, der den großen Alexander um nichts weiter bitten würde, als

zwischen ihm und der alleserquickenden Sonne keine Scheidewand zu machen.
Aber die Weiber der Lazzaroni habe ich doch auf diesem Sammelplatz noch nicht gesehen. – Die Lazzaroni machen auch nicht sowohl eine eigene Nation, als vielmehr eine Art von philosophischer Sekte aus, die noch einen Schritt weiter gehen, als die alten Cyniker, indem sie, außer der Mühe des Handelns, auch noch die unseelige Mühe des Denkens vermeiden.

Der Molo.

Ein Spaziergang auf dem Molo von Neapel, am Abend, wenn der frische Seewind die Luft abkühlt, hat in der Welt wohl seines Gleichen nicht.
Vor sich sieht man die stille Bucht, und die sanften Ufer sich aus dem Meer erheben, diese ruhige Aussicht macht mit dem Geräusch und Gewühl des Hafens, wo alles wieder Leben und Tätigkeit ist, den angenehmsten Kontrast. Zur Linken erhebt sich der Vesuv, und so wie die Däm-

merung sich niedersenkt, fängt seine Spitze an zu leuchten, und die schwarze Dampfsäule wird allmälig, so wie der Glanz des Tages erlischt, zur Flamme.

Dieser Anblick muß immer neu und prächtig seyn, und gegen dies herrliche Schauspiel kann man gewiß nie aus Gewohnheit gleichgültig werden.

Mit ein paar Schritten aus unserer Wohnung bin ich am Hafen. Ich habe hier schon einige Bekannte aus Rom getroffen, und finde, daß dieser Ort ein zufälliger Versammlungsplatz ist, wo man sich mit Bekannten, die man sonst nicht sieht, zusammenfindet.

Den 13. April.

Sich hier auf dem Meerbusen in einem Kahne fahren zu lassen, um die Aussicht vom Meere auf Neapel, die wohl eine der prächtigsten in der Welt ist, zu genießen, ist ein Vergnügen, das man so oft man will, äußerst wohlfeil haben kann.

Ein junger wohlgekleideter Schifferbursche, der mich fuhr, fragte mich, ob ich französisch spräche; ich antwortete nein; er aber spreche französisch, versetzte er darauf, denn er habe schon eine Fahrt mit nach Marseille gemacht.
Heute Abend fuhr ich mit zwei andern Schiffern in einem Kahne etwas weit vom Lande. –
Sie waren tief in die See hineingerudert, ohne daß ich es bemerkt hatte. Schon begann die Abenddämmerung; und auf einmal fiel mir der Gedanke ein, daß ich doch nun gänzlich in der Gewalt dieser Menschen sey, ich hieß sie zurückfahren, welches sie sehr langsam thaten; da ließ ich mich mit ihnen ins Gespräch ein; der eine erzählte mir, daß er vor die Wochen geheirathet habe, und seitdem ein ganz andrer und ordentlicherer Mensch, wie vormals sey; durch diese Erzählung wurden wir halb vertraut, und mein panischer Schrecken war verschwunden.

Gefrornes.

Das Gefrorne wird hier nicht, wie zu Rom in Gläsern, sondern in kleinen silbernen Bechern gereicht. – Der Genuß des Gefrornen ist hier wirklich mit der angenehmste Lebensgenuß; so wie der Nordländer sich durch hitzige Getränke gegen den Frost bewafnet, so ist hier das kühlende Labsal gegen die brennende Hitze ein Bedürfniß, dessen Genuß, eben wegen seiner Nothwendigkeit, zugleich mit der größten Annehmlichkeit verknüpft ist.

So kann man auch hier immer den ganzen Werth von einem kühlenden Trunk Wasser empfinden, der, durch Kunst bereitet, in den heißen Tagen, für eine geringe Kleinigkeit an Gelde, auch dem ärmsten Volke feil geboten wird, das sich den höhern Genuß des Gefrornen versagen muß.

Mit diesen kühlenden Erfrischungen ist noch der große Vortheil verbunden, daß sie nichts zerstörendes für die Gesundheit haben, welches bei den hitzigen Getränken, die in den nördlichen Ländern dem Volke zum Bedürfniß geworden sind, eine fast unausbleibliche Folge ist.

Den 15. April.
Hackert.

Die Landschaftsmahlerei, welche unter diesem schönen Himmelsstrich ihre eigentliche Heimath findet, erscheint auch hier in ihrem höchsten äußern und innern Glanze; sie wohnt in einem Königlichen Pallaste, und wird mit Königlicher Milde gepflegt, und von des Monarchen Huld geschützt.

Das heißt, der Königliche Landschaftsmahler Hackert, aus unserm Prenzlau in der Uckermark gebürtig, genießt hier

eine so ansehnliche Besoldung, wie sie das nordische Klima für die Künste noch nirgends abwirft, und bewohnet wirklich den Königlichen Pallast Franka Villa, der unter allen Gebäuden in Neapel fast die reizendste Lage hat, und wegen der herrlichen Aussicht, die er gewährt, nun gerade seine Bestimmung erhalten zu haben scheint, indem der erste Landschaftsmahler ihn bewohnt. –

Der König besucht hier oft den Künstler, und unterhält sich Stundenlang mit ihm; und wer freuet sich nicht, wenn auf irgend einem Fleck der Erde das Künstlerverdienst geschätzt, und in seiner ganzen Größe anerkannt und aufgemuntert wird.

Diese glänzenden Glücksumstände haben demohngeachtet unsern berühmten Landsmann sein Vaterland nicht vergessen machen, auf das er dennoch stolz ist, ob es gleich für die Kunst noch keine so ergiebigen Quellen hat. –

Noch kürzlich erfuhr Herr Hackert, auf einer kleinen Reise in Sicilien, wie geehrt der Name Preußens und des großen Friedrichs, auch in diesen entfernten Gegenden sey.

Zweiter Theil

Er machte die Reise in Gesellschaft einiger Engländer, und sie hielten vor Mittage in einem kleinen Sicilianischen Städtchen an, um Erfrischungen zu sich zu nehmen, als auf einmal in dem Orte sich das Gerücht verbreitete, es sey ein Unterthan von Preußens König hier angekommen. Und da nun die Reisegesellschaft schon wieder aufbrechen wollte, ließ sich, zu ihrem Erstaunen, eine förmliche Deputation von dem Magistrat des Städtchens anmelden, welche, um ihre Ehrfurcht für den großen König an den Tag zu legen, dessen Unterthan gern mit einigen Körben Wein und Früchten beschenken wollte, die sie ihn, als einen kleinen Zoll ihrer Ehrfurcht, anzunehmen dringend baten. Einen solchen Glanz verbreitete also Friedrichs Name hier über seinen ehemaligen Unterthan.

Den 16. April.

Pausilypo.

Schöner kann kein Name erfunden seyn, als der von PAUSILYPO, DEM ORTE, WO SORG' UND SCHMERZ AUFHÖRT: das französische Sanssouci scheint diesem schönen griechischem Namen nachgebildet zu seyn.
Der Hügel von Pausilypo, welcher sich auf der westlichen Seite von Neapel, längst dem Meere hin erstreckt, ist vielleicht eine der reizendsten Anhöhen, die diesen Erdkreis schmücken; ein italiänischer Dichter nennt daher auch in dem Uebermaaß seiner Begeisterung diese Gegend EIN STÜCK VOM HIMMEL, DAS ZUR ERDE FIEL. –

Die Grotte von Pausilypo

Unter diesem paradisischen Hügel wandelt man tausend Schritte lang in einer majestätischen Grotte, die theils ein Werk der Natur, und theils, wie manche Spuren zeigen, ein Werk von Menschen Händen ist.
Dieser Durchgang erstreckt sich, in ungeheurer Höhe, durch die ganze Felsenmasse, und ist von solcher Breite, daß die Wagen, welche sich begegnen, bequem einander ausweichen können.
Bei der Einfahrt in die Grotte, zündet man wegen der Dunkelheit immer Fackeln an.
Es macht einen sonderbaren Eindruck, so oft man aus der lachenden Gegend, auf einmal eine so weite Strecke durch dieses mitternächtliche Dunkel kömmt, wo das dumpfe Geschrei der Fuhrleute widertönt, die sich schon von weitem zurufen, nach welcher Seite sie ausweichen wollen.
Das Paradieß hier oben hat gleich seinen Abgrund unter sich.

Virgils Grabmal.

In dieser Gegend, an einem Berge, zeigt man auch das Grabmal des Dichters, der Hirten Fluren und Helden sang, den Mantua erzeugte, und dessen Asche Parthenope aufbewahrt.
Die Fabel ist schön, daß die Lorbeern, welche, nach der überlieferten Volkssage, dieses Grab bezeichnen, von selbst erwachsen und unvertilgbar sind. – Mögen die Alterthumsforscher streiten, ob auf diesem Platze Virgils Grabmal wirklich gewesen sey, oder nicht; man sieht

doch, daß die Nachwelt gern das Andenken des Dichters verehren will, und darum seinem Grabhügel irgend einen Fleck anweist, wo sie den Zoll ihrer Ehrfurcht darbringen kann.

Den 18. April.

Heute habe ich meine erste Ausfahrt nach Pozzuoli gemacht. – Die Erinnerungen aus der heiligen Geschichte machen einen sonderbaren Kontrast mit dem Profanen, wenn man in diese Gegenden kömmt, und sich nun seiner Kindheit erinnert, wie man in der Apostelgeschichte vom heiligen Paulus las, der von seiner Reise erzählt.
»Kap. 28, v. 13 – 15. Und nach einem Tage,
da der Südwind sich erhob, kamen wir des andern Tages gen Puteolen.«
»Da fanden wir Brüder, und wurden von ihnen gebeten, daß wir sieben Tage blieben. Und also kamen wir gen Rom.«
»Und von dannen, da die Brüder von uns hörten, gingen sie uns entgegen, bis gen Appifer und Tretabern.«
Das waren also Forum Appii, und Tres Tabernä. –
Der Markt von Pozzuoli hat noch ein antikes Ansehn, durch die Statüe eines römischen Senators mit der Toga, welche hier auf dem öffentlichen Platze errichtet ist, gleichsam, als wenn sie noch zu der jetzigen Stadt gehörte.
Auch ist der Dom ein Monument des Altertums; denn es ist ein Tempel, der ehemals, wie die Inschrift sagt, dem August gewidmet war. Nunmehro hat der heilige Januarius, nebst noch einem Märtyrer, namens Prokulus, davon Besitz genommen.
Von dem ehemaligen Glanze dieser Stadt, dient das Am-

phitheater zum Beweise, welches dem Vespasianischen in Rom an Größe nicht viel nachgiebt; in der Arena oder dem Kampfplatze sind Gärten angelegt, und rund umher sieht man noch die Behältnisse der wilden Thiere.

Nicht weit von hier ist eine Anzahl unterirdischer ehmaliger Wasserbehältnisse, welche das Volk das Labyrinth des Dädalus nennt – in verschiedne alte Grabmäler steigt man mit Leitern hinab.

An dem Meerbusen zeigt man noch die Überbleibsel von einer Villa des Cicero, welcher er den Namen Akademia gab, und wo er seine sogenannten akademischen Fragen oder Untersuchungen schrieb.

In dieser Villa des Cicero wurde, kurz nach dessen Tode, eine augenstärkende Quelle entdeckt, von welchem Umstande ein damaliger Dichter zu dem lächerlichen Epigramm Veranlassung nahm: die Natur selbst habe, um die anhaltende Lektüre der Schriften des Cicero zu erleichtern, die Welt mit Augenwasser versehen. –

Die Brücke des Kaligula.

Die größten Thorheiten der Sterblichen werden doch auch verewigt – denn hier, in dem Meerbusen von Pozzuoli, war es, wo Kaligula eine Schiffbrücke über das Meer schlagen ließ, die mit Ankern in der Tiefe befestigt, oben mit Erde bedeckt, und wie eine Heerstraße gepflastert war.

Auf dieser Brücke zog Kaligula triumphirend einher, sich einem Kinde gleich ergötzend, daß er gewaltig genug war, eine gepflasterte Straße über das Meer zu bauen.

Allein die Macht des Elements zerstörte bald das kindische Werk; und was man itzt davon zeigt, sind keine Ueberbleibsel, sondern die Ueberreste von einem Molo, der den

Hafen von Puteoli bildete, und an welchem die Schiffbrücke des Kaligula nur befestigt wurde.
Der Kaiser Antoninus ließ diesen verfallenen Molo wieder herstellen, wie eine alte Inschrift sagt, welche man in der See bei den Pfeilern gefunden hat.

Der Averner See.

Diese Gegenden waren es also, wo die Ideen aus der Fabelwelt, von dem Eingange in das Reich des Pluto, und von dem öden Reich der Schatten sich bildeten oder, von fremdem Boden verpflanzt, hier eine neue Heimath fanden.
In der Tiefe, von Hügeln rund umgeben, liegt der See, der ehemals, von dichtem Walde umschattet, in seinem grausenvollen Dunkel den Blick in die Unterwelt zu eröffnen schien, über welchem, von pestilenzialischen Dünsten verscheucht, kein Vogel in den Lüften schwebte und wo man, als am Eingange der Schattenwelt, den Seelen der Abgeschiedenen Opfer brachte.

Nun sind schon seit Augustus Zeiten die Wälder ausgerottet, die Hügel angebaut und fruchtbar, und die Luft ist rein. Demohngeachtet macht der schmale Weg in der Tiefe um den See, wo man rund umher von hohen Hügeln eingeschlossen, und von der übrigen Welt gleichsam abgesondert ist, bei der Stille und Einsamkeit, die hier herrscht, noch itzt einen melancholischen Eindruck auf das Gemüth, wodurch die Erinnerungen aus der Fabelwelt desto lebhafter zurückgerufen werden, und man empfindet ein geheimes Vergnügen, daß man nun selbst den Ort betritt, wovon der Dichter zu seinem schauervollen Bilde, das hier der Seele vorschwebt, die Züge nahm.

Die Höhle der Cumäischen Sibylle, in die man von dem schmalen Ufer tritt, erinnert an den schauervollen Eingang in die Unterwelt, in welchem Aeneas beherzt seiner Führerin dahin folgte, wo an den Schwellen des Orkus die Furien mit Schlangenhaaren auf eisernen Betten schliefen. Diese Höhle soll aber ein unterirdischer Gang für die Sibylle, von Kuma bis an den Avernersee, gewesen seyn, der jetzt in der Mitte verschüttet ist, und wodurch sie am Ufer des Avernersees zu dem Tempel des Apollo gelangte, dessen Ruinen, als wir ihn betraten, mit hohen Heuschobern prangten.

Wir gingen eine Strecke in die Höhle hinein, bis wir an ein Kämmerchen mit zwei steinernen Wasserbehältnissen kamen, welches man jetzt die Badstube der Sibylle nennt.

Bei Kuma, wovon man auf dem Berge, wo es liegt, nichts mehr als einige verfallene Mauern sieht, ist ein ähnlicher unterirdischer Eingang, wie am Avernersee, und man kommt darin zu ähnlichen Kammern, weswegen man es eben für einen ehemaligen Durchgang hält, der jetzt in der Mitte verschüttet ist.

Eine besondere Art, die Zeche zu bezahlen.

Auf unsre Wanderung in die Unterwelt, schmeckte unser Mittagsessen uns sehr gut. –
Da wir aber gegessen hatten, geriet mein Führer in einen entsetzlichen Streit mit dem Wirthe, so daß ich schon fürchtete, sie würden mit Messern auf einander loßgehen.
Aber auf einmal ist alles vorbei, und mein Führer ist wieder so ruhig und freundlich gegen mich, als ob gar nichts vorgefallen wäre.
Als ich ihm meine Verwunderung hierüber zu erkennen gebe, antwortet er mir mit Lächeln, das sey hier die Gewohnheit nicht anders; wenn die Rechnung gemacht würde, so müsse allemal nothwendig mit dem Wirthe gezankt werden, weil dieser dieß schon nicht anders wisse, und er einen gewiß übertheuern würde, wenn man ihn in Güte bezahlen wollte.
Ich habe nichts wider diese Gewohnheit, nur wünsche ich denn auch immer einen handfesten Führer bei mir zu haben, der für mich den Gebrauch beobachtet.

Nachmittags.

Wir wandern auf einem schmalen Erdstriche zwischen Meer und Sumpf an dem berühmten Lukrinersee, der für den Gaumen der üppigen Römer die kostbarsten Fische lieferte, weswegen ihn die Dichter verewigt haben.
Dieser See ist zum Theil durch den mit grünen Stauden bewachsenen und mit Feldern bebauten Berg verschüttet, den wir hier vor uns sehen, und der nun über drittehalb hundert Jahre hier hervorragt, nachdem er in einer einzigen Nacht, wie eine neue Schöpfung, sich gebildet hatte,

und zum Erstaunen der Menschen aus dem Abgrunde emporgestiegen war, weswegen er nun wohl im eigentlichen Sinne den Namen *Monte nuovo* führt.

Vor uns auf der Anhöhe von Baja sehen wir ein weißes Schloß, welches der einzige bewohnte Ort in dieser Gegend ist, und uns den Fleck bezeichnet, wo die verschwenderische Ueppigkeit des alten Roms, in wollüstigen Gärten und prachtvollen Pallästen, sich auf ihrem höchsten Gipfel zeigte.

Hier war es, wo man, nach dem Ausdruck des strafenden Dichters, ungenügsam mit dem Besitz des Ufers, das widerstrebende Meer aus seinem Gebiete zurückdrängte, und nah am Grabe, des Todes uneingedenk, noch Marmorbrüche zu neuen Pallästen eröffnete.

Hier, wo bei dem Gebrauch der Bäder, und in dem Genuß der reizendsten Gegend, Schwachheit und Kränklichkeit sich zu erholen, das Alter seine Jugend zu erneuern suchte, ist itzt von den Ausdünstungen der Sümpfe die Luft verpestet, und selbst in dem hochliegenden Schlosse am Berge ist die Garnison, welche es bewacht, in den heißen Monaten vor epidemischen Krankheiten nicht gesichert.

Doch giebt es auch wieder ein natürliches Mittel, dessen sich die Bewohner dieser Gegend bedienen, um Krankheiten vorzubeugen, und durch den Schweiß die Krankheitsmaterie auszutreiben.

Dies sind die Schwitzbäder in einem Felsen am Meere, welche das Volk die Bäder des Nero *(stuffe di Nerone)* heißt. Sie sind in dem Felsen ausgehöhlt, und besondere Behältnisse für die Kranken, welche sich dieser Bäder bedienen, angelegt.

Mein Führer ließ mich hier am Fuße des Felsen in den Sand unter dem Meere fassen, welcher brennend heiß war, ohne daß man an dem Wasser einige Wärme spürte. –

Nun ging durch diesen Felsen ein Durchgang nach Baja, wodurch man sich einen großen Umweg ersparte. Einige Leute kamen des Weges, welche uns die Nachricht gaben, daß der Durchgang seit ein paar Tagen verschüttet sey, und man sich nur mit Mühe noch durcharbeiten könne.
Jene gingen voran, und wir krochen ihnen durch den schmalen dunkeln Gang in dem Felsen nach. – Als wir nun an den verschütteten Ausgang kamen, arbeiteten sich unsere Vorgänger über den Schutt hinweg, und wir kletterten ihnen nach. –
Ich glaubte hier nun einen Weg zu finden, aber welch ein Anblick, als ich dicht bei dem Durchgange grade die schroffe Felsenwand ins Meer hinuntersahe, an deren Rande vorher ein schmaler Weg ging, der nun durch das eingestürzte Erdreich, welches noch immer ins Meer hinunterrieselte, ganz verschüttet war, so daß man keine Spur mehr davon sahe.
Ich und mein Führer kehrten sogleich wieder um; unsere Vorgänger aber ließen sich nicht irren, sondern wagten es, auf der abschüssigen lockern Erde, dicht an dem Rande der Felsenwand, die ins Meer hinabstieg, und wo ein einziger ausgleitender Tritt sie unvermeidlich in den Abgrund stürzte, hinzugehen, um sich einen kleinen Umweg zu ihrem Ziele zu ersparen, da mir schon vor dem bloßen Anblick dieses jähen Absturzes schwindelte.
Eine gewisse Dumpfheit des Sinnes scheint den Anblick der Gefahr bei diesen Leuten zu verdecken; wenigstens sagte ich dies meiner Zaghaftigkeit zum Troste, weil ich um keinen Preis in der Welt ihnen nachgefolgt seyn würde.

Den 20. April.

Unsre drei Wandrer aus Rom, die Herren Lüdke*, Arends**, und Scheffhauer***, sind nun angekommen; ich werde in der Straße Toledo mit ihnen zusammenziehen, und unsere Wanderungen um Neapel werden morgen ihren Anfang nehmen.

Die erste Wallfahrt machen wir nach dem Tempel des Jupiter Serapis in Pozzuoli, nach der Solfatara, und den übrigen merkwürdigen Plätzen dieser Gegend, die ich nun zum zweitenmal wieder sehe.

Dann werden wir die andere Seite von Neapel bereisen; nach der Insel Kapri steuern, das Vorgebirge der Minerva und Surrent besuchen, und auf dem Rückwege die Ruinen von Pompeji sehen.

* Jetzt Professor und Mitglied des Senats der Königl. Akademie der bildenden Künste zu Berlin.
** Jetzt Architekt in Hamburg, und Herzogl. Sachs. Weimarischer Baurath.
*** Jetzt Professor und Hofbildhauer in Stuttgart.

Den 21. April.
Der Tempel des Jupiter Serapis.

Dieser Tempel war in Schutt und Staub versunken; im Jahr 1750 brachte man seine Ueberreste wieder ans Licht hervor. –

Drei Säulen erheben noch ihr Haupt, und einige Säulenschäfte liegen am Boden darnieder, der aus weißen marmornen Quaderstücken besteht, und noch ein neues glänzendes Ansehen hat.

In der Mitte dieses Marmorbodens steigt man noch auf die Stufen zum Altar, wo man die bronzenen Ringe sieht, an welchen die Opfertiere festgebunden wurden.

Rings umher liegen verfallene Kammern, und auf der einen Seite ist ein Badezimmer mit einer Reihe von steinernen Sitzen.

Wir konnten nicht allenthalben gehen, weil der Boden zum Theil unter Wasser stand. – Eine Zeichnung von diesem Tempel, welche von dem Landschaftsmahler und Professor Herrn Lüdke hier an Ort und Stelle entworfen wurde, ist dieser Beschreibung im Kupferstich beigefügt.

Die phlegräischen Gefilde.

Wir haben nun auch die Solfatara oder den Schwefelboden der alten phlegräischen Gefilde betreten – und wenn die Phantasie auf irgend einem Fleck der Erde durch natürliche Erscheinungen veranlaßt werden konnte, sich himmelanstürmende und in den Abgrund geschleuderte Giganten zu bilden, so war es hier, wo von Zeit zu Zeit Vulkane einsanken und neue Gipfel von Bergen ihr Haupt

erhuben, und wo die Elemente nothwendig im rasenden Streit begriffen seyn mußten, ehe der Erdboden diese sonderbare Gestalt erhielt, wo sich die furchtbarsten und die reizendsten Szenen der Erdenfläche dicht aneinander drängen.

Wie öde und traurig sind diese Schwefelgefilde, wo von jedem Fußtritt das dumpfe Getöse des Abgrunds widerhallt. – Hier ließ die Phantasie Zeus Donnerwagen rollen, als er die rebellischen Söhne der Erde in den Tartarus hinabschleuderte, und Berge und Inseln über sie wälzte. –

Und hier in der Nähe sind wieder die reizenden Anhöhen von Pausilypo, wo sich alles vereinigt, womit eine gütige Gottheit nur irgend einen Fleck des Erdbodens zum Elysium verschönern konnte. –

Kein Wunder also, daß in der Fabelwelt, die sich in diesen Erdstrichen bildete, der Aufenthalt der Seligen so nahe an den Ort der Qualen grenzte. –

Den besten Aufschluß über die Fabel giebt die Wirklichkeit. Auch schöpfte die Phantasie der Alten am unmittelbarsten aus der umgebenden Natur; darum fehlte es auch ihren Bildungen nie an Kraft und Fülle.

Pozzolana – Porzellan

In der Gegend von Pozzuoli findet man eine grobe Erde, die mit Kalk verbunden, einen sehr festen Mörtel gibt; und nach eben dieser Erde, welche POZZOLANA heißt, ist, wegen der Aehnlichkeit des Begriffs, auch das chinesische PORZELLAN benannt worden, wofür man gleich anfänglich keinen passendern besondern Nahmen wußte.

Den 24. April.

Unsre Fahrt verschiebt sich länger, als wir dachten; denn schon harren wir mehrere Tage lang auf einen heitern Sonnenblick.

Wir sind in unsrer Herberge eingekerkert; denn es regnet von Morgen bis in die Nacht so ununterbrochen, und mit solchen Strömen in einem fort, daß man schlechterdings nicht aus dem Hause gehen kann.

So haben wir nun schon einige Tage verloren, und unsre Ungeduld steigt aufs höchste, daß grade jetzt der ewige Frühling, der sonst hier herrscht, für uns auf eine so unangenehme Weise so hartnäckig unterbrochen wird.

Den 25. April.

Die Fahrt nach Kapri.

Endlich bricht die Sonne aus dem Gewölk hervor; schon sind unsre Segel aufgespannt, und wir steuern auf Kapri zu. So glatt wie ein Spiegel ist das Meer; und so wie wir uns vom Lande entfernen, verändert und verschönert sich mit jedem Moment die Scene.

Immer perspektivischer stellt sich Neapel mit seinen Gärten und Pallästen auf seinen Hügeln dar; immer majestätischer wird der Anblick dieser weiten Meeresbucht von dem Misenischen Vorgebirge bis zu dem Vorgebirge der Minerva. –

Schön ist es, vom Lande das Meer mit seinen Inseln zu sehen; aber noch schöner ist die Aussicht von dem Meere nach dem Lande zu, wenn in allmähliger Entfernung der eine Theil dieser reizenden Küsten zurückweicht, während daß sich der andere nähert,

und zuletzt der Golfo, mit seiner majestätischen Einfassung, in seinem vollen Anblick sich dem Auge entfaltet.

Kapri.

Schon nähern wir uns Kapri, das noch vor kurzem in blauer Ferne lag. –
Hier steigen die schroffen Felsenwände aus dem Meere empor, von welchen der Tyrann, der hier seinen Wollüsten frönte, die unglücklichen Opfer seiner Grausamkeit und seines Argwohns ins Meer hinabstürzen, und unten mit Kähnen auf sie warten ließ, um sie mit Stangen vollends niederzustoßen, wenn sie sich etwa mit Schwimmen noch retten wollten.
Wir landen in einer kleinen niedrigen Bucht, dem einzigen Zugangsorte zu dieser Insel, welche eben wegen ihrer Unzugänglichkeit von dem argwöhnischen Tiberius zu seinem Zufluchtsorte gewählt wurde.

Hier mochten einst wohl prachtvollere Gebäude stehen, als die kleine Herberge ist, die uns vom Strande aufnimmt und wo wir mit einem kärglichen Frühstück bewirthet werden, um uns zu unserer Wanderung zu stärken, weil es in diesem felsichten Eilande viel zu steigen giebt.

Wir klimmen mühsam den Berg hinan; dort oben sind eine Anzahl kleiner Hütten, wie Nester an den Felsen gebaut; die Einwohner, ein armes Volk, drängen sich hier in ein Paar enge Gäßgen zusammen.

Wir steigen höher hinauf, und lesen eine lateinische Inschrift an dem Eingange zu einem unterirrdischen Wege, daß hier die *latebrae Tiberii* (des Tiberius Schlupfwinkel) gewesen sind, wo er sich und seine Schande vor den Augen der Welt verbarg.

Das ganze kleine Eiland ist uneben und felsicht; hin und wieder sind nur grüne Plätze und kleine reizende Ebnen. Wenigstens muß ihm damals, als es ein ausgesuchter Sitz der Wollust war, die Kunst ein reizenderes Ansehen gegeben haben, als es itzt von Natur hat.

Auch wir frischten das Denkmal auf, was sich Tiberius hier auf ewige Zeiten gestiftet hat; am Abhang eines Felsen gelagert, lasen wir den schönen Theil seines Lebenslaufs, den er auf dieser Insel führte, die durch ihn eine so berühmte Schule des Lasters war.

Da wir wieder hinabstiegen, kamen wir an das niedrige, sehr ländlich und simpel gebaute Lustschloß des Königs von Neapel, welcher hier offene Tafel hielt, bei der die Bauern von Kapri Zuschauer waren.

Diese Insel ist der liebste Sommeraufenthalt des Königs, wo er sein Ergötzen daran findet, Wachteln zu schießen. Um die Insel kreuzen beständig zwei Galeeren, damit seine Majestät nicht weggekapert werden.

Die Insel macht gleichsam den Schluß von dem Meerbusen

von Neapel, und man kann sich keine angenehmere Spazierfahrt auf dem Meere, als diese, denken.
Dies furchtbare Element wird hier durch die Einschließung der Küsten von beiden Seiten, und durch die Nähe der Insel so angenehm und einladend, wie eine Landstraße.
In diesem ruhigen Bezirk fühlt man sich, wie zu Hause; denn alles ist so schön und wirthbar, daß einem dünkt, man müsse ewig hier bleiben. –

Die Fahrt von Kapri nach Surrent.

Wir fahren nun nach Surrent, und so wie die Sonne untersinkt, röthet sich der Dampf, der unaufhörlich aus dem Vesuv emporsteigt, und wird zur Flamme, deren Schein am Tage vor dem Glanz der Sonne verlischt.
Mit jeder einbrechenden Dämmerung erneuert sich also das erhabene Schauspiel, welches beim ersten Anblick die Seele mit Staunen erfüllt, aber bald zu einer eben so schönen natürlichen Erscheinung wird, wie der aufgehende Mond, oder die glühende Abendröthe. –
Wenn man einige Tage sich hier aufhält, so däucht es einem, als müßten diese wunderbaren Erscheinungen sich immer so zusammenfinden; und wie man in einem schönen und bequemen Hause bald eingewohnt wird, so findet man sich auch hier bald so bekannt und vertraut mit der Gegend, und allem was einen umgiebt, als ob man sein ganzes Leben hier zugebracht hätte.
Und wenn der Reiz der Neuheit vorüber ist, so bildet sich erst das stille und sanfte Vergnügen des Genusses an diesem immer erneuerten Anblick, wodurch das Überraschende des ersten Erstaunens weit überwogen wird.

Landung am Ufer von Surrent.

Nichts ist angenehmer, als in so einer kleinen niedrigen Bucht zu landen, wo man auf einmal von dem ungeheuren Meere in eine enge wirthbare Einschließung kömmt, wo alles so häuslich und ruhig ist, Holzhaufen liegen, Hühner und Gänse am Ufer spazieren, der Rauch aus den Hütten steigt, und das Meer, wie ein ruhiger Teich, den Strand bespült.

Wir steigen nun noch eine steile Anhöhe nach Surrent hinauf, das sich mit seinen schmalen Straßen oben längst dem Berge hin erstreckt. Es ist schon ziemlich spät. – Wir finden noch eine Herberge; aber auf Fremde scheint man hier eben nicht eingerichtet zu seyn.

Den 26. April.

Nun geht es heute mit Tagesanbruch gleich nach dem Vorgebürge der Minerva; meine Gefährten machen den Weg zu Lande, ich lasse mich längst dem Ufer, dicht an der felsichten Küste hinfahren. –

Die wunderbarsten Töne bilden sich hier, wo sich die Wellen in den Höhlungen der Felsen brechen. Sollte nicht vielleicht dies musikalische Geräusch die Fabel von dem Gesange der Sirenen veranlaßt haben, die nach den alten Dichtungen hier ihren Wohnsitz hatten, und den vorbeisegelnden Schiffer, durch ihre melodischen Töne, heranlockten, daß er an diesen Felsen scheitern mußte.

Das Vorgebürge der Minerva.

Nun stehen wir auf den Ruinen von dem Tempel der Minerva, auf dem Vorgebürge, das von ihr seinen Nahmen führt. – Die Gegend umher ist verwaist und öde, aber die Aussicht über den salernitanischen Meerbusen ist groß und herrlich.
Man kann hier vom Meere aus in einen kleinen Fischteich fahren, der tief zwischen altem Mauerwerk und Ruinen liegt.
Dies Vorgebürge schließt den neapolitanischen und eröfnet den salernitanischen Golfo, die man beide von der meerumfloßnen Spitze übersieht.

Surrent, den 28. April.
Der Abgrund.

Ein unaufhörlicher Regenguß, der drei Tage anhielt, hat uns auf diesen reizenden Anhöhen von Surrent, in die dunkle Stube unsrer Herberge eingekerkert, bis heute gegen Abend zum erstenmale die Sonne wieder hervorbrach. Wir gingen ein wenig vor die Stadt spazieren, und kamen bald an einen Abgrund, wo die höchsten Schönheiten der sich selbst gelaßnen Natur sich plötzlich vor unserm Blick entfalteten.
Ein aromatischer Duft stieg uns aus dieser Tiefe entgegen, in welche wir mit süßem Schauder hinabstiegen! und da wir unten waren, rieselte in der Mitte ein klarer Bach zu unsern Füßen, und über uns wölbte sich ein erhabnes Dach von labyrinthisch ineinander verwachsenen Stauden und Pflanzen, die in den mannichfaltigsten Krümmungen,

die hohen Felsenwände sich hinaufrankten, und aus der Nacht dieses dunklen Thals gen Himmel stiegen, wo die untergehende Sonne ihre hervorragenden Wipfel vergoldete. – Eine ähnliche Schönheit der Natur habe ich noch nie gesehn! –
O ihr seligen Gründe, wie oft würdet ihr mich in eure Schatten aufnehmen, wenn hier meine Heimath wäre!

Den 29. April.

Heute haben wir noch die Stadt und die nächstumliegende Gegend durchstreift.
In der Stadt sind schmale und enge Straßen; unter einem gewölbten Gange haben wir verschiedene eingemauerte antike Basreliefs und Inschriften gefunden, ohne welche freilich in Italien das kleinste Städtchen nicht zu seyn pflegt.
Die Gegenden um Surrent übertreffen doch noch alles, was ich bis jetzt an reizenden Landschaften in Italien gesehn habe, und die unabsehbaren Orangenwälder, mit ihren goldenen Früchten, welche von diesen Anhöhen sich dem Auge darstellen, übersteigen alles, was die Einbildungskraft sich vorstellt.
Wenn ein Landschaftsmahler, ein Bildhauer, ein Architekt, und ein
Schriftsteller in diesen Gegenden zusammen reisen, so kann es nicht fehlen, daß ihre Beschäftigungen oft sehr charakteristisch gegeneinander abstechen, wie es bei uns der Fall ist.
Während daß der Landschaftsmahler sich den schönsten Gesichtspunkt für den Anblick einer Gegend aufsucht, studiert der Bildhauer an einem alten eingemauerten

Basrelief, der Architekt mißt oder zeichnet ein Gebälk oder Säulenkapitäl, und der Schriftsteller sucht eine alte Inschrift zu enträthseln.

Den 30. April.

Nun machen wir uns insgesamt zu Fuße auf den Weg von Surrent nach Kastell a Mare.

Diese Gegend ist, bei ihrer großen natürlichen Schönheit, auch nicht öde und einsam, sondern mit einer beträchtlichen Anzahl ländlicher Wohnungen bedeckt.

Auch die Kunst ist hier nicht fremde; wir kamen selbst auf der Landstraße vor der Werkstatt eines Bildhauers vorbei, mit welchem sich der eine von unsern Gefährten, der sein Kunstgenoß ist, in einem angenehmen Gespräch unterhielt.

Unser Weg aber geht sehr steil Berg auf und ab, und führt uns endlich gar, da wir in der Richtung fehlen, auf die Meerseite des Berges von Kastell a Mare, wo wohl eigentlich keine Straße geht.

Denn wir wandern wirklich im Meere, wo wir dicht an der schroffen Felsenwand über herabgestürzte Felsenstücke klettern.

Wir denken bald einen Weg landeinwärts wieder zu finden; aber wir sehen wohl, diese Passage nimmt gar kein Ende.

Nun setzen wir uns, ein wenig auszuruhen; über unsern Häuptern ragt ein Felsen vor, der, wie es scheint, seinen Brüdern, die schon unten liegen, mit nächstem folgen wird.

Unser Gespräch lenkt sich auf diesen Umstand, daß doch in irgend einem Moment der Einsturz dieses Felsen wirklich erfolgen müsse, und was nun dieser Augenblick, in

dem wir hier saßen, vor andern voraus habe, daß ein solcher Zufall nicht gerade in ihm sich ereignen könne.
Ohne uns nun verabredet zu haben, standen wir plötzlich auf, brachen unser Gespräch ab, und kletterten, so schnell wie möglich, von einem Felsenstück zum andern fort.
Wir sahen nun vorwärts, und erblickten noch kein Ende unserer Reise; die Mühseligkeiten, welche mit dem Rückwege verbunden waren, scheuten wir auch, weil wir sie kannten. In dieser Not riefen wir ein kleines Fahrzeug an, das vorbeisegelte; die Schiffer aber waren gegen unsere Bitten taub, und überließen uns unserm Schicksale.
Endlich, da schon der Tag sich neigte, sahen wir, da wir um eine Bergecke blickten, zu unserm Troste, Kastell a Mare liegen, dessen Einwohner uns mit Erstaunen über die Felsen im Meere zu ihrem Ufer heranwandern sahen.
Hier stand noch das große neugezimmerte Schiff, dessen Ablauf vom Stapel der berühmte Landschaftsmahler Hackert, auf Befehl des Königes, durch ein Gemählde verewigt hat, welches zugleich den König und die Königin auf einem Balkon, und eine Menge Volks, als Zuschauer, darstellt.

Kastell a Mare, den 3. May.

Ein unaufhörlicher Regenguß hat uns hier wieder drei Tage in eine dunkle Stube gebannt, wo wir, bei der gespannten Begierde, so manche merkwürdige Gegenstände um uns her zu sehen, Stunden und Minuten zählten, bis der erste Sonnenblick uns heute wieder aus unserm traurigen Gefängniß erlöset hat.

Neapel, den 4. May.

Heute früh ging unsre Wandrung von Kastell a Mare nach der verschütteten und wieder aufgegrabenen Stadt Pompeji, in die wir mit einem heiligen Schauer traten, als wir von einem Thore bis zum andern, die schmale Straße hinunter sahen, welche, seitdem sie achtzehnhundert Jahr mit Asche bedeckt war, nun den Augen der Menschen wieder sichtbar geworden, und mit der, gleichsam die schlummernde Vorzeit selbst aus ihrem Grabe wieder ans Licht gezogen ist. –

Die Straße ist mit Lava gepflastert, welche einen weit ältern Ausbruch des Vesuvs beweist, als derjenige, wodurch Pompeji verschüttet wurde.

In das Pflaster ist noch die Spur von den Rädern der Wagen eingedrückt; an beiden Seiten sind erhöhte Fußsteige; die Straße selbst scheint eine vorzügliche Handelsstraße gewesen zu seyn, denn an beiden Seiten sieht man noch Laden an Laden, die besonders dazu gebaut zu sein scheinen, um die Waaren gehörig auszulegen.

Unser Führer folgte uns mit einem großen Eimer Wasser, und sooft wir in ein bemahltes Zimmer traten, begoß er die bestäubten Wände, wo denn auf einmal die eingebrannte Mahlerei so frisch und schön, als ob sie gestern erst aufgetragen wäre, hervortrat; und hier erfüllt wirklich schon die bloße Idee des Alterthums, bei dem Anblick dieser frischen jugendlichen Farbe, die Seele mit einem angenehmen Staunen.

Die Mahlerei besteht aus Arabesken, die aber durch ein reizendes Köpfchen in ihrer Mitte, oder durch irgend eine mythologische Darstellung in einem Medaillon, immer einen schönen Vereinigungspunkt haben, wodurch die ausschweifende Phantasie gleichsam wieder zu einem Hauptgegenstande zurückgeführt wird.

Schade, daß der Hausrath, der diese Zimmer schmückte, nicht mehr hier, sondern in dem Museum zu Portici aufbewahrt wird, und diese Zimmer nun öde und verwaist stehen, wo sich sonst das ganze vollständige Bild des Alterthums, bis zur höchsten Täuschung, lebendig wieder vors Auge stellen müßte.

Die häusliche Einrichtung der Alten.

Die Häuser sind größtentheils an sanften Abhängen gebaut; die Stockwerke sind nicht aufeinander gethürmt, sondern man wohnte unten und oben auf ebner Erde.

Wenn man in die Thüre tritt, kömmt man zuerst auf einen Hof, der im Viereck gebaut, und mit einem Säulengange umgeben ist.

Alles scheint darauf eingerichtet, daß man sich, auch innerhalb seiner Wohnung, des milden Klimas freue und, bedeckt vor dem Regen, bei jeder Witterung der freien Luft genieße.

Unter den bedeckten Gängen sind unmittelbar die Eingänge in die Zimmer, welche rund umher liegen, und ihre Erleuchtung mehrentheils durch die Thüre selbst haben, die daher gewöhnlicher Weise eröfnet seyn mußte.

Im Winter erwärmte ein Kohlenbecken die Zimmer, wie es in den italiänischen Stuben noch itzt der Brauch ist.

Die Fußböden der Zimmer sind größtentheils von Mosaik. In dem einen Hause liest man beim Eintritt über die Schwelle mit schwarzen Marmorstiften auf dem weißen Grunde, das Wort *Salve* eingelegt.

Alles hat gleich ein wirthbares und vertrauliches Ansehen, wenn man in den kleinen Hof, mit dem bedeckten Säulengange tritt, in dessen Mitte gemeiniglich ein Wasserbehälter befindlich ist, und an dessen Seite die Eingänge zu den Wohnzimmern mit einem Blick zu übersehen sind.

Einige Häuser sind hier ordentlich noch mit Namen bezeichnet, so heißt z. B. das Haus des Chirurgus, dasjenige, wo man eine große Anzahl antiker chirurgischer Instrumente fand, die im Museum zu Portici aufbewahrt werden; ein Haus der Freude mit dem Zeichen des Priaps u. s. w.

Die hölzernen Geräthschaften in den Zimmern sind verfault oder zu Kohlen verbrannt; alles aber, was dem Feuer widerstanden hat, ist hier weggebracht, und in dem Museum zu Portici aufgestellt.

Nichts ist einladender und reizender, als die bedeutungsvollen, der Bestimmung der einzelnen Zimmer ganz angemeßnen Verzierungen, welche man noch häufig findet.

Ueber dem Brunnen ruht ein Flußgott, und Nymphen zu beiden Seiten gießen Wasser aus ihren Muscheln; in der

Küche ist ein Opfer des Äskulap abgebildet, um dessen Altar sich eine Schlange windet; in dem Putzzimmer beschäftigen sich die Grazien mit dem Kopfputz der Liebesgöttin; und in dem Schlafzimmer ruht Venus in den Armen des Adonis.

In einem von den Zimmern, das, seiner Einrichtung nach zu schließen, ein Speisesaal gewesen war, hatten einige Engländer ihre Namen verewigt, und darunter bemerkt, daß sie bei ihrer Anwesenheit in diesem Zimmer eine trefliche Mahlzeit gehalten hätten.

Die gemahlte Schlange.

An dem einen Ende der Stadt sieht man noch eine Schlange an die Wand
eines Hauses gemahlt, wovon es also nach dem Dichter Persius hieß:
Sacer est locus, non mejite pueri –
Der Ort ist heilig, ihr Knaben – – nicht an die Wand!
Das Bild der Schlange bewirkte also damals, was jetzt ein Kruzifix vermag, das ein Eigenthümer, in einer italiänischen Stadt, an die Wand seines Hauses mahlen läßt, damit sie nicht verunreinigt werde.

Antike Kasernen.

Dies ist ein Gebäude, in welches man noch vor dem Eingange in die Stadt, gleich an der Landstraße tritt. Ein Säulengang mit einer Reihe Kammern schließt einen viereckigten Platz ein.
In jeder Kammer fand man die vollständige Rüstung für

zwei Mann, Helme, Harnische, u. s. w. von vorzüglicher schöner Arbeit, die sich jetzt im Museum zu Portici befinden. Aus diesen Rüstungen schloß man auf die Bestimmung des Gebäudes und hat es das Soldatenquartier benannt; – in einer von den Kammern fand man noch das Eisen, wo die Gefangenen an den Füßen geschlossen wurden.

Der Tempel der Isis.

Nicht weit von den Kasernen liegt der Tempel der Isis. Dieses Tempelchen macht einen sonderbaren Anblick; es ist noch wohl erhalten, und weil es nicht, wie die andern Tempel, in eine christliche Kirche verwandelt ist, so bekömmt man dadurch einen anschaulichern Begriff von dem Gottesdienste der Alten.

In der Mitte eines Vorhofs, der von einem Säulengange umgeben ist, erhebt sich der Tempel, in dessen Vorhalle man auf vier Stufen steigt; die kleine Kapelle, in welche man aus der Vorhalle tritt, faßt die Erhöhung eines Altars in sich, der inwendig hohl ist und wo man eine kleine Statüe der Isis, und eine steinerne Tafel mit Hieroglyphen fand.

Noch eine kleine Treppe an der Seite führt ebenfalls ins Innere oder Allerheiligste; auf jeder Seite der Vorhalle ist eine Nische angebracht; und zur Seite der Halle auf dem Vorhofe steht noch ein Altar, wo man opfert.

In einiger Entfernung sieht man noch eine kleine Kapelle, in deren Innerm eine Treppe in ein kleines unterirdisches Behältniß führt. Eine antike Inschrift am Tempel sagt, daß Popidius Alsinus dies Heiligthum, welches vom Erdbeben eingestürzt war, auf eigne Kosten wieder erbauen ließ.

Die Mauern und die Säulen des Tempels sind von Backsteinen, mit Stuck überzogen, und bemahlt; die Opfergeräte sind herausgenommen und finden sich im Museum zu Portici; einige Arabesken und Basreliefs in Stuck sieht man hier noch an Ort und Stelle.

Ein antikes Landhaus.

Dies Landhaus liegt in geringer Entfernung vor dem Stadtthore, an der Landstraße.

An das Haus schließt sich ein kleiner Garten mit einem länglichten Viereck, an welchem, zu beiden Seiten der Länge, noch bedeckte Gänge sind. Ein Weinkeller erstreckt sich um den ganzen Garten, und alles hat hier ein so artiges und nettes Ansehen, als ob die Einrichtung erst jetzt gemacht wäre. –

Ein antiker Weinkeller.

Der Besitzer dieser Villa scheint auf einen guten Vorrath bedacht gewesen zu seyn; in langen Reihen stehen die ungeheuren irdenen Weinkrüge, in Manneshöhe, an die Wände hingelehnt.
Sie sind von eben der Gestalt und Form, wie das irdene Faß, in welchem man auf antiken Basreliefs den Diogenes abgebildet sieht, oder wie dasjenige, in welches der König Eurysteus sich aus Zaghaftigkeit verkroch, als Herkules den Erymanthischen Eber ihm lebendig brachte.

Neapel, den 6. May.

Herkulanum.

Heute kehren wir von unserer ersten Wanderung nach Portici zurück, das wir noch ein paarmal besuchen werden. Von Herkulanum sieh man wenig; man steigt eine Treppe hinunter und geht mit Fackeln in finstern Gängen umher,

wo man sich von dem, was man sich hier vorstellen soll, schwerlich einen anschaulichen Begriff machen kann. Denn man bekömmt durch das Graben nur eine allmählige Idee von dieser verschütteten Stadt, weil dasjenige, was man untersucht hat, mit derselben Erde, die man dicht darneben ausgräbt, gleich wieder ausgefüllt wird, damit keine zu große Aushöhlung entstehe, wodurch die Stadt Portici, die über Herkulanum gebauet ist, in Gefahr wäre, einzusinken.

Indes wird die Lage der Gassen, so wie man sie nach und nach entdeckt, sorgfältig aufgenommen; man hat gefunden, daß sie, so wie in Pompeji, mit Lava gepflastert, und zu beiden Seiten schmale Erhöhungen für die Fußgänger befindlich sind.

Das Forum oder den öffentlichen Versammlungsplatz von Herkulanum hat man ganz entdeckt. Dieser Platz war mit einer Kolonnade von zwei und vierzig Säulen umgeben. Der Eingang in denselben hatte fünf gewölbte Bogen, auf welchen marmorne Bildsäulen zu Pferde standen, worunter auch die beiden vortrefflichen Bildsäulen des ältern und jüngern Balbus waren, die in Portici aufgestellt sind.

Dem Eingange gegenüber sah man die Bildsäulen Vespasians, und zweier Magistratspersonen, auf obrigkeitlichen Stühlen sitzend. Ein bedeckter Gang vom Forum führte zu zwei Tempeln, die inwendig mit Gemählden auf nassem Kalk verziert waren.

Das Theater, welches man entdeckt hat, faßte viertehalb tausend Menschen, das Proszenium hatte marmorne Säulen, und der innere Platz war mit Giallo Antiko gepflastert. In der Gegend des Theaters entdeckte man verschiedene grade Gassen, deren Häuser mosaischen Fußboden hatten, und die Wände in den Zimmern mit Arabesken gemahlt waren.

Die Fenster, in den Zimmern der Alten, gingen nicht auf die Straße, sondern in den Hof hinaus, und waren oben unter der Decke angebracht, so daß man nicht hinaussehen konnte, aber das Licht desto vortheilhafter hineinfiel; vor diese Oefnungen wurde eine Decke gezogen; das Glas war noch wenig gebräuchlich, und wo man es findet, ist es schlecht und dick; so daß die Fenster mit Glasscheiben eigentlich als eine Erfindung der neuern Zeiten zu betrachten sind, wodurch auch die modernen Gebäude ein von den alten ganz verschiedenes Ansehen erhalten. Anstatt des Glases fand man einige Fenster mit dünnen Scheiben von durchsichtigem Gips versehen, welche aber nur ein sehr schwaches Licht durchfallen ließen, womit man sich, aus Mangel feiner Glasscheiben, begnügte.

Den 8. May.

Das Museum zu Portici.

Schade, daß diese herrlichen Denkmäler des Alterthums, wodurch man gleichsam ein paartausend Jahre älter, und in die vergangenen Zeiten zurückgesetzt wird, nicht in den Gebäuden, wo man sie fand, an Ort und Stelle bleiben konnten, wo sie auf dem eigentlichen Fleck ihrer Bestimmung uns ganz in das häusliche Leben der Vorwelt würden hingezaubert haben.

Das Mosaik von dem Fußboden der alten Zimmer ist aus der Erde heraufgebracht, und die Zimmer des Museums sind nun damit belegt. Man wandelt also hier in einem neuen Pallaste, auf dem Fußboden der Alten, den sie mit reizenden Figuren und Verzierungen in mosaischer Arbeit schmückten.

Das religiöse Leben der Alten zeigt sich hier in den mannichfaltigen Opfergeräthen, und kleinen bronzenen Götterbildern, die nun in Schränken mit gläsernen Thüren stehen. Gleich im ersten Zimmer findet man das sämtliche Opfergeräthe, schöne Opferschaalen, und zwei vorzüglich schöne Dreifüße, wovon die Pfanne des einen auf drei geflügelten Sphinxen, und des andern auf drei bockfüßigen Satyrn ruhet, welches alles schon wegen der edlen und schönen Formen, einen reizenden Anblick macht. Auch findet man hier ein Lektisternium, oder eine der Paradebetten von Bronze, worauf man, nach dem ältesten Gebrauch, in frommer Einfalt, die Götter zu einer Mahlzeit einlud, um sie zu versöhnen. Unter den kleinen Götterbildern findet man häufig Panthea, oder mehrere Gottheiten in eine Gestalt zusammengefügt, welches uns auch einen Begriff von der religiösen Vorstellungsart der Alten giebt, die sich im Grunde die Gottheit, als ein Wesen unter mannichfaltigen Gestalt, dachten.

In das häusliche Leben der Alten, wird die Einbildungskraft bei dem Anblick ihres ganzen Hausrathes versetzt, der sich in großer Vollständigkeit hier befindet; denn in dem einen Zimmer sieht man eine ganze antike Küche; einen tragbaren Ofen von Bronze; große Kessel mit doppelten Boden von Bronze; Tassen von Silber, die mit unsern Kaffeetassen viele Aehnlichkeit haben; Feuerzangen, Rösten, einen vierfachen Löffel, um vier Eier auf einmal darin zu sieden; viele Eßlöffel, vergoldete Gefäße, und versilbertes Küchengeschirr.

Einen sonderbaren Anblick machen die Eßwaaren, welche sich gleich, wie Marmor und Bronze, aus jenen Zeiten erhalten haben, und in einem besondern Schranke aufbewahrt werden. Man findet darunter noch kleine mit Buchstaben bezeichnete runde Brodte, die ihre Form unbeschädigt erhalten haben, eingetrockneten Wein, der wie

Gummi aussieht, und eine Torte, die noch in der Pfanne im Ofen steht.

Das feine Gefühl für das Schöne bei den Alten zeigt, sich in ihrem ganzen Hausrath, und vorzüglich bei den mannichfaltigen Verzierungen ihrer Lampen, die alle reizend und geschmackvoll sind, und wovon es hier eine beträchtliche Anzahl giebt.

Durch den Anblick der gelehrten Utensilien in dem Zimmer, wo sich der Schrank mit den Büchern befindet, wird man in die Studierstube eines Schriftstellers aus dem Alterthum versetzt; man sieht hier wächserne Schreibtafeln nebst den Griffeln, und den Instrumenten, womit man die Schrift wieder auslöschte, indem man sie platt strich; Federn von Holz, und Schreibzeuge von Zylindrischer Form, worin die Tinte befindlich war; daß man sich solcher Federn und Tinte bediente, sieht man aus dem Persius, der einem Jüngling Vorwürfe macht, welcher keine Lust zum schreiben hat, und die Schuld darauf schiebt, daß die Feder nicht schreiben wolle, und die Tinte zu dick sei.

Ein Zimmer enthält noch antike Rüstungen, Helme und Arm- und Beinharnische, die man zu Pompeji in dem Revier der Soldaten gefunden hat, und woran die eingegrabene Arbeit bewundernswürdig ist. Auch findet man noch allerlei Arten von musikalischen Instrumenten: Kastagnetten von Kupfer, die man gegeneinander schlug; die Pfeife mit sieben Röhren, und eine Tuba, die man in der Hauptwache von Pompeji gefunden hat; auch chirurgische Instrumente von Metall, mit künstlich gearbeiteten Griffen.

In einem der Zimmer, in einem kleinen gläsernen Schranke, sieht man eine vollständige Damentoilette, aus dem grauen Alterthum, wo sich aber schon ein Schminkkästchen, mit der Schminke darin, befindet, und was noch itzt zum Damenschmuck gehöret, als Armbänder, Ringe, Ohrgehänge u. s. w. auch fehlt es nicht an Scheeren, Nadeln, Kämmen, Fingerhüten, Nähekästchen, und einem hellpolierten metallenen Spiegel. Alle Geräthschaften, die zum Baden gebraucht werden, als Oelkrüge, Schüsseln zum Salben, und Bürsten, um die Haut zu reiben, werden wiederum in einem Schranke aufbewahrt, so daß man würklich, wenn man in diesem Kabinett die alten Schriftsteller liest, über jede Kleinigkeit sich Raths erholen, und sich durch den Augenschein selber überzeugen kann.

Antike Gemählde.

Die Zerstörbarkeit, welcher die Mahlerei, weit eher als die Bildhauerkunst, unterworfen ist, macht diese Reste aus dem Alterthum vorzüglich ehrwürdig.
Wie in ein Heiligthum tritt man in die Zimmer, wo diese Gemählde aufbewahrt werden, welche sowohl Privatgebäuden als öffentlichen Plätzen, dem Forum und Theater von Herkulanum, zur Zierde dienten.
Sie sind mit Wasserfarben zum Theil auf trocknem Grunde, zum Theil auf nassem Kalk gemahlt, von den Wänden abgesägt, mit eisernen Stäben zusammengeklammert, und auf die Weise aus den unterirdischen Grüften der verschütteten Städte ans Licht heraufgebracht. – Es ist ein auffallender und schöner Anblick, wenn man aus grauen Zeiten, wovon uns sonst nur die Umrisse in den unzerstörbaren Massen übrig sind, nun auch die Farben erhalten sieht; es ist einem bei diesem Anblick, als ob die erstorbene Vorzeit wieder lebendig würde.

Antike Bibliothek.

Der Anblick dieser Bibliothek macht einen sonderbaren Eindruck. Diese verbrannten Volumina, welche in einem Schranke mit Glasthüren aufgestellt sind, sehen gerade wie Tobaksrollen aus; und wer eine solche Rolle zufälligerweise fände, würde sie eher für irgend etwas anders, als für ein Buch halten.

Man muß den menschlichen Fleiß und die Erfindsamkeit bewundern, wenn man die Maschinen betrachtet, wo diese verbrannten Rollen aufgewickelt, und aus der Asche die Buchstaben wieder ans Licht gebracht werden.

Zwischen eine Maschiene, die einer Buchbinderpresse gleicht, werden die Rollen aufgehängt, und die abgelößten Blätter werden auf ein Stäbchen oder Rolle gewickelt, welche man vermittelst Wirbel und Bänder, sanft wälzen und drehen, und ihr alle möglichen Wendungen geben kann.

Um die zusammengeklebten Blätter voneinander zu lösen, bestreicht man immer einen Theil derselben, auf der leeren Seite des Papiers mit leichtem Gummi; und um dem abgelößten Blatte wieder Festigkeit zu geben, wird ein Stück von einer dünnen Blase darauf gelegt.

Ein ganzer Monat gehört dazu, um eine Spanne lang, so breit, als die Rolle ist, abzulösen. Vier Rollen sind nun erst aufgewickelt, und unglücklicherweise ist man grade an eine der uninteressantesten Schriften, von einem gewissen Philodemus, geraten, welche von der Musik und Beredsamkeit handelt, und wodurch die alte Litteratur einen sehr unbedeutenden Zuwachs erhält.

Daß wenigstens einige litterarische Schätze hier verborgen sind, ist wohl ohne Zweifel, und es käme nur darauf an, daß man erst den Anfang von mehrern Rollen entwickelte, um ohngefähr den Inhalt zu sehen, und alsdann das interessanteste auszusuchen, um so viel Zeit und Mühe nicht unnütz zu verschwenden.

Wenn diese Bibliothek, die doch die einzige in ihrer Art ist, im Besitz der nordischen litterarischen Welt wäre, so würden ihre Schätze gewiß nicht lange verborgen bleiben; hier aber scheint man nicht so begierig darnach zu seyn.

Neapel, den 9. May.

Leichtes Fuhrwerk in Neapel.

Bequemeres Fuhrwerk wird man nicht leicht irgendwo finden, als in Neapel. Zweirädrige offne Chaisen, von einem Pferde gezogen, stehen in allen Hauptstraßen in Bereitschaft, und man darf sich, wenn man des Gehens

müde ist, nur umsehen, um sogleich einzusteigen und weiter zu fahren.

Für die Fuhrleute ist zwar keine Taxe, so wie in London, bestimmt, aber sie lassen sich handeln, und man akkordirt um eine Kleinigkeit z. B. von Neapel nach Portici, und den umliegenden Gegenden, wo man auf dem schönen ebenen Lavapflaster mit der größten Geschwindigkeit und Leichtigkeit hinrollt.

In den Hauptstraßen, wo, bei dem größten Gedränge von Menschen, in vollem Gallop gefahren und gejagt wird, hört man fast unaufhörlich *a voi!* und *guardate!* (nehmt euch in acht!) rufen, und es ist ein Wunder, daß Menschen nicht viel häufiger überfahren werden, als es würklich geschieht. Die neapolitanischen Pferde machen bei diesem leichten und zierlichen Fuhrwerk einen schönen Anblick. Die offenen Chaisen sind dem Klima angemessen. Man muß hier keinen Augenblick versäumen, um sich her zu schauen, und in dem freien Genuß der schönen Natur zu athmen. –

Das Pflaster von Neapel.

Ein schöneres Pflaster findet man wohl nirgends als in Neapel; eben der furchtbare Lavastrom, welcher der Stadt Zerstörung droht, muß nun ihren Fußboden schmücken, und ihre Straßen ebnen.

Wenn Noth und Mangel gleich die Einwohner drückt, so drückt doch kein hervorragender Stein ihre Sohlen, und sie können eben so reinlich und trocken auf den Straßen, wie in ihren Zimmern gehen.

Wie denn auch die Lazzaroni die Straßen selber wie ein großes Zimmer betrachten, worin sie ihren beständigen Aufenthalt haben.

Außer der Bequemlichkeit macht dies Pflaster auch immer einen schönen Anblick, wegen der Ordnung und Regelmäßigkeit, womit die zubereiteten *Lavastücken* aneinander gefugt sind.

Alles kömmt einem hier so ausgearbeitet und vollendet vor, daß es einer neapolitanischen Straße nur an einer Decke von oben fehlt, um selber wieder wie ein Haus betrachtet zu werden.

Am reizendsten nehmen sich die kleinen zierlichen offenen Chaisen aus, welche, von raschen Neapolitanischen Hengsten gezogen, mit Pfeilschnelligkeit auf diesem ebenen Pflaster hinrollen.

Die Karthause.

Die Karthäuser von St. Elmo blicken aus ihren Klostergärten auf die Palläste von Neapel hinunter. Auf der einen Seite zeigt sich Portici und die fruchtbare Gegend bis an den Vesuv; auf der andern die Krümmung des Meerbusens,

bis nach Pausilypo und dem misenischen Vorgebürge; landwärts die fruchtbare Ebne bis Kaserta, die einem unbegrenzten Lustgarten gleicht; auf dem Meere seegelnde Schiffe, und die Inseln in der Ferne. –
Dem Himmel näher, als die übrigen Sterblichen, scheinen diese Kartäuser auch auf das irdische Paradies nicht Verzicht gethan zu haben.
Von der strengen Ordnung bemerkt man hier wenig Spuren; wenigstens scheinen sie sich an das harte Gelübde, des ewigen Stillschweigens nicht sehr zu binden, denn sie unterhielten uns mit sehr vieler Gesprächigkeit.
Sie führten uns in ihren angenehmen Wohnzimmern umher, wo nicht Kasteiung und Ertödtung, sondern Geselligkeit und jovialischer Genuß des Lebens zu herrschen schien.

Platte Dächer.

Wenn man auf Neapel von oben herab sieht, so macht es einen sonderbaren Anblick, mit allen seinen platten Dächern.
Man glaubt, eine orientalische Stadt vor sich zu sehen, und denkt sich, wie der König David, auf dem Dache seines Hauses spazierend, die schöne Bathseba im Bade erblickte.

Neapolitanische Höflichkeit und Mundart.

Die Höflichkeit bei dem gemeinen Mann geht hier sehr weit, man heißt nicht nur *Signore,* sondern auch *Don,* und so wurde denn auch Ihr ergebner Diener *Signor Don Carlo* tituliert.

Sonst hat die neapolitanische Mundart viel Grobes in der Aussprache, wie z. B. *cusi* anstatt *cosi;* die Insel *Crapi* anstatt *Capri;* sehr häufig hört man bei dem Volke den Ausdruck *mo! mo!* welches so viel, als BALD heißt, und vielleicht von dem lateinischen *mox* abgekürzt ist.

Den 13. May.

Ein Gemälde von Luca Giordano.

Heute sah ich in einer Kirche, inwendig über der Thür, ein Gemälde von Luca Giordano, wie Christus in Jerusalem die Käufer und Verkäufer aus dem Tempel treibt.
Natürlicher und wahrer, aber auch komischer, ist wohl nicht leicht eine der heiligen Geschichten dargestellt, als hier die Austreibung der Handelsleute aus dem Tempel.
Die Mienen der Wechsler, deren Tische umgestoßen werden, der Weiber, die die Verwüstung in ihren umgestoßnen Körben mit Eiern bejammern, und des flüchtenden Knaben, der einen Korb am Arme trägt, und sich schüchtern umsieht, sind mit der höchsten Naivität und meisterhaft dargestellt, so wie auch das Gewühl im Ganzen mit der höchsten Wahrheit, nach dem Leben, ausgedrückt ist.
– Denn diese ganze Szene scheint, dem Kostüme nach, auf einer der Straßen von Neapel vorzugehen.
Man siehet von Luca Giordano, der den Zunahmen *fa presto* (mach geschwind!) von seiner großen Fertigkeit und Schnelligkeit im Mahlen erhielt, hier eine Menge von Schilderungen, welche beweisen, daß er seinen Zunamen nicht mit Unrecht führte, die man aber, ohngeachtet der Flüchtigkeit, mit der sie entworfen sind, dennoch *in ihrer Art,* mit Vergnügen betrachtet.

Den 14. May.

Kapo di Monte.

Hier herrscht Vernachlässigung und Unordnung, wohin man blickt; das Gebäude selbst, ein geschmackloses Werk der Baukunst, ist unvollendet, und die Schätze von Gemählden und Alterthümern, welche es aufbewahrt, sind größtentheils ungeordnet.

Vorzüglich merkwürdig war uns hier ein Gemälde von Michel Angelo, das jüngste Gericht, welches, mit seinem großen Gemählde in der sixtinischen Kapelle verglichen, über die Ausführung des Gedankens des Künstlers ein neues Licht verbreitet.

Die kostbarsten Gemälde in dieser Sammlung hatten durch Vernachlässigung so sehr gelitten, daß sie ganz entstellt waren. Nunmehr hat der König von Neapel den geschickten Reparateur Anders, aus Rom hierher berufen, welcher jetzt mir der Wiederherstellung dieser Gemählde beschäftigt ist.

Den 15. May.

Vesuv.

Das ist ein trauriger Anblick, diese schwarze, verbrannte Fläche, so weit das Auge umhersieht.

In einem von den ausgeworfenen Felsenstücken, die auf dem Wege liegen, ist oben eine Aushöhlung, in welcher sich, wie in einer Cisterne, ein wenig Regenwasser gesammlet hat.

Hier erquicken wir uns, indem wir einige Tropfen mit der hohlen Hand zum Munde schöpfen.

Meine Gefährten sind schon weit voraus; ich sehe sie nahe

am Gipfel des Berges, der nun schon zu unsern Füßen bebt, während, daß wir von Zeit zu Zeit den unterirdischen Donner vernehmen.

Wir nähern uns nun auch dem Gipfel, und ich sehe meine Gefährten unter einem überhangenden Felsen stehen, wo sie vor dem Steinregen Schutz suchen, den der Wind, der sich itzt gedreht hat, gerade auf sie zutreibt.

Wie klein und nichts erscheinen in der Ferne drei Menschen, die sich unter einem Felsen verbergen, gegen diese furchtbare schreckliche Masse, aus welcher sich Tod und Verderben rund umher verbreitet.

Wir können nun, da der Wind uns gerade entgegen kömmt, nicht von der gewöhnlichen Seite zu dem Krater aufsteigen, sondern müssen einen Umweg nach der Sommaseite des Berges nehmen.

Zu dem Ende müssen wir die Zwischenzeit von einem Steinregen bis zum andern, die ohngefähr zehn Minuten dauert, wohl in Acht nehmen, und eilig seyn, um die andre Seite zu gewinnen.

Meine Gefährten sind schon voraus, ich bin mit meinem Wegweiser noch zurück; der Weg geht über die ausgeworfenen Steine, welche zum Theil noch heiß und glühend sind, der Athem vergeht mir, und mein furchtsamer Wegweiser verläßt mich auch.
Ich muß so lange still stehen, bis ich erst wieder zu Athem komme, und wenn der Berg über mich einstürzte.
Er ist aber so nachsichtig, mit dem Ausbruch seines Steinregens gerade so lange zu warten, bis ich mit langsamem und bedächtigem Schritt auf der andern Seite angekommen bin.
Da steigt der blaue Schwefeldampf allenthalben aus den Ritzen der geborstenen dünnen Kruste, welche die unterirdische Glut zu unsern Füßen deckt, und meine Gefährten erscheinen mir wie Geister, die sich in einer öden Schattenwelt begegnen; denn lebende Menschen gehören nicht in dieses furchtbare Chaos.
Von dieser Seite muß nun der steile Gipfel des Kraters erstiegen werden; dies ist eine unsägliche Mühe; so wie man in der tiefen Asche hinanklimmt, gleitet man um die Hälfte wieder zurück; ein paarmal gab ich die Hoffnung auf, den Gipfel zu erreichen; aber ich sah meine Gefährten oben stehn, und wandte allen meinen noch übrigen Athem an, um nicht zurückzubleiben; als ich oben war, sank ich erschöpft am Rande des Kraters hin, und der höchste Grad von Ermattung ließ mich hier so sicher, wie auf gewohnter Lagerstätte, ruhen, denn die Gefahr drohet vergeblich, wenn alle Kräfte fehlen, ihr zu entfliehn.
Wir sehen nun eine Rauchwolke nach der andern, aus dem weiten Umfange des Abgrundes sich emporwälzen; auf einmal entsteht ein dumpfes Gebrüll in der Tiefe, und wir sehen nun, ohne Gefahr, den prasselnden Steinregen, den der Sturm von uns hinwegweht, dicht zu unsern Füßen ausbrechen.

Von dem Gipfel der Zerstörung blicken wir auf die reizenden Gefilde von Neapel herab, und sehen das Meer mit seinen Inseln zu unsern Füßen.

Lacrymae Christi.

In einem Wirthshause am Fuße des Vesuv, trinken wir denn auch von dem Weine, der von den kostbarsten Zähren, die geweint wurden, *lacrymae Christi* heißt, und wider meine Erwartung, mehr herbe als angenehm schmeckte.
Seine Wirkung aber zeigte sich uns, in einem fürchterlichen Schauspiele, das hier zwar nichts Ungewöhnliches ist, aber sich jetzt zum erstenmale unsrem Auge darbot.
Dicht neben uns, aus dem Hause, stürzte ein Mensch mit wildem starren Blick, und todtenblaß; ein anderer, mit einem langen Messer, eilte ihm nach; jener suchte sich vergeblich mit der Flucht zu retten; schon hatte sein Verfolger ihn gefaßt, und stieß in rasender Wut auf ihn zu; dieser suchte jedem Stoß, welcher ihm den Tod drohte, mit den mannichfaltigsten Wendungen auszuweichen, welches ihm verschiednemale gelang, weil der Mörder nur blindlings zustieß; ein junges Weib mit zerstreutem Haar kam aus dem Hause, und warf sich zwischen beide, und auf einmal ging nun der Wüthende, wie ganz besänftigt, nach dem Hause zu; ein alter Mann trat heraus, und gab ihm mit einem dicken Knotenstock einen entsetzlichen Schlag auf die Schulter, und jener, wie ganz gefühllos, ging ins Haus, ohne ein Wort zu sagen; die übrigen begaben sich auch weg; der Schauplatz war auf einmal leer, und die fürchterliche Szene war vorüber, ohne daß nur die geringste Spur davon zurück blieb.

Der Anblick aber, wie sich das Weib zwischen die beiden stürzte, war so mahlerisch, als man sich nur irgend etwas denken kann, welche Bemerkung wir wohl machen konnten, da alles eine bloße Scene geblieben, und ohne Blutvergießen abgegangen war.

Solche Greuel hatten die Zähren Christi, welche über diesen Auftritt noch einmal hätten fließen mögen, hier veranlaßt. – Die Trunkenheit versetzt den Italiäner in Raserei, und die häufigsten Mordthaten ereignen sich, wo die stärksten Weine wachsen.

Alles pflegt sich hier bei solchen Scenen zurückzuziehen; es ist, als ob dann eine allgemeine Unsicherheit des Lebens herrsche, wo man sich kaum von dem, was vorgeht, zu reden getrauet, und ein jeder nur auf seine eigene Rettung und Sicherheit bedacht ist.

Neapel, den 16. May.

Neapolitanische Advokaten.

Auf einer Tribune an einem großen grünen Tisch saßen die Herrn Richter mit weiten langen schwarzen Röcken, und weißen Kragen; in ihrer Mitte präsidirte ein *Signor Duca* mit einem Ordensbande.

An den Stufen der Tribune, vor einem Geländer, standen die Advokaten, mit schwarzen Mänteln und kleinen Kragen, gerade in demselben Ornat, wie unsre protestantischen Prediger.

Hinter diesen drängte sich das Volk, welches in dem Gerichtssaal versammelt war, und welchem hier beständig der Zutritt freisteht. Der Saal war in der heißen Mittagsstunde so voller Menschen, daß man kaum athmen konnte. Die Reden der Advokaten sind alle an den *Signor Duca* gerichtet, und wenn sie sich einander unterbrechen, so wird der *eccellentisimo Signore* immer erst um Erlaubniß gebeten; dieser hat also einige Aehnlichkeit mit dem Sprecher im englischen Parlament.

Man kann sich nichts Einförmigeres und Langweiligeres denken, als die Art Deklamation, womit die Advokaten ihre Reden vortragen. Am füglichsten ist diese Deklamation mit dem trägen, schleppenden, halb singenden Tone, den man so oft auf den Kanzeln hört, zu vergleichen; hier kam nun noch die ganze Predigerkleidung hinzu, so daß man würklich manchmal, wenn man bloß auf den Ton achtet, in einem solchen neapolitanischen Advokaten, einen langweiligen deutschen Kanzelredner zu hören glaubt. Auch hatte ein jeder von ihnen seine eigenen komischen Gebehrden und Gestus, welche ihm durch die Angewohnheit zur andern Natur geworden waren.

Es war nun gerade um die Zeit, wo man die Wohnungen zu verändern pflegt; die laufenden Prozesse drehten sich daher um Miethskontrakte.

Der eine Advokat hielt eine zwei Stunden lange Rede, worin er im Namen seines Klienten über dessen Miethsmann beklagte, daß er alle Tage Konzerte und Bälle gäbe, und dadurch den Frieden des Hauswirths störe.

Nun nahm es sich sehr komisch aus, wie der Advokat des Gegners dergleichen Belustigungen, als Bälle und Konzerte, in einer weitläuftigen Rede, von der moralischen Seite zu verteidigen übernahm, um den Hauswirth als einen Störer unschuldiger Freuden darzustellen.

Der Glaube an den heiligen Januarius.

Ich kann das Fest des heiligen Januarius nicht abwarten, weil ich mit dem Procaccio reise; heute aber habe ich noch eine große Procession, als den Vorläufer zu diesem Feste, gesehen. Eine solche Procession hat hier nichts Düsteres und Trauriges, wie in den nördlichen katholischen Ländern; man lacht und scherzt dabei, und alles hat ein ungezwungenes und fröhliches Ansehen.

Was kann dem Volke auch hier noch eine trübe Stunde machen, wenn es mit dem heiligen Januarius ausgesöhnt ist, welcher den furchtbaren Vesuv, als den einzigen Feind der Ruhe und Glückseligkeit dieses Landes, in seinen Schranken hält, und von dem also Heil und Wohlfahrt ganz allein abhängt; denn wenn er nur wacht, so hat für alles übrige die gütige Natur gesorgt.

Wenn man auf dem Wege nach Portici die Bildsäule des heiligen Januarius betrachtet, wie er dasteht, und mit dem aufgehobnen Finger den Vesuv bedroht, so kann man sich nicht enthalten, dies Volk wegen einer Zuversicht glücklich zu preisen, die ihm in einer so furchtbaren Nachbarschaft so oft nothwendig ist, wenn sein Genuß des Lebens nicht durch tausend ängstliche Besorgnisse unaufhörlich verbittert werden soll.

Den 17. May.

Rückreise von Neapel nach Rom
mit dem Procaccio.

Der Procaccio ist eine Art von Post zwischen Rom und Neapel, die übrigens mit dem Fuhrwerke der Vetturine ganz übereinkömmt, nur daß der zweirädrigen Chaisen, worin jedesmal zwei Personen sitzen, mehrere zusammen sind, die unter einem Fuhrmann stehen, für den ein Gewisses bestimmt ist, das aber nicht, wie bei unsern Posten, vorausbezahlt wird.

Es sind diesmal drei Wagen; mein Gefährt ist ein spanischer Mönch; in dem andern Wagen sitzt ein Pilgrimm mit dem wachstuchnen Mantel, und ein junges Frauenzimmer; in dem dritten sitzen ein paar ältliche Herren, welche, ihrem Gespräch nach, Advokaten zu seyn scheinen.

Mein spanischer Mönch, der aus dem Orden der Trinitarier ist, aus Malaga kömmt, und in ein anderes Kloster seines Ordens nach Rom geht, unterhält sich mit mir in abscheulichem Latein und versichert mir mit Zuverlässigkeit, daß der König von Preußen als ein guter katholischer Christ gestorben sey.

Mit stolzen Lobeserhebungen rühmt er mir den Wohlstand der spanischen Geistlichkeit, der sich bis auf die Bettelmönche erstreckt, wozu er auch gehört, und von denen er sagt, *habent nihil, et habent omnia!* (sie haben nichts und haben doch alles!). –

Fondi, den 12. May.

Mitten im Regen, der uns auf dieser ganzen Reise verfolgt, habe ich Fondi wieder begrüßt. Am Abend klärte es sich doch ein wenig auf, und ich habe noch einen Spaziergang vor das Thor gemacht.

Unter einem Cypressenbaum saßen einige Frauen, wovon die eine fragte, wo der *Signor Forastiere* herkomme? – Da ich im Scherz erwiederte, aus der Türkei, so wollte sie Nachrichten von ihrem Sohne von mir haben, der sich in Konstantinopel aufhielt, und ihr viele Beschreibungen ge-

macht hatte, die ich nun bestätigen sollte, so daß ich mit meinen Antworten schlecht bestand.

Ich ging nun weiter, und kam in eine der reizendsten Gegenden vor der Stadt, wo ein paar Männer standen, mit denen ich mich in ein Gespräch einließ; sie waren schlecht gekleidet, und sahen todtenblaß aus.

Ich ergoß mich in Lobsprüche über ihren schönen Wohnplatz, und fragte sie um die Ursach ihres kranken Aussehens? – Dies sey bei ihnen nicht allein der Fall, erwiederten sie; diese ganze Gegend sey höchst ungesund, und es herrschten beständig Fieber unter den Einwohnern, darum widerriethen sie mir auch sehr ernstlich meinen Vorsatz, den ich gegen sie geäußert hatte, daß ich wohl einige Wochen hier zubringen möchte. –

Fondi, abends.

Un huomo di Conscienza.

Dieser junge Mensch, der hier ermordet ist, hätte sich also an einen *huomo di Conscienza* (MANN VON GEWISSEN) wenden sollen – und was heißt das – ein Geistlicher oder auch ein Mann, der nicht aus dem Pöbel, der nicht arm ist.
Je weniger also, nach diesem Maaßstabe, einer zu verlieren hat, desto weniger Gewissen hat er auch. – Ich habe nie ein schrecklichers herabwürdigenderes Wort für die Menschheit, als dies, gehört.
Der einen Klasse von Menschen ausschließend Gewissen zuzuschreiben und der andern nicht – und das dazu bei einer Religion, welche die kleinsten Sünden und Verbrechen aufzählt, und Belohnungen und Strafen auf mannichfaltige Weise nach dem Tode verheißt und drohet.
Hat denn der Pöbel, der selber den Dolch zur Rache zückt, während daß die Gerechtigkeit ihr Schwert in der Scheide verrosten läßt, etwa ein unreineres Gewissen, als die Priesterschaft, welche ihn bis zu dieser viehischen Gefühllosigkeit darniederdrückt, die kein Mitleid und kein Erbarmen kennt? –
Ich schlafe mit meinem spanischen Mönch und den beiden Herrn Advokaten in einem Zimmer; hier wird viel Latein gesprochen; die Herren drücken sich mit einiger Schwürigkeit, aus und gestehen selbst die Wahrheit des Sprichwortes ein: daß Rom aus Italien nach Deutschland gewandert sey.

Velletri, den 13. May.

Sumus Dei!

Die Herren Geistlichen sind doch auch Menschen, wie wir andern, sagte einer von der Tischgesellschaft. –
Homines sumus, versetzte mein spanischer Mönch, *sed in officio sumus dei.* –
Quasi Dei! erwiederte der junge Mann. –
Sumus Dei! wiederholte mein Trinitarier mit düsterzusammengezognen Augenbraunen, und einem Inquisitenblick, der hier seine Kraft verlohren hatte; denn die Tischgesellschaft lächelte nur dazu. –

Rom, den 14. May.

Als wir uns heute Rom näherten, äußerte mir mein spanischer Mönch sehr naiv seine Besorgnisse, weswegen er seinen vorigen Aufenthalt mit dem künftigen im Grunde ungern vertauschte.
Denn, sagte er, in Spanien wird der Mönch, in den Häusern wo er Zutritt hat, bewirthet; in Italien aber und besonders in Rom ist es umgekehrt; da muß der Mönch bringen, wenn er in einem Hause Zutritt haben will; wie dies denn auch wirklich der Fall ist. –
In ehrlichen Bürgerhäusern in Rom werden die Mönche nicht geduldet, weil ein solches Haus dadurch leicht in üblen Ruf kömmt, und die Töchter sitzen bleiben.
In Häusern aber, wo Armuth und schlechte Wirthschaft herrscht, ist auch für den Mönch nichts zu holen, sondern er muß, wenn er Zutritt haben will, von dem, was er zusammengebettelt hat, auch seine Beisteuer geben.

Rom, den 16. May.

In Rom scheint eine Todtenstille zu herrschen, wenn man von Neapel hierher zurückkömmt. – Alles ist hier einsam und klösterlich, gegen das Geräusch und Gewühl in den Straßen Toledo, Chiaja u. s. w.

Mitten im May ist hier noch eine empfindliche Kälte. Dies ist aber auch etwas Ungewöhnliches.

Die hiesigen Einwohner, welche in ihre Mäntel gehüllt, auf der Straße gehen, wärmen sich an einem kleinen Kohlentopfe, und rufen verwundernd aus: *che maggio!* (welch ein May!)

Demohngeachtet ist mir wohl, daß ich wieder in Rom bin; ich habe die Peterskirche wie meine alte Wohnung begrüßt; sie ist bei dieser unangenehmen Witterung der angenehmste Aufenthalt, den man sich denken kann; ich habe die kurze und schöne Messiade des Vida darin durchgelesen.

Mein Wirth zieht aus dieser Straße weg, nach dem Platze

Barberini, und ich werde mit ihm ziehen, weil wir nun aneinander gewöhnt sind.

Man muß die Frauen hier nicht nach dem Namen ihres Mannes sondern bei ihrem Vornamen nennen. –

So heißt z. B. mein Wirth *Signor Pasquale,* und meine Wirthin *Signora Lena.*

Nun besuchte mich dieser Tage einer meiner Freunde, und sagte zu meiner Wirthin, auf deutsche Art, indem er sie anredete *Signora Pasquala!*

Dies war die höchste Beleidigung; denn *Pasquala* hat zufälliger Weise die Bedeutung von einem lüderlichen Frauenzimmer, die allen Mannspersonen nachläuft.

Er hatte viele Mühe sie wieder zu versöhnen, und ihr die Unschuld seines Herzens, bei diesem Ausdruck, zu beweisen.

Rom, den 25. May.

Die Villa Millini.

Wir haben diesen schönen Tag zu einem Spaziergang nach der Villa Millini benutzt, nach der ich mich schon so lange gesehnt habe. –

Nicht leicht kann eine Beschreibung anpassender seyn, als die des Martial von diesem reizenden Landsitze, welcher zu den Zeiten des Dichters einem Namensgenossen desselben, dem Tullius Martial, gehörte.

Diese Villa liegt jenseits der Tiber auf einem der höchsten Hügel bei Rom, welcher jetzt *Monte Mario* heißt, ehemals aber unter dem Namen Janiculus mit begriffen wurde. Hohe Cypressen beschatten den Gipfel, worauf das Landhaus steht, und oben am Abhange des Hügels genießt man einen der reizendsten Prospekte über Rom und seine umliegenden Gegenden.

In der Mitte des Abhanges tritt eine Terrasse hervor, auf welcher die Villa Madama, nach Raphaels Entwurf, von dem Kardinal Julius von Medicis erbauet ist, und von der Madame Margarethe von Oestreich, einer Tochter Karls des fünften, welche dem Alexander von Medicis vermählt war, ihren Namen herleitet. Vom Fuß des Berges bis an die Tiber erstreckt sich eine Ebene mit Alleen und Weingärten. Diese Ebene, die reizende Villa Madama, am Abhange des Berges, und der hervorragende mit Cypressen beschattete Gipfel zieht den Blick unwiderstehlich an sich: und so wie man diesseits an dem gekrümmten Ufer der Tiber hinwandelt, erweitert, eröfnet und verändert sich die Scene jenseits auf die mannichfaltigste Weise.

Besonders schön bildet sich der Sonnenuntergang hinter den Cypressen, und ein Spaziergang am Abend am diesseitigen Ufer der Tiber, mit der Aussicht auf die jenseitigen abwechselnden Hügel, gewährt ein reines und stilles Vergnügen. –

Ein einsamer Weg geht nehmlich dicht am Ufer der Tiber noch hinter den Gärten hin, und erstreckt sich bis an den alten *Pons Milvius,* eine Brücke über die Tiber, welche jetzt *Ponte Molle* heißt.

Nach eben dieser Brücke geht vor dem nördlichen Thore von Rom aus, eine schnurgrade Straße, in der Richtung der alten *Via Flaminia*. Diese Straße kann man als eine Fortsetzung des Korso betrachten, der sich innerhalb vom Thore bis an den Kapitolinischen Berg erstreckt.

Der Korso, innerhalb des Thores, und seine Fortsetzung bis an die Pontemolle außerhalb, ist der Schauplatz, wo an Festtagen, und bei schönem Wetter, sich unaufhörlich die Pracht der römischen Karossen zeigt.

Durch die dazwischenliegenden Gärten, von dieser geräuschvollen Straße abgeschnitten, kann man bis nach

Pontemolle an den Krümmungen der Tiber gehen, und hat alsdann den vollen Prospekt auf die jenseitigen Hügel, welcher einem auf der graden Straße durch hohe Mauern entzogen wird.

So viel von der Aussicht auf den Monte Mario und die Villa Millini. Was nun den Prospekt vom Monte Mario anbetrifft, so kann nichts zutreffender auf denselben seyn, als folgende Beschreibung Martials:

Die kleinen Ländereien des Tullius Martial, sagt er, liegen längst dem Rücken des Janikulus hin. – Der ebene Gipfel schwillt allmälig an, freut sich eines reinern Himmels, und während die gekrümmten Thäler noch der Nebel deckt, genießt er allein eines eigenen Sonnenlichts. – Von hieraus kannst Du die sieben mächtigen Berge sehen, und Rom in seinem Umfange schätzen. – Dein Auge erblickt die Hügel von Alba und Tuskulum, und tiefer in dem Gebirge glänzt der Schnee. – Auf der flaminischen und salarischen Straße siehst Du die Wagen rollen, und hörest ihr Geräusch nicht, damit dein Schlummer nicht gestört sey. – Unter dem nahen Pons Milvius gleiten die schnellen Schiffe die heilige Tiber hinunter, ohne daß das Rufen und Getöse der Schiffer bis zu dir hinaufschallt. –

Die Ponte Molle in der Nähe, die Schiffe, welche die Tiber hinunter fahren, die Wagen auf der Via Flaminia und Via Salaria – dies alles sieht man noch jetzt, wie damals.

Die sieben herrschenden Hügel, *(septem dominos montes),* welche noch jetzt mit ihren Gebäuden und Ruinen aus der Fläche des nun bebauten Marsfeldes hervorragen;

Und dann die Berge, welche in einer Entfernung von drey Meilen von Rom sich ringsumher lagern, und die großen Ebenen einschließen, in welcher die Königin der Städte einsam liegt. Von hier aus stellte der Landschaftsmahler Hackert in Neapel die Stadt Rom mit ihren Pallästen und

Ruinen in einem der interessantesten Gesichtspunkte dar – und der Landschaftsmahler und Professor Lüdke in Berlin, entwarf bei seinem Aufenthalt in Italien, von eben diesem Standpunkte aus, eine Zeichnung von Rom; so daß also dieselbe Aussicht, welche vor anderthalbtausend Jahren ein Dichter prieß, nun auch durch die Mahlerei erhoben, dem Auge des Abwesenden und Fremden näher gerückt wird, und, bei ihrer Betrachtung, der Gedanke an die Vergangenheit den Reiz des gegenwärtigen Genusses erhöht.

Den 30. May.

Das Kapitol.

Der Hauptaufgang zum Kapitol ist jetzt an der entgegengesetzten Seite, wo er ehmals war; die alte Straße ging vom römischen Forum hinauf, dem es jetzt seine Rückseite zuwendet.

Es würde ein herrlicher Anblick seyn, wenn man gerade vom Korso auf das Kapitol stiege, und es von der Porta del Popolo an in schnurgerader Richtung vor sich liegen sähe. Jetzt endigt sich der Korso in einen schmalen schmutzigen Steig auf den Kapitolinischen Berg, und zu dem Hauptaufgange muß man erst durch eine Queerstraße zur Seite gehn, wo sich der Prospekt vom Kapitol nur zur Hälfte zeigt, bis man beinahe dicht davor steht.

Ein andermal beschreibe ich Ihnen diesen Aufgang, und den ganzen Kapitolinischen Berg; jetzt führe ich Sie gleich die innere Treppe zu dem wichtigsten Teile des jetzigen Kapitols hinauf, der, unter dem Namen des Kapitolinischen Museums, die größte Sammlung von Alterthümern aufbewahrt.

Die Treppe zum Museum.

Zwischen schönen und merkwürdigen Ueberresten der Vorzeit steigt man diese Treppe hinauf.
Besonders ehrwürdig ist der Anblick der eingemauerten Fragmente, von dem Grundriß des alten Roms auf einer Marmortafel, die man auf der alten Via Sacra in dem Tempel der Roma fand, der jetzt in eine kleine Kirche verwandelt ist.
Man entdeckte diesen Schatz erst, als er von den Arbeitern, die den Tempel umwandelten, schon in Stücken zerschlagen war, die man nun sorgfältig wieder zusammenfügte, und daraus, ohngeachtet der Verstümmelung, noch einen anschaulichen Begriff von den meisten Straßen des alten Roms erhalten kann.
Von mehrern Gebäuden, wie z. B. vom Tempel der Minerva, ist der Umriß noch ganz vollständig vorhanden, und man sieht daraus, daß die jetzige Kirche *Sopra la Minerva* gera-

268 Reisen eines Deutschen in Italien

de auf dem Grunde des alten Tempels errichtet ist. – Auch von dem Umfange einiger der alten Bäder läßt sich aus diesen Fragmenten noch eine deutliche und anschauliche Vorstellung zusammensetzen.

Diese Fragmente sind in sechs und zwanzig großen viereckigten Tafeln, an beiden Seiten der Treppe eingemauert, und über der ersten Tafel befindet sich ein Maaßstab, welcher achtzig Fuß, nach altem römischen Maaß enthält. – Aus einer Inschrift läßt sich schließen, daß dieser Grundriß von Rom unter dem Kaiser Septimius Severus in Marmor gegraben sey.

Dieser Grundriß ist gewiß eins der schönsten Ueberbleibsel des Alterthums; man wandelt bei seinem Anblick in den Straßen des alten Roms; und der Aufgang zu dem Innern des Kapitols konnte keine würdigere und angemeßnere Verzierung haben.

Noch zieren diesen Aufgang ein paar Fragmente von dem Triumphbogen des Mark Aurel, der sonst den Korso schmückte, als er noch die Via Flaminia hieß, und dessen Platz, wo er ehemals stand, noch jetzt durch einen Stein bezeichnet wird.

Dies sind zwei in die Wand gemauerte Basreliefs, wovon das eine den Mark Aurel auf einer Tribune darstellt, wo er die Bittschriften des vor ihm versammelten Volkes anzunehmen und zu lesen im Begriff ist.

Es herrscht eine Simplizität und Würde in dieser Darstellung, wodurch man sich in jene Zeiten versetzt fühlt, die selbst in Gewohnheit und Kostume immer noch ein ehrwürdigeres Gepräge, als die unsrigen, haben.

Auf dem andern Basrelief wird die jüngere Faustina, deren sterbliche Hülle auf dem Scheiterhaufen in Asche verwandelt ist, von der geflügelten Diana emporgetragen;

und der fromme Mark Aurel sieht dem erhabnen Fluge seiner unsterblichen Freundin nach. –

In zwei Seitennischen stehen alte Götterbilder; das eine ist die Juno Sospita von Lanuvium, auf welche eine Beschreibung des Cicero noch buchstäblich paßt: ihr Haupt bedeckt ein Ziegenfell; sie trägt ein Schild und Spieß, und ihre Schuh sind vorn gekrümmt; zu ihren Füßen steht die alte römische Inschrift: *Juno Lanuvina.*

Die alten Römer hatten eine große Verehrung für dies Götterbild; Livius erzählte von ihm die Sage, daß es einst geweint habe, wodurch der ganze Staat in Furcht und Schrecken gerathen sey.

In der andern Nische steht eine Bildsäule mit der Unterschrift: *pudicitia,* wovon aber der Kopf, wie man glaubt, von Michel Angelo ergänzt ist.

Alte Inschriften.

Ich führe Sie nun in das erste Zimmer, wo sich die Denkmäler und Inschriften von entfernten Städten und Provinzen vertraulich beisammen finden, und wo man Jahrhunderte von Roms Geschichte in ihren ehrwürdigsten Urkunden an einer einzigen Wand übersieht. –

Hier, kann man sagen, ist das eigentliche Heiligthum der Geschichte, wo dieselbe Schrift, die vor Jahrtausenden in Erz und Marmor gegraben wurde, noch in ihren vollen Zügen lebendig wieder vors Auge tritt, und jene verfloßnen Zeiten aufs neue vor die Seele zaubert. –

Eine ortographische Merkwürdigkeit
der vorigen Zeiten.

Die erste Nummer dieser Inschrift über der Thüre ist ein höchst merkwürdiges Denkmal für unsre neuen Ortographen; das *v,* als Konsonant, ist nehmlich durchgängig mit einem *f* ausgedrückt; und zwar geschah dieses auf Befehl des Kaisers Tiberius Klaudius, welcher, da er sonst eben keine der glänzendsten Rollen unter den Kaisern spielte, doch wenigstens ein Reformator der Ortographie werden, und sich das Verdienst machen wollte, ein überflüssiges Schriftzeichen zu verbannen.

Daß dies Kaisergebot nicht respektirt worden sey, sieht man aus den nachherigen Inschriften; die Gelehrsamkeit kann aber doch aus dieser Inschrift noch einen wichtigen Nutzen ziehen, weil daraus die Aussprache des *v* berichtigt, und erwiesen werden kann: daß diese von der Aussprache des *f* nicht müsse verschieden gewesen seyn, weil man sich sonst dieses Schriftzeichens anstatt des *v* nicht hätte bedienen können.

Den Reformatoren der Ortographie aber muß diese Inschrift von vorzüglichem Werth seyn, weil daraus erhellet, daß sie in die Fußstapfen des berühmten Kaisers Tiberius Klaudius treten.

Ein chronologischer Fund.

Da die Jahre der Römer bloß mit den Namen der Konsuln bezeichnet wurden, so ist unter den Inschriften die sechs und sechzigste Nummer deswegen vorzüglich merkwürdig, weil zu dem Namen des Konsuls P. Cölius das Jahr 922 von Roms Erbauung hinzugefügt ist, und man also hierdurch von dem eigentlichen Alter der Stadt Rom, wie es damals angenommen wurde, gewiß wird.

Mitten unter diesen alten Inschriften befindet sich eine neue, welche das römische Volk dem Papst Alexander dem siebenten weihte, weil er den Bau von diesem Theil des neuen Kapitoliums, nach Michel Angelos Entwurf, vollendet hatte.

Die Marmorsärge der Alten.

In eben diesem Zimmer befinden sich eine Anzahl antiker Marmorsärge, an welchen sich die schöne Vorstellungsart der Alten in den reizendsten Bildern darstellt. Lassen Sie sich also von mir in eine schönere Todtengruft, als nach der Westmünsterabtei oder nach St. Denis führen!

Die Amazonenschlacht.

Auf dem einen dieser Särge, von parischem Marmor, ist eine Amazonenschlacht abgebildet. – Auf der Fronte des Deckels sieht man weinende Amazonen, und andre, deren Arme gebunden sind.

Unter den Gebeinen in diesem Sarge fand man versteinerten Balsam, und einen kleinen goldnen Ring mit Edelgesteinen besetzt. Scheinen nicht jene Sinnbilder auf das Grabmal einer Heldin zu deuten, die vielleicht, wie Zenobia, selbst ins Treffen ging, und als ein Opfer ihres Heldenmuthes fiel, den die bildende Kunst in dem Marmor verewigte?

Der umgestürzte Terminus.

Auf einem andern Sarge ist die Zeit abgebildet, welche die Hülle eines erblaßten Jünglings umfaßt. –
Ein Terminus hinter ihr ist zu Boden gestürzt. –
Diana mit der Fackel, von einem Liebesgott begleitet, steigt vom Wagen, um ihren Endymion zu suchen. –
Unter diesem schönen Symbol pflegten die Alten häufig den Tod des Jünglings anzudeuten. –
In dem Deckel des Sarges sind drei kleine Oefnungen, in welche man wahrscheinlich bei dem Todtenopfer den heiligen Wein ausgoß.

Prometheus.

Diesem Sarge gegenüber steht ein andrer, wo auf der rechten Seite die Sonne auf ihrem Wagen emporsteigt, und auf der linken sich niedersenkt, wo Diana, als die Göttin der Nacht verweilt. –
Prometheus bildet den Menschen aus Thon; Minerva steht ihm bei, und setzt dem Neugebildeten einen Schmetterling aufs Haupt, um gleichsam den Geist ihm einzuflößen. –
Nach oben zu ist eine Gestalt, die alles genau zu beobachten, und das Schicksal des Neuerschaffenen zu überdenken scheint. –
Amor und Psyche umarmen sich, um auf die Vereinigung der Seele und des Körpers anzuspielen.
Die Elemente, unter ihren Symbolen, fachen das Leben an, und erhalten es während seiner kurzen Dauer. –
Nun aber ruht schon unter dem Wagen der Diana die Hülle des neugebildeten Menschen, und der Schmetterling flieht von ihm; ein Genius mit der umgekehrten Fackel

und den Kranz in der andern Hand, blickt traurig zur Erde nieder. –

Die Seele, in Gestalt der Psyche, wird vom Merkur nach Elysium geleitet; und Prometheus, an dessen Leber der Geier nagt, büßt nun für seine Schöpfung des hinfälligen Menschen. –

Auf dem Deckel ruht ein Jüngling, wie im sanften Schlummer, mit zwei Mohnstengeln in der Hand. –

Ein Knabe hält eine Frucht in der einen, und einen kleinen Vogel in der andern Hand. –

Man schreibt gern diesen Sarg dem schönen Diadumenianus, einem Sohne des Kaisers Makrinus zu, der in seinem zwölften Jahre, mit seinem Vater ums Leben kam.

Die neun Musen.

Auf noch einem andern Sarge sind in den reizendsten Stellungen die neun Musen abgebildet – auf der einen Seite ist Sokrates sitzend, und vor ihm eine verschleierte Frau, auf einem niedrigen Säulenschaft gestützt, die mit ihm zu philosophiren scheint.

Auf der andern Seite ist Homer sitzend abgebildet, und vor ihm eine unverschleierte Frau, die ihm ein Volumen überreicht.

Der Deckel ist, gleichsam um den Ernst zu mildern, mit scherzenden Abbildungen von Meerungeheuern, Nereiden u. s. w. rund umgeben. –

Man fand diese Urne drei Meilen von Rom, auf dem Wege nach Ostia.

Könnten wohl schönere Symbole den Sarg eines Weisen, eines Redners, oder Dichters zieren? –

Diana und Endymion.

Auf dem letzten Sarge steigt Diana von ihrem Wagen, um den schlafenden Endymion zu besuchen; Morpheus, Amoretten und Genien, Hirten und Herden sind umher. – Den Deckel zieren fünf abgeteilte Basreliefs: Auf dem ersten sieht man zwei Parzen, die den Lebensfaden spinnen, und Lachesis, die ihn abschneidet.
Auf dem zweiten Telesphorus, den Gott der Wiedergenesung.
Auf dem dritten, Pluto und Proserpina mit dem Cerberus zu ihren Füßen.
Auf dem vierten, Merkur, welcher die Seelen zur Unterwelt geleitet.
Auf dem fünften, Mann und Frau sich umarmend, und auf einem Ruhebette sitzend; einen Hund zu ihren Füßen.

Ein Leichenstein.

Bei der Tür steht ein schöner Leichenstein, auf welchem sich zwei runde Höhlungen befinden, welche die Aschentöpfe des liebenden Ehepaars in sich faßten, dessen die Inschrift erwähnt. –
Mit angenehmen Schauer betrete ich jedesmal dieses Zimmer, welches nach Jahrtausenden noch das heilige Andenken der Todten in schönen Symbolen aufbewahrt, und auf die süßeste Art mit den Bildern des Todes uns vertraut macht. –

Die Vase.

In der Mitte des Zimmers steht eine Vase von weißem Marmor, die von besondrer Schönheit ist, und von welcher dies Zimmer selbst seinen Namen führt.
Sie ruht auf einem runden Altar, der ihr zum Fußgestelle dient; sie ist in der größten Vollkommenheit, in allen ihren Theilen ausgearbeitet; man glaubt daß sie dem Bachus gewidmet war, weil Verzierungen von Weinlaub daran abgebildet sind.
Sie wurde auf der alten appischen Straße, nicht weit von dem Grabmal der Cecilia Metella gefunden; rund um den Altar sind in der schönsten Etrurischen Manier die zwölf großen Gottheiten abgebildet; diesen Altar fand man zu Nettuno.

Tivoli, den 4. Juni.

»Lächelt doch kein Winkel
auf Erden so schön wie dieser!«

Immer schwebten die Worte des Dichters, der hier seine süßesten Tage verlebte, vor meiner Seele und auf meinen Lippen, da ich deinen seligen Höhen, beglücktes Tibur, mich näherte.
O wie oft habe ich sehnsuchtsvoll von den Hügeln Roms in jene Ferne geblicket, wo die hochliegenden weißen Häuser, aus dem dunkeln Grün, wie ein zarter glänzender Streifen den Berg hinunter, dem Auge deine Spur bezeichnen!
Und wie war mir, als nun das majestätische Gebirge sich näherte, dessen Eingang zwei sich entgegen kommende

Hügel bilden, die vor dem Auge des Annähernden allmählich auseinander treten, und nach und nach den Blick in das Heiligthum der schaffenden und wirkenden Natur eröffnen, die hier in Höhlen und zwischen Felsen ihre Schätze entfaltet, und mit allen ihren Reizen hinter dieser schattigten Bergecke und jener sich verborgen hat.

»O daß einst hier der Sitz meines Alters sey!« flehte der glückliche, zufriedene Sänger zu den guten Göttern, »o daß einst hier mein Freund die Asche seines geliebten Dichters mit seinen Thränen netzte!«.

»Hier sey das Ziel des müden Wanderers, der den Stürmen des Lebens entflohen, in dieser vertraulichen Umschränkung den Frieden findet, den er über Meer und Land in der öden Weite vergebens suchte!«

O mein Freund, wie wahr ist jede Zeile des Dichters, und mit welchem Gefühle spricht man sie auf diesem Boden aus, wo sie wie Blumen emporkeimten, die nur da am schönsten duften, wo sie geboren wurden!

Hier stürzt der Anio mit donnerndem Geräusch von seinem Felsen in die Tiefe, und hallet von des Sängers

Liede zweitausendjähriges Echo wieder; dort ist Albuneens wiedertönende Halle, und hier auf dieser Felsenhöhe in dem Bezirk der Herberge, die mich freundlich aufnimmt, steht vom Monde sanft beschienen, mit seinem zierlichen Säulenkranze der runde Tempel, der, der keuschen Vesta heilig, in jene dunkle Tiefe hinunterblickte.

Aus dem Fenster meines Schlafzimmers schaue ich in dies Heiligthum; ich höre das donnernde Geräusch des nahen Wasserfalls, und sehe den Berg hinan, auf welchem in der grauen fabelhaften Vorzeit des Katilus Mauern standen.

Vor Mitternacht kam kein Schlaf in meine Augen, und heute mit Sonnenaufgange wanderte ich schon an dem hohen Felsenabhange, und blickte mit süßem Schauder in das spiegelnde Bette des Anio hinunter, der nach ausgetobtem Sturme nun tief im Thale zwischen Blumen sanft hinwandelt, und wo das Gebirge sich eröfnet, durch die weite Ebne strömt. –

Ich wandere auf einem Wege in der Krümmung eines halben Mondes um das Thal, und komme nun schon auf die andre Berglehne, die der Höhe von Tivoli gegenüber liegt, und welch ein Anblick eröfnet sich hier vor mir!

Der Anio, vor seinem Sturze, bricht an der Seite durch die Stadt, und senkt mit sanftem Falle im weißen Silberglanze auf drei Stufen sich die Felsenwand hinunter, auf deren Rücken das alte Tibur steht.

O dieser Seitenfall ist gegen den donnernden Sturz ein sanftes Wiegen. Wie auf einer Tonleiter steigt sein süßes Rauschen nieder; Aug und Ohr verfolgt begierig die reizende Wiederkehr, und sieht und hört sich nimmer satt.

Und du einsames Kloster, das hier dem Alterthumsforscher den Fleck bezeichnet, wo des Dichters ländlicher Wohnsitz stand, traure mit den dumpfen Tönen deiner Buß-

gesänge über der Vergangenheit herrliche Gefühle, die in deinen Mauern verstorben sind.
Ich gehe weiter, und sehe am Abhange der gegenüber liegenden Felsenhöhe hinter den Häusern von Tivoli die kleinen Gärten, noch so wie damals, als mein Dichter sang,
»von beweglichen Bächen benetzt,«
Die, vom Anio abgeleitet, sich wieder sammeln, und sich zu mehreren noch kleinern Wasserfällen bilden. Dort rauschen sie plötzlich aus den himmelansteigenden Ruinen, von dem majestätischen Landsitze des Mäcen hervor, und schmücken den grünbemoosten Felsen mit ihrem Silberschaum. –
Nun eröffnet sich mir auch zwischen den beiden Berglehnen die Aussicht in die weite Ebne. Einsam thronet dort auf ihren Hügeln mit ihren ewiggrünenden Gärten umkränzt, die Königin der Städte. Wie eine Bergspitze erhebt sich ihre Riesenkuppel, und deutlich unterscheidet das Auge die Säulen des Tempels vom Lateran.
Ich steige nun allmählig hinunter bis dahin, wo die beiden Berglehnen im Tale sich einander entgegen kommen. Hier quillt nicht weit von da, wo nach des Alterthumskenners Glauben, des Dichters Wohnsitz stand, ein Bach hervor,
»glänzender als Kristall.«
GOLDWASSER *(aquoria)* ist jetzt sein Nahme, und erquikkend am heißen Mittag seine Kühle. – Was hindert uns denn zu glauben, daß dies Blandusiens Quell sey, von dem der Dichter sang, er solle durch seine Lieder eine der berühmten Quellen werden, welches er nun geworden ist.
Nicht weit von hier zeigt man einige Ueberreste von dem Grabmal der Cynthia, um welches der zärtliche Properz in elegischen Tönen klagte, die jetzt noch von den Lippen der Nachwelt wiederhallen.
Nun führt eine kleine hölzerne Brücke über den Anio –

man vollendet den Zirkel, und steigt zur rechten Hand die Berglehne, welche vorher gegenüber lag, nach Tivoli hinauf. –

An diesem Abhange stehen die Ruinen von einem Tempel der dem HUSTEN geweiht war, damit er die Brust der armen Sterblichen verschonen, und ihre Tage nicht kürzen möge.

Der Berg wird immer steiler, das Aufsteigen immer mühsamer, aber auch immer schöner die Aussicht, immer elastischer und reiner die Luft die man einathmet.

Nun tritt man in das Thor von Tivoli, mit der Ueberschrift: *Senatus populusque Tiburtensis* – eine enge und finstre Straße gewährt in der Mittagshitze dem ermüdeten Wanderer Schatten und Kühle.

Zur Rechten am Thore ist die Pforte zu der prachtvollen Villa von Este mit ihren Terrassen und Wasserwerken – zur Linken geht man zu den aufgethürmten Ruinen von dem Landhause des Mäcen, auf dessen Gipfel lustige Gärten grünen.

Man steigt nun weiter zwischen wirthbaren Häusern die enge Straße hinauf, und sieht zur Rechten die Riesenmauern von dem Tempel des Herkules, die der Zeit getrotzt haben, in die Kathedrale verbaut.

Nun steigt man noch ein wenig höher, und vernimmt schon das Rauschen des Anio – mit wenigen Schritten ist man auf dem Gipfel der Anhöhe, und gelangt ermüdet in der erwünschten Herberge an, die den heiligen Tempel in ihrem Bezirk umschließt, von dem ich bei meiner Wanderung ausging, und welcher nun das Ziel ist, zu dem ich wiederkehre.

Der gute Franzesko, den die Künstler Vater nennen, versüßt dem Wandrer seine Ankunft jedesmal mit freundlichem Gesicht und Händedruck. – An seinem wirthbaren

Heerde vergißt man seine Pilgerschaft, und einem ist hier zu Muthe, als wäre man, nach überstandenem Kummer, in der lieben Heimat angelangt.

Den 10. Juni.

Die Madonna von Tivoli.

Dieß ist ein beinahe ganz schwarz und unkenntlich gewordenes Marienbild, das man unter den Ruinen von der Villa des Quintilius Varus, eines Nachbars des Horaz, gefunden, und deswegen auch die *Madonna di Quintilio Varo* genannt hat. Dies Bild bewies gar bald seine wunderthätige Kraft, die Felder fruchtbar zu machen, und Regen und Sonnenschein vom Himmel zu bewirken.

Man errichtete ihm eine Kapelle nicht weit von dem Orte, wo es gefunden ward, und bei der Kapelle eine Einsiedelei, die aus einem Garten und artigem Häuschen besteht, worin ZWEY EINSIEDLER gemächlich wohnen, die Tag und Nacht den Dienst bey dem Bilde haben.

Alle Winter aber wird dies Marienbild feyerlich in die Stadt geholt, und alle Frühjahr zieht es wieder ins Feld hinaus, um den Früchten Gedeihen zu geben. –

Die Ueberreste von der Villa des Quintilius Varus liegen jenseits des Anio, der Stadt Tivoli gegenüber, auf einem Berge, der jetzt nicht nach Horazens Vorschrift mit Weinstöcken, sondern mit Oelbäumen bepflanzt ist; am Abhange dieses Berges, nicht weit von der Villa des Quintilius, liegt das dem heiligen Antonius gewidmete Kloster, das die Stelle von Horazens Landhause einnehmen soll, und wo noch in der Vertiefung des Klosterstalles ein antiker Fußboden von Mosaik gezeigt wird. – Wirklich paßt die Aussicht bei diesem Kloster beinahe Wort für Wort auf

Horazens Beschreibung von dem herabstürzenden Anio auf die
   – – uda
   mobilibus pomaria rivis.
Denn noch jetzt sind, wie ich Ihnen schon gesagt, von dem Anio, vor dem Fall desselben, eine Anzahl Bäche abgeleitet, welche kleine Obst- und Weingärten, an dem Abhange des Berges, auf welchem Tivoli liegt, bewässern. Die *Tiburni Lucus* aber, welche Horaz besingt, bestehen jetzt aus schattigen Olivenwäldern, mit welchen die Berge von Tivoli dicht bepflanzt sind, und wodurch die Aussicht nach Tivoli aus der Ferne einen besondern Reiz erhält. –
Es versteckt sich gleichsam in dem Schatten der beiden Berge, die sich einander entgegen kommen; es scheint schon von ferne in seine Kühlung einzuladen; und das *ille terrarum angulus* des Horaz erklärt sich eben durch diesen Anblick so schön und wahr, daß man mit ganzer Seele in

seinen Ausruf einstimmt, und diesen Winkel der Erde vor allen liebgewinnt.

Zwischen dem Kloster St. Antonio also und der Villa des Quintilius Varus liegt die Kapelle und Einsiedelei, wo das wunderthätige Marienbild verehrt wird.

Nun war bis jetzt die Witterung ungewöhnlich schlecht. Der May war bei beständigem Regenwetter so kalt, wie man sich seit langen Zeiten nicht erinnert: und nun in den ersten Tagen des Junius ließ es sich nicht besser an, und man befürchtete schon, wegen der zu großen Nässe, Theuerung und Miswachs. –

Als nun eines Morgens aber der Himmel anfing, sich aufzuklären, und die schöne Jahreszeit doch einmal ihren Anfang nehmen mußte, so holte man, voller Zutrauen zu ihrer Wunderkraft, die Madonna aus ihrer Kapelle, und brachte sie auf eine der höchsten Anhöhen bey Tivoli, von welcher man eine weite Aussicht in die umliegenden Gegenden hat, und Wälder und Fluren, die des himmlischen Segens bedurften, mit einem Blick übersehen konnte.

Die Ceremonie, welche hier mit dem Wunderbilde angestellt ward, bot ein höchst interessantes Schauspiel dar. Das Bild stand hoch auf einem Altar erhöht, um über die ganze Gegend seine Segnungen zu verbreiten. – Vor demselben war ein Gerüst gebauet, auf welchem der Bischof stand, um den Zorn der göttlichen Mutter über die Sünden des Volks zu versöhnen, und Vergebung von ihr zu erflehen; ringsumher auf der Ebene knieten alle Einwohner von Tivoli, Männer, Weiber und Kinder. –

Noch vor einigen Wochen waren einige schreckliche Mordthaten in Tivoli verübt, worüber der Hirt und Bischof dieser Stadt zuerst das sündige Volk selbst anklagte und zur Rechenschaft zog: »Wenn eure Felder wüste liegen, der Schooß der Erde euch seine Fruchtbarkeit, der Himmel

seinen Sonnenschein euch versagt, sehet da die Frucht von eurer Bosheit, eurem Frevel, eurer Mordlust.«
Von diesem Eifer über die Sünden des Volks entbrannt, wandte er sich wieder zu dem Bilde, und beschwur die himmlische Königin, dieses frevelnden Volkes nicht zu schonen, auf die muthwilligen Verbrecher ihre Blitze herabzuschleudern, und in ihrem Zorn sie zu vertilgen. –
Auf einmal aber, nach einer Pause, schien bey dem Redner das Mitleid über den entbrannten Zorn zu siegen. Doch nein! sagte er mit sanfter Stimme, *(neppure questo!)* Du wollest auch dieses nicht thun! – Den Schuldigen selbst, der um Erbarmung fleht, nicht strafen! u. s. w.
Nun kam es aber darauf an, daß dies Gebet erhört wurde; und dies ward nicht so leicht gemacht. – Der Bischof stellte sich als den gebeugten Vater für seine Kinder dar, schlug demuthsvoll an seine Brust und rief: *misericordia!* und alles Volk, Männer, Weiber und Kinder, auf dem Boden kniend, schlugen wie er an ihre Brust, und riefen schluchzend: *misericordia!* – allein vergeblich; die zürnende Königinn des Himmels blieb unerbittlich. –
Nach einer Pause schlug der Bischof aufs neue an seine Brust, und rief, gleichsam wie mit stärkerer Zuversicht: *misericordia!* und alles Volk stimmte lautschluchzend wieder ein. –
Nun schien der Zorn allmälig erweicht zu seyn, das Mitleid schien die Oberhand zu gewinnen – mit sanfterer Stimme redete nun der Seelenhirte die Büßenden an: *(cari peccatori!)* Lieben Sünder! u. s. w.
Die Sonne glänzte am heitern Himmel. – Der Frevel war nun ausgesöhnt, die Blutschuld weggewischt, die zürnende Herrscherin wieder gnädig. –
Vor dem Altar, worauf das Bild erhöhet stand, wurde eine feyerliche Messe gelesen, und zuletzt noch die geweihte

Hostie, gleichsam wie zur Versöhnung, über die entsündigte Gegend hoch empor gehalten.
Das Weinen und Schluchzen des Volkes verwandelte sich auf der Stelle wieder in fröhlichen Muthwillen, nachdem der Himmel versöhnt, die Sündenschuld getilgt war. –
Man freute sich nun ganz des ersten schönen Abends, Knaben und Mädchen spielten auf dem grünen Rasen, die Alten nahmen Theil, – die Andacht war entflohn, die Madonna wieder weggetragen, und von Zerknirschung und Reue war nun keine Spur mehr da. –

Rom, den 30. Juni.

Spiele. *Panem et Circenses.*

So hieß es freilich schon bei den alten Römern in ihrem gesunkenen Zustande. Allein ihre CIRCENSES, ihre öffentlichen Spiele, woran das Volk seine Augen nicht sättigen konnte, waren auch das Prachtvollste, was nur die Einbildungskraft fassen kann. – Es waren gleichsam die stolzen Ruinen, unter welchen das mächtigste Volk der Erde darniedersank, indem es durch seinen eignen gigantischen Wachsthum endlich zu Boden gedrückt wurde.
Der ganze bekannte Erdkreis, bis an die entferntesten Wüsten, mußte zu den Spielen zollen, woran Roms müssige Bürger sich ergötzten. Löwen, Tiger und Elephanten wurden Heerdenweise auf den Kampfplatz geführt. In dem Amphitheater des Vespasian, das achtzigtausend Zuschauer faßte, ließ die alle Begriffe übersteigende Verschwendung, unter der Herrschaft der Kaiser, von Arabiens Wohlgerüchen einen duftenden Regen auf die Zuschauer träufeln.

Die öffentlichen Bäder für das Volk, deren Ruinen noch jetzt Erstaunen erwecken, faßten Schauplätze, Bibliotheken, bedeckte Gänge und zu jeder Art von Leibesübung besondere Plätze und Gebäude in sich, so daß sie den Umfang von Städten hatten; mit dem ungeheuersten Aufwande wurde in den NAUMACHIEN, auf einem schnell unter Wasser gesetzten Platze, dem Auge ein WIRKLICHES Seetreffen dargestellt, wo die streitenden Partheyen zum Tode bestimmte Sklaven und Gefangne waren; die Pracht und Verschwendung bey dem Wettrennen im Circus ging bis zur höchsten Ausschweifung; und alle diese Spiele wechselten das ganze Jahr hindurch ab, und erhielten das Volk in einem beständigen Taumel.

Die neuen Römer haben nun dafür das Karneval, und während desselben die beyden Opern-Theater Aliberti und Argentini; das Wettrennen der Pferde mit Flittergold besteckt, und ohne Reiter, in dem langen und schmalen Korso, im Sommer den Platz Navona, ein klein wenig unter Wasser gesetzt, worin man zur Lust mit Kutschen herumfährt, und die Räder benetzt, und erst seit einiger Zeit das Theater della Valle, wo allein außer der Karnevalszeit gespielt werden darf, und zwar nur unter dem Vorwande, daß es eine bloße Kinderkomödie zur Uebung sey, und die Operetten, welche zugleich aufgeführt werden, nur zum Zwischenspiel oder Intermezzo dienen, so daß man genöthigt ist, um der Operette willen oft die abgeschmacktesten Possen von den Kindern mit aufführen zu sehen.

Dafür aber nun, daß bei den neuern Römer keine Naumachie, kein Amphitheater, kein Wettrennen im Circus mehr stattfindet, haben sie auch eine Ergötzung, welche die alten Römer noch nicht kannten, – dieß sind die FEUERWERKE, woran das Volk in Rom ein unbeschreibliches Vergnügen findet und wodurch die Sommerabende und

Sommernächte vorzüglich lebhaft werden.

Es geht im Sommer fast kein Tag hin, wo nicht in irgendeiner Straße in Rom, irgend einem Schutzheiligen zu Ehren, eine Art von kleinem Feuerwerke veranstaltet wird, wobey denn auch die Fenster in den Häusern erleuchtet sind und alles ein lebhaftes, festliches Ansehen hat.

Von diesen kleinen Feuerwerken steigt man denn allmälig immer höher bis zu der großen GIRANDOLA auf der Engelsburg, die ich gestern zum erstenmal aufsteigen sah, und die selbst die alten Römer in nicht geringes Erstaunen gesetzt haben würde: ob sie gleich auch die ungeheure Unterlage dazu, das Grabmal des Hadrian an der Tiber, erst gebauet haben, von dessen Ruinen eben dies einzige Feuerwerk in seiner Art einen so majestätischen Anblick macht.

Dies Feuerwerk hebt nehmlich damit an, daß von der Höhe der Engelsburg oder des Grabmals des Hadrian einige tausend Raketen aus einem Punkt aufsteigen und sich nach allen Seiten mit einem donnernden Getöse in die

Luft verbreiten, wodurch die Tiber und ganz Rom mit seinen Hügeln auf einige Augenblicke erleuchtet wird, und dann auf einmal die Scene wieder in Nacht versinkt.

Dies ist, was man eigentlich die Girandola nennt; dann kommen Feuerräder und andere Spielwerke, bis sich das Ganze wieder mit einer zweiten Girandola schließt.

Auch hat das neue Rom noch ein Schauspiel aufzuweisen, wodurch es mit dem alten in Pracht und Größe wetteifert; dies ist die Erleuchtung der Peterskuppel. Diese Erleuchtung ist gewiß in der ganzen Welt unnachahmlich, weil das Gerüst dazu das einzige in seiner Art ist und allenthalben erst eine Peterskirche mit ihrer Kuppel untergesetzt werden müßte, um eine ähnliche Erscheinung in der Luft hervorzubringen.

Die ganze Erleuchtung besteht aus einer Art von Papierlaternen, womit die Reifen an der Kuppel und die architektonischen Zierrathen an der Kirche und der Kuppel besteckt sind; die Masse schwindet in Nacht, und nur die Umrisse und Verzierungen dieses ersten Gebäudes der Welt erscheinen mit einem sanften Glanze, wie in die dunkle Luft gezeichnet.

Noch ehe die Dämmerung hereinbricht, ist schon die ganze Erleuchtung zu Stande gebracht; und es gibt keinen schönern Anblick als den allmäligen Uebergang vom Hellen zum Dunkeln, worin die Masse sich immer mehr verliert und die schimmernden Umrisse immer schärfer hervortreten. In der Dämmerung ist der schönste Zeitpunkt; das Ganze sieht alsdann einem Zauberwerke ähnlich.

Gewiß ist dies ein Gegenstand, der die Einbildungskraft im eigentlichen Sinne übersteigt: Will man sich diese Erleuchtung nach ihrem UMFANGE vorstellen, so wird das Bild sich ins Ungeheure verlieren; will man sie sich

nach den zarten Umrissen vorstellen, die sie in der Luft hervorbringt, so würde sich das Bild verkleinern.
Die Menge von Zuschauern und Spazierengehenden auf dem Petersplatze; die Stille und Heiterkeit der Luft, und dabey der Anblick jener schönen Verhältnisse in dem Bau des ersten Tempels der Erde, welche durch die Erleuchtung gleichsam herausgehoben, dem Auge sichtbar werden; dies alles flößt dem Gemüth eine sanfte schöne Stimmung ein, wo man sich gern unter der Menge verliert, und im ruhigen Lebensgenuß sich hingiebt. –

Rom, den 8. Septbr. 1787.

Gestern wurde der Geburtstag der Jungfrau Maria gefeyert – und mir däuchte, ich sehe das alte Rom in seinen religiösen Gebräuchen wieder aufleben.
Fast an allen Ecken der Straßen waren Altäre errichtet, mit frischem Grün bekränzt, und goldumsäumten Teppichen behangen.
Dies nahm am Morgen früh schon seinen Anfang, und dauerte bis in die Nacht, wo der heiligen Jungfrau zu Ehren fast in allen Straßen kleine Feuerwerke abgebrannt wurden, und die Fenster der Häuser erleuchtet waren.
Diese Feier hat nichts Düstres und Trauriges; man geht spazieren und genießt des schönen Abends in einem reizenden Gedränge vergnügter Menschen, welche schon durch die Schönheit der Jahrszeit zu einem erhöhten Lebensgenuß gestimmt sind; denn wirklich sind es paradiesische Tage, die man jetzt hier verlebt, seitdem der erste Regenguß gefallen, und die angenehme Kühle des Septembers an die Stelle der brennenden Hitze im August getreten ist.

Man könnte sagen, daß der Genuß solcher Tage allein schon der Mühe wert sey, hier zu leben; weil dies sanfte Klima, von dem man umgeben wird, und diese milde Luft, die man einathmet, doch durch nichts ersetzt werden kann, und ein vollkommen schöner Tag, den man genießt, zu den unschätzbaren Gütern des Lebens zu zählen ist.

Fast hätte ich vergessen, Ihnen zu sagen, wie der Papst frühmorgens die Geburtsfeyer der Heiligen Jungfrau mit einem Zuge nach der Kirche bey der Porta del Popolo eröfnete, wo ein wunderthätiges Marienbild verehrt wird, auf dem Fleck, wo das Grabmal des Nero war.

Ich stand in einem Eckhause, nicht weit von dem Platze Popolo am Fenster, wo ich die Straße hinauf den Zug des Papstes mit einem Blick fast ganz übersehen konnte.

Die ungeheure schwere Kutsche des Papstes, mit sechs Schimmeln bespannt, ragte über den ganzen Zug hervor, und bewegte sich langsam fort. – Der voranreitende Prälat, mit dem vergoldeten Kreuze, bezeichnete die Ankunft des Oberhaupts der triumphirenden Kirche; zwey Paradepferde, die vorangeführt wurden, verherrlichten den Triumph, und die umgebenden Schweitzer drohten einem jeden mit ihren Hellebarden, der es an Ehrfurcht wollte ermangeln lassen.

Hinter dem Wagen trug man erstlich den Tritt zum Aus- und Einsteigen, der mit rothem Sammt beschlagen war; dann folgte eine kleine Paradesänfte, von zwey Menschen getragen; hierauf ein Trupp Prälaten in violettnen Strümpfen auf Mauleseln reitend, und jeder Prälat wieder mit einem Trupp von Bedienten umgeben; alsdann noch eine große mit rothem Samt beschlagene Sänfte, von zwei Pferden getragen. Hierauf die rothe Garde zu Pferde mit Lanzen, Standarten, Pauken und Trompeten; hinter diesen die blaue Garde zu Pferde mit entblößten Säbeln; und dann endlich die großen schweren Kutschen der Kardinäle mit Bedienten und Gefolge.

Wenn man nun erwägt, daß bey diesem Zuge zur Fortbringung eines einzigen Menschen, eine ungeheure Kutsche, zwey mit köstlichen Decken geschmückte Pferde, und eine kleine und eine große Sänfte in Bereitschaft sind, und einem alsdann auch die prophetischen Worte einfallen: siehe, dein König kommt zu dir sanftmüthig, reitend auf einem Esel und auf dem Füllen der lastbaren Eselin, so kann man sich doch nicht enthalten, an diesem Zuge, wenn man ihn die lange gerade Straße herunter kommen sieht, Vergnügen zu finden; denn ein ähnliches Schauspiel kann sich schwerlich in der Welt dem Auge darbieten; und das Volk ergötzt sich eben so daran, wie an den übrigen Lustbarkeiten, die von Zeit zu Zeit für dasselbe veranstaltet werden.

Die Volksgesinnung scheint hier ansteckend zu seyn; man gewöhnt sich nach und nach die Sachen bloß anzusehn, und sie zum Zeitvertreibe vor sich übergehn zu lassen, ohne Reflexionen darüber anzustellen, die nichts nützen. Man beschränkt sich immer mehr auf den Moment, und hört auf, das Leben im Ganzen zu betrachten, und sich vergebliche Mühe zu geben, seine labyrinthischen Verwikkelungen zu enträthseln.

Die Verehrung der Madonna bringt wirklich einen gewissen Reiz in alle die übrigen gottesdienstlichen Gebräuche, so wie die Bilder der heiligen Jungfrau über den Hausthüren auf den Straßen des Nachts statt einer Erleuchtung dienen, weil bei jedem eine brennende Laterne angebracht ist.

Der Gruß der Jungfrau Maria bezeichnet hier die letzte Stunde des Tages, das Ausruhen von der Arbeit – mit AVE MARIA ertönt die Glocke zum Feierabend, und in der schwülen Mittagshitze ist der Gedanke an den Abendgesang der heiligen Jungfrau der Trost des müden Arbeiters. Dieser Abendgesang versammlet dann die Leute aus einer Nachbarschaft, Männer, Weiber und Kinder, vor der Schwelle irgend eines Hauses, über dessen Thüre ein Bild der Madonna hängt.

In der kleinen Straße, wo ich wohne, versäume ich nie, des Abends aus meinem Fenster diesem Gesange zuzuhören, dessen Melodie und Ausdruck in mehr als einer Stelle rührend und herzerhebend ist.

Das Marienbild hängt über unserer nächsten benachbarten Thüre; ein junges Weib mit einem Säugling an der Brust, die gerade uns gegenüber wohnt, kömmt gemeiniglich zuerst und kniet auf die Schwelle vor dem geweihten Bilde, bey dem alsdann die Lampe in der Laterne schon angezündet ist; dann kommen mehrere Weiber, die jungen Mädchen aus der Nachbarschaft, und kleine Kinder; die Männer bleiben mit entblößten Häuptern vor ihren Hausthüren stehen und intoniren leise in den Gesang, der sich nun mit den Worten anhebt: –

Gelobt sey ewig

Der Name Jesu und Maria!

Und nun ertönt das Lob der Jungfrau Maria, die mit den Sternen gekrönt ist, und den Mond zu ihren Füßen hat.

Die ohne Makel und ohne Flecken, mit der Klarheit der Sonne umkleidet ist, und angefleht wird, daß sie für die Beterinnen ein Spiegel des Lebens sey!

Die große Ausspenderin von den Schätzen des Himmels, solle doch den Betenden nicht fremd seyn:

Di Dio gran Tesoriera

O Non siate con noi straniera!

Golden ist das Haar der Himmelskönigin, und Licht ist ihr Gewand!

Maria, du schön gebildete, ich wünsche im Paradiese zu deinem Anschaun zu kommen!

Besonders schön nimmt sich das *Madre d'amore!* in dieser Zusammensetzung aus. – Man glaubt sich durch diese Bilder und Vorstellungen wiederum auf Augenblicke in das schöne Alterthum versetzt zu sehen.

Eine Strophe von diesem Gesange wird immer erst von einer Stimme allein vorgesungen, und alsdann von dem Chore wiederholt, wo denn freylich manchmal die Kinder dazwischen schreyen und den Gesang verderben. Zuweilen, wenn der Haufen zu groß ist, wird alles wild durch einander geschrieen, und dann fällt allerdings die angenehme Täuschung wieder weg.

Meine Hausleute erzählen mir, daß ein Kanonikus, der einmal in ihrem Hause wohnte, bei diesen Gelegenheiten immer zu sagen pflegte: dort unten zanken sie schon wieder mit der Maria; und so klingt es auch wirklich, wenn der Gesang nicht ordentlich gesungen wird.

Der höchste Ausdruck der Mutterliebe, und die Verehrung der Gottheit in der Kindheit, sind Gegenstände, welche die Kunst begierig ergriffen, und zu unzähligen malen vervielfältigt dargestellt hat: weil unter den grausamen und widrigen Märtyrer- und abentheuerlichen Wundergeschichten diese schöne Idee, wie ein klarer Stern, allein hervortritt, und die irrende Hand zum Ausdruck des Schönen und Wahren leitet.

Die Idee von der heiligen Familie bringt das Religiöse noch näher an das stille häusliche Leben, wie in den reizenden Darstellungen des Garofolo, wo so viel Wahrheit und Natur mit so viel Würde verknüpft ist, und wo der Mahler sich so sehr an diesen Gegenstand gehalten hat, daß man wohl sieht, wie er ihn aus dem religiösen Stoff gleichsam herausgehoben, und ihn sich zu eigen gemacht habe.

Wie reizend ist die Flucht der heiligen Familie nach Aegypten in mehrern Gemählden von dem liebenswürdigen Albano dargestellt! Engel scherzen, wie Liebesgötter auf den Bäumen, unter denen Joseph und Maria im Schatten ruhen, während das göttliche Kind mit den Genien auf dem Rasen spielet.

Liebenswürdiger kann man sich nichts denken, als wie Jesus und Johannes, auf einem Bilde im Pallast Kolonna, zum erstenmal, als Knaben, sich umarmen, beide wie schlanke Liebesgötter gestaltet, deren Züge von Sanftheit, Zartheit und Würde, miteinander wetteifern, welche von ihnen am meisten hervorschimmern sollen.

Die Gottheit in der Menschheit zu verehren, strebte der Meißel des Phidias, und Raphaels Pinsel, und strebt im Grunde jeder, der etwas Großes und Schönes zu vollenden, sich zum Augenmerk nimmt, weil jedes Werk des ächten Genius, wo es sich auch findet, die unverkennbare Spur des Göttlichen an sich trägt.

Rom, den 9. September.

Ich habe mich von meinem guten Pasguale, wegen der Unbequemlichkeit seiner Wohnung, trennen müssen und wohne nun zwischen dem Korso und dem Spanischen Platze in der Strada Bergognona, in dem Hause der *Magaziniera,* die diesen Nahmen hat, weil ihr verstorbener Mann einmal ein Magazin von Weinen führte, womit er Handel trieb.

Dieß Haus ist eine wahre Hütte des Friedens, die eine kleine frohe und glückliche Familie in sich schließt: eine Mutter mit zwei Töchtern, die ganz wider die hiesige Gewohnheit, die Woche hindurch mit Waschen und

Nähen beschäftigt sind, und nur des Sonntags zur Messe gehen; ein Sohn, der mit seinem Fleiß und gewissen Einkommen eine bleibende Stütze dieser Familie ist; er ist bei der Annona oder dem Getreidewesen als Sekretär angestellt, und trägt, wie gewöhnlich, die Abbatenkleidung; auf das Heirathen scheint er, bis seine Familie versorgt ist, großmüthig Verzicht gethan zu haben.

Dieß Haus gehört, wie hier fast alle Häuser, die nicht Palläste der Großen sind, einem Kloster zu; die Mutter aber hat schon seit funfzig Jahren dieß Haus bewohnt; die Kinder sind alle darin geboren; diese gemiethete Hütte ist nun ihrer aller väterliches Haus geworden, das sie gewiß mit Wehmuth verlassen würden, wenn es den Klosterbrüdern je einfallen sollte, eine so harmlose Familie aus diesem stillen Sitze zu vertreiben.

Das Haus ist schmal und nur zwei Fenster breit; eine kleine Treppe führt unmittelbar von der Straße in den ersten Stock, den ich bewohne, und welcher eine

Stube, und eine Kammer nach dem Hofe zu, enthält. Eine Treppe höher bewohnt die ganze Familie ebenfalls eine einzige Stube und Kammer. Auf dem Hofe steht ein weitumschattender Feigenbaum, und unter ihm springt das klarste Wasser, das von der Fontana di Trevi abgeleitet ist, aus einem Röhrbrunnen.

Die kleinen Höfe der Nachbarn sind so dicht und traulich umher, daß man sich aus dem Fenster beinahe die Hände reichen kann. Die Söhne und Töchter in diesen benachbarten Höfen sind miteinander aufgewachsen, und sprechen aus ihren Kammerfenstern über die Mauer miteinander. –

Hinter der Kammer ist ein bedeckter Gang, den der Feigenbaum beschattet,
und an welchem sich ein Traubengeländer hinaufwindet. Hier sitze ich unter der wirthbaren Laube, und höre zuweilen den nachbarlichen Gesprächen zu.

Eine dritte Tochter aus dem Hause ist an einen jungen Mahler verheirathet, und hat ein bildschönes Kind geboren, das die Freude der Eltern und der alten Mutter ist; Ursula heißt die Kleine; und wenn der *Signor Abbate* oder *Segretario* des Mittags und des Abends von der Annona zu Hause kömmt, so ruft er allemal schon vor der Thüre der Straße: Ursula!, bis ihm die Kleine aus dem Fenster entgegenwinkt oder entgegenlächelt.

Ein paar kleinen Familienfesten habe ich hier beigewohnt, die wirklich patriarchalisch waren; es war ein Priester aus Subiako dabei, der auch aus diesem Hause stammt, denn er ist in der Kammer, wo ich itzt wohne, gebohren und fühlt sich von seinem jetzigen Wohnorte noch immer nach der Hütte zurückgezogen, wo er zuerst das Licht erblickte, und die Tage seiner Kindheit verlebte.

Sonst darf kein Pfaffe und kein Mönch dieß sittsame Haus

betreten. Die Gabe wird dem geweihten Bettler in Papier gewickelt aus dem Fenster zugeworfen, sein Fuß aber darf die heilige Schwelle der Unschuld und Eintracht nicht beschreiten.

Rom, den 14. Sept.

Die Villeggiatura, und eine Seligsprechung auf dem Kapitol.

Gewiß ist der Herbst Italiens Frühling. – Nichts kann auffallender seyn, als die plötzliche Verwandlung, welche nach dem ersten Regen am Ende des Augusts oder im Anfange des Septembers, hier in der ganzen Natur entsteht. Es ist, als ob alles sich aus einem langen Schlummer erholte; als ob die erschlafften Fibern sich wieder stählten und jugendlicher Muth und neue Lebenslust in jeden Busen sich ergösse.

Der Übergang vom Sommer zum Herbste, erweckt hier fast eben die Empfindung, wie bey uns der Übergang vom Winter zum Frühlinge, so entgegengesetzt sich auch diese Abwechselungen sind.

Und man freuet sich hier des ersten Herbsttages eben so, als wenn bey uns der Schnee zerschmilzt, und wir die jungen Keime aus dem feuchten Boden sprossen sehen.

Dagegen ist der Uebergang zum Frühlinge, weil kein eigentlicher Winter vorhergeht, hier lange nicht so schön und auffallend, wie im nördlichen Klima. – Deswegen ist hier auch der Herbst die eigentliche Jahrszeit des Vergnügens, wo alles aufs Land eilet, um keinen dieser schönen bald vorbeifliehenden Tage ungenutzt zu lassen.

Ein ganz eignes Vergnügen in dieser Jahrszeit ist das

Vergnügen der Jagd, woran ein jeder, so gut er kann, Theil zu nehmen sucht. Dieß Vergnügen besteht nämlich vorzüglich, Wachteln zu schießen; und selbst der Papst erlaubt sich auf seiner Villa zuweilen diese Lust, und gehet mit seinem Beyspiele der übrigen Klerisey vor, die auf eine Zeitlang ihrer Gravität und ihres Zwanges vergißt.

Der Abbate legt seinen schwarzen Habit ab, und spaziert mit der Flinte und der Jagdtasche vors Thor hinaus – man sieht Leute aus allen Ständen im Jagdhabit; denn alles will in diesen Tagen wenigstens scheinen auf die Jagd zu gehen. Es giebt in diesem Klima keinen angenehmern Begriff, als den der Villeggiatura, oder Landlust, mit welcher die Idee von Muße, von Befreyung von allem Zwange, und von der schönsten Jahrszeit, unzertrennlich verknüpft sind. Es liegt zugleich etwas Vornehmes in dieser Idee, und wer daher nur irgend das Geld dazu auftreiben kann, der macht im Herbst eine Villeggiatura.

Ich habe meine Villeggiatura vorweggenommen, indem ich im vergangenen Frühjahr und Sommer eine Zeitlang in Fraskati und Tivoli zugebracht habe.

Indes entbehre ich dieß Vergnügen nicht sehr, denn Rom selber fesselt mich jetzt mehr wie jemals, und ich fühle kein Bedürfniß, diesen Aufenthalt mit irgend einem andern zu vertauschen. Es ist mir wie Schuppen von den Augen gefallen, und ich fange an, den Werth eines Tages einzusehen, den man hier mit ruhigem Geiste und eröffneten Sinnen zubringt.

Und ist es ein Wunder, wenn der Reichthum von Gegenständen, der sich hier zusammendrängt, den Ankommenden zuerst in ein dumpfes Erstaunen versetzt? – Das Schöne ist mächtiger, als die Einbildungskraft, und rächt sich an ihr durch Betäubung, wenn sie es auf einmal fassen will.

So wie man aus dieser Betäubung erwacht, enthüllt sich

allmälig den ruhigern Sinnen, was vorher nur dunkel vor der Seele schwebte. Ein sanftes Gefühl des Schönen tritt an die Stelle der unruhigen Begier. Man greift dem Moment der Empfindung nicht mehr vor, und das Gemüth bleibt jedem Eindruck offen.

Ich habe nun meine Wanderungen aufs neue angefangen, und setze sie in einer gewissen Ordnung fort.

Wenn ich des Morgens aus meiner Wohnung trete, bin ich mit ein paar Schritten auf dem Korso; so wie ich den Korso hinauf nach dem Kapitol zu gehe, komme ich vor dem Platze Kolonna und der Säule des Antonin vorbey, welche rechter Hand liegen bleiben; vor mir sehe ich die hervorragenden Häuser des Kapitolinischen Berges, und wenn ich mich umkehre, blicke ich die schnurgrade Straße bis nach der Porta del Popolo und dem großen Obelisk hinunter.

Und dieser Anblick wird einem nie alltäglich, er erinnert einen beständig neu und lebhaft, daß man in Rom sey, von dem man mit einem Male den lebhaftesten Theil übersieht. Daher mag es auch wohl kommen, daß der Korso so etwas Anziehendes hat. Man fühlt sich in dieser Straße gleichsam wie zu Hause.

Auch ist mir der Weg über den Korso noch nie langweilig geworden, so oft ich nach dem Kapitol hinaufgewandert bin, das freilich seinen Aufgang nicht geradezu vom Korso hat, welches sonst den prächtigsten Anblick machen würde, den man sich denken kann.

Nun ist aber der Kapitolinische Berg gerade da, wo er an den Korso stößt, mit unansehnlichen Häusern verbaut, und man muß sich rechter Hand wenden, wo ein breiter Stufengang zum jetzigen Kapitol und links eine Marmortreppe von 124 Stufen zu der Kirche Ara Cöli hinaufführet, auf deren Grunde der Tempel des Jupiter Feretrius stand, wovon noch zweiundzwanzig schöne Marmorsäulen den

christlichen Tempel schmücken, in welchem ich das erstemal, als ich hineintrat, einen Franziskanermönch predigen hörte, der seinen Heiligen, und die gänzliche Verläugnung und Hingebung seiner selbst, als eine heroische Tugend, mit wirklich schönem Enthusiasmus, bis in den Himmel erhob, indem er von der reinen Flamme sprach, die alle Eigenheit zerstört, und von deren Hauch durchglüht, die Gottgeweihte Kreatur sich selbst zum Opfer darbringt.
Wenn der tapfere Decius mitten im Treffen sein Haupt den unterirrdischen Göttern weiht, um durch seinen freywilligen Tod sein Vaterland zu retten, so liegt doch auch das Heldenmäßige seiner That, in der Aufopferung und Hingebung, nur mit dem Unterschiede, daß diese einen großen Endzweck hatte, jene Aufopferung aber, wovon der Franziskanermönch predigte, für das Leben unnütz und zwecklos ist.
Dessen ungeachtet bleibt die Idee von Aufopferung im poetischen Sinne noch immer schön, und läßt sich mit den reizendsten Farben ausmahlen, wie es denn dieser Mönch wirklich in der Schilderung seines Heiligen that. – In dieser Kirche, auf dem Kapitolinischen Berge, geschah vor einiger Zeit die Seligsprechung dreier Franziskanermönche, wovon ich Ihnen, des sonderbaren Kontrastes wegen, gern ein Bild entwerfen möchte.
Zu dem Ende aber muß ich Sie auf dem Schauplatze, wo diese Scene vorging, erst noch mehr zu orientiren suchen: Der Kapitolinische Berg hat nehmlich zwey beträchtliche Erhöhungen, und in der Mitte eine Vertiefung, deren Fläche den eigentlichen Platz des jetzigen Kapitols ausmacht, in dessen Hintergrunde man den Pallast des Römischen Senators erblickt; an der rechten Seite ist der Pallast der Konservatoren, welche gewissermaßen den Stadtmagistrat von Rom ausmachen, und an der linken das Kapitolinische

Museum, welches die Sammlung der Alterthümer enthält; in der Mitte des Platzes steht die berühmte Bildsäule des Mark-Aurel zu Pferde. Am Aufgange ist eine mit antiken Trophäen und Bildsäulen verzierte Balustrade; und am Fuß des Aufganges sind zwey Sphynxe von Basalt, welche Wasser speien.

Zu den Erhöhungen auf beiden Seiten des Kapitolinischen Berges führen Stufen, Links zu der Kirche Aracöli, und Rechts zu dem Tarpejischen Felsen, auf dem der Tempel des Jupiter Kapitolinus stand.

Der Tempel des Jupiter Feretrius hat auch in seiner jetzigen Verwandlung noch einige Siegeszeichen aufzuweisen, dieß sind nehmlich verschiedene, von den Türken erbeutete Fahnen, welche die Sieger der Feinde der Christenheit als ein glorreiches Denkmal in diesem erhabenen Tempel geweihet haben, der noch jetzt einen schönen und seiner Lage angemessenen Namen führt, und der Jungfrau Maria auf dem Altare des Himmels *(in ara coeli)* geweihet ist.

Hier war es also, wo die von Königen erbeuteten Siegeszeichen dargebracht wurden, wo Kamillus triumphirend seinen Einzug hielt, und wo auch am 15sten August 1787, drey selig gesprochenen Franziskanermönchen zu Ehren, ein glänzendes Fest gefeiert wurde; welchem ich denn auch mit ... bis um Mitternacht beywohnte.

Bald nach Mittage begann das Fest. – Die Wände der Kirche Ara Cöli waren, von außen und innen, mit kostbaren Teppichen behangen und die schönen antiken Marmorsäulen mit Gold durchwirkten rothen Sammt umwunden. Der Fußboden war in der Kirche und auf dem Platze umher mit Blumen bestreut; und von dem in der Kirche aufgebauten Chore erscholl, mit den gottesdienstlichen Ceremonien abwechselnd, eine rauschende volltönende Musik, welche zuweilen durch die sanften

einzelnen Stimmen der Sänger unterbrochen ward. Auf dem Platze des Kapitoliums aber hatte man schon die Zurüstungen zu einem Feuerwerk errichtet, und Bänke und Stühle für die Zuschauer in Bereitschaft gesetzt.

Auf der hohen Marmortreppe, wozu die Stufen aus einem berühmten Tempel des Romulus genommen sind, saßen die Verkäufer der kleinen Bücher, worin das Leben und die Thaten der drey selig gesprochenen Franziskanermönche beschrieben waren; wovon der eine aus Subiako, in der Verläugnung und Wegwerfung seiner selbst so weit gegangen war, daß er sich aus Demuth vor der Thüre des Speisesaals in seinem Kloster auf die Erde gelegt hatte, so daß die Mönche, welche das Essen heraustrugen und ihn nicht gleich bemerkten, über ihn fallen mußten.

Dieß hatte er deswegen gethan, damit auch diese Demüthigung ihn ja nicht möchte als etwas Gutes angerechnet werden, sondern daß ihm selbst dafür wieder eine neue Büßung aufgelegt würde, weil er doch Schuld wäre, daß die herausgehenden Mönche über ihn gefallen wären,

und das Geschirr, welches sie trugen, zerbrochen hätten. Zu lauter dergleichen Erfindungen nahm er seine Zuflucht, damit ihm nur immer neue Büßungen möchten aufgelegt werden, weil sein Beichtvater ihn gar nicht mehr für einen Sünder erkennen, und er doch mit Gewalt für einen der allergrößten Sünder gehalten seyn wollte.

Für diese grenzenlose Demuth wurde er denn auch einmal, vor dem Altare in der Kirche in Subiako im Angesicht der ganzen Gemeinde, in die Höhe verzückt, so daß man fürchtete, er würde sich an der Decke der Kirche den Kopf zerstoßen; ein andermal hatte sich bei der Vorzeigung der Monstranz ganz offenbar sein Gesicht verklärt, welches alles durch die verstorbenen Augenzeugen bekräftigt war.

Das Volk bekümmerte sich nun freylich nicht sowohl um die Geschichte dieser Heiligen, als daß es sich vielmehr auf das Feuerwerk freuete, wovon die Römer besonders große Liebhaber sind.

Ich brachte den Nachmittag mit *** bey einer immerwährenden Abwechselung in angenehmen Gesprächen zu. – Bald gingen wir auf dem Platze des Kapitoliums unter dem übrigen Haufen spazieren – bald stiegen wir wieder die Stuffen nach Ara Cöli hinauf, und hörten eine Zeitlang der Musik zu, welche immer fortdauerte – dann genossen wir wieder von der Höhe des Anblicks über das ganze alte Rom, das Kolosseum, den Friedenstempel und den Palatinischen Berg. – Am Abend begann nun erst das eigentliche Leben; die Haufen der Spazierengehenden wurden immer gedrängter, und schon in der Dämmerung war das Kapitol erleuchtet. –

Nach und nach fing man an sich zu setzen, und die Stuhlvermieter schrieen, daß einem die Ohren gellten: *luoghi, luoghi!* Wir nahmen uns nun auch Stühle. Das Feuerwerk begann, und machte auf diesem Platze, und zwischen den antiken Trophäen und Bildsäulen auf der Balustrade, die sich in der dunkeln Luft darstellte, einen schönen Effekt. Alles war heiter und froh, und genoß dieses reizenden Schauspiels und des schönen Abends mit ganzer Seele. Familien, Freunde und Bekannte hatten sich neben einander gesetzt, oder vielmehr alles schien hier eine große Familie zu seyn; man lachte, scherzte und freute sich der schnell verfliegenden Stunden, und an die schweren Büßungen – und Kasteyungen der Seliggesprochenen, denen man dies Fest zu verdanken hatte, ward nun nicht mehr gedacht, als in sofern man ihre Abtödtungen und harte Büßungen durch frohen Genuß des Lebens gleichsam wieder gut zu machen, und den Himmel darüber zu versöhnen suchte.

Um Mitternacht war die ganze Szene wieder verdunkelt, wir stiegen auf der andern Seite am Abhange des Kapitols unter schattichten Bäumen die alte *Via sacra,* oder den heiligen Weg hinunter, und in der Ferne beleuchtete der Mond den Triumphbogen des Titus, und die Ruinen von dem Pallast des Nero.

Rom, den 20. September.

Volksaberglaube.

Es ist merkwürdig, daß unter diesem heitern Himmel die Ideen von Hexen, Gespenstern, Geistererscheinungen u.s.w. selbst bey dem gemeinsten Volke, dessen Einbildungskraft doch so sehr mit religiösen Schreckbildern angefüllt ist, nicht haben empor kommen können.

Die italiänischen Volkslieder haben nicht das mindeste Aehnliche mit den Balladen der nordischen Völker, wo die Erscheinungen von Geistern der Verstorbenen und andere schreckenvolle Gegenstände immer ein Lieblingsthema sind, um welches die Phantasie sich drehet.

Hier hingegen athmet alles Lebenslust, und Ruhe, und frohen Genuß der fliehenden Tage; selbst die Legenden der Heiligen und die biblischen Geschichten, welche das Volk auf den Straßen singt, legen ihren feyerlichen Ernst ab, und sind häufig mit naiven und launichten Einfällen durchwebt.

Ein Hexenlied, das wir einmal von einem Buben in Rom auf der Straße singen hörten, fiel uns deswegen sehr auf, weil man dergleichen Lieder hier gar nicht zu hören gewohnt ist. – Das Lied schien auch nordischen Ursprungs zu seyn, und sich hierher verirrt zu haben – es machte hier einen Mißlaut mit allem übrigen, und paßte nicht dazu.

Hier wird freylich auch die Phantasie nicht so, wie bey den nordischen Völkern, durch die Ungemächlichkeiten des Klima und der Witterung aus den Regionen des Lebens hinweggedrängt, sondern sie kann ruhig auf den Gegenständen der wirklichen Welt verweilen, und findet reichen Stoff, sich zu beschäftigen.

So wie nun aber die schwarze Suppe, welche die Spartaner essen mußten, nach dem Ausdruck eines Sibariten ihnen den Tod wünschenswerth machte, so scheint es auch, als habe das rauhe und unfreundliche nordische Klima seine Bewohner schon im Leben mit ihrer Phantasie zum Grabe hingedrängt, und sie mit den furchtbaren Gegenständen, die man sonst kaum zu denken wagte, vertraut gemacht.

Auch ist es bei dem italiänischen Volke gar nicht Sitte, etwa in einem Kreise dicht beysammen zu sitzen, und sich grausenerweckende Geschichten zu erzählen, welches bei uns noch immer ein Hauptzweig der Vergnügungen des gemeinen Volks ausmacht. – Dazu gehören aber auch die Dünste einer eingeheizten Stube, der Anblick einer düstern halberstickten Flamme auf dem Heerde, der Dampf von schwarzen triefenden Lampen – der heulende Nordwind draußen, und die verschneyte Pforte.

Diejenigen Völker, welche unter einem glücklichern Klima wohnten, suchten von jeher die Ideen des Aufhörens, der Verwesung, des Chaos und der ewigen Nacht, so leise wie möglich zu berühren, und wenn sie dieselben berührten, sie doch immer mit einem mildernden Schleyer zu verdecken. – Der Schwur bey dem Styx war selbst den Göttern furchtbar; Jupiter wagte es nicht, die schnelle Nacht zu betrüben – und als dem Ulysses die Scharen der Toten aus der Unterwelt erschienen, so wendete er sein Gesicht weg, weil er fürchtete, Proserpine mögte das Haupt der Gorgo emporsteigen lassen, welches durch seinen Anblick die Menschen versteinerte.

Rom, den 24. September.

Gestern haben wir einen jungen Mahler aus Deutschland, AUGUST KIRSCH, begraben.
Dieser junge hoffnungsvolle Mann war aus Dresden gebürtig, und in seinem einundzwanzigsten Jahre nach Rom gereist, um hier in dem Mittelpunkte der Künste nach den besten Mustern der Alten und Neuern sich zu bilden. Er kam mit Kraft und Muth gerüstet, und es fehlte ihm bei seiner Jugend, seinem Fleiß, und erworbenen Geschicklichkeiten, nicht an schönen Aussichten zu einem glücklichen und ehrenvollen Leben.
Außer seiner Kunst besaß er auch reelle wissenschaftliche und Sprachkenntnisse; las und studierte täglich seinen griechischen Homer, und war mit seinem lateinischen Horaz vertraut. Er fühlte den ganzen Werth der Poesie, und ihren Einfluß auf das Genie des Mahlers; deswegen machte er das Edelste, was die Menschheit in dieser Art hervorbrachte, sich zu eigen, und trug den Geist der Poesie in seine malerischen Kompositionen mit hinüber.
Selten vereinigt sich wohl so viel körperliche Dauerhaftigkeit und Stärke, mit so viel Zartheit der Empfindung, wie bei ihm; so daß dem natürlichen Laufe nach, sein Körper im Stande gewesen wäre, die heftigsten Anstrengungen des Geistes bis in ein spätes Alter zu übertragen.
Dies gab ihm immer Heiterkeit und frohe Laune, und machte ihn unerschöpflich an naiven Einfällen und Gedanken, so oft er auch nach der angestrengtesten Arbeit in einer Gesellschaft von Freunden sich wieder erholte.
In der Pantomime war er Meister; und man hätte sagen sollen, er sey zum Schauspieler geboren, wenn nicht bey dem wahren Maler menschlicher Geschichten eben dies Talent in hohem Maaße vorausgesetzt würde, wodurch er im

Stande ist, sich selbst in die verschiedensten Situationen, welche er darstellt, zu versetzen.

In der Kunst machte er als Jüngling die Fortschritte eines Mannes, und was seinen Eifer noch vermehrte, war der ehrenvolle Auftrag, welchen er aus seiner Vaterstadt erhielt, für eine ihrer Kirchen ein großes Altarblatt zu malen.

Alle seine Wünsche und Gedanken konzentrierten sich nun auf dieß Gemählde, und er nahm keine Rücksicht mehr auf gesellschaftliches Leben und Vergnügen, sondern mietete sich eine Wohnung jenseits der Tieber, in der Nachbarschaft des Petersplatzes, wo er wegen der Entfernung des Orts von seinen Freunden und Landsleuten, die, so wie die meisten Fremden, größtentheils im Bezirk des spanischen Platzes wohnen, seltener besucht wurde, und nur noch zuweilen, gleichsam wie ein Fremder, in ihrem Zirkel sich einfand.

Die Gegenden des Vatikans, welche schon Tacitus, wegen ihrer Ungesundheit, *infames vaticani regiones* nennt, sind noch itzt in den Sommermonaten Einheimischen und Fremden höchst gefährlich. Unser junger Künstler aber war zu sehr mit der Idee seines Bildes beschäftiget, und trauete der Stärke und Dauerhaftigkeit seines Körpers zu viel, als daß er sich durch das Zureden seiner Freunde hätte abhalten lassen, eine Wohnung in dieser Gegend zu miethen, welche Mengs ehemals bewohnt hatte, und die aus einer Anzahl Zimmer von ungeheurer Größe bestand, in denen er zu der Arbeit seines großen Altarblattes hinlänglichen Raum hatte.

Da sein Genie ihn einmahl in die Tiefen der Kunst hatte blicken lassen, so ließ ihm der Gedanke des Vollkommnen keine Rast, und er vergaß sich selbst so sehr über seinem Werke, daß er auf den schädlichen Einfluß der verpesteten Luft auf seinen Körper nicht achtete, und unaufhörlich die nöthigen Studien zu seinem Gemälde machte, wobey er zum Bossiren der Figur in Thon sich eines italiänischen Künstlers bediente, der in seiner Wohnung arbeitete, und sich ebenfalls durch diesen Aufenthalt eine tödtliche Krankheit zuzog.

Zu seiner unaufhörlichen Anstrengung und seinem Ringen mit der Kunst kam noch eine außerordentliche Zartheit der Empfindung, wodurch seine innern Kräfte sich selbst immer mehr untergruben, als er den Tod seines jüngern Bruders vernahm, den er außerordentlich geliebt hatte. Eben so groß, wie sein Eifer für die Kunst, war seine anhaltende Wehmut über diesen unerwarteten Todesfall. – Nun war nichts, was ihn aufheitern konnte; entfernt von Umgang und Gesellschaft; allein in seinen öden Zimmern, sich quälend mit melancholischen Vorstellungen, verlor sein Körper die Widerstehungskraft; die Einflüsse der bösen Luft siegten über seine feste Natur, und er verfiel in ein Fieber, welches ihn gleichsam hämisch angrif, ihm einigemale Hofnung zur Wiederherstellung gab, und zuletzt, da er sich wirklich hergestellt glaubte, durch einen Rückfall ihn plötzlich dahin rafte; nachdem der Italiäner, welcher ihm die Studien in Thon verfertigte, ebenfalls an einem bösartigen Fieber schon gestorben war.

In seiner Krankheit nahm sich einer seiner Hausgenossen, ein spanischer Geistlicher, namens Don Ginese, seiner mit solchem Eifer an, ohne nur die mindeste Bekehrungssucht zu äußern, daß der Name dieses Mannes gewiß öffentlich genannt zu werden verdient, da er weiter kein Interesse für den Kranken hatte, als daß er sein Hausgenosse war, und doch Tage und Nächte lang, so viel ihm seine Geschäfte verstatteten, die Dienste eines Krankenwärters bey ihm verrichtete.

Da der Kranke sich nun ziemlich wiederhergestellt glaubte, so machte Don Ginese mit ihm eine kleine Reise nach Kastellmadama, einem Bergstädtchen hinter Tivoli, in der Gegend, wo Horazens Landguth lag, und wo das Einathmen der reinen und gesunden Bergluft die Genesung vollenden sollte, als bald nach ihrer Ankunft ein unvermutheter heftiger Rückfall den jungen starken Mann, binnen drey Tagen, zum Schrecken und Bedauren seiner Freunde, in seinem dreyundzwanzigsten Lebensjahre dahinrafte.

Nun hatte Don Ginese ein solches Interesse, daß dieser Ketzer von seinen Landsleuten ehrenvoll möchte begraben werden, daß er sich noch denselben Abend mit dem todten Leichnam in einen Wagen setzte, und ihn so vier deutsche Meilen weit, heimlich in der Nacht von Kastellmadama nach Rom brachte, weil es sonst ungeheure Kosten gemacht haben würde, den todten Körper von dort auszulösen.

Dieser Don Ginese ist auch seitdem von der ganzen deutschen Landsmannschaft geliebt, und jeder grüßt ihn, der ihn nur von ferne sieht.

Bei uns allen aber war der Eindruck, den dieser Todesfall

machte, von der Art, daß wir ernsthaft und niedergeschlagen einher gingen, und einer den andern bedeutend ansahe, als ob er sagen wollte: Sind wir besser, als er?

Dazu kam noch, daß gerade zu der Zeit die deutsche Landsmannschaft in Rom sich vorzüglich enge zusammenschloß, und gleichsam eine eigene kleine Republik für sich ausmachte. Man besuchte sich, man kannte sich untereinander, und die Künstler munterten sich wechselweise durch einen rühmlichen Wetteifer auf.

Was aber einen noch stärkern sinnlichen Eindruck machte, war die Art des Begräbnisses, wozu, bey einem Protestanten in Rom, die Anstalten gleichsam heimlich gemacht, und eine Anzahl Sbirren zur Wache genommen werden müssen, weil man vor der Beleidigung des Pöbels immer noch nicht recht sicher ist.

Der Begräbnisplatz ist in einer ganz abgelegenen Gegend der Stadt Rom, noch innerhalb der Ringmauer, bey der Pyramide des Cestius, welche in den Zeiten der römischen Republik erbauet wurde, und noch unversehrt aus dem grauen Alterthum hervorragt.

In einiger Entfernung ist der Monte testaceo, oder Scherbenberg, welcher wirklich aus den aufgehäuften Scherben der Töpfer, die hier zu den Zeiten der alten Römer wohnten, erwachsen ist, und unter den Hügeln von Rom eine beträchtliche Höhe hat.

Die Gegend um die Pyramide und den Monte testaceo ist eine mit Bäumen bepflanzte grüne Ebene, welche zu Spaziergängen für das römische Volk bestimmt ist, und den Namen führt: *i prati del popolo romano* (die Wiesen des römischen Volkes). – Das ganze Revier ist eingeschlossen, und es führt ein eigener Eingang dazu.

Dicht bei der Pyramide sieht man die Leichensteine einiger Engländer und protestantischen Deutschen, die in

Rom gestorben sind; rund umher herrscht entweder die größte Einsamkeit und Stille, oder fröhliches Jauchzen, wenn das Volk sich um und bey dem Monte testaceo in Zelten und kühlen Grotten versammelt, um sich hier zu ergötzen, und des Lebens zu genießen.

Diese Gegend ist wegen des seltsamen Kontrastes vielleicht die Einzige in ihrer Art, um den Gedanken an den Tod und an die Vergänglichkeit der Dinge auf eine erhabne Weise zu predigen.

Auch stellt sich die Pyramide, welche schwärzlich und aschgrau, hin und wieder mit grünem Mooß bewachsen, aus einer kleinen Vertiefung an der alten Stadtmauer emporsteigt, äußerst malerisch dar, und wurde von dem jungen Kirsch noch einige Monathe vor seinem Tode gezeichnet, wo er scherzend sagte, er wolle, wenn er stürbe, mit dem Gesicht gegen die Pyramide gekehrt, begraben seyn.

Die Kutschen, welche nun unsern verstorbenen Landsmann begleiten sollten, durften sich erst bey Bocca della Verita, am Ufer der Tiber, nicht weit vom Aventinischen Berge, wo die Gegenden Roms schon ziemlich öde werden, versammeln.

Ich nebst drey vertrauten Freunden des Verstorbenen, fuhren nach seiner Wohnung bey St. Peter, setzten den schmalen Sarg, so gut es gehen wollte, in eine Kutsche, der wir in einer andern folgten, und brachten so den Leichnam, in der Dunkelheit der Nacht, heimlich durch eine lange Straße, die sich an der Tiber hin durch ganz Trastevere erstreckt. Die Trasteveriner, welche uns begegneten, wunderten sich über den herausstehenden Sarg, sagten aber nichts weiter, als *un morto! un morto!*

So gelangten wir über die sixtinische Brücke nach Bocca della Verita; wo die übrigen Kutschen mit den Sbirren uns schon erwartet hatten, mit denen wir nun bis an den

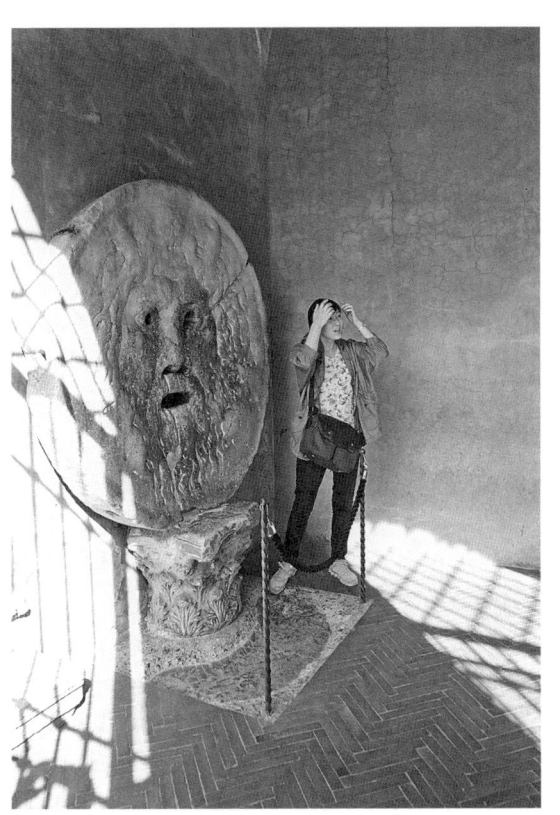

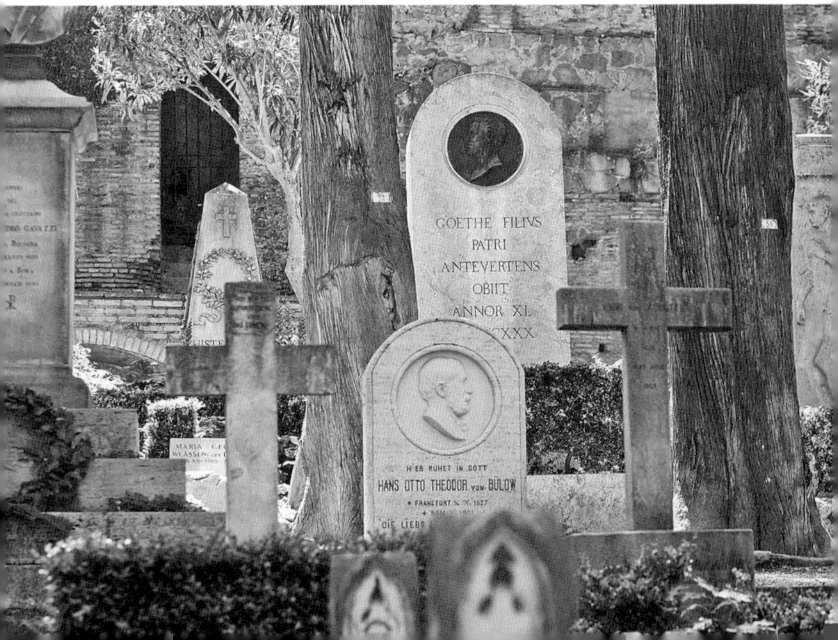
GOETHE FILIVS
PATRI
ANTEVERTENS
OBIIT
ANNOR XL
HANS OTTO THEODOR VON BÜLOW

Eingang zu dem Reviere, wo die Pyramide steht, den Todten begleiten. An diesem Eingange aber stiegen wir aus und steckten unsre Fackeln an. – Der Sarg wurde aus dem Wagen gehoben und getragen; wir aber folgten paarweise bis ans Grab, um welches wir einen Zirkel schlossen, und als der Sarg eingesenkt war, eine kurze Trauerrede von mir gehalten wurde, nach deren Endigung die beyden nächsten Freunde und Landsleute des Verstorbenen die erste Schaufel mit Erde auf den Sarg warfen.

Es hatte sich doch eine Anzahl Volk um uns her versammelt, welche sich aber ruhig verhielten, und während meiner Rede sich nur stritten, ob das, was ich sagte, Englisch oder Deutsch sey? Sie schienen übrigens von der Ernsthaftigkeit und Ordnung, womit wir bei diesem Akt zu Werke gingen, erbauet zu seyn.

In der Ferne muß in dieser einsamen Gegend der Anblick von einer Anzahl Menschen, die mit Fackeln in den Händen, einen Kreis um ein Grab schließen, in der Nähe der halberleuchteten Pyramide und des alten Gemäuers, einen sonderbaren Anblick gemacht haben.

Wir standen noch einige Minuten – der Grabhügel war nun aufgebaut – wir löschten die Fackeln aus – und die Scene verschwand in Nacht.

Rom, den 25. September.

Ich habe versprochen, Sie an einem heitern Tage auf das Dach der Peterskirche zu führen, und Ihnen von da die Herrlichkeit Roms zu zeigen.

Diese prachtvolle Aussicht kann man haben, so oft man will, und die Zinnen dieses Tempels kann man mit großer Bequemlichkeit besteigen, denn es windet sich durch die

Kirche ein Gang ohne Stufen bis auf das Dach; dieser Aufgang ist so wenig steil, daß Maulthiere ihn bequem beschreiten können, welche zu der immerwährenden Arbeit der Bauleute an diesem Tempel die Lasten hinauftragen.
Für den Aermsten steht diese glänzende Aussicht offen; denn der Aufseher darf für die Eröfnung der Tür zum Aufsteigen auf die Peterskuppel schlechterdings nichts annehmen, wenn es ihm auch angeboten wird; und damit jedermann dieß wisse, so ist es in verschiedenen Inschriften an den Wänden der Treppe ausdrücklich gesagt.
Wenn man oben auf das platte Dach der Peterskirche hinaustritt, so kömmt es einem nicht anders vor, als ob man sich auf ebenem Boden, in irgendeiner sonderbar gebauten orientalischen Stadt befinde, die mit großen und kleinen Tempeln geziert ist, und in deren Straßen man arbeitende Menschen siehet.
Das flache Dach, was in der Mitte über das Gewölbe gebaut ist, sieht aus wie eine ungeheure Ziegelhütte.
Die große Kuppel ragt wie ein Pantheon hervor; und weil sie von außen ihren besondern Eingang und Thüren hat, so sieht sie völlig aus wie ein Gebäude, das an und für sich ein Ganzes ausmacht, und auf ebenem Boden ruht.
Die beiden kleinen Kuppeln an den Seiten haben auch auf diesem Dache ihre besondern Eingänge und Thüren, und sind schon von der Größe beträchtlicher Kirchen in Rom.
Nun ragt noch von jeder kleinen Kapelle eine besondere Kuppel aus einer umgebenden Vertiefung hervor, so daß diese luftige Stadt halb unterirdisch scheint.
Die Arbeiter hier oben haben sich kleine bretterne Häuser zusammengeschlagen, worin sie essen und schlafen, so daß diese sonderbare Stadt auch nicht unbevölkert ist.
Jetzt wird grade an den Verzierungen zu den neuen Zifferblättern gearbeitet, die der Papst von den Mosaikarbeitern

verfertigen läßt, um diesem sinkenden Kunstzweig dadurch aufzuhelfen.

Der eine von den päpstlichen Schlüsseln, aus Sandstein gehauen, ist von Mannes Höhe und Dicke.

Die zwölf Apostel auf dem Gelände über der Stirnwand sind in verhältnismäßiger Riesengröße von plumper und häßlicher Arbeit.

Wenn man an das Geländer dieses platten Daches tritt, so erinnert man sich erst wieder, daß man sich nicht auf ebenem Boden in einer Stadt, sondern hoch in der Luft auf dem Gipfel eines Gebäudes befindet.

Nun steigt man die eine kleine Treppe zu der Aussenseite der Kuppel hinauf, und geht auf und unter den architektonischen Zierrathen rund umher, wie eine Fliege an der Wand, spazieren; denn die zierlichen Säulchen an der Kuppel bilden hier oben weite Gänge, wie Ehrenbogen, unter denen sich Menschen von ferne einander begegnen.

Man geht nun durch ein Thürchen in das Innere der Kuppel, und steigt wie zwischen Kern und Schale, eine

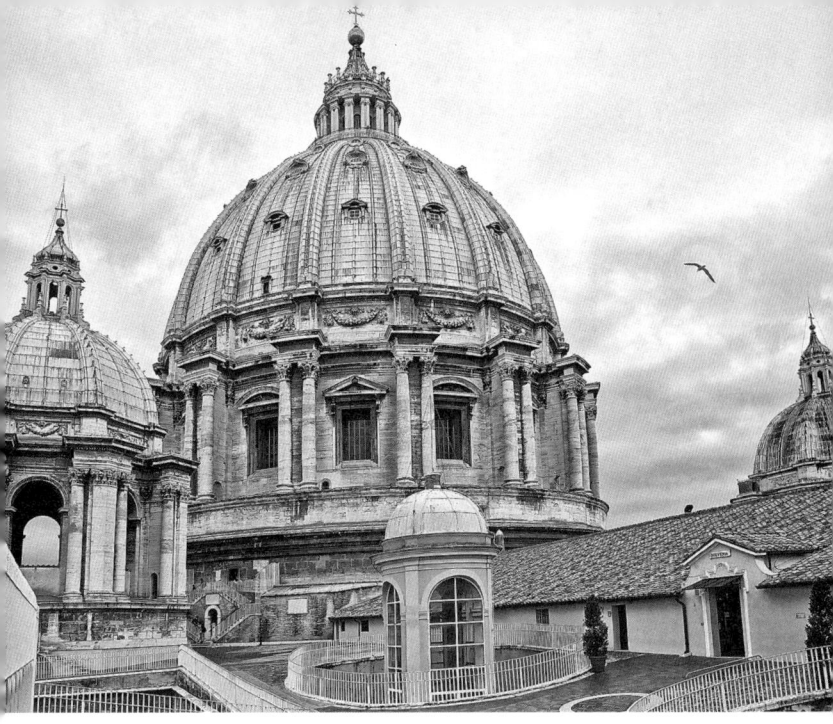

breite Treppe hinauf, die sich von unten über die Wölbung hinüber biegt, so daß sie in der Mitte überhängt, und man im Steigen sich anklammern muß.

Nun steigt man auf das Geländer, das die Laterne umgibt, und steht auf dem Gipfel der Riesenkuppel, die mit ihren ungeheuren Reifen sich hier zusammenkrümmt, und ihre erhabene Krone bildet.

Von diesem Geländer sieht man wieder, über den Bauch der Kuppel, auf das Dach der Kirche, wie auf eine luftige Ebne hinab, und die Riesenapostel scheinen von hier wieder ebenso klein, als wenn man von unten hinaufblickt. Von diesem Geländer sieht Rom seinem Grundriß am ähnlichsten. Man blickt von diesem Gipfel wie in eine Pygmäenstadt hinunter. Roms sieben Hügel senken sich und verschwinden in Nichts gegen dieß gewölbte Gebirge, auf dem man steht.

Durch das bebaute Marsfeld schlängelt sich die Tiber – Am Fuße des Janikulus strömt sie her – Der Monte Mario mit seinem dunkeln Cypressenwalde thürmt sich an ihrem Ufer – Eine Allee bezeichnet auf der Ebne eine Linie bis an den Pons Milvius.

Hier dicht zu meinen Füßen blicke ich in das dunkle Bosket von dem Vatikanischen Garten, und mit den Farben des Regenbogens steigt die dumpfrauschende Fontäne aus dem schwarzen Schatten.

Dort über die Villa Pamphili blicke ich über Gärten und Hügel tief ins Meer hinein, und sehe in der Ferne ein weißes Seegel schimmern.

Der Petersplatz rundet sich zu meinen Füßen – Die Säulen stellen sich wie Pünktchen – Die schnellsten Räder, die über dem Platz hinrollen, scheinen sich nur langsam und leise zu bewegen. –

Die Engelsburg und die Engelsbrücke stellen sich wie auf

einem Kupferstich von Piranese dar – und alles sieht von dieser Höhe so schön und reinlich aus, weil aller niedrer Staub und Schmutz vor diesem Blick verschwindet.

Von dieser Höhe beherrscht das Auge die halbe Breite der Halbinsel, auf der man steht, vom Meere bis an die Berge, die sich in ihrer Mitte thürmen, und ihre Länge durchschneiden.

Ich blicke hier tief in das Gebirge, an dessen Eingange Tivoli, wie ein weißer Streifen liegt. – Die Tuskulanischen Hügel, auf denen Fraskati sich ausbreitet, senken sich gegen die Apenninen, welche wie ein furchtbares Gewölke dahinter emporsteigen. – Der einsame Sorakte, der nur hoch steht, weil er allein steht, bezeichnet mir den Weg nach Norden zu.

Ich habe nun nichts weiter, als den Knopf über mir, in dessen hohlen Bauch ich hinaufsteige und, indem ich darin herumwandle, das Auge frage: ob es derselbe sey, den es von unten erblickt hat? –

Zu dem Kreuze auf dem Knopfe ist es gefahrvoll, hinaufzusteigen; demohngeachtet giebt es Wagehälse, welche diese luftige Reise machen, und auf einer überhängenden Leiter den runden Knopf hinaufklettern, bis sie das Kreuz mit den Händen fassen, und triumphirend davon hinunterblicken.

Auch darf bei der Illumination der Kuppel derjenige, welcher das Kreuz erleuchtet, keine Anfälle von Schwindel haben, um unbefangen und mit kaltem Blute in dieser fremden Luftregion die Lampen anzuzünden, die mit den Sternen wetteifern sollen. – Auf jeden Fall beichtet er vorher und nimmt das Sakrament, wenn etwa in diesem frommen Berufe sein Verhängniß ihn treffen sollte.

Ich steige nun wieder herab, und begebe mich inwendig in die Spitze der Kuppel, auf ein kleines Geländer, wo aus dem höchsten Gipfel der Wölbung das Antlitz des musaischen Gottvaters, von allen Heiligen und Engeln umgeben, in den Abgrund des ihm erbauten Heiligthums hinunterblickt.

Der Blick von dieser schwindelnden Höhe, fällt in die dunkle Tiefe grade auf die hundert Lampen, welche um das Grab des ersten Apostels immerwährend brennen.

Wenn man hier herabschaut, so wird einem der Gedanke lebhaft, daß man sich nun in dem Gipfel von dem ersten Gebäude der Welt befindet, und daß es nichts Größeres, von Menschenhänden Hervorgebrachtes, auf diesem ganzen Erdball giebt.

Rom, den 26. Sept.

Mein Freund, der junge Mahler MAKKO, hat zu seinem ersten Probestück Venus und Adonis im Bilde dargestellt.

Wollte die Mahlerei diesen Gegenstand lebhafter, als es die Dichtung kann, vors Auge stellen; so konnte sie nicht leicht einen rührendern Moment wählen, als den, wo bei dem kühnen Jüngling die Zärtlichkeit mit seinem unbezwinglichen Muth zum letztenmal im Kampfe, den einen Fuß noch zaudernd verweilen läßt, und seinen Blick voll Liebe noch einmal auf die warnende Göttin heftet, die sitzend seine Rechte an ihren Busen drückt, während daß seine Linke, mit dem langen Speer bewaffnet, schon vorwärts strebt, und seine Hunde auf seinem Wink zu folgen, um ihn stehen. –

Die liebende Göttin geht in diesem Augenblick in das zärtliche Weib, und der muthvolle Jüngling zum Gott hinüber, weil sein Muth den Liebkosungen einer Göttin selbst unbesiegbar bleibt. –

Allein in diesem Augenblick schwebt sein Verhängnis auch schon über ihm. –
Der Zahn des Ebers ist schon gewetzt, um seine weiße Hüfte mit dem purpurnen Blute zu färben.
Schon blüht die Anemone auf seinem Grabe – und dieser Moment des Scheidens, den die Kunst gewählt hat, ist der letzte süße und glückliche seines Lebens. – –

Rom, den 28. September.

Minerva.

Auf demselben Fleck, in der Gegend des Pantheons, wo einst ein Tempel der Minerva stand, ist jetzt eine Kirche und Kloster für die Dominikaner gebaut.
Die Kirche ist der heiligen Jungfrau Maria geweiht, und weil sie auf dem ehemaligen Grund und Boden von Minervens Tempel steht, so heißt sie *Maria sopra Minerva*. Obgleich im Besitz der Dominikanermönche, ist demohngeachtet hier noch Minervens Heiligthum; dieß ist nehmlich die von dem Kardinal Casanatta gestiftete Bibliothek in dem Kloster, welche täglich Vor- und Nachmittags für jedermann eröfnet ist.
Wie manchen Tag, wie manche Stunde habe ich in diesem reizenden Büchersaale mit Nutzen und Vergnügen zugebracht! Es ist ein erfreuender Anblick, wenn man hier unter Abbaten und Doktoren auch zuweilen den Handwerksmann mit der Schürze sitzen und lesen sieht; denn niemandem, auch nicht dem Geringsten, ist der Zutritt zu diesem Heiligthum der Musen versagt.
Der Saal ist ein länglichtes Viereck, in welchem eine Galerie rund umher geht, damit zu den hochstehenden Büchern keine Leiter angesetzt werden darf, auf der man

erst mit Lebensgefahr zu diesen Schätzen der Weisheit wie zu einer verbotenen Frucht heraufklettern müßte.

Rund umher sind bequeme Tische für die Lesenden, worauf man die benöthigten Schreibmaterialien zum Exzerpiren findet, und an welchen eine große Anzahl Menschen Platz haben.

Wenn es in dem Saale noch so voll ist, so herrscht doch eine tiefe Stille, weil die Gesetze jede Störung durch Geräusch und Geschwätz verbieten.

Zwei Dominikanermönche, wovon an beiden Seiten des Eingangs einer sitzt, führen die immerwährende Aufsicht.

Dies sind ein paar Greise mit sehr ernstem und strengem Blick; wenn man aber mit ihnen spricht, sind sie leutseliger und freundlicher als man glaubt.

Verbotene Bücher sind nur dem Römischkatholischen versagt; einem Protestanten wird nichts verweigert.

Ich verlangte einst den Machiavell; der dienende Mönch verwies mich an den ernsten Aufseher; *non si da!* erwiederte dieser auf mein Ansuchen; ich wiederholte meine Bitte, mit dem Zusatz, daß ich ein Fremder und Protestant sey, und mein Verlangen wurde mir sogleich gewährt.

Die beiden alten Dominikanerväter machen einen ehrwürdigen Anblick, wenn man in die Bibliothek tritt; man findet sie immer lesend, und es sollen wirklich in ihrer Art ein paar gelehrte Männer seyn. Auch sind sie beide hager und blaß, und haben kein feistes Mönchsansehen.

Die aufwartenden Brüder hingegen, deren beständig viere beschäftigt sind, die verlangten Bücher herbeyzuholen und wieder wegzustellen, tragen das Gepräge von ihrer einförmigen, den Geist nicht ermüdenden, und den Körper nicht auszehrenden Beschäftigung in ihrem vollen blühenden Antlitz.

Es ist erstaunlich, mit welcher Geschwindigkeit und Ordnung man hier bedient wird; bei dem Katalog ist Dinte und Feder; man schreibt bloß die Nummer des verlangten Buches auf ein Zettelchen, und giebt dieß einem der vier aufwartenden Mönche, welche, wenn es kein verbotenes Buch ist, keinen Augenblick säumen dürfen.

Die Bildsäule des Stifters dieser Bibliothek, von Le Gros verfertigt, steht im Hintergrunde, und erweckt die Idee, als ob der verewigte Menschenfreund sich noch immer seines Werks erfreue.

Da die Gemeinnützigkeit der Hauptzweck dieser Büchersammlung ist, so wird bei ihrer Vermehrung nicht sowohl auf die Seltenheit als vielmehr auf die Nützlichkeit der Werke Rücksicht genommen, und dahin gesehen, daß nichts fehle, was zur Vollständigkeit eines lehrreichen Bücherschatzes gehört.

In der Kirche *Sopra Minerva* steht die berühmte Christusbildsäule von Michel Angelo, welche wohl die einzige in ihrer Art ist, weil sie den Weltheiland, ob er gleich die Leidenswerkzeuge in Händen hält, dennoch in männlicher Kraft und Schönheit, und fast herkulisch darstellt.

Der eine Fuß dieser Bildsäule ist mit Goldblech überzogen, weil die inbrünstige Andacht von vielen Tausenden den harten Marmor weggeküßt hatte. In einem todten Christus von Hannibal Carracci herrscht ein ähnlicher Charakter, wie in dieser Bildsäule. Auch ist in den Gemählden des Michel Angelo die Figur Christi immer mehr kraftvoll, als leidend dargestellt.

Rom, den 29. Sept.

Ich führe Sie nun in das zweite Zimmer des kapitolinischen Museums. –

Eine der schönsten Zierden dieses Zimmers sind drei kleine Altäre, die im Hafen von Antium gefunden sind.

In der Mitte eines jeden ist ein Schiffsschnabel; über dem Schiffsschnabel auf dem ersten ist ein Neptun abgebildet, welcher mit der Rechten einen Delphin, und in der Linken einen Dreizack hält, mit der Inschrift: ara *Neptuni*.

Auf dem zweiten ist über dem Schiffsschnabel eine Barke, welche mit aufgeschwellten Seegeln und günstigem Winde fährt; die Inschrift heißt: ara *tranquillitatis*.

Auf dem dritten sieht man den Aeolus mit aufgeblasenen Backen, und die Inschrift heißt: ara *ventorum*.

Diese drei Altäre sind ein deutliches Merkmal, wie die Religionsbegriffe der Alten sich unmittelbar an die leblose Natur anschlossen, und wie sie die Meeresfluthen, und Wind und Stürme durch unmittelbare Verehrung sich geneigt zu machen suchten.

Eine sitzende Alte, die eine Vase mit Epheu umwunden zwischen den Knieen hält, und, wie vom Wein berauscht, mit wildem Blick in die Höhe starrt, ist das wahre Bild einer Mänade, und eins der merkwürdigsten Stücke in diesem Zimmer.

Eine Bildsäule über Lebensgröße stellt den Herkules dar, wie er in der Rechten eine Fackel hält, womit er die Köpfe der Hydra abbrennt, von welcher schon einige zu seinen Füßen liegen; von dieser Bildsäule hat dieß Zimmer seinen Namen.

Die Inschriften an den Wänden benennen mehrere geistliche, militärische und obrigkeitliche Würden der alten Römer, und gewähren dem wirklichen Auge einen Blick in ihre Verfassung, ihre Sitten und Gebräuche.

In dem großen Saale, der nun folgt, sind den beiden Päbsten, Innocentius dem Zehnten und Clemens dem Zwölften, metallene Statüen von dem modernen römischen Senat errichtet; dem ersten, weil er die beiden Seitenflügel des heutigen Kapitoliums bauen ließ, und dem letztern, weil er die Sammlung von Aterthümern in dem kapitolinischen Museum zuerst veranstaltet hat.

Die Bildsäulen der Päbste mit den reichen steifen Gewändern und dreifachen Kronen, nehmen sich unter den Antiken sehr sonderbar aus. Man kann wohl sagen, daß es keine einzige schöne Bildsäule irgend eines Pabstes gibt, weil schon der ganze äußere Schmuck, der die päbstliche Würde bezeichnet, nicht für die Bronze und den Marmor paßt.

In der Mitte dieses Saales erblickt man den sterbenden Fechter, mit einem Knie auf die Erde gestützt, das Gesicht und den rechten Arm emporgerichtet, als wenn er noch sterbend sich gegen den Feind vertheidigen wollte, während daß in dem Antlitz schon die Züge der Verzweiflung und des letzten sich annähernden Augenblicks zu lesen sind. So ist hier das Ermatten des Todes, das Hinsinken aller Kräfte, und die Erschlaffung aller Fibern dem harten Marmor eingedrückt, welcher, je länger man ihn betrachtet, das Auge bis zu Thränen rührt.

Dicht hier neben steht, melancholisch niederblickend, der schöne Antinous, den man in der Villa des Hadrians fand, und der ein Meisterstück der griechischen Kunst ist. Schöner konnten sich Ernst und Tiefsinn mit der jugendlichen Weichheit nie vermählen, als in diesem holden

Antlitz, das, von der Wolke des Traurens überschattet, sich in dem trüben See des stürmischen Lebens spiegelt, und still weissagend, das über dem Haupte schweberrde Verhängniß ahndet.

Von dem großen Saale tritt man in das sogenannte Philosophenzimmer, wo sich eine Sammlung von Büsten der berühmtesten griechischen und römischen Schriftsteller aus den verschiedensten Zeiten, in einem so kleinen Raume zusammenfindet, der nun die Geschichte des menschlichen Wissens und Denkens von Jahrhunderten, in den wechselnden Zügen des menschlichen Antlitzes umfaßt, worin die Spur des allesbeseelenden Geistes sich auf mannichfaltige Weise abdrückt.

Man überzeugt sich immer mehr, daß der höchste Gipfel der menschlichen Bildung, die bildende Kunst selber ist, die den Blick des Menschen durch die Oberfläche seines Wesens auf sein inneres Selbst zurücklenkt, und auch, so wie hier, die schwindenden Züge aufbewahrt, die sonst, durch den Strom der Zeiten hinweggewischt, in der überlebenden und neuaufkeimenden Welt keine Spur zurücklassen.

Da nun diese Büsten selber die verschiedenen Zeitpunkte der Kunst bezeichnen, in denen sie ihren lebenden Mustern nachgebildet wurden, so sind sie gleichsam das aufgeschlagene Buch der Vorzeit. Und wenn man mit Plutarchs Biographien in diesem Zimmer wandelt, so ist es, als ob man in einen Spiegel blickte, wo alle die leblosen Gestalten beseelt, und der Buchstabe lebendig wird. –

Aus dem Philosophenzimmer tritt man in das Kaiserzimmer, wo vom Julius Cäsar bis auf Julian, diese Beherrscher der Welt in einer Reihe friedlich zusammenstehen. –

Diese Sammlung ist vorzüglich, ihrer großen Vollständigkeit wegen, merkwürdig und schätzbar, weil auch diejenigen unter den Kaisern nicht fehlen, deren Bildsäulen nach ihrem Tode vom Volke zertrümmert wurden, und wo nur irgend eine sich noch aus dem Schiffbruch rettete, die nun ihrer Seltenheit wegen, wo man sie findet, mit Golde aufgewogen wird, wie z. B. die des Kommodus u. s. w.

Den Sueton in diesem Zimmer zu lesen, erweckt eine sonderbare Empfindung, wenn man in Gedanken einen Zeitraum zurückgelegt, und alles das nun nebeneinander auf einmal sieht, was damals erst langsam mit dem Schneckengange der Zeit aufeinander folgte.

Und wie diejenigen, welche einander im Leben zu verdrängen suchten, und mit verbitterten Heeren gegen einander giengen, um über die Herrschaft der Welt, als den höchsten Preis des Sieges, zu kämpfen, nun in Eintracht und Frieden nebeneinander stehen. –

Einen besonders schönen Anblick machen die Büsten des Vespasian und Titus, die sich ansehen, als ob sie miteinander reden wollten, und wo man die Worte des Titus zu hören glaubt: *veni, pater, veni!* da bin ich, lieber Vater! als dieser gegen seinen Sohn einen Verdacht gefaßt hatte, daß er sich gegen den Vater empören möchte, und Titus nun mit der größten Schnelligkeit, über Meer und Länder eilte, um seinem Vater den unverdienten Argwohn zu benehmen, und ihn wegen seiner Besorgnisse zu beruhigen, welches er denn mit den Worten that: *veni, pater, veni!*

Man wird mit den Gesichtsbildungen dieser ausgezeichneten und merkwürdigen Menschen, die man hier auf Münzen, Gemmen und Basreliefs so oft vervielfältigt wiederfindet, nach und nach so vertraut, wie mit den Gesichtszügen lebender Menschen. –

Rom, den 2. Oktober.

Giostra.

Ich muß Ihnen doch eine Idee von dem römischen Stiergefecht oder Giostra zu geben suchen, welches im Kleinen eine Nachahmung des spanischen ist, und wobei die Akteurs auch Spanier sind.

Das stille Grabmal des Augustus an der Tiber, muß jetzt diesem eben so grausamen als abgeschmackten Spiele zum Schauplatz dienen, woran der römische Pöbel sich ergötzt, während daß die Manen der Vorwelt über diesem entweihten Heiligthume zu trauren scheinen.

Von dem Grabmal des Augustus steht noch die unterste Einfassung der runden Mauer. In diesem Gemäuer ist ein bretternes Amphitheater für die Zuschauer errichtet, und in der Mitte ist der Kampfplatz für die losgelassenen Stiere.

Das Ganze dieses grausamen Possenspiels besteht darin, daß fünf oder sechs Personen zu Fuße, die man aus Spanien dazu verschrieben hat, den Stier auf alle Weise zu necken suchen, und ihre Bravour dadurch zeigen, daß sie ihm so nahe wie möglich kommen, bis er sie beinahe mit den Hörnern erreichen kann; dann retten sie sich auf ein bretternes Gerüste, das in dem Schauplatze zu den Füßen der Zuschauer rings umherläuft, und derjenige trägt dann den Preis davon und erwirbt sich das Zujauchzen des Volks, der sich am kühnsten der Gefahr aussetzt; wer aber zu früh entflieht und auf dem Brettergerüste Schutz sucht, den verfolgen Zischen und Hohngelächter.

Ein alter Spanier ist der erfahrenste und dreusteste unter allen. Er faßt mit kaltem Blute das Horn des wüthenden Stiers, und weiß seinen schrecklichsten Stößen mit den geschicktesten Wendungen auszuweichen. Um die Wut des

Stiers zu reizen, wird ihm ein rother Mantel vorgehalten, und wenn er nahe kömmt, ihm über den Kopf geworfen.

Zur Ehre des Volkes muß man aber doch auch sagen, daß wenn einer von diesen Bravos sich in zu augenscheinliche Gefahr begibt, alles mit Theilnehmung und Schrecken ausruft: rettet euch! Rettet euch!

Was diesem Spiele wieder ein komisches Ansehen giebt, ist in der Mitte des Kampfplatzes eine Oefnung in dem Boden, aus welchem von Zeit zu Zeit ein Bube hervorragt, der sich in einem länglichen Korbe versteckt, welcher ihm vom Kopfe bis zu den Füßen reicht, und mit diesem Korbe heraustritt, und umher wandelt, um durch diesen sonderbaren Anblick den Stier zu necken und scheu zu machen.

Wenn nun der Stier wüthend auf ihn los kömmt, so zieht er sich mit den Füßen in seinen Korb zurück, und läßt den ergrimmten Feind wie mit einem Balle mit sich spielen, ohne seine Wuth zu fürchten. –

Wenn aber ein Bufalo losgelassen wird, so hat dieß Spiel ein Ende, und der Knabe muß mit seinem Korbe in die Oefnung flüchten, weil sonst der Büffel auf den Korb knieen, und den Einwohner ohne Verschonen zu Tode drükken würde.

Ueberhaupt ist der Anblick eines wüthenden Bufalo der furchtbarste von allen; man kann sich nichts Tückischeres und Wilderes denken, als den Blick und die Miene dieses feindseligen Geschöpfs, das in öden Sümpfen wandelt, vor dessen Anblick sich die Pferde scheuen, und das gegen alle die übrigen lebenden Wesen erbittert scheint.

Wenn nun der Stier zur Belustigung der Zuschauer eine ziemliche Weile geneckt ist, und dieß Schauspiel anfängt Langeweile zu machen, so entsteht von allen Seiten ein Geschrei: *cani! cani!* (Hunde! Hunde!).

Das heißt, der Stier soll nun mit Hunden gehetzt, und damit diese reizende Lustbarkeit beschlossen werden. Nun werden also statt der Menschen, die vorher das Thier zur Wuth reizten, fünf bis sechs Hunde auf einmal losgelassen, welche die Stelle der Spanier vertreten.

Dem Stier sind die Spitzen der Hörner abgesägt, damit er den Hunden nicht den Bauch aufreisse. Er schleudert sie demohngeachtet hoch in die Luft, und wehrt sie sich eine Zeitlang ab, bis sie seine Ohren packen, und sich so fest einbeißen, daß sie mit aller Gewalt nicht wieder davon losgerissen werden können.

Mit ein paar Hunden an jedem Ohr läuft nun das gequälte Thier brüllend in dem Schauplatz umher, bis auch dieser Anblick den Zuschauern Langeweile macht, und der blutende Stier, der nun seine Rolle ausgespielt hat, hinter die Kulissen des Theaters geführt wird, um seinem Nachfolger Platz zu machen.

Nichts kann in menschlichen Ohren abscheulicher klingen, als dieß Hundegeschrei des blutgierigen Pöbels, womit er seine Mordlust auf einige Augenblicke zu kühlen sucht; an dem Brüllen des gequälten Geschöpfes seine Ohren, und an dessen angstvollen Verzuckungen, seine Augen weidet.

Der gänzliche Schluß dieser Ergötzlichkeit setzt nun dem Werke noch erst die Krone auf, und ist der Gipfel von grausamer Abgeschmacktheit. –

Auf dem Rücken des letzten Stiers wird nehmlich ein ganzes künstliches Feuerwerk zubereitet, dem er zum beweglichen Gerüste dient; wenn es nun anfängt dunkel zu werden, so wird dieser Stier losgelassen, und das Feuerwerk auf ihm angezündet.

Und nun jauchzt alles Volk, und ergötzt sich an dem entsetzlichen Gebrüll und an den mannichfaltigen Sprüngen des Stiers, den die Gluth auf den Rücken brennt, und den der wiederholte Knall des Pulvers immer rasender macht, indeß die Feuerräder um seine Ohren zischen und allenthalben Flammen und Funken um ihn sprühen, bis endlich die tobende Gluth verlischt, der Stier ermattet zu Boden sinkt, und dann der Schleier der Nacht die abscheuliche Scene deckt.

Rom, den 3. Oktober.

Einem sonderbaren Spiele der Knaben sahe ich neulich zu, welches in Ansehung der hiesigen Sitten und Gewohnheiten wirklich charakteristisch ist.

Die Knaben, wie man sie hier gekleidet sieht, völlig schon wie Priester, mit runder Frisur und Mäntelchen und Kragen, wählen einen unter sich durch das Loos, der den Verbrecher vorstellen muß, welcher vor einer Kirchthüre auf der geweihten Schwelle vor der verfolgenden Gerechtigkeit, Schutz sucht.

Die übrigen stellen die Sbirren vor, welche jede Gelegenheit abzupassen suchen, um den Missetäter mit List an einem Orte zu fangen, wo sie Hand an ihn legen dürfen.

Nun bezeichnen sie auf einem Platze mit hingelegten Steinen, wo *chiesa* (Kirche) und *non chiesa* (nicht Kirche) ist.

Dieß ist denn eine wahre Nachahmung der Stadt Rom, die man füglich ganz in *chiesa* und *non chiesa* eintheilen kann, denn es gibt würklich Gegenden, wo mehr Kirchen als Häuser nebeneinander sind; und die Freudenmädchen in Rom haben fast keine bleibende Stätte, weil sie immer über hundert Schritte weit von einer Kirche ab wohnen müssen.

Nun müssen sich diejenigen von den Knaben, welche die

Sbirren vorstellen, sehr in Acht nehmen, daß sie den Delinquenten nicht auf einem Fleck angreifen, wo *chiesa* ist, weil sonst derjenige, der den Angriff thut, den Missethäter ablösen, und nun selber dessen Rolle spielen muß.
Der Missethäter aber sucht die Sbirren auf alle Weise zu verspotten, und ihnen durch die geschicktesten Wendungen auszuweichen, indem er von *chiesa* zu *chiesa* flieht, und dadurch selbst Veranlassung giebt, daß ihn einer angreift, ehe er darf, und dadurch nach den unverbrüchlichen Gesetzen strafbar wird.
Worüber nun aber natürlicherweise Streit entsteht, ist der Fleck auf welchem der Flüchtling ergriffen wird, der nun eben mit den Füßen schon den Stein erreicht hat, welcher die *chiesa* bezeichnet, und also schreit, daß ihm Unrecht geschehen, und der Sbirre, der ihn angegriffen, straffällig sey.
Nun werden die übrigen herbeigerufen, um zu entscheiden; und nun entsteht ein wildes Geschrei durcheinander: *e chiesa! non e chiesa!* – dieß bricht denn oft in einen offenbaren Krieg der beiden Partheien gegeneinander aus, und das Spiel hat ein Ende.
Aehnliche Auftritte wie hier im Spiele, sieht man auch häufig in der Würklichkeit, und ich hatte noch vor kurzem den Anblick eines solchen Schauspiels, als ich in die Porta del Popolo kam.
Vor der einen von den beiden Kirchen am Eingange des Korso lag ein Missethäter auf der Schwelle. Er mochte wohl ein wenig aufgestanden und vor der Kirche spazieren gegangen seyn, und auf einmal bemächtigten sich seiner zwei Sbirren, die man nicht kennt, weil sie sich in allerlei Verkleidungen verstecken.
Der Gefangene ließ sich mit den Sbirren in einen Kampf ein, und sie standen mit Messern gegeneinander. Ein

Haufen Volks hatte sich umher versammlet, und stritten, ob der Fleck, wo die Sbirren den Gefangenen angegriffen, schon *chiesa* oder noch nicht *chiesa* gewesen sey; denn wenn er nur mit einem Fuß auf der Schwelle der Kirchthüre stand, so durften sie ihm schon nichts tun.

Das Volk nimmt aber die Partei des Geflüchteten, und ist auf die Sbirren im höchsten Grade erbittert. Das Mitleid gegen die Verbrecher geht so weit, daß man ihnen Betten und Speisen auf die Schwellen der Kirchthüren bringt, wo sie liegen; und der Ausruf: *cari peccatori!* (lieben Sünder!), den man so oft in Predigten hört, wird hier auch eigentlich werkthätig.

Denn gegen die verstocktesten Bösewichter und vielfachen Mörder, bezeigt man gerade das zärtlichste Mitleid; und es ist nicht der Ermordete, sondern der Mörder, welcher von den Umstehenden bedauert wird und Theilnehmung an seinem Schicksale erweckt.

Rom, den 4. Oktober.

Das Ballonspiel ist hier keine Kleinigkeit; denn das ganze römische Volk nimmt den lebhaftesten Antheil an dem Ausgange dieses Wettkampfes. Es gibt Partheien und Faktionen wie bei den alten Spielen im Cirkus; und der Adel wie das Volk hat jedes seine besondern Lieblinge.

Dicht bei dem Vatikanischen Pallaste schließt ein bretternes Amphitheater den Schauplatz ein. Der Adel, an dessen Spitze der Nepote steht, hat an dem obern Ende eine Loge für sich, die mit einem Netze überzogen ist, damit der große mit Luft gefüllte Ball, wenn er sich auf seiner Bahn verirrt, von der hochansehnlichen Versammlung nicht etwa einem ins Angesicht fliege.

Zwei Partheien, jede mit ihrem Anführer an ihrer Spitze, schlagen nun den Ball einander zu, und ein Knabe tut den Ausruf, wie oft gefehlt und getroffen sey. Wenn der Ball über die Zuschauer weg aus den Grenzen des Platzes fliegt, so ist dies immer ein Fehler, welcher durch ein lautes *fallo!* (gefehlt!) von dem Volke gerügt wird. So wie hingegen ein beifallgebendes Zujauchzen den Spieler belohnt, der mit Geschicklichkeit und Stärke hoch an dem Vatikanischen Pallast hinauf den Ball empor zu schlagen weiß.

Den Hauptspielern gibt das Volk einen eigenen Namen; so heißt jetzt der eine, welcher ein Venetianer ist, *gran Villano* (der große Bauer), und der andere, welcher ein Römer ist, *Romanone* (der große Römer).

Der *gran Villano* ist diesmal der Liebling des Adels, und der *Romanone* der Liebling des Volks. Wenn der *Romanone* einen Fehler macht, so bedauert und entschuldigt ihn das Volk. Fehlt aber der *gran Villano,* so hört es nicht auf zu schreien: *fallo! fallo!*

Darüber hat sich der Nepote, der den Gran Villano in seine Protektion genommen, schon ein paarmal so geärgert, daß er sich mit dem ganzen römischen Volke gezankt hat. Und es war wirklich ein äußerst komischer Anblick, wie das ganze Volk immer schrie: *fallo! fallo!* und der Nepote immer im äußersten Zorn mit den Armen dagegen focht, und doch nichts ausrichten konnte, weil man von dem, was er sprach, kein Wort hörte, und nur seine zornigen Gebehrden sah.

Und weil nun der Nepote überhaupt noch etwas Ländliches in seinem Wesen hat, so machte denn auch das Volk allerlei Anspielungen darauf, daß er seinen Liebling, den *Gran Villano,* so sehr in Schutz nehme.

Ein solches Ballspiel ist daher äußerst unterhaltend, nicht sowohl des Spiels selber, als vielmehr der Zuschauer wegen, wovon denn einige aus dem Volke auch schon gewissermaßen Aristokraten und auf der Seite des Adels sind, welche mit den andern Wetten anstellen, die freilich nicht sehr ins Große gehen, sondern höchstens einen Skudo, oft auch nur wenige Paul betragen, aber doch das Interesse an dem Spiele außerordentlich vermehren.

Von den spielenden Partheien kann man auch gewiß nicht sagen, daß sie mit dem Spiele spielen; sondern sie nehmen sich der Sache so mit Ernst an, daß sie oft mit einem ordentlichen Jammergeschrei, und *per l'amor di dio!* einander zu Hülfe rufen, um den Ball in das feindliche Gebiet wieder zurück zu schlagen.

Man ermüdet nicht, einem solchen Spiele drei bis vier Stunden in einem fort zuzusehen. Es wird von Personen aus allen Ständen besucht, und selbst Kardinäle sehen aus den Fenstern und von den Balkons des Vatikanischen Pallastes mit theilnehmendem Ergötzen auf dieses interessante Schauspiel herab.

Rom, den 3. Oktober.

Das Operntheater bei Andrea della Valle ist das reizendste, was man sich denken kann. Alles vereinigt sich hier zur angenehmsten Unterhaltung, und es geht niemand leicht aus diesem artigen Schauspiel unbefriedigt weg.

Es ist auch fast die einzige fortdauernde Lustbarkeit der Römer den ganzen Sommer über, deren sie erst seit einigen Jahren genießt: denn sonst durfte, außer der Karnevalszeit, von den vielen Schauspielhäusern in Rom kein einziges eröfnet seyn.

Nun kam man auf den Einfall, sich vom Pabste die Erlaubnis zu einer Kinderkomödie auszubitten, welches denn gewährt wurde. Und weil es immer gebräuchlich ist, daß zwischen den Akten Intermezzos mit Gesang aufgeführt werden, so mußte nun die Kinderkomödie, welche erlaubt war, dem Singespiel welches nicht erlaubt war und nur als Intermezzo geduldet wurde, zum Freibrief dienen; mit dieser List hat man es durchgesetzt, in dem heiligen Rom außer der Karnevalszeit Operetten aufzuführen.

Die Kinderkomödie, welche zum Vorwande dient, ist gemeiniglich das Abgeschmackteste, was man sich denken kann; und während der Zeit, daß sie zwischen den Akten der Operette gespielt wird, jähnt und schwatzt man, oder verläßt so lange das Schauspielhaus.

Dagegen sind die kleinen Operetten selber äußerst anziehend, sowohl wegen der Erfindung als Ausführung; denn es sind freilich Possen, aber oft die liebenswürdigsten Possen, die man sich denken kann.

Eine solche Lieblingsoperette wird denn auch so oft wiederholt, bis sie das Parterre beinahe auswendig weiß, und man gewöhnt sich nach und nach so sehr an das reizende Detail eines solchen Stückes, und an die einzelnen immerwiederkehrenden Naivitäten der spielenden Personen, daß man die Zeit kaum abwarten kann, bis man dasselbe Stück, das man schon zehnmal gesehen hat, wieder sieht.

Um acht Uhr fängt hier das Schauspiel an, und dauert bis um Mitternacht. Einem wird die Zeit nie lange, weil man immer noch auf irgend ein Chor oder Lieblingsarie hofft, und während der Zeit ungehindert schwatzt und plaudert. Der alte Guochino ist als Greis noch immer der Liebling des Publikums; er hat so etwas Angenehmes in seiner Stimme und Manieren, und etwas so natürlich Komisches in seinem Wesen, wie man selten findet; wenn er nur auftritt, reizt er oft schon durch seine bloße Stellung und trocknes Mienenspiel zum Lachen; und man ist einmal so an ihn gewöhnt, daß er bei diesem Schauspiel gewiß eine der unentbehrlichsten Personen ist.

Es läßt sich nicht beschreiben, mit welcher Geschicklichkeit und Täuschung die weiblichen Rollen von jungen Kastraten gespielt werden, welche mit ihrer abgelegten Mannheit die ganze Weiblichkeit angezogen zu haben scheinen.

Ein Knabe von ohngefähr sechzehn Jahren ist jetzt der Liebling des römischen Publikums; er ist nichts weniger als hübsch, und seine Stimme ist keine der vorzüglichsten; aber die außerordentliche Naivität in seinem Charakter, und das Unnachahmliche in seinem Spiel, fesselt alle Gemüther, und man muß diesen Knaben liebgewinnen.

Die musikalische Deklamation wird in den kleinen Operetten, welche man hier aufführt, wirklich aufs höchste getrieben, und man kann sagen, daß selbst in dem Gesange die Musik eigentlich gesprochen wird, so wahr und treffend paßt der Ausdruck größtentheils zu den Worten. In dieser natürlichen und wahren musikalischen Deklamation ist nun der erwähnte Liebling besonders stark, und weiß manchmal in die unbedeutendsten Sachen und in

die abgeschmacktesten Possen ein Interesse zu legen, wodurch sie unwiderstehlich anziehend werden, und bei der öftersten Wiederholung nicht ermüden.
Ein andrer junger Kastrat, Nahmens Mario, und dieser Liebling, zanken sich in einer der Operetten, als ein Paar junge Mädchen, um einen Alten, den sie beide gern in ihr Garn locken wollen; und der Liebling antwortet dem Mario, welcher seiner Nebenbuhlerin Lehren geben will, mit den Worten:
Non faccia tanto la dottorina!
Nur doch nicht so sehr die Hofmeisterin gespielt!

Der steigende Unwille und die spöttische Verachtung, womit diese Worte ausgesprochen werden, ist schon durch die Musik sehr treffend ausgedrückt; wenn man aber nun die musikalische Deklamation dazu nimmt, womit sie hier vorgetragen werden, so ist es, als ob man die Worte zu gleicher Zeit sprechen und singen hörte, und als ob die trockne Rede unmittelbar klingend geworden wäre.
Dieß Vergnügen ist hier sehr wohlfeil; denn man bezahlt im Parterre nicht mehr als einen Paul, noch nicht vier Groschen nach unserm Gelde; und es werden nicht mehr Personen eingelassen, als Plätze zum Sitzen sind, weswegen auch einige Aufseher bestellt sind, welche darauf sehen müssen, daß niemand mehr als seinen Platz einnimmt, und daß auf jeder Bank gehörig zusammengerückt wird, wenn etwa für eine Person ihr angewiesener Platz fehlt.
Von des Abends um acht Uhr bis um Mitternacht bleibt man nun hier zusammen, wie in einer Konversazion. Die Zuschauer werden mit den spielenden Personen und ihren wiederkehrenden Späßen nach und nach immer bekannter, und Theater und Parterre werden immer vertrauter miteinander. Das Parterre neckt einen seiner Lieblinge,

und dieser neckt es wieder, und zankt sich ein Weilchen mit ihm, und dann rückt das Schauspiel weiter fort.
Wem ein Schauspieler besonders gefällt, der ruft ihn ohne Umstände laut bei Nahmen, und gibt ihm gleich öffentlich seinen Beifall zu erkennen. Kurz, wenn es irgendeinen Ort giebt, wo man sich gar keinen Zwang anthut, so ist es hier. Man thut, als ob man in dem Parterre zu Hause wäre, und ebenso benehmen sich auch die Personen auf dem Schauplatze.
Nichts Komischeres habe ich noch gesehen, als eine Operette, deren Gegenstand selber die Aufführung einer Operette, und die spielenden Personen: die Sänger, der Komponist, der Dichter, und der Unternehmer des Schauspiels sind, welcher letztere hier der Impresario heißt, und von dem denn auch diese Posse den Nahmen hat.
Der Komponist sitzt am Klavier und phantasirt, während daß die Prima Donna mit dem Impresario über ihre Rolle zankt:
nel quartetto devo entrar, e non s'ha da riposar!
Die Geschwindigkeit der zankenden Zunge in dem *nel quartetto devo entrar,* und das befehlende *e non s'ha da riposar!* ist durch die musikalische Deklamation meisterhaft ausgedruckt, und der Kastrat, welcher die Prima Donna spielt, ist gerade zu dieser Rolle geschaffen, und weiß die zanksüchtige Schauspielerin nach dem Leben darzustellen.
Der Impresario fängt endlich auch an, ungeduldig zu werden, und gleichsam für sich zu sprechen:
matta, matta! maledetta! u. s. w.
Der Komponist wird ärgerlich beim Klaviere, daß er keine Ruhe hat.
Und nun kömmt der Poet dazu und liest sein Stück vor, welches denn aus ganz abscheulichen Abgeschmacktheiten besteht: daß nehmlich Hekuba den Pyrrhus, da er ihren

Sohn ermordet hat, einen Murmelthierträger schilt, und wie Pyrrhus, gleich dem Verfasser des Stücks, zuletzt von seinen Gläubigern verfolgt wird, u. s. w.

Von dem Impresario und dessen Frau auf der einen Seite wird ihm ein *bravo!* zugerufen, und er antwortet mit dem zärtlichsten Dankgefühl: *tante grazie!* und *obligatissimo;* während daß auf der andern Seite der Komponist und die Prima Donna auf einmal alles wieder vernichten, indem sie ihm mit der größten Unbarmherzigkeit entgegen singen: *no! non piace a fatto! no! no!*

Verzweiflungsvoll reißt dann der unglückliche Dichter ein Blatt aus seinem Manuscripte entzwei, und liest eine folgende Scene, womit es ihm wieder ebenso geht.

Die Prima Donna fängt dann an, in einer Arie den Dichter zu belehren, was für eine Rolle er für sie bearbeiten, und wie er die Rolle einrichten soll, und dann schließt sie ihren Unterricht mit folgendem strengen Befehl:

Cosi voi regolatevi
Ed il maestro poi
Farà colla sua musica,
Il pezzo risaltar.

Diese Arie ist wiederum ganz musikalische Deklamation, und das Stolze und Befehlshaberische in dem Charakter der zanksüchtigen Schauspielerin läßt sich gewiß nicht natürlicher und wahrer ausdrücken, als es hier durch die steigenden und fallenden Töne geschehen ist.

Die Aristokratie erstreckt sich hier noch so weit, daß eine Lieblingsarie nicht eher wiederholt werden darf, bis der Nepote aus seiner Loge gewinkt hat, wenn das Volk auch noch so laut *ancora* schreit. Allein das Geschrei pflegt denn freilich nicht eher aufzuhören, bis der Nepote seinen Wink gegeben hat, und er dürfte es wohl nicht leicht wagen, dem Volke sein Begehren ganz abzuschlagen.

Der eine von den beiden Nepoten des Pabstes ist Kardinal, und den andern hat er zum Herzoge von Nemi gemacht: dieser letztere steht nun während der Regierung Pius des sechsten an der Spitze des römischen Adels, und behauptet allenthalben den ersten Rang.
Nun macht es einen sonderbaren Kontrast, wenn man die beiden Nepoten, den des jetzigen und den des vorigen Pabstes, im Theater zusammen sieht; der eine mit fürstlichem Ansehen sitzt in der ersten Eckloge, und Parterre und Schauspiel hängen von seinem Wink ab, während daß der andre unten im Orchester am Flügel sitzt, und noch immer der demüthige Musikmeister ist, der er unter der Regierung seines großen Onkels Ganganelli war und blieb; denn alles, was dieser für ihn that, war, daß er ihm monatlich zwanzig Skudi auszahlen ließ, um seinen Zustand in etwas zu verbessern und zu erleichtern; so weit war Ganganelli von der Erbseuche der Päbste, dem Nepotismus, entfernt.

Rom, den 4. Oktober.

In der kleinen Straße wo ich wohne, wurde gestern Abend das Fest eines Schutzheiligen gefeiert; die Fenster waren erleuchtet, und es wurde, wie gewöhnlich, ein kleines Feuerwerk abgebrannt, woran man hier ein unbeschreibliches Ergötzen findet.
Die Einwohner der Straße und was ihr benachbart ist, gehen dann bis um Mitternacht in diesem Glanze spazieren, und eine allgemeine Heiterkeit scheint sich von dieser Erleuchtung auch auf aller Gesicht und Mienen zu verbreiten. Der Schutzheilige gewährt den Sterblichen, die sein Andenken ehren, wenigstens ein paar frohe Stunden,

indem sein Fest gefeiert wird, ohne daß die geselligen Freuden des Lebens dadurch gestört werden.

Ich fragte meine alte Wirthin, die eine gute vernünftige Frau ist, um die Geschichte dieses Heiligen, und um seine Verdienste um die Menschheit; sie rühmte mir denn von ihm, daß er den ganzen Tag über gebettelt, und am Abend das erbettelte Geld unter seine armen Mitbrüder wieder ausgetheilt habe.

Ich fragte sie, ob sie wohl wünschte, daß ihr Sohn, der mit dreißig Skudi monathlicher Einkünfte als Sekretair bei der Annona angestellt ist, auch lieber ein solcher Bettelheiliger wäre, oder ob es nicht viel verdienstlicher und im Grunde Gott wohlgefälliger wäre, daß er fleißig arbeitete, und mit seinem Einkommen seine Familie ernährte?

Wenn man recht darüber NACHDÄCHTE, erwiderte sie, so käme es einem freilich so vor, aber NACHDENKEN dürfe man nun gerade nicht über dergleichen Sachen. – –

Rom, den 6. Oktober.

Die Villa Borghese.

Könnt' ich Ihnen doch von diesem reizenden Garten eine würdige Beschreibung machen, den sein großmüthiger Besitzer ganz dem Vergnügen des Volks einräumt, und dieses schönen Aufenthalts selber am vollkommensten genießt, indem er von Tausenden genossen wird.

Man geht aus der Porta del Popolo rechts an der alten Stadtmauer hin, von der ein Stück schon seit Jahrhunderten den Einsturz droht, und immer noch unerschüttert steht, ob es gleich den Anschein hat, als ob es in jedem Augenblick zusammenstürzen wollte.

Nur einige Schritte von hier ist der Eingang zu der Villa

Borghese, und man steigt zu dem Hügel, worauf sie liegt, eine steinerne Treppe in einem kleinen Vorhause hinauf, aus welchem man auf einen Wald von immergrünenden Eichen tritt, der zu diesem schönen Schauplatze gleichsam die Vorhalle bildet.

Zur rechten Seite durch die Bäume erblickt man einen großen Teich, in dessen Mitte auf einer Insel dem Gott der Gesundheit ein Tempel erbauet ist, zu welchem man in Kähnen schiffet, von denen Musik ertönet, während daß am Ufer um den See Gesang und Freude herrscht und von sitzenden und wandelnden Menschen sich schöne Gruppen bilden.

In dem Tempel steht eine antike Bildsäule des Aeskulap, mit dem schlangenumwundenen Stabe und der Ueberschrift: *der sanften Gottheit, welche die Schmerzen lindert.* Den See umschatten balsamisch duftende Bäume und Stauden, und Bänke und Rasensitze laden den Ermüdeten zum ruhigen Genuß der schönen Gegend und Freunde zu vertraulichen Gesprächen ein.

Man blickt von dieser Anhöhe nach dem Vatikan, der

Peterskirche und dem Janikulus hinüber, und übersieht eine weite Strecke der schönsten Gegend um Rom. Die reine erquickende Luft, welche man hier einathmet, macht einem in jedem Moment die schöne Idee des Besitzers wert, der gerade auf diesem Fleck dem Gott der Gesundheit einen Tempel weihte.

In einem dunkeln Gebüsch, nicht weit vom See, steht ein antiker Marmorsarg, auf welchem der Sturz des Phaethon abgebildet ist, mit der Unterschrift: Groß wie sein Muth war auch sein Fall. – Ein schönes und bedeutendes Symbol auf dem Sarge eines Jünglings, der im Anfange einer glänzenden Laufbahn vom Tode hinweggeraft wird.

Wenn man nun von dem ersten Hügel ins Thal hinabsteigt, so wandelt man in einem schattigten Lorbeerhaine, bis man den zweiten Hügel hinaufsteigt, der nur von einsamen Pinien beschattet wird.

Ein breiter Fahrweg, der hier durch das Thal den Berg

hinaufgeht, giebt diesem Teile der Villa das Ansehen einer freien unumgränzten Gegend, in der man, wie auf einer Reise, wandert, und nicht bloß spazieren geht.

Ueberhaupt hat der zweite mit einzelnen Pinien bepflanzte Hügel das Ansehen einer Wildnis. – Hier sieht man Heerden von Rehen weiden, die dem Auge das angenehmste Schauspiel darbieten, und auf der einen Seite steht ein einsames Jägerhaus, wodurch das romantische Ansehen dieser Gegend noch vermehrt wird.

Nun steigt man wieder in ein Thal hinunter, wo ein Wasserbassin von majestätischen Eichbäumen umschattet wird, die in der glänzenden Fluth, welche das Bild des Himmels zurückwirft, ihre Wipfel spiegeln.

Dies einsame melancholische Thal scheint ordentlich dazu gebildet, um zu ernsten Betrachtungen einzuladen, und sooft ich es besucht habe, ist meine Seele dadurch in eine Art von feierlicher Stimmung versetzt worden.

Indem man nun wieder hinaufsteigt, kommt man endlich an die Grenzen der Villa, welche aber durch eine Art von Zaun nur schwach bezeichnet sind; denn die Wiese, welche nun kommt, gehört auch noch dazu, und das Ganze verliert sich unmerklich in der umliegenden Gegend.

Nun führt aber zur rechten Hand eine besondere Pforte erst in den eigentlichen künstlichen Garten der Villa, und zu dem schönen Landhause, in welchem sich eine unschätzbare Sammlung von Antiken befindet.

Lorbeerwälder, Cypressenhaine und schattigte Alleen wechseln in diesem majestätischen Garten miteinander ab; und rauschende Fontänen laden in den einsamen Schatten zu süßem Schlummer ein.

Der Reichthum von Denkmälern des Alterthums erstreckt sich bis in die einsamsten Winkel; und allenthalben wird man durch eine Bildsäule, durch eine Vase, oder durch ein Stück von erhabener Arbeit überrascht, wodurch man in die vergangenen Zeiten blicket; und auch in dem was die Zeit verstümmelt hat, noch die Ueberreste von dem beseelten Werke des hohen Genius sieht, der jene Zeiten belebte.

Man braucht Tage und Wochen um sich in dem Sammelplatze so vieler Schönheiten nicht mehr wie in einem Labyrinthe zu verlieren, sondern nur erst einigermaßen die Scenen, die man vor Augen hat, auch in seiner Einbildungskraft zu ordnen.

Auf einem Platze, wo man von einem halben Cirkel von Bäumen eingeschlossen wird, ist die Mauer des Gartens durchbrochen; und man blickt auf einmal mitten aus dem Ueberfluß von Kunst und mannichfaltiger Pracht, in die öde einsame Gegend, von welcher der Garten umgeben ist; dieß macht einen äußerst romantischen Kontrast, und auf diesem Fleck hat Goethe seine Iphigenie vollendet.

Das Landhaus des Fürsten Borghese ist schon an seinen äußern Wänden mit antiken Basreliefs überdeckt; dies ist eine Hauptzierde vieler hiesigen Palläste, welche den innern Reichtum von kostbaren Ueberbleibseln des Alterthums schon von außen verkündigt. Denn was inwendig keinen Platz hat, und nicht von der ausgesuchtesten Schönheit ist, damit überkleidet man von außen die Wände; obgleich dieser Ueberfluß selbst, der hier nur zur äußern Zierde dient, im Auslande schon an sich als kostbare Sammlung würde betrachtet werden.

Wenn man sich einem solchen Hause nähert, so lieset man an den Wänden, wie in einem Buche, die Sitten und Gebräuche der Alten. Man sieht ihre Opfer, ihre Tänze, gottesdienstlichen Gebräuche, und ihr öffentliches und häusliches Leben vor sich.

Wenn man in die Vorhalle des Pallastes tritt, so ist das

Auffallendste ein antikes Basrelief über der Thüre zum innern Eingange, welches den Kurtius zu Pferde darstellt, wie er sich mit aufgehobenen Händen den unterirdischen Göttern weiht, und mit der rührenden Gebehrde der ruhigen Hingebung sich als ein Opfer für sein Vaterland in den Abgrund stürzt.

Ein unsäglicher Reichthum an Porphir und kostbarem Marmor schmückt die innern Zimmer; der größte Schatz dieses Hauses aber ist der sogenannte Borghesische Fechter, eine der vollkommensten Bildsäulen aus dem ganzen Alterthum, welche zugleich mit dem Apollo in Belvedere zu Antium gefunden wurde.

Man liest den Nahmen des Künstlers Agasias von Ephesus daran; Winckelmann hält sie für die älteste von den antiken Bildsäulen, die jetzt in Rom sind.

Man wird nicht müde, dieß Meisterwerk der griechischen Kunst zu betrachten; und so wie man um dasselbe umhergeht, bieten sich immer neue Gesichtspunkte dar, woraus die Arbeit des Künstlers in einem immer noch bewundernswürdigern Lichte erscheint.

Ich sah diese Bildsäule einst mit einem Anatomiker aus Berlin, der durch die kunstreiche Oberfläche sie gleichsam bis in den innersten Körperbau durchschaute, und keinen Muskel fand, der nicht von dem tiefsten anatomischen Studium des Künstlers zeigte.

Alle Muskeln sind angespannt; der eine Fuß und Arm strebt vorwärts, während der andre rückwärts flieht; es scheint, als ob die Hälfte des Körpers mit eben der Gewalt zum Angreifen vorwärts gezogen wird, womit die andre fliehend dem feindlichen Angriffe ausweicht. Muth und Vorsicht, Behutsamkeit und Standhaftigkeit scheinen wechselsweise das ganze Spiel der Muskeln zu bewegen.

Gegen die Antiken kontrastiren hier ein paar Werke der

neuern Bildhauerkunst, die, in ihrer Art, bewundert werden. Dies ist nehmlich der Schleuderer David, und Apoll und Daphne von Bernini.

Der Jüngling David ist dargestellt, wie er, den Stein gegen den Riesen schleudernd, die Lippen zusammen beißt. Diese widrige Gebehrde giebt dem Jüngling ein unedles, rohes Ansehen; er sieht eher einem phlegmatischen Tagelöhner ähnlich, der die Axt aufhebt, um Holz zu spalten, als einem jungen Herkules, der den Löwen an seiner Brust erdrückt.

Freilich sind Muskeln und Adern in dem Marmor mit der größten Genauigkeit ausgedrückt; aber eben diese Genauigkeit und Sorgfalt im Kleinen ist es eben, welche macht, daß das Ganze eines solchen Kunstwerks steif und unbeseelt scheint, und daß eine antike Bildsäule von der niedrigsten Klasse dennoch diesem Hauptwerke der neuern Kunst weit vorzuziehen ist.

Denn das leuchtet bei den Kunstwerken der Alten, auch immer noch aus der mittelmäßigsten Arbeit hervor, daß die einzelnen Theile immer untergeordnet blieben, und jedes mit einem beständigen Blick auf das GANZE bearbeitet wurde.

Der Mangel eines solchen großen Ueberblickes scheint zwischen den alten und neuen Kunstwerken vorzüglich die Grenzscheidung zu machen. Und hier trift das ein, was schon Horaz von einem Künstler sagt, der bis auf den Nagel am Finger auf das sorgfältigste seine Bildsäule ausarbeitete, und dennoch unter seinen Kunstgenossen ewig der letzte blieb, weil er eben über der zu großen Sorgfalt und Genauigkeit bei der Bearbeitung der einzelnen Theile, den Ueberblick des Ganzen verlor, wodurch ein Kunstwerk allein Charakter und Würde erhält.

Das andere Werk von Bernini, Apoll und Daphne, hat

freilich beim ersten Anblick viel reizendes, allein beim längern Anschauen verschwindet die Täuschung, und das Ganze macht einen immer widrigern Eindruck, je mehr man seine Theile miteinander vergleicht.

Der bildende Künstler hat nämlich grade den Zeitpunkt der Verwandlung gewählt, wo Daphnens Fuß in die Erde wurzelt, und ihre Arme und Finger zu Zweigen und Blättern emporstreben, während daß der Gott sie in seine Arme schließt.

Man kann wohl sagen, daß diese Gruppe von allen jungen Künstlern, als ein abschreckendes Beispiel von einer ganz mißlungenen Idee und unglücklichen Wahl des Gegenstandes betrachtet werden sollte.

Denn schon für die Mahlerei würde der Moment der Verwandlung gerade der unschicklichste seyn, weil sie nicht das allmälige VERWANDELTWERDEN, sondern nur die schon geschehene oder angefangene Verwandlung STILLSTEHEND darstellen kann, und also aller Reiz verlohren geht, womit die Dichtkunst den Uebergang der einen Natur in die andere schildert, und gerade durch die Folge der Momente, worin sich diese Veränderung ereignet, und durch das Leben und die Bewegung, welche bei diesem unnatürlichen Wunder herrscht, der Einbildungskraft auf Kosten des Verstandes schmeichelt.

Wenn nun die bildende Kunst dieß nachahmen will, so fehlen ihr gleichsam die Flügel, um sich mit der Dichtkunst zugleich empor zu schwingen; sie bleibt steif und schwerfällig zurück, und statt allmäliger Uebergänge stellt sie scharf abstechende Gestalten nebeneinander, woraus denn das Horazische Ungeheuer erwächst.

Rom, den 7. Oktober.

Die Familie eines Kaufmanns aus einer deutschen Reichsstadt ist jetzt hier, um die Kunstwerke und Alterthümer zu sehen. – Gestern waren sie im Vatikan gewesen; sie erzählten mir, wie ermüdet sie wären, und freuten sich, daß nun wieder die Arbeit eines Tages überstanden wäre.
Wenn sie mit einer Gallerie oder einer Antikensammlung fertig geworden sind, so trösten sie sich mit dem Ausruf: nun Gottlob, das haben wir auch gesehen! –
Und man kann diese Aeußerung den Leuten wahrlich nicht verdenken, wenn man erwägt, wie oft ihnen der Angstschweiß ausbrechen muß, indem sie tausend Dinge schön finden und bewundern sollen, wozu sie schlechterdings erst den Sinn für das Schöne mitbringen mußten, der doch in ihrer Reichsstadt unmöglich aus seinem Schlummer erwachen konnte, und auch hier in den wenigen Wochen sich nicht aufschließen kann.
Hiezu kommen nun noch die immerwährenden Exklamationen des Cicerone, der seine Bewunderungsformeln auswendig gelernt hat, die so klingen, als ob derjenige nothwendig ein Klotz oder Stein seyn müßte, der dabei unempfindlich bliebe.
Der Cicerone, welcher gewöhnlich mehr in seine schöne Phrasen, als in das Kunstwerk, das er preiset, verliebt ist, fordert denn noch dazu die tiefste Ehrfurcht für seine Orakelsprüche, und wendet verächtlich seinen Blick von jedem, der nicht beim Anblick seines gepriesenen Kunstwerks in Entzückung geräth. –
Nun erfordert aber gewiß in der Welt nichts mehr Anstrengung, als wenn man sich Ehrenhalber zwingen muß, in Entzückung zu gerathen; weswegen man denn auch wohl sagen kann, daß die Betrachtung der Kunstwerke

mehr Leiden in der Welt verursacht, als man denken sollte. Die Menschen quälen sich zum Genuß mit eben der Pein, womit sie Schmerzen dulden müssen; und kein Zustand ist im Grunde unerträglicher als die zwecklose Anspannung, worin die Affektation einer hohen Empfindung für das Schöne, die Seelenkräfte versetzt, welche dadurch in eine ganz falsche Stimmung gebracht werden, so daß sie die gröbern Vergnügungen verschmähen, ohne im Stande zu seyn, sich durch die feinern schadloß zu halten.

Am besten thut man gewiß, wenn man ohne alles Abarbeiten, sich den Eindrücken ruhig überläßt, und abwartet, bis man von einem Gegenstande unwillkürlich angezogen und von mehrern Seiten dafür interessirt wird.

So viel Achtung muß man freilich immer für die durch Jahrhunderte bewährten Meinungen, gesetzt daß sie auch Vorurtheile wären, haben, daß man dasjenige, was allgemein geschätzt wird, wenigstens seiner Aufmerksamkeit

würdig hält, und nicht eher, als nach einer etwas anhaltenden und öfter wiederholten Betrachtung, dem Kunstwerke seinen Werth, oder sich das Gefühl dafür, ganz abspricht. Denn der Ausspruch, den Nathan der Weise von vorzüglichen Menschen thut, gilt auch von vorzüglichen Kunstwerken:
Nur das Gemeine verkennt man selten. –
Dann aber erfolgt auch gewiß, was die Antwort auf diesen Ausspruch sagt:
Und das Seltne vergißt man schwerlich! –

Rom, den 8. Oktober.

Die Paulskirche.

Dieser majestätische einsame Tempel liegt vor der Porta S. Paolo, welches die alte *Porta trigemina* ist, die von den drei Horaziern, welche aus diesem Thore gegen die drei Kuriazier hinauszogen, den Nahmen führt.
Der Eintritt in die Paulskirche erfüllt gleich im ersten Moment die Seele mit Staunen, welches beim Anblick der Peterskirche erst nach und nach entsteht, wenn die vergleichende Denkkraft der Phantasie zu Hülfe kommt, um in den Verhältnissen dieses großen Ganzen das Ungeheure zu bemerken.
Beim ersten Eintritt in die Paulskirche fühlt man sich auf die sonderbarste Weise überrascht, indem man die höchste Pracht mit der höchsten Einfalt verknüpft sieht; denn achtzig antike Marmorsäulen stützen eine platte hölzerne Decke, die sich über das ganze ungeheuere Gebäude hin erstreckt, und mit der Majestät der Säulen, worauf sie ruht, auf die sonderbarste Weise absticht.

Die Kirche ist nach der Peterskirche in Rom die größte, und ganz von gothischer Bauart, welches die melancholische Pracht bei ihrem Anblick noch vermehrt.

Denn die ganze Kirche ist öde und leer; keine Gemählde, keine Zierrath schmückt die Wände dieses ungeheuren Tempels; man blickt zwischen den vier Säulenreihen in die weiten Gänge bis zum Hochaltar hinauf, der sich, wenn man im Eingange steht, in ganz dunkler Perspektive zeigt. An den Seiten sind keine Altäre; der Fußboden ist uneben wie auf einer Straße; das Licht fällt von oben durch die Scheiben der gothischen Fenster hinein; die ungesunde Luft verscheucht im Sommer die Mönche aus dem Kloster, das zu dieser Kirche gehört; es wird nur selten Gottesdienst darin gehalten, und so wie man keinen Menschen sieht, vernimmt man auch weiter keinen Laut in diesem unermeßlichen Gebäude, als von dem wiederhallenden Fußtritt.

Die achtzig Säulen, welche aus dem Grabmal Hadrians hierher verbracht sind, scheinen noch itzt wie öde und verwaist über den entschwundenen Glanz der Vorzeit zu trauren, und mehr ein neues Todtendenkmal zu bilden, als einen Tempel zu schmücken.

Oben an der schmalen Wand, die unter dem Dache auf den Säulen ruht, sieht man die Abbildungen von zweihundert und fünfzig Päbsten, welche Zahl nehmlich diejenigen in sich begreift, die seit dem fünften Jahrhundert regiert haben. – Dieß ist der einzige traurige Schmuck dieser Kirche, welche dadurch wiederum zu einem erhabenen Mausoleum wird, das auf den Stützen eines Grabmals der glänzenden Vorzeit ruhet.

Von den Abbildungen der Päbste, welche den obern Rand dieses Tempels einfassen, schließt das Brustbild Pius des sechsten den Kreis, und für seines Nachfolgers Konterfei ist kein Platz mehr übrig, wenn nicht ein neuer Kreis beginnt. – –

Ende des zweiten Theils.

Dritter Theil

Rom, den 9. Oktober 1787.

Michel Angelo.

An einem heitern Vormittage trat ich zum erstenmale in die sixtinische Kapelle; der Strahl der Sonne erleuchtet nur mit schwachem Schimmer das heilige Denkmal, wo der Genius des erhabenen Künstlers seine Riesengeburten hinzauberte, welche die Nachwelt mit Erstaunen erfüllen. Ueber seinem Haupte stand die herrliche Schöpfung, welche die Hand des großen Meisters in zwanzig Wochen vollendete, und die sich mit der Schöpfung des Weltalls durch den ewigen Vater anhebt.

Auf der Rückwand bildet sich in ungeheurem Umfang die Zerstörung in ihrer ganzen grauenvollen Pracht – die letzte Posaune erschallt – die Gräber eröfnen sich – zum Himmel steigen Seelige empor – Verdammte stürzen in den Abgrund nieder.

Der, welcher die Himmel zusammenrollt wie ein Tuch, sitzt auf dem erhabenen Richterstuhle – an seiner Seite schmiegt sich die Mutter – die Heiligen umgeben seinen Thron. – Auf dunkelblauem Grunde, wie in dem ungemessenen Luftraume, stellt sich die furchtbare Scene dar.

Unten zur Rechten steigen von der schwindenden Erde, kaum noch mit Haut und Fleisch umhüllt, und noch von dem ungewohnten Lichte geblendet, die Toten aus ihren Gräbern auf. – Wie vom Instinkt befreit, suchen sie zu den Wolken sich emporzuschwingen, woraus sich die mannichfaltigsten Gruppen bilden: indem der eine dem anderen die Hände reicht, oder einer sich an den anderen klammert. Besonders karakteristisch ist ein religiöser Zug, den der Künstler hier angebracht hat: einer der Aufsteigenden hält sich nehmlich an dem Rosenkranze seines Vorgängers mit beiden Händen fest, und läßt sich damit zum Himmel hinaufziehen.

Die heiligen Märtyrer oben flehen um Rache, und St. Bartholomäus scheint in schrecklicher Verdopplung dazustehen; denn er hält die ihm abgezogene Haut zum Zeugniß vor dem Richter empor; die ihm ähnlichen Gesichtszüge in der abgezogenen Haut vom Kopfe machen einen schrecklichen Anblick.–
Man kann sich keinen furchtbarern Ausdruck denken, als in der Stellung eines in den Abgrund niedersinkenden Verzweifelnden – der, mit der Hand an der Stirn, gleichsam über seinen Sturz nachsinnend, die Möglichkeit seines entsetzlichen Verderbens noch nicht begreifen kann; und die Schmerzen, womit seine Peiniger schon anfangen ihn zu quälen, selbst nicht zu empfinden scheint, indem er in dem einzigen verzweiflungsvollen Gedanken des hoffnungslosen Elendes versunken ist, der alles übrige Bewußtsein und Empfindung in sich verschlingt.–
Hier ist kein Haarausraufen, kein Händeringen – es ist die im tiefen Nachsinnen über die Unermeßlichkeit des Unglücks verlohrne unthätige Verzweiflung. –
Der von umwindenden Ungeheuern unaufhaltsam herab-

gezogene Körper sinkt überdem noch in der ganzen Last der Trägheit in sich selber. –
Die Arme sind übereinander geschlagen, und die linke stützt das sinkende Haupt. –
Die ganze Senkung dieser Körpermasse in sich selber ist hier bedeutend und ausdrucksvoll. –
RAUB DER VERZWEIFLUNG ist der Gedanke, welcher im höchsten Grade hier versinnlicht und lebendig dem Auge dargestellt wird. –
Dieß sind die Ungeheuer, die an Beinen und Schenkeln den Verzweifelnden unaufhaltsam danieder ziehen; die ihm alle Kraft und allen Muth, und mit diesem ihn sich selber rauben. –
Alle Hoffnung ist verschwunden, und mit ihr auch jeder Gedanke des Widerstrebens – nichts bleibt übrig, als der Ausdruck eines gleichgültigen, phlegmatischen Hinbrütens in dem Antlitz der Verzweifelnden. –
Die geringste Kleinigkeit ist in dieser Figur nicht unbedeutend – daß die eine Hälfte des Antlitzes mit der Hand bedeckt ist, und nur das eine starre Auge hervorblickt – daß das schlaffe Herabhängen im Munde und in den Gesichtszügen nur halb sich zeigt, und daß die stützende Hand das übrige verdeckt, läßt den furchtbaren Ausdruck der Verzweiflung gleichsam wie durch einen Vorhang schimmern. – Der ganze Körperbau verkündigt Kraft und Thätigkeit, die von dem Gipfel ihrer Hoheit auf einmal in den Abgrund des Elends danieder sinkt. – –
Beim Michel Angelo herrscht in gewissen Sinne mehr eine große Manier, als ein solcher Styl – in sofern man sich nehmlich unter Styl das Feststehende, Bleibende in dem ächten Kunstwerke denkt, wodurch es selbst über die Originalität sich erhebt.
Man sagt daher auch im ANTIKEN STYL und nicht in

ANTIKER MANIER, weil MANIER schon die besondere Art eines einzelnen, Styl aber keine besondere Art, sondern das wesentliche Schöne in der Kunst selbst bezeichnet.

Im ANTIKEN STYL heißt also nach den ächten Grundsätzen des Schönen bearbeitet, wo eigentlich keine Originalität mehr Statt findet. Nun aber tragen die Werke des Michel Angelo ganz das Gepräge von ihm selber und von seiner eigenthümlichen Denkungsart, die freilich erhaben und oft furchtbar groß ist.

Seine hohe Phantasie vereinbarte sich mit dem vollkommensten Ausdruck der beseelten Körperlichkeit in jeder Muskel, und die Macht dieses Ausdrucks, welche in seiner Hand und seinem Pinsel ruhte, erhöhete wieder seine schaffende Phantasie. –

Rom, den 10. Oktober.

Der unglückliche Erdensohn, welcher auf der weiten Welt keinen Zufluchtsort mehr findet, ist doch sicher, nicht zu verhungern, wenn er als Pilger nach der heiligen Stadt wallfahrtet, wo ohne Unterlaß gesungen, gebetet und gebettelt wird.

Eine Suppe und ein Stück Brod findet er des Mittages bei jedem Kloster; und je schneller einer dieß Mahl verzehren und mit seinem Topfe von einem Kloster zum andern laufen kann, desto mehrere Suppen kann er einärndten; weswegen man denn auch des Mittages immer eine Menge von Bettlern wie unsinnig mit ihren Töpfen auf den Straßen laufen sieht.

So polizeiwidrig dies nun auch seyn mag, so tröstend bleibt doch der Gedanke, daß es einen Ort in der Welt giebt, wo der Allerärmste, von dem Schicksal ganz Verstoßene, und von allen Menschen Verlassene doch vor dem Verhungern gesichert ist.

So wie bei den Alten der Arm und Hülflose zu dem heiligen Heerde trat, und unverletzlich war, wenn er zum Jupiter flehte, der das heilige Strafrecht schützte: so ist auch hier der Bettler gleichsam eine unverletzliche Person: dem, wenn er noch so zerlumpt, und sein Anblick noch so ekelhaft und widrig ist, dennoch der Zutritt nicht versagt werden darf, wenn er z. B. in einem Kaffeehause sich in den glänzendsten Zirkel mischt, und nach der Reihe umhergeht, um bei jedem seine Bitte besonders anzubringen.

Non c'e niente! (es ist nichts vorhanden; oder ich habe nichts bei mir!) ist dann der gewöhnliche Ausdruck, womit man seine abschlägige Antwort ertheilt; wenn dann der Bettelnde noch ferner anhält, so hütete man sich sehr, ihn grob abzufertigen, sondern giebt ihm zuletzt die milde Antwort: *iddio vi provedera!* (Gott wird für euch sorgen!) womit dann der Anhaltende sich gemeiniglich beruhigt; denn wenn man ihn erst auf Gott und dessen Vorsehung verweist, so ist ihm das ein sicheres Zeichen, daß man selber nicht gesonnen ist, ihm einige thätige Hülfe zu leisten, oder die Stelle der Vorsehung bei ihm zu vertreten.

Die gewöhnliche Bettlerformel ist: *date qualche cosá per l'amor di dio!* (Gebt mir etwas aus Liebe zu Gott, oder, um Gottes willen!)

Dieses *date qualche cos* schallt einem nun den ganzen Tag, wo man geht und steht, in die Ohren. Einige schreien es laut auf der Straße, und indem sie sich stellen, als ob sie in den letzten Zügen lägen, suchen sie die Vorbeigehenden zum Mitleid und Erbarmen zu bewegen; andere strecken demüthig die Hand gegen einen aus, und entfernen sich duldend und schweigend, wenn man sie mit einem *non c'e niente!* entläßt.

Die meisten Bettler sieht man mit verstümmelten Gliedmaßen, die sie gemeiniglich noch aus der Kindheit an sich tragen, wo ihre Eltern sie durch eine solche freiwillige Verstümmelung in einen bemitleidenswerthen Zustand zu versetzen suchten, um ihnen dadurch gleichsam ein sicheres Kapital mitzugeben, das ihnen auf ihr ganzes Leben ein hinlängliches Einkommen verschaffen, und sie zugleich vor dem Hunger sichern und vor der Arbeit schützen sollte. Denn das ist gewiß, daß man die Ermüdung von der Arbeit mehr als Verachtung, Niedrigkeit, Krankheit, und selbst mehr als den bitteren Tod scheuet.

Fatigua (Ermüdung) ist ein Ausdruck, dessen sich der geringste Tagelöhner bedient, wenn er für die unbedeutendste Arbeit seinen Lohn verlangt; die *Fatigua*, die er dabei gehabt hat, bringt er über alles in Anschlag, und diese muß ihm dann doppelt und dreifach bezahlt werden, damit er sich so bald nicht wieder fatiguiren darf.

Was Wunder also, daß bei diesem entschiedenen Abscheu vor aller Arbeit so mancher lieber seine Hand gelähmt zur Schau trägt, als daß er sie zu nützlichen Geschäften brauchen sollte, die ihm nur Ekel und Widerwillen verursachen.

Dies geht so weit, daß sich ein Bettler sogar nicht entblödet, seinen Abscheu vor der Arbeit gleichsam scherzend als einen Grund seiner Bitte um Almosen anzuführen. So geht ein junger rüstiger Kerl in einem schwarzen Rocke hier umher, und bedient sich der folgenden Bettelformel: *sóno cascato dalla scala di pigrizia, ed io ho rotto il braccio!* (ich bin von der Leiter der Trägheit gefallen, und habe mir den Arm gebrochen!)

Mancher wird durch die Aufrichtigkeit und Naivität dieser niederträchtigen Bitte überrascht, und giebt dem Kerl etwas, der das geradezu sagt, was die Bettler sonst durch Lügen und Verstellung zu verhehlen suchen.

Ein großer starker Junge, von neunzehn Jahren, begegnet mir alle Morgen auf dem Korso, und schreiet, daß man es straßenweit hören kann, indem er eine steife gelähmte Hand ausgestreckt vor sich hin hält: *non són bono per fatiguare!* (Ich tauge nicht zum Arbeiten!) *date mi qualche cosa per l'amor di dio!*

Die Wohlhabenheit der Bettler scheint wirklich mit ihrem Leibesgebrechen immer zuzunehmen: – so kriecht auf dem Korso ein wohlgekleideter, dicker, fetter Mann umher, der keine Beine hat, und dem fast jedermann giebt, wenn er nur stillschweigend seinen Hut hinhält.

Diesen ernähren seine fehlenden Beine so reichlich, daß er von tausend andern Bettlern über diese einträgliche und so sehr in die Augen fallende Verstümmelung beneidet wird.

Er tröstet sich damit, daß es angenehmer ist, beneidet als bemitleidet zu werden, und läßt es sich in seinem ruhigen und behaglichen Zustande sehr wohl seyn, welches man seinem zufriedenen Blick ansieht.

Er wird auch auf dem Korso, wo er gewöhnlich seinen Sitz hat, von den Einwohnern schon ordentlich wie ein

Nachbar betrachtet, und unterredet sich mit ihnen über das Wetter, und über politische Gegenstände.

Nächst diesem ist einer der wohlhabendsten Bettler ein gewisser Bajocko, der vor dem griechischen Kaffeehause in der Strada Kondotti seinen Posten hat.

Die Natur, welche diesem Bajocko höchst stiefmütterlich behandelt hat, gab ihm zum Ersatz ein ernährendes Kapital, das sich eben auf die ungeheuerliche Gebrechlichkeit seines Körpers gründet.

In Zwergengröße, mit ungestalteten Füßen und Armen, sieht er mehr einer sich fortbewegenden Fleischmasse, als einem Menschen ähnlich. Er hat schon ein Alter von achtzig Jahren erreicht, und nennt sich selber den armen antiken Bajocko, welche Benennung, wegen des Kontrastes zwischen ihm und einer schönen antiken Bildsäule, komisch genug klingt.

Es giebt privilegirte Bettler, welche mit großen kupfernen Büchsen klappern, und für die Seelen im Fegfeuer Almosen sammeln, von denen sie ihre Procente bekommen. Man wählt dazu gemeiniglich diejenigen, welche am fürchterlichsten durch Krankheiten entstellt und verstümmelt, oder so schattenähnlich sind, daß es einem beinahe deucht, als hätten die gequälten Seelen im Fegfeuer aus ihrer Mitte eine Gesandtschaft auf die Oberwelt geschickt, um bei den Lebenden ihre Vorredner zu seyn.

Der Ton, womit das *le povere anime benedette del purgatorio* um Mitleid fleht, wird noch immer trauriger und sterbender, je öfter es, bis zur Heiserkeit, den ganzen Tag über wiederholt wird, und die armen Flehenden dieses unaufhörlichen Geschreies am Ende selbst müde werden.

Wenn man aber das Leben in seinem tiefsten Todesschlummer sehen will, so muß man es in der Indolenz der hiesigen lahmen und blinden Bettler betrachten, welche

vom Morgen bis an den Abend, ohne sich von der Stelle zu bewegen, auf den Brücken sitzen, und gegen die Vorübergehenden, wie Automate, ihre klappernden Büchsen schütteln, und ihre ewige traurige Formel wiederholen.
Eine gewisse Behaglichkeit sieht man aber doch auch diesen Menschen in ihrem Elende an; weil sie nun freilich nichts in der Welt mehr zu verlieren und auch nichts zu hoffen haben, und also wenigstens wegen der Zukunft nicht mehr von drückenden Sorgen genagt werden.
Sie haben ihre Rolle ausgespielt, und sind nun hinter die Kulissen getreten, wo sie unbekümmert wogendem Schauspiel zusehen, oder doch zuhören, und als ruhige Philosophen in einer vollkommenen Apathie dem Augenblick entgegen sehen, wo ihr letzter Hauch sich mit der mild umwehenden Luft vermischt, und der Kerker ihres Leibes in den befreundeten Staub zerfällt.
Auch nehmen die gütigen Elemente den sterbenden Elenden hier sanft in ihren Schooß auf; ihn schüttelt kein rauher Nordwind; von feuchten Nebeln, von Frost und Schnee erstarren seine Glieder nicht; über seinem brechenden Auge wölbet sich ein sanftes Blau, und ein laues

Lüftchen fächelt den Todesschweiß von seiner Stirne. Er sinkt in den Schooß der Mutter zurück, die ihn gebahr, und nun zu ungestörtem Schlummer sein mildes Auge zuschließt, und aus dem Buche der Weinenden seinen Namen tilgt.

Wer entscheidet, wo das wahre Unglück wohnt? ob in der verzweiflungsvollen Hingebung? oder in dem unruhigen, zwecklosen Abarbeiten aller Kräfte? In dem entschiednen Wegwerfen seiner selbst? Wer hat das Gefühl dieses Zustandes und jenes auf der Waagschale gewogen? Wer wird beneidet? und wer ist der Beneidenswerthe?

Freilich macht hier der Tod noch kein Ende des Jammers in dem Begriffe der Lebenden. Tausend Qualen warten noch des Elenden, der seinen Fürbitter unter den Lebenden findet, und seine Reichthümer zu spenden hat, um seine Seele zu lösen. – Darum finden denn auch die Bitten für die Armen, die im Fegefeuer leiden, in die guten Herzen Eingang, und die Priester erhalten doch ihre Gebühr auch von den ärmsten Todten, durch das Mitleid seiner Brüder, die ihren letzten Pfenning zollen, um nur dem gequälten Schatten, der um Erbarmung fleht, Linderung und Ruhe zu verschaffen.

Es giebt einen Kunstgriff, um das Mitleid zu erwecken, welcher selten fehlschlägt, weil er gerade die weichste Seite des Herzens berührt, indem er die Empfindungen kindlicher, ehelicher, brüderlicher und schwesterlicher Liebe rege zu machen sucht, um auch der bittersten Armuth selbst noch eine Gabe zu entlocken.

Zwei Bettler, Mann und Weib, stellen sich nehmlich in einiger Entfernung gegeneinander über, und schreien mit heiserer Stimme ein furchtbares Lied der Todten im Fegefeuer einander zu, wo die früh verstorbene Tochter ihre Mutter, der erblaßte Greis seinen überlebenden Sohn,

Jünglinge und Mädchen ihre zärtlichen Geschwister anflehen, für die Ruhe ihrer Seelen nur eine kleine Gabe zu opfern, und auf die Weise ihrer im Leben gepflogenen Freundschaft, und der entflohenen Tage ihres Umganges, und aller erzeigten Dienste und genossenen Wohlthaten sich dankbar zu erinnern, und etwa zugefügte Beleidigungen nun noch durch eine Todten–Spende zu vergüten. Da nun ein solches Lied eine halbe Straße weit gehört werden kann, was Wunder, daß unter den Zuhörern sich nicht leicht jemand findet, der sich nicht auf eine oder die andere Weise getroffen fühlt. Denn wo giebt es leicht ein Haus, dessen Bewohner nicht irgend einen Todten zu beklagen hätten, der ihnen im Leben, oder nach seinem Tode lieb geworden war, und für den sie nun gern alles dahin gäben, wenn es ihm frommen könnte.

Und nun zeigt sich ein Ausweg, den Schatten zu versöhnen, alle Beleidigungen auszutilgen, Balsam auf noch offene Wunden zu legen, und selbst den verzweiflungsvollen Schmerz zu mildern; was könnte diesem mächtigen Eindruck widerstehen! Die Fenster öffnen sich, und aus den Hütten der Armen fliegen die letzten Heller, sorgfältig eingewickelt, dem gierigen Sammler zu, der sie mit heimlicher Lust auffängt, und in dem Bauche seiner ungeheuren Büchse verbirgt, die er in den Schatz des Klosters ausleert, und ihn selber dann auch nicht leer ausgehen läßt.

Oft habe ich diese heitere Stimme von den beiden Enden der kleinen Gasse, wo ich wohne erschallen hören: *io sono la tua sorella, u.s.w.* oder *io sono la tua madre, u.s.w.* Ich dachte mir jedesmal lebhaft, wie nun die Gestalten von Müttern, Schwestern, Söhnen und Töchtern, sich der Phantasie der Zurückgebliebenen darstellen, und wie nun die dumpfen Stimmen gleichsam wie aus dem Grabe ertönten; und jedesmal sah ich auch die Wirkung hievon, wenn ich mein Fenster eröfnete, und ein Augenzeuge von der Mildthätigkeit meiner frommen Nachbarn war.

Rom, den 11. Oktober.

Michel Angelo

Unter den Deckengemählden in der sixtinischen Kapelle stellt das eine die Schöpfung des Menschen dar; und man kann wohl sagen, daß in diesem Gemählde der erhabenste Ausdruck herrscht, wodurch die Mahlerei selbst zur Sprache wird, oder vielmehr die Sprache unendlich übertrift.

Der schaffende Vater von den Elohim oder mitwirkenden Engeln umgeben, hat die Schöpfung des Menschen vollendet, und der bildende Zeigefinger des Schaffenden berührt nur noch in der äußersten Spitze eben den Finger des Geschaffenen, den er, sich selber ähnlich, hervorgebracht hat.

»Und er schuf den Menschen nach seinem Bilde.«

Der Neugeschaffene hebt sich von der Erde empor seinem himmlischen Ursprung entgegen; elektrisch fährt der Götterfunke durch die sich berührenden Fingerspitzen. Die schaffende Allmacht spiegelt sich in ihrem schönen Ebenbilde.

Der Begriff der VOLLENDUNG konnte gewiß nie erhabener ausgesprochen werden, als durch diese redende Darstellung, wo der Meister von dem Werke, das er gebildet hat, nun seine Hand abzieht, nachdem es in einem vollkommenen Guß bis zu der äußersten Fingerspitze in dem Ebenmaaß seiner Theile sich gewölbt und gegründet hat.

Den Weltschöpfer stellt Michel Angelo in einem Doppelgemählde dar, wo er auf der einen Seite die schaffende Hand ausstreckt, und auf der anderen Seite im Fluge davon eilt, und der neu geschaffenen Welt den Rücken zukehrt, um gleichsam in seinem großen Werke sich nicht aufhalten zu lassen, sondern zu der Vollendung des übrigen fortzueilen. –

Der rastlose Genius des Künstlers, der nicht in der müßigen Betrachtung des Hervorgebrachten, sondern in immer neuen Hervorbringungen seinen höchsten Genuß und seine Befriedigung findet, hat sich hier selber in dem Bilde des Weltschöpfers dargestellt.

Es heißt hier nicht: »er sahe an alles, was er gemacht hatte, und siehe da, es war sehr gut!« sondern wie bei der immer wirksamen und bildenden Natur findet hier kein Ruhen und kein Säumen statt. – Zu der Betrachtung bleibt hier keine Zeit übrig – das Wirken ist hier herrschend, das Denken ist nur untergeordnet – so dachte sich der rastlose schaffende Künstler, den ewigen schaffenden Vater. – Er dreht dem vollendeten Werke den Rücken zu, und eilt im unaufhaltsamen Fluge zu immer neuen Bildungen fort.

Auch der Sündenfall ist in einem Doppelgemählde dargestellt, wo auf der einen Seite der Genuß der verbotenen Früchte, und auf der anderen, als die unmittelbare Folge des Vergehens, die Flucht aus dem Paradiese, wie in einem Moment vors Auge gebracht wird.

Die Mahlerei soll freilich, alles was sie darstellt, in einem Moment zusammendrängen; und der Gegenstand, den sie heraushebt, sollte eigentlich immer von der Art seyn, daß er in einem Moment dargestellt werden könnte.

Michel Angelo hat sich hierüber hinweggesetzt, eben so wie Shakespear im Drama über die Einheit der Zeit und des Orts. Und man kann wohl sagen, daß selbst aus dieser

Vernachlässigung des wesentlichen Charakters der Malerei das erhabene Genie des Künstlers hervorleuchtet.

Die successiven Gemählde des Michel Angelo folgen sich wie Blitz und Schlag, und sprechen gleichsam mit verdoppelter Stärke einen einzigen erhabenen Gedanken aus. – Es ist die Strafe, welche pfeilschnell auf die Missethat folgt, und uns das glückliche Menschenpaar, welches jetzt noch seines ganzen Daseyns froh ist, unmittelbar darauf hüllenlos und verlassen darstellt.

Eben so ist durch die doppelte Darstellung des ewigen Vaters die blitzschnelle Folge, womit die unaufhaltsam wirkende Kraft in der Natur von einer Schöpfung zur anderen übergeht, in ihrer ganzen Fülle ausgedrückt. –

Titian.

Die Königin der Liebe, im Pallast Borghese, ist eine sitzende bekleidete Figur mit einer kleinen Krone auf dem Haupte. –

Sie hält einen Liebesgott mit verbundenen Augen an einem Bande gefesselt, indeß der andre sich an sie schmiegt, und zwei Genien vor ihr stehen. –

Je länger man dies Gemählde betrachtet, destomehr unnachahmliche Feinheit offenbart sich in den sanften Uebergängen der Farben. – Das Ganze gewinnt einen immer höhern Reiz, und zieht das Auge unwiderstehlich an, so daß es auf den übrigen Gemählde in diesem Zimmer ungern verweilt, und immer zu diesem Bilde, wie zu seinem Hauptgegenstande, unwillkürlich zurückkehrt. –

Und doch ist es, wie es die Mahler sich ausdrücken, gleichsam wie mit Nichts gemahlt; es ist gleichsam hingeblasen, wie vom Hauch der Luft. – –

Man sieht hier, wie der mächtige Genius die Hindernisse zu verscheuchen wußte, welche sich zwischen den Gedanken und seine Ausführung stellten. –
Man kann sich aber auch denken mit welcher Lebhaftigkeit und Stärke sich die herrlichen Farben der Natur in Aug und Seele dieses Künstlers müssen abgedruckt haben, um sie so wieder darzustellen, daß wir nun durch ein sein Gemählde gleichsam in das Geheimnis der Farben selber blicken, welches sich vor seinem Blick enthüllte.
Auch kann man wohl sagen, daß ein Titianscher Kopf, ein Titianscher Arm und Hand, nun selber mit zur Natur gehören, und sich gleich den beseelten Wesen, in die Reihe gebildeter Wesen stellen, welche die Natur unmittelbar hervorbringt. – Denn ist es nicht sie, die mütterlich lehrend, nun Aug' und Hand des Künstlers leitete, um in den Spiegel seines Genius sich selber verjüngt und verschönert wieder darzustellen? –
Um aber ein Titiansches Gemählde in seiner Schönheit zu betrachten, muß das Auge sich erst gewöhnen ganz Auge zu seyn, sich leidend zu verhalten, nicht zu viel zu spähen und zu forschen, sondern den Eindruck des Ganzen allmählich auf sich wirken zu lassen, damit man das Schöne, was hier unmittelbar vor den Augen steht, nicht zu weit in dem Gebiet der Phantasie oder etwa dem Gedanken suche.
Für jedes ächte Kunstwerk muß erst eine Art von höherem Sinn erwachen, und es ist gewiß falsch, wenn man behauptet, es sey eine Probe des ächten Schönen, wenn es sowohl dem ungebildeten Haufen, als dem Kenner gefällt, und gleich beim ersten Anblick seine Würkung zeige.
Darum wird es auch immer dem Gedanken des Künstlers, und dessen Ausführung eine falsche Richtung geben, wenn er zu sehr nach dem Frappanten strebt – statt sich

selber ganz in seinem Werke zu verlieren, wird er sich nur in Gedanken an die Stelle derer setzen, die sein Werk betrachten und beurtheilen sollen. –
Darüber wird die Flamme des Genies, wenn sie da war, verlöschen – denn der ächte Künstler strebt, seinem Werke seine eigene Seele einzuhauchen, sich selber darin zu finden, und seinen Geist darin zu spiegeln, wenn auch nie ein andres sterbliche Auge auf seiner Arbeit ruhte. –
Das Titianische Kolorit frappirt nicht eigentlich, sondern es zieht vielmehr mit sanftem Reiz an sich – und bei dem längern Anblick entdeckt man erst das unendlich Reiche und Mannichfaltige in dem Einfachen. –

Improvisatoren.

Ich soll Ihnen eine Schilderung von den Improvisatoren machen: ich will sie Ihnen beschreiben suchen, so wie ich sie hier habe kennen lernen.
Es ist unglaublich, was ein solcher Improvisatore für einen Umfang von Kenntnissen in der Geschichte und Mythologie besitzen muß, wenn er nicht mit Schande bestehen will; denn er muß sich jede Aufgaben gefallen lassen, wenn sie auch den speziellen Umstand aus der Geschichte oder Mythologie betrift, und er muß sogleich gefaßt seyn, diesen gegebenen Umstand aus dem Stegreife zu besingen.
Es ist zu verwundern, daß einer der diese Kenntnisse besitzt, sie nicht besser zu seinem Vortheil und zu seiner Ehre anwendet; allein es scheint, daß eine wirkliche enthusiastische Neigung die Improvisatoren zu diesem Geschäfte treibt, wo sie den Beifall des Volkes sich aus der ersten Hand erwerben können, und in dem Moment der Bestre-

bung auch unmittelbar die Belohnung ihres Talentes einerndten.

Auch sind die Improvisatoren nicht so ganz verachtet; unter dem Cirkel von Menschen, der sich auf der Straße um sie her versammelt, finden sich Personen aus allen Ständen, und es ist nicht bloß der Pöbel, vor welchem ihr Genie sich entwickelt.

Ein Venetianer, der vorzüglich Beifall findet, läßt sich jetzt alle Nachmittage auf dem spanischen Platze hören. Der Kreis, der sich um ihn her versammelt, wird immer zahlreicher, so wie das Feuer seiner Begeisterung zunimmt, und wer einmal still steht, um ihm zuzuhören, entfernt sich nicht sobald wieder; ich pflege ihn nicht leicht einen Nachmittag zu versäumen.

So oft er ausgesungen hat, geht er im Kreise umher, und bittet sich von einem der Anwesenden eine neue Aufgabe zu einem Gesange aus. Sobald er die Aufgabe erhalten hat, sinnt er nur einige Minuten nach, und hebt alsdann sein Gedicht, nach einem gewissen Takt und Melodie ordentlich SINGEND an, so daß man in die Zeiten der ältesten Dichtkunst sich zurück versetzt glaubt.

Wenn ihm nun etwa ein Stück aus der alten römischen Geschichte zu besingen aufgegeben wird, so weiß er, besonders durch die Benutzung des Lokalen, das Interesse des Volkes, das ihm zuhört, und das sich immer noch das römische dünkt, oft in einem solchen Grade zu erregen, daß ein wiederholter Beifallszuruf seinen Gesang unterbricht, der sich alsdann mit neuem Feuer unter diesem Zuruf wieder emporarbeitet; und um manche Verse, die in dieser wachsenden Begeisterung sich bilden, ist es wirklich Schade, daß keine Hand sie aufschreibt, und daß der Wind sie verweht.

Dieser Venetianer ist wirklich aus bloßer Neigung ein Poet

aus dem Stegreife. Er ist von guter Herkunft, und wurde in seiner Vaterstadt, als Advokat, wegen seiner Geschicklichkeit vorzüglich geschätzt und gesucht; seine Freunde und Anverwandte suchten ihn auf alle Weise bei einer ordentlichen Lebensart zu erhalten; er entwischte ihnen aber mehrmahlen, um seinem unwiderstehlichen Hange zu folgen, und als Improvisatore die Städte Italiens zu durchziehen.

Der Beifall des Volks, das seine Lieder hört, geht ihm über alles; das Geld verachtet er; ein kleiner Knabe, den er bei sich hat, geht nach Endigung eines Gesanges mit dem Hute in der Hand im Kreise herum, und ein jeder wer will, wirft etwas hinein, wo denn manchmal, wenn der Beifall recht groß ist, die Ernte so reichlich ausfällt, daß der Knabe den Hut mit Münze halb angefüllt zurückbringt.

Der verschwenderische Dichter aber achtet zuweilen im Taumel seiner Begeisterung, wo alle Schätze und Reichthum der Erde in der Gewalt seiner Phantasie sind, der verächtlichen Münze nicht, sondern schleudert sie umher, indem er den angefüllten Hut auf den Kopf setzt, und nur das für sich behält, was zufälliger Weise zwischen seinem Hut und Scheitel noch liegen bleibt.

Zuweilen ist dieser Volkspoet sehr ordentlich gekleidet, gepudert, Chapeau bas, und mit dem Degen an der Seite; zuweilen geht er wieder äußerst zerlumpt einher: denn da er in seiner idealistischen Dichterwelt seine vorzügliche Existenz hat, so kümmert er sich nicht viel um die gemeinen Bedürfnisse des Lebens.

Er wird oft in die Palläste der Großen gefordert, wo er im Zimmer vor einer glänzenden Versammlung seine Stanzen rezitirt. Es scheint ihm aber weit mehr Vergnügen zu machen, wenn er auf irgend einem Platze, unter freiem Himmel, einen vermischten Volkshaufen um sich her versammeln, und gleich einem Orpheus, die rohesten Gemüther, und den wildesten Pöbel bewegen kann, seinem Gesange zuzuhorchen.

Diesen Endzweck erreicht er wirklich, und es ist ein angenehm überraschender Anblick, wenn man in diesem Kreise, den großen Faquino (Sackträger) neben dem kleinen Abbate lauschend stehen, und eben so wie jenen, bei den schönsten Stellen seinen Beifall bezeigen sieht. –

Rom, den 12. Oktober.
Monte Cavallo.

Mit Recht führt dieser Hügel, der ehemals der Quirinalische hieß, von einem der ersten Kunstwerke seinen Nahmen, das ihm zur Zierde dient, und diesen Platz zu einem der merkwürdigsten in Rom macht.

Dieß sind nehmlich die beiden Rosse lenkenden Jünglinge, von kolossalischer Größe, aus den schönsten Zeiten der griechischen Kunst, in Marmor gebildet; worunter man die Nahmen Phidias und Praxiteles liest –

Mögen immer diese oder andere die Werkmeister dieses wundervollen Kunstwerkes seyn; und mag nun Kastor und Pollux, oder Alexander, wie er den Bucephalus bändigt, unter diesen Jünglingsgestalten abgebildet werden; so kann man sich nichts Erhabneres und Schöneres, als die jugendliche Menschenform in dieser Stellung denken.

Besonders in der zur Rechten hat das Ganze einen solchen Ausdruck von Kraft und Größe, und doch zugleich von Schlankheit und Behendigkeit, – von angebohrner Herrschaft des Menschen über die thierische Welt, und im Antlitz den Ausdruck von befehlender Kühnheit – –

Diese stolze Kühnheit schaut von der Stirne herab;

schwillt in den Lippen an; gebietet im Auge; und ruht in dem gewölbten Kinne –

Die Stirn tritt über dem Auge majestätisch vor, und in der untern großen Ründung der Wangen bis zum Kinne, senkt sich die ganze Fülle inwohnender jugendlicher Kraft hernieder –

Die linke Hand ist lenkend; das rechte Knie ist stützend, während das linke vortritt: die Muskeln der rechten Seite senken sich in einander, während daß die auf der linken sich auseinander dehnen –

Die rechte Hand hält den Zügel, und nach ihr biegt sich der ganze übrige Körper hin –

Von dem Haltungspunkt in der Rechten geht die Handlung aus, und erstreckt sich bis zum Lenkungspunkt in der linken Hand.

Die haltende Seite senkt sich, während die lenkende sich erhebt –

Das denkende Haupt richtet sich ganz nach der lenkenden Seite hin; und gerade durch diese Theilung schimmert nun das Handelnde in der Bewegung jeder Muskel durch die ganze Körpermasse –

Allein die Bedeutsamkeit und Stellung ist es nicht allein, wodurch diese Figur ihre Größe und Erhabenheit hat; sondern es ist die Größe in den Formen selber, in den einzelnen Umrissen der Glieder, wovon jeder innere Kraft und Wirksamkeit im höchsten Maaß anzeigt –

Denn was sind die kleinen Umrisse in den Körpern anders, als Zeichen von jeder möglichen BIEGSAMKEIT desselben nach allen Seiten zu? –

Und diese zarte Biegsamkeit nun vereinbart mit der Kraft des geraden stämmenden Aufrechtstehens, ist es ja eben, was den höchsten Grad des Schönen ausmacht, wo Kraft und Zartheit, Behendigkeit und Stärke sich vermählen –

Die Bildhauerkunst kann die Größe und Erhabenheit nicht anders als durch den Körper darstellen; und muß den Ausdruck von inwohnender Geisteshoheit auf Stirn, und Mund, und Nase hervorrufen, und ihn auf der ganzen Oberfläche des majestätisch emporgerichteten Körpers sichtbar machen –

Promenade auf dem Korso.

So langweilig einem im Anfange das ewige Spazierengehen und Spazierenfahren auf dem Korso, durch die Porta del Popolo bis nach der Ponte Molle vorkommt, so gewöhnt man sich doch endlich daran, und dieser Gang wird einem immer lieber, je öfter man ihn gemeinschaftlich mit den Einwohnern dieser Stadt besucht, die alle hier zusammenströmen, und eben dadurch diese lange ermüdende schnurgerade Straße zu einem der unterhaltendsten Spaziergänge machen, weil man das ganze lebende Rom sich hier auf und nieder bewegen siehet, mit Bekannten sich zusammen findet, und sich mit zu den Bewohnern der Stadt zählet, welche sich diese lange Straße zu ihrer Lieblingspromenade einmal auserkoren haben.

So wie die Hitze des Tages sich gelegt hat, drängt sich alles

hier zusammen, um der kühlen Abendluft zu genießen. Die Equipagen fahren Schritt vor Schritt, und müßen zuweilen stille halten, wenn bey dem langen Zuge ein Hinderniß in den Weg kömmt; an beiden Seiten ist für Fußgänger ein erhöhter Weg mit breiten Steinen, so daß diese die glänzenden Wagen in ihrer Mitte nach Bequemlichkeit mustern, und an der Pracht ihrer geistlichen Oberhirten ihre Augen weiden können.

Auf der Ponte Molle selbst wird die Aussicht erst recht frei und schön, und man siehet hier die Gebürge mit ihrem violetten Widerschein im Glanz der Abendsonne. Aber gerade hier, wo die Aussicht erst recht schön wird, kehrt man wieder um, und fährt die lange Straße zwischen zwei Mauern in die Porta del Popolo wieder hinein.

Dieß däucht einem aber schon als müßte es einmal so seyn, weil der ganze Strom von Menschen mit dem man fortgezogen wird, bei der Ponte Molle umkehrt, und wieder nach der Stadt seinen Rückzug nimmt.

Die lebhafteste Gegend auf dem Korso ist bei der Kirche St. Carlo, da wo die Straße Condotti den Korso durchkreuzt.

Hier stehen die meisten Buden, wo mitten auf der Straße warmes Essen feil ist, und welche des Abends durch ihre Erleuchtung die Straße mit aufhellen, welche sonst, da es hier keine Laternen giebt, ganz dunkel seyn würde. Hier findet man es auch noch spät in die Nacht lebhaft, und der Spaziergang von hier bis an die Porta del Popolo macht einem wegen der abwechselnden Scenen selten Langeweile.

Die Kaffeehäuser in der Gegend von St. Carlo werden auch am häufigsten besucht; und es stehen hier im Sommer eine Menge von Stühlen vor der Thüre auf der freien Straße, wo diejenigen, welche Erfrischungen genießen, zugleich das fortdauernde Schauspiel des Lebens und Webens der Menschen als ruhige Zuschauer betrachten können.

Rom, den 4. Oktober.

Propaganda.

Ich habe nun auch einer Art von Examen oder öffentlichen Redeaktus auf der Propaganda beygewohnt. Hierbei wurde aber so wenig Ernst und Feierlichkeit beobachtet, daß man vielmehr mit der ganzen Sache einen Spaß zu treiben schien.

Es war gedrängt voll, und ein sehr gemischtes Auditorium. Die Zöglinge der Propaganda traten einer nach dem andern auf, und ließen sich in ihren fremden Zungen und Sprachen hören.

Sie hätten aber eben so gut auch schweigen können; denn da der größte Theil der Zuhörer von dem Inhalte ihrer

Rede nichts wußte, und nur unverständliche Laute vernahm, so herrschte bei diesen Vorträgen auch wenig Stille und Aufmerksamkeit. Vielmehr entstand ein überlautes Gelächter, so oft eine neue hier noch ungehörte Sprache mit ihren sonderbar klingenden Tönen von den Lippen eines Redners anhub, dessen Gesichtsbildung und Farbe so fremd und auffallend, wie die Laute seiner Stimme, waren. In mir wurde hierbei der Wunsch rege, den großen Schatz von lebendiger Sprachwissenschaft, der sich in den Zöglingen dieser christlichen Pflanzschule für den ganzen Erdkreis hier zusammenfindet, benutzen zu können. Denn man findet wohl nicht leicht einen Ort in der Welt, wo man, so wie hier, nicht nur die todten Schriftzeichen in den mannichfaltigsten Sprachen, sondern auch den Mund, der sie, als die Töne seiner Muttersprache, ausspricht, jedesmal um Rath fragen kann.

Kontrast zwischen der deutschen und der italiänischen Sprache.

Da es hier unter den Handwerksleuten so viele Deutsche giebt, so schallen einem die Töne der deutschen Sprache beständig in den Ohren; ganz sonderbar aber klang es mir doch, als ich das erstemal vor einem offenen Schusterladen vorbei ging, und das Lied: Es ritten drei Reuter zum Thore hinaus! im oberdeutschen Dialekt von den Gesellen intoniren hörte.

Für die deutschen Flüche ist die italiänische Sprache zu weich, als daß sie einige davon hätte aufnehmen sollen. Ein *Sangue di Dio!* Und *cospetto di bacco!* klingt selbst im Zorn noch sanft; und diese Flüche verwandeln sich in Singen, wenn man sie mit dem deutschen DONNERWETTER vergleicht.

Einer meiner Freunde aus Berlin, ging vor einiger Zeit, da es schon ziemlich spät war, durch eine enge dunkle Straße. Eine Anzahl Sbirren mit Laternen umringten ihn, weil sie ihn vielleicht für eine verdächtige Person hielten, aber auch auf ihre Art Spaß mit ihm treiben wollten.

In der Angst stieß er den deutschen Fluch SCHWERENOTH! heraus; und wie ein Lauffeuer ging nun dieser Fluch unter den Sbirren herum, die ihm alle nachsprachen, indem sie erenoth! erenoth! anstatt des deutschen Schwerenoth, wiederholten, und also selbst diesen rauhen Fluch in ihrem Munde, durch die Hinweglassung des zischenden Lauts, milderten.

Auf eine ähnliche Art scheint der Ausdruck *far brindisi*, Gesundheit trinken, von einem deutschen Ausdruck entstanden zu seyn, dessen ohngefähren Klang man aufhaschte, und weil man den Gebrauch von den Deutschen nahm, auch den Ausdruck gleich mit übertrug.

Man hörte nehmlich, indem die Gesundheiten ausgebracht wurden, zum öftern wiederholen: ich bring dir sie! bring dir sie! und ohne diese Laute zu verstehen, sprach man sie nach, und bildete ein italiänisches Wort, *brindisi*, daraus, welches nachher so viel als Gesundheit trinken, oder Gesundheit ausbringen, bezeichnete. Hierbei bitte ich aber zu bemerken, daß ich nicht der erste bin, der das Wort *brindisi* auf die Weise abgeleitet hat, sondern daß diese Ableitung schon lange vor mir von Sprachforschern angenommen und anerkannt ist.

Daß die Italiäner nur mit vieler Mühe fremde Sprachen lernen, und mit solcher Schwierigkeit die fremdem und ungewohnten Laute nachsprechen, scheint eben daher zu kommen, weil ihre Sprache gerade einer der sanftesten, und also ihr Organ am wenigsten zu irgend einiger Anstrengung im Sprechen gewöhnt ist; dahingegen die deutsche Zunge eben durch die Anstrengung, mit welcher sie von Kindheit an die rauhere Muttersprache redet, zu der Erlernung fremder Sprachen viel biegsamer geworden ist.

Der Ausdruck *gia! gia!* welchen man zum öftern im gemeinen Leben hört, scheint wirklich eine Nachahmung des deutschen ja! ja! zu seyn; denn wie es scheint, soll es so viel ausdrücke, als, ja doch, ich verstehe schon!

Es wird den Italiänern sehr schwer, deutsche Wörter nachzusprechen; und so viel sie auch Deutsch hören, so sprechen sie doch nur sehr wenige Ausdrücke nach.

Ein deutsches Wort, welches fast alle Italiäner wissen, ist das Wort TRINKEN, welches sie freilich von den Deutschen am öftersten mögen gehört haben, und vielleicht auch spottweise, die Liebe zum Trinken, welche den Deutschen von Alters her vorgeworfen wird, damit bezeichnen wollen.

Wegen der großen Verschiedenheit der Mundarten aber

wissen die Italiener sich auch keinen rechten Begrif von der deutschen Sprache zu machen; denn natürlich muß ihnen der östreichische Dialekt und das Tyrolische, mit unserm nordischen Hochdeutsch verglichen, wie ganz verschiedene Sprachen vorkommen, wovon ich einmal die Erfahrung machte, da ich bei dem Begräbnis eines Protestanten eine Rede hielt, und ein Paar Italiäner, welche hinter mir standen, sich stritten, ob das, was ich spräche, deutsch oder englisch sei.

Rom, den 15. Oktober.

Belvedere.

So oft ich unter diesen herrlichen Göttergestalten wandle, kann ich mich nicht einer geheimen Verehrung für den hohen Schwung des menschlichen Geistes, der diese Gestalten schuf, enthalten.

Diese Götterideale der Griechen, waren bei ihnen das höchste Ziel der bildenden Kunst, – sie waren gleichsam der Maaßstab für alles übrige; und so wie sich ein chinesischen Pagodenbild zu dem Jupiter des Phidias verhält, so, däucht mir, kann man wohl sagen, daß sich die chinesische zu der griechischen Kunst verhalte.

Aus diesen Götteridealen der Griechen, wenn man sie als Symbole der Macht, der Stärke, der Weisheit und der Schönheit betrachtet, leuchtet noch itzt der helle Geist hervor, welcher die erhabensten Ideen des Verstandes in Gestalt und Umrisse übertrug, und die meisten Begriffe, welche eine aufgeklärte Philosophie lehren konnte, durch die Kunst anschaulich wieder darstellte,

Nicht das Unmenschliche und Ungeheure, sondern gerade das Menschliche in seiner höchsten Erhabenheit und

Würde, war bei den Alten das höchste Ziel der Kunst; dadurch erhielt alles auf den Geist der Menschen eine unmittelbar zurückwirkende Kraft, und die Griechen arbeiteten sich dadurch zu einem Grade von Kultur empor, welchen nach ihnen noch kein Volk erreicht hat.

Apollo Musagetes.

Dieser weibliche Apollo ist Harmonie und Wohllaut in seiner ganzen Stellung –
Seine Körperbiegung ist nach vorwärts, und sein Gewand wird von dem Hauch der Luft sanft zurückgeweht. – Je länger man dies Gewand betrachtet, desto harmonischer scheinen seine Falten sich zu werfen, und gleichsam in das tönende Saitenspiel zu rauschen. – Der Mantel über dem Leibrocke vermehrt die Würde und Fülle des Ganzen.
Die schrägen Parallellinien, in welchen die Falten sich zurückbiegen, und nach unten zu wieder vorwärts treten, geben einen anschaulichen Begrif von der Einheit des Mannichfaltigen, welcher macht, daß die Harmonie der Tonkunst selber in dieser Figur verkörpert zu seyn scheint – –

Auch der Ausdruck der Miene ist wie auf erhabene Töne horchend – und der Schluß an dem Lorbeerkranze um das Haupt vollendet das Ganze in Eines, und macht gleichsam das Volltönende dieser Bildung aus, in welcher alles musikalische Bewegung ist.
Denn selbst die Linie, in welcher der Arm sich emporhebt, und der Fuß vorwärts tritt, bezeichnet Takt und Rhythmus, und Ruhe und Ernst im Blick bezeichnen göttliche Hoheit.

Die tragische Muse – Faltenwurf.

Die tragische Muse tritt majestätisch und ernst einher – ihr Gewand ist unter dem Busen gegürtet, und sinkt über das durchschimmernde Knie herab –
Sie hält die tragische Larve in der rechten Hand, und deutet mit der linken gleichsam den Fall des Edlen an –
Wie kömmt es, daß die Falten im Gewande einen so unwiederstehlichen Reiz für das Auge, oder vielmehr für die Einbildungskraft haben? –
Ist es etwa, weil sie eine gewisse Fülle und Ueberfluß bezeichnen, welche der unterliegenden Bildung gleichsam freien Spielraum läßt? – oder weil durch das Auge die Seele beschäftigt wird, die Zweck und weise Anordnung selbst in dem bemerkt, was sonst ein bloßes Spiel des Zufalls ist? –
Daß gerade in dieser Stellung das Gewand so und nicht anders fallen mußte, und daß Erhabenheit und Würde nicht nur durch den Körper und seine Stellung, sondern auch durch das Gewand, das ihn umhüllt, hervorschimmert, ist ein hoher Triumph der Kunst, die auch in dem zufällig scheinenden Faltenwurf die schaffende Natur nachahmet.

Das Haupt der Medusa.

In diesem Meisterstücke der griechischen Kunst ist, durch die furchtbare Größe aller einzelnen Züge, die menschliche Gesichtsbildung, vom übrigen Körper abgesondert, wie ein schreckendes Ganze dargestellt. –
Dieß Haupt scheint nur ein Wesen für sich; der Theil ist zum Ganzen geworden – Es ist geflügelt, mit Schlangen umwunden – Ulysses, da er im Reiche der Schatten die

Schaaren der Todten ankommen sieht, wendet sein Gesicht weg, damit nicht Persephone, die Königin der Unterwelt, dieß furchtbare Haupt ihm entgegensende, und daß der grauenvolle Anblick ihn vor Entsetzen nicht versteinere. –

Eigenthümlichkeit der italiänischen Sprache.

Padrone.
Eine allgemein gültige und allgemein anwendbare Höflichkeitsformel, ist der Ausdruck *Padrone!* welcher mancherlei Bedeutungen hat, und dem ohngeachtet immer ohne weitere Erklärung verstanden wird.
Padrone! heißt, ich bin ihr gehorsamer Diener! oder, ich danke gehorsamst! wenn man von jemanden gegrüßt wird. Statt daß wir uns von jedem, den wir höflich anreden, seinen gehorsamen Diener nennen, nennt ihn der Italiäner umgekehrt seinen gebietenden Herrn; weil nehmlich *Padrone!* so viel sagen will, als, der Herr haben über mich zu befehlen, dieselben haben gänzlich mit mir zu schalten.
So braucht man auch den Ausdruck *padrone,* wenn jemand wegen einer Sache um Erlaubniß bittet, und man ihm diese Erlaubniß zugesteht: *é padrone!* heißt alsdann so viel, der Herr dürfe nur befehlen, alles was sie wünschen, steht ihnen zu Diensten.
Wenn jemand durch den Bedienten im Zimmer angemeldet wird, so heißt *é padrone!* so viel, als der Herr kann herein kommen! oder, es wird mir angenehm seyn, den Herrn zu sprechen.
Wenn jemand sagt: *servo suo umilissimo*, Ihr demüthigster Diener! so giebt man durch *padrone!* sein Kompliment zurück, indem man sich durch eben diese Ehrenbenennung für seinen *servo umilissimo* erklärt.

Es fehlt uns im Deutschen an einer so kurzen, und in allen Fällen anwendbaren Höflichkeitsformel, wie das italiänische *padrone!* welches immer einen ganzen Sinn in sich faßt, und sich in einem Moment aussprechen läßt.

Signore!
O *signore!* ist ein Ausruf, den man oft von gemeinen Leuten nur mit der ersten Silbe *o sign!* Hört, die sie mit einem Seufzer aussprechen, und das Uebrige verschlucken; welches dann eine seufzende Anrufung des göttlichen Nahmens, als, o Herr! oder, o Gott! bezeichnet.

Eine gewisse Trägheit im Ausdruck ist Ursach, daß man sich gern, wo man nur kann, eine Silbe zu ersparen sucht: so sagt auch der Florentiner *ngor si!* anstatt *signor si!* (ja mein Herr).

Merkwürdig ist auch noch der besondere Accent, welcher bei *si signore!* und *non signore!* niemals auf das *si,* oder *non,* (ja oder nein) sondern immer auf das *signore* gesetzt wird, gleichsam als ob das *si* oder *no* weniger bedeutend in der Anrede wäre, als das *signore,* womit man doch im Grunde nichts sagt.

Auch ist das *si* und *no* mit dem *signore* einmal unzertrennlich verknüpft; und es wird wie eine Unhöflichkeit betrachtet, JA oder NEIN zu sagen, ohne dieß *signore* unmittelbar darauf hinzuzusetzen.

Dieß wird schon bei der Erziehung der kleinsten Kinder beobachtet. Wenn sie auf irgend eine Frage *si* oder *no* geradezu antworten, so werden sie gescholten, und das *signore* wird ihnen so lange vorgetragen, bis sie es ganz mechanisch mit dem *si* und *no* verbinden lernen, gleichsam als ob es zu diesem Ausdruck, wie eine Endsilbe, mit gehörte.

Dem Ausdruck *signore* selbst aber merkt man im Italiänischen noch am deutlichsten seinen Ursprung von dem

Lateinischen *senior*, an; woraus man sieht, daß die Verehrung des Alters im Grunde die direkte Höflichkeitsbezeugung ist, und daß die anderen Höflichkeitsformeln sich davon herschreiben; nur daß in dem Englischen *Sir*, und in dem Französischen *Monsieur*, dieser Ursprung schon unkenntlicher geworden ist, welches letztere Wort in der italiänischen Aussprache ganz entstellt wird, wo es wie *Monsuh* lautet, und zu einem Ausdruck geworden ist, womit der gemeine Mann die Fremden anredet.

Seccatura.

Che seccatura! (wie langweilig!) oder *non ci seccate!* (macht uns keine lange Weile) ist ein Ausdruck, dessen sich der Italiäner bedient, so oft ihm eine Arbeit lästig wird, oder so oft man ihm mit irgend etwas beschwerlich fällt.
Dieser Ausruf drückt die ganze Scheu vor jeder ermüdenden Anstrengung aus, welche dem gemeinen Italiäner mehr als der Tod verhaßt ist.
Es ist auch ein sehr bedeutender Ausdruck, weil er recht eigentlich die Trockenheit und Leere bezeichnet, die mit der Langeweile und der einförmigen lästigen Arbeit verknüpft ist.
Denn freilich stimmt die Natur und die menschlichen Einrichtungen selber hier zusammen, um das ganze Leben mehr auf den Genuß, als auf die Arbeit zu berechnen. Die Arbeit ist hier wirklich eine *seccatura*, weil sie, da hier alle Sehnen der Nationalindustrie erschlafft, und dem erwerbenden Fleiße alle Wege versperrt sind, im Grunde keinen Zweck hat, der sie beleben könnte –
Die allgemeine Trägheit, in die man versunken ist, macht daher jede Bemühung langweilig, und ein arbeitsames Leben ist die ärgste *seccatura*, die man sich denken kann.

Rom, den 20. Oktober.

Pietro von Kortona.

Das Deckengemählde von Pietro von Kortona in dem Pallast Barberini, ist eines der prachtvollsten, aber auch der abentheurlichsten, was man sich denken kann; so sonderbar ist das Christliche mit dem Heidnischen in der allegorischen Darstellung untermischt.

Pabst Urban der achte aus dem Hause Barberini, hat seiner unbegränzten Eitelkeit hier ein beliebendes Denkmal gestiftet; und dieses Deckengemälde dient zugleich zum Andenken an die fürchterliche Gewalt, welche sich die Kirche einst angemaßt hat; denn darauf zielen im Grunde alle diese sonderbar gemischten Symbole ab. Es ist nehmlich die geistliche Gewalt, welche hier den Friedenstempel aufschließt, die Furien verjagt, und den Zyklopen befiehlt, zum Schutz der Kirche Waffen zu schmieden.

In der Mitte des Gewölbes wird das Barberinische Wapen in den Himmel unter die Sterne versetzt. Keine geringere Person, als die Zeit, die Vorsehung, die Parzen, und die Ewigkeit, sind mit dieser wichtigen Handlung beschäftigt.

Minerva schleudert den Donner auf die Titanen –

Herkules tötet die Harpyen – Religion und Glaube ist auf der einen, und die Wollust auf der anderen Seite allegorisch abgebildet.

In den Wolken schweben die Gerechtigkeit und der Ueberfluß.

Mitten unter den heiligen Erscheinungen dampft die Werkstätte des Vulkan.

Der Friede verschließt den Tempel des Krieges; Mars liegt an Ketten; Fama verkündigt den Frieden; und in der Mitte stehen zwei Frauenzimmer. Diese heißen: DIE KIRCHE und DIE KLUGHEIT.

Auf die Weise ist in diesem Deckengemählde die geistliche Gewalt allegorisch dargestellt.

Man braucht nicht, wie sonst gewöhnlich, vier Paul zu zahlen, wenn man dieß Gemählde betrachten will, sondern kann zu jeder Zeit, wenn es einem gefällt, geradezu in den Pallast Barberini in den Saal gehen, dessen Decke mit dieser allegorischen Darstellung prangt.

Man muß sich aber Zeit nehmen, um aus dem Labyrinthe sich herauszufinden, und etwa auf einer von den Bänken sitzend, diese Zusammensetzung nach allen Seiten mit Muße untersuchen.

Raphael. Die Schlacht des Konstantin.

In der Mitte des Gemähldes, auf der Brücke über die Tiber, ragt der Held hervor, welcher gerade nicht die interessanteste Figur in diesem großen Ganzen ist. Es scheint, als ob er mehr nur den Haltungspunkt bezeichnen, als selbst vorzüglich den Blick auf sich heften soll.

Ueber ihm schweben drei Engel, welche den Sieg verkünden –

Unter dem Sieger bilden die Fliehenden eine schöne Gruppe; von zwei in die Fluth stürzenden ist dem einen der Helm vom Haupt gefallen; der andere hält noch Arm und Schild empor –

Zur rechten sieht man oben den Triumph der Sieger auf der Brücke über die Tiber, und unten die Verzweiflung der Besiegten.

Der feindliche Heerführer Maxentius faßt in die Fluth versinkend mit starken Armen sein Pferd noch um den Nacken, und scheint mit drohendem Blick selbst der Verzweiflung Trotz zu bieten. Er ist eine weit interessantere

Figur, als der von den himmlischen Heerscharen beschützte Konstantin –

Einige suchen sich auf einem Kahn mit der Flucht zu retten, und vor den Pfeilen zu schützen, welche vom Ufer auf sie abgeschossen werden. –

Der eine stürzt aus dem Kahn; ein anderer, der schon untersinkt, faßt ihn mit Todesangst um den Leib, und zieht ihn unaufhaltsam mit sich in die Fluth hinab.

Am Ufer ist unter den Besiegten ein Jüngling mit dem Pferd gestürzt, und hohlt, zu Boden liegend, noch zu einem tödlichen Streiche gegen seinen Ueberwinder aus, der schon das Schwerdt auf ihn gezückt hat –

Zur Linken sieht man die hoch emporgetragenen Adler, die Hörner, die Tuba, den ganzen Triumph des Sieges – das alles rollt oben in der Ferne weg, während daß unten in der Nähe noch das rasende Getümmel fortwährt.

Der eigentliche Graus der Schlacht, das höchste Gewühl des Treffens, drängt sich hier zusammen – Der Schimmer von einem weißen Pferde lenkt das Auge auf die furchtbare Scene hin, wo man gleichsam in das Herz des Treffens, in die innerste Tiefe der Zerstörung blickt –

Mit Wuth und Angst im Gesichte, hält der stürzende sich noch an den Mähnen des weißen Pferdes – Der eine hält tausend feindlichen Streichen ausgesetzt seinen Schild noch über den Kopf; ein anderer kniet wüthend dem Gegner auf die Brust, und sucht ihm den Helm vom Haupte anzureißen –

Eine Schlacht mit allen ihren Schrecken ausgemahlt, ist einer der erhabensten Gegenstände; es ist die Zerstörung selbst verewigt; das Schrecken und die Unordnung geordnet; und das Verderben und der Untergang selber zu einem harmonischen Ganzen gebildet –

Vatikan.

Die höchste Pracht und die höchste Armuth wohnen hier nebeneinander; das unermeßliche Vatikan, und die ungeheure Peterskirche, sind mit engen, schmutzigen Straßen, und niedrigen Hütten umgeben, deren Bewohner durch Noth und Elend in diese verpestete Gegend gebannt sind, wo sie mit jedem Sommer bösartigen Fiebern und Seuchen entgegen sehen, wodurch eine große Anzahl von ihnen hingerafft wird *.

Durch die ungesunde Luft wird auch der Pabst sogleich mit dem Anfange des Sommers vom Vatikan vertrieben, und bezieht seinen angenehmen Sommerpallast auf dem Quirinalischen Hügel, wo man in Rom die gesundeste Luft einathmet.

Einige Straßen in der Gegend des Vatikans sind so ungesund, daß die armen Bewohner des Nachts nicht in ihren Hütten schlafen dürfen, wenn sie tödtliche Krankheiten vermeiden wollen.

Der junge Mahler Kirsch aus Dresden fand hier auch seinen Tod, weil er seiner Jugend und Stärke zu viel zutraute, und es wagte, im Sommer eine Wohnung in dieser Gegend zu beziehen.

Rom, den 22. Oktober.

Raphael.

Der Streit der Kirchenlehrer über das Sakrament, ist gewiß einer der unfruchtbarsten und trockensten Gegen-

---

* *Tac. Hist. Lib. É. C. 22. infamibus Vaticani locis magna pars tetendit; unde crebrae in vulgus mortes.*

stände auf das meisterhafteste ausgeführt, und alles von dem Künstler hineingelegt, was nur irgend diesen an sich so todten und uninteressanten Stoff nur einigermaßen beleben konnte.

Der untere Theil des Gemähldes enthält das irdische; die Kirchenväter und Lehrer, um einen Altar versammelt, und in der eifrigsten Unterredung über das große unerforschliche Geheimnis begriffen, bilden mannichfaltige Gruppen, und der Ausdruck in den Köpfen ist so wahr und sprechend, daß man hingerissen wird, sich für die Verhandlungen dieser Personen zu interessiren, wenn man auch kein Wort von dem Gegenstande ihrer Untersuchung wüßte: genug man sieht, daß sie gemeinschaftlich über etwas nachdenken, womit ihre ganze Seele beschäftigt ist; und eben dies Nachdenken, welches sich auf so mannichfaltige Weise, in den verschiedensten Gesichtszügen, zeichnet, giebt diesem Gemählde eine solche Kraft und einen so unschätzbaren Werth.

Der obere Theil des Gemähldes enthält lauter himmlische Gegenstände, die für den menschlichen Beobachter eben kein vorzügliches Interesse haben. Es ist nehmlich die gewöhnliche Abbildung der Dreieinigkeit, mit Glanz, und Heiligen, und Engelköpfen umgeben.

Dieß sind nemlich die Visionen der heiligen Väter, wovon einige bei ihren Betrachtungen gleichsam den Himmel offen sehen, wie sich die verkörperte Gottheit zum Genuß der Sterblichen in das geweihte Brodt auf dem Altar hernieder senkt –

Je unfruchtbarer dieser Stoff, und je unmahlerischer das Kostum ist, um desto mehr Bewunderung verdient das Genie des Künstlers, welches unter dieser Bürde nicht erlag.

Man kann sich nicht enthalten, bei der Betrachtung dieses

Bildes eine Vergleichung der christlichen und heidnischen religiösen Gebräuche, in malerischer Rücksicht, anzustellen.

Und hier muß freilich die neuere Kunst, schon wegen der schweren Bearbeitung ihres Gegenstandes vor der alten zurückstehen, wo sich aus dem ganzen religiösen Leben, wenn man z. B. nur die Darstellung von Opfern nimmt, die mannichfaltigsten, reizendsten Scenen, mit dem mahlerischen Kostume von selbst darboten.

Portraitmahlerei.

Auf Portraits hält man in Rom nicht sehr; die höhere Mahlerei verdrängt diesen untergeordneten Zweig; da hingegen in Ländern, wo die Kunst nicht blüht, die Portraitmahlerei noch das einzige ist, wofür man sich interessirt, und was dem Künstler Nahrung verschaft.

Es ist auch natürlich, daß da, wo man für die höhere Kunst noch keinen Sinn hat, doch ein jeder sich freuet, wenn er seine eigenen Gesichtszüge nachgeahmt und abgebildet sieht, weil hierzu weiter kein Sinn für die Kunst erfordert, und doch das Vergleichungsvermögen der Seele beschäftigt wird.

Dieß findet nun freilich auch bei den rohesten und ungebildetsten Menschen statt, weswegen denn auch ein Portraitmahler immer sicher sein Schicksal in der Welt wagen kann; wie jener, der auf einem Schiffe, das nach Ostindien fuhr, Matrose wurde, und gewiß war, es nicht lange zu bleiben, weil der erste von seinen Kameraden, dessen Portrait er mit Kohle zeichnete, einen solchen Lerm auf dem Schiffe von dem Künstler machte, daß er bald von aller Arbeit befreit war, weil nun ein jeder von ihnen gemahlt seyn wollte, bis der Befehlshaber des Schiffes selber seine Geschicklichkeit kennen lernte, und ihn auf einmal in eine bequeme und angenehme Lage versetzte, die vollkommen glücklich wurde, als er nach Ostindien kam, wo er mit seiner Kunst wuchern konnte.

Volkslieder.

Ein Volkslied, das einem jetzt allenthalben hier in den Ohren gellt, das die Kinder auf der Straße singen, und da man auch aus manchem schönen Munde hört, hat bei aller Ungereimtheit und Abgeschmacktheit, die darin herrscht, doch eine gewisse kindische Naivität, die vielleicht eben Ursach ist, daß es einen so allgemeinen Beifall gefunden hat; denn die Worte darin sind gerade so gesetzt, daß es scheint, als ob man etwas sagt, da man doch im Grunde nichts sagt, welche Art sich auszudrücken der bequeme Italiäner in seiner Umgangssprache vorzüglich liebt.
So ist denn auch dieses Lied beschaffen; sein Refrein ist immer, *non dico – ma!* ich will eben nicht sagen – aber – und dann folgt; *li la batte lì!* eine Reihe von unbedeutenden Silben, worunter man nun dasjenige, was man nicht sagen, sondern für sich behalten will, gleichsam zu verstecken sucht, daß es also das Ansehen hat, als wolle man sich etwa, das was man denke, nicht deutlich merken lassen, sondern eine Art von Zurückhaltung beobachten, die von einer vorzüglichen Verschlagenheit oder Klugheit ein Beweis seyn soll.

Rom, den 24. Oktober.

Eigenthümlichkeiten
der Italiänischen Sprache.

Che so Io!
Diesen Ausdruck hört man im gemeinen Leben, besonders wenn der Italiäner etwas erzählt, beinahe ums dritte Wort. – Es ist ihm zu mühsam, sich lange zu besinnen; er schiebt das auf seine Unwissenheit, was im Grunde bloß Trägheit bei ihm ist, und sagt mit einer Art von Unwillen: *che so Io!* (was weiß ich!) gleichsam, als ob das, worauf er sich weiter zu besinnen keine Lust hat, auch der Mühe des Nachdenkens nicht werth wäre.

Es ist dieß auch wirklich ein leichtes Mittel, sich aus jeder Art von Unwissenheit heraus zu helfen, und kommt in so fern manchem treflich zu statten, der mit einem *che so Io!* sich auf einmal aus dem Labyrinthe zieht, worin er sich im Reden verwickelt hat. Bei Deutschen, welche lange in Italien sind, habe ich bemerkt, daß sie dieses WAS WEISS ICH! beim Erzählen und Räsonniren sehr gern in unsere Sprache übertragen, weil auch ihnen diese Bequemlichkeit zu statten kommt, welche beim Reden so sehr das Nachdenken erleichtert.

Non so che dire, (ich weiß nicht, was ich sagen soll,) ist ebenfalls solch ein Trägheitsausdruck, wo man sich ein wichtiges Ansehen zu geben sucht, als ob man vor vielem Nachdenken nicht wüßte, was man sagen sollte, und im Grunde doch eben deswegen nichts zu sagen weiß, weil man nichts gedacht hat.

Chi sà (wer weiß es?) erhält man zur Antwort, wenn man im gemeinen Leben nach etwas frägt, das einer nicht weiß. Eine solche Frage ist schon lästig, darum erfolgt auch eine Art von unwilliger Antwort darauf; nicht, ICH WEISS ES

NICHT, sondern, WER WEISS ES? gleichsam als ob der andere es hätte vorher wissen können, daß er vergeblich fragen würde. Da hingegen der geduldige Engländer mit einem, ICH WEISS ES IN DER THAT NICHT! dem Fragenden seine Unwissenheit gesteht, und zugleich seinen guten Willen zu erkennen giebt, ihn gerne zu belehren, wenn es ihm möglich wäre.

Der Ausdruck, *ha capito?* (haben Sie verstanden?) und *ho capito!* (ich habe verstanden) ist im Italiänischen besonders wegen seines Mißbrauchs merkwürdig; denn manche Unterredungen, die man im gemeinen Leben hört, scheinen wirklich aus diesem *ha capito?* und *ho capito!* zusammengesetzt zu seyn.

Die Leute geben sich ein Ansehen, als ob sie sich einander die wichtigsten Dinge sagten, und sich nur halbe Winke geben dürften, um einander zu verstehen, da sie oft selbst kaum wissen, was der Gegenstand ihres Gesprächs ist. Schlauheit und Verschlagenheit ist dasjenige, worin man die meiste Ehre sucht, und was man wenigstens zu besitzen scheinen will; darum gibt man sich denn immer das Ansehen, als ob man schon von ferne wittern könne, was der andere im Schilde führe; und wenn jener kaum anfängt zu reden, so hemmt ein bedeutendes *ho capito!* schon den Fortschritt seiner Worte.

Jener aber macht sich dieß auch wieder zu nutze, und wenn er sich nicht weiter verständlich machen kann, so hilft man sich mit einem *ha capito?* heraus, und kann dann gewiß seyn, daß der andere sich keinen solchen Fehlschein geben wird, daß er nicht *ho capito* darauf antworten sollte. Diese schöne Phrases kömmt also eben wie das *che so io!* Der Bequemlichkeit und Trägheit im Denken vortreflich zu statten. Man hat das Vergnügen, sich auf die leichteste Art von der Welt einander zu verstehen, indem man sich wechselseitig die Versicherung davon giebt, ohne sich weiter einander auf die Probe zu stellen.

Unter die Trägheitsausdrücke gehört auch besonders hier in Rom noch der mäßige Ausdruck: *son cose grosse!* womit man sich im gemeinen Leben hilft, wenn man im Grunde weiter nichts zu sagen weiß, und doch sich gern das Ansehen geben möchte, als ob man noch viel wichtiges zu sagen hätte, wenn man nur wollte; bei manchen ist auch dieser Zwischenruf schon so mechanisch geworden, daß sie sich gar nichts mehr dabei denken.

Schutz gegen Gewalt und Unterdrückung.

So wie das alte Rom aus Klienten und Patronen bestand, so kann man auch die Bewohner des neuen Roms füglich in zwei Klassen theilen, nehmlich in solche, die unter Protektion stehen, und in solche, die sie gewähren.

Wer sich nun irgend eines Protektors zu rühmen weiß, darf ziemlich ungestraft Verbrechen begehen, weil die Protektion auch gegen die Gesetze schützt.

Nun ist dieß freilich ein anderes Verhältniß, als zwischen den Patronen und Klienten in dem alten Rom; die Klienten waren arme römische Bürger, welche im Grunde ihrem Patron gleich waren, aber ihm nur, weil er mehr Macht und Reichthum besaß, den Hof machten, und dafür seine Parthei in der Republik verstärkten.

Die römischen Dichter, welche uns ein Gemählde der damaligen Zeit liefern, schildern die Klienten, wie sie in ihrer abgetragenen Toga eingehüllt, bei schlechtem Wetter, im Koth nachwaden mußten, wenn der Patron auf einem erhabenen Sessel von seinen Sklaven getragen wurde; und wie die Klienten sogar von dem Tische des Patrons, unter dem Namen der Sportuln, eine kleine Portion erhielten, die sie sich abholen und zu Hause verzehrten.

Jetzt sieht man etwa einen Kardinal von ein paar Prälaten, oder einen Prälaten von ein paar Abbaten begleitet, welche sein Gefolge ausmachen. Die übrige Begleitung besteht aus Bedienten, deren man hier so viele wie nur möglich hält, um seinen Aufzug glänzend zu machen.

Diese Anzahl von Bedienten genießen denn wenigstens, wenn ihre Besoldung auch noch so geringe ist, der Protektion ihrer Herren, deren sie sich zu ihrem Vorteil auf mancherlei Weise zu bedienen wissen.

Da im Grunde hier eine Art von Anarchie herrscht, wo Gewalt vor Recht geht, so ist einem jeden ein Protektor um so nöthiger, der ihn gegen Beleidigung und Unterdrückung in Schutz nimmt; denn von der Macht hängt hier alles ab, und der Ohnmächtige wird vergebens seine Stimme erheben, und um Gerechtigkeit flehen.

Nur kann es hierbei nicht wohl vermieden werden, daß die Protektion eben sowohl zu der ungestraften Begehung von Ungerechtigkeiten gemißbraucht, als zum Schutz gegen Gewalt und Unterdrückung gebraucht wird.

Rom, den 2. November.

Lokalität.

An die Ortsidentität knüpft sich doch eigentlich die Geschichte und die Dauer eines Volks – Besonders merkwürdig ist daher die Rede des Kamillus, die ihm der Geschichtsschreiber Livius in den Mund legt, als die Römer im Begriffe waren, das von den Galliern zerstörte Rom zu verlassen, und zu Veji ihren Wohnsitz aufzuschlagen.

In dieser schönen Rede ist alles das zusammengestellt, was den Römern diesen Fleck, auf dem sie nun schon so manchen Glückswechsel erfahren hatten, vor allen andern werth machen mußte.

So unbedeutend auch der Nahme an sich ist, so ist er doch einmal das unterscheidende Merkmal, woran sich die Geschichte eines ganzen Volkes knüpft; und Roms Geschichte selbst wäre zerstümmelt, und hätte kein so schönes Ganze für die nachfolgenden Zeiten gebildet, wenn die Römer damals, als ihre Stadt zerstört war, nach Veji übergegangen wären.

Die menschlichen Gedanken verlangen in der Geschichte, wo so vieles sich durchkreuzt, irgend eine große Einheit, woran sich das übrige anschließen kann; und Rom ist auf dem ganzen Erdboden gewiß der Fleck, welcher seit Jahrtausenden durch die interessanteste Geschichte am ununterbrochensten bezeichnet ist.

Es ist daher auch kein Wunder, daß die römischen Dichter und Geschichtschreiber, in dem blühendsten Zeitpunkte, alles benutzten, wodurch Rom und seine Geschichte in den anziehendsten Gesichtspunkt gestellt wurde.

Die ganze Aeneide scheint hierauf angelegt zu seyn; und Livius bearbeitete einen schönen Roman, indem er seine Geschichte schrieb; ihn scheint immer der Gedanke geleitet zu haben, den allmäligen Wachsthum der größten Macht auf Erden aus dem geringsten Ursprunge zu schildern; und er hat in seiner Geschichte alle die Scenen sorgfältig zusammen gestellt, die nicht nur ein einzelnes Volk, sondern die ganze Menschheit interessiren mußten.

Alles erhält dadurch gleichsam einen hellern Brennpunkt, daß nicht ein Land, sondern eine einzige Stadt der eigentliche Schauplatz der größten Begebenheiten ist, die sich auf dem Erdboden ereignet haben.

Diese Geschichte Roms erhält dadurch eine Einfachheit und Größe, die weder bei der Geschichte der griechischen Staaten noch irgend eines andern Landes in der Welt statt findet.
Bei den ungeheuren Eroberungen der Römer nach allen Weltgegenden zu, kehrte man doch mit jedem Jahre immer wieder nach dem Mittelpunkte zurück, von welchem alle diese großen Begebenheiten ausgingen.

Klassischer Boden.

Alle diese Plätze sind durch schöne und große Gedanken geweiht, die hier gedacht, und durch edle und große Thaten, die hier gethan wurden.
Der Ausdruck: KLASSISCHER BODEN, ist daher sehr wohl gewählt, um diesen Begriff zu bezeichnen. Denn die klassischen Werke der Alten erhalten gleichsam ein neues Leben, wenn sie auf diesem ihrem einheimischen und vaterländischen Boden, dem sie entsprossen sind, in dem

Gedächtniß des Lesers wieder aufgefrischt, und ihre unnachahmlichen Schönheiten an Ort und Stelle empfunden werden.

Das alte Rom.

Man überzeugt sich hier immer mehr, daß das alte römische Volk und seine Geschichte immer einer der merkwürdigsten Gegenstände der Betrachtung bleibt.
Die altrömische Sprache ist einmal die Sprache der Welt geworden; unsere Ideen ketten sich von Jugend auf an Roms Geschichte; und man betrachtet die römische Litteratur, die auf unsere Zeiten vererbt ist, gleichsam wie ein Haus, worin jeder, der zu einer höhern wissenschaftlichern Bildung geboren ist, bekannt gemacht und eingeführt werden muß.
Das römische Volk gab seiner Würksamkeit unter allen den größten Umfang. – Es that in das Meer der menschlichen Begebenheiten einen so mächtigen Wurf, daß die

Kreise welche dieser Wurf um sich her zog, noch itzt nicht verschwunden sind.

Daß also, wo nur Wissenschaften gelehrt werden, die Aufmerksamkeit vorzüglich auf Roms Geschichte geheftet wird, liegt in der Natur des Gegenstandes selber; denn es giebt von menschlichen Dingen, wenn man auf die Ausbreitung sieht, nichts Größeres und Wichtigeres als diese Geschichte.

Shakespear.

Wenn sich irgend einer in die Zeiten des alten Roms so lebhaft mit seiner Phantasie versetzt hat, daß jene Zeiten dadurch gleichsam wieder herbeigezaubert, und ganz nahe vors Auge gebracht sind, so ist es Shakespear. –
Die Epoche aus der römischen Geschichte, welche er dramatisch bearbeitet hat, tritt unter seiner Schilderung so wahr und lebendig vor die Seele, daß man in Versuchung geräth, dem Dichter eine Art von Divination in die Vergangenheit, sowie dem Propheten in die Zukunft zuzuschreiben.

Ich habe seinen Julius Cäsar hier gelesen, und mein Studium der römischen Geschichte ist dadurch gleichsam belebt, und alles mir vergegenwärtigt worden. – Auch würde ich einem jeden rathen, den Roms Geschichte interessirt, sein Studium derselben mit diesem Shakespearschen Stücke zu krönen.

Denn so wie Livius und Tacitus ihren handelnden Personen die Reden, welche sie halten, in den Mund gelegt haben, so sind auch die Shakespearschen Schauspiele gleichsam psychologische Belege zu Roms Geschichte, die, obgleich erdichtet, dennoch das unverkennbare Gepräge der Wahrheit an sich tragen, in so fern sie aus den innersten Falten des menschlichen Herzens, das in jedem Zeitalter dasselbe war, herausgehoben sind.

Rom, den 4. November.

Belvedere.

Dieser Ort kann gewiß in doppeltem Sinne Belvedere heißen; weil nicht nur nach außen eine der prachtvollsten Aussichten über die erste Stadt der Welt und ihre umliegenden Gegenden, sondern auch von innen das vollkommenste und schönste, was die Menschheit von den Werken der Kunst besitzt, sich dem Auge darstellt.
Schon sobald man auf dem Petersplatz tritt, erblickt man die größte Kolonnade; die Peterskirche, als das größte Gebäude, das die alten und neuern Zeiten hervorgebracht haben, und dicht daneben den ungeheuren vatikanischen Pallast, der mehr einer Stadt als einem Gebäude ähnlich ist. Alles ist in diesem Pallaste kolossal; man thut eine Reise in dem langen Gange zu dem Gitterthor des Klementinischen Musäums, wo zur rechten eine Treppe zur Wohnung des Kustode herauf geht, der, wenn man ihm vier Paul entrichtet, zu jeder Zeit den Eingang in dies Heiligthum eröffnet. Erst tritt man in den offnen Hof, wo in den Seiten-Nischen die vorzüglichsten Kunstwerke, Apollo, Laokoon, u. s. w. stehen – von da in einen Saal, und dann in die prächtige, einem Tempel ähnliche Kuppel, in welche das Licht von oben fällt, und wo die herrlichen kolossalen Bildsäulen der tragischen Muse, des Apollo Musagetes, u. s. w. stehen. – Dann folgt noch ein großer Saal auswendig mit einem offnen Gange, und außer diesem noch einige besondere Zimmer.

Allenthalben wo man hintritt, wird man durch herrliche Erscheinungen aus der Helden- und Götterwelt überrascht. Eine Welt von schönen Formen schwimmt, wie ein Meer vor der Seele, und man muß sich in diesem großen Schauplatze erst zu orientiren suchen, ehe der Blick auf einzelnen Gestalten haftet.

Am Peterstage ist das Musäum für das römische Volk eröffnet. An diesem Tage ist das
»Entfernet euch ihr Ungeweihten.«
ausgelöscht, und dieser Tempel voll herrlicher Götterideale, wird von dem unwissenden Pöbel wie eine Marionettenbude, oder wie ein Heiligen-Tabernakel, angegafft.

Die Mönche haben hier zu jeder Zeit freien Zutritt, und ich habe zum öftern eine Heerde Franziskaner mit ihrem Oberhirten hier gesehen, die sich bei den Thiergestalten am längsten verweilten, und die kunstreiche Nachahmung in der Figur eines bronzenen Ochsen nicht genug erheben und bewundern konnten, worauf sie sich denn wieder wegbegaben.

Einförmigkeit und Mannigfaltigkeit.
Eine Betrachtung beim Anblick der Kolonnade
auf dem Petersplatze.

Bei großen Gegenständen findet die Seele selbst an der Einförmigkeit Wohlgefallen, – wie aus dem Anblick der blauen Himmelswölbung, der unendlichen Meeresfläche und eines Säulenganges, der selbst durch seine Fortdauer, wo sich doch immer wieder dieselbigen Gegenstände dem Auge darbieten, ergötzt, und wo es einen majestätischen Eindruck macht, je weniger man gleichsam das Ende davon absieht. –

Denn da eine einzige Säule schon etwas Prachtvolles ist, so macht ihre Anzahl und ihre Folge einen Reichthum der Vorstellung aus, der an sich Vergnügen erweckt: die Einförmigkeit ist also hier gewiß schöner als die Abwechselung.
Eine einzige Säule ist schon an sich ein Ganzes, das die Seele füllt, welche sich ergötzt, diesen einzigen Begriff immer wieder nicht abwechselnd sondern vervielfältigt und sich gleichsam in sich selber spiegelnd zu finden.
Von den kleinern Gegenständen erfüllt das Einzelne die Seele nicht ganz, daher ist ihr die Abwechslung nicht zuwider, sondern angenehm, weil sie immer noch Raum genug für neue Begriffe hat. –
Von dem Großen und Erhabenen will man viel, von dem Kleinen vielerley sehen. Ein Eichenhain, ein Cypressenwald, sind schön in ihrer Einförmigkeit; ein mit den abwechselndsten Farben spielendes Blumenbeet, ist schön in seiner Mannigfaltigkeit. –
Große hohe Bäume nehmen sich besser in graden Gängen aus; denn es wäre Schade, wenn hier die Pracht des Ueberblicks verlohren ginge, wo die erhabenen Stämme in der perspektivischen Ferne allmählich ihre Wipfel neigen, und schon durch diese täuschende Darstellung allein, ein schönes Gemählde in der Seele hervorbringen.
Niedrige Bäume und Gesträuche passen besser zu krummen Gängen, weil eine Uebersicht des Ganzen hier doch zu kleinlich ist, und kein Interesse für die Seele hat, deren vorstellende Kraft durch große und erhabene Gegenstände gleichsam ausgedehnt und erweitert zu seyn strebt.
Bei großen Gegenständen ist daher die Uebersicht, bei kleinen die spielende Ueberraschung schöner. –
Ein erhabenes Gedicht braucht nicht zu überraschen, oder die Ueberraschung ist doch nur sein kleinstes Verdienst;

denn man empfindet seine Schönheiten erst ganz, wenn man es zum öftern lieset, und auf die ganze Folge der Darstellung immer schon vorbereitet ist.

Ein leichter bloß unterhaltender Roman hingegen, den man nur einmal lieset, soll vorzüglich durch überraschende Scenen gefallen.

In einer Oper, die mehr ein Vergnügen für Auge und Ohr, als für den Geist ist, müssen die Scenen überraschend seyn; in einem ernsten Trauerspiele hingegen liegt an der Ueberraschung wenig, und es kommt nicht sowohl darauf an, daß sich unerwartete Vorfälle ereignen, als vielmehr darauf, daß eine Begebenheit, sie mag uns nun bekannt oder unbekannt seyn, uns durch die Darstellung immer wichtiger werde, und immer mehr Interesse für uns erhalte.

Unberufene dramatische Dichter suchen daher durch die Häufung unerwarteter Vorfälle, den Mangel an Interesse, das sie ihren Gegenständen nicht geben können, zu ersetzen, und den Zuschauer, den sie nicht zu rühren wissen, wenigstens in ein betäubend Erstaunen zu versetzen.

So, wie bei allen ernsten Gegenständen, muß auch bei Gebäuden das Ueberraschende und Auffallende niemals gesucht werden, wenn die Baukunst nicht in einen kindischen und spielenden Geschmack ausarten soll.

Ein Gebäude soll durch seine edle Zweckmäßigkeit, und durch das schöne Ebenmaaß seiner Teile, je länger man es betrachtet, den Blick immer mehr an sich fesseln, und durch das Auge der nachdenkenden Vernunft Beschäftigung geben.

Ein Gebäude, das durch eine phantastische und abentheuerliche Zusammensetzung die Seele bloß in Erstaunen versetzt, wird für einen ächten und geläuterten Geschmack sehr bald sein Interesse verlieren, und wenn die erste Ueberraschung vorbei ist, mit Verachtung und Gleichgültigkeit betrachtet werden.

Päbstliches Militär.

Ich sahe neulich auf Monte Kavallo dem Exerzieren der päbstlichen Soldaten zu. Ein junger Offizier ließ es sich recht angelegen seyn, und kommandirte mit vieler Heftigkeit.

Dem einen der Herren Soldaten dauerte dies zu lange, und er trat mit dem Gewehr vor, und sagte:

Ma, quando finisce sta storia?

Wann wird die Geschichte ein Ende haben?

Nur noch einen Augenblick Geduld, mein Sohn, gab der Offizier zur Antwort, wir werden gleich fertig seyn! Und nun beruhigte sich auch der Soldat, und exerzierte wieder mit, worauf denn auch sogleich geschlossen wurde.

Ein andermal, als ich dieser Waffenübung zusahe, kam einer von den Soldaten erst, da schon alles beinahe vorbei war.

Aber, mein Sohn, wo kommt ihr so spät her? fragte der Offizier.

Ich habe Messe gehört! war die Antwort.

Recht gut, mein Sohn! versetzte der Offizier, und kommandirte weiter.

Ein Soldat heißt hier auch den gemeinen Leuten *Signor*

Soldato; und die Soldatenstellen werden wie Bedienungen betrachtet, um welche man bei dem Pabste durch Bittschriften anhält.

Laokoon.

Der Jammer der ganzen leidenden Menschheit drängt sich hier zusammen – es ist das höchste körperliche Leiden, vereinbart mit dem höchsten Leiden der Seele.
Durch die beiden Söhne des Laokoon, die mit von der Schlange umwunden werden, wird diese Gruppe erst sanft und schön; denn das erhabene, zartere Mitleid nimmt den Ausdruck des körperlichen Leidens in sich auf, und veredelt und erhöhet das Ganze.
Es ist hier die größte Hülflosigkeit bei der höchsten Bedrängniß und bei der heftigsten Anstrengung zu helfen –
Das zwecklose Abarbeiten und Entgegenstreben macht den entsetzlichsten Mangel alles Beistandes von außen und von innen her, in jeder Muskel sichtbar –
Man sieht in dieser Gruppe das Alter mit der Jugend von der allgewaltigen Zerstörung umfaßt; den Vater mit den Söhnen von umwindenden Ungeheuern in einem Jammerstande umschlungen –
Man denke sich statt der Schlangen in dieser Gruppe, den reißenden Tyger, den verwundenden Pfeil, den tötenden Dolch – nichts kommt dem Entsetzen dieser furchtbaren Umwindung bei, wo die mächtigen Ungeheuer in schrecklichen Krümmungen den ganzen Gliederbau umfesseln – das Edle, Gebildete erliegt der Macht des Ungeheuern; der Mensch dem Wurme –
Es ist die alles umgebende Zerstörung vom Feuer, von Wasserfurthen, die keine Flucht erlaubt – so schlingt das

Verderben hier seinen unauflösbaren Knoten – aus diesem Labyrinthe gibt es nun weiter keinen Ausweg: die widerstrebende Natur erliegt –
Daher ist auch, schon wegen der Wahl des Gegenstandes, dieß Kunstwerk einzig in seiner Art, und konnte nur einzig seyn.
Die Gruppe der Niobe kömmt ihr nicht bei; man sieht dort nur die Wirkung der Zerstörung, aber nicht die Zerstörung selbst –
Die unsichtbaren Pfeile des Apollo und der Diana fliegen in der Luft, und tödten die Söhne und Töchter der Niobe.
– Die Stellungen sind das Schönste, was man sich denken kann; aber das Ganze hat keinen Vereinigungspunkt in sich selbst, sondern bloß in dem Gedanken an die Geschichte der Niobe, die der Betrachtende, um das Ganze zusammen zu fassen, mit hinzubringen muß.

Abendwanderung.

Ich gehe durch Maria Maggiore. Man macht durch einen solchen Tempel ordentlich einen Spaziergang; man tritt von der Straße in einen Umfang, der zum Wandeln Raum verstattet, und wo man durch die Mauern sich nicht eingeengt und beschränkt fühlt.
Die Säulengänge an beiden Seiten laden zum stillen Nachdenken und zur ernsten Betrachtung ein, so wie man in dem einsamen Tempel unter ihnen auf und nieder geht –

Von Zeit zu Zeit heißt ein Gemählde den Fuß verweilen, um in der lebendigen Darstellung menschlicher Geschichten durch Farbe und Umriß, den Genius des Künstlers zu bewundern –

Die gerade Straße von Maria Maggiore führt mich zum Lateran – und so wie ich diesen Tempel durchwandert habe, und aus der andern Thüre trete, finde ich mich am Ende der Stadt, und sehe eine der reizendsten Landschaften vor mir liegen: Das drei Meilen weit entfernte Fraskati, mit seinen weißen Häusern an dem Abhange der Tuskulanischen Hügel; ganz oben auf der Spitze des Hügels die Cypressenallee, wo ich so oft gewandelt habe. Und hinter diesem die Spitze des Monte Kavo mit dem weißen Kloster, das in die Ferne schimmert, und denselben Platz einnimmt, wo der Tempel des Jupiter Latialis stand, und das Bundesfest der Lateiner gefeiert wurde.

Zur Linken sehe ich die Sabinischen Berge – ich wende mich nun nach dem alten Tiburtinischen Thore – hier zwischen den Mauern ist ein so stiller Gang – ich sehe in der Ferne den Rücken der höchsten Berge mit sanften Krümmungen den Horizont bezeichnen.

Ich komme zu dem Tiburtinischen Thore – der hintere Bogen mit seinen Steinmassen aus den Zeiten des alten Roms, ist halb eingesunken – Diese Ueberbleibsel sind gleichsam die Signale der römischen Macht, und erwecken, wenn man sie siehet, lebhaft das Andenken von Roms Geschichte.

Alles, was ich hier um mich her erblicke, jene Gebirge in der Ferne, diese Tempel und Ruinen in der Nähe, erhalten einen neuen Reiz für mich durch den Gedanken: daß ich nun bald aus diesen Gegenden scheiden werde; darum suche ich mir von dem was mich umgibt, ein bleibendes Bild einzuprägen, das Zeit und Entfernung nicht wieder auslöschen können.

Ich beschließe meine Abendwanderung, indem ich auf der mit Pinien und Cypressen bepflanzten Anhöhe in der Villa Negroni, noch des vollen Anblicks der Gegend um Rom genieße, und des herrlichen Schauspiels, wo die Berge im Widerschein der untersinkenden Sonne mit den mannichfaltigsten Farben spielen.

Rom, den 20. November.

Römische Polizei.

Wer aus einer Stadt hieher kömmt, wo eine strenge Polizei beobachtet wird, dem fällt es sehr sonderbar auf, daß man hier am hellen Tage mitten in der Stadt ein Pistol aus dem Fenster abfeuern darf.

Von Polizei findet hier nun wirklich gar keine Idee statt; ein jeder thut auf öffentlicher Straße, was ihm beliebt; und durch Zwang und Ordnung ist man wohl nicht leicht an einem Orte weniger eingeschränkt, als hier.

Die unzähligen Bettler bedienen sich denn auch insbeson-

dere dieser Freiheit, die öffentlichen Straßen auf alle Weise zu ihrer Bequemlichkeit zu brauchen; welches denn freilich für die feine Welt keinen angenehmen Anblick gibt, und für feine Nasen kein Weihrauch ist.
Man duldet dieß aber und gewöhnt sich daran, weil man es nicht wagt, dem Armen, dem man alles genommen hat, auch noch die öffentlichen Straßen zu verweigern, die er sich zu seiner Behausung und zu seiner Lagerstatt wählt, und also auch dasjenige hier verrichten muß, was man sonst nur in seiner Wohnung thut.

Aurora von Guido.

Die Aurora von Guido im Pallast Ruspigliosi, wo die tanzenden Stunden vor dem Wagen der Göttin den Lauf des Tages eröfnen, ist eines der reizendsten Gemählde, wo nur durch die Mühsamkeit des Betrachtens, so wie bei allen Deckengemählden, das Angenehme des Eindruckes zum Teil verhindert wird.

Am bequemsten macht man sich die Ansicht, wenn man sich ausgestreckt auf eine der Bänke legt, die unten in der Halle stehen. Der Anblick scheint in dieser Lage natürlicher, und die Wahl des Platzes für das Gemählde zweckmäßiger zu seyn, als wenn man es stehend, mit zurückgebogenem Halse, betrachten muß.

Man würde dies herrliche Gemälde gewiß unter seinem Werthe schätzen; wenn man in der schönen und bedeutenden Allegorie auf die Morgenröthe seine vorzügliche Schönheit suchen wollte.

Das Allegorische ist hier gewiß sehr untergeordnet, und der Künstler hatte nicht sowohl den Zweck, durch sein Gemälde die Idee von der Morgenröthe zu erwecken, als vielmehr die Idee von der Morgenröthe ihm die Veranlassung zu der Zusammensetzung einer so schönen Gruppe gab, welche immer gefallen würde, wenn sie auch gar keine allegorische Bedeutung hätte.

Fortuna – von Guido.

Diese Fortuna mit dem fliegenden Haar, und den Spitzen der Zehen kaum die rollende Kugel berührend, ist an sich eine schöne mahlerische Figur, nicht, weil das Glück dadurch treffend bezeichnet und allegorisch dargestellt wird;

denn diese Allegorie ist in mahlerischer Rücksicht gewiß nicht die Hauptsache.

Sondern weil diese Figur Harmonie und Übereinstimmung in sich selbst hat. Das fliegende Haar, die rollende Kugel, der aufgehobene Fuß – alles dieses stimmt zu dem Eindruck des Ganzen überein, und diese Figur würde immer ihrer mahlerischen Stellung wegen gefallen, wenn man sich auch gar keine Allegorie dabei dächte.

Durch die bloßen allegorischen Figuren wird die Aufmerksamkeit in Rücksicht auf die schöne Kunst gestört und von der Hauptsache abgezogen: denn sobald eine schöne Figur noch etwas außer sich selber anzeigen und bedeuten soll, so nähert sie sich dadurch dem bloßen Symbol, bei dem es, so wie bei den Buchstaben, womit wir schreiben, auf Schönheit nicht vorzüglich ankömmt.

Das Kunstwerk hat alsdann seinen Zweck nicht mehr in sich selber, sondern schon mehr nach außen zu. – Das wahre Schöne bestehet aber eben darin, daß eine Sache bloß sichselbst bedeute, sich selbst bezeichne, sich selbst umfasse, und ein in sich vollendetes Ganze sey.

Ein Obelisk bedeutet – die Hieroglyphen daran bedeuten etwas nach außen zu, daß sie nicht selber sind, und erhalten bloß durch diese Bedeutung ihren Werth, weil sie sonst an sich selber ein müßiges Spielwerk wären.

Soll nun ein schönes Kunstwerk BLOSS deswegen da seyn, damit es etwas außer sich andeute, so wird es ja dadurch selbst gleichsam zur EEBENSACHE. – Bei dem Schönen aber kommt es immer darauf an, daß es selbst Hauptsache sey –

Die Allegorie muß also, wo sie stattfindet, immer nur untergeordnet, und mehr wie zufällig seyn; sie macht niemals das Wesentliche oder den eigentlichen Werth eines schönen Kunstwerks aus.

Unter allen allegorischen Figuren scheint mir die von der Gerechtigkeit mit Schwerdt und Wage und verbundenen Augen eine der abgeschmacktesten zu seyn.

In dieser Figur widerspricht ein Symbol dem andern, und nichts ist bei ihr in Bewegung; sie hebt bloß das Schwerdt und die Wage in die Höhe und die verbundenen Augen machen sie noch unthätiger.

Der Gebrauch des Schwerdtes erfordert für sich allein eine eigene Körperstellung, wenn es nicht als ein unnöthiges Werkzeug in der Hand ruhen soll. Der Gebrauch der Wage erfordert wieder eine andere, von der vorigen ganz verschiedene Stellung, wozu die verbundenen Augen auf keine Weise passen.

Die ganze Figur ist daher überladen, und steht von sich selbst erdrückt, wie eine tote Masse da. – Denn in ihr herrscht keine Uebereinstimmung, als bloß in dem unsichtbaren Gedanken, den sie ausdrücken soll, und der mit dem körperlichen nichts gemein hat.

Wenn auf die Weise die Allegorie der innern Schönheit einer Figur widerspricht, und dieselbe aufhebt, so scheint sie mir in den schönen Künsten ganz unzulässig, und hat nur den Werth einer Hieroglyphe, nicht aber eines Kunstwerks.

Rom, den 22. November.

Abbaten.

Von dieser Art Leute macht man sich auswärtig eine ganz falsche Vorstellung, wenn man sich Personen darunter denkt, die ein gewisses Amt bekleiden oder einen besonderen Stand behaupten.

Alles heißt hier Abbate, was mit Mäntelchen und Kragen in Priestertracht einhergeht, und fast ein jeder geht so einher, der im Stande ist, sich diese Kleidung anzuschaffen; denn es bedarf keiner besonderen Erlaubnis dazu.

Man könnte sagen, was in England ein Gentleman oder ein Mann von Stande heißt, das sey hier ein Abbate; ein Squire oder Baronet sey ein Prälat oder Monsignore; und ein Lord oder Pair des Reichs sey ein Kardinal.

Da der geistliche Stand hier einer der ehrenvollsten ist, so strebt auch ein jeder nach der Uniform desselben, wer auf den Nahmen eines feinen Mannes Anspruch macht.

Selbst Ehrenämter, die jemand bekleidet, verlieren sich in dem Abbatentitel, welcher für alles gilt; so ist z. B. der Sohn meiner Wirthin in einem weltlichen Posten als *Segretario* beim Getreidewesen angestellt; *Signor Abbate* aber ist dem ohngeachtet sein Ehrentitel, und die schwarze Abbatenkleidung sein Ehrenschmuck.

Am allerabgeschmacktesten kleidet Jünglingen und Knaben die Abbatentracht; die blühende Farbe der Jugend schämet sich aus dieser schwarzen Hülle zu schimmern, aus der man so viel todtengelbe blasse Gesichter hervorblicken sieht.

Und doch sieht man hier fast alle Kinder, deren Eltern von Stande sind, und vorzüglich Fürstensöhne, wie Abbaten gekleidet; der Fürst Borghese macht eine Ausnahme; er selber trägt sich englisch, und seine beiden Söhne tragen Zöpfe und farbichte Kleider.

Am sonderbarsten nimmt es sich aus, wenn man eine Anzahl solcher zehen oder zwölfjährigen Abbaten Ball spielen, und sie in ihren geistlichen Habiten laufen und springen sieht.

Es scheint ein ordentlicher Widerspruch zwischen dieser steifen Kleidung und jugendlichen Spielen zu seyn; der Wuchs des Körpers und der Reiz seiner Bewegung sind dadurch entstellt; der jugendliche Muthwille verträgt sich nicht mit dieser ernsten Priestertracht, und es kommt einem vor, als ob die unschuldige Freude unter diesem Gewande selbst zur Sünde würde.

Römische Reiterei.

Als ich mir durch einen Sturz mit dem Pferde den Arm zerbrochen hatte, so habe ich, wenn man mir sein Beileid bezeugen wollte, mehr wie hundertmal den Ausdruck gehört: EIN GALOPPIRENDES PFERD SEY EIN OFFENES GRAB! welches Sprichwort mir zum Beweise dient, wie weit die Pferdescheu der Italiäner geht.

Nichts nimmt sich lächerlicher aus, als wenn die päbstliche Garde zu Pferde paradirt, und die schwer bewafneten Männer mit Zittern und Beben den Umstehenden zurufen: *guadatevi! guadatevi!* denn weil sie sich eben so wie die Umstehenden vor der Wildheit ihrer Pferde fürchten, die sie nicht zu bändigen sich getrauen, so warnen sie aus Menschenfreundlichkeit einen jeden vor der drohenden Gefahr.

Die Prälaten, welche in dem Zuge des Pabstes mit violetten Strümpfen auf Maulthieren reiten, haben alle ihre Bedienten zu Begleitern um sich her versammlet, damit das Thier worauf sie angstvoll sitzen, nicht etwa aus seinem gravitätischen Schritt komme und einen gefährlichen Sprung thue.

Darum ist denn auch der sanftmüthige Esel das Roß, welches der Italiäner am liebsten reitet; denn wenn dieser gleich anfängt, ein wenig zu galoppiren, so ist doch das offene Grab nicht gleich da, sondern der Fuß des Reiters steht schon, wenn sein Thier unter ihm stürzt, mit festem Tritt auf dem Boden.

Diese Reiterei ist daher auch hier zu Lande nicht so wie anderwärts, mit Verachtung und Schande gebrandmarkt; sondern die Bequemlichkeit, welche dem Stolz vorgeht, achtet sich hier selber in ihrer Erniedrigung, und keiner sieht mit Spott auf den andern herab.

In eines Esels Quersattel sitzt man wie auf einem Sessel; die Füße trippeln leise unter einem fort; man braucht sich um nichts zu bekümmern; der Treiber mit dem Stachel geht hinterher, und spornt von Zeit zu Zeit das träge Thierchen an, das seinen Lauf beschleunigt, da es ihm schwer wird, wider den Stachel zu lecken; wenn es ja stürzt, so setzt es einen mit den Füßen sanft zur Erde, und in einem Augenblick erheben Roß und Mann sich wieder.

Rom, den 24. November.

Die Bäder des Diokletian.

Unter den Ueberbleibseln von Bädern in Rom haben sich die Diokletianischen am vollständigsten erhalten. Man sieht noch deutlich den ganzen Umfang derselben; und es steht noch eine Anzahl von den innern Gebäuden derselben ganz erhalten bis ans Dach.

Merkwürdig ist die Bauart, daß man sich an die äußere Symmetrie nicht kehrte, sondern hoch und niedrig nebeneinander baute, so wie es das verschiedene Bedürfnis erforderte.

Man sieht daher niedrige Zimmer dicht neben hohen Sälen, und das Dach ist ebenso abwechselnd hoch und niedrig, wie die inneren Zimmer. Dies gibt dem Aeußern des Gebäudes freilich ein ganz sonderbares Ansehen; es scheint aber, daß die Alten nicht so sehr darauf Rücksicht genommen haben, alles unter ein Dach zu bringen, sondern daß sie vielmehr ein Haus wie eine Sammlung von Wohnungen betrachtet haben, wovon jede für sich ein Ganzes ausmacht, und also auch ihr eignes Dach haben könnte.

Die Bäder des Diokletian sind von vierzig tausend Christen zu der Zeit der großen Christenverfolgung erbaut, welche den Diokletian endlich so sehr ermüdete, daß er lieber seine Regierung niederlegen, als noch länger eine zwecklose Grausamkeit ausüben wollte.

In dem Umfange dieser Bäder des Diokletian wohnen nun die Kartheusermönche, welche durch tägliche Kasteiung und selbstgewählte Leiden den Triumph über das besiegte Heidenthum feiern.

Die Mönche in diesem Kloster haben sich besonders durch eine außerordentliche Strenge gegen ihren Orden ausgezeichnet, so daß einige über unaufhörlichen Selbkasteiungen zuletzt ihren Verstand verlohren haben, weswegen denn endlich gegen diese übertriebene Heiligkeit vom Pabste selbst ein Verbot erfolgte.

Vier einsame Cypressenbäume mitten im Hofe des Kartheuserklosters, geben diesem Orte der stillen Trauer und Abgeschiedenheit ein so melancholisches Ansehen, daß man nicht ohne Wehmuth in diese Mauern tritt, welche so viele geweihte Opfer des Fanatismus umfassen.

Die Kartheuserkirche ist von Michel Angelo gebaut, und sein Geist leuchtet aus der großen Anordnung dieses majestätischen Gebäudes in allen seinen Theilen hervor.

Auf dem einsamen Platze der Diokletianischen Bäder liegt dieser Tempel, von außen wenig versprechend, aber beim Eintritt höchst überraschend, weil das Auge allenthalben unerwartete Erweiterungen und Vertiefungen bemerkt, so wie man vorwärts tritt.

Der erste Eindruck von diesem Tempel ist würklich weit

lebhafter, als wenn man in die Peterskirche tritt. Michel Angelo hat nehmlich einen ungeheuern Saal von den Bädern des Diokletian zu diesem Gebäude auf eine solche Art benutzt, daß die Säulen, welche vormals das Gewölbe trugen, zum Theil auf ihrem alten Flecke stehn geblieben sind. Aus dieser Mischung des Alten mit dem Neuhinzugekommenen ist der sonderbar eigenthümliche Styl erwachsen, in welchem dies Gebäude errichtet ist.

Rom, den 9. December.

Folgende goldene Worte der Freundschaft aus einem lateinischen Dichter schrieb ich vor einigen Tagen in das Denkbuch eines Freundes, der von hier abreiste:

Si tibi mens eadem, si nostri mutua cura est.
In quaocunque loco Roma duobus erit.

Bleibt deine Freundschaft fest,
Und unverändert deine Treue,
So finden wir Rom an jeglichem Orte,
Und unter jedem Himmelsstriche wieder.

Bei meinem scheidenden Freunde ist dies doppelt wahr; wo das Schicksal uns irgendwo wieder zusammenführt, da werden wir auch Rom in unserm lebhaftesten Andenken wieder finden, und so manche Scenen, die wir hier durchlebten, werden in unserer Einbildungskraft wieder erwachen.
Jedes Denkmal des Alterthums, das wir mit unsern Gedanken wieder besuchen, wird uns an irgend eine angenehme Unterredung, an irgend einen angenehmen Gedanken-

wechsel wieder zurückerinnern; und unser zweijähriges Leben in Rom wird mit seinem ganzen Reichthum von Beobachtung und Genuß allenthalben wieder vor unsre Seele treten.

Gewiß können sich Freunde nicht fester aneinander knüpfen, als durch die gemeinschaftliche Betrachtung desjenigen, was den Geist erhöhet und bildet, und für die Zukunft des Lebens eine bleibende Quelle von Vergnügungen wird.

Kapitolium.

Von dem Tarpejischen Felsen ist der Anblick auf die Stadt Rom vorzüglich schön. – Man sieht nämlich gerade auf das Theater des Marcellus herunter, dessen Außenwände, ob es gleich inwendig verbauet ist, dennoch zum Theil ihre ehemalige Gestalt beibehalten haben.

Und aus der Masse von Häusern auf dem alten Marsfelde ragt die flache Kuppel des Pantheons hervor, so daß die Einbildungskraft von hier aus in dem alten Rom sich wieder findet.

So wie man den Gipfel der Tarpejischen Felsen ersteigt, sieht man den Palatinischen Hügel vor sich, und über diesen schimmert der schwarze Monte Cavo mit dem weissem Kloster auf seiner Spitze hervor.

Das Colosseum und der Friedenstempel zeigen sich in der Nähe. – Wenn man nun von dem Kapitolinischen Berge den steilen Weg herunter geht, so blickt man tief in die Höfe der Häuser hinein, die an den Felsen gebaut sind. – Dieser Weg führt unten, wo man nach dem Theater des Marcellus geht, auf einen Thorweg, der ohngefähr den Fleck bezeichnet, wo das Thor der Karmenta war.

Copri miseria.

Ein Ueberrock heißt im Italienischen *Copri miseria* – – Diese Benennung ist äußerst karakteristisch, und gleichsam ein Symbol der ganzen römischen Verfassung, die am füglichsten mit einem solchen prachtvollen und bebrämten *Copri miseria* verglichen werden kann, der eine schmutzige und zerrissene Lumpenkleidung deckt, die doch dem Körper einmal am nächsten ist, und bei aller äußeren Pracht, demjenigen, der sie trägt, nothwendig unbehaglich seyn, und eine sehr widrige Empfindung verursachen muß.

Rom, den 12. December.

Martials Prophezeihung.

Als ich neulich in der verödeten Gegend von Rom wandelte, die ehemals die bevölkertste war, und nun in Weingärten und grasbewachsene Plätze verwandelt ist, so las ich Martials Prophezeihung:

> Wenn des Messala Felsenhaus nicht mehr seyn wird,
> Und des Licinus Marmor zu Staub geworden ist,
> So wird man mich noch lesen, und der Fremde
> Nimmt meine Lieder mit zu seiner Väter Sitze *.

Nun ist keine Spur mehr von dem Felsenhause des Messala – der Marmor des Licinus ist zu Staub geworden – der Fremde kömmt hieher und liest den Dichter, und wandert, so wie ich es jetzt tue, mit ihm in der verödeten Stadt umher, um in seiner Gedanken Wiederschein die Trümmer der Vorzeit zu betrachten – –

---

* *Martial, lib. 8. Ep. 3.*

Rom, den 24. December.

Die modernen Thürmchen
auf dem Pantheon.

Dem Baumeister fehlte es gewiß an Uebersicht eines großen Ganzen, der auf das Pantheon die beiden kleinen Thürmchen setzte, die für dieß herrliche Denkmal des Alterthums ein wahrer Schandfleck sind.
Der Geschmack fängt an zu sinken, wenn die Vorstellungskraft, gleichsam zusammengeschrumpft, und unfähig, ein großes Ganze zu umfassen, zu den Verzierungen im Kleinen keinen Maasstab mehr behält, so daß diese, ehe man es gewahr wird, ins Uebertriebene und Kindische ausarten.
Wer mit Geschmack verzieren will, muß immer seinen Blick auf das Ganze heften, und den Begriff von den Gegenständen, die er zu verzieren hat nie aus den Augen verlieren.
Nirgends findet man häufiger Uebertreibungen architektonischer Zierathen als an Fenstern, welches offenbar daraus entsteht, wenn derjenige, welcher diese überladenen Verzierungen anbringt, sein Augenmerk nicht sowohl auf das ganze Gebäude, als vielmehr auf das einzelne Fenster richtet, welches er nun an und für sich gleichsam wie ein Ganzes betrachtet, indem er mit kindischem Wohlgefallen das Gebäude seiner Verzierungen aufthürmt, und nun nicht aufhören kann, weil die Einbildungskraft keine Grenzen mehr kennt, sobald sie durch eine vernünftige Uebersicht des Ganzen nicht in Schranken gehalten wird.
Die sonderbaren und abentheuerlichen Ausschweifungen der gothischen Baukunst, scheinen vorzüglich in dieser Zügellosigkeit der Phantasie, ihren Grund zu haben.
Das Ganze, woraus eine solche Zusammenstellung von

lauter einzelnen kleinen Ziergebäuden erwächst, flößt denn freilich beim ersten Anblick Erstaunen ein, weil es einer zusammengethürmten ungeheuern Masse ähnlich sieht. – Die nachdenkende Vernunft aber weiß die einzelnen Bestandtheile nicht zu ordnen und zu erklären.

Sobald die Liebe zum Originellen in Originalsucht übergeht, so führt sie geradewegs zum Abentheuerlichen und Ungeheuern, dem sie durch das Gesuchte und Sonderbare unaufhaltsam entgegeneilt.

Nachahmungssucht und Originalsucht, als ganz entgegengesetzte Dinge, scheinen demohngeachtet aus einer Quelle, aus dem Mangel an richtigem Selbstgefühl, zu entstehen.

Die Nachahmungssucht hascht, statt des wesentlichen Schönen, nur nach der fremden Individualität; die Originalsucht schließt mit der fremden Individualität zugleich eigensinnigerweise das würkliche allgemeine Schöne aus, welches unzertrennlich damit verknüpft ist.

Der edle wetteifernde Nachahmungstrieb steht zwischen der Nachahmungs- und Originalsucht in der Mitte, und kämpft mit beiden. – Wenn er siegt, so hebt sich der Geschmack einer Nation über das Kleinliche empor – unterliegt es aber, so verliert sich auch bald der Sinn für das gro-

ße und einfache Schöne; man will nicht mehr gerührt, und im Innersten der Seele bewegt und erschüttert seyn, sondern gleich dem Kinde angaffend staunen.

Dies ist eine sichere Folge, wenn man mit leerem Eigendünkel alles aus sich selbst schöpfen will, oder mit gänzlicher Vernachlässigung seiner eigenen Schätze nach allem, was fremd ist, mit kindischer Bewunderung hascht.

Trastevere.

Diesen Namen führt jetzt der Theil von Rom, welcher am Fuße des Janikulus jenseits der Tiber liegt. – Die roheste Volksklasse hat hier ihren Wohnsitz – und es ist merkwürdig, daß dieß auch schon in dem alten Rom eben so war. – Denn der Hausirer, welcher Schwefelhölzer verkaufte und gegen Glasscheiben umtauschte, hieß *Transtiberinus*, einer von den Einwohnern jenseit der Tiber, wo also schon damals das ärmste Volk, welches sich mit dem geringsten Erwerbe beschäftigte, gewöhnlich seinen Wohnplatz hatte.

Forum Palladium.

Hier wohnte Martials Verleger, der Freigelassene Sekundus, wie der Dichter selber im Anfange seines Buchs erzählt, damit der Käufer seiner Werke, gleich eine Anweisung habe, und nicht vergebens in der ganzen Stadt darnach fragen dürfe.

Wahrscheinlich muß also diese Gegend häufig von Gelehrten besucht worden, und vielleicht ein Sammelplatz derselben gewesen seyn, worauf auch vermuthlich die Benennung von dem Forum der Minerva selber deutet. –

Jetzt gibt es wenige ansehnliche Häuser in diesen kleinen Straßen, welche größtentheils von armen und geringen Leuten bewohnt werden.

Rom, den 29. December.

Die Bäder der Livia.

Zu den Bädern der Livia steigt man einen dunkeln Gang hinab, und wird sehr angenehm überrascht, wenn man in die unterirdischen Kammern tritt, wo man die Mahlerei noch so frisch und schön auf den Wänden erblickt, als ob sie gestern erst aufgetragen wären.

Die Arabesken und Verzierungen mit Laubwerk und Vergoldung machen einen reizenden Anblick. Alles ist hier so klein, zierlich und nett, daß man den Schutthaufen und die Ruinen, worunter man sich befindet, ganz vergißt, und diese Badezimmer der vornehmsten Römerin, noch itzt mit einer Art von Ehrfurcht betritt, welche jedes lebhaftere Andenken an die Vorzeit erweckt.

Man kömmt jetzt zu diesem verborgenen Heiligthume durch einen ganz verwilderten Küchengarten, dessen

Besitzer gegen eine Kleinigkeit die Fremden mit Fackeln oder Lichtern hinunter führt, und diesen Erwerb mit zu seinen Einkünften zählt.

Obgleich die Bäder des Titus viele Schätze des Alterthums enthalten, so sind doch diese Bäder der Livia, wegen ihrer Nettigkeit, vorzüglich merkwürdig.

Die Hütte des Romulus.

Am Fuße des Palatinischen Berges nach dem Kapitolium zu, stehet die Kirche des heiligen Theodor, welche ehemals ein dem Romulus gewidmeter Tempel war, worin die Wölfin von Bronze stand, die jetzt auf dem Kapitolium steht, und noch die Spuren von der Beschädigung durch den Blitz an sich trägt, welche als ein vorbedeutendes Zeichen zu der Ermordung des Julius Cäsar betrachtet wurde.

Der Tempel hat noch ganz seine alte Form, und vor der Thüre stehet noch ein steinerner Altar, worauf man Weihrauch streute, und worauf man itzt die neuere Inschrift liest: daß dieser Tempel, der ehemals einem heidnischen Abgott gewidmet gewesen, nunmehr zu dem Dienste des wahren Gottes bestimmt, und dem heiligen Theodor geweihet sey.

In dieser Gegend war es auch, wo an einem Abhange des Hügels die Hütte des Romulus stand, die von Schilf und Rohr geflochten, immer mit denselben Materialien, woraus sie bestand, wieder ausgebessert, Jahrhunderte hindurch als ein Heiligthum erhalten, und für die kommenden Geschlechter ein Gegenstand der Andacht und Verehrung war.

Rom, den 30. December.

Titian.

Raphael ist der hellste Spiegel der Seele – –
Michel Angelo hüllt sich in heiliges Dunkel –
Titian mahlt mit dem Finger der Morgenröthe – –
Es ist, als ob von dem sanften Schimmer, welcher den dämmernden Horizont erleuchtet, sich unmittelbar ein Strom durch seine Seele ergossen, und die Lichtgestalten unter seinem Pinsel hingezaubert habe – In den Titianschen Gemählden scheint bei ihrer Einfachheit, Zufälligkeit in der Darstellung, und Mangel an eigentlichen bestimmten Gedanken, alles übrige nur da zu seyn, um der ganz vollendeten lichten Oberfläche, die unmittelbar vor das Auge treten soll, zur Unterlage zu dienen.

Künstlerurtheil.

Man hört so häufig junge Künstler beim Anblick irgend eines großen Kunstwerks ausrufen: der Arm, die Hand, der Fuß, ist verzeichnet! Und doch verfallen sie bald, ohne es zu wissen, in denselben Fehler, den sie bei andern wahrnehmen.
Dieß kann man sich aber sehr natürlich erklären: so lange man nehmlich bloß betrachtet, wird die Aufmerksamkeit nicht leicht zu sehr auf irgend einen Theil geheftet, sondern ist gleichsam los und entfesselt genug, um auf dem Ganzen umherzuschweifen, und mit Leichtigkeit die einzelnen Theile miteinander zu vergleichen –
Sobald nun aber irgend ein einzelner Theil des Körpers von dem Künstler nicht mehr bloß betrachtet, sondern wirklich dargestellt werden soll, wird die Aufmerksamkeit

leicht zu sehr auf diesen Theil geheftet, eben weil nun die Betrachtung in Thätigkeit übergeht, und nicht mehr sich selbst gelassen bleibt.

Die Betrachtung muß aber notwendig mit der Thätigkeit gleichen Schritt halten, wenn dem Künstler die Idee von dem Umfange seines Werks nicht selbst während der Arbeit unter den Händen entschlüpfen soll.

Moderner Schmuck antiker Säulen.

Den kirchlichen Zierrath von Decken, womit die Altäre geschmückt sind, sieht man allenthalben verbreitet.

Mit Gold umsäumte Purpurdecken hängen aus den Fenstern der Privathäuser herab, und kündigen ein Fest an, das in irgend einer Straße gefeiert wird.

Dieß gibt der Außenseite der Gebäude ein buntes komisches Ansehen; denn es ist nichts geschmackloser, als ein Schmuck von weichem Tuche auf dem harten Steine. Es ist als ob man eine Bildsäule anziehen wollte –

In der Karnevalszeit sieht man fast den ganzen Korso durch diesen kindischen Schmuck entstellt, und in den Kirchen sind die schönen antiken Marmor- und porphirnen Säulen an hohen Festen mit rothem Sammet umwunden, der mit goldnen Tressen besetzt ist, und von dem unbezahlbaren Stoff dieser kostbaren Ueberbleibsel des Alterthums schimmert keine Spur mehr durch.

Borromino.

Gewiß liegen die Grundsätze des Geschmacks eben sowohl im Verstande als im Gefühl. – Man glaubt zu fühlen, daß etwas schön ist; man fühlt es durch den Gedanken – Darum läßt sich wohl über den Geschmack reden –
Die Schweifungen und Krümmungen an einem Gebäude sind deswegen nicht schön, weil sie mit dem Begriff des Gebäudes nicht übereinstimmend sind, wo das auf den Säulen ruhende Gebälk in gerader Richtung liegt.
Es ist nicht sowohl das Auge, welches durch die krummen Linien in der Baukunst beleidigt wird, als vielmehr der Verstand – Die Wellenlinie ist nicht an sich schön, sondern wegen des Begriffs von Bewegung, wo derselbe damit verknüpft ist.
Ein Weg, der sich hinschlängelt, ein Fluß, der sich hinschlängelt, sind deswegen reizende poetische Bilder, weil die Krümmungen mit dem Begriff der Bewegung harmonisch sind, der bei Weg und Fluß der herrschende ist.
Eben deswegen sind auch die Wellenlinien bei den thierischen Körpern schön, weil hier der Begriff der Bewegung der herrschende ist. – Bei den Pflanzen würden sie schon nicht so schön sein, denn da herrscht der Begriff des Feststehens.
Bei den Gebäuden ist der Begriff des Feststehens ganz der herrschende – und die Wellenlinie ist mit diesem Begriff ganz disharmonisch.
Bei dem Schiffe hingegen ist die krumme Linie schön, weil sie mit dem Begriffe von Bewegung harmonirt, der bei einem Schiffe der Hauptbegriff ist.
Die widrigste Gestalt eines Kahns würde die von einem Troge seyn – an welchem der Begriff von Beweglichkeit durch nichts bezeichnet würde.

Bei Stühlen, Tischen, wo der Begriff des Feststehens der herrschende ist, ist daher auch die Wellenlinie immer schlecht angebracht. – Wo sie die Alten anbrachten, da verknüpften sie sie mit der Thiergestalt. – Das Tischblatt wurde von einem Greif oder Centaur emporgetragen. – Der Stuhl stützte sich auf Bärenfüße. – – Der verbesserte Geschmack in Mobilien hat sich auch damit angefangen, daß man die krumme Linie mit der geraden vertauschte.

Rom, den 9. Januar 1788.
Der Borghesische Fechter.

Er steht in seinem Vertheidigungsstande fest wie ein Fels – fest wie der Stein, aus dem er gebildet ist –
Und doch spiegelt sich in jeder Muskel die von der innern wollenden Kraft beseelte leichte Beweglichkeit des Körpers nach allen Seiten zu.
Jede Muskel in dem linken Schenkel flieht zurück, während daß der ganze Oberleib sich vorwärtsbiegt –
Die linke Hälfte entzieht sich dem feindlichen Angriff in demselben Augenblick, wo sie ihm entgegenstrebt – es ist die feste Richtung in der vorwärts gebogenen schrägen Linie, die sich zu gleicher Zeit vordrängt und zurückzieht –
Gerade so weit, als der Körper nach oben zu vorwärts streben will, muß er mit dem einen Fuße nach unten zu rückwärts streben, um sich im Gleichgewicht zu erhalten –
Entgegengesetzte Bestrebungen begegnen sich hier in einem Punkte –
Der Fuß tritt vor, so wie der Arm zurückstrebt – die Vertheidigung ist das erste, der Angriff ist das zweite – die Vertheidigung deckt den Angriff, der sich unter ihr hervordrängt. – Es sind die mannichfaltigen Evolu-

tionen eines Heeres, die hier in dem Muskelspiel eines einzelnen Körpers sich zusammendrängen.

Haus des Nero.

Nicht weit vom Triumphbogen des Titus stand der ungeheure Sonnenkoloß, hundert und zwanzig Fuß hoch, an dem Eingange in das Haus des Nero.
Auf dieser Bildsäule prangte Neros Kopf, den Vespasian herunter schlagen ließ und das mit Strahlen umgebene Haupt des Sonnengottes an dessen Stelle setzte. – Jede der goldenen Strahlen, welche dies Haupt umgaben, war drei und zwanzig Fuß lang.
So prahlerisch das Werk war, so prahlerisch wurde es auch von dem Dichter jener Zeit gepriesen.

> Der Tag beleuchtet nichts prächtigers auf dem ganzen Erdkreis,
> Roms sieben Hügel scheinen hier aufgethürmt;
> Der Ossa trug den Pelion nicht so hoch empor;
> Der Himmel muß dem Pallaste weichen,
> Der Pallast aber weicht dem Herrscher, der ihn bewohnt –

Pallast.

Eine der sonderbarsten Wortwanderungen ist wohl die Benennung Pallast von dem alten PALATINUM – wenn man erwägt, wie Palatium von PALLAS, dem Großvater des Evander, seine Benennung herschreibt; und wie dieser Evander vier hundert Jahre vor Roms Erbauung in diese

Gegend kam, weil er eines Mordes wegen aus Arkadien flüchtig werden mußte, und das Dorf, welches er auf dem ersten Hügel des nachmaligen Roms erbaute, Palanium nannte, und daß eben dieser Hügel nachher unter dem Namen des PALATIUM der stolze Sitz der Kaiser Roms wurde, wo das goldne Haus des Nero stand, und daß nun ein jedes Prachtgebäude Pallast heißt, und dieser Nahme eigentlich von einem kleinen griechischen Kolonisten-Dörfchen seinen ältesten Ursprung hat.

Rom, den 10. Januar.
Palatinischer Berg.

Eine moderne Mauer, mit welcher der Palatinische Berg auf der Seite des Kampo Vaccino eingefaßt ist, theilt ihn ordentlich ab, und erweckt die Idee von der alten *Roma quadrata*.
In der Gegend, wo die drei Säulen vom Tempel des Jupiter Stator, und die Kirche der Maria Liberatrice steht, war an dem Fuße des Berges das Luperkal, oder die Grotte, welche Evander vierhundert Jahre vor Roms Erbauung dem Pan weihte, dem zu Ehren hier die Luperkalien, als das älteste Hirtenfest, gefeiert wurden.
Hier war es, wo nach einer alten Sage, die Wölfin den Romulus und Remus säugte. Was Wunder, daß dieser Fleck den Römern heilig war! Denn es kann wohl nicht leicht einen lebhaftern Kontrast geben, als in der Vorstellung von einem so zarten Keime, woraus ein so mächtiger Baum erwächst.
Ganz gewiß haben diese Volkssagen, die von einer Menschenzeugung zur andern mündlich übertragen, und auf jede Nachkommenschaft vererbt wurden, mehr Einfluß,

als man glaubt, auf den Muth und die Vaterlandsliebe des Volks gehabt, das durch so viele merkwürdige Erinnerungen aus der Vorzeit auf den Fleck, wo es lebte und webte, immer mehr befestigt wurde.

Die Geschichte dieses Hügels stellt sich einem gleichsam anschaulich dar, wenn man ihn in seiner gegenwärtigen Gestalt betrachtet.

Die verwachsenen Gebüsche in dem vernachläßigten Garten der Farnesischen Villa, erinnern an die Zeiten, als dieser Hügel lange vor Roms Erbauung unter dem Evander von Hirten bewohnt wurde.

Die stolzen Ruinen von dem Pallaste der Kaiser lassen uns in die Zeit zurückblicken, wo die Pracht und Verschwendung Roms auf den höchsten Gipfel gestiegen war, als Nero sein goldnes Haus vom Palatinischen bis zum Esquilinischen Hügel ausdehnte, und einen großen Theil der Stadt mit seinem Pallaste einnahm, der an Ueppigkeit, alles in sich vereinigte, was aus dem Gebiete der Phantasie nur irgend wirklich gemacht werden kann.

Und richtet man dann wieder einen Blick auf das Kapuzinerkloster, was neben den Ruinen steht, so stellt sich einem der ganze Zeitraum dar, wo über den eingesunkenen Triumphbögen und Ehrendenkmälern der Vorzeit das Kreuz triumphirend aufgepflanzt ist, und der päbstliche Stuhl auf den zertrümmerten Säulen der alten Monarchie steht.

Auf dem Estrich des zertrümmerten Kaiserpallastes versammlen sich zum öftern die Mahler, und zeichnen von hier aus die umherliegenden Ruinen. –

Wenn man über den Cirkus Maximus, der jetzt zu lauter kleinen Gartenbeeten umgewandelt ist, nach dem einsamen Aventin, mit seinem Kloster hinübersicht, so ist es einem oft, als ob man in die graue Vorzeit blickte, wo diese beiden Hügel noch unbebaut waren, und Romulus auf diesem, und Remus auf jenem saß, um den Flug der Vögel zu beobachten, die entscheiden mußten, auf welchem von diesen beiden Hügeln die neu zu errichtende Stadt erbaut, und nach wessen Nahmen sie benannt werden sollte.

Gerade so öde und einsam, wie diese Gegend damals mag gewesen seyn, sieht sie jetzt beinahe wieder aus, nachdem seit jenem Zeitpunkte ein paar Jahrtausende verflossen sind, und von jenen Begebenheiten nur noch ein Gewebe von Fabeln, wie ein schwaches Traumbild in dem Andenken der Menschen zurückgeblieben ist.

Mögen alle jene Volkssagen in Ansehung ihrer historischen Richtigkeit, noch so wenig Glauben verdienen, so sind sie doch selbst als bloße Volkssagen höchst merkwürdig, weil sie schon von der frühesten Kindheit an den Patriotismus nährten, worauf der Römer Muth sich stützte, und ihre immer wachsende Macht sich gründete.

Die Verehrung für das Alterthum ging auch bei den alten Römern schon so weit, daß es nicht zu verwundern ist, wenn sich selbst itzt noch ein schwacher Schatten davon

erhalten hat, und nach so viel Jahrhunderten, und einer solchen Reihe von Veränderungen, auf diesem Schauplatze dennoch das Andenken an die allerältesten Ereignisse noch nicht erloschen ist; und daß in dem christlichen Rom das alte heidnische sich noch immer wieder empordrängt.
Es gibt auch gewiß keinen Fleck auf der Welt, wo sich mehr Ueberreste aus dem Alterthume zusammendrängten, als hier, und von dem zugleich noch so viel aufgezeichnete Geschichte vorhanden ist, wodurch diese Ueberreste sich erklären.

Volksspeisewirthe.

Sie haben ihre Speisebude und ihre Küche darneben, mitten auf der öffentlichen Straße, wo sie den Vorübergehenden mit warmen Gerichten aufwarten, welche gewöhnlich aus Makaroni, Wurst oder Leber, und gebratenen Kastanien zum Nachtisch, bestehen.
Neben der Bude auf der Straße steht ein kleiner Ofen, wo gekocht wird, und der Dampf steigt von den Speisen auf, welches an die *Fumantia Tomacla* erinnert, welche schon bei den alten Römern der heisre Koch auf den Straßen feil bot.
Die Gäste setzen sich hier freilich nicht zur Tafel, sondern verzehren im Stehen ihre Mahlzeit, welche so äußerst wohlfeil ist, daß einer der hier an der Straße speisen wollte, mit einigen Dreiern seine Oekonomie den Tag über bestreiten könnte.

Mittägliche Wanderung in Rom.

Wir gehen über den Tarpejischen Felsen aus der alten Porta Karmenta nach dem Theater des Marcellus. – Unten in der Grotte dieses ungeheuern Gebäudes haben sich Garköche und Krämer eingenistet. –

In einer solchen Höhle unter dem Theater des Marcellus aßen wir zu Mittage. – Dann machten wir mit wenigen Schritten eine Wallfahrt nach der Insel des Aeskulap – wir stiegen an die Tiber zu den Schiffmühlen hinunter, wo durch den Bogen der Brücke die Häuser am Ufer der Tiber einen mahlerischen Prospekt geben.

Nun kehren wir zurück, und kommen vor Pilatus Hause, dem Tempel der Fortuna Virilis und dem uralten Tempel der Vesta am Ufer der Tiber vorbei. –

Wir verfolgen zwischen den Scheunen den alten palatini-

schen Weg, und kommen durch den Janusbogen, wo die Wechsler ihre Tische hatten. –

Von hier aus geht unser Weg vor dem Tempel des Romulus vorbei, durch das Forum Transitorium auf den Korso oder die alte Via LATA. –

Auf dem Arko erholen wir uns von unsrer Wanderung und erfrischen uns mit Gefrornem; hier finden wir auch einen *Libertus*, einen Kammerdiener des Kardinal Albani, der unter der jetzigen Regierung in Rom eine wichtige Rolle spielt, und immer, wenn er ausgeht, eine Anzahl Klienten um sich her hat, die sich um seine Gunst und seinen Schutz bewerben. –

Rom, den 20. Januar.

Ein Grabmal am Ufer des Anio.

So oft ich nach Tivoli gereist bin, hat mir das Grabmal des Plautius am Ufer des Anio einen reizenden Anblick gewährt.

Es ist eine schöne Idee, am Ufer eines Flusses, der sich sanft durch die Wiesen hinschlängelt, und des Lebens schnelle Flucht bezeichnet, sich ein Grabmal zu bauen.

Auch hat die runde Form der alten Gebäude etwas sehr Feierliches und Ehrwürdiges – man sieht in dieser RÜNDUNG die letzte einfache Behausung vor sich, die alle Wünsche und Hoffnungen der Sterblichen einschließt.

Die Familie des Plautius hatte hier auch ein Landgut, und eine Inschrift auf dem Grabmal bezeichnet eine kleine Anzahl Jahre, die Plautius, nachdem er sich den öffentlichen Geschäften entzogen hatte, hier verlebte, und die er als die Zahl seiner eigentlichen Lebensjahre rechnet.

Die Pinie.

Die Pinie, welche der Göttin Cybele heilig war, hat unter den hiesigen Bäumen, mit ihrem königlichen Wuchs ein vorzüglich majestätisches Ansehen. Eine Art von Dach oder Sonnenschirm, den sie an ihrer Krone bildet, ist so schön gerundet, daß man beim ersten Anblick glauben sollte, die Kunst habe ihn beschnitten, da doch die Natur selber ihm diese bestimmte Form gegeben hat.

Diese Pinienbäume geben einer Gegend, wo sie stehen, allemal ein romantisches feierliches Ansehen; es ist keine solche Verwickelung von Aesten und Zweigen, wie bei den übrigen Bäumen, sondern der Stamm schießt gerade und nackt in die Höhe, und an seinem äußersten Gipfel finden sich erst Aeste und Zweige mit ihren dunkelgrünen Spitzen um ihn her.

Die Pinienfrucht selber macht einen schönen Anblick, und der Pinienapfel war bei den Alten eine beliebte Verzierung. Auf der Spitze von dem Grabmal des Hadrian stand ein ungeheurer Pinienapfel von Bronze, welcher diesem Gebäude zum Schluß diente, und jetzt in dem Garten des Vatikans aufbewahrt wird.

Martial führt die Pinienäpfel, welche er seinem Freunde zum Geschenk übersendet, redend ein:

Poma sumus Cybeles, *
Wir sind Cybelens Aepfel.

* *L. 13. 3p. 25.*

Gelübde der alten und neuen Römer.

Um die wunderthätigen Bilder in den Kirchen sieht man kleine Silberbleche angeheftet, welche die Gestalt von Herzen, Armen oder Beinen haben, nachdem man von einer Krankheit, oder an irgend einem Gliede von einem Uebel oder Schmerz, durch die Anrufung der Kraft in dem wunderthätigen Bilde, befreit zu seyn glaubt.

Dieser Gebrauch erinnert an die Gelübde der Alten, welche sie den Göttern thaten, denen sie für irgend eine erwiesene Wohlthat Tempel, Altäre und Statüen errichteten, oder öffentliche Spiele ihnen zu Ehren anstellten.

Die Gelübde wurden auf eine Tafel geschrieben, und im Tempel aufbewahrt; wenn die Bitte, weswegen man das Gelübde gethan hatte, erfüllt war, so HIENG man eine

andre Tafel auf, welche die Erzählung von der Gewährung der Bitte mit dem gethanen Gelübde zugleich enthielt.
Unter der unzähligen Menge kleiner Altäre, die man ausgegraben hat, findet man die größte Anzahl mit den Worten bezeichnet: *ex voto posuit* (zur Bezahlung eines Gelübdes geweiht.)
Die von den Feinden erbeuteten Waffen wurden in den Tempeln der Götter aufgehangen; so wie man noch itzt in der Kirche Ara Cöli, da wo der Tempel des Jupiter Feretrius stand, die von den Türken erbeuteten Fahnen sieht.
Unter den religiösen Gebräuchen der Alten nahmen sich ihre Gelübde vorzüglich schön aus. – Gemeine Soldaten weihten ihren Haus- und Schutzgöttern nach zurückgelegten Dienstjahren ihre siegreichen Waffen. – Die Fechter, wenn sie vor Alter und Mangel an Kräften ihre Beschäftigung aufgaben, hingen ihre Waffen in dem Tempel des Herkules auf.
Die Jäger zierten mit ihren Trophäen den Tempel der Diana. – Wenn die Knaben ihre Kinderjahre zurückgelegt hatten, so widmeten sie dem Apollo ihr abgeschnittenes Haar, das in einer silbernen oder goldnen Schachtel, worauf der Nahme des Jünglings eingegraben war, zum Geschenk in den Tempel verehrt wurde.
Junge Mädchen widmeten, wenn sie mannbar geworden waren, ihre Puppen und Spielzeug, und auch den Gürtel von ihrem Busen, der Venus.
Durch dies alles erhielten die religiösen Gebräuche ein mannichfaltiges Interesse für das wirkliche Leben, in welches sie allenthalben verflochten und verwebt waren.
Es herrschte keinesweges Einförmigkeit, sondern jeder Stand und jedes Alter hatte seinen angewiesenen Platz, und die religiösen Scenen waren eben so unterhaltend und abwechselnd wie die Scenen des Lebens.

Die Bäder des Titus.

Die Ruinen von den Bädern des Titus liegen auf dem Esquilinischen Berge, in einer einsamen Gegend mit Weinbergen umgeben. – Ihr Bau wurde in kurzer Zeit vollendet, weswegen sie auch Martial *velocia munera* nennt; und dennoch trotzen ihre Mauern nach anderthalb tausend Jahren noch der zerstörenden Zeit.

Den ganzen Esquilinischen Berg nahm das Zubehör von dem Hause des Nero ein – Hier ließ er Rom wegbrennen, um einsame Gegenden (*solitudines*) zu haben; und die abgebrannten Römer waren nun genöthigt, von den Hügeln ins Marsfeld hinab zu ziehen, und die Ebne mit Häusern zu bebauen, die sonst nur zu den öffentlichen Versammlungen und Musterungen des Volks bestimmt war.

Der menschenfreundliche Titus ließ auf dem Esquilinischen Hügel, den Nero verwüstet hatte, diese prächtigen Bäder für das Volk erbauen, in deren unterirdischen Gängen man noch itzt die Schätze alter Kunst in den erhaltenen Verzierungen aufsucht.

Viele tausend Hände der Gefangenen, die an diesem erstaunlichen Werke beschäftigt waren, vollendeten es in sehr kurzer Zeit, worauf der Dichter deutet, wenn er diese Bäder *velocia munera* nennt, in einem seiner Sinngedichte, wo er die Tyrannei des Nero anklagt:

»Hier, wo wir jetzt die Bäder des Titus, ein frisch entstandenes Werk, bewundern, hier hatte der stolze Kaiserhof alle Einwohner ihres Obdachs beraubt.«

Wenn man auf diese Ruinen steigt, so kann man ganz Rom übersehen, und sich lebhaft denken, wie Nero auf diesem Hügel, von seiner hohen Warte, die Stadt in Flammen sahe, und dazu die Zerstörung von Troja sang.

Es giebt aber noch itzt ein Schauspiel in Rom, wodurch

jene Idee noch lebhafter erneuert wird. Man zündet nehmlich am Abend vor dem Osterfeste auf den Straßen und Plätzen Roms eine solche Menge von Pechtonnen an, daß die ganze Stadt, wie in Rauch und Flammen erscheint; und wenn man nun von einer Anhöhe hinunter blickt, und sieht die stolzen Palläste mit Ruinen untermischt, die Säulen des Trajan und Antonin, und Kuppeln und Thürme, aus Rauch und Flammen emporragen, so macht das einen Eindruck ohne Gleichen. –

Der Frevelsteig.

Hinter dem Friedenstempel ist ein Aufgang auf den Esquilinischen Berg, in der Gegend, wo die Tochter über den Leichnam ihres ermordeten Vaters hinwegfuhr, und mit seinem Blute die Räder ihres Wagens benetzte, weswegen man diesen Aufgang den FREVELSTEIG (*vicus sceleratus*) nannte.
Bei diesem Aufgange stellt sich das Kolosseum in seiner ganzen Pracht dar, weil man nehmlich die Seite desselben wahrnimmt, die noch nicht zerstört ist, und weil sich von dieser Anhöhe der ganze Umriß dieses Gebäudes in dem Auge abbildet.
Hier oben wohnte der jüngere Plinius, an welchen Martial ein Buch seiner Epigrammen mit einer artigen Dedication schickte, in welcher er seinem Buche die Gegend beschreibt, wo Plinius wohnte, und unter andern auch auf die Aussicht nach dem Kolosseum aufmerksam macht, auf dessen Gipfel man den Orpheus und die staunenden Thiere abgebildet sahe, welche auf die Töne seiner Lieder horchen; man sieht also hieraus, wie das Kolosseum ehemals verziert war.

Engländer und Deutsche in Italien.

Von der Pracht und dem Reichthume der Engländer haben die Italiäner einen großen Begriff, welches schon der Ausdruck beweist, daß man jemanden sagt, er sei a *Milordo* (wie ein Lord) gekleidet, wenn man bezeichnen will, daß er sehr prächtig gekleidet sey.

Am meisten fällt es den Italiänern auf, wenn die verheiratheten Englischen Bischöfe mit ihren Familien hieher kommen. Der Sohn oder die Tochter eines *Vescovo* scheint ihnen ein Widerspruch zu seyn, weil so etwas nach römischkatholischen Religionsbegriffen ganz unerhört ist.

Nächst den Engländern sind unter den Italienern die Deutschen noch am beliebtesten, ob sich gleich der gemeine Italiäner viel klüger dünkt wie irgend einer von dieser Nation, die in dem vorzüglichen Ruf der Ehrlichkeit, nicht aber der Klugheit und Feinheit, steht.

Diese letzte Eigenschaft aber ist einmal der größte Stolz des Italiäners, der lieber auf die gute Meinung von seinem Herzen, als auf die von seinem Kopfe Verzicht thut, und es für sein schändlichstes Vergehen hält, sich dupiren oder minchioniren zu lassen, weswegen denn auch ein *Minchione*, oder Einfaltspinsel, der sich übertölpeln und überlisten läßt, bei dieser Nation der hassenswürdigste Schimpfname ist, vor dem ein jeder sich zu hüten sucht.

Rom, den 9. Januar 1788.

Raphael. Parnaß.

Daß der Mahler die Dichter kannte, sieht man aus ihrer schönen Zusammenfügung in diesem Gemählde.

Homer, Virgil und Dante mit der Sappho, auf der einen,

Horaz und Pindar auf der andern Seite. Dante, der sich dankbar an seinen Virgil anschließt, dessen Genius den seinigen erwärmte und beflügelte.

Horaz, der mit Bewunderung auf seines Pindars Töne horcht, die er zuerst in die Sprache Roms nachahmend übertrug –

In der Mitte Gott Apollo von den Musen umgeben.

Auch hat der Mahler seinen Wert empfunden; er hat sich selber im Bilde dargestellt, und tritt mit seiner sanften Miene und stillem bescheidnen Blick den ersten Dichtern an die Seite.

Die Schule von Athen.

In der Mitte auf erhabenen Stufen stehen Aristoteles und Plato, und unterreden sich mit ihren Schülern.

Auf der einen Seite ist Sokrates mit dem jüngeren Alcibiades im Gespräch begriffen, und es ist ein schöner Gedanke des Mahlers, wie er sich den herablassenden Philosophen darstellt, indem er, AN DEN FINGERN ZÄHLEND, die Wahrheiten, die er vorträgt, seinen Zuhörern anschaulich macht.

Pythagoras schreibt auf eine Tafel – Diogenes liegt in nachlässiger Stellung sorgenlos auf den Stufen des Gebäudes hingestreckt.

Unter dem Archimedes, welcher gebückt ein Sechseck beschreibt, hat Raphael den berühmten Baumeister Bramante abgebildet, und auf diese Weise seinem Freunde ein bleibendes Denkmal gestiftet.

Der kniende Jüngling, welcher die Figur seinem Freunde zeigt, und in dessen Blicke sich die innere Aufmerksamkeit der Seele, und das aufgehende Licht der Gedanken mit dem lebhaftesten Ausdrucke spiegelt, ist vorzüglich schön; in den übrigen jugendlichen Köpfen sind die Abstufungen der Aufmerksamkeit und des Nachdenkens bewundernswürdig dargestellt.

Die Feuersbrunst.

Der Pabst auf dem Balkon, von welchem er dem Volke den Segen ertheilet, hemmt mit seinem Segensspruch die Flammen – Das Wunder aber ereignet sich im Hintergrunde – vorn herrscht noch das Gewühl und die Angst, welche der Kunst einen reichen Stoff giebt.
Weiber mit Gefäßen zum Löschen, deren Gewand im Sturmwinde flattert; Mütter mit ihren Kindern, die mit ausgebreiteten Armen um Hülfe und Rettung flehen; ein nackender Mann, der sich mit den Händen an die Mauer klammert, woran er sich herunter läßt, um der drohenden Gefahr zu entgehen; ein Sohn, der seinen Vater, wie Aeneas den Anchises, auf seinem Rücken durch die Flammen trägt. –

Die Holländische Schule.

Die Holländische Schule hat gesucht, die gemeine Natur so vollkommen als möglich durch Zeichnung und Farbe zu erreichen. Ihre Kompositionen aber sind eigentlich nie ein Ganzes, so daß man oft mehrere ihrer Gemählde, unbeschadet des Eindrucks, in einen Rahmen zusammenfassen könnte.
Sie stellen das Leben dar, wie es ist, in seinen frohen Aeußerungen, hüpfenden Bewegungen, und gröbern

sinnlichen Genuß. – Den gewöhnlichen Kreislauf des Menschenlebens, aber nichts, wodurch die Menschheit sich erhebt.

Kraft des Gemähldes.

Dem fliehenden Momente Dauer zu geben, und das zum Eigenthume der Menschheit zu machen, was sonst mit dem schwindenden Zeitalter auf ewig entflieht, dieser Zweck wird freilich schon durch die Schauspielkunst erreicht. –
Allein die Mahlerei hat das Eigenthümliche, daß sie die bloße Sichtbarkeit der Dinge von ihrer Körperlichkeit absondert, und aus dieser abgelösten Sichtbarkeit ein zartes Gewebe bildet, das sich am meisten dem Gewebe der Ideen nähert, welches in der Seele schlummert.
Sie hat einen Zauberkreis um sich her gezogen, wodurch sie sich auf das Gebiet eines einzigen Sinnes beschränkt, durch den sie mit Macht in die Seele dringt. – –
Das Auge vernimmt gleichsam die Töne, die sonst das Ohr erschüttern, und gleitet fühlend auf der schönen Oberfläche hin, die sonst durch Berührung merkbar wird. Auf den Sinn des Gefühls arbeitet doch alles hin, und dieser Sinn erhält durch das Gemählde eine Befriedigung, die durch nichts gestört wird, und in ihrer Art ganz und vollendet ist. –

Porta del Popolo.

Martial besang dieses Thor, als einst dem Domitian hier ein Triumphbogen errichtet war:
    Dieses Thor ist deiner Triumphe würdig;
    Dieser Eingang ziemt einer Friedensstadt. *
Dies letzte paßt also jetzt recht eigentlich auf Rom. Hier, wo so oft kriegerische Legionen ihren Einzug hielten, wird nun mit der Einführung der Gesandten ein prunkvolles Possenspiel getrieben.

Alljährlich zieht nehmlich der venetianische Gesandte mit großer Pracht, und in Begleitung einer Menge von Equipagen in dieses Thor hinein; aus welchem er nur auf einige Stunden hinausfährt, um diesen feierlichen Einzug zu halten.

Deswegen pflegt auch das Volk auf den Straßen den Leuten des Gesandten lachend zuzurufen: *ben tornato!* welches so viel sagen will, als: Glück zur Wiederkunft! oder: willkommen von der Reise!

* Martial L. 8. Ep. 42.

Rom, den 12. Januar.

Signatur des Schönen.
(Bei der Betrachtung des Apollo von Belvedere.)

Ist nicht alles in der Natur voller Bedeutung, und ist nicht alles Zeichen von etwas Größern, das in ihm sich offenbaret?

Ist nicht die Frucht, noch ausserdem, daß sie für sich selbst besteht, zugleich für den nachdenkenden und forschenden Verstand ein Zeichen von dem ganzen innern Wuchs des Baumes, an dem sie reift, und von der geheimen Verwandtschaft der Pflanze mit der verschiedensten Bildung der umgebenden Welt?

Ist nicht der zarte Finger, noch außer seiner besondern Bestimmung, ein Zeichen von der Geschmeidigkeit und Biegsamkeit des ganzen Körpers, an dem er befindlich ist? Die Hand ein Zeichen von der alles ergreifenden und in sich fassenden Kraft der menschlichen Organisation? Der Arm ein Zeichen von der Stämmung bei der Biegsamkeit, wodurch der ganze Körper nach Gefallen sich bückt und aufrecht erhält?

Lesen wir nicht in jedem kleinen Theile des Gebildeten die Spuren des Größern, das sich darin abdrückt? – Auf die Weise wird alles, was uns umgiebt, zum Zeichen; es wird bedeutend, es wird zur Sprache. –

Da wir selbst nichts höheres, als die Sprache besitzen, wodurch sich unsre denkende Kraft, als der edelste Theil unsers Wesens, offenbart, so stellen wir das Schöne am höchsten hinauf, wenn wir sagen, daß es gleichsam durch eine höhere Sprache zu uns redet.

Rang des Schönen.

Nichts Reelles, wodurch irgendeine menschliche Kraft entwickelt wird, und zu einem höhern Grade von Vollkommenheit aufwärts strebt, ist doch eigentlich entbehrlich oder überflüssig – und man gewinnt sicher dabei, wenn man dem Schönen immer den Vorrang läßt. – Denn eben so gut, wie man sagen kann, die schönen Künste sind dazu, um edle Thaten zu verewigen; ebenso kann man auch sagen: edle Thaten der Menschen sind dazu, um durch die schönen Künste gleichsam ihre höchste Vollendung zu erhalten, indem sie eben dadurch erst ein Eigenthum der Menschheit auf kommende Geschlechter werden!

Denn eins ist doch immer um des andern willen, und nichts ist eigentlich ganz und unbedingt untergeordnet – dasjenige aber, wodurch in den menschlichen Dingen das Fliehende bleibend gemacht wird, hat immer einen vorzüglichen Werth, um den Geist hinaufzustimmen, oder ihm das Hinaufstreben immer angelegentlicher zu machen.

Die Schlange nagt an ihrem Schweife.

Aus der Mischung von Licht und Schatten entsteht der schönste Reiz der Farben. –
Da wo die Liebe den Haß aufnimmt, entstehen die sanftesten Gefühle der Großmuth des Verzeihens, die ohne diesen Kreislauf nicht entstanden wären. –
Das Helldunkel der Abendröthe ist schöner als der Glanz des Tages. –
Die Freude selbst bricht nicht eher in wonnevolle Thränen

aus, als auf dem Punkte, wo sie mit der Traurigkeit sich vermählt, und die Erinnerung an vergangene Leiden in ihren Schooß aufnimmt.

So bilden Wärme und Kälte durch ihr geheimnisvolles Band das Leben. –

Wenn Virginius seine Tochter ermordet, um sie der Schande zu entziehen, so treffen Grausamkeit und Mitleid in einem Punkte zusammen, und bilden eben durch dies Aneinandergrenzen des Entgegengesetzten das höchste tragische Schöne.

Das Mitleid hebt nicht die Grausamkeit, und diese hebt nicht jenes auf, sondern beide finden in einem und demselben empfindenden Wesen neben einander Platz, und wir stehen mit erstaunter Seele vor der furchtbaren Erscheinung da. –

Kapitolium.

Hier war es, wo nach des Dichters Schilderung * Evander den Aeneas zu der Tarpejischen Burg führte, die damals nicht von Golde glänzend, noch ein dichter Wald war, zu welchem der furchtsame Landmann von unten mit einem geheimen Schauer hinaufblickte. –

Er glaubte hier in der trüben, wolkichten Luft den Jupiter zu sehen, wie er seine Aegide schwenkte, und die Stürme herberief.

Hier zeigte Evander dem Aeneas jenseit der Tiber die beiden uralten Städte Janikulum und Saturnia, wovon die eine den Zeus, die andere den Saturnus zum Erbauer hatte.

* *Virgil. l. 8. c. 3. 46 sq.*

Dann gingen sie in das Haus des Evanders, und sahen die Heerden auf dem nachmaligen römischen Forum weiden, das nun wieder zum *campo vaccino* geworden ist, von welchem, da ich hier eben diese Stelle aus dem Virgil lese, das Blöken der Rinder mir entgegen tönt.

Rom, den 10. Februar.

Abwechselung und Einheit in
der Landschaft. (Bei einem Spaziergange in
der Villa Borghese.)

Nichts ist langweiliger und ermüdender, als eine gerade Heerstraße, wo man das Ziel, das man erreichen will, immer in einerlei Richtung vor sich siehet –
Ein Pfad, der sich schlängelt, ist angenehmer, als ein gerader Weg, da hingegen eine schnurgrade Straße in einer Stadt einen schönern Anblick gewährt, als eine krumme Straße, weil ein beträchtlicher Theil einer Stadt, der sich auf einmal dem Auge darstellt, an sich, schon wegen der Größe des Gegenstandes, einen angenehmen Eindruck macht.
Ein Garten, der aus lauter krummen labyrinthischen Gängen, und einer, der aus lauter geraden Alleen bestände, würden in ihrer Anlage gleich tadelnswerth seyn! –
Denn die Seele, wenn sie durch die umgebenden Gegenstände angezogen werden soll, wünscht bald ein Ganzes auf einmal zu übersehen, und bald sich wieder in sanften Krümmungen zu verlieren, wo das, was kommen soll, nur zuweilen wie verstohlen dem Blicke sich zeigt, und sich nicht eher in seinem Umfange darstellt, bis man es ganz erreicht hat.
So wie die aufeinanderfolgenden Töne der Musik erst all-

mälig ein Ganzes bilden, das mehr in der Erinnerung als in der Würklichkeit sich in der Seele darstellt, so ist eine Gegend, welche nicht auf einmal, sondern allmählig, so wie man sie durchwandelt, ihr Bild in der Seele abzeichnet.

Das Tiburtinische Thor.

Der ältere Theil des Tiburtinischen Thores ist unterm August erbaut, und man sieht noch jezt die ungeheuren Quaderstücke. – Aus eben diesem Thore ging oder fuhr also Horaz nach seinem Tibur; jetzt heißt es die Porta St. Lorenzo, weil vor dem Thore eine Kirche des heiligen Laurentius liegt, auf demselben Fleck, wo ehemals dem Neptun ein Tempel geweiht war; die Verzierungen aus diesem Tempel, welche auf seine Bestimmung Bezug haben, sind jetzt in einem Zimmer des Kapitoliums aufbewahrt. Der Weg nach Tivoli ist nicht mehr so angenehm, wie er wahrscheinlich zu Horazens Zeiten war; dicht vor Rom geht man in einer Vertiefung zwischen Weingärten; dann kommt man in die öde Campagna, wo das schönste Land unbebaut liegt, und nicht einmal zur Weide genutzt wird. So unangenehm aber der Weg selber ist, den man betritt, so schön ist doch die Aussicht nach den sabinischen Bergen, und den tuskulanischen Hügeln zu, welche man immer vor sich siehet.

Die Konsuln des neuern Roms.

An der Kirche St. Angelo in Pescharia (auf dem Fischmarkte) lieset man folgende Inschrift:
»Um Gesänge zum Lobe Gottes anzustimmen, hat die

Zunft der Fischhändler dieser Stadt den Chor dieser Kirche erweitern lassen. Das ist geschehen im Jahr 1700, UNTER DEM KONSULAT des Marko Schocchi und Nikolai Altissimo.« –

Die Namen der neuen römischen Bürgermeister werden also doch auch noch durch Inschriften verewigt; und die Bürgerschaft, welche diesen Chor auf ihre Kosten hat erbauen lassen, stellt auch die Namen jener modernen Konsuln, als ihrer selbstgewählten Oberhäupter, an ihre Spitze.

Rom, den 12. Februar.

Der Flaminische Weg.

»Wann wird der Tag erscheinen, wo ganz Rom auf dem Flaminischen Wege steht?«*
Dies bezieht sich nehmlich auf die Ankunft des Trajan, der auf dem Flaminischen Wege nach Rom zurückkehrte –
Nun ist der Korso und die Straße nach Ponte molle eigentlich der alte Flaminische Weg; und durch Zufall ist dies der gewöhnliche Spaziergang für die Römer geworden, so daß es sich jetzt sehr oft fügt, daß ganz Rom auf dem Flaminischen Wege steht – freilich ohne der Ankunft eines Trajan entgegen zu sehen –
Es wandert hinaus, um einen Augenblick Luft zu schöpfen, und kehrt dann ungetröstet in seine dumpfen Klostermauern wieder zurück. –

* *Martial l. 5. ep. 8.*

Das Franziskanerkloster auf dem Palatinischen Berge.

Hier war es, wo einst der Tempel des Apollo stand – vor dem Kloster sieht man die sogenannten Stationen des Leidens Christi, in erbärmlicher Mahlerei –
Wir gingen durch den Garten; da saßen in dumpfer hinbrütender Trägheit einige Mönche mit ihren kahlen Köpfen auf Steinen in der brennenden Sonnenhitze. –
Ein dicker friedlicher Mönch empfing uns, und führte uns in dem Kloster umher. – Man sieht von diesem Kloster gerade in das Kolossäum, auf den Cölischen Berg, und den Triumphbogen des Konstantin, in das eigentliche alte

Rom, und die ehemalige Suburra, zwischen dem Cölischen und Esquilinischen Hügel, in der Ferne die Berge von Tivoli und Fraskati.

Einen üblen Prospekt bei der alten Pracht von Rom, machen die häßlichen Kutten der Mönche, welche sie sich selber waschen, und zum Trocknen aus den Fenstern ihres Klosters hängen –

Unser korpulenter Führer zeigte uns auch die Klosterbibliothek, worunter sich von Profanscribenten nur der einzige Virgil befand, weil dieser ohne sein Verschulden von der frommen Einfalt zum Propheten des Messias gemacht worden ist.

Unser Führer versicherte uns auch, daß unter dem Kloster noch viele Schätze verborgen wären, weil hier der Pallast des Nero gestanden habe.

Mahlerische Ruinen.

»Den Marmor des Messala spaltet der wilde Feigenbaum.«*
Mit diesen Worten prophezeiht der Dichter den dauerhaftesten Monumenten ihren Untergang – und jetzt sieht man, wie natürlich, diese Weissagung erfüllt. Aus den Ruinen drängt sich der wilde Feigenbaum hervor, und trennt durch seinen unaufhaltsamen Wachsthum die festesten Fugen auseinander.
Aber der Anblick der Ruinen selbst mit diesem Auswuchs ist mahlerisch und schön – und es macht den reizendsten Kontrast, aus dem modernen Gesteine und aus den Ritzen des verfallenen Gemäuers das junge Grün hervorsprossen zu sehen, welches diese ehrwürdigen Reste des Alterthums überschattet; und der Landschaftsmahler findet hier immer eine reiche Ernte, denn er sieht das in der Natur vereint, was die lebhafteste Einbildungskraft nicht so romantisch zusammenfügen würde.

* Martial, l. 1010. ep. 2.

Rom, den 16. Februar.

Geräusch und Lerm in dem
alten und neuern Rom.

Die römischen Dichter beklagen sich häufig über den unausstehlichen Lerm in Rom, zu den Zeiten, wo unter den Kaisern die größte Ueppigkeit in allen Stücken, und ungemessene Pracht und Verschwendung herrschte.
Martial beneidet seinen Freund, der auf dem Janikulus ruhig und einsam wohnte, und die sieben Hügel des geräuschvollen Roms übersehen konnte, ohne von dem Lerm und Gewühl gestört zu werden, das in den volkreichen Straßen herrscht. –

»Rom liegt dicht an meinem Schlafzimmer!«
klagt der Epigrammatist, und das Geräusch der Kupferschmiede gellte ihm den ganzen Tag über in den Ohren!
So seufzte ich oft mit dem Dichter, als ich in der Strada del Babuino krank lag; wo dicht neben mir das Operntheater Aliberti um Mitternacht seine Schaaren ausließ, und das Kutschengerassel bis gegen zwei Uhr kein Ende nahm.

»*Nobis ad cubile est Roma!*«
Gegenüber wohnte ein Kupferschmied, der mich auch in die zweite Klage des Dichters mit einstimmen ließ.
Dieß ist aber freilich nur zufällig; denn sonst ist wohl der Lerm in dem neuen Rom, mit dem in dem alten bei weitem nicht zu vergleichen. Schon gegen Neapel gerechnet, herrscht in Rom eine Todtenstille, die nur durch das Geschrei der Bettler und Ausrufer unterbrochen wird: diese betreiben denn aber freilich auch ein so ungeheures Geschrei, wovon einem oft die Ohren gellen; wozu man auch noch vorzüglich diejenigen mit rechnen muß, die für die Seelen der Todten im Fegefeuer Kollekten sammlen, und fürchterliche Lieder singen, wodurch sie das Mitleid

der Lebenden rege zu machen suchen. Man kann sonst auf den Straßen in Rom ziemlich ruhig wandeln; nirgends herrscht ein solches Gedränge wie z. B. auf der Straße Toledo in Neapel oder auf dem Strand in London.
Der Korso ist immer noch am lebhaftesten, außer der Karnevalszeit aber kann man auch hier sehr unbelästigt gehen; und in den abgelegenen Straßen Roms wandert man oft ganze Stunden zwischen Mauern und Klöstern, wo einem selten jemand begegnet und alles ein sehr einsames Ansehen hat.

Apollo in Belvedere.

Es ist hier allezeit ein Fest für uns, wenn eine Gesellschaft sich vereinigt, um die Statüen in Belvedere des Abends bei Fackelschein zu betrachten. – Man versäumt diese Gelegenheit nie, weil einem jede dieser Betrachtungen ein sichrer Gewinn und Erwerb für den Geist ist, der einem nachher durch nichts geraubt werden kann.
Und der Unterschied ist so auffallend, daß man fast nicht sagen kann, man habe diese höchsten Werke der Kunst gesehen, wenn man sie nicht auch zum öftern in dieser Art von Beleuchtung sähe. – Die allerfeinsten Erhöhungen werden dem Auge sichtbar, und in dem, was sonst noch einförmig schien, zeigt sich wiederum eine unendliche Mannichfaltigkeit.
Weil nun alle dieß Mannichfaltige doch nur ein einziges vollkommenes Ganze ausmacht, so sieht man hier alles Schöne, was man sehen kann, AUF EINMAL, der Begriff von Zeit verschwindet, und alles drängt sich in einen Moment zusammen, der immer dauern könnte, wenn wir bloß betrachtende Wesen wären.

Wer nun aber mit dem Winkelmann in der Hand den Apollo betrachtet und lieset:
»Eine Stirn des Jupiters, die mit der Göttin der Weisheit schwanger ist – Augen der Königin der Göttinnen mit Großheit gewölbt – sein Haar scheint gesalbt mit dem Oele der Götter, und von den Grazien mit holder Pracht auf seine Scheitel gebunden.«
Wer diese Worte lieset indem er den Apollo betrachtet, der wird viel zu sehr dadurch gestört, und auf Nebendinge geführt, als daß die reine Schönheit des Ganzen ihn noch rühren könnte. – Er muß nach dieser Beschreibung sich die Schönheiten des hohen und einfachen Kunstwerks eine nach der andern gleichsam AUFZÄHLEN, welches eine Beleidigung des Kunstwerks ist, dessen ganze Hoheit in seiner Einfachheit besteht.
Wem daran liegt, dem Schönen zu huldigen, wird seine Rede dem Kunstwerke, das er beschreiben will, unterordnen, und mehr durch halbe Winke andeuten, als vollständig zu beschreiben suchen: denn nicht seine Beschreibung, sondern der Gegenstand derselben soll bewundert, und über dem Anblick des Kunstwerks selbst soll jede Beschreibung vergessen werden.
Winkelmanns Beschreibung des Apollo in Belvedere scheint mir für ihren Gegenstand viel zu zusammengesetzt und gekünstelt. –
Der Genius der Kunst war neben ihm eingeschlummert, da er sie niederschrieb; und er dachte gewiß mehr an die Schönheit seiner Worte, als an die wirkliche Schönheit des hohen Götterideals, das er beschrieb.
Aus dieser Verstimmung kömmt der falsche Rath: »Gehe mit deinem Geiste in das Reich unkörperlicher Schönheit, und versuche ein Schöpfer einer himmlischen Natur zu werden, um den Geist mit Schönheiten, die sich über die Natur erheben, zu erfüllen!«

Wer diesem Rathe folgt, wird ganz des Ziels verfehlen. – Die Kunst mit ihrem Geiste soll in das Reich der körperlichen Schönheiten immer tiefer dringen, und alles Geistige bis zum Ausdruck durch den Körper führen; sie soll den Geist mit Schönheiten, die in der Natur würklich sind, erfüllen, um sich bis zum Ideal der höchsten KÖRPERSCHÖNHEIT zu erheben.

Die Betrachtung schöner Kunstwerke erhebt den Geist und veredelt das Gefühl.

Es stellt gewiß die schönen Künste in einem erhabnen Lichte dar, daß sie bei ihrem reinsten Genuß eine völlige Uneigennützigkeit des Gemüths voraussetzen. – Daß derjenige, welcher ein Ergötzen an ihnen finden will, gar keine Rücksicht auf sich selber nehmen, sondern sich selbst in der Betrachtung des Schönen vergessen und verlieren muß; daß wechselweise der Genuß des Schönen durch edle Gesinnungen und edle Gesinnungen durch den Genuß des
Schönen erhöht und verfeinert werden.
Ein junger Künstler in Rom, der bei den vortrefflichsten Talenten, wegen seiner Aussicht in die Zukunft oft mißmüthig zu seyn Ursach hatte, versicherte mir, daß ein Spaziergang auf Monte Kavallo ihn jedesmal von seinem Mißmuth heile; daß er bei dem Anblick der beiden Meisterwerke der griechischen Kunst, sich selber und seine Sorgen vergesse, und sich freue, daß bei aller Unvollkommenheit der menschlichen Dinge, doch so etwas Vollkommnes da sey.
Und gewiß ist es: Vollkommenheit, wo wir sie auch entdecken, befriedigt unsre Wünsche, vollendet unser Wesen,

und zieht uns allmälig in sich hinüber, so daß das Dunkle und Verworrene nach und nach sich auflöst und es immer heller vor unsern Augen wird.

Aventin.

Unter den Hügeln Roms stößt der Aventinische am nächsten an die Tiber, so daß zuletzt zwischen dem Strom und dem Fuß des Hügels nur ein schmales Ufer bleibt.
Auch macht der alte Aventin hier einen ehrwürdigen Anblick, wenn man die mit dichtem Gesträuch bewachsene jähe Felsenwand, zwischen altem Gemäuer und Ruinen hinaufsieht. –
In den Vertiefungen dieser Felsenmasse denkt man sich die furchtbare Höhle des feuerspeienden Kakus. – Die dichterischen Bilder werden einem hier lebhaft; wie Herkules dreimal den ganzen Aventin umgeht; wie er dreimal den Eingang zu der Felsenhöhle vergeblich sucht, bis endlich das Gebrüll der Ochsen den Räuber ihm verräth.* –
Hier, wo der Berg dicht an den Fluß grenzt, lag der ungeheure Fels, den Herkules von der Höhle wegwälzte. –
Der Aventin war auch schon in dem alten Rom eine der abgelegenen Gegenden. – Martial beklagt sich daher auch über die entfernte Wohnung seines Gönners, dem er oft seine Aufwartung machen mußte:

Täglich soll, Gallus, ein Besuch dir fröhnen!
Und ich soll drei, viermal des Tages den Aventin besteigen! **

---

* *Virgil. l. 8. v. 230.*
** *Martial. l. 50. ep. 50.*

Abendaussicht vom Palatinischen Berge.

Hier stehen wir auf dem Gipfel des zerstörten Palatiums – wir lehnen uns über ein steinern Geländer, und sehen dicht vor uns die Terrassen, ein Krautfeld, und junge Bäume –

Zur Rechten die Tuskulanischen Hügel, in wunderbarem röthlichem Wiederschein, im Glanz der untergehenden Sonne, bis dahin, wo das majestätische Lateran die Aussicht hemmt, und die fernen Hügel deckt. –

Weiter hin in ähnlicher Farbenmischung die Berge von Tivoli, bis dahin, wo das Kolosseum, in welches wir hier ganz nahe, wie von oben, hineinblicken, über dem röthlichen Schimmer der Berge emporragt. –

Dicht neben dem Kolosseum erhebt sich der Esquilinische Berg, mit Weingärten bepflanzt. – Die stolzen Ruinen von den Bädern des Titus ragen einsam aus ihm hervor, und der hohe Eichenwald in den Gärten des Klosters *St. Paoli in vincoli.*

Dicht vor uns blicken wir auf den zerstörten Friedenstempel und auf sein grünbewachsenes Dach hernieder, das jetzt die Abendsonne bescheint – über dem Friedenstempel blicken die Bäder des Diokletian hervor, mit ihren ungleichen Dächern. –

Da wir auf der andern Seite hinuntersteigen, begegnen wir ein paar Kapuzinermönchen, welche wieder hinauf in ihr Kloster gehen; das sind also ein paar von den jetzigen Bewohnern des uralten Roms, dessen erster Grundstein auf diesem Fleck gelegt wurde. –

Am Abhange des Berges, in Gesträuchen, weiden Ziegen, wie zu des Evanders Zeiten, und ländliche Hirtenwohnungen, welche damals den Hügel deckten, steigen nun nach dreitausend Jahren aus den Ruinen der Palläste wieder empor. –

Der Preiß einer Mahlzeit im alten und neuen Rom.

Für zwei Paul kann man jetzt schon eine gute Mahlzeit halten – Martial beklagt sich, daß zu seiner Zeit hundert Quadranten, also ohngfähr zwanzig Bajock, oder zwei Paul, nicht zureichten, um sich satt zu essen.

Quid facit ista fames?

drückt er sich aus, indem er über die Summe von hundert Quadranten, welche die Klienten von ihren Patronen zu einer Mahlzeit erhielten, seinen Unwillen und seine Unzufriedenheit äußert.

Rom, den 12. März.

Reise nach Cora.

Ich bin Ihnen noch die Beschreibung meiner Reise nach Cora schuldig, die ich in Gesellschaft des Architekten Herrn Arends, zu Ende des Oktobers im vorigen Herbst, zu Fuß anstellte, und die mir, ohngeachtet der Beschwerlichkeiten, die, mit dieser Art zu reisen, auch hier verknüpft sind, dennoch in der Erinnerung immer noch das größte Vergnügen gewährt.

Ich, mit einem Stabe in der Hand, und mein Gefährte mit einem zusammengerollten Zeichenstuhle unterm Arm, machten uns auf den Weg, und hatten uns so wenig mit überflüssigem Gepäcke beladen, daß man das

vacuus cantat coram latrone viator

mit ziemlicher Zuversicht auf uns anwenden konnte.

So wanderten wir an einem heitern Morgen aus der Porta St. Sebastiano die Straße nach Albano zu. – Zwischen den Weinbergen vor der Stadt, wo wir wegen der Mauer an beiden Seiten nicht ausweichen konnten, begegnete uns eine Heerde Bufali, die wir erst mit großem Respect vorbeiziehen ließen, ehe wir weiter gingen. Denn wenn eins dieser

fürchterlichen Wesen auf irgend einen Wanderer sein Augenmerk richtet, so drückt es ihn im eigentlichen Sinn mit seinen Liebkosungen zu Tode, indem es ihm so lange auf die Brust kniet, bis Athem und Leben entwichen ist.

Als wir drei deutsche Meilen durch die Ebene von Rom gewandert waren, stiegen wir den albanischen Hügel hinauf, und ließen zur Linken Castel Gandolfo liegen, welches ohngefähr den Fleck bezeichnet, wo die Stadt Albalonga in uralten Zeiten auf dem schmalen Rücken des Berges lag.

Wir blickten nun zurück, und sahen deutlich die alte Heerstraße von Rom an beiden Seiten mit Grabmälern bezeichnet, wovon hier noch die meisten Ruinen stehen. Passender, als auf unsern Kirchhöfen, war also hier die Inschrift:

Sta Viator!

Wie wir von diesen Anhöhen auf die Stadt Rom hinunterblickten, erinnerten wir uns an jene Zeiten, wo Rom und Alba noch um die Oberherrschaft stritten.

Denn in dieser Ebene, die wir hier vor uns sahen, war es, wo die Horazier und Curiazier gegeneinander auszogen, um das Schicksal der beiden wetteifernden Städte, die sie im Gesicht hatten, durch einen Zweikampf zu entscheiden.

Wir übersahen auch die Gegend, wo nachher unter dem Tullus Hostilius, in dem Gefechte gegen die Fidenater und Vejentiner der verrätherische Metius mit seinen Albanern sich von dem römischen Heere zurückzog, und nun zur Rache die Stadt Alba bis auf den Grund zerstörte, und nur mit Verschonung der Göttertempel, alles übrige dem Boden gleich gemacht und die Einwohner nach Rom geführt wurden, welches durch den Untergang von Alba einen neuen Zuwachs erhielt, und nun zuerst den Cölischen Hügel mit in seinen Umfang schloß.

Albano oder das neue Alba liegt in einiger Vertiefung. Wir stiegen hinunter und kehrten bei den drei Schwestern ein, wo die Fremden herbergen. Dann besahen wir noch, ehe es Abend wurde, den Albanischen See, und beschlossen damit unser Tagewerk.

Am andern Morgen waren wir früh auf und wanderten bei Tagesanbruch schon unter den Ruinen der Villa des Domitian. –

Hier war es, wo dem Domitian der große Fisch gebracht wurde, über dessen Zubereitung der römische Senat sich berathschlagen mußte, und deshalb hier versammelt wurde, wie Juvenal mit beissender Laune und treffendem Witz erzählt.

Hier wurde, obgleich die Stadt zerstört war, dennoch das heilige Feuer der sogenannten kleinen Vesta zu Ehren unterhalten, weil man es nicht wagte, bei Zerstörung einer Stadt die Tempel der Götter zu verletzen, oder an ihrer Verehrung einen Raub zu begehen.

Aus den ehemaligen Gärten des Domitian hat man eine herrliche Aussicht auf das Meer und die umliegende Gegend. Er hatte sich diesen Landsitz vortreflich ausgewählt; und die Mönche, die jetzt hier hausen, haben sich den Platz sehr wohl zu Nutze gemacht; wie dies denn gemeiniglich der Fall ist, daß die Klöster immer die angenehmsten Plätze und die reizendsten Aussichten in diesem schönen Lande sich zugeeignet haben.

Albano selber dient jetzt zum ländlichen Aufenthalte für die Römer in der schönen Herbstzeit, dies ist nehmlich die Villegiatura, wovon ich Ihnen schon eine Beschreibung gemacht habe, und welche während ihrer kurzen Dauer diesen Ort sehr lebhaft macht.

Wir sahen das Amphitheater, welches jetzt mit Dornen verwachsen ist, die nur mit Mühe einen Eingang verstatten.

Hier war der Fleck, dessen Greuel Juvenal besingt; wo edle römische Jünglinge vormals mit Bären kämpfen mußten, und dadurch der Mordsucht des ungeheuren Despoten, der an diesem Schauspiel seine Lust hatte, dennoch nicht entgehen konnten.

Nun setzten wir unsre Reise über Veletri fort, und wanderten durch die ziemlich öde und unbebaute Gegend nach den Volscischen Bergen zu, auf welchen Cora liegt.

Unterweges von Veletri aus kamen wir durch ein Oertchen, welches wahrscheinlich den Fleck bezeichnet, wo das alte Ulubrä mag gelegen haben, das Horaz als einen Ort bemerkt, wo nur für den Genügsamen Glück und Zufriedenheit wohnte, und wo die Genügsamkeit selber auf die Probe gestellt wurde.

Wir langten kurz nach Mittag in Cora an, und als wir nun den Hügel, wo es liegt, hinaufstiegen, und den Gipfel der Stadt erreicht hatten, wurden wir sehr angenehm durch den Anblick von den Ruinen eines kleinen Tempels überrascht, wovon noch eine Reihe Säulen mit dem Gebälke erhalten ist. Diese schöne Ruine steht in dem kleinen Klostergarten, und man hat von diesem Tempel eine weite Aussicht über die Gegend.

Etwas weiter hinunter sind in dem Hause eines Schmieds ein paar kleine Säulen eingemauert. Mein Gefährte hat diese Ruinen gezeichnet, und wird seine Zeichnung selbst mit einer ausführlichen Beschreibung begleiten.

Da es nun, nachdem wir die Ruinen gesehen hatten, noch früh am Tage war, so wollten wir uns, ob wir gleich versprochen hatten, in den Gasthof zurückzukehren, nicht länger in Cora aufhalten, sondern nach Veletri zurückgehen, welches wir vor dem Einbruch der Nacht noch zu erreichen hofften. Allein als wir wieder durch unser Ulubrä kamen, war es schon ziemlich dunkel, und da wir kaum noch eine halbe Stunde gegangen waren, konnten wir keinen Weg mehr vor uns sehen, und waren unentschlossen, welche Richtung wir nehmen sollten.

Als wir so eine Weile still standen, hörten wir in der Ferne das dumpfe Gebell von Hunden, welche dem Wanderer in der Nacht in diesen Gegenden sehr schrecklich sind, und gegen die wir mit keinen Waffen ausgerüstet waren.

Wir entschlossen uns also kurz, umzukehren, damit wir unser Ulubrä wieder erreichten, und dort wo möglich noch eine Herberge fänden. – Den Rückweg fanden wir mit leichter Mühe wieder; als wir aber in dem Oertchen anlangten, klopften wir vergebens an verschiedene Thüren; denn alles schlief schon.

Ein Mann in einem Roquelaure, der uns auf der Straße begegnete, und dem wir unsere Noth vorstellten, führte uns in den Reitstall eines Prälaten, der hier residirt, weil, wie er sagte, der Reitknecht noch wach sey, und uns vielleicht beherbergen würde.

Als uns nun der Mann im Roquelaure hier vorstellte, so meinte er, wir würden wohl im Stalle mit einem Strohlager vorlieb nehmen, weil es uns nur um ein Obdach für die Nacht zu thun wäre.

Der Reitknecht aber verwieß ihm diese Rede, weil man uns wohl ansehen könne, daß wir *galant huomini* wären, für die es sich nicht schicke, in einem Stalle zu übernachten; sondern er wolle uns schon noch in einem benachbarten Hause Herberge verschaffen.

Er führte uns also nach diesem Hause hin, wo noch alles wach war; allein wir hörten bald, daß er mit den Leuten zankte, die ihm sein Gesuch abschlugen, weil wir ihnen vielleicht verdächtig scheinen mochten.

Er kam also unwillig wieder zu uns, und befahl, daß wir ihm folgen sollten, welches wir ohne Bedenken thaten,

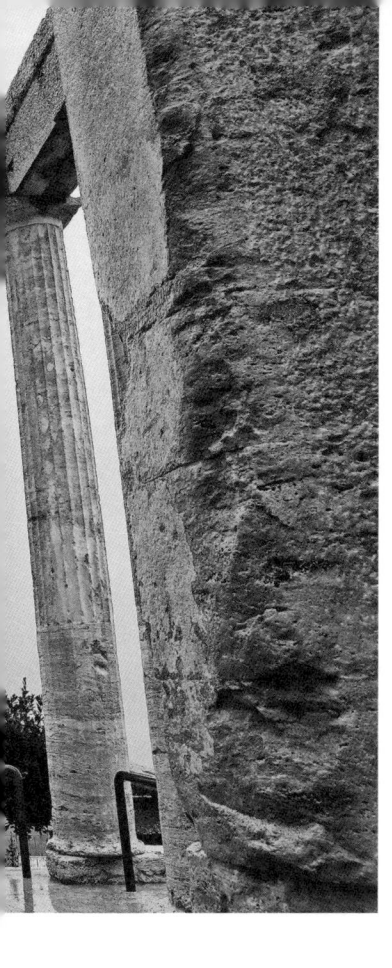

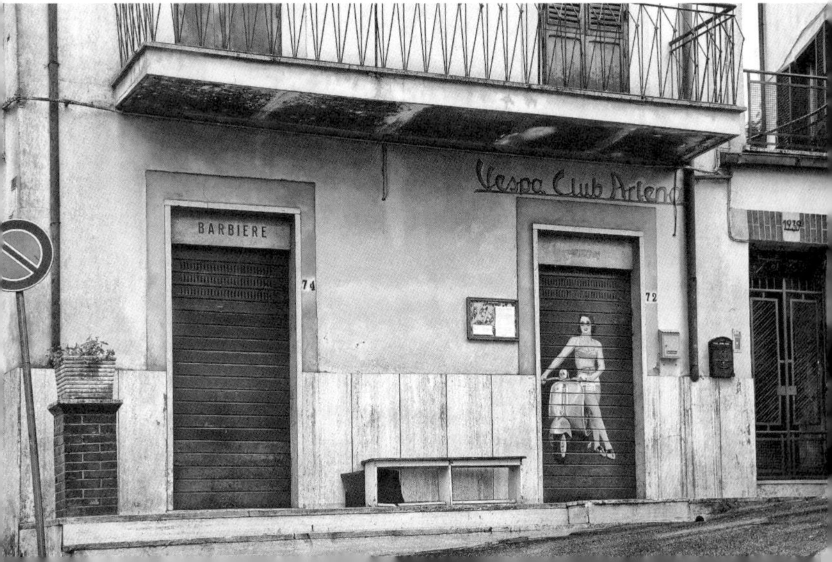
BARBIERE
74
Vespa Club Arleno
72
1939

weil wir ohngeachtet seines rauhen Wesens doch eine gewisse Biederheit in seinem Betragen fanden, die uns Zutrauen einflößte.

Er führte uns nun in seine eigne Behausung, die freilich an Bequemlichkeiten keinen Ueberfluß hatte, wo aber doch ein Heerd war, an dem wir uns bei einem kleinen Feuer wärmten.

Er briet hier einige Kastanien, und diese waren, nebst einem Stück Brodt, das einzige, was er uns vorsetzen konnte. Er that dies mit sehr gutem Humor, indem er bei jeder Kastanie, die er uns hinlegte, eins von den Gerichten nannte, die er uns gerne vorsetzen würde, wenn sie vorhanden wären; so stellte also die eine Kastanie das Zugemüse, die andere den Braten, und die dritte das Desert vor; auf diese Weise bewirthete er uns kostbar genug, und wir mußten ihm von fremden Ländern erzählen.

Dann führte er uns in sein Schlafzimmer, wo wir sein Bette mit ihm theilen sollten, das freilich nicht auf drei Personen eingerichtet war, aber durch die Gastfreiheit auf diese Nacht dazu gewidmet wurde.

Wenn wir unserm Wirth nicht getrauet hätten, so wäre die Nacht wohl kein Schlaf in unsre Augen gekommen, so furchtbar war der Anblick des Zimmers, das uns einschloß; denn alle Wände hingen, wie ein kleines Zeughaus, voller Pistolen, Flinten und Degen, und wir waren hier allein und in der völligen Gewalt unsers Wirths. Dieser legte sich denn in sein schmales Bette mit uns nieder, wo zwar die Unterlage, aber nicht die Decke, für uns drei zureichte.

Unser Frühstück am andern Morgen bestand wieder aus einem Stück Brodt und gebratenen Kastanien, wovon wir einige zu unsrer Zehrung unterweges in die Tasche steckten.

Wir gingen aber nun nicht auf Veletri zu, sondern nahmen

uns vor, da wir einmal in der Nähe waren, noch die alte Stadt Sermoneta zu besuchen, wovon uns unser Wirth versicherte, daß wir sie gegen Mittag wohl erreichen könnten. Er begleitete uns selber zu Pferde, mit seiner Muskete bewaffnet, und brachte uns auf den Weg nach Sermoneta. Einen seiner Bekannten, der uns begegnete, schalt er, daß er ohne Flinte ausgegangen sey.

Als wir auf der Heerstraße in den pomtinischen Sümpfen waren, nahm er Abschied von uns, und nahm mit vieler Dankbarkeit einen Skudo, den wir ihm für seine Bewirthung und Begleitung in die Hand drückten.

Auf unsrer Wanderung durch die öden pomtinischen Sümpfe kamen uns unsre Kastanien sehr gut zu statten. Wir wandten uns nun links nach dem Berge zu, auf welchem Sermoneta liegt, und kehrten am Fuß des Berges, zwischen gothischen Ruinen in einer Mühle ein, wo wir einige Erfrischungen zu finden hofften.

Man wies uns an den *Ministro*, (Verwalter) bei dem wir aber eine kurze abschlägige Antwort erhielten. Auf vieles Bitten bekamen wir gegen Bezahlung eine Foliette Wein, Brodt aber war auf keine Weise für Geld zu haben.

Als wir nun über Hunger klagten, so zog ein guthmütiges Bauerweib, die hinter uns stand, ein großes Stück Brodt aus der Tasche, und steckte es uns heimlich zu; da wir ihr ein Stück Geld in die Hand drücken wollten, weigerte sie sich mit Unwillen es anzunehmen; eine Uneigennützigkeit, die uns um so auffallender war, je seltner man sie hier findet.

Das Geschenk der Bauerfrau war uns von großem Werth, weil wir nach Sermoneta noch den steilen Berg, der vor uns lag, zu ersteigen hatten, und unser Stück Brodt, in Wein getunkt, uns trefliche Dienste that, um die erschöpften Kräfte wiederherzustellen.

Ein Bauer mit seinem Esel, der einen Mehlsack trug, diente uns zum Wegweiser durch die Krümmungen des schmalen Pfades, der sich den steilen Felsen hinaufwand, und so langten wir kurz nach Mittage auf dem Gipfel des Berges in Sermoneta an, wo wohl Fremde eine seltne Erscheinung seyn müssen, weil wir von allen, die uns begegneten, mit Verwunderung angegafft wurden.

Die einzige Nahrung, die wir hier bekommen konnten, war eine Art Hülsenfrüchte, (*Ceci*), womit man sonst die Schweine füttert. Diese waren aus bloßem Wasser gekocht, und schmeckten uns vortreflich.

Unser Wirth fragte uns, was wir eigentlich für Leute wären? Und was das für ein Instrument wäre, welches wir bei uns trügen? Dies war nehmlich ein Zeichenstuhl, der, so wie er eingerollt war, für eine Art von Zauberstab gehalten wurde.

Denn unsern Worten, daß wir Mahler wären, glaubte man nicht, sondern hielt uns für Teufelsbeschwörer, weil wir gekommen waren, um die Ruinen zu sehen, in welchen, nach dem Glauben des Volks, noch Schätze verborgen sind, die nur durch Zauberei gehoben werden können.

Man sahe uns daher sehr bedenklich an, als wir einen Knaben zum Wegweiser verlangten, der uns auf den Fleck führen mußte, wo von den Mauern und Tempeln der alten Stadt noch einige Ruinen befindlich sind.

Zwischen den Stücken von Mauern, die aus großen vielekkigten ineinandergefügten Steinen bestanden, war das Feld ringsumher beackert.

Von einem Gebäude war noch ein unterirdisches Gemach vorhanden, in welches wir allein hinabstiegen, weil wir den Knaben, der uns führte, nicht bewegen konnten, mit uns zu gehen: denn ihm war fest eingeprägt, daß der Teufel hier leibhaftig wohne.

Wir fanden übrigens in diesem unterirdischen Gemache eben nichts merkwürdiges, indessen entwarf mein Gefährte in aller Eil eine Zeichnung, um doch von diesen Ruinen von Sermoneta ein Andenken mitzunehmen.

Da es nun schon ziemlich spät war, so behielten wir unsern Wegweiser, und kehrten über die Berge zum zweiten Male wieder nach Cora zurück, wo man sich über unsre späte Zurückkunft, da wir gestern Nachmittag in einer Stunde hatten wieder kommen wollen, sehr verwunderte.

Es war noch viel Gesellschaft in der Gaststube, man war neugierig, von unsrer Wanderung zu hören, und als wir erzählten, daß wir von den Ruinen von Sermoneta kämen, so schien dies auf einmal unsern Zuhörern einen Aufschluß über unser Geschäft zu geben.

Sie sahen uns mit bedeutender Miene an, und gaben uns zu verstehen, daß sie uns für nichts anders als Schatzgräber hielten.

Wir suchten ihnen diese Meinung zu benehmen, und versicherten, daß wir Mahler wären, wozu sie den Kopf schüttelten.

Wenn Schätze da verborgen wären, sagten wir, warum würde man sie nicht schon längst ausgegraben haben? *sono impadroniti dal diavolo!* (der Teufel hat sie im Besitz) war ihre Antwort; wer also Macht über den Teufel hätte, meinten sie, der könnte auch diese Schätze heben. – Sie erzählten uns dann Geschichten, die sich in den bezauberten Gegenden ereignet haben, und wir mußten ihnen von unserm Lande erzählen; so brachten wir den Abend sehr angenehm in Gesprächen mit den Bürgern von Cora zu.

Am andern Morgen stiegen wir noch einmal zu dem schönen Tempel hinauf, und zu der Schmiede mit den eingemauerten Säulen; wir betrachteten noch einmal die Ruinen von der alten Mauer, nahmen so von Cora

Abschied und wanderten nun, am hellen Tage, wieder durch Ulubrä, die Straße nach Veletri, wo wir uns am vorgestrigen Abend in der Dunkelheit der Nacht verirrt hatten.

Wir erreichten Ulubrä gegen Mittag, und nahmen uns keine Zeit zum Essen, weil wir noch das Kabinett des Monsignor Borgia besehen wollten. Der Bruder des Besitzers zeigte uns alles mit vieler Dienstfertigkeit, und wir vergaßen ganz unser Mittagsmahl über der Betrachtung dieser kostbaren Seltenheiten. Was ich Ihnen hierüber zu sagen habe, behalte ich mir zu einem besondern Briefe vor.

Die Einwohner von Veletri spotteten unsrer, da wir aus der Stadt gingen, und vor einem Fleischscharne vorbeikamen, indem sie auf einen alten hölzernen Tisch wiesen, und uns nachriefen: *questa e roba antica!* dies wäre auch eine Antiquität, ob wir sie nicht in Augenschein nehmen wollten.

Wir machten nun noch in der kühlen Abendluft den Spaziergang von Veletri nach Albano, wo uns die Gegend schon ganz bekannt vorkam. In Albano langten wir ziemlich spät an, und machten uns am folgenden Morgen bei Tagesanbruch wieder auf.

An diesem Tage machten wir unsre stärkste Wanderung von Albano aus über Aricia und Nemi auf die Spitze des Monte Kavo, und von da über Rocca di Papa und Marino nach Rom zurück.

Aricia hat eine sehr angenehme Lage. Wir sahen die uralten Stämme in dem Hain Dianens, der mit einer Mauer umgeben ist, und den der Prinz Chigi, sein Besitzer, noch jetzt wie ein Heiligthum betrachtet; denn ohne seine besondere Erlaubniß wird niemanden der Eingang verstattet. Für Landschaftsmahler ist dieser Hain wegen des hohen Alterthums der Bäume, und ihres ausgebreiteten und laby-

rinthischen Wuchses ein vorzüglich schönes Studium. –
»Hier war es, am achten Meilenzeiger von Rom, wo der Wanderer sich Dianens waldigtem Gebiete näherte.*
Beim Anblick dieser tausendjährigen Baumstämme erneuerten sich die reizenden Vorstellungen von den heiligen Hainen der Alten, in die kein Sonnenstrahl dringen konnte, und die man an festlichen Tagen mit Blumenkränzen ausschmückte; wo jede Verletzung eines heiligen Baums ein höchst strafbares Verbrechen war, das durch Opfer und Gebete mußte ausgesöhnt werden – und wo, durch die Ehrfurcht gegen das Leblose, das Band zwischen dem Menschen und der ihn umgebenden Natur selbst näher geknüpft wurde.
Unser Weg von hier nach Nemi führte uns durch ein niedriges Gehölz. Wir wanderten an der schroffen Felsenwand auf dem hohlen Ufer um den See von Nemi, zu dem man durch anmuthige Gefilde den Abhang hinuntersteigt.
In dem kleinen Städtchen Nemi verweilten wir nicht lange, sondern nahmen einen Wegweiser, der uns gleich von hier auf die Spitze des Monte Kavo führte.
Ein Stück der alten Via mit großen vieleckigten ineinandergefugten Steinen hat sich noch bis jetzt erhalten, und wir stiegen auf ihr zu demselben Fleck hinauf, wo zu den Zeiten des alten Roms die Völker Latiums sich versammelten, um hier, wo sie ihre Grenzen mit einem Blick übersehen konnten, ihr jährliches Bundesfest zu feiern.
Wir kamen zu dem Kloster auf der Spitze des Berges, wo der Tempel des Jupiter Latialis stand. – Hier blickten wir nun auf der einen Seite tief in die Appenninen, auf der andern sahen wir das Meer, die Stadt Rom, ganz Latium vor uns liegen, und dicht zu unsern Füßen die Seen von Nemi und Albano.

* Martial. l. 9. ep. 48.

Bei dieser Aussicht wacht das Andenken an die Geschichte der Vorwelt in seiner ganzen Stärke auf, und man fühlt lebhaft, warum die aneinandergrenzenden Völker gerade diesen Fleck zu ihrem gemeinschaftlichen Bundesfeste wählten.

Einen traurigen Kontrast mit diesen herrlichen Erinnerungen macht das Kloster und die schwarzgekleideten Mönche, die auf ihrer Brust einen weißen Totenkopf, als ihr Ordenszeichen, tragen, und deren finstere Miene die Unzufriedenheit mit ihrem Zustande zu verkündigen schien.

Der Klostergarten stand voll Unkraut, und sah ganz verwildert aus; der Wind heulte durch die öden Klostermauern, und alles hatte hier oben ein widriges und unfreundliches Ansehen. Auf unser Bitten erhielten wir doch ein kleines Mittagsmahl, wofür wir eine Kleinigkeit an Gelde entrichteten, die aber in den Klöstern niemals als Bezahlung, sondern unter dem Nahmen eines Geschenks für das Kloster angenommen wird, das sich auf die Weise immer noch die Ehre der Gastfreiheit zuschreibt, ob es sich gleich, wie jedes andere Wirthshaus, seine Zeche bezahlen läßt.

Wir stiegen nun über Rocca di Papa, dessen Häuser wie Nester am Felsen gebaut sind, den Berg hinunter, bis nach St. Marino, wo wir erst gegen Abend anlangten, und nun noch drei deutsche Meilen bis nach Rom zurücklegten, das wir bei später Nacht erreichten, und für diesmal unsere Wanderung beschlossen.

Raphael und Volatera.

Der Schmerz der Mutter Jesu bei dem Tode ihres göttlichen Sohnes ist durch Raphael und Volatera einer der rührendsten und erhabensten Gegenstände der Kunst geworden.

In dem Gemählde des Volatera, das in der Kirche Trinita di Monte befindlich ist, versinkt die Mutter Jesu unaufhaltsam in ihren Schmerz, ihr Geist scheint ihr entflohen, die Hülle fällt in den Staub darnieder. Je länger man dies Gemählde betrachtet, desto mehr fühlt man sich angezogen, und zur Bewunderung über die Erhabenheit des Ausdrucks hingerissen.

Ein Gegenstück hierzu ist die Grablegung Jesu von Raphael, im Pallast Borghese. – Maria Magdalena, mit dem Ausdruck der wehmuthsvollen Zärtlichkeit neigt, ihren leise athmenden Mund fast bis zu den Lippen des Todten. – Johannes steht gebückt in hingegebenem Schmerz versunken. Joseph von Arimathia schaut mit tröstendem zuversichtlichen Blick und Miene um sich her. – Die Träger fühlen nur die Last des Todten. – Die Mutter Jesu sinkt ohnmächtig nieder; eine weibliche Figur neben ihr mit thränenvollen Augen und Wehmut im Blicke hat dennoch Kraft genug, mit ihren Armen die sinkende Mutter emporzuhalten. –

Rom, den 20. März.

Die heilige Cecilia.

Es ist kein Wunder, daß dies Gemälde von Domenichino so häufig kopirt ist; denn es herrscht ein Ausdruck von Harmonie und Wohllaut darin, der einem jeden sogleich beim ersten Anblick auffällt, und dennoch bei der längern Betrachtung nichts am Reiz verliert.

Man sieht die lauschende Tonkünstlerin, welche die Engelstimmen im Geiste vernimmt, die sie durch IRRDISCHE Töne, sterblichen Ohren vernehmbar, nachzubilden strebt. Ein sanftes Entzücken mahlt sich in allen ihren Zügen, und himmlische Andacht glänzt in ihrem schönen Auge.

Unter den Dichtungen von Heiligen ist diese von der Erfinderin der Orgel eine der liebenswürdigsten. – Der heiligen Cecilia ist jenseit der Tiber eine Kirche geweiht, die nach der Märtyrersage auf demselben Fleck erbaut ist, wo die Heilige in dem Hause ihres Vaters wohnte, und, als eine standhafte Bekennerin des christlichen Glaubens in ihrem Badezimmer enthauptet wurde.

Dies Badezimmer, zu dem man in einer Seitenkapelle einige Stufen hinabsteigt, ist noch in seiner alten Bauart mit seinen Röhren und Zubehör erhalten, und hat daher für den Andächtigen und für den Alterthumsforscher ein gleiches Interesse. Die Kirche selbst ist mit Gemählden ausgeschmückt, welche auf die Geschichte der heiligen Cecilia Bezug haben, und ihr Fest wird mit Vokal und Instrumentalmusik gefeiert.

Apollo in Belvedere.

Man kann freilich sagen: was für ein erstaunlicher Unterschied findet in der bildenden Kunst der Alten zwischen einem Silen und einem Apollo statt – und doch sind beide schön, ein jeder in SEINER ART. –

Ein Faun oder Silen kann in seinem Charakter ebenso übereinstimmend seyn wie ein Apollo in dem seinigen. – Wer

aber den Apoll gebildet hat, den wird doch wohl ein jeder für einen größern Künstler halten, als denjenigen, welcher nur einen vollkommnen Faun zu bilden fähig war. –
Wer einen Apollo bilden konnte, in dessen Macht stand es auch gewiß, einen vollkommnen Faun zu schaffen, aber nicht umgekehrt konnte jeder, der einen vollkommenen Faun zu bilden fähig war, auch einen Apoll hervorbringen. Denn wenn wir gleich zugeben, daß ein jedes Ding in seiner Art vollkommen ist, so müssen wir doch auch gestehen, daß die Arten selber sich wieder untergeordnet sind, und die eine mehr Vollkommenheiten in sich faßt, als eine andere. – So enthält die ganze Thierwelt nicht so viele Vollkommenheiten in sich, als der Körperbau des Menschen –
Der Löwe und das Pferd sind von majestätischer Bildung – die aufrechte Stellung des Menschen aber, und sein zum Himmel emporgehobenes Antlitz, erhebt ihn über beide und über die ganze Thierwelt –
Auch läßt die Menschenbildung von dem Geistigen, was sie in sich faßt, am meisten durch ihre sanfte Oberfläche durchschimmern, und erhält dadurch bei der Körperlichkeit ein erhabenes geistiges Gepräge, welches der ganzen übrigen Thierwelt mangelt.
Wo nun dies geistige Gepräge am deutlichsten hervorleuchtet, da ist auch der erhabenste Gegenstand der Kunst; je mehr sich dies Gepräge verliert, und der Ausdruck sich dem Thierischen wieder nähert, desto untergeordneter ist das Kunstwerk. –
In den Bildungen der Alten aber, so wie in ihren Dichtungen, spielt die Thierwelt in die Menschenwelt – es ist der lachende wollüstige Faun, der gleichsam den Gegensatz zu einem majestätischen Apollo macht. – Allein von dem Schönsten war der Maaßstab zu allen niedern

Bildungen einmal genommen. In dem hohlen Leibe des ungestalten Satyrs fand man die Bilder der Grazien versteckt.

Das Schöne ist eine höhere Sprache.

Wo die Harmonie des Ganzen einen Nahmen erhielt, da enthüllte sich das Schöne; es mochte nun Apollo, Jupiter, oder Minerva heißen; es mochte in der korinthischen Säule leicht emporstreben, oder in der Dorischen mit Felsenkraft dem Druck von oben zu widerstehen scheinen; es mochte in dem zarten Gliederbau der höchsten weiblichen Schönheit, oder in Brust und Schulter eines Herkules sich offenbaren.

Rom, den 26. April.
Das Mausoleum der
Cecilia Metella – Der Quell Egeria.

An einem der schönsten Herbsttage machte ich mit dem Landschaftsmahler Hrn. Lütke einen Spaziergang aus der jetzigen Porta St. Sebastiano oder dem Kapenischen Thore, nach KAPO DI BOVE, welches die jetzige gewöhnliche Benennung von dem Grabmal der Cecilia Metella ist, die sich wahrscheinlich von den bekränzten Schädeln der Ochsenköpfe herschreibt, mit denen das Grabmal an seinem obern Gesimse, gleich einem Opferaltare, verziert ist. Vielleicht schreibt sich diese Benennung auch daher, weil in dieser Gegend ehemals der Flecken BOVILLÄ lag, wohin der Weg von Rom aus wie eine sehr kleine Station betrachtet wurde, so daß der Dichter Martial einem Freunde, der die Lektüre seines Buchs zu früh unterbrach, mit einem Reisenden verglich, der auf dem Wege nach Bovillä schon bei dem Quell der Egeria, welches beinahe die Hälfte der kleinen Station war, ausruhen wollte.

Mein Gefährte und ich thaten dies nicht, sondern wanderten in einem Strich von Rom bis nach Kapo di Bove, wo Herr Lütke von dem Grabmal der Cecilia an Ort und Stelle die Zeichnung entwarf, von welcher das von Herrn Daniel Berger gestochene Kupfer dieser Reisebeschreibung beigefügt ist.

Während daß Herr Lütke zeichnete, saß ich im Schatten des Grabmals unter einem wilden Feigenbaum, der sich aus den Ritzen des Gemäuers mit mächtigem Wuchs empordrängt.

Die Inschrift auf dem Grabmale heißt:

Caeciliae Q. Cretici F. Metellae Crassi.

Hier ruhte also die Asche der Cecilia, einer Tochter des Metellus Eretikus, und Gemahlin des mächtigen und reichen Triumvirs Crassus.

Wir kehrten von hier zurück, um den Quell der Nymphe Egeria zu besuchen, den wir mit Mühe fanden, weil er unter einem Hügel versteckt liegt, auf welchem noch ein alter von Backsteinen errichteter, dem Bachus geweihter Tempel steht, dessen Halle noch mit kannelirten korinthischen Säulen von Marmor versehen ist, und der jezt, als eine christliche Kirche, den Namen St. Urbano führt.

Von dem Haine der Egeria, am Fuß dieses Hügels, ist keine Spur mehr da. Die Quelle selbst aber sprudelt noch mit kühlendem klaren Wasser, und man sieht noch die alten marmornen Verzierungen; eine verstümmelte Statue der Nymphe, die diesen Ort bewohnte; die Nischen, worin die Bildsäulen der neun Musen standen; dies alles ist mit überhängendem grünen Gesträuch bewachsen, und das ganze macht einen reizenden mahlerischen Prospekt. Herr Lütke entwarf von dieser Grotte ebenfalls an Ort und Stelle eine Zeichnung, wovon sich eine genaue Darstellung auf der hier beigefügten Kupfertafel befindet. Ich las während der Zeit in meinem Juvenal, wovon ich eine kleine Taschenausgabe bei mir trug, wie der Dichter auf die nun zerstörten marmornen Verzierungen schilt, welche dies alte ehrwürdige Denkmal entstellten, das einen weit schönern Anblick gewähren würde, wenn der grüne Rand des Ufers in der klaren Fluth sich spiegelte, und der Marmor nicht den röthlichen Fels verdeckte –

Rom, den 6. April.

Über Verzierungen.
(Bei Betrachtung der Logen des Raphael.)

Das Zierliche setzt man dem Unbehülflichen der schweren Masse, dem Plumpen entgegen. Der menschliche Geist ist immer würksam, er kann die einförmigen todten Massen nicht dulden, er sucht ihnen Leben einzuhauchen, er schafft und bildet nach sich, von dem armen Wilden, der seinen Bogen schnitzt, und sein Kanot regiert, bis auf den erhabensten Künstler –

Was ist es anders, als der innere Trieb nach Vollkommenheit, der sich auch hier offenbart, der demjenigen, was an sich keinen Schluß, keine Grenzen hat, eine Art von Vollendung zu geben sucht, wodurch es sich zu einem Ganzen bildet –

Das schönste Säulenkapital trägt und stützt nicht besser als der stumpfe Schaft –

Das kostbarste Gesimse deckt und wärmt nicht besser als die platte Wand –

Der Mensch will in einem Gebäude nicht nur mit Wohlgefallen wohnen – er will es auch mit Wohlgefallen ansehen – und es arbeiten für die Nahrung des Auges fast eben so viel Hände als für die Ernährung des Körpers. –
Die Kunst kann sich daher unaufhörlich vervielfältigen; denn das Auge siehet sich nimmer satt, und das Ohr höret sich nimmer satt –
So wie nun aber schon der Anblick des gewölbten Himmels, der grünen Wiesenfläche und des Blattes am Baume, die Seele, welche mit ruhigem Sinn diesen Anblick eröfnet, unmerklich emporzieht und veredelt, so kann auch die geringste wohlgewählte Zierrath durch das Auge die Seele ergötzen, und unmerklich auf die Verfeinerung des Geschmacks und Bildung des Geistes würken –
Daher ist selbst das Streben nach Verzierung ein edler Trieb der Seele, wodurch der Mensch sich von dem Thiere, das nur seine Bedürfnisse befriedigt, unterscheidet. – und wenn dieser Trieb nicht mißleitet wird, so ist er eben so wohltätig als der Trieb nach Wissenschaft und nach der hohen Kunst –
Wie groß der Trieb des Menschen nach Schönheit sey, sieht man daraus, daß er selbst da, wo die Schönheit nicht mehr statt findet, wenigstens noch die Zierde anzubringen sucht –

Rom, den 10. April.

Ueber Kuppeln, Thürme, Obelisken und Denksäulen.

Selbst die Kuppeln sind schon eine Spielart des Geschmacks, weil man im Grunde, bloß zur Pracht und ohne einen vernünftigen Zweck, ein Gebäude aufs andre setzt.

– Die ernste Baukunst der Alten vermied diesen üppigen Auswuchs – sie fühlte, daß die Majestät eines Gebäudes auf seiner Zweckmäßigkeit und Einheit beruhet.

Demohngeachtet aber haben diese modernen Kuppeln noch ein weit ernsteres und edleres Ansehen, als die Thürme; weil ihr Umfang zu ihrer Höhe doch weniger unverhältnismäßig ist, und der Begriff eines Gebäudes sich eher damit verträgt.

Ein Thurm, besonders wenn er isolirt steht, scheint ein Gebäude aus einer andern Welt, und für eine andere Gattung von Wesen zu seyn, als die auf der Erde wohnen. –

Wenn ich hingegen die trajanische oder antoninische Säule anblicke, so verschwindet der Begriff von einem

Gebäude ganz, obgleich diese Säulen von solchem Umfange sind, daß Treppen darin hinaufgehen. Die Basreliefs, welche sich in Spirallinien an diesen Säulen hinaufwinden, um die Thaten der Kaiser zu verewigen, denen sie zum Andenken errichtet sind, enthüllen sogleich dem Auge ihren Zweck, und machen, daß wir sie gleichsam wie eine erhabene Schrift betrachten, worin die Nachwelt lesen soll – Der Obelisk hat zu eben diesem Endzweck freilich ein ernsteres Ansehen, weil er, wegen seiner Zuspitzung, den Begriff des Tragens nicht erweckt, da hingegen eine Säule, DIE NICHTS TRÄGT, schon mehr eine Spielart des Geschmacks ist.

Man kann die Vorstellung von Unzweckmäßigkeit nicht vermeiden, wenn man auf den thurmhohen über alle Häuser emporragenden trajanischen und antoninischen Säulen die Statuen erblickt, welche sie tragen. Als Fußgestell zu diesen Statuen betrachtet, ist das Verhältnis ungeheuer, und doch tragen diese Säulen weiter nichts.

Anstatt des Antonins und Trajan stehen jetzt die Statuen der Apostel Petrus und Paulus auf diesen Säulen, und machen einen sonderbaren Kontrast mit den Basreliefs, welche die kriegerischen Thaten jener Beherrscher der Welt verkünden, und sich nun bis zu den Füßen dieser Apostel den Pfeiler hinaufwinden.

Um diese Säulen mit Wohlgefallen zu betrachten, muß man über ihren schönen Inhalt gewissermaßen ihre Form vergessen; das Auge muß bis zum Gipfel diese Schlangenlinien hinaufwandern und gleichsam Zeile für Zeile wie in einem Buche lesen.

Der große Sonnenobelisk, der ehemals auf dem Kampus Martius aufgerichtet war, und jetzt, nicht weit von dem Fleck, wo er gestanden hat, auf einem Hofe darniederliegt, zeigte mit seinem Schatten die Stunden an. –

Die Aegyptische Pyramide ist ein majestätisches Gebäude, weil ihr Umfang zu ihrer Höhe nicht unverhältnismäßig ist, und weil sie selber durch ihre Zuspitzung nach oben zu, als ein erhabenes Todtendenkmal, bezeichnend und bedeutend wird.

Wir stellen nun die Pyramide – den Obelisk – die kolossale Säule – die Kuppel – den Thurm – und das Thürmchen – nebeneinander, um den stufenweisen Uebergang von dem Ernsthaften und Großen zu dem Spielenden und Tändelnden zu bezeichnen.

Das Chinesische Thürmchen weicht von der ernsten Baukunst der Alten am meisten ab, und dient gleichsam, um den höchsten Grad des Kindischen und Spielenden zu bezeichnen.

Die Minarets oder schmalen Thürmchen auf den türkischen Moscheen sind im Grunde bloße Gerüste für die Priester, um das Volk zum Gottesdienste zusammenzuberufen, da man sich keiner Glocken bedienen darf; sie sind daher auch nicht von größerem Umfange, als zu diesem Endzweck nöthig ist, und machen schon deswegen keinen widrigen Anblick.

Unter den Glockenthürmen sind die alten spitzigen oder stumpfen Thürme immer noch erträglicher, als die modernen, wo man das Unverhältnismäßige des Umfanges zu der Höhe, durch allmälig kleiner werdende Absätze zu verdekken sucht.

Allein dies hat gerade das Ansehen, als ob eine Anzahl kleiner und schmaler Stockwerke von verschiedenen Gebäuden, statt nebeneinander zu stehen, aufeinander gestellt wären.

Am häßlichsten nimmt sich bei diesen modernen Thürmen die kleine Wölbung auf der Spitze aus, welche die Stelle der Kuppel vertreten soll, und wie eine Zwergenkappe auf dem Scheitel eines Riesen sitzt.

Aschermittwoch.

Ein trauriger und melancholischer Tag ist der Aschermittwoch nach dem Karneval. – Gesang und Freude ist verstummt; Gebet und Büßung und Kasteiung tritt an die Stelle der Lustbarkeit – alle Kirchen sind eröfnet; Ermahnungen und Bußpredigten ertönen von allen Seiten; die Kinder werden täglich in den Geheimnissen der Religion unterrichtet; und wo sonst nie gepredigt wird, sind diese Zeit über Kanzeln aufgebaut.
Eben so schildert der Dichter Martial die melancholische Zeit, welche auf die Saturnalien folgte; Jeder mußte nun, nach diesem kurzen Taumel, zu seinem gewöhnlichen alltäglichen Geschäft zurückkehren, und alles fühlte die Abspannung nach dieser Uebertreibung vom frohen Genuß des Lebens.
Besonders den Kindern war dies fühlbar, welche nun, wie der Dichter sagt:
> Von dem geliebten Spiel mit Nüssen
> Der drohende Lehrer hinwegrief,
> Und ihre kurze Freude hemmte.

Raphaels Stanzen.

Man kann wohl sagen, daß die berühmten Raphaelschen Stanzen im Vatikanischen Pallaste unter allen Zimmern in der Welt am prächtigsten und am schlechtesten dekorirt sind.
Als Verzierung betrachtet, ist die Mahlerei in diesen Zimmern höchst tadelnswerth – denn das Auge findet nirgends Ruhe – wohin man blickt, ist alles bemahlt, und die Einfassung der größern Gemählde selbst besteht wieder

aus kleinern Gemählden, wodurch das Ganze ein überladenes Ansehen erhält.

Man sieht, daß Raphaels Geist mit dem erhabenen Despotismus der Kunst hier herrschte, dem alles übrige weichen, und sich unterordnen mußte. – Der größte Mahler war ein sehr unfähiger Dekorateur –

Auch sind diese Zimmer zu kostbar, um bewohnt zu werden, so wie die Mahlerei zu vortreflich, um als Zierde zu dienen. Die Zimmer selbst sind nichts weiter als ein Rahmen zu dieser bewundernswürdigen Darstellung – man denkt fast nicht mehr daran, daß um der Zimmer willen die Gemählde sind. –

Demohngeachtet aber sind die Gegenstände wohl ausgesucht, um den Wohnplatz eines Oberhauptes der christlichen Kirche zu bezeichnen. –

Der erste christliche Kaiser, Konstantin, mit dem Zunahmen der Große, hält eine Anrede an sein Heer – in der Luft von Engeln emporgetragen erscheint ihm das triumphirende Kreuz, mit den Worten: *in hoc signo vinces!*

Das Christenthum überwindet auch im Schlachtgetümmel – Maxentius wird vom Konstantin besiegt –

Der Pabst Sylvester tauft den Kaiser – Der Kaiser schenkt dem Pabste des heiligen Petrus Erbtheil –

Strafende von Gott gesandte Engel peitschen den Heliodor aus dem Tempel zu Jerusalem, den er berauben will – Eine Anspielung auf die priesterliche Macht – Der Pabst hat die Feinde aus dem Kirchenstaate vertrieben.

In der Messe zu Bolsena ereignet sich ein Wunder. – Dem einsegnenden Priester beim Abendmahl steigen Zweifel auf, und plötzlich wird er gewahr, daß bei der Konsekrirung der Hostie das Kelchtuch blutig wird – in den Mienen der Zuschauer liest man den Ausdruck von Verwunderung und Erstaunen. –

Die Apostel Petrus und Paulus erscheinen dem Attila in der Luft, um gegen ihn zu fechten – Der Papst Leo der Zehnte ist in diesem Gemählde auf einem Maulesel reitend abgebildet, und Raphaels Lehrer, Perugino, reitend auf einem weißen Pferde vor ihm her. –

Ein Doppelgemählde, wo auf der einen Seite der Apostel Petrus im Gefängniß abgebildet ist, unter den schlafenden Wächtern ruhend, wie ihn der Engel weckt, und auf der andern Seite, wie der Engel ihn hinausführt. –

In allen diesen Gemählden also die streitende und triumphirende Kirche –

Nun sind in einem Zimmer die Philosophie, die Jurisprudenz, die Theologie, und die schönen Wissenschaften dargestellt.

Die Schule von Athen, welche die griechische PHILOSOPHIE in ihren erhabenen Lehrern vor's Auge bringt, habe ich Ihnen schon beschrieben.

Von dem Streit über das Sacrament, welcher die THEOLOGIE in ihren unbegreiflichen Geheimnissen darstellt, habe ich Ihnen auch schon eine kurze Schilderung gegeben.

Die JURISPRUDENZ ist sehr bildlich dargestellt: Klugheit, Mäßigung und Stärke begleiten die Gerechtigkeit – Justinian überreicht dem Trebonius die Pandekten – Gregorius der Neunte übergibt einem Advokaten die Dekretalien.

Von den Fakultäten ist die Arzneikunde ausgelassen – die SCHÖNEN WISSENSCHAFTEN aber sind in der Abbildung des Parnasses, wovon ich Ihnen schon ein Wort gesagt habe, so wie die Philosophie, in der Schule von Athen, mit inniger Verehrung für das griechische Alterthum von dem Künstler dargestellt.

Das letzte Zimmer scheint ganz dazu bestimmt, um die päbstliche Macht und Hoheit in ihr glänzendes Licht zu stellen –

Leo der Vierte siegt über die Saracenen bei Ostia –
Er krönet Karl den Großen. –
Er löscht mit seinem Segenspruch eine Feuersbrunst in der Nähe des Vatikans –
Er schwört, von Bischöfen umgeben, auf das Evangelium, um seine Unschuld zu betheuern.

Rom, den 2. May.

Der Obelisk auf dem Platze del Popolo.

Ich habe Ihnen schon einmal eine Beschreibung von der schönen Perspektive gemacht, wenn man in die Porta del Popolo tritt, wie man vor sich den Obelisk, und den schnurgraden Korso, zur Linken die Straße del Babuino, und zur Rechten die Straße Ripetta, weit hinaufblickt; und wie diese Einsicht in drei Straßen zu gleicher Zeit, noch durch die Zwillingskuppeln am Anfange des Korso, dem Obelisk gerade gegenüber, verschönert wird.

Diese Zwillingskuppeln machen hier den schönsten Effekt, den man sich denken kann; von ihnen ist die Idee zu den beiden Thürmen auf dem Gensd'armenmarkte in Berlin genommen, welche dort gar keine Wirkung thun, weil es ihnen gänzlich an einem Vereinigungspunkte fehlt, der hier durch den Obelisk, welcher gerade in der Mitte vor den beiden gleichgebauten Kirchen steht, und durch das Thor, in welches man eintritt, hervorgebracht wird.

Durch den Obelisk und das Thor erhalten die drei Straßen, welche hier zusammenlaufen, einen schönen Schlußpunkt, und dieser Schlußpunkt wird durch die Zwillingskuppeln am Ende des Korso auf eine frappante Weise vorbereitet. Der große Triangel schließt sich hier gleichsam doppelt, und im verjüngten Maaßstabe.

Die Thürme auf dem Gensd'armenmarkte in Berlin hingegen haben nach allen Seiten zu eine gleiche Richtung; das Auge hat keinen Gesichtspunkt, aus dem es sie besonders betrachten müßte.

Es scheint, zwei ganz gleiche Gegenstände können nie von schöner Wirkung für das Auge seyn, wenn sie nicht eine gewissermaßen nothwendige Beziehung auf ein Drittes haben, woraus sich ein interessanter Gesichtspunkt und Vereinigungspunkt für sie darbietet.

Raphaels Villa.

Nichts Reizenderes kann man sich denken, als die Verzierung von Raphaels Schlafgemach, das er sich selbst ausmahlte.

An der einen Wand ist die Hochzeit des Alexander mit der Roxane abgebildet; an der andern sieht man eine Gruppe von Liebesgöttern, die sich eine Trophäe zum Ziel genommen haben, worauf sie alle zugleich ihre Pfeile abdrücken, und in deren Stellungen eine so reizende Mannichfaltigkeit und Abwechslung herrscht, die das Auge ergötzt, man mag das Gemählde betrachten, so lange man will.

Auch das Deckengemählde hat Bezug auf den Triumph der Liebe. Man tritt in dies kleine Schlafgemach wie in ein Heiligthum, und in das Landhaus des Künstlers, wie in einen Tempel; nur Schade, daß der jetzige Besitzer diesen einfachen ländlichen Sitz in einen englischen Garten mit allerlei Spielwerk von winzigen Hügeln, Brücken, Boskets, u.s.w. verwandelt, und ewig Schade, wenn auch die Behausung des Künstlers selbst ein Raub dieser geschmacklosen Zierde und Verschönerungssucht werden sollte, da man jetzt noch Wallfahrten zu diesem stillen

Wohnplatze des Künstlers anstellt, wo er, im sanften Genuß seiner Tage eingewiegt, vielleicht seine frohsten Stunden verlebte.

Rom, den 14. May.

Der Frühling unter den Ruinen.

Eine unbeschreiblich angenehme Empfindung erweckte es mir, als ich vor einem Jahre, nach einer überstandenen Krankheit, zum ersten Male das alte römische Forum oder Campo Vaccino wieder betrat, wo ich spät im Herbst die Bäume entblättert sah, und nun alles wieder mit jungem Grün überkleidet war.

Die Bäume am Aufgange auf das Kapitol waren wieder dichtbelaubt, und die acht Säulen vom Tempel der Ein-

tracht, und die drei Säulen vom Tempel des Jupiter Tonans schimmerten nur zum Theil dadurch hervor.
Das kleine Gärtchen am Fuße des Tempels der Konkordia prangte wieder mit allen seinen Blumen – die kleine Allee, welche den ehmaligen heiligen Weg bezeichnet, gab wieder ihren Schatten; auf dem eingesunkenen Triumphbogen des Septimius Severus sproßten grüne Zweige mit gelben und rothen Blüthen hervor; und auf dem Gewölbe des Friedenstempels blühte in der Luft ein Garten.

Michel Angelo.

Bei mehreren Kuppeln in den Kirchen Roms sind von berühmten Meistern die vier Evangelisten abgebildet, wie sie gleichsam als Grundpfeiler das Gewölbe stützen; sie sitzen, mit ihren Attributen bezeichnet, in nachdenkender Stellung, mit dem Griffel in der Hand die hohen Offenbarungen niederschreibend – ein Symbol, das nicht übel gewählt ist, um sie als die Grundpfeiler der christlichen Kirche dem emporschauenden Auge der Andacht darzustellen.
In der Sixtinischen Kapelle sind die Propheten und Sibyllen abwechselnd, und gleichsam in bunter Reihe, als die Stützen des Gewölbes abgebildet. – Es herrscht ein Ausdruck von Körper- und Geisteskraft in diesen Abbildungen, der sie als übermenschliche Wesen darstellt – ihre Betrachtung erhebt die Seele, und sie sind eine majestätische Zierde dieses Tempels, der den Geist des erhabensten Künstlers in sich faßt.

Raphael.

In den dreizehn Gewölben der Logen von Raphael ist die sogenannte Raphaelsche Bibel enthalten. Dies ist nehmlich eine Folge biblischer Geschichten, die so ausgewählt sind, daß sie an sich die Menschheit interessiren, wenn man auch nicht wüßte, woher sie genommen wären.

Es sind z. B. patriarchalische Scenen; Jakob mit seiner Heerde bei dem Brunnen – die ägyptische Königstochter, wie sie das Kind Moses in einem Kasten am Ufer findet – wirklich erhaben ist die Darstellung, wie Josua betend seine Arme ausbreitet, und mit der einen Hand die Sonne und mit der andern den Lauf des Mondes aufhält. –

So schön und vortrefflich ausgeführt aber auch diese Darstellungen in den Raphaelschen Logen sind, so werden sie doch durch die Bibel des Michel Angelo in der Kapelle Sixtina, wovon ich Ihnen einmal ein paar Worte geschrieben habe, an Größe und Erhabenheit der Gedanken weit übertroffen.

Der Weltschöpfer und die Bildung des Menschen von Michel Angelo sind vielleicht das Höchste, was die Mahlerei nur je von erhabenen Gedanken in der Seele des Menschen auszudrücken vermochte.

Rom, den 6. Juni.

Die Porta St. Sebastiano.

Dies ist das ehemalige Kapenische Thor, über welches eine Wasserleitung geführt war, wovon man noch jetzt die Ruinen sieht. Es heißt daher auch bei den römischen Dichtern das feuchte Kapenische Thor,

»welches mit großen Tropfen regnet.«

Vor diesem Thore war das kleine Flüßchen Almo, wo das Opfergeräth und die Bildsäule der Göttin Cybele alljährlich gewaschen wurde, und wo auch die Kaufleute am Feste des Merkur sich entsündigten.

Dies Flüßchen hat noch seinen alten Lauf und sein altes Bette unverändert.

Hier war das Grabmal der Schwester des Horatius, wovon man noch jetzt den Fleck bezeichnet, und das Feld der Horazier. Die römischen Dichter besingen diese Gegend:

»Wo der Almo das Opfergeräth der phrygischen Mutter wäscht,
Und das heilige Feld der Horazier grünt.«

Vor diesem Thore war auch der heilige Quell der Egeria, mit den Bildsäulen der Musen, wovon man noch jetzt die Ueberbleibsel sieht, und der Flecken Bovillä, wahrscheinlich in der Gegend von dem Grabmal der Cecilia Metella,

welches jetzt *capo di bove* heißt. Zu oft ein Gespräch unterbrechen hieß sprichwortsweise: „auf dem Wege nach Bovillä bei dem Quell der Egeria still halten.«

Theater des Marcellus.

Die Gegend beim Theater des Marcellus war zu Martials Zeiten schon verrufen, und jetzt ist es wiederum eine der unsaubersten Gegenden in Rom.
Damals war es der Sitz der geringern Handwerker. –
Eine Bartschererin (*tonstrix*) wohnte da, wovon Martial schreibt,
»*in suburrae faucibus*«
zwischen der Tiber und dem Aventin, welche zu schinden pflegte, so wie sie den Bart abnahm; auch hatte der Henker hier seine Wohnung –

Hier war auch das Argiletum, wo der uralte König Evander dem Argos, einem Führer der Argiver, den er gastfreundlich aufgenommen, und den seine Unterthanen ohne sein Mitwissen getödtet hatten, ein Grabmal errichten ließ, um die Blutschuld auszusöhnen.

Die Verleger der Werke des Geistes befanden sich hier; denn Martial redet ein Buch seiner Sinngedichte mit folgenden Worten an:

»Du willst lieber die argiletanischen Buchläden, als meinen Bücherschrank, bewohnen; so gehe denn hin, u. s.w.«

Pons Milvius.

Von dieser prachtvollen Brücke über die Tiber genießt man eine der herrlichsten Aussichten, auf die Anhöhen des Janikulus von der einen, und in die Sabinischen Berge, auf der andern Seite.

Hier einen Sonnenuntergang zu betrachten, ist das erhabenste Schauspiel, das man sich denken kann. Darum ist es auch wohl der Mühe werth, eine Stunde weit zu gehen, um dieses Anblicks zu genießen – auch ist dies, wie Sie schon wissen, der vorzüglichste und beliebteste Spaziergang der Römer.

Nur pflege ich immer lieber den einsamen schmalen Weg hinter den Gärten, am Ufer der Tiber, als die ermüdende schnurgrade Straße zu wählen.

Am Ende des Pons Milvius steht ein heiliger Nepomuk, der einen sehr widrigen Anblick macht; und neben einem Marienbilde in einer Nische hat ein Bettlereremit seinen Posten, der die Vorübergehenden um ein Almosen in Anspruch nimmt.

Rom, den 20. Juni.

Spaziergänge der alten Römer.

Die prachtvollen bedeckten Gänge auf dem Kampus Martius waren die Spaziergänge der alten Römer. So auch die Septa auf dem Marsfelde, wo bei den Komitien zu der Wahl der obrigkeitlichen Personen die Stimmen gesammlet wurden. – Nach den Komitien wurden diese Septa wieder von den Krämern eingenommen, so, daß hier ein beständiger Markt war. –
Nicht weit von diesen Septis war der Portikus der Argonauten, bei dem Tempel des Neptun. – Der sogenannte korinthische Portikus, der aus hundert Säulen von korinthischem Erz bestand. – Der Portikus der Europa auf dem Marsfelde, welcher von einem Gemählde, das den Raub der Europa vorstellte, den Namen führte.
Wenn man sich in den bedeckten Gängen müde gewandert hatte, so ging man in die Bäder, wo sich Bekannte trafen, und wo alles zum frohen geselligen Genuß des Lebens einlud, weil jede Art von Vergnügen sich hier zusammendrängte.
Von dem allen ist nun keine Spur mehr da – Der Korso und die Villa Medicis sind jetzt die einzigen öffentlichen Spaziergänge der Römer in der Stadt.

Die Gegend von Maria Maggiore.

In dieser jetzt einsamen Gegend bin ich oft gewandert, voll vom heiligen Andenken an die Vorzeit, wovon uns nach einem Jahrtausend noch ein so schönes Bild aufbewahrt ist.
Hier waren das Haus und die Gärten des Mäcen, die Wohnung Virgils und des jüngern Plinius auf dem Esquilinischen Berge.

Schmale Gänge zwischen Weingärten führen hier auf irgend ein einsames Kloster zu. – Zwischen niedrigen Weinstöcken ragen die bemoosten Ruinen von dem runden gewölbten Tempel der Minerva Medika empor –
Die verödete Villa Negroni ladet in ihre dunkle Cypressenalleen zu melancholischen Betrachtungen ein. Der Tempel Maria Maggiore selbst, mit seiner niedrigen flachen Decke und düstern Säulengängen, erfüllt die Seele mit heiligem Schauer.
In dem ehemaligen Vikus Patrizius steigt man ins Thal hinab, wo man ehemals den Tempel der Cybele und Vesta sah, und jetzt auf die Villa Negroni blickt.

Steigen und Fallen der Kunst.

Je höher das Schöne steigt, je seltner kann es da seyn, und das höchste Schöne findet nur einmal statt. – Bis es geboren ist, kann die Kunst noch aufwärts streben – die Frucht ist noch eingehüllt; die Blätter jung und schön – allein die gereifte Frucht fällt ab – die Blätter welken. –
Der bildende Nachahmungstrieb, wodurch die schönen Künste entstanden, wird endlich durch die Neuerungssucht verdrängt, wodurch sie wieder sinken. –
Der Nachahmungstrieb hüllt allmählig, was ineinander war, auseinander, um es zu entwickeln – die Neuerungssucht reißt das, was durch Natur und Kunst schon entwickelt auseinander war, voneinander, und trägt es wieder zusammen – ihre Bildungen werden SONDERBAR, das heißt, einzig in ihrer Art, ohne schön zu seyn – ABENTHEUERLICH, das heißt, wie durch den wunderbarsten Zufall in eins zusammengeworfen – UNGEHEUER, das heißt, so einzig durch Disharmonie, wie das Schöne durch Harmonie.

Rom, den 16. Julii.
Roms Straßen.

In dem alten Rom waren in den Zeiten der höchsten Üppigkeit die Straßen durch die Krämerbuden so verengt, daß man fast nicht darin gehen konnte.
»Ganz Rom war eine einzige große Krämerbude«
sagt der Dichter Martial. – Domitian verschönerte die Stadt, und räumte diesen Uebelstand aus dem Wege.
Aller Wahrscheinlichkeit nach giebt es viel geradere und schönere Straßen in dem neuen, als in dem alten Rom, wo

alles so enge wie möglich in und auf einander gebaut war. Der Korso, die Strada Giulia, del Babuino, und Ripetta, u. s. w. haben wirklich ein großes und edles Ansehen, und sind unter die schönsten Straßen in Europa zu zählen.
Die sogenannten Fritteroli, welche auf den Straßen kochen, und für jeden Vorübergehenden eine wirthbare Tafel bereithalten, machen gar keinen unangenehmen Anblick; sondern vermehren die Lebhaftigkeit und Munterkeit an den Orten, wo sie sich aufhalten.

Forum Transitorium.

Einen sehr anschaulichen Begriff von einem merkwürdigen Theile des alten Roms kann man sich jetzt noch machen, wenn man am Fuße des Kapitols bei dem Triumphbogen des Septimius Severus steht. –
Man sieht hier durch eine schmale Straße in die Ruinen von dem Forum des Nerva, wo man sich deutlich das Forum Transitorium denken kann, welches noch jetzt einen Durchgang gewährt, daß man nicht über den Kapitolischen Berg zu gehen braucht. –
Nach dem Friedenstempel zu war das Julische Forum, und hinter St. Luka, der jetzigen Mahlerakademie, war das Forum des Augustus. –
Der Dichter Martial beschreibt daher die Aussichten von einem Janus Quadrifrons, welcher hier ehemals stand:
»Du hast so viel Fora als Gesichter.«
nämlich nach dem römischen Forum, oder jezigen Kampo Vaccino, nach dem Julischen Forum, nach dem Forum des August, und nach dem Forum Transitorium, welches mit ungeheuren Mauern umgeben war, die zum Theil noch jetzt erhalten sind. –

Persius.

Schon zu Persius Zeiten wurden Poesie und Beredsamkeit zu einem bloßen Kitzel der Ohren herabgewürdigt, und leeres Wortgeklimper trat an die Stelle von echten Dichterschönheiten.

So wie jetzt das schmachtende: *bello!* bei den Gesängen der Kastraten, hörte man auch damals schon das: *euge! euge!* bei dem hinschmelzenden weibischen Redner widertönen.

Nichts ist karakteristischer, als der Unwille, womit der Dichter Persius über den ausgearteten Geschmack der Römer, sich in abgebrochenen Ausdrücken äußert, wo er gleichsam auf sich selber zürnet, daß er es der Mühe werth hält, nur noch ein Wort über alle dies Nichts, über alle diese verächtliche Leerheit und Kleinheit zu verlieren.

»*Quantum est in rebus inane!*

Die Verderbtheit und Weichlichkeit der Sitten konnte nie weiter gehn, als wie sie damals ging; wenn iezt ein Persius aufstände, der müßte über Pfaffendruck und Ueppigkeit, und Volksbettelei und Aberglauben seine Geißel schwingen.

Vielfältigkeit und Mannichfaltigkeit.

In einer Landschaft, wo die verschiedensten Gegenstände aus der Pflanzen, Thier- und Menschenwelt, ohne Plan und Zweck zusammengedrängt sind, wie z. B. in einigen niederländischen Darstellungen des Paradieses, herrscht Vielfältigkeit, aber keine Mannichfaltigkeit.

Wo Mannichfaltigkeit herrscht, da bietet sich bei den verschiedensten Gegenständen dennoch ein Hauptgesichtspunkt für das Ganze dar, worunter sich alles übrige ordnet, und die Uebersicht dem Auge erleichtert wird.

Rom, den 18. Julii.

Der Segen.

Ein Segenspruch des Pabstes vom Balkon der Peterskirche ist wirklich eine merkwürdige Erscheinung. – Man steht wie betäubt, wenn man die ungeheure Menge von Menschen voll Erwartung sieht, als ob wirklich eine der wichtigsten Begebenheiten in einigen Augenblicken sich ereignen würde.
Die Vorbereitungen dauern wohl eine halbe Stunde; dann fährt plötzlich, wie eine Erscheinung, der Pabst mit der dreifachen Krone auf dem Balkon in die Höhe, und an

jeder Seite wird ein glänzender Pfauenschweif emporgehalten, der hier gewiß kein unbedeutendes Symbol ist, um die stolze Pracht des Oberhauptes der Kirche zu bezeichnen. –

So wie nun der Pabst seine Arme gen Himmel ausbreitet, gleichsam als ob er den Segen von oben herab erringen wollte, womit er die Erde beglücken soll, stürzt das ganze versammelte Volk auf die Kniee nieder, und eignet sich mit lauten Schlägen an die Brust den himmlischen Segen zu, während daß der Donner der Kanonen selbst den Sterbenden und Kranken auf ihren Betten den Trost von oben herab verkündigt, um durch gläubige Zueignung seiner auch theilhaftig zu werden.

Der Anblick der niederstürzenden sich vor die Brust schlagenden Menge ist groß und rührend, man mag auch von der Abgeschmacktheit und Unbedeutsamkeit des ganzen Auftritts noch so überzeugt seyn.

Nach einer kleinen Pause holt der Papst mit ausgebreiteten Armen den Segen noch einmal vom Himmel, und theilt ihn aufs neue über das Volk aus. –

Ein armer Bauer, der vor mir kniete, hatte eine Anzahl Rosenkränze in seinem Hute, die er durch den Segen des Pabstes weihen ließ. – Während der Pause, zwischen dem ersten und zweiten Segen, schüttelte er sie sorgfältig um, damit die untersten oben kamen, und auch durch den Segenspruch geweiht werden möchten. –

Der verstorbene Pabst Ganganelli sprach einst kurz vor der Benediktion mit einigen Engländern, und äußerte: sie würden wahrscheinlich wohl der Ceremonie nicht beiwohnen; sie möchten es aber immer thun, denn es sei doch keine schlimme Sache, von einem alten Manne gesegnet zu werden. –

Das öffentliche Leben der alten Römer.

Das glänzendste in dem Leben der alten Römer waren die Komitien, wo das Volk sich auf dem Marsfelde versammelte, um über die wichtigsten Angelegenheiten der Republik durch die Mehrheit der Stimmen zu entscheiden.

Da es nun keine wichtigere Angelegenheit eines Freistaates geben kann, als die Regierung durch sich selber, so mußte auch die Auswahl derjenigen Personen aus seinem Mittel, denen er sich auf eine gewisse Zeit unterordnete, unter allen Verhandlungen des Volks die größte Aufmerksamkeit auf sich ziehen.

Da nun die obrigkeitliche Würde größtentheils nicht länger als ein Jahr dauerte, so mußte durch die jährliche Wiederbesetzung derselben durch freie Wahl das öffentliche Leben eine immer zunehmende Elastizität erhalten.

Die Kräfte wurden gleichsam mit sich selbst vervielfältigt; jeder wiederkehrende Zeitraum wurde ein für sich bestehendes Ganze, bis jedes Jahr zuletzt mit dem erstaunlichen Anwuchs der Macht des römischen Volks an Thaten zu einem Jahrhundert wurde.

So wie alljährlich die großen Rollen wechselten, verjüngte sich das öffentliche Leben, und schöpfte neue Thatkraft aus sich selbst. Man könnte sagen, daß die wachsende Blume der römischen Herrlichkeit bei diesem jährlichen Wechsel der glänzendsten Dinge sich gleichsam zusammenschloß, um sich desto prachtvoller wieder zu eröfnen.

Die Komitien, wo die Konsulwürde selbst aufs neue wieder besetzt wurde, waren unter allen die glänzendsten – da war gleichsam die vollste Blüthe des öffentlichen Lebens, wo ein freies Volk sein unabhängiges Daseyn sich jedesmal sinnlich vors Auge brachte.

Das ganze Volk in seinen hundert drei und neunzig

Abtheilungen erschien bewafnet bei diesen Komitien, und übersahe sich selber nach Zahl und Gewicht – denn durch den Census oder die Volksschätzung war Vermögen, Wohnung, Kinder u. s. w. auf das genaueste bezeichnet.

Die Kandidaten zu den obrigkeitlichen Würden, in ihren weißen glänzenden Kleidern, standen auf den Anhöhen vor dem *collis hortulorum,* wo jezt die große Treppe nach Trinita di Monti hinaufgeht, und zeigten sich dem versammelten Volke auf dem Marsfelde.

Rom, den 24. Julii.

Italiänische Sprichwörter.

Der Esel ist in Italien ein bedeutendes Thier – eine Menge Sprichwörter sind von ihm hergenommen.

Unser: NOTH BRICHT EISEN heißt im Italiänischen: *la necessita fa trottare l'asino,* die Noth macht selbst den Esel traben.

Daß aber auch eine erzwungene Anstrengung nicht von langer Dauer ist, wird wiederum sehr bedeutend durch das Sprichwort vom Esel bezeichnet: *il trotto d'asino dura poco,* der Trab des Esels währt nicht lange.

Unser: WENN DIE KATZE NICHT ZU HAUSE IST U. S. W. heißt im Italiänischen: *quando il mulino é serrato, gli asini trescano,* wenn die Mühle zugeschlossen ist, so springen die Esel.

Weil in Italien die Gewohnheit ist, daß der Eseltreiber immer mit einem spitzigen Stecken hinterhergeht, und das Thier antreibt, so schreibt sich daher auch ein Sprichwort, welches ohngefähr soviel sagen will als unser NOTH BRICHT EISEN: *asino punto convien che trotti,* der gestochene Esel muß wohl traben.

Die folgenden Sprichwörter im Italiänischen drücken den Begriff weit milder, als die ähnlichen Redensarten im Deutschen, aus:

Chi entra mallevadore, entra pagatore, wer als Bürge eingeht, geht auch als Zahler ein; dagegen sticht unser hartes und grausames: DEN BÜRGEN SOLL MAN WÜRGEN, sehr auffallend ab.

Speroni propri, e cavalli d'altri fanno corti le miglia, eigne Sporen und fremdes Pferd, macht die Meilen kurz, welches ebenfalls den Begriff weit milder bezeichnet, als unser grausames: AUS ANDRER HÄUTEN IST GUT RIEMEN SCHNEIDEN.

Um zu bezeichnen, daß mit jeder Annehmlichkeit zugleich eine Unannehmlichkeit verknüpft sey, gibt es im Italiänischen ein sehr ausdrucksvolles Sprichwort: *ogni carne ha il suo osso*, JEDES FLEISCH HAT SEINE KNOCHEN.

UNSER SICH NACH DER DECKE STRECKEN, ist sehr artig im Italiänischen ausgedrückt: *fare il passo secondo la gamba*, den Schritt nach dem Beine machen – weil das Bein nicht weiter schreiten kann, als es lang ist, so ist der Begriff fast noch treffender, als im Deutschen, durch dieses Sprichwort bezeichnet.

Sehr karakteristisch wird die religiöse Furcht bezeichnet: *scherza coi fanti, e lascia star santi*, spiele mit den Kindern, und laß die Heiligen in Ruhe.

Gerade die beiden Dinge, welche am meisten dem Zufall ausgesetzt sind, werden durch ein Sprichwort einer festen Vorherbestimmung zugeschrieben: *nozze e magistrati sono da Dio destinati*, Hochzeiten und obrigkeitliche Würden sind von Gott vorherbestimmt.

Sehr bezeichnend in Ansehung der Trägheit, als eines Karakterzugs bei dem Italiäner, ist auch das: *chi va piano, va sano; chi va presto, more lesto*, wer langsam geht, geht wohl, wer schnell geht, eilt zum Tode.

Und das Vergnügen am Uebervortheilen und Ueberlisten: *con arte e con inganno, si vive mezzo l'anno, con inganno e con arte, si vive l'altra parte*, mit Betrug und List lebt man das halbe Jahr, mit List und Betrug die andre Hälfte.

Dies Sprichwort hat viele Aehnlichkeit mit dem witzigen Einfall eines Pabstes, der, als er zum ersten Male auf dem Balkon der Peterskirche den Segen ertheilte, über die Menge Volk erstaunte und fragte, wovon sie lebten. Sie betrügen einer den andern, erwiederte ein Prälat; *ed io tutti quanti*, und ich alle insgesamt, versetzte der Pabst, indem er die Hände aufhob, um den Segen zu ertheilen.

Unser: WESSEN DAS HERZ VOLL IST, GEHT DER MUND ÜBER, ist im Italiänischen durch einen artigen Gegensatz ausgedrückt: *chi ha nel petto fiele, non puo sputar miele*, wer im Herzen Galle hat, aus dessen Munde kann nicht Honig träufen.

Auch der alte römische Stolz lebt noch in einem Sprichworte: *Il Romano non é vinto, se non é sepolto*, den Römer überwindet nur das Grab.

Unser: GEWALT GEHT VOR RECHT, ist etwas schmutzig ausgedrückt, durch: *la forza caca sopra la ragione*, die Gewalt ... auf das Recht.

Ein sonderbares grammatikalisches Sprichwort ist auch das folgende, wodurch unser: SAGEN UND THUN IST ZWEIERLEI, ausgedrückt wird: *I fatti sono maschi, e le parole femine*, sind die Thaten *generis masculini*, die Worte *generis femini*. Die Uebereinstimmung zwischen der grammatikalischen Form und der wörtlichen Bedeutung der Worte macht hier ein artiges Ideenspiel. –

Pallast Farnese.

Man kann wohl behaupten, daß dieser Pallast das schönste moderne Gebäude in der Welt sey – Pabst Paul der achte ließ das Kolossäum zur Hälfte zerstören, um diesen Pallast aufzubauen, und Michel Angelo zeigte auch hier seinen großen Geist, indem er diese kostbaren Materialien zu einer so schönen und edlen Masse wieder ordnete, welche durch ihre Verhältnisse und ihren Umfang Aug' und Seele füllt, und den Charakter eines Gebäudes in seiner ganzen Majestät ausdrückt.

Vor dem Pallaste ist ein schöner freier Platz, der die völlige Ansicht und Uebersicht desselben verstattet.

Zwei Springbrunnen ergießen sich in ungeheure Schalen von Granit, welche aus den Bädern des Titus hieher gebracht, und eine kostbare Zierde dieses Platzes sind.

Die Außenseite des Pallastes macht den schönsten Anblick; die Bogengänge im Innern des Hofes aber geben ein dunkles und gedrücktes Ansehen.

In einem der Säle des Pallastes befindet sich die sogenannte Gallerie des Hannibal Carracci, eine Anzahl Gemählde in Fresko, woran dieser Meister acht Jahre arbeitete.

In der Mitte am Gewölbe ist Ariadne und Bacchus in Begleitung von Bachantinnen, Faunen und Satyrn dargestellt –

Ferner, Pan, der die Wolle seiner Heerde der Diana opfert – Merkur, der dem Paris den goldnen Apfel bringt – Ein Triton, der die Galathee umschlungen hält –

Aurora, die den Orpheus, Apollo, der den Hyacynth, der Adler des Jupiter, der den Ganymed entführt –

Auf der einen Ecke des Gewölbes Polyphem, der Galathea ein Lied vorspielend, auf der andern den Acis mit einem Felsenstücke werfend –

Juno, die sich mit dem Gürtel der Venus dem Bette des Jupiter nähert, und Diana, den Endymion liebkosend. Herkules in den Kleidern der Omphale – Anchises, der Venus den Kothurn abziehend. –
An dem einen Ende, wie Perseus die Andromeda vom Felsen erlöset; am andern Ende, wie er den Phineus mit seinen Gefährten durch das Haupt der Medusa in Stein verwandelt. –
Dies Verzeichnis ist nicht unbedeutend, weil man daraus sieht, wie der Künstler durch alle diese mythologische Dichtungen einen einzigen Gedanken auszusprechen suchte: die Macht der Liebe.

Verzierungen.

Aus dem Grundsatze des ISOLIRENS, des Heraushebens aus der Masse, lassen sich die Ornamente am natürlichsten erklären.
Warum verschönert der Rahmen ein Gemählde, als weil man es ISOLIRT, aus dem Zusammenhange der umgebenden Dinge sondert.
Die Schönheit des Rahmens, und die Schönheit des Bildes fließen aus ein und demselben Grundsatze. – Das Bild stellt etwas in sich Vollendetes dar; der Rahmen umgrenzt wieder das in sich Vollendete. Er erweitert sich nach außen zu, so daß wir gleichsam stufenweise in das innere Heiligthum blicken, welches durch diese Umgrenzung schimmert.
Durch den Werth und Umfang des Gemähldes zeichnet die Grenzlinie sich von selber, wo der Rahmen ein plumpes überladenes Ansehen erhalten und das Ganze dadurch wie erdrückt scheinen würde.

So wie der Rahmen am Gemählde, sind die Einfassungen überhaupt, durch die Idee des Isolirens oder Heraushebens aus der Masse zu Verzierungen geworden; der Saum und die Bordirung am Gewande; der Purpurstreif auf der Toga der alten Römer; der Ring am Finger; und um das Haupt die Krone und das Diadem.

Menschliche und thierische Bildung.

In der menschlichen Form ist bei der größten Mannichfaltigkeit die größte Einheit. – Alle Thiergestalten sind gleichsam nur Abarten oder Spielarten von der menschlichen Form.
Allenthalben ist Leib und Kopf; aber nirgends alles übrige so auf den Kopf und das Auge hindeutend, wie bei dem Menschen.
Bei dem Menschen ist das Haupt die Vollendung des Ganzen, und alles übrige weist darauf hin – alles übrige ist dazu gleichsam die Stufenleiter –
Bei dem Thiere bücket sich das Haupt zur Erde, und dient dem Körper nur, um ihn mit Nahrung zu versorgen –
Bei dem Menschen ist der ganze übrige Körper dem Haupte dienstbar.
Demohngeachtet nimmt die Kunst in einzelnen Theilen zu der Thierwelt ihre Zuflucht, um ihre Bildungen zu verschönern – Jupiters Haupt schüttelt die Löwenmähne – und auf der Schulter eines Herkules strebt der Nacken des Stiers empor.

Rom, den 3. Aug.

Raphaels Logen.

Eine der reizendsten Darstellungen ist, wie die Tochter des Pharao den künftigen Heerführer der Israeliten als ein hülfloses Kind am Ufer findet.
Diese Darstellung ist eben deswegen so schön, weil sie so menschlich, und auch ohne alle Geschichte gleich jedem Auge und Herzen verständlich ist.
Die Prinzessin mit ihren Begleiterinnen steht am Ufer, und sie schauen liebevoll und neugierig auf das lächelnde Kind herab, zu dem sie sich, um es aufzuheben, hinunterbücken. –

Die Arabesken in Raphaels Logen.

Der Ausspruch des Horaz:
»Mahlern und Dichtern war von jeher alles zu wagen erlaubt«
scheint in den Arabesken das herrschende Gesetz zu seyn. Zu den Zeiten des Augusts lebte schon ein gewisser Ludius in Rom, der, wie der ältere Plinius erzählt, zuerst die Wände der Zimmer mit kleinen Landschaften bemahlte, wo lasttragende aufgeschürzte Frauen durch Sümpfe wateten, und sich fürchteten zu fallen, und dergleichen sonderbare Gegenstände mehr, welche von dem Ernst der alten Kunst abwichen.
Vitruv eifert dagegen, als gegen einen unverzeihlichen Mißbrauch der Kunst; die Alten, sagt er, nahmen den Stoff zu ihrer Mahlerei von wahren und ernsten Gegenständen – Die Neuern pflanzen ein dünnes Rohr anstatt der Säulen hin – sie stellen auf langen Leuchtern stehende Figuren dar

– zarte, in sich gewundene Stengel schießen hervor, auf denen phantastische Wesen tanzen, wovon man nicht weiß, wie sie dahin kommen. – Aus den Blumen wachsen Köpfe, die halb Menschen halb Thieren ähnlich sind, u. s. w.
Alle diese Deklamationen der Kunstverständigen aber halfen nichts, da die Phantasie einmal zu spielen geneigt war. Unter dem Pabst Leo dem zehnten wurden zuerst, in den Ruinen von dem Pallast und den Bädern des Titus, die mit enkaustischen Mahlereien verzierte Wände wieder aufgefunden. Und alles lief nun plötzlich zu, und bewunderte. Raphael mit seinem Schüler Johann von Udino kam auch dahin, und man giebt ihm Schuld, daß er hier von der alten Mahlerei verschiedenes vernichtet habe, um sich das Verdienst der neuen Erfindung davon zuzueignen.
Dies war nun für die Neuerungs- und Modesucht und für den spielenden Geschmack ein erwünschter Fund. –
Es entstand ein neuer Zweig der Kunst, der durch den Zufall, daß in verschütteten unterirdischen Wohnungen oder GROTTEN diese mutwilligen Spiele der Phantasie wieder aufgefunden wurden, seine Benennung des GROTESKEN erhielt, welche Benennung nachher zu einem allgemeinen Kunstwort wurde, die auch zu einer besondern Unterscheidung des Komischen überhaupt dienen mußte, das man nun da, wo es ins Possierliche und Phantastische fällt, das Groteske Komische nennt. –
Die Logen oder auswendigen gewölbten Gänge, welche in dem innern Hofe des vatikanischen Pallastes um den obern Stock laufen, waren von Bramante unvollendet geblieben, und Raphael verzierte nun die vierzehn Pfeiler, welche die dreizehn Gewölbe in diesen Logen unterstützen.
Thiere – Masken – Laubwerk – Kameen – Vasen – Trophäen – Sirenen – Termen und Terminetten – Satyre –

kleine Schilde – Gesimswerke – Pavillons – Waffen – Insekten – u. s. w. befinden sich in diesen Zusammensetzungen in der wunderbarsten Mischung. –
Demohngeachtet reiht sich auch hier noch alles zu einer gewissen Einheit – Es ist gleichsam die Stufenleiter der Wesen, die man hier hinaufsteigt – ein schönes Labyrinth, worin das Auge sich verliert –
Nur muß man sich wohl hüten, diese Zusammenfügung wie eine Art von Hieroglyphen zu betrachten, wo man alles deuten will – in einigen dieser Zusammensetzungen entdeckt sich wohl eine Art von Plan – Vieles aber ist auch bloß ein Werk der Laune, wo schlechterdings keine Ausdeutung weiter möglich ist, sondern die muthwilligen Spiele der Phantasie sich bloß um sich selber drehen –
Es ist das Wesen der Zierde selbst, die sich an kein Gesetz bindet, weil sie keinen Zweck hat, als den, zu vergnügen. –

Spielarten des Geschmacks.

Bei den Spielarten des Geschmacks herrscht die Mannichfaltigkeit über die Einheit, bei dem ächten Geschmack ist die Mannichfaltigkeit der Einheit untergeordnet.
Durchbrochene und eingelegte Arbeit, Mosaiken, Grotesken, und Arabesken, sind Spielarten des Geschmacks, wo die Mannichfaltigkeit das herrschende und die Einheit ihr untergeordnet ist.
Man kann wohl behaupten, daß die Peterskirche selbst eine Spielart des Geschmacks im Großen ist; es ist eine Riesenidee, ein Pantheon in der Luft zu erhöhen – aber die Vernunft sieht keinen Zweck davon ein. _
Der ganze untere Theil ist entweder nur wie ein Gerüst zu dem obern zu betrachten, oder der obere Theil, die Kuppel

selbst, bleibt immer ein überflüssiger Aufsatz zu dem untern.
Beim Anblick des mayländischen Doms weiß man kaum, ob man dies Gebäude nicht vielmehr wie eine aufgethürmte Stadt, als wie ein Gebäude betrachten soll – unzählige Gipfelchen und Thürmchen, wie lauter kleine Häuser, streben aus der ungeheueren Masse empor, und nur durch den mittelsten höchsten Gipfel erhält das Ganze eine Art von Vereinigungspunkt.

Allegorie.

Die spielenden Allegorieen sind gleichsam nur wie eine Art von erklärender Sprache – sie sind gleichsam eine Unterschrift unter das Hauptgemählde, die aber an sich selber, wenn sie auch z. B. nicht die Macht der Liebe allegorisch andeutete, doch eine Reihe sehr angenehmer Darstellungen ausmachen würden.
So spielen Amoretten in den Feldern unter den Hauptgemählden von den Ereignissen der Psyche, in der Farnesine, mit den Attributen der höheren Götter:
Mit dem Donnerkeil des Jupiter;
Mit dem Dreizack des Neptun;
Mit dem Zweizack des Pluto und dem Cerberus;
Mit den Waffen des Kriegesgottes;
Mit Köcher und Bogen des Apollo;
Mit dem Stabe des Merkur;
Mit der Flöte des Pan;
Mit Zange und Hammer des Vulkan;
Mit der Keule des Herkules.

Die Hauptgemählde.

haben folgenden Inhalt:
Venus zeigt dem Amor die Psyche, auf die er zielt –
Amor zeigt die Psyche den Grazien –
Venus beklagt sich bei der Juno und der Ceres, daß sie die Psyche verbergen.
Venus fährt in ihrem mit Tauben bespannten Wagen zum Jupiter.
Sie bittet den Jupiter um die Strafe der Psyche.
Merkur begibt sich auf den Weg, um die Befehle des Jupiter zu vollziehen.
Psyche bringt die Büchse der Proserpina.
Sie überreicht die Büchse der verwunderten Venus.
Jupiter gibt seine Einwilligung dem Amor, sich mit der Psyche zu vermählen. Psyche wird vom Merkur zum Himmel emporgetragen.
Zwei große Gemählde folgen nun:
Venus und Amor tragen ihren Streit in der Versammlung der Götter vor, und Merkur überreicht der Psyche den Göttertrank.
Die Hochzeit des Amor und der Psyche wird durch ein Göttermahl gefeiert – die Grazien träufeln Balsam auf die Neuvermählten – Die Horen streuen Blumen über die Tafel aus; und die versöhnte Venus selbst führt tanzend den Chor der Musen an.

Kapitolium.

Beim Eingange auf den Hof der Konservatoren, wo man ehemals zu dem Tempel des Kapitolinischen Jupiters hinaufstieg, steht jezt die Inschrift:

Capitolium praecipuum Jovi olim consecrarum nunc vero Deo; u. s. w.

Das Kapitol, ehemals dem Jupiter geheiligt und nun dem wahren Gott!

Man steigt nun eine grünbewachsene breite Treppe hinauf, und es ist sehr täuschend, wenn man an den Seitenwänden die Basreliefs erblickt, wo noch der Tempel des Kapitolinischen Jupiters, welcher ehemals auf diesem Fleck stand, abgebildet ist, mit dem Opfer, das in diesem Tempel für die öffentliche Wohlfahrt Roms den Göttern dargebracht wurde.

Servius Tullius fing das Kapitolium an zu bauen – Tarquinius Superbus vollendete es – nach vierhundert Jahren brannte es ab – Sylla ließ es wieder bauen, und Katulus Lutatius vollendete es.

Unter dem Vitellius brannte es wieder ab, und Domitian stellte es wieder her. – Das neue Kapitolium nun hat der Pabst Bonifatius der neunte errichten lassen, und das Hauptgebäude ist die Wohnung des jezigen einzigen römischen Senators. – Unten ist das Stadtgefängnis, wo auch die Schuldner sitzen – sie reichen an einer langen Stange einen Beutel aus dem Gitterfenster, und flehen die Vorübergehenden um ein Allmosen an.

Rom, den 12. Aug.

Esquilinischer Hügel.

Der Weg von der Kolonna Trajana auf den Esquilinischen Hügel ist noch jetzt wegen der Fleischscharren und der Eßwaaren, die da verkauft werden, eine der schmutzigsten Gegenden in der Stadt Rom.

Der Dichter Martial hatte einen Patron, der auf dem Esquilinischen Berge wohnte.

Er beklagt sich, daß er, wenn er seinen hohen Gönner besuchte,
»sich den hohen Weg des vorstädtischen Hügels hinauf arbeiten müsse, wo die schmutzigen feuchten Steine keinen sichern Schritt thun ließen, und wo man sich durch die langen Züge der Maulesel erst durchdrängen müsse.«
Zufälliger Weise ist dies nun alles wieder ebenso, und die Beschreibung Martials paßt noch jezt, so wie damals, auf denselben Fleck. – Nur daß es jezt auf dem Esquilinischen Hügel keine Palläste der Vornehmen und Reichen mehr giebt, sondern, außer ein paar Klöstern, ist diese ganze Anhöhe jetzt mit Weinbergen und Ruinen bedeckt.
Martial selbst wohnte, als er dieses schrieb, nicht weit vom Kapitolium, nach dem Tiburtinischen Thore zu, bei der Porta Tiburtina, wo der ländlichen Flora ein Tempel erbaut war.

Mausoleen.

Das Mausoleum des Hadrians am jenseitigen Ufer der Tiber, welches jezt, in die Engelsburg verwandelt, die Bastille der Stadt Rom geworden ist; schräg gegenüber das Mausoleum des Augustus am diesseitigen Ufer der Tiber, wovon nur noch die untern Mauern stehn, und in welchem jezt die Stiergefechte gehalten werden; müssen, da sie noch in aller ihrer erhabenen Pracht gegen einander über stehend, sich in den Wellen der Tiber beschauten, einen großen und majestätischen Anblick gewährt haben, der dem Dichter Martial die folgenden beiden Zeilen eingab:
»Diese Mausoleen gebieten uns zu leben,
Weil sie lehren, daß auch Götter sterben!«

Aussicht von der Peterskuppel.

Von dem kleinen Geländer der Laterne blicke ich auf die Kuppel herunter; ihre ungeheuren Reifen erstrecken sich dicht bis zu meinen Füßen hin – in der Ferne vor mir sehe ich das Meer – zur Rechten den Sorakte – die Villa Millini mit ihrem dunkeln Cypressenhaine – längs dem Ufer der gelben Tiber die lange Allee von Bäumen bis nach dem Pons Milvius. –

In der Nähe den Vatikanischen Garten mit dem dunkln Bosket, und den Springbrunnen darin – vor mir die Mauern von Rom, mit Gärten und Hügeln umgeben – zur Linken die Villa Pamphili mit einer Fortsetzung von Gärten und Hügeln bis ans Meer –

Zu meinen Füßen blicke ich auf das Dach der Peterskirche; ich sehe hier die arbeitenden Leute – tief unten ründet sich der Petersplatz in seiner schönen Krümmung, wo sich die Säulen der prächtigen Kolonnade wie Pünktchen stellen, und die schnellfahrenden Kutschen ganz langsam auf dem tiefen Boden fortzukriechen scheinen – wie ein Miniaturgemählde stellt sich die Engelsburg mit der Brücke dar – zur Rechten sehe ich den größten, zur linken den kleinsten Theil von der Stadt vor mir, gerade in der Figur, wie auf dem Grundriß, wovon auf dieser Anhöhe die Stadt an sich selber ein ganz ähnliches Bild in meinem Auge entwirft; so sehr verkleinert sich alles, und wird einer Darstellung im verjüngten Maaßstabe ähnlich. – Dort lagert sich Tivoli in den Bergen, wie ein weißer Streif – hier blicke ich mitten durch die Berge ins Freie – zur Rechten steigt Fraskati den tuskulanischen Hügel sanft hinauf. –

Dritter Theil 525

Rom, den 20. September.

Spaziergang an der Tiber.

Zweimal sah ich die Ufer der Tiber grünen – jetzt welken die Blätter wieder – der Himmel ist trübe, und der dunkle Cypressenhain auf dem Monte Mario schaut ernst und feierlich in die gelbe Flut hinunter. –

Flut und Zeit rollen unaufhaltsam vor mir vorbei; aber ich stehe noch fest, und blicke in die Zukunft; mir sagt mein inneres Gefühl, daß dieser mächtige Wirbel des alles verschlingenden Wechsels diesen Stamm, worauf ich wachse, noch nicht umreißen, und seine Wurzel auch nicht aus ihrer Grundfeste lösen wird. –

Ich fasse das Schnellvorübergehende auf, und mache es mir zum bleibenden Eigenthum, das Zeit und Zufall mir nicht rauben kann!

Marsfeld.

Hier wohne ich in der kleinen Nebenstraße Borgognona, auf dem alten Marsfelde, gerade da, wo die Septa waren, innerhalb welcher die Wahl der Konsuln und übrigen obrigkeitlichen Personen vollzogen wurde.

So oft ich die sanfte Anhöhe und den schönen breiten Weg von Monte Kavallo, oder dem Quirinalischen Berge, in diese Vertiefung, wo das alte Marsfeld war, hintersteige, denke ich mir lebhaft die Worte, die so oft im Livius vorkommen:

populus descendebat in campum Martium. –

das Volk stieg in das Marsfeld hinab. –

Dies waren die herrlichsten Tage, das höchste Leben der alten Römer – das höchste Spiel der menschlichen Lei-

denschaften und der menschlichen Thätigkeit entwickelte sich hier, welches noch jetzt, von der Einbildungskraft zurückgerufen, den Muth anfeuert und den Geist belebt.
Nun sitze ich hier in meinem Stübchen in einer schmalen Straße, die dahin gebaut ist, und während ich diese Zeilen niederschreibe, ertönt das friedliche Ave Maria unter meinem Fenster.

Kunsterwerb.

Ein einträglicher Erwerbszweig für die mittelmäßigen Mahler waren bei den alten Römern die Gemählde von Schiffbrüchen, welche in dem Tempel der Isis aufgehängt wurden.
Ein solches redendes Gemählde wurde von dem Unglücklichen, der das Mitleid seiner Brüder erflehen wollte, nur vorgezeigt, und er durfte seinen Mund nicht öffnen, um seine Noth zu klagen.
Dann wurde dies Gemählde in einem der Tempel aufgehängt, um den Göttern für die glückliche Errettung zu danken.
Der Dichter Juvenal sagt daher von den Mahlern:
Pictores quis nescit ab Iside pasci?
Wer weiß nicht, daß die Mahler sich von der Isis nähren?
Was nun damals von der Isis galt, das gilt jetzt von der Madonna und der heiligen Familie, wovon sich so mancher Mahler ernährt, der für Kirchen, Klöster und andächtige Privatpersonen diese Gegenstände immer wieder darstellt, worin er denn zulezt, so wie die alten Mahler beim Schiffbruch, eine Art von mechanischer Fertigkeit erlangt.

Ein Opferfest der alten Römer.

Der Dichter Juvenal bezeugt sein Entzücken über die Wiederkunft seines Freundes in folgenden schönen Zeilen:
„Hängt Kränze in dem Tempel auf! Bestreut die Messer mit Mehl und Salz; und schmückt den Heerd und den grünen Rasen!«
»Ich werde euch folgen, und nach vollbrachtem Opfer eile ich dann nach Hause, um die kleinen Götterbilder von zerbrechlichem Wachs mit zarten Kränzen zu schmükken.« –
»Da will ich UNSERN Zeus verehren; meinen väterlichen Hausgöttern Weihrauch streuen, und alle Farben von Violen mischen; alles soll glänzen; mit grünen Zweigen sey die Thüre geschmückt; die festlichen Kränze aufgehängt!« –

Rom, den 22. September.

Palatinischer Berg.

Am reizendsten ist die Aussicht in den alten Cirkus Maximus, der in einem Thale zwischen dem Palatinischen und Aventinischen Berge liegt, und jetzt mit Gartenbeeten bedeckt ist, aber noch ganz seine alte Form und Umfang beibehalten hat.
Unter den Ruinen sieht man hier zur Linken die Palästra, welche fast die Form eines Cirkus hat; ein großes Halbgewölbe, und weiter unten die Ruinen von der Loge für die Kaiser, aus welcher sie den Schauspielen im Cirkus zusahen.
Zur Rechten ist die Tiber; in der Ferne sieht man die Pyramide des Cestius – und nach dem Forum zu den

ältesten Platz von Rom, wo der alte Feigenbaum stand, der so lange erhalten wurde, unter dem die Wölfin, nach der alten Sage, den Romulus und Remus gesäugt haben sollte; Hier war auch das Velabrum, wo man mit Kähnen fahren mußte, weil die Tiber das Ufer überschwemmt hatte, welcher Platz noch jetzt *in velabro* benannt wird.

Sabiner Gebürge.

Ich habe nun eine kleine Reise in die Sabinergebirge gemacht, und den Ausspruch des Martial bestätigt gefunden: »Wenn du den Sommer in Trebula (jetzt *monte Leone*) tiefer in den Sabinergebirgen zubringst, so kannst du Tibur selbst schon zu dem Winteraufenthalte wählen.« Die Kälte nimmt merklich zu, so wie man nur wenige Miglien tiefer ins Gebirge reist; und man kann daher wohl sagen, daß man sich jedes Klima und jede Jahrszeit hier selbst nach Gefallen wählen kann, welches die alten Römer zu der Zeit ihres größten Reichthums auch wohl benutzten, wo sie in allen diesen Gegenden Landhäuser hatten, und, wie Kraniche, von einem zum andern zogen, so wie die zu rauhe oder zu heiße Witterung sie aus einem Aufenthalt verscheuchte.

Architekten.

Es ist merkwürdig, daß die größten Baumeister in Italien zugleich in den höhern Künsten berühmte Meister waren, wie z. B. Michel Angelo, der als Mahler, als Bildhauer, und als Baumeister ein Wunder seiner Zeiten war.
Raphael, dessen Werke als Baumeister, noch außer seinen

Gemählden, seinen Ruhm verewigen; und andere mehr, welche mit der Baukunst Mahlerei und Bildhauerkunst verknüpft haben.

Die Nahmen der Baumeister an der Peterskirche sind durch die Geschichte dieses großen Baues allein schon verewigt, und wenn irgend die Architektur in ihrer ganzen Würde geschätzt worden ist, so war es in dem neuern Rom.

Zu Martials Zeiten müssen die Architekten in Rom in Verachtung gewesen seyn, wenn man nach folgenden Zeilen in einem seiner Sinngedichte urtheilen will:

»Wenn dein Sohn einen harten Kopf hat, und du willst ihn doch etwas Einträgliches lehren lassen, so mache ihn zum Ausrufer – oder zum Architekten!«

Denkende Künstler.

Da bei der Mahlerei so sehr viel auf der Ausführung beruhet, und der unterliegende Gedanke bei den vortreflichsten Zusammensetzungen im Grunde nur Nebensache bleibt, so scheint es keiner der größten Lobsprüche zu seyn, die man einem Künstler beilegen kann, wenn man ihn einen DENKENDEN Künstler nennt, obgleich diese Eigenschaft an sich immer ihren Werth behält.

Eines der feinsten Sinngedichte des Martial ist daher das auf einen DENKENDEN Künstler, der in der Ausführung nicht so glücklich, als in der Idee war:

»Dem Dienst der Minerva gewidmet, o Artemidor,
Hast du die Venus gemahlt;
Und wunderst dich, daß dein Werk mißfällt.«

Hierzu kommt noch die mythologische Idee von der Eifersucht zwischen diesen beiden Göttinnen, die sich von dem Apfel des Paris herschrieb, und wodurch die Darstellung in diesen Zeilen einen noch lebhafteren Reiz erhält.

Juden in Rom.

In dem Ghetto an der Tiber sind sie mit zwei Thoren eingeschlossen, und wohnen in hochgebauten schmalen Häusern, und schmalen schmutzigen Straßen, so enge wie möglich zusammengedrängt.
Sie haben unter sich ihre eignen Schuster, Schneider, Tischler, Schmiede, u. s. w., und es herrscht in dieser kleinen jüdischen Welt eine außerordentliche Lebhaftigkeit.
Durch Physiognomie und Sprache unterscheiden sich die Juden hier lange nicht so sehr, wie anderwärts, von den übrigen Einwohnern; welches vielleicht daher kommt, weil die Italiäner selbst in Physiognomie und Accent etwas Jüdisches haben, oder wenigstens nicht so sehr als die Deutschen, in Ansehung des schlauen und listigen Blickes, von diesen Antipoden ihres Glaubens abweichen.
Reiche Juden giebt es hier, dem äußern Anschein nach, fast gar nicht; indeß sieht man doch am Sabbath die Einwohner aus dem Ghetto in festlichen Kleidern in den Straßen von Rom, aus der Porta Pia u. s. w. spazieren gehen; auch scheinen sie mit ihrem hiesigen Zustande, so beschränkt er ist, nicht unzufrieden zu seyn.
Eine sehr drückende Last, die sie schon lange abzukaufen gewünscht haben, müssen sie sich noch gefallen lassen; diese besteht nehmlich darin, daß sie alle Sonntag Nachmittage eine Deputation aus ihrem Mittel nach einer christlichen Kirche schicken müssen, die zu dem Ende dicht am Ausgange des Ghetto gebaut ist, und wo sie ge-

nöthigt sind, eine Bekehrungspredigt anzuhören, wogegen sie sich denn freilich, so gut wie möglich, die Ohren mit Baumwolle verstopfen, aber doch alle Sontagnachmittage unausgesetzt ihre qualenvolle Stunde hier zubringen müssen. An der Kirche draußen steht eine Inschrift, welche darauf deutet, daß dieser Tempel dazu gebaut sey, um das verstockte Volk Israel wieder zu der Erkenntnis seines wahren Heils zu bringen.

Der Dichter Juvenal beschreibt in einer seiner Satyren die Juden in dem alten Rom, und erzählt, wie sie die übrigen Römer mit ihrem Aberglauben ansteckten:

»Die Kinder werden abergläubisch, wenn es die Väter sind – die den Juden nachbeten, welche den Sabbath beobachten, nichts als die Wolken und den Himmel anbeten, Schweinefleisch und Menschenfleisch für einerlei halten, die römischen Gesetze verachten, und das Recht lernen, was Moses in geheimnißvollen Büchern überliefert hat.«

Die klassischen Autoren in Taschenformat.

Auf dem Korso stehen an den Erhöhungen auf der Seite die Bücherhändler mit ihrem Vorrath aus. – Man kauft hier die klassischen Autoren, die immer in großer Anzahl schon eingebunden vorhanden sind, um ein geringes Geld. Schon die alten Römer liebten solche kleine Ausgaben ihrer klassischen Schriftsteller.

»Welche kleine Hülle umfaßt den unendlichen Maro!
Seine Züge enthält die erste Seite des Buchs.«
sagt der Dichter Martial von einem Exemplar des Virgil; und eben diese Worte zieren als Inschrift eine kleine Taschenausgabe dieses Dichters, die ich mir jezt gekauft habe. Eben so beschreibt ein Dichter eine kleine Ausgabe des Livius:

»Ein wenig Pergament umschließt den weitumfassenden Livius,
Der meinen ganzen Bücherschatz allein aufwiegt.«
In eine sehr kleine Taschenausgabe des Livius, in Pergament, die mir G... geschenkt hat, habe ich auch diese Worte geschrieben.

Rom, den 26. September.
Römerinnen.

Io sono Romana! ist noch jetzt ein triumphierender Ausdruck bei den Römerinnen, womit sie sich über jedes andere Frauenzimmer wegsetzen, und wie die alten Römerinnen ihr Haupt emportragen.
Eine gebohrne Römerin hat auch gemeiniglich noch etwas karakteristisches und Erhabenes in ihren Zügen, wodurch sie sich von andern Italiänerinnen unterscheidet. In ihrem Gange besonders herrscht Majestät und Würde, welches sich gewissermaßen bis auf Personen aus der niedrigsten Klasse erstreckt.
Der Dichter Martial sagt von seiner Frau, die aus Bilbao in Spanien gebürtig war: sie gebe keiner Römerinn nach, und weiche keiner, die in der Suburra geboren sey, und keiner, die der kapitolinische Hügel erzogen habe. – Hier wohnt nun jetzt gerade nicht die feinste Bildung unter dem Frauenzimmer, sondern die gemeinsten Leute haben in diesen Gegenden ihren Wohnsitz – der
Korso und die angrenzenden Gegenden sind jezt vorzüglich der Sammelplatz der schönen Welt.

Scheibenwerfen.

Dies ist noch jezt ein sehr beliebtes Spiel bei den Römern, nur daß die runde Scheibe nicht in die Luft geschleudert, sondern an der Erde hingerollt wird.

Wo man nur auf irgend einen großen freien Platz kommt, sieht man einen Haufen Männer, Greise und Knaben versammelt, welche mit diesem oder einem andern Spiele den halben Tag über beschäftigt sind.

Beim Scheibenwerfen ertönt das *guardate!* (nehmt euch in Acht!) einem schon von ferne entgegen; so wie bei den alten Römern das:

»*este procul pueri!*
»*Sit semel ille nocens!*"
»Entfernt euch, Kinder, damit nicht mehr wie einmal der Wurf der Scheibe tödte!«

Dies bezieht sich nämlich auf den unglücklichen Scheibenwurf, womit Apollo seinen Liebling den Hyacinth, zu den

Schatten sandte, und aus seiner Asche nachher die Blumen hervorsprossen ließ, die er mit dem himmlischen Thau seiner Thränen nezte.

Rom, den 28. September.

Staatsverfassung des neuern Roms.

Kardinäle.

Kardinal zu werden, ist der größte Sporn des Ehrgeizes in dem neuern Rom – weil hierdurch allein der Weg zu der höchsten Würde im Staate gebahnet wird.

Freilich kann aus der Zahl von siebenzig nur einer gewählt werden. Die Fremden, diejenigen, welche zu sehr von einem auswärtigen Hofe abhängen, oder aus einem zu mächtigen Hause stammen, sind ohnedem nicht wahlfähig; also ist die Hoffnung ziemlich beschränkt.

Drei Gassen, heißt es in einem italiänischen Sprichworte, führen nach St. Peter: die Straße der *Coronari*, (Rosenkränze), der *Argentieri*, (der Silberarbeiter) und der *Lungara* (der langen Straße).

Dies will so viel sagen, als: äußere Frömmigkeit, Geldaufwand, oder stufenweises Hinaufsteigen durch die geistlichen Aemter, welches am längsten dauert, sind die Wege, um zum päbstlichen Throne zu gelangen.

Die Straße der *Coronari*, *Argentieri* und *Lungara* sind nehmlich wirkliche Straßen in Rom, wovon dies sonderbare Sprichwort genommen ist.

Ein Posten, welcher unmittelbar zur Kardinalswürde führt, heißt *un posto cardinalizio*; dies sind z. B. die päbstlichen Nunziaturen zu Wien, Madrit und Lissabon; die Stadthalterschaft von Rom, die Stelle des Magiorduomo, Tesoriere, u. s. w.

Die Prälaten sind nach den Kardinälen die Vornehmsten am Römischen Hofe, welche sowohl die bürgerlichen als geistlichen Aemter bekleiden. Die Prälatur ist die nächste Stufe zur Kardinalswürde, wozu aber von zweihundert kaum die Hälfte gelangt.

Die meisten Prälaten oder Stadthalter in den kleinen Städten des Kirchenstaates pflegen ein solches Amt auf lebenslang zu bekleiden.

Aus der Mitte der Kardinäle werden beständig die wichtigsten Staatsämter besetzt.

Der Vornehmste ist der Kardinal *Camerlingo*, welcher der päbstlichen Kammer vorgesetzt ist, und die Finanzen regiert; seine Stelle ist der päbstlichen Würde die nächste; und während der Vakanz des päbstlichen Stuhls läßt er Münzen mit seinem Nahmen und Wapen schlagen.

Der Kardinalstaatssekretär versieht die auswärtigen Geschäfte. Er führt den Briefwechsel mit den päbstlichen Nunzien und Legaten, und hat bei dem Pabste den Vortrag der politischen Sachen.

Auf diesen folgt der Kardinal Prodatario, der seinen Nahmen von dem Datum führt, das er auf die Ausfertigungen zu den geistlichen Stellen setzt, welche von ihm abhängen. Dieser Staatsbeamte hat bei dem Pabste den Vortrag über

die Gesuche um die geistlichen Stellen, und über die Besetzung derselben.

Dann folgt der Kardinal Vikario. Er versieht in Rom das bischöfliche Amt des Pabstes; er giebt den Geistlichen die Weihe, prüft die Pfarrer; hat die Aufsicht über die Sitten; und kann Reliquien durch seinen Ausspruch für ächt erklären.

Durch den Kardinalkanzler gehen alle Briefe, welche der römische Hof in auswärtigen und einheimischen Sachen ausfertigt, und unter ihm stehen alle Bedienten der Kanzlei. Er bewohnt ein prachtvolles öffentliches Gebäude, welches die *Cancellaria* heißt.

Der oberste Richter des Staates, an welchen von den untern Gerichten appellirt wird, ist der Kardinal Prouditore, der nebst dem Kardinal Camerlingo und Kardinalstaatssekretär im päbstlichen Pallaste wohnt.

Zuletzt folgt der Kardinal *Segretario de' Brevi*, welcher alle geringere päbstliche Breven und Verordnungen ausfertigt, als z. B. die Dispensationen wegen Alter, Geschicklichkeit, u. s. w. Auch dieser Kardinal bewohnt ein eignes öffentliches Gebäude, welches dem päbstlichen Pallaste auf dem Monte Kavallo gegenüber liegt, und die *Segretaria de' Brevi* heißt.

Dies sind die wichtigsten Staatsbedienungen in dem neuern Rom. Wir werfen nun einen Blick auf

Das alte Rom.

In der Mitte streitbarer Völker keimte es auf, und mußte bei seinem schnellen Wachstum jeden Fuß breit Landes mit Blut erkämpfen.

Die umliegenden Völker hatten den Rücken frei; Rom aber

mußte gleich vom Anfang an nach allen Seiten zu seine Kräfte ausbreiten, die sich eben durch diese immerwährende Anstrengung in sich selbst vervielfältigten und vermehrten.

Dazu kam das Romantische in dem Ursprunge dieses Staates; und die Liebe des Volks zu seiner Geschichte; der Gedanke an den besondern Beistand der Götter, der von Romulus Zeiten an bei ihnen herrschend war, und die Anhänglichkeit an diesen Fleck des Erdbodens, der die Wiege so vieler großen und ruhmvollen Thaten war.

Vertheidigung und Vergrößerung drängte die Menschen in einen Staat zusammen, die sonst viel ruhiger und glücklicher in einzelnen Familien leben konnten. –

Durch den äußern Angriff in sich zurückgedrängt, fügte sich der Staatskörper immer fester in einander, und wurde zum unüberwindlichen Phalanx, von welchem die feindlichen Speere wie von einer Demantburg zurückprallten.

Vertheidigung und Vergrößerung vermehrten mit jedem kommenden Jahre die innere Macht des Staates – Von seinem ersten Keim an, bis auf die Zerstörung von Karthago, war alles in immerwährendem Wachsthum und zunehmender Lebenskraft; als Karthago zerstört war, so verquoll das Leben und die Blume fiel ab.

Die Staatsbürger des alten Roms.

Selbst der Wunsch eines römischen Staatsbürgers, dem Staate zu nutzen, konnte nie ganz befriedigt werden; auch die besten Absichten hatten mit unvorhergesehenen Mißdeutungen und unzähligen Hindernissen zu kämpfen. Aber eben hierdurch schärfte sich stets das innere Triebwerk der ganzen Staatsmaschine; denn alle Kräfte eines jeden einzelnen mußten aufgeboten werden, um selbst die edelsten und uneigennützigsten Entwürfe durchzusetzen,

welche von außen oft eben so viel Widersetzung fanden, als das, was offenbar zum Nachtheil des Staats gereichte.
Wenn der Staatsbürger selbst das Gute nur um des Guten willen zu thun gezwungen ist, und auf Lob oder Dank nicht rechnen kann; wenn ihm nur allein daran liegt, daß der Staatskörper, von dem er selbst ein Theil ist, in jugendlicher Kraft fortdaure, so kann das innere Triebwerk sich nicht höher hinaufarbeiten; denn es ist die höchste Aufopferung, unter dem unverdienten Vorwurf der Ungerechtigkeit dennoch gerecht und gut zu handeln.
Die Leidenschaften selber konnten sich nur bis auf einen gewissen Grad entwickeln, da wo sie schaden konnten, fanden sie auch den Damm schon, der sie hemmte.
Selbst die Tugend konnte nur bis zu einem gewissen Punkte auf Beifall rechnen, dann mußte sie sich ohne Dank und ohne Belohnung äußern.

Konsuln.
Selbst die höchste Gewalt, und die nur ein einziges Jahr dauerte, zerfiel in ZWEI; man fürchtete die Einheit; nur im höchsten Nothfall nahm man zu den furchtbaren Diktaturen seine Zuflucht, und der Staat erzitterte in seinen innersten Tiefen bis diese gefahrvolle Macht eines einzigen wieder ein Ende nahm.

Diktator.
Der römische Diktator verurtheilte den jungen Fabius zum Tode, weil er ein Treffen, in welchem er den glänzendsten Sieg davon trug, wider seinen Befehl geliefert hatte. Alles verwandte sich für den Fabius – auf seiner Seite stand die Majestät des Senats; die Gunst des Volks, der Vorspruch der Tribunen, der Gedanke an die abwesende siegreiche Armee. –

Auf der andern Seite stand die unerbittliche Kriegeszucht, die von dem Volke übertragene unumschränkte Gewalt, und des Diktators Ausspruch, der den Befehlen einer Gottheit von jeher gleich geachtet wurde.

Wenn diese Gewalt einmal geschwächt sey, hieß es, so würde kein Soldat mehr seinem Centurio, kein Centurio seinem Tribunen, kein Tribun dem Legaten, kein Legat dem Konsul, und kein Befehlshaber der Reiterei dem Befehl seines Diktators mehr gehorchen.

Nun schwiegen die Tribunen, und das ganze römische Volk nahm zu Bitten und Flehen seine Zuflucht. Der Vater des jungen Fabius umfaßte die Kniee des Diktators, dessen Würde er selber dreimal bekleidet hatte; und flehte um seines Sohnes Leben.

Nach einer Pause hub der Diktator an: Wohl denn, von der Strafe spreche ich ihn nicht frei, aber ich schenke ihn der Gnade des Volks! Lebe denn, Quintus Fabius, und sey, wenn du willst, mit mir ausgesöhnt; aber dieser Tag sey dir ein Denkmal, dem Gesetz im Kriege und Frieden zu gehorchen, und seinen Strafen dich mit Gleichmuth zu unterwerfen.

Der Stadthalter von Rom – und der römische Senator.

Der Stadthalter von Rom bekleidet eine sehr ansehnliche Stelle, und hat mit einem alten römischen Prätor einige Aehnlichkeit.

In allen Kriminalsachen, sowohl innerhalb als außerhalb der Stadt Rom, ist er der oberste Richter, und hat zugleich die Aufsicht über die Polizei.

Wenn er ausfährt, hat er seine eigne Wache, zwei Kutschen zum Gefolge, und man trägt den Kommandostab vor ihm her.

In dem Karneval muß zur Eröfnung der Maskeraden und Opern von ihm das Signal gegeben werden. Auch steht der Barigello, oder Hauptmann der Sbirren, unter seinem Befehl.

Der Statthalter von Rom kann auf die Sittenverbesserung einen großen Einfluß haben. Als SPINELLI noch vor Kurzem diesen Posten bekleidete, war eine solche Furcht unter dem Pöbel, daß sie wüthend mit ihren Messern aufeinander losgingen, und sie friedlich wieder einsteckten, mit dem Ausdruck: *se non fosse Spinelli –*. (wenn ein Spinelli nicht wäre, so – –).

Weil aber dieser Spinelli der Regierung, welche es mit dem Volke nicht verderben will, um es auf der andern Seite wieder desto ungestrafter drücken zu können, zu strenge war, so blieb er nicht lange in seinem Posten, sondern wurde bald zur Kardinalswürde befördert, zu welcher die Stadthalterschaft von Rom unmittelbar führt.

Wie sehr die Polizei hier eingeschränkt ist, kann man sich leicht vorstellen, wenn man erwägt, wie viele Arten von Freistädten es für die Verbrecher gibt, die nicht nur in den Kirchen, sondern auch in den Pallästen der meisten Kardinäle und Abgesandten eine sichere Zuflucht finden.

Wie denn z. B. der Spanische Platz, ob er gleich mitten in Rom liegt, dennoch nicht zum Gebiete der Stadt Rom gehört, sondern für den, der sich darauf flüchtet, ebenso sicher ist, als ob er hundert Meilen weit von Rom entfernt wäre.

Ein sonderbares Ehrenamt ist noch mit der Würde des römischen Statthalters verknüpft, daß er nehmlich auch Generalissimus der päbstlichen Truppen ist, an deren Spitze er mit seinem schwarzen Prälatenhabit, Mantel und Krägelchen, und violettenen Strümpfen, steht, und die vor ihm, wo er vorbeifährt, ins Gewehr treten und die Trommel rühren.

DER RÖMISCHE SENATOR wohnt im Kapitol und hat das Stadtgefängnis im Erdgeschoß gleich unter seiner Wohnung. Die Gesetze und Statuten der STADT Rom selber gehören vor sein Tribunal.

Er hat vier Gehülfen, mit denen er die Sachen, die vor sein Forum kommen, entscheidet. Sein Ansehen war ehemals größer als jetzt; denn vor dem Jahre 1100 stand er weder unter dem Kaiser, noch unter dem Pabste. Eine merkwürdige Vorsicht beobachtet die Regierung darin, daß KEIN GEBOHRNER RÖMER zu dieser Stelle gelangen darf; Der jezige Senator ist der Fürst Rezzoniko.

Die Konservatoren machen den jezigen römischen Senat aus. Wie eifersüchtig die Regierung aber auf diese alte Würde ist, sieht man daraus, daß sie alle drei Monate vom Pabst aufs neue ernannt und bestätigt werden müssen.

Diese Konservatoren verwalten die Stadteinkünfte, und ihre Nahmen werden, so wie die Nahmen der alten römischen Konsuln, auf dem Kapitol, wo die alten Konsularischen Kalender aufbewahrt sind, in marmorne Tafeln gehauen. Dies ist ein Schatten von der alten römischen Konsulwürde, welche sich noch bis auf die jezigen Zeiten erhalten hat.

Die folgende Stelle aus Zimmermanns Buche vom Nationalstolze gehört eigentlich hieher:

»Der Senator von Rom, der in Kleinigkeiten und Zänkereien unter dem Pöbel ohne Appellation erkennt, macht itzt das Tribunal aus, worauf sich in dem heutigen Rom die Majestät des ehemaligen Senats und römischen Volks einschränkt.«

»Er hat vier Konservatoren zu Beisitzern, welche man des Jahrs viermal verändert.«

»Die Konservatoren werden, so wie der Senator selbst, von dem Pabste ernannt, der dem römischen Volke nicht ein-

mal den Ueberrest der Freiheit vieler Städte in den Monarchien läßt, die sich ihre Räthe selbst erwählen dürfen.«
»Demohngeachtet glaubt der Senator und diese Konservatoren, daß sie alle Ansprüche und Rechte des Raths in dem alten Rom besitzen, und daß es sehr rühmlich für den Pabst sey, eben diesen Rath vor seinen Füßen zu sehen, welcher so viele Könige vor den seinigen gesehen hat.«

Rom, den 20. September.
Der weiße Zelter.

Von der Uebergabe oder vielmehr nicht Uebergabe des weißen Zelters an den Pabst habe ich Ihnen noch kein Wort geschrieben, und doch war dieses eine der merkwürdigsten Begebenheiten während meines Hierseyns.
Im vorigen Jahre, am Feste des heil. Petrus, sahe ich diese Feierlichkeit noch in allen ihrem Pompe. – Die päbstliche Garde paradirte auf dem Petersplatze – der Prinz Kolonna führte den weißen Zelter in die Peterskirche – Der Pabst wurde auf seinem Stuhle hoch emporgetragen – und in der Mitte der Kirche beugte der abgerichtete Zelter seine Knie vor dem Statthalter Christi; worauf ein Beutel voll Dukaten, als der jährliche Tribut von dem Königreich Neapel, ihm demuthsvoll überreicht wurde.
In diesem Jahre nun, am heiligen Petersfeste, hatte sich die Scene gewaltig verändert – das Königreich Neapel verweigerte seine demuthsvolle Unterwerfung –
Der Wert des Zelters sollte dem Pabste ersetzt werden, und er könne sich ein ihm beliebiges Roß dafür kaufen – nur solle nicht mehr, wie bisher, ein weißer Zelter, gleichsam im Nahmen eines ganzen Königreichs, vor dem Pabste die Kniee beugen.

Die Garde des Pabstes paradirte nun zwar wieder auf dem Petersplatze – der Pabst wurde wieder in der Peterskirche auf seinem Throne hoch emporgetragen – aber kein weißer Zelter erschien – –.

Als der Pabst nun auf den Fleck kam, wo der Zelter vor ihm hätte knien sollen, wurde eine förmliche Protestation gegen die empörende Weigerung des Königreichs Neapel vorgelesen, und man behielt sich, ohngeachtet dieser Weigerung, alle seine Ansprüche und seine Rechte vor.

Nun war es in der That ein bemitleidenswürdiger Anblick, wie man mit dem päbstlichen Throne wieder umkehrte, der nun zum erstenmale die bisher gewöhnliche Huldigung nicht empfangen hatte; wie alles so leer abging; und der Pabst, vor dem sich Menschen und Thiere beugen sollten, nun so unangebetet wieder weggetragen wurde, wie er gekommen war.

Hierzu kam noch, daß der heilige Vater, der sich vorher in einer Rede, die er in dem Konsistorium der Kardinäle abgelesen, etwas angegriffen hatte, ziemlich blaß und kränklich aussahe, und selbst ganz demuthsvoll und zerknirscht schien, indem er den Segen ertheilte – es schien, als wolle er durch Blick und Miene für seine gekränkte Würde das Mitleid des Volkes erregen.

Das römische Volk aber beklagte sich nur darüber, daß es nun auf den Abend das Feuerwerk werde entbehren müssen, welches sonst diesem Triumphe der Kirche zu Ehren abgebrannt wurde. –

Apostolische Kammer.

Eine sonderbarere Wortverbindung läßt sich wohl nicht leicht denken, als in dem Ausdruck: APOSTOLISCHE Kammer! wenn man den himmelweiten Abstand von den Aposteln und ihren Finanzgeschäften bis zu der päbstlichen Kammer und ihren Finanzen, in Erwägung zieht.

Die apostolische Kammer ist nehmlich über die Verwaltung der päbstlichen Einkünfte gesetzt. Der Kardinal Kamerlingo präsidirt in diesem Kollegium, der Stadthalter von Rom ist Vicepräsident, und unter ihm steht der Schatzmeister (*monsignore Tesoriere*) welcher einer der vornehmsten römischen Prälaten, und dessen Stelle zu der Kardinalswürde der nächste Schritt ist.

Die zwölf Prälaten, welche den Finanzrath ausmachen, heißen *Chierici di Camera*, und versammeln sich wöchentlich zweimal bei dem Kardinal Kammerlingo, oder Präsidenten der päpstlichen Kammer.

Einer von diesen Prälaten ist über das Getraidewesen gesetzt und heißt *Prefetto dell' Annona*. Diese ist eine der einträglichsten Stellen unter allen, und um einer ganzen verarmten adligen Familie wieder aufzuhelfen, darf einer aus ihrem Mittel nur auf einige Jahre zum *Prefetto dell' Annona* ernannt werden, wodurch sie wieder zum üppigsten Wohlstande gelangen kann.

Kein päbstlicher Unterthan darf nehmlich einem Fremden sein Getraide verkaufen, sondern muß es zu einem bestimmten Preise der päpstlichen Kammer überlassen. Dieser Preis wird nun so gesetzt, daß die Kammer die Hälfte, oder doch sicher den dritten Theil dabei gewinnt.

In Rom und der unmittelbaren Gegend darf niemand sein Brod selbst backen, sondern muß es von den Bäckern der Kammer hohlen. Diese müssen von der Kammer auch das

Mehl nehmen, und es nach einem vorgeschriebenen Preise und Gewicht verkaufen.

Von diesen Bäckern ist ein jeder gezwungen, zu Anfange des Jahrs seinen Vorrath auf das ganze Jahr und drüber zu nehmen; bleibt ihm etwas übrig, so erhält er am Ende des Jahrs nicht den Preis wieder, den er dafür bezahlt hat, sondern muß es der Kammer zu einem wohlfeilern Preise, den sie selber festsetzt, wieder verkaufen. Die Kammer aber verkauft es ihm in dem folgenden Jahre wieder zu dem ersten theuren Preise. –

Ferner verkauft die päbstliche Kammer das Getraide nach einem um ein Fünftel kleinerem Maaß, als nach welchem sie es einkauft. Die Bedienten der päpstlichen Kammer kaufen das Getraide noch wohlfeiler, als nach diesem bestimmten Maaße, ein, weil es bei ihnen steht, denen, die sich nicht nach ihren Preisen bequemen wollen, das Getraide nicht abzunehmen. –

Darf man sich bei dieser himmelschreienden Bedrückung und diesem abscheulichen Alleinhandel wohl noch wundern, wenn die Felder um Rom und ganze Strecken im Kirchenstaate öde und unbebaut und ruht nicht offenbar der Fluch des päbstlichen Segens auf diesen ganz unbebauten Erdstrichen? –

Wer das Land baut, der baut es zum Vortheil der päbstlichen Kammer, und hat für sich kaum Sklavenlohn. – Darum liegen die schönsten Felder wüste, und bei dem ergiebigsten Boden ist, wenn die Ernte einmal schlecht ausfällt, die schrecklichste Hungersnoth zu befürchten.

Man siehet es leicht ein, wie der *Prefetto dell Annona* sich und seine Familie in sehr kurzer Zeit bereichern kann, indem er den jährlichen ungeheuren Raub mit der apostolischen Kammer theilt.

Der Sohn in dem Hause, wo ich wohne, ist *Segretario* oder

Schreiber bei der *Annona*, und seine gewissen Einkünfte sind monatlich dreißig Skudi. –

Einer von den zwölf päbstlichen Finanzräten oder *Chierici della Camera* muß das Fleisch, die Fische, die Früchte, das Oel, und alle übrige Eßwaaren, taxiren, er heißt *Presidente della Grascia*, und kann dies wohl im eigentlichen Sinne heißen, weil er mit dem Fette des Landes wuchert, wovon sich die apostolische Kammer mästet.

Denn mit dem Oel treibt die apostolische Kammer einen eben so abscheulichen Alleinhandel, wie mit dem Getraide. Sie kauft es von den Eigenthümern nach einem von ihr selbst gesetzten Preise ein, und verkauft es wieder, so theuer sie will, nachdem sie das gute Oel zuvor mit schlechtem und verdorbenem gemischt hat. Dies schreckt die Eigentümer vom Oelbau ab, welcher für dies Land allein schon ein nieversiegender Quell des Reichthums werden könnte, um, bei einer weisern Regierung und sorgsamern Staatsverwaltung, Regenten und Unterthanen zu beglücken.

Die Kriegskasse steht unter dem *Comissario delle Armi*, der unter den päbstlichen Finanzräthen gleichsam den Kriegsminister vorstellt. – Die Stellen der päbstlichen Soldaten sind so einträglich, daß man sich, wie um ordentliche Bedienungen, darum bewirbt.

Auch einen Minister des Seewesens giebt es, welcher *Commissario del Mare* heißt; und einen Präsidenten der Münze (*Presidente della Zecca*).

Ueber die Straßen, Brücken und Heerstraßen, bis auf dreißig italiänische Meilen um die Stadt, hat ebenfalls ein Prälat die Aufsicht, welcher *Presidente delle Strade* heißt. Man findet daher an den Ecken der Straßen häufig Edikte angeschlagen oder eingegraben, die sich anfangen: *per ordine del Monsignore* u. s. w. Denn *Monsignore* ist die allgemeine Benennung, worunter man sich irgend einen der

höhern Staatsbedienten denkt, der ein solches Edikt gegeben hat.
Ueber alles, was die Flüsse, Kanäle, Wasserleitungen und Teiche betrift, führt ebenfalls einer von den zwölf Prälaten der apostolischen Kammer die Aufsicht, welcher *Commissario delle Ripe e delle Aque* heißt.
Einer ist über das päbstliche Archiv, und noch ein anderer über die Gefängnisse gesetzt. Auf die Weise teilen sich die Mitglieder der apostolischen Kammer in die höheren Staatsbedienungen.

Sciorocco.

Es ist entweder Sciorocco oder Tramontan – diese abwechselnde Witterung muß gemeiniglich den ersten Faden zum Gespräch hergeben.
Auch fühlt man den Einfluß dieser Abwechselung so lebhaft, daß es kein Wunder ist, wenn man sich einander seine Empfindungen davon beim ersten Anlaß äußert.
Man kann wohl sagen, daß der Sciorocco den Gedanken selber eine andere Richtung giebt, und den Ton in Gesellschaften anders stimmt, als der Tramontan, der oft den Nebel der Seele zerstreut, so wie er die Luft von Wolken reinigt. –

Tramontan.

Der Ausdruck TRAMONTAN ist hier sehr bedeutend; die glückliche Halbinsel Italien ist durch die Berge, von denen sie gegen den Nord gedeckt wird, gleichsam ganz isolirt –
Die Italiäner theilen daher ihre Welt nach dem, was dies-

seit und jenseit den Bergen liegt, so wie die Engländer in ihre Insel und das feste Land –

Die Tramontaner, oder nördlichen Bewohner der Länder jenseit der Gebürge, sind den Italiänern ohngefähr, was den Alten die Hyperboräer waren.

Das gemeine Volk macht sich sonderbare Vorstellungen von der traurigen Lebensart der Einwohner in den nördlichen Gegenden, die es sich alle wie eine Art von Cimmerischer Wüsten denkt.

Daher kömmt es auch wohl mit, daß der gemeine Italiäner lieber die drückendste Armuth erträgt, als daß er sein angebohrnes Klima mit einem andern vertauschen sollte.

Italien ist auch wirklich ein Paradies, das durch die Alpengebirge geschützt, und, von der übrigen Welt abgesondert, im Schoße des Meeres ruhend, alles in sich vereint, was das Leben glücklich und angenehm machen kann.

Aber vor diesem Paradiese steht die Kirchengewalt wie der Engel mit dem feurigen Schwerte, und hindert die Glückseligkeit, daß sie ihren angestammten Boden nicht betreten darf. –

Römische Justiz.

Vor einigen Wochen sahe ich hier die Hinrichtung eines Missetäters auf dem Platze del Popolo.

Es war ein schöner junger Mensch von einigen zwanzig Jahren, der den deutschen Mahlern zum Modell gedient hatte.

Er hatte sich nach seiner letzten Mordtat eine Zeitlang in einem kleinen Orte zwischen Rom und Neapel aufgehalten, und war nun wieder zurückgekommen, weil er vielleicht glaubte, daß sein Verbrechen schon verjährt sey.

Allein die römische Justiz wollte nun auch einmal ein ungewöhnliches Beispiel geben, und ließ ihm den Prozeß machen.

Freilich war das Verbrechen nicht klein; denn er hatte sich mit seinem Feinde erst feierlich ausgesöhnt, und ihn doch unmittelbar darauf, als er ihn freundschaftlich bei sich einlud, mit einem Dolche rücklings ermordet.

Mit allen Schrecknissen der Einbildungskraft werden hier für den Missethäter die Qualen des Todes vermehrt. – Sein Todesurtheil wird ihm unvermuthet, in der letzten Nacht vor seiner Hinrichtung, um Mitternacht angekündigt –

In ein schwarz ausgeschlagenes Zimmer, in das er geführt wird, tritt in dem Augenblicke der furchtbaren Botschaft ein Todtengerippe mit Stundenglas und Sense aus der Wand hervor – indeß mit dumpfen Tone der Zuruf: du mußt sterben! in seinen Ohren erschallt.

Von diesem Augenblick an bleibt aber auch sein Tröster bei ihm – dies ist eine vermummte Person, gemeiniglich von hohem Range, welche diese Gelegenheit, ein verdienstliches Werk zu üben, um vielleicht selber alte Sünden dadurch auszutilgen, zu benutzen sucht.

Am andern Morgen früh gehen vermummte Personen, ebenfalls auch zum Theil von hohem Range, mit Büchsen auf den Straßen umher, und sammeln Allmosen für den verurteilten Missethäter.

Was nun aber gesammelt wird, ist eigentlich für den bestimmt, welcher zunächst ein Opfer der Gerechtigkeit werden wird, und dem gegenwärtigen kommt die Summe zu statten, welche bei dem letzten zum Tode Verurtheilten gesammelt wurde. Diese Summe wird nehmlich der Familie des Verurtheilten zu einem Ersatz für das Unglück gegeben, das sie leidet.

Auch wird an dem Tage der Hinrichtung die Familie außerhalb Rom bewirthet, um von der schaudervollen Begebenheit, die sie so nahe angeht, nicht Zeugen seyn zu dürfen.

Der Galgen wird erst am Abend vorher auf dem Platze del Popolo aufgerichtet, und Sbirren bewachen ihn die Nacht hindurch. In einem der Häuser auf dem Platze ist ein Thorweg schwarz ausgeschlagen, in welchem der Delinquent vor seiner Hinrichtung noch das Sakrament empfängt.

Am Morgen der Hinrichtung war der ganze Platz mit Zuschauern angefüllt. – Auf einem Karren, in einen alten Rockelor gehüllt, wurde der Delinquent gebracht, und sogleich in den schwarz ausgeschlagenen Thorweg geführt. – Der Karren wurde, sobald er abgestiegen war, mit Zuschauern wieder besezt.

Als er das Sakrament empfangen hatte, stieg er die Leiter hinauf, und sein Henker rief ihm noch einmal zu: *credi tu in Jesu Christo?* (glaubst du an Jesum Christum?) als er dies bejahet hatte, warf er ihn von der Leiter herunter, und trat ihm dann auf die Schultern, um seinen Tod zu beschleunigen. Dann ließ er sich an dem todten Körper

hinunter, den er, wie es hier der Gebrauch ist, umarmte und küßte, um dadurch einen Beweis zu geben, daß kein Haß gegen den Hingerichteten bei ihm obgewaltet habe.
Der schöne Wuchs des Körpers wurde noch, so wie er dahing, von den Römern bewundert, und sie riefen wiederholt aus: *o che bel morto!* (welch ein schöner Todter!) – Die Fremden aber fragten sie: *come piace?* (wie ihnen die Zeremonie gefallen habe?) Dann gehen die Blinden in der Stadt umher, und erzählen, wie andächtig sich der Verurtheilte zum Tode vorbereitet habe, und wie schön er gestorben sey.
Ein junger schöner Mensch, welcher jezt den deutschen Mahlern zum Modell dient, hat auch schon seine Mordthat vollbracht, ist aber bis jetzt noch den Händen der Gerechtigkeit entgangen.
Er sahe auf der Straße dem gewöhnlichen Spiele der Italiäner mit hölzernen Bosselkugeln zu, und mischte sich in einen Streit, der zwischen zweien der Spielenden entstand; der eine ging mit dem Messer auf ihn los, und er zerschmetterte ihm mit einer hölzernen Bosselkugel das Gehirn, und flüchtete sich darauf in eine Kirche, wo kein Sbirre ihn angreifen durfte.
Den deutschen Mahlern war nun darum zu tun, ihr Modell wieder zu haben, und sie verkleideten ihn in einen Ochsentreiber, die zu Pferde im Galopp hinter den voranlaufenden Ochsen herjagen; so brachten sie ihn auf den spanischen Platz, wo er völlig sicher war.
Diese Grenze darf er aber nun nicht überschreiten, wenn er nicht Gefahr laufen will, von den Sbirren gefangen zu werden. Er lebt aber in diesem Bezirk ganz ruhig, und hat sich ein Weib genommen; die deutschen Mahler arbeiten auch daran, ihm die Freiheit wieder auszuwirken.
Das Modell der französischen Akademie hat auf eben die

Weise schon seinen Muth gezeugt; er ist zugleich eine Art von Töpfer, und versteht einen Ofen zu setzen, welches hier eine seltene Geschicklichkeit ist.

Als er mir im vorigen Winter einen Ofen setzte, erzählte er mir dabei, wie es mit dreien Mordthaten, die er begangen habe, eigentlich zugegangen wäre, und wie er ganz unverschuldeter Weise dazu gekommen sey.

Einer von den Ermordeten hinterließ einen Sohn, den er jezt erzieht. Ich weiß, sagte er, daß der Bube mich einmal wieder ums Leben bringen wird, aber nichtsdestoweniger werde ich als ein Vater für ihn sorgen! –

Rom, den 28. Sept.

Mit Wehmuth schreibe ich Ihnen heute zum letztenmale aus Rom. – Vor ein paar Abenden stand ich mit Herdern auf dem Thurm des Kapitoliums – Die Sonne sank unter – die Berge schimmerten in ihrem Wiederschein – ihre letzten Strahlen beleuchteten die Spitze von dem Grabmal des Cestius, und das alte Dach des grauen Pantheons. Unter uns rollte im dunklen Thale zwischen den Hügeln Roms der gelbe Tiberstrom.

Begierig sog mein Auge die Strahlen der untersinkenden Sonne; und ich that mir selbst ein heiliges Gelübde: mich jeder schönen Scene des Lebens bis auf ihren letzten Moment, ohne Klagen und Murren über ihr Auslaufen, zu erfreuen!

Mag denn der Vorhang fallen, wenn das Schauspiel vollendet ist – tief in die Seele senkt sich das entschwundne Bild, und die erhabene Musik beginnt, worin des Abschieds Kummer und jeder Schmerz sich auflöst. – –

Venedig, den 20. Oktober.
Einige Bemerkungen auf
meiner Rückreise aus Italien.

Bei Isola blickte ich in das Thal Cremera hinab, wo die dreihundert tapfern Fabier ihren Tod fanden. – Zur Rechten dämmerten noch die Berge von Tivoli, von denen ich Abschied nahm.

Es war ein heiterer Abend, ich führte unter dem hellgestirnten Himmel mit meinem Reisegefährten ein Gespräch, worin er für einen Unterthan des Kirchenstaats viele schöne Grundsätze äußerte: daß nehmlich bei allen menschlichen Einrichtungen, sowohl in geistlichen als in weltlichen Dingen, ein Punkt zu wenig in Betracht gezogen sey! HUMANITÄT (*humanita*). – Daß es dem Men-

schen frei stehen müsse, seiner bessern Ueberzeugung nach, zu denken und zu reden; daß doch das Denken das letzte sey, was dem Menschen übrig bliebe, wenn ihm auch alles übrige entrissen werde, u. dgl. m. – Am Abend spät langten wir in Monte Rosi an, wo wir die Nacht blieben.
Am folgenden Tage kamen wir vor dem Sorakte vorbei, den wir rechter Hand liegen ließen, nach dem Städtchen Ronciglione.
Der Sorakte, welcher ehemals dem Apollo geweiht war, ist jetzt mit Eremitagen bebaut, die man von ferne darauf erblickt.
Einen sonderbaren Ursprung hat die Benennung dieses Berges *S. Oreste*, welche sich wahrscheinlich von *Soracte* herschreibt, indem man das *S* für St. nahm und aus *Oracte* OREST bildete, so daß dieser dem Apollo geweihte Berg nun ganz unschuldigerweise dem heiligen Orest gewidmet ist.
Ein tiefes von hohen Felsenwänden eingeschlossenes Thal bei Ronciglione ist das romantischste, was man sich denken kann. –
Die Wohnungen der Schmiede sind wie die Werkstätte der Cyklopen unten in den Felsen gehauen und oben sind Färbereien und Mühlen – Die Stadt selber ist in der Höhe gebaut, und hat eine hübsche breite Straße – Wir fanden hier noch Leute aus Rom, die an diesem Orte, wegen der reizenden Gegend, die Villegiatura genossen.
Ich machte Vormittags noch einen kleinen Spaziergang auf die Anhöhen der Weinberge bei Ronciglione, wo ich den Sorakte mit seinen Eremitagen, Erhöhungen und Vertiefungen, fast ganz übersehen konnte. –
Wir setzten den Nachmittag unsere Reise über den waldigten Cyminus nach Viterbo fort, wo wir erst den Abend spät anlangten. –

Der Cyminus hat viele Aehnlichkeit mit unserm Harze, und ist dichter, als sonst die italienischen Berge, mit Waldung bewachsen. Mein Gefährte und mein Vetturin erzählten sich viel von der Unsicherheit dieser Gegend, und den Räubereien und Mordthaten, die hier vorgefallen waren.

Viterbo lag am Fuße des Berges; mein Reisegefährte war hier zu Hause, und führte mich am Abend ins Theater, wo Don Juan gespielt wurde, und wo ich einige der bekannten Akteurs von dem römischen Theater della Valle wieder fand. – Das Haus war vollgepfropft von Zuschauern, und weil Viterbo zum Kirchenstaate gehört, so werden auch hier die weiblichen Rollen von Kastraten gespielt.

Vor Tagesanbruch fuhren wir noch von Viterbo wieder ab, über die Anhöhe von Montetaskone, wovon ein geschätzter Wein seinen Namen führt. – An dem großen See Bolsena, der rund umher mit Bergen umgeben ist, und eine sehr mannichfaltig abwechselnde Aussicht gewährt, gingen wir eine Strecke zu Fuße – die alte Stadt Volsinium lag am Ende des Sees.

Gegen Mittag fuhren wir eine steile Anhöhe hinauf, nach dem kleinen schöngebauten Orte St. Lorenzo, von wo wir eine der schönsten Aussichten genossen. Um Mittag langten wir in Aquapendente an, einem öden und traurigen Orte, der nicht mehr als eine einzige schmale Gasse enthält. –

Diesen Nachmittag erreichten wir noch das toskanische Gebiet, wo an einem kleinen Flusse auf der Grenze unsre Sachen visitirt wurden, oder vielmehr visitirt werden sollten; denn als wir dem Accisebedienten, so wie es im Kirchenstaate gebräuchlich ist, ein Stück Geld in die Hand drücken wollten, damit er uns nicht zu lange aufhielte, so verbat er sich das Geld, und hielt uns demohngeachtet nicht auf, sondern ließ uns, auf unsre Versicherung, daß wir nichts Verbotenes bei uns führten, mit vieler Höflichkeit weiter fahren; selbst durch dies Betragen wurde uns die Grenze zwischen dem Kirchenstaate und dem toskanischen Gebiete sehr auffallend bezeichnet. – Die Gegend ist hier sehr unfruchtbar und öde, und die nackten Berge, in welche von herabströmenden Regengüssen Kanäle gegraben sind, machen einen traurigen Anblick. –

In dieser Gegend kehrten wir am Abend in einem einzelnen Gasthofe ein, dessen Bewohner durch die Todtenblässe ihres Gesichts von der verpesteten Luft in dieser Gegend ein trauriges Zeugniss gaben; die Armuth hatte sie hierher getrieben, um ihr Leben zu fristen. Allein sie hatten noch kein halbes Jahr in diesem gefährlichen Wohnplatze zugebracht, und schon war ihre älteste Tochter ein Opfer geworden; die ganze Familie war krank; ein schleichendes Fieber untergrub ihre Lebenskräfte, und sie sahen keine Erlösung aus ihrem Kerker als den Tod.

Die Gesellschaft von Fremden, welche sich hier zusammen trafen, und den Abend an einem Tische speisten, war froh und heiter. Ich hörte hier zum erstenmal den toskanischen Dialekt, wo das *c* wie *h* ausgesprochen wird, und die Herren Florentiner, welche von *Radicofani* kamen, von ihrem Abendessen und Nachtlager in Radihofani erzählten.

Auf dem Wege von Siena nach Florenz erhielt ich in der Nacht einen Reisegefährten, der mir, seinem Aeußern nach, wie ein sehr gemeiner Mensch vorkam. –

Als der Tag anbrach, erwachten wir beide aus unserm Schlafe und boten uns einen guten Morgen. Wir lernten uns nun bald kennen, und unterhielten uns auf die angenehmste Weise.

Mein Reisegefährte war ein Mathematiker und Naturkundiger, aus Turin gebürtig, und jetzt in Diensten des

Großherzogs von Toskana, der ihn nach der MAREMMA, oder dem sumpfigen und ungesunden Strich Landes am Ufer des Meeres geschickt hatte, um Beobachtungen anzustellen, wie dieser Distrikt zu verbessern und zu benutzen sey.

Er erzählte mir mit vielem Unwillen, welche Macht und Einfluß, aller vortrefflichen Staatseinrichtungen ohngeachtet, dennoch die Geistlichkeit hier noch habe, wovon er ein sehr auffallendes Beispiel anführte.

Daß nehmlich in der Maremma, wo die Landleute oder Taglöhner von fremden Orten herkamen, um das Feld zu bauen, und, weil sie hier keine Häuser fanden, die Nacht in Strohhütten schlafen mußten, auf die Vorstellung des dortigen Bischofs, jezt eine Kirche gebaut werde, damit es den Leuten, die kein Obdach haben, doch nicht an einer Kirche fehlen möge.

Daß also, wie es sonst wohl Dörfer ohne Kirche gäbe, hier nun künftig eine Kirche ohne Dorf stehen werde; da doch für die Kosten, welche dieser Kirchenbau erfordert, allein schon eine Anzahl Häuser errichtet werden könnte, worin die Arbeiter mit ihren Familien einen bleibenden und ruhigen Wohnsitz hätten.

Florenz.

Die zuvorkommende Höflichkeit, mit welcher hier die Fremden sowohl als Einheimischen in den Pallästen des Großherzogs empfangen werden, um die Merkwürdigkeiten in Augenschein zu nehmen, ist eben so nachahmungswerth als lobenswürdig.

Auch nicht das mindeste Trinkgeld wird von den Aufsehern und Aufwärtern angenommen, denn, laut der

Inschriften beim Eingange, sind sie angewiesen, selbst wenn ihnen etwas angeboten wird, nichts anzunehmen, und demohngeachtet dem Geringsten so wie dem Vornehmsten über alles, wornach er fragt, die gehörige Auskunft zu geben.

Es ist ein angenehmer Anblick, wenn man hier die gemischtesten Gesellschaften von vornehmen adelichen Personen, Geistlichen, und geringen Landleuten, zusammen in die Säle treten sieht, um die darinnen aufgestellten Werke der alten und neuern Kunst zu bewundern.

Täglich zwei bis dreimal kann man hier seine Blicke an der vollen Betrachtung des Schönen sättigen, indem man mit einer der folgenden Gesellschaften gleich wieder den Eintritt nimmt, und zugleich, durch das Anhören der mannichfaltigen abwechselnden Urtheile über die Gegenstände, eine angenehme Unterhaltung findet.

Die höfliche Geduld und die freundlichen Blicke der Aufseher sind gleichsam ein getreuer Abdruck von den Sitten des Hofes, der liebevoll und herablassend jedem Bürger zu dem innersten Heiligthume seines Wohnplatzes gerne den Zutritt läßt.

Besonders höflich und zuvorkommend war ein junger Mann im Pallast Pitti, der uns herumführte und die Gemählde zeigte. Jede Frage, die man an ihn that, beantwortete er mit der größten Bereitwilligkeit und Freundlichkeit dem Geringsten, so wie dem Vornehmsten.

Er machte uns aufmerksam auf die Tapeten in einem Zimmer, welche die Großherzoginn mit eigner Hand gestickt hat; wobei die Aeußerungen von Unterthanenliebe in Blick und Miene der Anwesenden das angenehmste Schauspiel gewährten.

Von den Kunstsachen im Pallast Pitti und in der herzoglichen Gallerie behalte ich mir meine Bemerkungen zu einem besondern Briefe, oder vielmehr zu einem Aufsatze vor, den ich Ihnen selbst nach Deutschland mitbringen werde.

Ein Trauerspiel vom Kreissteuereinnehmer Weiße, in Florenz aufgeführt.

Denken Sie sich meine Verwunderung, als ich auf dem Komödienzettel, der in der Luft an einem quer über die Straße gezogenen Seile hing, las:
»Romeo und Julie, ein Trauerspiel in fünf Aufzügen, vom Herrn Weiße, aus dem Deutschen ins Italiänische übersezt.«
Ich eilte ins Schauspielhaus, und kam noch zur rechten Zeit – der Vorhang ward eben aufgezogen, und alles war voller Erwartung. –
Diese Art des Trauerspiels schien hier neu und ungewohnt – die Schauspielerinn, welche die Julie machte, griff sich in ihren langen Monologen so sehr an, daß sie zulezt ganz heiser wurde.
Bei der Scene im Sarge war die Erwartung und das Erstaunen wirklich auf das höchste gespannt; man getraute sich kaum zu athmen. –
Und so fand dies Stück hier einen ganz außerordentlichen Beifall; die Aufführung ward am andern und folgenden Tage wiederholt.

Die Ufer des Arno.

Der Arno ist fast ausgetrocknet, aber seine Ufer sind das Reizendste, was man sich denken kann – schattigte Gebüsche, grüne Rasenplätze, und sich schlängelnde Spaziergänge zwischen Bäumen, wechseln in der angenehmsten Mischung miteinander ab.

Das blühende Florenz hat seine Einwohner aus den Thoren entlassen, um dort der schönen Herbsttage zu genießen. – Im Schatten auf den grünen Rasen sind die einzelnen Familien mit ihren Kleinen hingelagert, und geben ein Bild von Ruhe und zufriedenem Genuß des Lebens, das sich die Einbildungskraft nicht schöner mahlen kann.

Kein Wunder, daß an diesen Ufern in Dichtern und Künstlern der Sinn für das Schöne reifte.

Nie werde ich dieses Spazierganges und des ruhigen Genusses dieses frohen Tages, unter dem sanftesten Himmelstrich, vergessen!

Die Kathedralkirche.

St. Maria del Fiore, von außen mit schwarzem und weißem Marmor ganz überzogen, macht einen sonderbaren Anblick. Ihre ungeheure Größe setzt in Erstaunen, und die Wirkung davon ist viel auffallender, als von der Peterskirche in Rom. –

Auch wurde die Kuppel auf dieser Kirche von Michel Angelo selbst für das größte Meisterstück der Baukunst gehalten. Die Vorderseite der Kirche ist abgetragen und noch nicht wieder hergestellt.

Zur linken, beim Eingang in die Kirche erblickte man das Bildniß des DANTE, wie er mit einem Buche in der Hand auf einer Wiese spazieren geht, gleichsam im Begriff, den reizenden Visionen seiner Einbildungskraft nachzuhängen.

An beiden Seiten der Kirche sieht man, so wie in der Westminsterabtei in London, die Bildnisse und Denkmäler berühmter Florentiner.

Zur Seite des Doms steht ein hoher viereckiger Thurm, welcher mit schwarzen, rothen und weißem Marmor überzogen, und mit einer Menge von Bildsäulen verziert ist, worunter besonders eine von Donatello, mit kahlem Kopfe, als ein vorzügliches Werk der neuern Bildhauerkunst, sich auszeichnet. Man steigt auf vierhundert und sechs Stufen zu der Spitze des Thurmes hinauf, und hat von diesem eine der schönsten Aussichten über die ganze Stadt, und die umliegenden reizenden Gegenden mit ihren Gärten und Landschaften.

Nicht weit von dieser Kirche ist die achteckigte Taufkapelle, mit Marmor überzogen, und hat drei Thüren von Bronze, auf welchen biblische Geschichten dargestellt und von solcher Schönheit sind, daß Michel Angelo von ihnen zu sagen pflegte: sie verdienten die Thore des Paradieses zu seyn. Die Kirche ist inwendig mit sechzehn großen Säulen von Granit geziert. Alle in Florenz gebohrne Kinder werden hier getauft.

Der Spanier.

Von Bologna bis Venedig hatte ich einen Spanier zum Gefährten, der während der kurzen Zeit den ganzen gemeinen Karakter seiner Nation entfaltete, so wie er in Romanen und Reisebeschreibungen geschildert wird.

Er nannte sich den Grafen Almaviva – erzählte, daß er von

dem berühmten General Tilly in gerader Linie abstamme – und daß er sich, als ein Abkömmling dieses großen Helden, jetzt bei dem Kaiser Joseph melden wolle, um unter ihm gegen die Türken zu fechten.

Ein Paar braune grobe wollene Strümpfe, die in Rom ohngefähr sechs Groschen kosten, und die er zu ledernen Hosen angezogen hatte, waren *roba bona di Inghilterra* (kostbare englische Waare).

Ein Brief, den er von seiner Wirthin aus Rom, einer Victualienhändlerinn, bei seiner Ankunft in Venedig nachgeschickt bekommen sollte, hieß bei ihm eine Estafette, die er dort erwartete.

Mit dem jetzigen Minister der spanischen Monarchie war er, wie er sagte, sehr entzweit. –

Als wir durch Ferrara kamen, nannte er sich den Grafen von Almaviva, und sezte, ohne daß ich ihn darum gebeten hatte, unmittelbar darauf hinzu, daß ich einer von seinem Gefolge sey.

Als ich dies nun für die Zukunft verbat, meinte er, es müsse mir ja angenehm seyn, daß ich wie sein Gesellschafter oder wie einer aus seinem Gefolge betrachtet würde, und er wolle mir gerne immer diesen Dienst erweisen, daß er mich unter seinen Schutz nehme, und ich niemals meinen Nahmen zu sagen genöthigt würde; wofür ich ihm denn sehr dankte; und mir ausbat, künftig meinen eignen Nahmen, so wie den seinigen, nennen zu dürfen.

In Rovigo nahm unser Vetturin ein paar Theaterprinzessinnen mit in seinen viersitzigen Wagen auf – Diese legten es darauf an, meinen Spanier in ihr Garn zu locken, indem sie ihm die größte Ehrfurcht bezeigten. Er entging auch dieser Falle nicht, und klagte mir am andern Morgen in Padua sein Leid, wie sehr seine Börse gelitten habe. –

St. Marko in Venedig.

Die Vorderseite ist gothisch – aber mit dem bewundernswürdigsten Fleiß ausgearbeitet –

Fünf große Bogen in einem halben Cirkel ruhen auf zweihundert und zwei und zwanzig Säulen, worunter acht von Porphyr und die übrigen von Marmor sind.

Ueber den Säulen läuft, an drei Seiten der Kirche, eine Gallerie. Ueber dieser Gallerie erheben sich wiederum fünf Bogen, die auf porphyrnen Säulen ruhen, und mit Bildhauerarbeit und Mosaik verziert sind.

Auf jedem dieser Bogen steht eine große marmorne Bildsäule, und auf der mittelsten der heilige Markus, mit einem Löwen von Bronze zu seinen Füßen.

Ueber dem Haupteingange sieht man vier antike Pferde von Kupfer, welche man für die schönsten aus dem Alterthum und für ein Werk des Lysippus hält.

Sie zierten zuerst den Triumphbogen des August. Von diesem fingen sie an zu wandern, und wurden nach und nach auf die Triumphbögen des Domitian, Trajan und Konstantin gesetzt, wie man denn bei dem Verfall der Kunst zum öftern die ältern Kunstwerke beraubte, um die neuern auszuschmücken.

Konstantinus, welcher Rom mit seiner Pracht in seinen neuen Kaisersitz versezte, ließ die vier Pferde mit dem Sonnenwagen nach Konstantinopel führen, und sie dort im Cirkus aufstellen.

Als aber die Venetianer im dreizehnten Jahrhundert Konstantinopel eroberten, führten sie auch die vier Sonnenpferde wieder nach Italien zurück, und stellten sie nun, nicht mehr der Sonne, sondern dem heiligen Markus zu Ehren, auf ihren vornehmsten Tempel.

Das Dach der Kirche mit den Verzierungen und den

vielen Kuppeln, macht einen eben so sonderbaren als prachtvollen Anblick.
Und wenn man hineintritt, wird man ebenfalls durch ihre ganz ungewöhnliche innere Bauart überrascht –
Durch eine zweihundert Fuß lange von der Kirche abgesonderte Halle geht man hinein. Der Platz für die Frauen in der Kirche ist erhöht, und man steigt durch zwei kleine Thüren hinauf.
Der mittelste Platz in der Kirche ist ebenfalls um einige Stufen erhoben, und hat auf jeder Seite eine Kanzel.
Die eine ruht auf fünfzehn Säulen, und ist in achteckigter Form, und von zwei Stockwerken, wo auf dem untersten gepredigt, und auf dem obersten das Evangelium abgelesen wird.
Die andere Kanzel ruht auf neun Marmorsäulen, und auf ihr zeigt sich der neuerwählte Doge dem Volke.
In dem Mittelpunkte der Kirche steht der Altar mit einem Baldachin von grünem Marmor, welcher auf vier weißen Marmorsäulen ruht. Hinter dem Hauptaltare steht noch ein anderer, der mit Säulen verziert ist, von welchen viere von durchsichtigem orientalischem Alabaster sind, und deren Fußtritt von Porphyr ist.
Hier hängt auch über einem Altar des linken Kreuzganges ein, wie die Legende sagt, von dem Evangelisten Lukas gemaltes Marienbild, welches die orientalischen Kaiser auf allen ihren Feldzügen bei sich führten, und das von den Venetianern bei der Eroberung von Konstantinopel mit erbeutet wurde, und nun als eines der kostbarsten Heiligthümer in diesem Tempel aufbewahrt wird.
Gewölbe, Nischen und Hallen in diesem Tempel sind mit Mosaiken und Inschriften, auf vergoldetem Grunde, angefüllt, welches bei der dunklen Beleuchtung der Kirche wirklich einen sonderbaren prachtvollen Anblick macht.

Auch der Fußboden ist eingelegt, und stellt Hieroglyphen, Figuren und Thiere von verschiedenen Steinen vor.

In dem Schatz der Kirche werden noch die Kronen von Cypern und Kandia, die herzogliche Mütze, welche der Doge am Krönungstage trägt, und die mit Perlen und Diamanten eingefaßt und auf der Stirne mit einem großen Rubin und Diamanten verziert ist, und – was für das Kostbarste geachtet wird, – ein Manuskript vom Evangelium des heiligen Markus, aufbewahrt.

Freilich kann man von der Schrift so wenig mehr lesen, daß man sich streitet, ob es lateinisch oder griechisch geschrieben sey. Auch über das Papier streiten die Gelehrten; einige behaupten nehmlich, daß es aus ägyptischer Baumrinde, andere, daß es aus Baumwolle verfertigt sey.

Ihren Nahmen führt diese Kirche von dem Evangelisten Markus, dessen Körper, der Sage nach, im neunten Jahrhundert von Alexandrien nach Venedig gebracht wurde, wo man ihm damals schon eine Kirche baute, und als diese baufällig wurde, zu Ende des zehnten Jahrhunderts diesen Tempel errichtete. –

Der Markusplatz.

Der Petersplatz in Rom und der Markusplatz in Venedig stechen gegeneinander ab, wie ein Heiligenfest gegen einen Karnevalstag –

Dort herrscht ernste Stille und einsame Pracht – Der Platz ist nicht mit Gebäuden, sondern mit majestätischen Säulengängen eingeschlossen; und tief im Hintergrunde steht die Peterskirche allein. –

Auf dem Markusplatze drängt das ganze geräuschvolle Leben sich zusammen. – Unter den Häusern, die den

Platz einschließen, gehen rings umher bedeckte Gänge mit Arkaden gegen den Platz. –
Unter diesen Arkaden liegt ein Kaffeehaus an dem andern. Am Abend strömt ganz Venedig auf den Markusplatz, und die Kaffeehäuser sind vollgepfropft von Menschen.
Der Adel versammelt sich auf diesem Platze, um unter sich von Geschäften des Staats zu reden. Der Theil des Platzes, wo dies gewöhnlich geschieht, führt den Namen BROGLIO, und man leitet das italienische Wort *im broglio*, Verwirrung oder Verwicklung, von der Benennung des Platzes BROGLIO und von den Intrigen ab, welche auf diesem Platze vorgehen.
Am Ende des Platzes wendet sich auf einmal die Aussicht gegen das Meer zu, welches ein Wald von Masten bedeckt. – Hier stehen zwei Säulen von Granit; auf der einen steht ein Löwe, und auf der andern die Bildsäule des heiligen Theodor, welcher, als der Schutzheilige der Republik, der Vorgänger des heiligen Markus war.
Auf dem Markte steht ganz für sich allein, wie eine ungeheure Schlaguhr, ein Glockenthurm, welcher dreihundert und achtzehn Fuß hoch ist, und in seiner gothischen Riesengestalt einen sonderbaren Anblick macht.
Vor den drei großen Bogen der Markuskirche stehen drei Postamente von Bronze, in welchen hohe Stangen oder Mastbäume befestigt sind, worauf an Festtagen die mit Gold gestickten Fahnen der drei verlohrnen Königreiche, Cypern, Kandia und Negropont prangen.

Mantua, den 20. Oktober 1788.

Hier bin ich wieder, mit meinem Virgil am Ufer des Mincius hingelagert. – Der schöne Kreislauf ist vollendet, und ich finde mich wieder auf demselben Flecke, von dem ich ausging.

Von den Gegenständen aber, welche damals noch in dunklen Träumen vor mir schwebten, trage ich nun ein getreues Bild in meiner Seele. –

Oft soll mein Geist in trüben Stunden aus diesem Quelle süßer Erinnerungen schöpfen; und manche der entschwundenen Scenen soll mit neuem Feuer unser freundschaftliches Gespräch beseelen!

Zu diesem spare ich auf, was meine Feder in einer Reihe von Briefen zu schildern vergessen oder versäumt hat. –

Ich lasse in diesen stillen Gründen die reizendsten Bilder von zwei verflossenen Jahren noch einmal vor meiner Seele vorübergehen; und hier am schilfbekränzten Ufer des Mincius winke ich Ihnen den letzten Gruß aus diesem schönen Lande zu!

Die Kupfertafeln zu diesen Reisen.

1. Zum ersten Theile.

Ruinen vom Tempel der Konkordia auf dem alten römischen Forum; beim Aufgange auf dem Kapitolinischen Berg. – Hinter den Bäumen ragt die Rückseite von der Wohnung des Senators und das Thürmchen von dem jetzigen Kapitolium hervor.

Der Tempel der Vesta in Tivoli, (S. Th. II. S. 124) in dem Hofe des Gastwirths Francesco, dicht neben dem Wasserfall des alten Anio, am Abhange eines steilen Felsen. Hinter dem Tempel zeigt sich der alte Mons Katilus, oder Monte Croce.

II. Zum zweiten Theile.
Die Ruinen von dem Tempel des Jupiter Serapis in Puzzuolo bei Neapel. Drei Säulen stehen noch aufgerichtet – die übrigen Schäfte und Kapitäle sind umher verstreut – und der Platz zum Theil überschwemmt; einige Stufen führen zu dem erhöhten Platze, wo der Altar stand, und wo noch auf dem Boden die eisernen Ringe befestigt sind, an welche die Opferthiere gebunden wurden.
Die Ruinen von dem Tempel des Merkurs bei Baja.

III. Zum zweiten Theile.
Ruinen von einem kleinen Tempel der Isis in der aufgegrabenen Stadt Pompeja, mit der Aussicht auf die mahlerische Gegend, die sich von hier aus dem Auge darstellt.
Der Molo oder Hafendamm von Neapel mit dem Leuchtthurm, und der Aussicht auf das Meer und den rauchenden Vesuv.

IV. Zum dritten Theile.
Der Quell der Egeria, in einer einsamen Gegend, am Fuße eines Hügels, vor der Porta St. Sebastiano in Rom.
Die Ruinen von dem Grabmal der Cecilia Metella, welches jetzt Kapo di Bove heißt; ebenfalls vor der Porta St. Sebastiano in Rom.

Reisen im Zeichen des Saturn

Karl Philipp Moritz' römisches
Großstadtmosaik

Moritz ist hier, der uns durch Anton Reiser und die Wanderungen nach England merkwürdig geworden. Es ist ein reiner trefflicher Mann, an dem wir viel Freude haben. ...
Wir gehen des Abends spazieren, und er erzählt mir, welchen Teil er des Tags durchgedacht, was er in den Autoren gelesen, und so füllt sich auch diese Lücke aus, die ich bei meinen übrigen Beschäftigungen lassen müßte und nur spät und mit Mühe nachholen könnte.
Goethe, *Italienische Reise*

1
Auf allen Porträts, die man von ihm kennt, sieht er immer irgendwie fehl am Platze aus. Entweder wirken die Röcke und Mäntel, die er umhat, eine Nummer zu groß und schwerfällig, wie zufällig dem Kostümverleih entnommen oder vom Maler als Notbehelf über ein mageres, stets frierendes Männlein geworfen, das ansonsten innerlich wie äußerlich viel zu nackt gewesen wäre, um noch schicklich abgekupfert zu werden. Doch er mag tragen, was und so viel man ihm auch umtut, er sieht nicht besser aus. Entweder wirkt er übertrieben bieder, zugeknöpft, duckmäuserhaft und scheu – oder übertrieben provokant, prahlerisch, wild und aufgeputzt; etwas dazwischen, eine goldne Mitte, den Anschein von Ausgewogenheit gibt es bei ihm nicht. Einmal ist er in Rüschenhemd und Frack, streng die Brauen hochgezogen, als schauspielerte er Robespierre; ein andermal mimt er den Hofrat, langweilig und steif; ein

drittes Mal hat er einen ausgefransten Pelzkragen um den Hals, der, feminin und affektiert, an die Federboas erinnert, wie sie David Bowie in den Siebzigern trug; das redlichste ist wohl noch das Porträt von ihm als Lehrer im werthergelben Überrock, wo zu bemerken ist, wie sehr er mit Stillstehen oder -sitzen auf Kriegsfuß stand – entweder, weil ihn die Luft nach draußen zum Spazierengehen lockte oder weil ihm die Luft wieder einmal eng zu werden und eine seiner Atemnoten drohte. Dass die schlecht sitzenden Perücken ihm das früh ausgegangne Haar ersetzen mussten, kann kein Zeichner ganz verbergen. Man muss lange suchen, um ein vergleichbar erschreckendes Porträt von Goethe zu finden – es dürfte nicht vorhanden sein. Goethe ist Goethe, auf jedem seiner Porträts, egal wer es wo und wann gemacht hat: Goethe ruht in sich wie der Apoll von Belvedere. Moritz dagegen steht immer seltsam neben sich, schief, verhuscht, den Proportionen entraten, die er als Kunstprofessor doch so beschwor. Sieht so ein Klassiker aus?

Etwas an diesen Porträts ist echt: die Unruhe, das Ungenügen, die Rastlosigkeit im Blick, der eine Ferne heranzuholen und scharf zu stellen sucht, die ihm immer wieder ins Konturlose, Unbestimmte verrinnt. So einer will nicht im Ernst, dass man ihn stilisiere, auf ›schön‹ und ›erhaben‹ trimmt. So einer möchte am liebsten den Rahmen verlassen und anderswohin fliehen, nur ausbrechen, auf und davon, das Weite suchen, ins gelobte Land. Italien war ein Reiseziel, das für einen Deutschen damals noch unwirklich genug wirklich klang, um sich unsterblich danach zu sehnen – als könne man nach Italien reisend an einen realen Ort gelangen, der gleichzeitig die Realität, wie man sie zum Überdruss verabscheute, hinter sich ließ und aufsprengte, um einer anderen, gesteigerten Präsenz von

Leben Raum zu geben. Dieser Ort hatte für Moritz einen Namen: Rom. Dorthin sehnte er sich. Dass er in Rom Goethe begegnen würde, der Sehnsucht seines Leser-Lebens, muss ihm dann fast schon märchenhaft erschienen sein. Goethe und Moritz waren beide aus mehr oder weniger starkem Ungenügen an ihrer Lebenswirklichkeit nach Italien aufgebrochen. Goethe sollte später die in Italien aufgelesenen Samen über vier Jahrzehnte glücklich in Weimar kultivieren; Moritz hatte so viel Zeit und Muße nicht.

Keine fünf Jahre blieben ihm nach seiner Rückkehr zu leben noch beschert. Fünf Jahre, in denen er, mit Amt und Ehren ausgestattet, doch nie zur Ruhe kam; die zwischen 1792 und 1793 erschienenen *Reisen eines Deutschen in Italien in den Jahren 1786–1788* blieben zunächst Episode inmitten eines schier unheimlichen Ausstoßes an Schriften – als bleibendes Denkmal wurden sie, anders als Goethes *Italienische Reise*, nicht angesehen. Doch führt Moritz' Italien überhaupt nach Rom? Hat hier einer wirklich sein Arkadien gefunden oder wieder nur eine vergebliche Station auf einem von Enttäuschung und Desillusionierung geprägten Lebensweg? Rom gab ihm wohl reichlich Anschauung, Kunstverstand, neue Maximen mit auf den Weg, aber es stillte nicht die Sehnsucht, die ihn unbändig vorantrieb. Einem Mann wie Moritz war, ebenso wie nach ihm einem Kleist auf Erden, auch in Italien nicht zu helfen. Seiner Lebensunrast blieb letztlich jeder Ort, auch Rom, viel zu beschränkt. Italien, das verheißene Land der Spätaufklärung, führte Moritz erst einmal zu sich selbst.

Denn geträumt hatte er im Grunde schon immer von Italien. Noch als Anton Reiser im niedersächsischen

Flachland, armer, aber begabter Häusler- und Pietistensohn, als Gymnasiast, von erniedrigenden Freitischen ausgehalten, sonntäglich vor den Toren Hannovers, dem frömmelnden Stumpfsinn seiner Lehrer, der Fron ehrerbietiger Untertänigkeit gegen jedermann, der grausamen Empfindungslosigkeit seiner Mitschüler für ein paar Stunden glücklich entronnen, versetzte er sich mittels Büchern und Versen und einer stupenden Imagination in südlichere Gefilde – und in eine andere, längst vergangene und vergessene Zeit, die römische Antike. Horaz' Ode, in der »talwärts im schlängelnden Bach die Welle hüpft«, lässt mitten in der Gegenwart des schier Unerträglichen eine ganz andere, zeitentrückte Gegenwart aufblitzen, einen Moment der poetischen Beteiligung und Mitsprache an der Welt. Dieser Moment hat kein chronistisches Datum, er ist das zeitlose, schriftbewahrte Ereignis, das Augen und Stimme des Lesenden wieder zum Vorschein bringen. Ebenso wie er sich in der Natur »wie zu Hause« fühlt, geht es Reiser mit der antiken Poesie, und beides, Natur *und* Schrift, werden gemeinsam zur eigentlichen »Heimat« für ihn, dem unter den Menschen keine eigene Heimstatt beschieden ist:

… und wenn irgendein schöner Nachmittag war, so hatte er sich auf einer Wiese vor Hannover längst dem Flusse ein Plätzchen ausgesucht, wo ein kleiner klarer Bach über Kiesel rollte, der sich zuletzt in den vorbeigehenden Fluß ergoß. – Dies Plätzchen war ihm nun, weil er es immer wieder besuchte, auch gleichsam eine *Heimat* in der großen ihn umgebenden Natur geworden; und er fühlte sich auch *wie zu Hause*, wenn er hier saß, und war doch durch keine Wände und Mauern eingeschränkt, sondern hatte den freien, ungehemmten Genuß von allem, was ihn umgab. – Dies Plätzchen besuchte er nie, ohne seinen Horaz oder Virgil in der Tasche zu haben. – Hier las er Blandusiens Quell, und wie die eilende Flut *Obliquo laborat trepidare rivo*.

Als diese Zeilen entstanden, war aus Anton Reiser bereits Karl Philipp Moritz geworden, der mit den *Reisen eines Deutschen in England im Jahre 1782* seinen Einzug in die Welt der Literatur gehalten hatte. Moritz hatte sich nun in der *Heimat* angesiedelt, wo die Dichter verschiedener Räume und Zeiten sich gegenseitig die Hände reichen und über die Schulter blicken können; er gehörte dazu, war Schriftbewohner geworden, Reisers Jugendwunsch hatte sich erfüllt: »er konnte sich kein größeres Glück denken, als dereinst einmal in diesem Zirkel Zutritt zu haben – denn er wagte es nicht, sich ein solches Glück anders, als im Traume, vorzuspiegeln.« Aber der Autor – und damalige Berliner Gymnasiallehrer – weiß natur- und schriftgemäß auch, mit welchen Worten, welchen Bildern die Ode endet, die Anton Reiser einst anzitierte: »victima nil miserantis Orci« – ein »Opfer des Orkus, des mitleidlosen« – werde der Angesprochene sein, wie wir alle, früher oder später, um in der Urne unser »Los« zu finden, das »zu ewiger Verbannung uns in den Nachen lädt« (Übersetzung Manfred Simon): »omnes eodem cogimur, omnium / versatur urna serius ocius / sors exitura et nos in aeternum / exilium inpositura cumbae«.

Das Leben gehört gleichsam immer schon der Vergangenheit und dem Vergessen an, läuft auf die Stunde des Todes hinaus. Der Trauer über diese Vorbestimmtheit entspringt die Sehnsucht nach einem *anderen* Zustand im Hier und Jetzt, einer sinn- und lichterfüllten Gegenwart, die ewig dauern möge, und die fortwährende Suche nach dem herausgehobenen transzendenten Augenblick, den eine Ahnung des Goldenen Zeitalters streift. Das nennt man gemeinhin Melancholie. Moritz hat sie wie kein anderer seiner Zeitgenossen kultiviert, vom Nimbus des barocken Vanitas-Emblems befreit und als an die Sprunghaftigkeit einzelner Lebensmomente geklammertes Daseinsdefizitgefühl in die Moderne überführt: »Das Gefühl der *Ausdehnung* und *Einschränkung* unsers Wesens drängt sich in einen Moment zusammen, und aus der vermischten Empfindung, welche dadurch erzeugt wird, entsteht eben die sonderbare Art von Wehmut, die sich unserer in solchen Augenblicken bemächtigt«, heißt es im *Anton Reiser*. Das antike Sinnbild der Melancholie, den Gott Saturn, soll Moritz aber erst in Rom richtig kennenlernen. In *Anthousa oder Roms Althertümer*, 1791, zwei Jahre vor seinem Tod, erschienen und als »Ein Buch für die Menschheit« der Vergegenwärtigung des alten Rom gewidmet, beschreibt er den seine eigenen Kinder verschlingenden Urahn des Goldenen Zeitalters:

Saturnus, welcher, nach der mythologischen Dichtung, seine eigenen Kinder verschlang, war ein Sohn des Uranus, und bildete in der Phantasie der Alten die graue unbekannte Vorzeit ab, welche die rollenden Jahre in Vergessenheit begraben und ihre Zahl verschlungen hat.
Man dichtete daher auch vom Saturnus, daß er vom Jupiter, den er selbst erzeugt hatte, seines alten Reichs entsetzt, und genötigt worden sei, die Flucht zu nehmen, worauf er dann Italien zu seinem Zufluchtsorte gewählt, und sich in einem schönen mit Bergen umgebenden Erdstriche in diesem Lande verborgen habe, welcher Erdstrich, weil sich in ihm ein Gott *verbarg*, nachher den Namen *Latium* führte. ...
Auch macht noch itzt die Aussicht auf die mit Bergen rund umher eingeschlossene einsame Gegend von Rom, jenen uralten Begriff der Römer, wie der Name *Latium* entstanden sei, wieder rege.
Die Gegend stellt sich nämlich so von der übrigen Welt abgesondert, zur Ruhe einladend still und einsam dem Auge dar, daß sie gleichsam wie für eine wohltätige Macht gebildet scheinen mußte, welche, da sie über das Ganze nicht mehr herrschen konnte, sich hier eine glückliche Welt im Kleinen schuf, und das goldne Zeitalter auf diese stillen Fluren brachte.

Das ist die Perspektive, mit der sich Moritz durch Italien und Rom bewegt, immer auf der Suche nach dem, was von diesem Goldenen Zeitalter noch übrig ist, in einer Gegenwart, die nichts mehr von den antiken Göttern wissen will und stattdessen bloß den Despotismus des einen Kirchengottes anerkennt, einer Gegenwart voll beruflicher, materieller und gesundheitlicher Nöte für den Reisenden, einer Gegenwart, die Entrückung ins vorzeitliche Daseinsglück nur in der Imagination des isolierten Augenblicks vergönnt. Die Distanz zwischen der Jämmerlichkeit der eigenen Lebenssituation und der Erhabenheit des vorgestellten antiken Daseinsentwurfs spiegelt sich in den Kontrasten von Moritz' Italientopographie. Immer wieder prallt das für Momente in ekstatische Entrückung geratene Ich auf den unsanften Boden der Realität zurück, wie es auch dem Protagonisten von Moritz' Lebensroman immer wieder geschehen war. Moritz, der Melancholiker, in Rom, das ist *Anton Reiser* im Zeichen des Saturn.

2

Die antike Vorstellung, in Rom den Gral melancholischer Erinnerung an eine goldene Vorwelt wiederzufinden, war in der frühen Neuzeit wieder aufgekommen. Das Rom der Papst- und Kaiserkrönungen wurde als das Rom der Ruinen erkannt und entdeckt. Rabelais sah sie um 1534; Montaigne verzeichnete sie en passant auf seiner Italienreise 1580/81; Joachim du Bellay widmete den *Antiquités de Rôme* 1558 einen großen Sonettenzyklus. Das programmatische dritte Sonett beschreibt den hyperbolischen, durch nichts als durch Rom selbst zu überbietenden Blick auf die »Ewige Stadt Rom« (hier zitiert in der Übersetzung Friedhelm Kemps):

    Neuling, der du nach Rom kommst, Rom zu finden,
Und suchst und findest nichts von Rom in Rom,
Was Bögen, was Paläste du erblickst,
All diese Trümmer: das nennt Rom man heute.
    Sieh diesen Hochmut, den Verfall – und siehe,
Wie Rom, das sich den Erdkreis unterwarf,
Die Welt zu zwingen, auch sich selbst bezwang
Und dann der Zeit zum Fraße ist geworden.
    Rom ist das Grabmal, das sich Rom erbaut,
Und Rom allein hat überwunden Rom.
Einzig der Tiber, der zum Meere flieht,
    Verbleibt von Rom. O wie die Welt sich wandelt!
Was fest gefügt, wird von der Zeit zerstört,
Und was vergeht, das widersteht den Zeiten.

Das deutsche Barock nahm sich des französischen Vorbilds an, hob das Vergänglichkeitsmotiv jedoch mit ganz eigener Eindringlichkeit hervor. Andreas Gryphius' »Als Er auß Rom geschieden« von 1638 beschwört die ewige Stadt als Allegorie des endlichen Lebens; der Abschied von Rom ist Abschied vom Leben selbst – um in der Schrift und der Erinnerung an Rom genau das Gegenteil, nämlich Ewigkeit, zu erlangen:

Ade' begriff der welt' Stadt der nichts gleich gewesen/
Vnd nichts zu gleichen ist/ In der man alles siht
Was zwischen Ost vnd West/ vnd Nord vnd Suden blüht.
Was die Natur erdacht/ was je ein Mensch gelesen.
Du/ derer Aschen man/ nur nicht vorhin mit Bäsen
Auff einen hauffen kährt/ in der man sich bemüht
Zu suchen wo dein grauß/ (flihft trüben Jahre! flihft/)
Bist nach dem fall erhöht/ nach langem Ach/ genäsen.
Ihr Wunder der gemäld/ jhr prächtigen Palläst/

Ob den die kunst erstarrt/ du starck bewehrte Fest/
Du Herrlichs *Vatican*/ dem man nichts gleich kan bawen;
Ihr Bücher/ Gärten/ grüfft'; Ihr Bilder/ Nadeln/ Stein
Ihr/ die diß vnd noch mehr schliß't in die Sinnen eyn/
Ade! Man kan euch nicht satt mit zwey Augen schawen.

Die Rom-Reise hatte ihren eigenen genius loci, die Rom-Melancholie, und sie reicht als Topos noch bis in Stendhals – der sich mit seinem Namen explizit auf den Nestor der aufgeklärten Wiederentdeckung Roms im Namen der Kunstgeschichte, Johann Joachim Winckelmann, berief – Aufzeichnungen von Rom 1818 in *Rôme, Nâples, Florence* hinein. Ein Melancholiker, der selber nie in Rom gewesen ist und sich wenig um tatsächliche Reisen scherte, sobald sie außerhalb des Horizonts von Paris führten, war hingegen Charles Baudelaire. Und dennoch bestimmte er mit seinem Gedicht »La vie antérieure« das Verhältnis der Moderne zur antiken Vorzeit auf völlig neue Weise. Nicht mehr die Anschauung antiker Ruinen stellte den lokalen Bezug zur Vergangenheit her, sondern einzig die Imagination, die im Moment der unwillkürlichen Erinnerung ein Bild des Verschwundenen heraufbeschwört, das umso irrealer und verstörender wirken muss, je präziser es gezeichnet ist. Friedhelm Kemp nennt seine korrekte Prosa-Verdeutschung des Baudelaire-Sonetts »Das vorige Leben«, und sie zeigt, dass vergegenständlichte Sehnsucht nach dem vermeintlich goldenen Zeitalter immer auch den Schmerz des Verschwiegenen und Unausgesprochenen weckt:

Lange lebte ich unter weiten Säulenhallen, die die Meer-Sonnen färbten mit tausend Feuern und die auf ihren großen Pfeilern, majestätisch hochgereckten, im Abend basaltenen Grotten glichen.

Die Brandungen, anrollend, trugen die Bilder der Himmel und vermischten mystisch-feierlich die allgewaltigen Akkorde ihrer reichen Musik mit den Farben des Abendrots, das meine Augen widerspiegelten.

Dort hab ich gelebt, in ruhevollen Lüsten, inmitten der Bläue, der Wogen, der Schimmer und der nackten Sklaven, ganz von Wohlgerüchen durchtränkten,

Die mir die Stirne mit Palmwedeln erfrischten, und die nur eine Sorge kannten: das Geheimnis zu ergründen, das schmerzliche, an dem ich siechte.

Moritz steht genau in der Mitte zwischen beiden Positionen literarischer Melancholie, der strikt topologisch und emblematisch verankerten des Barock und der nach Raum und Zeit unbestimmbar gewordenen der Moderne. Wie die barocken Dichter begibt er sich noch an den konkreten Ort, nach Rom, jedoch nicht mehr, um die Einsicht in menschliche Eitelkeit und seine Endlichkeit vor Gott zu demonstrieren, sondern in der aufgeklärten, erst drei Jahrzehnte zuvor durch Winckelmann begründeten Absicht des Studiums der antiken und neuzeitlichen Kunstwerke und Baudenkmäler. Und dabei muss er feststellen, dass ihm die verheißene Antike nurmehr in seiner Imagination etwas ›sagt‹, nämlich jeweils nur dann, wenn er die Ruinen vor seinem inneren Auge für einen Moment aus ihrer Vorzeit befreien und individuell vergegenwärtigen kann. Die Ruinen Roms werden dabei für Moritz gegenwärtiger als der verfallene römische Kirchenstaat seiner Gegenwart. Diese in den *Reisen eines Deutschen in Italien* immer wieder anzutreffende paradoxe Zeiterfahrung – die aktuelle Zeit als eigentliche Ruine, als inhaltsarme, ›leere‹ Zeit, während ›Gegenwart‹ sich allein individuell und spontan beim Erlebnis der Ruinen und Kunstwerke aus antiker Vorzeit einstellt – macht Moritz modern; er ist unser Zeitgenosse, weil er bereits einem linearen Zeitbegriff entsagt.

3

»Das Dort ist nun hier geworden.« Mit diesem ersten Satz seiner Italienreise inszeniert Moritz nicht nur räumlich, sondern auch zeitlich kühn den Sprung in eine Antike, die er als *Reiser* noch verzweifelt herbeigesehnt hatte. Jetzt soll es in medias res gehen, die Sehnsucht ihre Erfüllung finden, das »Dahin«, das später in Goethes berühmtem »Mignon«-Lied des *Wilhelm Meister* erklingt, *vor Ort* eingelöst werden. Doch *Anton Reiser*, Moritz' eigener melancholischer Schatten, folgt ihm auf dem Fuß. Der ewige Pechvogel, dem das Unbehaustsein schon im Namen eingeschrieben ist, bleibt Moritz' Wegbegleiter bis in die Wahl des Verkehrsmittels hinein:

Sein einziger Trost … waren seine einsamen Spaziergänge mit seinen kleineren Brüdern, mit denen er ordentliche Wanderungen auf den Wällen der Stadt anstellte, indem er sich immer ein Ziel setzte, nach welchem er mit ihnen gleichsam eine *Reise* tat. Dies war seine liebste Beschäftigung von seiner frühesten Kindheit an, und als er noch kaum gehen konnte, setzte er sich schon ein solches Ziel an einer Ecke der Straße.

Schon als kurioser Spaziergänger im temporeichen industrialisierten England hatte Moritz zu spüren bekommen, dass die Mittel moderner Fortbewegung die Menschen seiner Gegenwart längst von beschaulicher Naturbetrachtung und epikureischer Daseinsfreude abgeschnitten hatten. Wer sich damals noch zu Fuß auf den Weg machte, war bereits jemand *von gestern*: »Mir war bis jetzt noch fast kein einziger Fußgänger begegnet, hingegen rollten beständig eine große Menge Kutschen vor mir vorüber, weil auf der Straße von Oxford eine starke Passage ist.« Diese Erfahrung raumtötender Beschleunigung wiederholt sich nun auf dem Weg durch Italien, wie Moritz in einem Brief an seinen damaligen Braunschweiger Verleger Johann Heinrich Campe, dem er das Buchprojekt der Italienreise ursprünglich versprochen hatte und mit dessen spärlichen Zuwendungen er in Rom maßgeblich über die Runden kommen musste, vermerkt. Wer wüsste, zumal heute, nicht ebenso wie Moritz auf seinem Weg nach Italien ein Lied vom Fluch der gesegneten schnellen Fahrzeuge zu singen:

Die Diligence ist ein trauriges Fuhrwerk. – Wer im eigentlichen Verstande reisen, und nicht bloss von einem Orte zum andern kommen will, der fühlt sich auf eine unausstehliche Weise darin eingekerkert; und dies um desto mehr, als sich sein Kerker beständig mit ihm fortbewegt. Gemeiniglich fügt es sich, dass man durch die interessantesten Oerter und Gegenden gerade bei der Nacht kömmt, und bei Tage oft mehrere Stunden lang in unbedeutenden Flecken und und Dörfern verweilen muss; wenigstens hat mich dies Schicksal fast immer betroffen. Ueberdem kann man weder den Himmel über sich, noch die ganze Gegend um sich her sehen, sondern muss sich mit den kleinen Oeffnungen, welche in den Bretterwänden dieses beweglichen Hauses angebracht sind, begnügen. Es ist einem daher nicht anders, als ob man die Gegenden, durch welche man kömmt, durchschiffte, und nur zuweilen einen Theil der Küste, an welcher man vorbeifährt, erblickte. – Auf diese Weise bin ich durch den Harz, den Thüringer Wald und die Tyrolergebirge gekommen, so dass sich fast ganz Deutschland, gerade in seiner Mitte, von beiden Seiten vor meinem Auge geöffnet hat, und ich demohngeachtet von dieser weiten Strecke, die so mancherlei abwechselnde Scenen darbietet, nur ein so unvollkommenes und zerstücktes Bild in meiner Phantasie habe auffassen können, das ich besonders aufzuzeichnen gar nicht einmal der Mühe werth halte. Ich kann daher auch nicht eigentlich sagen, dass ich durch Deutschland *gereist* bin; sondern ich habe mich nur von einem Ende zum anderen durch Deutschland fortbewegen lassen, um in Italien reisen zu können, welches denn auch für mich diesmal freilich nur meine Absicht war.

Mit Moritz' Klage beginnt sich überhaupt erst so etwas wie eine literarische Sensibilität für die Art der Fortbewegung beim Reisen zu etablieren. Während Goethe in seiner *Italienischen Reise* wiederum kaum ein Wort darüber verliert oder es nur unter die allgemeinen Umstände des Unterwegsseins rechnet, wird bei Moritz das Reise-Medium konstitutiv für die Wahrnehmung und Darstellung seiner Reise. Nietzsche vorwegnehmend, der hundert Jahre nach Moritz die Erkenntnis prägt, dass das Schreibzeug mit an unseren Gedanken arbeitet, setzt bei Moritz schon die Feststellung ein, dass das *Fahrzeug* an unseren Gedanken beteiligt ist. Das ist ihm wohl früh schon vermittelt worden, als er noch der die Strecke von Niedersachsen nach Thüringen zu Fuß zurücklegende *Reiser* war – Moritz ist der Fußgänger unter den literarisch Reisenden, ohne dass er, wie etwa ein paar Jahre nach ihm Johann Gottfried Seume mit seinem *Spaziergang nach Syracus* (der über weite Strecken wohl nur Moritz' Fußstapfen gefolgt ist) wiederum die Fußreise zum Selbstzweck erkoren hätte. Moritz' subjektive Art zu reisen ist einfach Voraussetzung für die Art von Erlebnissen, wie er sie wünscht und sucht, sowie für deren literarische Umsetzung. Ein Leitmotiv der Wegbeschreibung bis Rom sind daher die wiederholten Schwierigkeiten der Beförderung, das Feilschen mit den Vetturini »mit der bösen Physiognomie«, der Unmut oder Hochmut der ihn chauffierenden

Kutscher, die selbsternannten Stadtführer und Cicerone, die sich ihm ohne seinen Wunsch mit »ihren auswendig gelernten Sprüchen« aufdrängen und meist mit den Kutschern unter einer Decke stecken oder selber deren Dienstleistung übernehmen wollen. Zu Moritz' Erfahrungsschatz gehören verwirrende Begegnungen und Szenen wie die vor Ancona geschilderten:

Als wir nun gegen Abend in Senigaglia in der Vorstadt anlangten, nötigte unser Gefährte mich und meinen Wegweiser in sein Haus, das allein und ziemlich abgelegen stand; und als ich dies verbat, ward mir der Einwurf gemacht, ich könnte doch nicht mehr in die Stadt kommen, weil das Tor schon zugeschlossen sei. – Ein unbekannter Mensch aber, der nicht weit davon stand, versicherte mir geradezu, ich könnte noch sehr gut in die Stadt kommen, und nannte mir zugleich ein Tor, durch welches wir hinein müßten.

Mein Wegweiser sowohl als unser Gefährte schienen auf den Unbekannten, wegen der freundschaftlichen Auskunft, die er mir gab, sehr unwillig zu sein, und ich wurde noch dringender eingeladen, da zu bleiben, weil man mich ganz vorzüglich gut bewirten würde; worauf ich denn erklärte, daß ich schlechterdings in der Stadt im Posthaus logieren müsse, und auf die Weise mit einigem Nachdruck die so sehr zudringliche, und mir eben deswegen einigermaßen verdächtige Einladung ablehnte, und nun auch den Entschluß faßte, meinen Wegweiser abzudanken.

Auf diese Weise entwirft Moritz eine Ethnographie des Reisens, die ihresgleichen sucht; eine ganze Gesellschaft, ihre Sitten und ihren »Verkehr« miteinander vermag er anhand der Situationen im Straßenverkehr zu beschreiben. Mustergültig dafür am südlichsten Punkt seiner Reisen seine Beobachtung des »Leichten Fuhrwerks in Neapel«, eine so hochkarätige wie -amüsante Glosse zur

vergleichenden europäischen Verkehrslage, die den Reisenden für einmal wenigstens aussöhnt mit Komfort und Geschwindigkeit seines Fahrzeugs: »Die offenen Chaisen sind dem Klima angemessen. Man muss hier keinen Augenblick versäumen, um sich her zu schauen, und in dem freien Genuß der schönen Natur zu atmen.«
Das schnelle Herumfahren, dies ist Moritz sogleich aufgegangen, bestimmt auch den Takt seiner Wahrnehmungen als Reisender, die Frequenz und Intensität der Dinge, die ihm vor Augen kommen. Alles wird ihm nur noch momentan, in Ausschnitten, Sprüngen, schnellen Blicken, hastigen Pausen offenbart; anstelle der langen Erzählung, des ausschweifenden Berichts führt das zu Schnitten, simultanen »cuts«, die zur gleichen Zeit das Vielfältigste einfangen; ein Cluster unterschiedlichster Eindrücke entsteht – was zu sehen ist, kann nicht mehr in eine Ordnung, eine festgelegte Hierarchie zueinander gebracht werden. Anstelle des über- und untergeordneten Nacheinander der einfachen Erzählung regiert das gleichrangige Nebeneinander von Moritz' »short cuts«, hochaufmerksamen Wahrnehmungssprüngen analog zum wechselnden Unterwegssein in Postkutschen und Diligencen, zu Fuß und – auf dem glitschigen Pflaster Roms – zu Pferd.
Letzteres wäre ihm allerdings fast zum Verhängnis geworden. Am 29. November 1786 bricht er sich das Schlüsselbein während eines Ausritts der deutschen Künstlerkolonie. Doch er hat Glück im Unglück und kommt aufgrund des Unfalls in den Genuss von Goethes intimer Freundschaft. Beide waren nahezu zeitgleich, doch völlig unabhängig voneinander, in Rom eingetroffen (Moritz am 27. Oktober 1786, Goethe am 29. Oktober, wenngleich er es in der *Italienischen Reise* auf den 1. November vordatiert). An Campe schreibt Moritz nach seiner Genesung

von der Schlüsselbeinfraktur über die Freundschaft zum Weimarer Dichterfürsten (bis in die Graphie einzelner Worte hinein wirkt sich hier die lange, erzwungene Abstinenz vom Schreiben und die italienisch sprechende Umgebung auf die Schrift aus):

Ich machte seine Bekanntschaft ein paar Wochen vorher, eh ich den Unfall hatte, der mir auf der Rückkehr von einer kleinen Reise nach der Mündung der Tiber, begegnete, wo Göthe und Tischbein nebst noch zweien von der Gesellschaft fuhren, und ich mit noch einem von der Gesellschaft ritt, und, da wir schon in Rom wieder angekommen waren, nicht weit von der Ponte Sixto, wo die Straße mit lauter breiten glatten Steinen gepflastert war, meinem Gefährten zurufe, er soll hier langsam reiten, weil es ein wenig geregnet hatte, und di breiten Steine so glatt wie Eis waren. Kaum hatte ich diß gesagt, so glitschte mein Pferd mit den Vorderfüßen, ich riß es zum zweiten und drittenmal wider in di Höhe, endlich konnte es sich nicht länger halten, sondern glitschte mit allen vier Füßen aus, und schlug mit mir auf di linke Seite. Weil es sich gleich wider aufrafte, so hatte ich am Beine nur eine schwache Kontusion bekommen, mit dem linken Oberarm aber war ich an di Erhöhung von einer Mauer gefallen, welche von einem Hause etwas herausgebaut war, und mußte ihn also notwendig brechen. Es versammleten sich gleich eine Menge von Menschen um mich herum, di mich alle bedauerten: und ich wurde sogleich auf einen Lehnstuhl gesetzt, und einem Gefolge von lauter bemitleidenden Menschen, den ganzen Korso hinunter, nach der Strada Babuina, wo ich wohne zu Hause getragen. Das Mitleiden der Italiäner äußert sich vorzüglich bei solchen Unfällen, wo sie sehen, daß jemand Schmerzen leidet, und ein Armbruch macht bei Ihnen weit mehr Sensation, als wenn jemand auf der Straße ermordet wird; denn das ist eine ganz gewöhnliche Sache, und der Todte, denken Sie, leidet auch keine Schmerzen mehr. – Was nun während den vierzig Tagen, die ich unter fast unaufhörlichen Schmerzen unbeweglich auf einem Fleck habe liegen müssen, der edle menschenfreundliche Göthe für mich gethan hat, kann ich ihm nie verdanken, wenigstens aber werde ich es nie vergessen; er ist mir in diser fürchterlichen Lage, wo sich oft alles zusammenhäufte, um di unsäglichen Schmerzen, di ich litt, noch zu vermehren, und meinen Zustand zugleich gefahrvoll und trostloß zu machen, alles gewesen, was ein Mensch einem Menschen nur seyn kann. Täglich hat er mich mehr als einmal besucht, und mehrere Nächte bei mir gewacht; um alle Kleinigkeiten, di zu meiner Hülfe und Erleichtrung dienen konnten, ist er unaufhörlich besorgt gewesen, und hat alles hervorgesucht, was nur irgend dazu abzwecken konnte, mich bei guten Muthe zu erhalten. Und wie oft, wenn ich unter meinem Schmerz erligen und verzagen wollte, habe ich in seiner Gegenwart wieder neuen Muth gefaßt, und weil ich gern standhaft vor ihm erscheinen wollte, bin ich oft dadurch wirklich standhaft geworden. Er lenkte zugleich den guten Willen meiner hiesigen deutschen Landsleute, deren itzt eine starke Anzahl ist, und deren freundschaftliches Betragen gegen mich auch nie aus dem Gedächtniß kommen wird. Sie waren den andren Tag fast alle bei mir; sie erboten sich alle bei mir zu wachen. Göthe liß sie losen, wie sie der Reihe nach bei mir wachen sollten; und sogleich waren alle Nächte besetzt, so daß es an jeden nur ein paar Mal kam, und dann liß er andre zwölf um die Stunden am Tage losen, so daß jeder den Tag über eine Stunde bei mir bleiben sollte, damit ich immer abwechslende Gesellschaft hätte. Alle waren sogleich willig, und so waren auch di Stunden am Tage besetzt, und wurden alle richtig gehalten.

Glück im Unglück. Der Unfall und das langwierige, nervenzehrende Kurieren geben Moritz die Gelegenheit, Goethe, den Abgott von Anton Reisers Jugend, den Werther-Dichter, welchen der Erfurter Student aus Scheu und Ehrfurcht seinerzeit nicht in Weimar aufzusuchen gewagt hatte, näher kennenzulernen. Und das Kennenlernen und die Freude über den anderen und das wechselseitige Wiederfinden im anderen ausgerechnet im fernen Rom ist keineswegs einseitig – auch Goethe hat größte Sympathien für Moritz. Das Datum der ersten Begegnung beider in Rom, der 20. November 1786, wird zum Jubeltag in Moritz' Journal: »Dieser Geist ist ein Spiegel, in welchem sich mir alle Gegenstände in ihrem lebhaftesten Glanze und in ihren frischesten Farben darstellen.« Goethe am 14. Dezember 1786 ganz ähnlich an Frau von Stein, nicht ohne einen Seitenblick auf sein kompliziertes Verhältnis zu ihr, das er in Moritz' Verhältnis zur ebenfalls älteren und verheirateten Berliner Bergratsfrau Standtke widergespiegelt fand: »Er ist wie ein jüngerer Bruder von mir, von derselben Art, nur da vom Schicksal verwahrlost und beschädigt, wo ich begünstigt und vorgezogen bin. Das machte mir einen besonderen Rückblick in mich selbst. Besonders da er mir zuletzt gestand, daß er durch seine Entfernung von Berlin eine Herzensfreundinn betrübt.« Am 6. Januar 1787 resümiert er nach dem Ende von Moritz' Krankenlager gegenüber Charlotte von Stein, ein Passus, der später in die *Italienische Reise* eingeht: »Was ich diese vierzig Tage bei diesem Leidenden als Wärter, Beichtvater und Vertrauter, als Finanzminister und Geheimer Secretair erfahren und gelernt, mag uns in der Folge zu Gute kommen. Die fatalsten Leiden und die edelsten Genüsse gingen diese Zeit her immer einander zur Seite.« Und noch einmal am 2. Februar 1787 in einem Brief an Jacobi: »Ich kann den Vortheil nicht aussprechen, den mir seine Gegenwart gebracht hat.« Tischbein, der Goethe an Moritz' Krankenlager skizziert hat, erinnert sich an Goethe in einem Brief von 1821: »ich habe Sie in tausend Abwechslungen gesehen, aber immer mit dem Zepter, der dem Aufwogen Ruhe gebot: als Sie vor Moritz auf den Knien lagen ihn haltend … und Sie ihm sein höllisches Fluchen mit sanften Freundes-Worten dämpften.«

4

Goethe hat seiner gut 25 Jahre nach Moritz' Aufzeichnungen erschienenen *Italienischen Reise* (zuerst 1816/17 als »Aus meinem Leben. Zweite Abtheilung Erster und Zweiter Theil«) bekanntlich das Motto »Auch ich in Arcadien!« vorangestellt. Das bezieht sich, ohne dass hier im Einzelnen der Geschichte dieses kunsthistorischen Zitats nachgegangen werden soll, auf das antike »Arkadien« als jene Landschaft, in der Saturns Goldenes Zeitalter noch fortlebte – für Goethe wie für Moritz bedeutete »Arcadien« gleichsam die Inkarnation jenes alten, ersehnten Rom, auf dessen Trümmern sie sich kennenlernten. Beide können, berücksichtigt man ihre nahezu zeitgleiche Anwesenheit und die Frequenz und Wichtigkeit der wechselseitigen Erwähnungen in ihren Briefen und Journalen und denkt man sich Goethes ungewöhnlich starke Anteilnahme an Moritz' Genesungsprozess nach dessen Reitunfall hinzu, sicher als *das* deutsche Dioskurenpaar der Jahre 1786–1788 gelten: So eng beieinander sowohl in räumlicher als auch in literarischer Nachbarschaft lebten sie, so sehr bezogen sie sich in ihren Rom-Schriften aufeinander, so sehr trieben sie die Entstehung der Werke des jeweils anderen voran – Moritz *Versuch einer deutschen Prosodie* regt Goethe zur Umschrift der *Iphigenie* in Jamben an, und in den *Reisen eines Deutschen in Italien* wird von Goethes Fortschritten am *Tasso* berichtet; umgekehrt ermuntert Goethe Moritz zum kunsttheoretischen Aufsatz *Über die bildende Nachahmung des Schönen* sowie zum geplanten Buch über Roms Altertümer, aus dem die ANTHOUSA werden sollte. Keinen anderen zeitgenössischen Schriftsteller erwähnt Goethe in der *Italienischen Reise* so oft wie Moritz – häufiger werden lediglich einige Maler erwähnt.

War Goethe von vornherein als der Unsterbliche, der Pollux von beiden anerkannt, welcher bereits in Rom als der mit den Pfründen seines Herzogs wohlversorgte und literarisch mit dem *Werther* zu Weltruhm gelangte Göttersohn angesehen wurde, so blieb Moritz auf den Platz des sterblichen Zwillingsbruders, des der Unterwelt versprochenen Kastor zurückverwiesen. Goethe hat ihn in dem oben zitierten Brief an Charlotte von Stein vom 14. Dezember 1786 schon ganz richtig beurteilt.

Die Tatsache, dass Goethe und Moritz sich zeitgleich in Rom aufhielten, ist von Goethe- wie Moritz-Kommentatoren selbstverständlich immer wieder vermerkt worden, auch Goethes Einfügung eines Großteils von Moritz' Aufsatz *Über die bildende Nachahmung des Schönen* 1829 in den »Zweiten römischen Aufenthalt« seiner *Italienischen Reise* ist geflissentlich erwähnt, Goethes wohlwollende Urteile über Moritz werden hervorgehoben, ebenso wie die Bedeutung von Moritz' theoretischen Schriften für die literarische Umsetzung der mit Goethe und Schiller verknüpften Autonomieästhetik (in der älteren Terminologie einfach noch die »Weimarer Klassik«) herausgestrichen wird – wie diese geistige Verbindung und Freundschaft ihrem Wesen nach eigentlich zu deuten, wo sie kategorial und phänomenologisch zu verorten ist, darüber schweigen sich die Interpreten eher aus. Das liegt wohl daran, dass Moritz- wie Goethe-Fans und -Forscher zu wenig Notiz vice versa voneinander nehmen, selten eine gemeinsame Schnittmenge bilden, und der in jüngster Zeit in Bezug auf Moritz in Schwung gekommene Kampfbegriff »Berliner Klassik« (Conrad Wiedemann) – als metropolitanes Gegenprogramm zur provinzstädtischen Erfolgsvariante »Weimar« – vertieft den Graben zwischen der (großen) Goethe- und der (kleineren) Moritz-Gemeinde nurmehr

anstatt ihn zu schließen: Beschränkt sich für die Goetheaner Moritz' Rolle lediglich auf die des zur geeigneten Zeit am geeigneten Ort die richtigen Stichworte liefernden dienstbaren Geistes, so wollen die Moritzianer im Überschwang ihren Helden gern ganz vom Dunstkreis Goethes befreien, um ihm ein ganz und gar eigenes Sternbild im Olymp zuzuweisen. Beide Fraktionen schießen hochgradig an der Wahrheit vorbei.
Das natürliche römische Brudergestirn Kastor Philipp Moritz und Johann Pollux Goethe lässt sich bei solcher Frontenbildung nämlich gar nicht erst wahrnehmen – obwohl beider Konstellation in *einem* Sternbild doch so nahe liegt und sogar mehr Plausibilität für sich hat als das Bild vom »klassischen« Dioskurenpaar Schiller und Goethe. Die innere Verwandtschaft Goethes und Moritz', so wie sie von beiden in Rom empfunden wurde, war mit Sicherheit größer als die Goethes und Schillers. Für Moritz wie für Goethe bestand kein Zweifel daran, dass Ästhetik, Schönheit, poetische Darstellung in der unmittelbaren Anschauung verwurzelt sein müssen – an »Ideen« als Auslöser künstlerischer Werke hätten sie zuallerletzt gedacht. Man muss sich einmal vor Augen halten, was es für einen Hypochonder wie Goethe bedeutete, Tag für Tag ans Krankenlager des vom Pferd gestürzten Freundes zu treten – reine Mitmenschlichkeit kann kaum sein Beweggrund gewesen sein, blieb er doch später aus Scheu vor Krankheit und Tod sogar dem Begräbnis seiner eigenen Frau fern. Goethe selbst muss die Begegnung mit dem um sieben Jahre jüngeren und in so völlig anderen Verhältnissen groß gewordenen Geistesbruder wie ein Wink des Schicksals vorgekommen sein. Hier stand er sich plötzlich selbst als einem anderen gegenüber: dieselbe direkt auf die Phänomene zugehende und staunende Sensibilität, derselbe unbändige

Wissensdrang, dasselbe literarische Einzelgängertum, das mit vielen Einzelnen sympathisierte, doch nirgendwo zu blindem Parteigängertum neigte, an Lessings Aufklärungsdenken ebenso Anteil nahm wie an Voß' oder Höltys Bestrebungen, Dichtung als ästhetisch-subjektive Empfindungsarbeit darzustellen; dieselbe unterschwellige Affinität zum Kosmopolitischen, ›Weltliterarischen‹ avant la lettre, bei Moritz in seiner Neigung zu England und allem Englischen, bei Goethe in der Vorliebe für fremde Dichtungen, wie sie ihm etwa durch Herder vermittelt worden waren, manifest. Es ist kein bloß pragmatisches Verhältnis, diese Freundschaft mit Moritz – viel weniger pragmatisch allemal, als es der Bund mit Schiller über weite Strecken war (der diente der Umsetzung eines literarischen Programms und war »Nationaltheater« im besten Sinne), nein, diese Freundschaft war durch und durch sympathetischer Natur: Hier sind sich zwei auf Augenhöhe begegnet.

Freilich sind Goethe mit der Zeit paternalisierende Tendenzen nicht fremd (»unser Geselle Moritz« nennt er ihn einmal), mitunter sieht es sogar aus, als wolle er den Jüngeren für sich vereinnahmen. So heißt es am 17. Februar 1787 in der *Italienischen Reise* vor dem Aufbruch nach Neapel, Moritz ist seit einem guten Monat von seinem Armbruch wiederhergestellt: »Ich lasse bei meiner Abreise Moritzen ungern allein. Er ist auf gutem Wege, doch wie er für sich geht, so sucht er sich gleich geliebte Schlupfwinkel. … Es ist ein sonderbar guter Mensch, er wäre viel weiter, wenn er von Zeit zu Zeit Personen gefunden hätte, fähig und liebevoll genug, ihn über seinen Zustand aufzuklären.« Und im September 1787 nimmt ihn Goethe mit zu sich in die Sommerfrische nach Frascati, nicht ganz uneigennützig, denn er braucht einen »neuen Schüler«, vor dem er seine Lehre von der Metamorphose der Pflanzen entfalten kann:

Mit Moritz hab' ich recht gute Stunden und habe angefangen ihm mein Pflanzensystem zu erklären und jedes Mal in seiner Gegenwart aufzuschreiben wie weit wir gekommen sind. Auf diese Art konnt ich allein etwas von meinen Gedanken zu Papier bringen. Wie fasslich aber das Abstrakteste von dieser Vorstellungsart wird, wenn es mit der rechten Methode vorgetragen wird und eine vorbereitete Seele findet, seh ich an meinem neuen Schüler. Er hat eine rechte Freude daran und ruckt immer selbst mit Schlüssen vorwärts.

Moritz schien sich die Rolle des »Schülers« bereitwillig gefallen zu lassen – wenigstens findet sich in seinem ganzen Werk keine Silbe des Widerspruchs gegen Goethe. Das Rollenspiel konnte wohl auch deshalb funktionieren, weil Goethe seinerseits Moritz einen zwar passiven, wiewohl unverzichtbaren Anteil an der Genese seiner Theorie einräumte. Und Goethe gab ihm auch wichtige Impulse zurück, stiftete den für die Konzeption der *Götterlehre* entscheidenden Kontakt zu Herder, und ließ ihn seine eigenen Schlüsse aus dem Vorgetragenen ziehen. Keineswegs also haben wir es in der Konstellation Goethe–Moritz mit einer einseitig pädagogischen Situation zu tun, wo der eine bloß dozierte, der andere sich unterrichten ließ. Hatte Goethe auch das erste Wort, so war es doch ein Geben und Nehmen, bei dem jeder von beiden auf seine Kosten kam. Moritz' Aufnahmebereitschaft wurde von Goethe nicht als Blöße oder Schwäche des anderen, sondern als Vorzug und direkte Entsprechung für sein Mitteilungsbedürfnis empfunden – Moritz war es *wert*, dass er ihm die Metamorphose der Pflanzen auseinandersetzte: »und er, ein seltsames Gefäß das immer leer und inhaltsbedürftig nach Gegenständen lechzte, die er sich aneignen könnte, griff redlich mit ein, dergestalt wenigstens, daß ich meine Vorträge fortzusetzen Mut behielt.«

Ort und Art ihrer Begegnung dürfte keiner von beiden als Zufall aufgefasst haben. Goethe, der sein Leben in symbolischen Figurationen überblickte, konnte die Bedeutung eines Zusammentreffens im »arcadischen« Rom nicht hoch genug einschätzen, und Moritz musste es wie eine Göttergunst vorkommen, zum Intimus des *Werther*-Idols seiner schwärmerischen Jugend auserkoren zu werden. Das Selbstbewusstsein des Weimarer Ministers im fürstlich bezahlten Bildungsurlaub färbte auf den bezügelosen Akademieaspiranten ab, der von den unregelmäßigen Zuwendungen seiner Verleger und der Großzügigkeit seiner deutschrömischen Freunde zehrte. Im Gegenzug kam Goethe einmal wirklich in Kontakt mit dem ›beschädigten Leben‹ einer unter krasser Benachteiligung herangewachsenen Hochbegabung. Für ihn schien sich an Moritz der Aufklärungsgedanke zu versinnbildlichen, dass jedem nach Höherem strebenden Individuum, entstammte es auch noch so ärmlichen Verhältnissen, der Weg in die Bildungselite offenstand. »Vollkommenheit« war kein äußerlicher Vorzug, kein Vorrecht herausragender Geburt mehr, sondern allein das Resultat einer langwierigen inneren Anstrengung.

Vor allem hatten beide *als Schriftsteller* in Rom eine Gemeinsamkeit, die sie notwendig zusammenbringen musste, nämlich den unbändigen Drang, an genau diesem Ort das Wesen der Kunst zu durchdringen, die Meisterwerke der alten und neuen Zeit im Original anzuschauen, zu diskutieren und auszulegen, und den Willen, nach dem Vorbild der angeschauten Werke selber ›bildend‹ an der Gestaltung des Schönen mitzuwirken – sei es durch Literatur *über* die Kunst oder Literatur *als* Kunst. Goethe hat es in der *Italienischen Reise* auf den Punkt gebracht: »Rom hat den eignen großen Vorzug, daß es als Mittelpunkt künstlerischer Tätigkeit anzusehen ist.« Der Begriff der Autonomieästhetik, der hinter den literarischen Debatten der Jahre um 1800 steht, wäre undenkbar ohne die Initiation der römischen Dioskurenjahre 1786–1788. Hier erst formte sich in Moritz und Goethe die Vorstellung vom aus sich selbst heraus zu schaffenden und in sich selbst begründeten Kunstwerk.

Deshalb sind die Rom-Berichte beider, so verschieden sie an der Oberfläche auch erscheinen mögen, nicht im Kontrast oder Gegensatz zueinander, sondern als komplementär *miteinander* zu verstehen. Goethe hätte seine *Italienische Reise* kaum in der vorliegenden Form konzipiert, hätte er nicht auf Moritz' *Reisen eines Deutschen in Italien* zurückgreifen können, allein schon um sich Realia und Stimmung der römischen Jahre während des eigenen literarischen Nachvollzugs nach 1815 einmal aus der Sicht eines anderen spiegelbildlich zu vergegenwärtigen. Auch formal dürfte Goethe einiges von Moritz übernommen haben, wenn es auch nicht so offensichtlich ist. Etwa die Teilung in drei Bücher – die *Italienische Reise* setzt sich bekanntlich aus einem ersten Teil, der vom Aufbruch in Karlsbad bis zum ersten römischen Aufenthalt reicht, einem Mittelteil, der die Zeit in Neapel und auf Sizilien behandelt, und dem erst 1829 hinzugefügten »Zweiten römischen Aufenthalt« zusammen. Oder die Mischung aus kontinuierlich fortschreitendem Tagebuch- und Briefbericht. Oder besonders im dritten Buch die schon bei Moritz ausgeprägte »Mosaiktechnik«, vielfältigste Bausteine an Erlebtem, Erlesenem, Erkundetem in dichter Folge aneinanderzufügen – wobei der alternde Goethe, dem es vor allem auf autobiographischen Symbolgehalt, Kohärenz und Konsequenz des Inhalts ankam, viel weniger ästhetisch radikal und vielstimmig als seinerzeit Moritz verfuhr.

Dennoch: Die *Reisen eines Deutschen in Italien* und die *Italienische Reise* gehören zusammen als die Quintessenz des deutschen Erfahrungsschatzes aus Italien am Ende des 18. Jahrhunderts. Es sind die Hervorbringungen eines ungleichen Zwillingspaares, bei denen die Stimme und Eingebung des jeweils anderen implizit anwesend ist und zwischen den Zeilen ›mitgelesen‹ werden kann. Was Moritz im dritten Buch seiner *Reisen* in Betrachtung des Borghesischen Fechters kunstkritisch anmerkt, lässt sich gut auf das Verhältnis beider Reiseberichte und ihrer Autoren zueinander beziehen: »Entgegengesetzte Bestrebungen begegnen sich hier in einem Punkte.«

Es ist daher nur folgerichtig, wenn als Reproduktionsvorlage der hier veröffentlichten Ausgabe von Moritz' *Reisen* dasjenige Exemplar aus der Weimarer Herzogin Anna Amalia Bibliothek herangezogen wird, welches Goethe als Benutzer und mit der Oberaufsicht über die damalige Herzogliche Bibliothek Betrauter mutmaßlich in Händen hatte. Damit wird ein lange abgetrennter Faden wieder aufgenommen: Moritz' und Goethes Italienreisen als gegenseitige Ergänzung und Widerspiegelung. *Neben* die symbolische Konzeption, die Goethe seiner Reise im Rahmen des autobiographischen Projektes *Dichtung und Wahrheit* gab, tritt in aller Deutlichkeit Moritz' aus dem Moment heraus geborene Archäologie der römischen Gegenwart; und sein Palimpsest allein bewahrt die Ursprünglichkeit des Staunens, Fragens und Erkundens am ersehnten arkadischen Ort.

5

Als Palimpsest ist Moritz' Reisebuch das Zeugnis einer unerhörten Perspektivierungsarbeit. Im Palimpsest kommt es zur fortdauernden Überschreibung von älteren

Texten oder Textschichten durch neuere, welche aber ihrerseits wiederum neu überschrieben werden können – und so weiter ad infinitum: eine in den Klöstern des Mittelalters verbreitete Technik, Papier und andere damals kostbare Schriftträger einzusparen. Die Mehrfachbeschriftung bringt einen Mehrwert an Schriftsinn, an Lese- und Deutungsmöglichkeiten mit sich, einen Hinzugewinn an Vieldeutigkeit, fördert die Wahrnehmung für Übergänge, Schnittstellen, Verwachsungen des vermeintlich in Zeit und Raum Disparaten, Heterogenen, Geschiedenen, Unzugehörigen. Aus der Schrifttradition lässt sich dies in die Architektur und die Entstehung räumlicher Stadtbilder übertragen, die über mehrere Epochen hinweg aus demselben Ort hervorgegangen sind. Rom bietet genau dafür die exemplarische Anschauung: ein großes Palimpsest von Zeiten, von Kunst-, Bau- und Denkstilen, an keiner Stelle geordnet ineinander übergehend oder organisch sich auseinander entwickelnd, sondern in Schichten auf-, über- und nebeneinandergetürmt, breit gestreut, verschachtelt, verschüttet, aufgegraben, freigelegt, perspektivisch in der Vertikalen aufgefächert, dann wieder bunt durcheinandergewürfelt, mit Lichtungen, Spaltungen, Zwischenräumen, Abgründen, Labyrinthen.
Diese Wahrnehmung Roms als eines großen einzigartigen Palimpsests, das weder ›verstanden‹ noch ›begriffen‹, sondern lediglich *empfunden* werden kann, spiegelt sich in der Form von Moritz' Reisebuch wider. Goethe in der *Italienischen Reise* ganz ähnlich über seine Wahrnehmung der nach allen Richtungen hin ›offenen‹, unendlichen Stadt: »Wir hatten nun einen Text vor uns, welchen Jahrtausende zu kommentieren nicht hinreichen.« Ein schon früh von Moritz und nur scheinbar beiläufig beim Blick auf Rom von der Kuppel des Petersdomes aus

angeführter Gewährsmann der Kunstgeschichte, welcher Rom in seinen Zeichnungen und Stichen als ebensolches undurchschaubar gigantisches Palimpsest geschildert hatte, ist der Kupferstecher Giovanni Piranesi. Ebenso wenig wie Piranesis Capriccios direkte Stadtpläne oder konkrete Abbilder des Roms seiner Zeit waren, wenngleich sie all ihre Einfälle, Muster und Anspielungen aus dem realen Stadtraum bezogen, sind Moritz' *Reisen eines Deutschen in Italien* ein römischer Reiseführer oder Alternativ-Baedeker (bzw. Alternativ-Volkmann, der mit seinen 1770/71 erschienenen *Historisch-kritischen Nachrichten über Italien* von Goethe und Moritz schon wie ein Reiseführer konsultiert wurde, bevor überhaupt diese Gattung mit Erscheinen des ersten Baedekers 1828 ihren Standard bekam).

Man wird kaum auf die Idee verfallen, mit Moritz in der Hand das heutige Italien zu durchstreifen, obwohl dies mehr als einen Versuch wert wäre – Alexander Englert hat diesen Versuch mit seinen Fotos unternommen, worauf noch zurückzukommen sein wird –, denn die aufgezählten Orte sind alle real und (fast) alle nach wie vor präsent, wenngleich umgestaltet, angefangen beim Domizil in der Via del Babuino / Ecke Via Alberti, gegenüber dem einstigen Teatro Alberti, später in der Via Bergognona. Ein römischer Nach-Gänger von Moritz, Rolf Dieter Brinkmann, erliegt in *Rom, Blicke* knapp zweihundert Jahre später noch genau dem gleichen Horrorgefühl beim Besuch der »Mondo-Cane«-Gruft mit ihren aus Tausenden menschlichen Gebeinen gedrechselten bizarren ›Kunstwerken‹ wie Karl Philipp Moritz während des 6. November 1786 am gleichen Ort. Bei Moritz heißt es:

Und welch ein Anblick erfolgte nun beim Eintritt in diese unterirdische Kapelle, deren Wände von oben bis unten mit wirklichen Totenschädeln und Totenbeinen, die äußerst zierlich übereinandergelegt waren, ausgeschmückt, gleichsam mit dem ganzen verborgenen Schatze der grauenvollen Zerstörung prangten. ... zugleich drängt sich einem auch die Vorstellung von dem fürchterlichen Elende auf, welches hier so manchen hülflos unter freiem Himmel verschmachten läßt, der demohngeachtet selbst durch dieses unbeschreibliche Elend, nach seinem Tode noch wie ein Scheusal ausgestellt, der allesverschlingenden Priesterschaft, die für die Ruhe der Seelen Gebete murmelte, Almosen und reichen Gewinn verschafft.

Rolf Dieter Brinkmann notiert am 24. November 1972:

Stapel von Köpfen, Stapel von Beckenknochen, Stapel von Arm & Beinknochen, Stapel von Schulterknochen – alles getrennt, für sich – sortierte Menschenknochen ... Das Grauen kommt langsam: ein Grauen über die Perversion, 1 Grauen an das Show-Tod-Business mit Toten, 1 Grauen über Menschen & Ideen, so etwas anzustellen, zu verfertigen ... von allen Seiten dringen Menschenknochen aus dem stumpfen Licht auf mich ein: jede individuelle Regung, das spüre ich wohl, soll betäubt werden, runtergeknüppelt – der einzige schaurige Exhibitionismus, den ich kenne ...

Moritz' Orte, wie dieses Extrembeispiel verdeutlicht, lassen sich also heute noch allesamt aufsuchen, nur fragt sich, ob man seinem Anspruch damit überhaupt gerecht würde. Zumal seine Route derart sprunghaft, assoziativ und individuell verläuft, dass ihr kaum maßstabsgetreu zu folgen ist. Die *Reisen eines Deutschen in Italien* waren schon zu Moritz' Zeiten kein Rom-Reiseführer, sondern der subjektive Selbsterfahrungsbericht eines Autors, welchen das Publikum bereits in den *Reisen eines Deutschen in England* und im *Anton Reiser* als extremen Individualisten kennengelernt hatte. Die oberste Schicht seines Rom-Palimpsestes trägt seine eigene Handschrift: Es geht zunächst (wie auch, eben nur anders, in Goethes *Italienische Reise*) um das Individuum, um Moritz, den Einzelnen, der sich auf der Basis seiner Herkunft, Persönlichkeit, Vorlieben und Vorbildung in das Rom einschreibt, das er zwischen 1786 und 1788 vor seinen Augen sieht – und zugleich in das »Rom« seiner antiken Sehnsucht und Phantasie, das er im Angesicht der römischen Ruinen weiter imaginiert.

Hier ist Moritz auf Reisen, er und kein anderer, und was er vermerkt, schreibt sich selber palimpsestartig über die kanonischen Rom-Texte antiker bis zeitgenössischer Autoren: nicht jedoch als spätbarocke Wissensanreicherung und Glossierung im Sinne der »Kavalierstour«, wie sie für das bürgerlich-adelige deutsche Rokoko noch der erwähnte Volkmann, Riedesel (»Reise durch Sizilien und Groß-Griechenland. Zwei Sendschreiben an Winkelmann«, 1771) oder Goethe père (»Viaggio per l'Italia«) geliefert hatten, sondern als *empfindsame* Reise des sich und seine Wahrnehmung wahrnehmenden Ichs, für die Laurence Sterne (»A Sentimental Journey through France and Italy«) und Jean-Jacques Rousseau (»Träumereien eines einsamen Spaziergängers«) die entscheidenden Anreger gewesen waren. Sie verlegten, wie hier an Moritz zu sehen, die Gattung des literarischen Reiseberichts autobiographisch direkt ins Individuum hinein und öffneten und erweiterten sie so für die vielfältigen ästhetischen Darstellungsmöglichkeiten der heraufziehenden Moderne. Was zählt, ist nicht mehr die Quantität und Rühmlichkeit der besuchten Orte, sondern allein die Qualität der Empfindungen, die sie im Reisenden hinterlassen.

Im Falle Roms verbinden sich für Moritz dann Raum und

Empfindung miteinander zu etwas Neuem, einer höheren, das Ich übersteigenden Einheit, die durch die Kunst stimuliert wird. Moritz wird 1788 mit der autonomieästhetischen Programmschrift *Über die bildende Nachahmung des Schönen* dem Zusammenhang von Empfindung, Nachahmung und Kreation von Kunst nachgehen. Er propagiert ein Darstellungsideal, an dem sich letztlich auch die Poetik seiner *Reisen* zu messen sucht:

Allein der Anblick von dem reinsten Abdruck des höchsten Schönen in dem vollkommensten Kunstwerke, mußte dem Bildungstriebe den ersten Anstoß geben, bloß durch Gefühl der *Möglichkeit*, sich in einem Kunstwerke außer sich selbst zu stellen, und das in einer *Folge von Momenten* bildend und schaffend zu umfassen, was keine Empfindung auffaßt, wofür das Selbstgefühl zu beschränkt ist, und die Ichheit keinen Raum hat.

6
Darin genau liegt der Unterschied zu Moritz' Vorgängern, den Vätern auf dem Gebiet einer aufgeklärten deutschen Reisekultur, aber auch zu den Wegbereitern eines empfindsamen europäischen Tourismus. Beiden verdankt er sein durchaus anthropologisches und enzyklopädisches Interesse, aus dem er jedoch keinen rein enzyklopädischen, anthropologischen oder psychologischen Anspruch der literarischen Darstellung ableitet. Eher kommt es bei ihm nun zu schlaglichtartigen Aufhellungen, Blitzlichtern, »Illuminationen« (Rimbaud) ist man geneigt zu sagen oder, um eine Analogie zum Film zu suchen, »short cuts« (Robert Altman), schnellen Schnitten, Überblendungen, Montagen oder, um wiederum eine Analogie zur modernen Lyrik zu bemühen, zu »harten Fügungen«. Moritz lässt in rascher Folge übergangslos Bilder, Szenen und

meist knappe Glossen verschiedensten Inhalts Revue passieren, die dennoch einer inneren Choreographie folgen, einen roten Faden bilden.

Für diesen sorgt zunächst der lockere äußere Rahmen des tagebuchartig datierten Briefberichts, der jedoch deutlicher noch als in den *Reisen eines Deutschen in England* (die dort als Briefe ausgegebenen Kapitel waren tatsächlich an den Berliner Freund und Kollegen Friedrich Gedike adressiert) bloß als literarische Fiktion analog zum Briefroman der Epoche (etwa dem seinerzeit von Moritz aufgesogenen *Werther*) herhalten muss. Mehr und mehr im Verlauf der *Reisen*, schließlich konsequent ab dem dritten Buch, löst sich die Darstellung jedoch von der Folie der fortlaufenden, fingierten Depesche und entwickelt ihr eigenes Muster, das, wie bereits angedeutet, mit der Struktur eines Mosaiks vergleichbar ist – gelegentlich greift er aber auch schon früher, in den ersten beiden Büchern der *Reisen*, darauf zurück, fügt im Gegenzug auch noch im dritten Teil depeschenartige Berichte ein, sodass beide Ebenen, die Fiktion der Brieferzählung und das ›Mosaik‹, sich stets überlagern, ineinander übergehen und einander abwechseln – eine hybride Form.

Die Folge dieser ›Mosaikbausteine‹ oder »short cuts« – um es mit Robert Altmans auf einer gleichnamigen Kurzgeschichtensammlung Raymond Carvers basierendem berühmten Film von 1993 zu sagen, dessen Titel zugleich Programm ist – mit ihren harten Übergängen von Bild zu Bild, Szene zu Szene, Motiv zu Motiv ohne direkt erkennbare Kausalität oder Aufeinanderbezugnahme entspricht durchaus der Erfahrung des Reisens und Unterwegsseins mit seinen wechselnden Stationen, nicht vorhersagbaren Eindrücken und Bildern, dem Reiz des unerschöpflich Neuen, Fremden, Anderen, dem der

Reisende ausgesetzt ist: »Man braucht Tage und Wochen, um sich in dem Sammelplatze so vieler Schönheiten nicht mehr wie in einem Labyrinthe zu verlieren, sondern nur erst einigermaßen die Szenen, die man vor Augen hat, auch in seiner Einbildungskraft zu ordnen«, schreibt Moritz im zweiten Buch anlässlich der Villa Borghese, einem der vielen, wie etwa das Kapitol oder der Vatikan, zyklisch wiederkehrenden und dabei sich stets perspektivisch wandelnden Fixpunkt seiner römischen Ausflüge.
Schließlich ändert der rasche Szenen- und Einstellungswechsel innerhalb der drei Bücher der *Reisen* auch Struktur und Funktion. Der Weg nach Rom hat einen anderen Rhythmus als der Aufenthalt in Rom selbst, der als urbaner Großraum dann für jeweils mehr oder weniger lange Ausflüge, Exkursionen und Exkurse auch wieder verlassen werden kann.
Diese »short cuts« sind aber mehr als nur ein ästhetisch neues Darstellungsexperiment für die Vielstimmigkeit und Multiperspektivik der auf antiken Fundamenten zirkulierenden Großstadt; sie haben noch die Mitteilungsfunktion der Briefdepesche bewahrt, nur dass sie, weniger oder gar nicht mehr einer kohärenten Erzählung verpflichtet, kleinformatiger und in rascherer Folge ausgestoßen werden: Sie sind wie Postkarten, die Moritz an die lesende Mit- und Nachwelt eilig von unterwegs verschickt – mal in dichter Folge, mal locker und bruchstückhaft verfasst, mal konzentriert und reflexiv, mal abschweifend und arabesk. Zusammen ergeben sie trotz all ihrer Kontingenz so etwas wie den autobiographischen Italienroman des Karl Philipp Moritz, ein Stück Erfahrungsseelenkunde in der Fremde, gewissermaßen als Fortsetzung zur Erfahrungsseelenkunde des jungen Anton Reiser in der vermeintlichen Heimat. »Die Malerei besteht aus Arabesken,

die aber durch ein reizendes Köpfchen in ihrer Mitte oder durch irgendeine mythologische Darstellung in einem Medaillon immer einen schönen Vereinigungspunkt haben, wodurch die ausschweifende Phantasie gleichsam wieder zu einem Hauptgegenstande zurückgeführt wird.« Damit hätte er, am geographisch nächsten Begegnungspunkt mit der alten Welt stehend – er kommentiert die Fresken des antiken Pompeji – zugleich das Gestaltungsproblem beim Verfassen der *Reisen eines Deutschen in Italien* und seine Lösung dafür offenbart: Die Vielfalt der fremden Eindrücke und Empfindungen wirbelt wie in einer Zentrifuge um das Ich, um Moritz-Reiser herum.

7

Was für eine Art von Progression entfaltet sein Italien-»Roman« nun genau? Es gibt zum einen die tagebuchartige Chronologie der Tage, die manchmal dicht aufeinander folgen, manchmal aber auch große zeitliche Abstände unkommentiert überspringen. Bisweilen ist die Chronologie auch durchbrochen und zeitliche Daten erscheinen willkürlich vorgezogen bzw. nach hinten versetzt. Bisherige Interpreten haben das auf Flüchtigkeiten des Autors oder der Drucker zurückgeführt, doch könnte dies ebenso schon ein Verweis auf ein erzählerisches Ordnungsprinzip anderer, achronischer Natur sein.
Darauf deuten nämlich die seit dem zweiten Buch mehr und mehr eingestreuten Zwischen- bzw. Glossenüberschriften hin, die vom Fortschreiten des Ichs in der äußeren Welt, wie es die mit Ort und Datum versehenen depeschenartigen Abschnitte tun, absehen und stattdessen innehaltende Momente markieren im Sinne der Reflexion, des Kommentars, der Arabeske, Karikatur oder Illustration; teilweise wirken sie wie Bild- oder

Vignettenunterschriften zu Genreszenen, die zum Text hinzuzudenken wären. So entsteht ein reizvolles Spannungsfeld verschiedener »Zeiten«, in denen das Ich *simultan* anwesend ist und aus denen es seine verschiedenen Eindrücke bezieht, ein bunter Wechsel von Momenten der Verdichtung und Konzentration mit Momenten der Zerstreuung oder Kontemplation, der eine eigene, innere Zeit andeutet, die sich *parallel* zur äußeren, durch Ort und Datum markierten Zeit ereignet. Man könnte es auch als beständiges ›Switchen‹ zwischen der Dynamik einer »Handlung« (den äußeren ›Fortschritten‹ des Ich) und der Statik einer »Anschauung« (den ›inneren‹, ästhetischen Fortschritten des Ich) bezeichnen.

Diese Zweigleisigkeit von »Handlung« *und* (nicht: versus) »Anschauung« des Protagonisten stellt sich als ein über die drei Bücher der *Reisen* hinweg stattfindender zyklischer Prozess dar. Das Ich beginnt seine Aufzeichnungen nach der Exposition in Verona – mit seinem Amphitheater sinnbildliches Tor zur römischen Antike – bei Mantua mit einer Reminiszenz an den Dichter Vergil und dessen Hirtengedichte, und es schließt sie, auf dem Rückweg von Rom, in Mantua, um wiederum auf Vergils *Eklogen* zurückzukommen:

Alles wird Leben und Gegenwart um mich her, das Bild der Vorzeit spiegelt sich in diesem reizenden Umfange, der noch dieselbe Flur umschließt, welche der Dichter sang. (Mantua, 4.10.1786)

Hier bin ich wieder, mit meinem Virgil am Ufer des Mincius hingelagert. – Der schöne Kreislauf ist vollendet, und ich finde mich wieder auf demselben Flecke, von dem ich ausging.

Von den Gegenständen aber, welche damals noch in dunklen Träumen vor mir schwebten, trage ich nun ein getreues Bild in meiner Seele. (Mantua, 20.10.1788)

In den über zwei Jahren Zwischenzeit jedoch ist dieses Ich ein völlig anderes geworden, es ist *gereist* (Goethe in der *Italienischen Reise*: »denn ich bin immer das neugeborne Kind«), hat die Adria, Rom, Neapel, Pompeji, den Vesuv, Capri, Sorrent, Florenz und Venedig gesehen – der parallel laufende Zuwachs an inneren Welten und Einsichten ist Legion. Der Zusammenhang mit Moritz' autobiographischem Romanwerk liegt auf der Hand. *Anton Reiser* ist ein Bildungsroman, in dem der Protagonist durch die Ausreise aus der Heimatstadt und die Fußreise ins Thüringische langsam zu sich selber findet, und das heißt: ein anderer wird. Die *Reisen eines Deutschen in England* schreiben sich die Veränderung des Subjekts durch Reisen und Fremderfahrung (nebenbei: in der seinerzeit modernsten Nation) explizit auf die Fahnen, und die *Reisen eines Deutschen in Italien* erweitern noch einmal das Paradigma der räumlichen Turbulenz (die zugleich den zeitlichen Bogen zur Antike schlägt): Es ist eben nicht die Reise an sich, die Moritz und seinen Protagonisten beschäftigt und in den übrigen Italienberichten der Epoche immer wieder zum Gegenstand wird, sondern es sind die *Reisen* eines *Deutschen* in *Italien* in den Jahren *1786–1788*. Subjekt (Moritz) und Herkunft (ein Deutscher), Bildungsgang (Reisen, im Plural), konkreter Zeitraum (1786–88) und Bildungsraum (Italien) sind aufgeführt.

Das enthält in aller Kürze auch das Programm eines Romans, der von der paradoxen Ankunft des Ich bei sich selber handelt, indem es sich immer wieder von neuem an die Fremde verliert. Aus dem »Reiser« ist das »Reisen« geworden – Ich-Dissoziation und -Verformung im Räumlichen als Dauerzustand: »Das Auge blickt dann, sich selber spiegelnd, aus der Fülle des Daseins auf«, notiert Moritz 1788 in *Über die bildende Nachahmung des*

Schönen. Goethe hat dasselbe poetische Prinzip übrigens in aller Bewusstheit und Pointierung auch für seine *Italienische Reise* in Anschlag gebracht: »Lebt wohl und vergnügt, und wenn es Euch weh werden will; so fühlt nur recht daß Ihr *beisammen* seid und was Ihr einander seid, indes ich durch eignen Willen exiliert, mit Vorsatz irrend, zweckmäßig unklug, überall fremd und überall zu Hause, mein Leben mehr laufen lasse als führe und auf alle Fälle nicht weiß wo es hinaus will.« Moritz illustriert diese unvorhersehbare Wandlung eines vormals eher kleinen, unscheinbaren Wesens zum überprall mit Welt, Leben, Kunst und Philosophie angefüllten Organ binnen zweier römisch-italienischer Jahre sehr schön und diskret in einer der von ihm über alles geliebten etymologischen Recherchen. Indem er nämlich die Herkunft des Wortes »Palast« rekonstruiert und zeigt, was alles aus einer simplen Notbehausung in den Wirren der Wortgeschichte hervorgehen kann, führt er in schwindelerregenden syntaktischen Volten zugleich auch vor, wohin einen die in die Wiege gelegten Worte überall hintragen können:

Eine der sonderbarsten Wortwanderungen ist wohl die Benennung *Palast* von dem alten Palatinum – wenn man erwägt, wie Palatium von *Pallas*, dem Großvater des Evander, seine Benennung herschreibt; und wie dieser Evander vierhundert Jahre vor Roms Erbauung in diese Gegend kam, weil er eines Mordes wegen aus Arkadien flüchtig werden mußte, und das Dorf, welches er auf dem ersten Hügel des nachmaligen Roms erbaute, Palanium nannte, und daß eben dieser Hügel nachher unter dem Namen des *Palatium* der stolze Sitz der Kaiser Roms wurde, wo das Goldne Haus des Nero stand, und daß nun ein jedes Prachtgebäude *Palast* heißt, und dieser Name eigentlich von einem kleinen griechischen Kolonistendörfchen seinen ältesten Ursprung hat.

8

Moritz lässt gleich zu Beginn keinen Zweifel daran, dass der Weg, den er gekommen ist, ihn direkt nach Rom führen wird: »Aber dorthin eil' ich, wo auf den sieben Hügeln das Größte und Glänzendste, was einst der Erdkreis sahe, sich gründete und bildete, und wo noch itzt die Kunst, bei den erhabensten Überresten der Vorzeit, ihren festen Wohnsitz findet; von jenem höhern Standpunkte aus, will ich meine Blicke auf diesen großen Schauplatz heften und von dort aus meine Wanderungen anheben.«
Dennoch gibt es zuvor auch schon Verweil- und Ruhepunkte, kleinere Abschweifungen und Digressionen, die einen Vorgeschmack auf den römischen »Standpunkt« gewähren, im Guten wie im Schlechten, im Anregenden wie Enttäuschenden. Stärker könnte die Melancholie des Reisenden nicht illustriert sein als durch den Besuch der kümmerlichen »grotta di Virgilio«, die die Einwohner Mantuas dem empfindsamen Bildungstouristen als authentisch anpreisen und die doch nichts als ein gemeiner Schutthaufen ist. Das Goldene Zeitalter der Poesie bleibt ein Zitat am imaginären Ort: »… alles war zerstört und öde; und von dem Heiligtum des Dichters war keine Spur mehr da.«
Anders die italienische Welt der Gegenwart mit ihren verschiedenen Herrschaftsformen, die – im Gegensatz zu Goethe, wo in dieser Hinsicht fast nichts zu finden ist – sehr wohl wahrgenommen und klug gegeneinander abgewogen werden. Es ist bezeichnend, dass Moritz' Reisender einen Abstecher in die Zwergrepublik San Marino unternimmt, die wie die Enklave eines alternativen menschlichen Gemeinwesens dem despotischen römischen Kirchenstaat trotzt. Moritz' Reisen werden eben nicht im aktualitäts- und politikfreien Kunstraum unternommen,

sondern stehen auch im Zeichen der von Rousseau angekündigten und in der Französischen Revolution ausgefochtenen Freiheit. Während der Abfassung seiner *Reisen* 1790–92 ereignete sich in Frankreich bereits der Sturz der absoluten Monarchie, und das Ringen um die Konstitution des neuen Reiches der Freiheit wurde nahezu tagtäglich per Depesche in die übrigen Hauptstädte des Kontinents übertragen. Moritz äußert sich im dritten Buch mit einer Glosse auf den Nordwind »Tramontan« allegorisch verdeckt; das geradezu Blasphemische an dem scheinbar paradox, aber nur folgerichtig entwickelten Bild ist, dass gerade die Kirche die Pforten zum »Paradies«, also dem irdischen Glück, versperrt hält:

Italien ist wirklich ein Paradies, das durch die Alpengebirge geschützt, und, von der übrigen Welt abgesondert, im Schoße des Meeres ruhend, alles in sich vereint, was das Leben glücklich und angenehm machen kann.
Aber vor diesem Paradiese steht die Kirchengewalt wie der Engel mit dem feurigen Schwerte, und hindert die Glückseligkeit, daß sie ihren angestammten Boden nicht betreten darf.

Ziemlich deutlich ist die weltliche Gewalt der Kirche, und nicht der bereits ›tote‹ antike Restbestand, für den Italien-Spaziergänger das eigentlich mit dem Wandel der Zeit dem Verfall und Untergang überschriebene Prinzip. Man könnte Moritz einen allegorischen Seismograph nennen in der Art, wie er römische Vergangenheit und Gegenwart mit jeweils umgekehrten Vorzeichen versieht, im Vergangenen gerade das Dauerhafte, im Gegenwärtigen das Vergängliche liest. Das ist auch eine politische Botschaft. An der Schwelle zur Gegenwart kündigt sich eine neue Zeit an, die schon in der Luft liegt, wenn auch ihr

»Konterfei« noch nicht zu erfassen ist. Wird hier bereits, ein Jahrhundert vor Nietzsche, Gott totgesagt? Es könnte eine säkulare Epoche anbrechen, die den Zeichenvorrat der Antike zu neuem Gebrauch ausgräbt – wie es ja während der Französischen Revolution dann auch geschah. Diese Art von Prophezeiungen ›verpackt‹ Moritz geschickt in Betrachtungen zu sakraler Kunst und Architektur, wie etwa am Ende des zweiten Buches bei einem Ausflug zum zweitgrößten römischen Dom, der Paulskirche:

Die achtzig Säulen, welche aus dem Grabmal Hadrians hieher gebracht sind, scheinen noch itzt wie öde und verwaist über den entschwundenen Glanz der Vorzeit zu trauern, und mehr ein neues Totendenkmal zu bilden, als einen Tempel zu schmücken. … Von den Abbildungen der Päpste, welche den obern Rand dieses Tempels einfassen, schließt das Brustbild Pius des Sechsten den Kreis, und für seines Nachfolgers Konterfei ist kein Platz mehr übrig, wenn nicht ein neuer Kreis beginnt. – –

Das kleine San Marino ist dagegen für den Reisenden das Kuriosum einer direkten Demokratie, wie es sie auf dem europäischen Festland damals an so gut wie keinem Ort gab. Moritz' Abstecher ist sonderbar und auch höchst ungewöhnlich für die Italien-Literatur der Epoche; auch Goethe verliert kein Wort über das Tüpfelchen auf der Landkarte. Dass es nicht auf den üblichen Kavaliersrouten lag, zeigt sich am nicht vorhandenen Komfort, an fehlenden Herbergen oder Gasthäusern; Moritz wird von Privatleuten frugal bewirtet. Seine Besichtigung der Bergrepublik ist auch ein Kabinettstück freimaurerischer Camouflage (und damit auch auf die freimaurerische Chiffrensprache seines späten Romans *Andreas Hartknopf* vorausverweisend): Die Szenerie ist nächtlich, San Marino offenbart sich Moritz zuerst bei Kerzenschein, wie in einem geheimen Initiationsritual stellen ihm die Söhne der Republik ihre Institutionen und Hierarchien vor – eine schwache Lichtfunzel aufgeklärten (wenngleich provinziellen) Bürgertums, bedroht vom Schatten des übermächtigen feudal-klerikalen Papsttums. Auch im Zeichen dieses aufgeklärten Lichtscheins ist Moritz nach Rom unterwegs. Das ist kein jakobinischer Dogmatismus, sondern eine pragmatische Lebenseinstellung, die sich eine Sache gern von allen Seiten ansieht – und dabei freilich auch auf manch kuriosen Aspekt am republikanischen Bürgersinn stößt:

Als wir zu Hause kamen, war es strenge kalt; wir setzten uns ums Feuer, der Sohn meines Wirts, ein junger, wohlgewachsener Bursche, kam auch zu Hause und setzte sich zu uns, und nun wurde über Staatseinrichtungen gesprochen, und mein Wirt erzählte mir, daß außer ihm noch fünf Schuster in der Republik wären, daß die Zahl von sechsen nicht dürfe überschritten werden und daß ein jeder sein Leben daran wagen würde, die Republik bei einem feindlichen Angriffe zu verteidigen.

Das Gegenbild zur Freiheit San Marinos begegnet ihm jedoch gleich darauf in den Städten der adriatischen Küstenregion in Gestalt der »Galeerensklaven«. Mit größter Verwunderung registriert er deren vermeintlichen Gleichmut, ja die Gelassenheit angesichts des als barbarisch empfundenen Schicksals. Offensichtlich jedoch, so seine Schlussfolgerung, ist der Begriff von Freiheit an verschiedenen Orten auch verschiedentlich geprägt; die äußere Knechtschaft kann nicht verhindern, dass innere Freiheit und Frohsinn zu ihrem Recht gelangen. Dass anderswo die Uhren auch anders schlagen (können), vermerkt Moritz mit dem ihm angeborenen Talent zum naiven Staunen recht schnell. Ihm ist die Fähigkeit eigen, das ihn zunächst Befremdende in treffsicheren Bildern auf den Punkt zu bringen, ohne es dabei seiner Fremdheit für ihn zu berauben. Sein Erstaunen überwiegt Ressentiment und Vorurteil auch bei eher negativen Erfahrungen, wie sie ihm gelegentlich mit den Vetturini, Cicerone und Ladroni zuteil werden, die ihm auf dem Weg bis Rom ihre nicht immer ganz durchsichtigen Dienstleistungen offerieren. Moritz' *Reiser*-Ich wundert sich schlicht und kommt damit letztlich am weitesten:

So eben erscheint nun der Vetturin, mit dem ich bis Rom reisen soll, und dies ist wieder ein ganz unbekannter Mann. Ich gebe mein Mißtrauen und meinen Verdacht darüber zu erkennen; worüber mir denn der eine von den Brüdern den Vorwurf macht, daß ich gar zu argwöhnisch sei, in dem er hinzufügt: ›Siamo italiani, ma siamo christiani‹ (Wir sind zwar Italiener, aber wir sind auch Christen).
Diese Äußerung fiel mir denn freilich ganz außerordentlich auf, weil sie ohngefähr zu verstehen geben schien, daß ein Fremder den Italienern als Italienern freilich nicht sehr trauen dürfe, aber doch erwägen müsse, daß sie es *als Christen* nicht gar zu arg machen dürften.
Dies hat mich denn auch beruhigt, und ich werde nun mit dem unbekannten Vetturin, der übrigens gar keine schlimme Physiognomie hat, noch diesen Vormittag von hier abreisen.

9

Rom liefert ihm Fülle und Gegenwart vom ersten Augenblick an. Und gleich beim Eintritt die aktualisierte – denn die *Reisen* beginnen ja schon mit dem Horaz entlehnten Motto »Romam quaero« (»Nach Rom strebe ich«) – antike Reminiszenz:

Es waren nur die hin und her zerstreuten Merkmale einer Stadt von ungeheurem Umfange, die sich den Augen entdeckten, bis wir an den alten Pons Milvius oder die Brücke, welche jetzt Ponte Molle heißt, über die Tiber kamen und nun die Via Flaminia, welche hier auf beiden Seiten mit Lustgärten und Landhäusern geschmückt ist, in gerader Richtung uns auf Rom zuführte, wo ein ganz kleines Türmchen gerade vor uns in der Ferne uns schon den Fleck bezeichnete, auf welchem einst das Kapitolium stand.

Doch der Reitunfall schon einen Monat später vereitelt die geordnete kunstsinnige Stadtbesichtigung – sie wäre auch nicht im Sinne des empfindsamen Reisenden, der sich von allen Seiten anregen lässt und Ausflüge entsprechend seiner aktuellen Gestimmtheit unternimmt. Viele Kunstschätze und Baudenkmäler werden mit dem Hinweis auf *noch* fehlenden Sachverstand zunächst nur angetippt, flüchtig erwähnt und aufgesucht, um später bei gereifter kunsthistorischer Expertise wiederkehren zu können. Fixpunkte seines römischen Stadtplans wie die Piazza di Spagna, die Villa Medici, die Villa Borghese, der Vatikan mit dem Petersdom, das Kapitol oder der Gianicolo-Hügel werden, nicht ohne stillschweigende Zuhilfenahme der mitgeführten Reisebeschreibungen, ausführlich hervorgehoben. Zunächst aber stehen auch ganz praktische Probleme wie die Frage der Unterbringung im Vordergrund. Moritz zieht aus seinem ersten Quartier am Ripetta-Hafen sehr bald wieder aus, nachdem er Ohrenzeuge einer nächtlichen Auseinandersetzung geworden ist und gewahr wird, dass er einen Sbirren, einen Schergen der päpstlichen Polizei, als Nachbarn besitzt. Nach einer abenteuerlich mit Pistolen durchwachten Nacht mietet er sich in der Nähe der deutschen Künstlerschaft und der zur spanischen Treppe führenden

Via del Corso in der Via del Babuino im Haus eines Malers und Raphael-Mengs-Schülers namens Pasquale ein. Ein knappes Jahr später zieht er aus Gründen der Bequemlichkeit noch einmal in die unweit Goethes Domizil gelegene Via Bergognona um.

Doch es zieht Moritz unwiderstehlich tiefer nach Süden, Richtung Griechenland, dem Herz der antiken Welt entgegen. Mit dem Beginn des zweiten Buches begibt er sich von Anfang April bis Mitte Mai 1787 in die Gegend von Neapel (die die alten Griechen wegen der dort gegründeten Kolonien auch als »Großgriechenland« bezeichneten), Pompeji und Sorrent; Sizilien erlebt er, anders als Goethe, nicht. In den archäologischen Ausgrabungsstätten von Herculanum und Pompeji scheint die goldene Vorzeit gleichsam erstarrt, mit dem Moment der tödlichen Vulkaneruption für immer angehalten worden zu sein. Dadurch wird die antike Welt in ihrer nahezu unverstellten Form für den Nachgeborenen mit Händen begreifbar, anschaulicher geht es nicht, von den Wohnhäusern bis zum Tempel- und Lustbezirk. Im Museum von Portici bestaunt er eine jüngst erfundene Maschine, mit deren Hilfe im Aschestaub gefundene Schriftrollen Seite für Seite aufgeblättert werden können: »die abgelösten Blätter werden auf ein Stäbchen oder eine Rolle gewickelt, welche man vermittelst Wirbel und Bänder sanft wälzen und drehen und ihr alle möglichen Wendungen geben kann.« Doch die alten Texte, die so neu zu lesen sind, wollen den Aufwand kaum rechtfertigen: »Vier Rollen sind nun erst aufgewickelt, und unglücklicherweise ist man gerade an eine der uninteressantesten Schriften, von einem gewissen Philodemus, geraten, welche von der Musik und der Beredsamkeit handelt und wodurch die alte Literatur einen sehr unbedeutenden Zuwachs erhält.« Die Vergegenwärtigung der Antike, wie sie Moritz vorschwebt, bleibt auf seine Imagination angewiesen. Am nächsten kommt er ihr daher paradoxerweise nicht in von Menschen bewohnten Regionen, sondern in der entgrenzten Zone des panischen Schreckens und der Todesnähe am Kraterrand des rauchenden Vesuvs.

Nichts von der Euphorie einer Gipfelbesteigung, wie sie Goethe unternahm, liest man bei Moritz. Das ist kein Kräftemessen mit den Göttern, was hier geschildert wird, sondern Todesangst. Dennoch oder gerade deshalb ist die Vesuvbesteigung, ein Höhepunkt seiner Italienreise, ziemlich in der Mitte, gewissermaßen am Meridian der drei Bücher angesiedelt. Näher ist dem antiken Olymp räumlich nicht zu kommen als am Orkus des schwefelpustenden Kraterrands. Eine tiefere Begegnung mit der Panik seiner eigenen Psyche als hier oben über dem »malerischen« Golf von Neapel ist kaum denkbar. Enger ist die Nachbarschaft von Schönem – der paradiesischen, in Bildern der Zeit immer wieder festgehaltenen Küstenlandschaft – und dem Schrecken am eigenen Leib auch kaum zu empfinden. Seinen Lesern führt Moritz bei dieser Gelegenheit ein ebenso eindringliches Erlebnis vor wie seinerzeit bei Gelegenheit der Englandreise die Besichtigung der Höhle von Castleton. In die Feuchtigkeit dieser Grotte hatte er sich mit Kerzenlicht allein hinuntergewagt und einen »Husten«, der ihn zeitlebens nicht mehr verlassen sollte, von dort mitgebracht (wer das weiß, wird sich nicht mehr fragen, warum er anlässlich einer mit Goethe unternommenen Besichtigung Tivolis im zweiten Buch ausgerechnet einen dem Husten geweihten Tempel hervorhebt) – das Lungenleiden, welches auch zu seinem frühen Tod führen wird.

Reisen im Zeichen des Saturn

Von den giftigen Dämpfen im unwegsamen Geröll umschlossen befällt ihn nun die Atemnot; mehrmals muss er innehalten, wird von den ihn begleitenden Malerfreunden weitergeschleppt: »Da steigt der blaue Schwefeldampf allenthalben aus den Ritzen der geborstenen dünnen Kruste, welche die unterirdische Glut zu unsern Füßen deckt, und meine Gefährten erscheinen mir wie Geister, die sich in einer öden Schattenwelt begegnen, denn lebende Menschen gehören nicht in dieses furchtbare Chaos.« Seine Panik am hoch gelegenen Rand zur Unterwelt ist real: »Als ich oben war, sank ich erschöpft am Rand des Kraters hin.« Er hat dem Tod ins Angesicht gesehen und ist glücklich, noch einmal mit dem Schrecken davongekommen zu sein. Die lebensfeindlichen Sumpflandschaften auf dem Rückweg von Neapel nach Rom werden dann auch im Eiltempo zurückgelegt. Heroik liegt dem Melancholiker fern. Er hat den Abgrund unter sich gesehen – »Das Paradies hier oben hat gleich seinen Abgrund unter sich«, notiert er anlässlich eines Ausflugs am Golf von Neapel bei der Grotte von Posillipo – und sehnt sich nach dem erfüllten Moment. Rom wird auf ganz eigene Weise ›seine‹ ewige Stadt: im punktuell gesteigerten Daseinsgefühl des Jetzt und Hier. Aus dem Glauben an die Verewigung des Moments erwächst seine Zuversicht. Bei einem »Spaziergang an der Tiber« notiert er sich:

Flut und Zeit rollen unaufhaltsam vor mir vorbei; aber ich stehe noch fest, und blicke in die Zukunft; mir sagt mein inneres Gefühl, daß dieser mächtige Wirbel des alles verschlingenden Wechsels diesen Stamm, worauf ich wachse, noch nicht umreißen und seine Wurzel auch nicht aus ihrer Grundfeste lösen wird. –
Ich fasse das Schnellvorübergehende auf und mache es mir zum bleibendem Eigentum, das Zeit und Zufall mir nicht rauben kann!

10

»Man beschränkt sich immer mehr auf den Moment und hört auf, das Leben im Ganzen zu betrachten und sich vergebliche Mühe zu geben, seine labyrinthischen Verwicklungen zu enträtseln.« Diese bereits im zweiten Buch erhobene Maxime bleibt Moritz' römisches Kardinalprogramm. Übrigens lehnt er sich dabei eng an eine ähnliche römische Maxime Goethes an, auch wenn er in der *Darstellung* dieses Programm viel weiter als jener geht:

Auch habe ich dieses Jahr unter fremden Menschen Achtung gegeben und gefunden, daß alle würklich klugen Menschen, mehr oder weniger, zärter oder gröber, darauf kommen und bestehen: daß der Moment alles ist und daß nur der Vorzug eines vernünftigen Menschen darin bestehe: sich so zu betragen, daß sein Leben, in so fern es von ihm abhängt, die möglichste Masse von vernünftigen, glücklichen Momenten enthalte.

Selbst der Vatikan mit seinen Kunstschätzen kann getreu diesem Vorsatz nur ein transitorischer Ort für kurzzeitige Besuche und Ausflüge sein – nicht wegen, sondern trotz des dort residierenden Papstes werden Bauwerke wie der Petersdom (wegen seiner Architektur und der Aussicht vom Dach der Kuppel über die Metropole) oder die Sixtinische Kapelle (wegen Michelangelos Fresken) immer wieder aufgesucht; bezeichnenderweise leitet die Überschrift »Michelangelo« das dritte Buch ein. Wer jedoch länger im Vatikan verweilt oder gar dort wohnen bleibt, wird vom Tod ereilt. So war es etwa dem jungen deutschen Maler August Kirsch ergangen, auf den Moritz die nächtliche Predigt auf dem den Protestanten vorbehaltenen »cimitero acatolico« bei der Cestius-Pyramide vor den Toren der Stadt hält – eine klandestine Mitternachtsmesse, um vor dem Zorn der »wahren« Gläubigen sicher zu sein. 1831 wird man an diesem Ort übrigens auch Goethes Sohn August begraben. Moritz' Schilderung der Trauerfeier für Kirsch ist ein Memento mori inmitten des mit Gegenwart angefüllten Lebens.

Abgesehen jedoch von diesem Predigtamt und den Besuchen im und auf dem Petersdom wendet sich Moritz jedoch viel lieber Gott im Plural zu. Die nur mehr als Ruinen erhaltenen Tempel römischer Gottheiten laden ihn zu immer neuen Ausflügen in und um Rom ein. Die Ruine liefert ein gutes Modell auch für die Darstellung dieser Art von Besichtigungen, die wenig mit touristischer Beflissenheit zu tun haben: Ihr ›Sinn‹ ist zunächst offen und unbestimmt, sie sind ›zwecklos‹ (geworden), aber anschauungsreich. Was nicht (mehr) vorhanden ist, muss in Gedanken und der Phantasie hinzugefügt werden. Relikt einer Vergangenheit, die ansonsten versunken und verschüttet ist, ragt es in die Gegenwart hinein – insofern verfügt es zugleich über mehrere ›Zeiten‹ und ist darin dem Palimpsest vergleichbar. Was als funktionsloses Artefakt die römische Stadtlandschaft determiniert, muss erst vom Autor mit Leben und Geschichte(n) ausgefüllt werden.

So erfahren wir durch Moritz von Nero als erstem römischen Kaiser, welcher schon von der Idee einer Ruinenarchitektur besessen gewesen sein muss und sie unter dem euphemistischen Schlagwort der Einrichtung von »solitudines« – Einsamkeiten – in die Tat umsetzte: »Hier ließ er Rom wegbrennen, um einsame Gegenden zu haben; und die gebrannten Römer waren genötigt, von den Hügeln ins Marsfeld hinab zu ziehen.« Das alte Rom ist damit für Moritz nicht nur goldenes Zeitalter, sondern ebenso schon Epoche barbarischer Grausamkeiten, welche allein durch Dichtung, Architektur, Künste und eine phantastische Mythologie geadelt wird. Die Harmonie des Vielfältigen und Diversen, die einer krieg- und kampferfüllten Zeit zum Trotz entsteht, das ist es, was Moritz in der Antike sieht und sucht.

Und auf dieser Sichtweise gründet auch seine Darstellung des gegenwärtigen Rom in all seiner Vielstimmigkeit. Keine Alltagserscheinung ist ihm zu gering, als dass sie nicht ins Ensemble seiner Beobachtungen mit eingefügt werden könnte. Von römischen Freudenmädchen, die wegen der vielen Kirchen ihre liebe Not haben, ihrem Geschäft immer auf mindestens hundert Meter Abstand von einem Gotteshaus nachzugehen, über praktische und billige Stehimbisse (»Volksspeisewirte«), die in ihrer Beschreibung frappant an heutige Fastfoodlokale erinnern, bis zu den Leiden der jüdischen Gemeinde Roms, die sich jeden Sonntag vor den Toren ihres Ghettos mit katholischer Propaganda traktieren lassen muss, wird alles aufgezeichnet, mitgeschrieben, dem Bericht hinzugefügt. Kinderspiele, Stierkämpfe, Karneval, Opernarien, komische Heilige, Diebe, Bettler, Aberglauben, Stegreifdichter, »Copri-Miseria«-Überröcke, »Geräusch und Lärm im alten und im neuen Rom«, Priester auf Eselsrücken (»Römische Reiterei«), »Engländer und Deutsche in Italien«, alles kommt bei Moritz vor. Gleichzeitig entspricht der konsequent gepflegte Wechsel von erhabenen und niederen Sujets, von der langen, geraden bzw. gleichmäßig geschwungenen Linie der Schönheit bis zu den Verästelungen und Labyrinthen des Grotesken darstellungsästhetisch direkt den Grundsätzen seiner in Rom entwickelten und erprobten Kunstauffassung.

Auch witzige Bemerkungen zu Sprichwörtern und sprachlichen Interferenzen zwischen dem Deutschen und dem Italienischen und geistreiche Kommentare zu den

»Eigentümlichkeiten der italienischen Sprache« dürfen nicht fehlen: »Die Leute geben sich ein Ansehen, als ob sie sich einander die wichtigsten Dinge sagten, und sich nur halbe Winke geben dürften, um einander zu verstehen, da sie oft selbst kaum wissen, was der Gegenstand ihres Gesprächs ist«. Das Wetter interessiert ihn nicht als Meteorologen, sondern als Pragmatiker: »Es ist entweder Scirocco oder Tramontan – diese abwechselnde Witterung muß gemeiniglich den ersten Faden zum Gespräch hergeben.« Goethe reizte dieses enzyklopädische Gegenwartsinteresse seines Freundes zu der Glosse »Moritz als Etymolog«. Darin mokiert er sich fast schon abschätzig über dessen Neigung, »jetzt in dem Kreise der höchsten Kunst und schönsten Natur, über die Innerlichkeiten des Menschen, seine Anlagen und Entwicklungen fortwährend zu sinnen und zu spinnen; deshalb er denn auch sich mit dem Allgemeinen der Sprache vorzüglich beschäftigte.«

Aber Rom bedeutet viel mehr für Moritz als Glossen zu Kunst, Sprache, Altertum und Alltag. In Rom manifestiert sich für ihn gleichsam die Ausweitung des zeitlichen Momentums ins Simultan-Diverse. Der Stadt-Raum wird (ähnlich wie in Piranesis Kupferstichen) zum Ruinen-Labyrinth, das auf immer wieder neue Weise, in immer wieder neuen Anläufen durchforstet und betrachtet werden kann. Es gibt keine festen Regeln für diese Erkundungen und Spaziergänge – das Verschiedenste fließt hier ineinander und bildet der äußerlich ›verwilderten‹ Ruinenarchitektur vergleichbare hybride Komplexe. Das durch die Folge fixer, am Kopf der Notizen festgehaltener Tage angedeutete Zeitkontinuum tritt zugunsten der Raumkontingenz in den Hintergrund (analog dazu wird übrigens der römische Tiber-Fluss, den Moritz konsequent mit weiblichem Artikel belehnt, nie eigens thematisiert, sondern kommt stets nur als Wegmarke vor). Dem Verfließen von Zeit setzt der poetische Rom-Kartograph damit das Sich-Öffnen und Erweitern des Raumes entgegen – ein einzigartiges Darstellungsexperiment, von dem Goethe für seine klassische Rom-Topologie nur profitieren konnte. In der *Italienischen Reise* macht Goethe eine Bemerkung zum palimpsestartigen Eindruck Roms, der im Gespräch mit Moritz entstanden sein könnte:

Wenn man so eine Existenz ansieht, die zwei tausend Jahre und darüber alt ist, durch den Wechsel der Zeiten und so mannigfaltig und vom Grund aus verändert, und doch noch derselbe Boden, derselbe Berg, ja oft dieselbe Säule und Mauer, und im Volke noch die Spuren des alten Charakters, so wird man ein Mitgenosse der großen Ratschlüsse des Schicksals und so wird es dem Betrachter von Anfang schwer zu entwickeln, wie Rom auf Rom folgt, und nicht allein das neue auf das alte, sondern die verschiedenen Epochen des alten und neuen selbst auf einander.

Die Entdeckung Roms als gleichsam endloser räumlicher Synthese, in der das Ich zu unablässig neuen Entdeckungen aufgerufen und ermuntert wird, trägt schließlich auch zur Gedrängtheit und Kürze der finalen Partien von Moritz' *Reisen* bei. Was soll auf Rom noch folgen? Es kann nichts weiter als Ergänzung, Fußnote, Wurmfortsatz zum großen römischen Palimpsest sein; selbst die Lagunenstadt Venedig, der Goethe immerhin in aller Ausführlichkeit zu Leibe rückte, wird auf der Folie der flüchtigen Hinzufügung wahrgenommen, und mit der Vergil-Reminiszenz in Mantua ist der Kreis geschlossen. Die Rückreise zu Fuß nach Deutschland, der achtwöchige Aufenthalt im Winter 1788/89 bei Goethe in Weimar haben keinen Platz in seinem römischen Mosaik mehr gefunden. »Rom« ist dank der die zweijährige Anschauung nachzeichnenden Darstellungsweise als neues poetisches Dispositiv in den Vordergrund getreten, das die Wahrnehmung des Reisenden, des dem Norden wieder zustrebenden Ichs auf Dauer prägt.

11

Bildungsroman? Reiseroman? Reisebericht? Bilderreise? Reisebilderroman? Bildungsreiseroman? Großstadtroman? Indem Moritz den Raum als zentrale Kategorie noch vor der Zeit zum strukturbildenden Element seiner *Reisen* macht, nimmt er von heute aus betrachtet die Raumexperimente moderner Großstadtromane wie Rilkes *Aufzeichnungen des Malte Laurids Brigge*, Döblins *Berlin Alexanderplatz* oder die Romane der Surrealisten (Bretons *Nadja* und Aragons *Le paysan de Paris*) vorweg. Angesichts der durch die neuen Medien der Fortbewegung und Nachrichtentechnik entwerteten Zeit ist dort der Raum zum Refugium der Selbsterfahrung des Ichs geworden. Der Roman entwirft die subjektive Geographie seiner Protagonisten. Unter diesem Aspekt ist es müßig, die spezielle Roman- oder Reiseliteraturgattung von Moritz' römischem Journal – noch eine Möglichkeit der formalen Zugehörigkeit: das Tagebuch oder der Briefroman mit seinen fortlaufenden, bei Moritz zum Teil (bewusst?) irreführenden Datierungen ... – festzustellen. Moritz' Reisen stehen am Anfang einer Verräumlichung des literarischen Bewusstseins, die im 19. Jahrhundert unter je individuellen Vorzeichen, von Heine in seinen *Reisebildern* (1826) und in den späten Paris-Berichten *Lutetia* (1854) sowie Fontane in seinen *Wanderungen durch die Mark Brandenburg* (1862/1889) fortgeführt wird – beiden dürfte

Moritz, der *Reiser*-Autor, Berliner Kunstprofessor, Ästhetiker und Moses-Mendelssohn-Freund mehr als ein Begriff gewesen sein. Heine in *Zur Geschichte der Religion und Philosophie in Deutschland*: »Moritz ist mir der liebste ...« Jean Paul zeichnet in seinem 1800–1803 erschienenen Roman *Titan* ein Italien, das er selber nie gesehen hat – für sein imaginäres Italien konnte er jedoch auf die Schilderungen seines Mentors Moritz zurückgreifen, dem er den Erfolg seines Debütromans *Die unsichtbare Loge* (1793) verdankte.

Tatsächlich jedoch weist Moritz mit seinem Versuch, die Mythologie einer modernen, gegenwärtigen (wenngleich auf antiken Säulen errichteten) Großstadt aufzuzeichnen, weit ins 20. Jahrhundert voraus. Louis Aragon beginnt seinen *Bauern von Paris* mit einem »Vorwort zu einer modernen Mythologie«. Mit seinem 1926 erschienenen Roman ist Aragon, fast vier Jahrzehnte vor Aufkommen der Pop-Art, ein Apologet der modernen Alltags- und Massenkultur, die sich in Werbung, Mode, Oberflächenilluminationen und Kino ihre eigenen Götter und Heroen schuf – Roland Barthes soll das 1953 etwas analytischer als Aragon die *Mythen des Alltags* nennen. Moritz' programmatische Kontrastierung des römischen Alltagslebens mit dem Kunst- und Ruinenerlebnis – stellenweise geht diese Technik so weit, dass sich ein kontinuierlicher filmschnittartiger Blick-/Szenenwechsel Kunst/Alltag/Ruinen ergibt – steht bereits im Vorfeld einer Mythologie der Moderne: Die Ruinen der Antike reichen in Moritz' aktuelle römische Lebenswelt mit hinein, bilden Hintergrund und Matrize für die Gegenwartserfahrung der südlichen römischen Großstadt am Ende des 18. Jahrhunderts.

Was immer in der Gegenwart geschieht, ereignet sich im Schatten einer Vergangenheit, die sich aufgrund ihrer

Ruinen stets anwesend und in Erinnerung erhält – und wahrgenommen wird als Entwurf einer Ganzheit, Größe und Erhabenheit, welche die Gegenwart schuldig bleibt. Aus der empfundenen Differenz der Zeiten resultiert die Melancholie des Betrachters: Die Gegenwart lässt zu wünschen übrig. Dürftig und defizitär sind nicht die Ruinen – dürftig ist die Gegenwart, die kein ebenbürtiges Ensemble an ›erhabenen‹ Erscheinungen aufzuweisen hat, die einer gemeinsamen mythologischen Grundlage entsprossen wären. Die Mythologie der Moderne wird, wie Baudelaire, Aragon oder Benjamin zeigen, erst um die Mitte des 19. Jahrhunderts in den *Pariser Passagen* ihren gültigen Ausdruck finden; Moritz muss sich Ende des 18. Jahrhunderts in Rom mit Ausflügen in die neuere Kunstgeschichte, mit kunsttheoretischen Reflexionen, die der Autonomie von Kunst und Literatur den Weg ebnen, und mit Glossen auf die moderne Alltagskultur, die im Schatten des Papsttums und einer nicht mehr begriffenen Vergangenheit gedeiht, begnügen. Seine Ausbeute ist umso erstaunlicher.

Dass die Gegenwart selbst bereits Ruine und der Entropie, dem Müll, Verfall und Untergang geweiht ist, wird schließlich die postmoderne Lesart des Ruinenkomplexes Rom sein, wie sie in Rolf Dieter Brinkmanns Brief-Collagenband *Rom, Blicke* (postum 1979) sowie dem 1973 entstandenen Gedicht »Roma di Notte« (in *Westwärts 1 & 2*, 1975) ihren gültigen Ausdruck gefunden hat. Brinkmann war im Herbst 1972 als Stipendiat der Villa Massimo mit Moritz im Gepäck nach Rom gereist und bis zum Spätsommer 1973 dort bzw. in der Casa Baldi in Olevano, einer Dependance des Künstlerhauses in den Albaner Bergen, geblieben. Es gibt frappierende Parallelen zwischen Moritz' und Brinkmanns Schnittmontagen von der Erkundung einer defizitären Gegenwart und der verzweifelten Suche nach einer Gegenwelt, sei es in der Antike, in Kunst, Lektüre oder Philosophie (Brinkmann las in Rom die Schriften des auf dem Campo dei' Fiori als Ketzer verbrannten Giordano Bruno). Sicher, bei Brinkmann ist gegenüber Moritz die »Kampfzone« (Michel Houellebecq) des Dichters enorm ausgeweitet; Aufnahmen mit der Fotokamera, Schere, Alleskleber, Stadtpläne, Postkarten, Abbildungen aus Illustrierten und Pornomagazinen fließen direkt mit in die Darstellung ein. Doch bis in einzelne Lokalitäten hinein (wie die Villa Borghese, die bereits geschilderte Kapuzinergruft oder die Gärten von Tivoli) werden Moritz' Reisen – und nicht Goethes *Italienische Reise*, die Brinkmann demonstrativ nur wegen der Moritz-Erwähnungen konsultierte – als Blaupause untergelegt, vor der sich die antike und moderne Mythologie einer Stadt noch einmal entrollt, um dann mit einem gewaltigen literarischen Hammerschlag endgültig zertrümmert zu werden. Hier wird Arno Schmidts Wort von den »Schreckensmännern« der deutschen Literatur noch einmal lebendig, ein auf Moritz gemünztes Prädikat, welches Schmidt selber im gleichnamigen Rundfunk-Essay zu Moritz' 200. Geburtstag 1956 eingeführt hatte.

Ein anderer Moritz-Leser, Peter Handke, hat Rom nicht im Zentrum seiner literarischen Welterkundungen stehen, doch spielt bei seinen Reisen auch die Reminiszenz an die Antike eine wichtige Rolle. Sein Journal *Gestern unterwegs* etwa mit Aufzeichnungen aus den Jahren 1987 bis 1989 – also fast genau zweihundert Jahre nach Moritz – ist mit Vorliebe an Orten entstanden, wo, wie etwa auf dem Balkan oder in Griechenland, sich gegenwärtiger Alltag auf den Resten der Antike abspielt. Wie schon Handkes früh verstorbene Zeitgenossen Rolf Dieter Brinkmann und Hubert Fichte schätzt Handke an Moritz den Ethnographen des inneren und äußeren Raumes, der nicht nach geltender Konvention, sondern allein nach den Regeln seiner eigenen Empfindlichkeit die Welt durchstreift. Das Attribut, das er ihm verleiht, ist mit Bedacht gewählt: »der Selbstmaßregler«.

Dass das antike Rom selber schon eine Geschichte hatte und historischen Wandlungen unterworfen gewesen war, hatte Moritz nicht zuletzt die intensive Lektüre der römischen Dichter verschiedener Epochen gelehrt, die über zahlreiche Zitate auch Eingang in die *Reisen* gefunden hat. Die Art, wie spätrömische Satiriker vom Schlage Martials und vor allem Juvenals die dekadenten Sitten ihrer Vaterstadt karikieren, schärft seinen Blick für die Blößen der eigenen Zeit. Wenn also heute ein Dichter wie Durs Grünbein auf Juvenals Satirenkunst zurückgreift (*Nach den Satiren*, 1996) oder sich mit Juvenal im Gepäck nach Rom begibt (*A Roma*, 2010), um unsere Gegenwart gleichsam in einem viel älteren Spiegel einzufangen, dann hat er indirekt auch Karl Philipp Moritz, den berlinischen Römer, freilich ohne ihn explizit zu nennen, mit in seinem Blick.

12

Im Gegensatz zu Goethe kehrt Moritz nicht mit Kunstgegenständen, antiken Repliken oder Abgüssen nach Deutschland zurück; welcher Fürst oder Mäzen hätte ihm so etwas auch bezahlen sollen? Moritz' römischer ›Bildungsroman‹ enthält in nuce all das, was er von Italien mitbringt: Anschauung und Schrift. Er ist, in der Tat, ein anderer geworden. Es macht einen Unterschied, ob man Kultur und Mythologie nur aus Büchern oder aus dem konkreten Studium der römischen Stadt und seiner Ruinen erfahren hat. Und genau dies ist der Fall beim

»Rom-Reiser« Moritz. Aus der Anschauung Roms ist ihm etwas Neues aufgegangen, das ihn nicht mehr verlässt. Ein »Ruinen-Moritz« ist er deshalb noch lange nicht geworden. Im Gegensatz zu vielen Malern seiner Zeit, die gerade das Pittoreske, Bukolische und dekorativ Antike in der römischen Landschaft suchten, sind bei ihm die antiken Momente stets eingebunden in ein aktuelles, gegenwärtiges Interesse – sei es an Mythologie (etwa bei der Betrachtung von Tempeln, Statuen, Mosaiken und ihrer Kontrastierung mit Kirchen, Heiligenbildern, Fresken), Architektur, Philosophie, Kunstkritik.

Sein Zuwachs an *Bildung* im buchstäblichen Sinn ist ein Hinzugewinn für seine intellektuelle Existenz. Er kehrt als ein neues Wesen mit neuen Einsichten und Zielen aus dem selbst auferlegten zweijährigen Kunstexil zurück. Kaum vorstellbar, dass er seine *Götterlehre*, seine autonomieästhetische Programmschrift *Über die bildende Nachahmung des Schönen*, ganz zu schweigen von der großartigen Collage *Anthousa oder Über einige Altertümer Roms* ohne seine Italienreise je geschrieben oder auch nur geplant hätte.

Schließlich sollte ihm der Rom-Aufenthalt sogar eine handfeste materielle und gesellschaftshierarchische Verbesserung einbringen. In direkter Folge der von ihm aus Rom übermittelten bzw. der infolge seines Aufenthalts von ihm noch erwarteten Eindrücke und Erkenntnisse wurde er von der Berliner Akademie der Künste zum Professor der Ästhetik sowie zum Königlich-Preußischen Hofrat und zum Mitglied der Akademie der Wissenschaften ernannt. Die Geschichte dieser Ernennungen ist mit der wichtigsten Station auf seiner Rückkehr von Rom verknüpft: mit Weimar, Goethe und dem Weimarer Herzog Carl August, der später für Moritz in Berlin beim preußischen König vorsprechen sollte. Seltsam genug, dass der aus Italien heimreisende Moritz während des Weimarer Aufenthalts Ende 1788/89 die Rolle von Carl Augusts Englischlehrer übernahm – als der Richtige dafür hatte er sich allerdings schon durch seine *Reisen eines Deutschen in England* ausgewiesen –, so kam das Signal für seine Berliner Berufung eigentlich aus Weimar: »Weimar« also machte das, was die Forschung heute in Bezug auf Moritz gern die »Berliner Klassik« nennt, überhaupt erst möglich!

Nicht ohne Stolz verweist Moritz brieflich darauf, dass er während der acht Weimarer Wochen vom 3. Dezember 1788 bis 1. Februar 1789 direkt bei Goethe am Frauenplan logierte (»Seit gestern bin ich nun hier … in *Göthens Hause*, wo ich mich, wie Sie leicht schließen können, sehr wohl befinde«, schreibt er an den Maler Alexander Macco). Kein Wunder, denn aus und über Rom dürften Goethe und Moritz sich reichlich für viele lange Nächte zu erzählen gehabt haben; Goethes Haushalt verzeichnet einen Bierkonsum von bis zu sechs Flaschen pro Tag. Moritz war ohne einen Heller in der Tasche und dünn bekleidet an der Ilm eingetroffen – Goethe ließ ihn neu ausstaffieren und versah ihn mit Geld, das er sich hinterher vom Herzog erstatten ließ. Moritz wohnte in einer Mansarde über den eigentlichen Wohn- und Arbeitsräumen Goethes, welcher die Tage über am *Tasso* und den *Römischen Elegien* schrieb, die Nächte mit seiner »kleinen Frau« Christiane Vulpius die südliche Sinnlichkeit fortzusetzen trachtete. Bis Moritz sich gemeinsam mit Herzog Carl August in dessen Kutsche nach Berlin aufmachte, verging kein Tag, an dem die Weimarer Hofgesellschaft von ihm nicht über Italien, die schönen Künste, das Theater und das römische Zusammensein mit Goethe unterhalten worden wäre.

Moritz, als der von außen Hinzugestoßene, klärte sie noch einmal darüber auf, was für eine Gunst es war, einen Dichter wie Goethe, diesen Götterliebling, in ihrer Mitte zu haben. Abgesehen von den alle zwei Tage stattfindenden Englischlektionen am Hof war Moritz bei Christoph Martin Wieland, Friedrich Schiller, Karl Ludwig Knebel, Charlotte von Stein und Caroline Herder zu Gast – Johann Gottfried Herder selbst weilte mit der Herzoginmutter Anna Amalia noch in Italien, wo er dem abreisenden Moritz bereits begegnet war. Was unter dem Mantel der Geselligkeit während Moritz' Anwesenheit an Gedanken und Ideen in Weimar flottierte, ebnete indes den Weg für eine neue Auffassung von Kunst und Literatur als autonomer zweckfreier Produktion des menschlichen Geistes analog zu den Hervorbringungen der Natur. Kein volles Jahr nach Moritz' Tod Ende Juni 1793 kann der für die deutsche Literatur so folgenreiche Briefwechsel zwischen Goethe und Schiller hier anknüpfen. Und Moritz ist auch zwischen den Zeilen präsent im anderen großen Briefwechsel von Goethes zweiter Lebenshälfte, der auf vertrautem »Du« geführten Korrespondenz mit dem Berliner Komponisten Carl Friedrich Zelter, der Moritz noch persönlich gekannt hatte – Zelter war in der Berliner Münzstraße geboren, in welcher Moritz zuletzt gelebt hatte.

Es ist sehr wahrscheinlich, dass Goethe und Moritz in Weimar auch die Pläne zur Publikation ihrer Italienreisen aufeinander abzustimmen suchten. Goethe war zunächst nicht viel daran gelegen, auf Vergangenes zurückzublicken, eher ging es ihm darum, das in Italien für sich Errungene in neuen Werken und Projekten wie dem *Wilhelm Meister* aufgehen zu lassen. Moritz hingegen benötigte dringend neue Einkünfte und Reputation für die erhoffte Professorenstelle. Der Anfang war mit *Über die bildende Nachahmung des Schönen* bereits gemacht, ein Aufsatz, den Campe in Braunschweig noch 1788 verlegte – ursprünglich hatte er Moritz ja wegen des versprochenen Reisejournals unter Vertrag, der jedoch platzte, weil Moritz sich mehr Zeit für die Durcharbeitung ausbedungen hatte –, nun mussten weitere Früchte folgen, um sowohl beim Publikum als auch in der gelehrten Welt seinen Namen zu befestigen. Was lag da näher, als dass Goethe die allseits erhoffte Erzählung seiner Italienreise erst einmal zugunsten der Publikation von Moritz' Reiseaufzeichnungen zurückstellte? In denen kam er ja auch immer wieder zwischen den Zeilen inkognito zu Wort, und da das Publikum ohnehin von der römischen Freundschaft beider unterrichtet war, so würde es nach Erscheinen von Moritz' *Reisen* nur desto gespannter die Goethe'sche Version der beiden Jahre erwarten.

Die einzigen unmittelbar veröffentlichten autobiographischen Erträge von Goethes Italienaufenthalt waren 1788/89 die in Wielands *Teutschem Merkur* erschienenen »Auszüge aus einem Reisejournal« mit vermischten naturwissenschaftlichen und kulturhistorischen Bemerkungen sowie im Frühling des Revolutionsjahres 1789 *Das römische Carneval* (aus dem Moritz eine längere Passage in der ANTHOUSA zitieren wird – Goethe revanchiert sich bei Publikation der *Italienischen Reise* mit einer langen Passage aus *Über die bildende Nachahmung des Schönen*), ein Schlüsseltext in fast schon ethnographisch exakter »dichter Beschreibung«, der die Archäologie des Festes mit seiner von Moritz beschriebenen Vorgeschichte bei den römischen Saturnalien mit der brandaktuellen Gegenwart verknüpft: »Das römische Carneval ist ein Fest, das dem Volke eigentlich nicht gegeben wird, sondern das sich das

Volk selbst gibt. ... so bemerken wir ... daß Freiheit und Gleichheit nur in dem Taumel des Wahnsinns genossen werden können.« Die römischen Erträge Goethes auf fiktionaler Ebene ließen sich schon eher sehen – die *Iphigenie*, der *Tasso*, *Egmont* und anderes waren entstanden oder im Entstehen. Auch Moritz ließ, bevor er sich an die Redaktion seiner Italienreise setzte (sie erschien 1792/93 bei Unger in Berlin), 1790 erst noch den vierten Teil seines *Anton Reiser* erscheinen, in dem paradoxerweise gerade vom missglückten Weimar-Besuch des *Werther*-Epigonen die Rede ist.

Solche Zeiten waren nun wohl endgültig vorbei. Doch womöglich hätte Moritz wirklich nicht für viel länger nach Weimar gepasst als jene acht Wochen unter Goethes Dachgiebel oder hätte es in dem klatschsüchtigen Provinznest wohl auch nicht ewig ausgehalten. Wenn Goethe und andere in Briefen den stupend an- und aufregenden Eindruck, den Moritz' Auftreten in Weimar hinterlässt, erwähnen, so klingt dabei auch das Konflikt- und Provokationspotential durch, das eine solch schillernde wie aus dem Nichts aufgetauchte Existenz mit sich brachte – so einer, wenn er auf Dauer in der zwar aufgeklärten, doch letztlich engen höfischen Welt seine naiven Scherze fortsetzte, konnte schnell und ohne dass er es merkte zum Skandal und Störenfried werden: »Moritz ist nun schon 3 Wochen hier und thut uns allen sehr wohl, besonders haben ihn die Frauen in Affection genommen, denen er allerlei Lichter aufsteckt.« Einen Spaßmacher und Taschenkünstler sah man am liebsten – wenn er auf der Durchreise blieb. Moritz war schon, wenn überhaupt an einem Ort, am besten in Berlin aufgehoben.

Es war Moritz' erklärter Wunsch, sich mit der Darstellung seiner italienischen Eindrücke und Ansichten in die deutsche Literaturgeschichte einzuschreiben. Und tatsächlich ist sein Rom-Band ein Meilenstein der deutschsprachigen Reiseliteratur, ebenso wie die Geschichte der deutschen Italienreisen undenkbar ohne seinen Beitrag wäre. Das betrifft sowohl den Inhalt wie die Art seiner Darstellung Italiens. Es lohnt sich, den Verflechtungen und Querbezügen der Bilder, Motive und Reflexionen in den *Reisen eines Deutschen in Italien*, der *Götterlehre*, *Anthousa* und seinen kunsttheoretischen Schriften nachzugehen. Die während der Italienreise empfangenen Anregungen werden in diesen Werken vielfältig variiert und durchgespielt. Moritz ist auch hier einem Mosaik-Künstler vergleichbar, der mit dem Arsenal an Steinen, das ihm zur Verfügung steht, die verschiedensten Muster erzeugt, »in *verschiedenen Momenten*, schaffend, bildend ... hinüberschreitend, und *mit* diesem Werke nun das *umfassend*, was seine Ichheit selbst vorher nicht fassen konnte«, heißt es in *Über die bildende Nachahmung des Schönen*. Und wie das Hauptmosaik ragen die *Reisen eines Deutschen in Italien* aus dieser römischen Werkreihe hervor: Sie sind das späte Resultat und (vorläufiger) Schlusspunkt des Moritz-/Reiser'schen Entwicklungsromans – »Das Dort ist nun Hier geworden« – und zugleich Gründungsdokument einer neuen, äußerlich mit der Französischen Revolution korrelierenden Epoche der deutschen Literatur.

In dem von Moritz vergegenwärtigten Zeitraum hat die Autonomieästhetik der Weimarer Klassik ihren Ursprung, ebenso wie übrigens auch die Romantik, die unter dem Einfluss von Moritz – Alexander von Humboldt und Ludwig Tieck besuchten seine Berliner Vorlesungen – mit Tiecks und Wackenroders Roman *Franz Sternbalds Wanderungen* auch ihren Weg nach Italien antreten sollte.

Moritz' römisches Mosaik – Mosaik in Bezug auf die Thematisierung der alten Künste und in Bezug auf die moderne patchworkartige Form der Vermittlung zwischen Alltag und Antike durch ein für alle Impulse von außen stets offenes Ich – ist eines jener (noch) unbekannten Meisterwerke, die einen unerschöpflichen Reichtum bieten und nach jeder Seite hin zu neuen Entdeckungen einladen. Mit Moritz durch die römischen Ruinen zu gehen heißt, sich Neugier, einen wachen Sinn für verblüffende Zusammenhänge und nicht zuletzt die Sensualität für die Archäologie, das historisch Gewordene und Geformte der eigenen Gegenwart zu bewahren. Egal auf welcher Seite man Moritz aufblättern mag, man hält stets einen bunten Mosaikstein gegen die Sonne, der den Betrachter mit der Geschichte seines eigenen Staunens konfrontiert. Und mit dem Staunen, der Verwunderung, dem aufmerksamen Augenaufschlag beginnt bekanntlich alle Poesie und Philosophie. Moritz sah die letzten von ihm verfassten *Reisen* als sein Vermächtnis gegenüber der Nachwelt an: »ein vollkommnes und auffallendes Werk ... wodurch ich zugleich meinen literarischen Ruf auf immer befestigte.« Das dürfte ihm, heute endlich, gelungen sein.

13

Dieses Buch hat eine Besonderheit aufzuweisen, die in keiner Moritz-Ausgabe sonst zu finden ist: Der Text wird von Fotos flankiert. Es ist eine Binsenweisheit, die sich nur allzu schnell beim Lesen, beim Einsinken ins zeitlose Rauschen der Sprache vergisst: dass wir einen Text von damals immer nur mit den Augen von heute wahrnehmen können. Moritz hat naturgemäß noch keinen Begriff von einem Medium wie dem fotografischen, geschweige dem filmischen entwickeln können – auch wenn uns seine

Schreibweise *heute* in vielen Aspekten an Fotografie und Film erinnert (die Ausrichtung am Visuellen, die sprachlichen Momentaufnahmen, die inhaltlichen Sprünge und Schnitte); Goethe hat mit seinen Lebensdaten und seinem optischen Wissen direkt an der Schwelle zur Fotografie Halt gemacht, sodass man beinahe sagen könnte: Vom lebenden Goethe war noch kein Foto denkbar, vom Goethe auf dem Totenbett ist es fast vorstellbar. Aber Moritz, dessen Lebendigkeit im Herzen Roms dem Leser seiner *Reisen* nicht mehr vor Augen geführt werden muss, Moritz, der Theoretiker des Schönen, der neugierige Fußwanderer und Alltagsmythologe avant Barthes – ist er nicht auf seinen Spaziergängen häufig zu erleben, wie ein Fotograf ohne Kamera schreiben würde?

Wie oft bedauert er es in seinen *Reisen*, gerade nicht einen seiner Maler- oder Zeichnerfreunde bei sich zu haben – um daraufhin das Gesehene plastischer als jeder Zeichner sprachlich zu Papier zu bringen. Kaum auszudenken, wie Moritz im Zeitalter der Fotografie in Rom herumgegangen wäre – Rolf Dieter Brinkmann gleich, der Rom 1972/73 mit seiner billigen Instamatic-Kamera durchforstete? Vielleicht auch, 40 Jahre später, auf etwas elegantere und kunstvollere Art, wie es hier Alexander Paul Englert vorführt? Mit Moritz' *Reisen* in der einen Hand, in der anderen die Kamera, durch Italien, besonders Rom zu spazieren, war eine zutiefst symbiotische Erfahrung, wie Englert erklärt; der Sinn fürs Schöne, Kuriose, Erstaunliche mitten im Alltagsleben, das Gespür für den treffenden Moment übertragen sich aufs Bilder-Medium: Was den Fotografen zum Auslöser führt, drängt den Schreiber zum Stift. Wenn es so etwas wie Seelenverwandtschaft über die Jahrhunderte hinweg und dabei noch zwischen verschiedenen Metiers gibt, so müsste sie zwischen Karl

Philipp Moritz und Alexander Paul Englert bestehen. Es gibt Fotos, da hat Englert genau die Patina getroffen, die Moritz' sprachliche Bilder in die Zeitlosigkeit überführt: den besonderen Neigungswinkel des Sonnenlichts, das Blau einer spätsommerlichen mediterranen Atmosphäre, die Dehnung der Pinienwipfel, alles, was dem eingefangenen Moment »jetzt und ehedem« (Friedrich Nietzsche) Gegenwart verleiht.

Sicher, nicht alle Fotografien Englerts tun dies gleichermaßen, wie ja auch Moritz nicht für die Ewigkeit, so es sie gibt, sondern auch ganz handfest für seine unmittelbare Gegenwart (in deren Sold er steht) und seine Theorie des Kunstschönen darin schreibt. Englerts Fotos fragen also auch danach, inwieweit Moritz' Anspruch, seine Wahrnehmung, sein Pathos heute überhaupt noch nachvollziehbar, auffindbar oder praktizierbar sind: Ist nicht Moritz' Ideal einer im Kunstwerk verkörperten Schönheit, aus der uns Maßstäbe für unser ganzes Leben, Schreiben und Schaffen erwachsen sollen, im Zeitalter einer omnipräsenten, ubiquitären, auf Hochglanz in Echtzeit übermittelten Schönheit, die auf allen Oberflächen der Metropolen werbewirksam vervielfacht abgebildet ist, ein schlichter Witz? Ist Moritz' Ideal von Schönheit eine alte, verstaubte Idee oder ein unter den Werbebannern der Gegenwart verschütteter, gleichwohl noch immer hochaktueller und subversiver *Gegenentwurf* zur aktuellen, dauervermarkteten Wirklichkeit? Das ist eine der vielen Fragen, die Englert mit seinen Fotografien en passant durchspielt.

Als kritische *und* kunstvolle, bilder- und schönheitsvernarrte Zeitgenossen (wie er selbst einer ist) fordert uns Englert auf, Äquivalenzen und Kontraste zu Moritz zu entdecken, seinem Rom von damals in der heutigen

Tibermetropole nachzugehen, die Ruinen von damals mit den Ruinen von heute, die Römer und Römerinnen von damals mit denen von heute, die katholische Bigotterie von damals mit der von heute, das touristische Sehen-um-gesehen-zu-werden von damals mit dem von heute zu vergleichen – ist sich nicht vieles doch erheblich gleich geblieben? Um nur eines der vielen Korrespondenzmomente, auf die Englert augenzwinkernd hinauswill, hervorzuheben: Das Foto von den nach Seifenblasen haschenden Kindern unter dem Standbild Giordano Brunos, der 1600 an der hier porträtierten Piazza Novana als Ketzer verbrannten Mönchs und Philosophen, knüpft subtil an die Bemerkungen Moritz' zum Ballspiel der Römer an – ein in der Art seiner Umsetzung kongenialer, völlig überraschender Brückenschlag, der neue Denk- und Vorstellungshorizonte (von der Welt als Spielball der Götter über Leibniz' Monaden bis hin zur jedem Augenblick eingeschriebenen Flüchtigkeit und Fragilität) eröffnet.
Die menschlichen Tugenden und Schwächen, die kulinarischen, sinnlichen und ästhetischen Genüsse, auf die Moritz anspielt, sind auch heute noch, wie uns Englert verschmitzten Blickes lehrt, vor der antiken Kulisse der alten Welthauptstadt wiederzufinden, die nach wie vor ein Spiegel unserer Kuriosität und Melancholie geblieben ist – sogar den Dichter, der im Schatten des Colosseums über Ewigkeit und Zeit meditiert, gibt es noch. Heute fahren dort die Oberleitungsbusse, wo Moritz Kutschen und Eselsfuhrwerke sah. Das eine ist Foto, fixiert das Jetzt, das andere ist Literatur, Vorstellung, öffnet unser Zeitfenster zur Vergangenheit.

Jan Volker Röhnert

Kommentare Karl Philipp Moritz, »Reisen eines Deutschen in Italien«

Erstes Buch

S. 13

dem Kronprinzen von Preußen – der spätere preußische König Friedrich Wilhelm III. (1770–1840, Thronbesteigung 1797)

S. 14

Romam quaero! – Anspielung auf Vergils Verse »Italiam quaero patriam et genus ab Iove summo« (»Italien, Land der Väter und von Jupiter stammendes Volk, suche ich«) in Aeneis I 380f.

mein Lieber – Moritz folgt dem narrativen Muster der Briefkommunikation wie schon in den *Reisen eines Deutschen in England*. Im Ggs. zu den dort an seinen Berliner Freund Friedrich Gedicke gerichteten Schreiben ist der Adressat der Italien-Briefe (bis auf wenige faktische Anspielungen, die v.a. seinem Braunschweiger Verleger Johann Heinrich Campe sowie seinem Berliner Duzfreund Karl Friedrich Klischnig gelten) ein fiktiver geworden; die Adressierung selbst verliert sich in den Folgebänden mehr und mehr

S. 19

der zärtliche Katull – der aus Verona gebürtige röm. Dichter Gaius Valerius Catullus (um 84 v. Chr. – um 54 v. Chr.), bekannt für seine erotischen Gedichte an »Lesbia«

Hic virides tenera praetexit arundine ripas Mincius – Vergil, Ekloge VII. 12; Moritz gibt nachstehend selbst die Übersetzung der um diesen Vers angesiedelten Szene des Hirtengedichts

S. 20

Virgils Grotte – schon Dante identifiziert in Göttliche Komödie, Purgatorio XVIII. 83, Vergils (70 v. Chr. – 19 v. Chr.) nicht mehr auffindbaren Geburtsort Andes bei Mantua mit dem Mantuaer Vorort Pietola

S. 22

Vetturine – zeitgenössische Bezeichnung für die it. Kutschenfuhrmänner

S. 24

per servirla – it. zu Ihren Diensten

S. 27

des jetzigen Pabstes – Papst Pius VI. (1717–1799; im Amt seit 1775, 1798 von Napoléon Bonaparte für abgesetzt erklärt)

S. 29

San Marino – die Geschichte des als älteste dauerhafte Republik der Welt geltenden Zwergstaates reicht ins Jahr 301 n. Chr. zurück; San Marino wurde sowohl von den Päpsten wie auch später von Napoléon und im 20. Jh. von Mussolini als freie Republik respektiert

S. 35

der Berg von San Marino – der 756 Meter hohe Monte Titan, der höchste Berg der Republik

Borgo – it. Ortsbezeichnung von lat. burgus ›befestigter Ort‹, vgl. dt. Burg

S. 45

Rubikon – Cäsar hatte im Jahr 49 v. Chr. den südlich von Ravenna vom Appenin in die Adria fließenden Grenzfluss mit seinen Truppen überschritten und mit dem berühmten Ausspruch »alea iacta est« (die Würfel sind gefallen) seinen Herrschaftsanspruch über Rom unterstrichen

S. 46/47

Zöllners Predigt ... den jetztregierenden König – der Berliner Pfarrer und Freimaurer Johann Friedrich Zöllner (1753–1804) gehörte zu Moritz' Bekanntenkreis (beide frequentierten u. a. den literarischen Salon der Henriette Herz); 1784 regte er Immanuel Kant durch seine Frage »Was ist Aufklärung?« in der *Berlinischen Monatsschrift* zu dessen berühmt gewordener Antwort an; Z. war seit 1781 Prediger und Diakon an der Berliner Charité sowie der Marienkirche (heute Berlin-Mitte am Fernsehturm), dann ab 1788 Probst und Oberkonsistorialrat der Nikolaikirche; die Thronbesteigung des Neffen Friedrichs des Großen, Friedrich Wilhelm II., welcher Zöllner als Schulreformer und Populäraufklärer schätzte, fand am 17. August 1786 nach dem Tod Friedrichs des Großen statt

S. 48
Pabstes Paulus des 5ten – Papst Paul V. (1552–1621, im Amt seit 1605)

S. 52
una bella contadina innamorar mi fà – it. eine hübsche Bäuerin mach ich verliebt in mich

S. 53
piano – it. sachte

S. 63
Juvenal ... vor dem Tempel der Venus ... – röm. Satirendichter (ca. 55 n. Chr.–um 140 n. Chr.); die zitierte Stelle bezieht sich auf dessen Satire IV 40: »ante domum Veneris, quam Dorica sustinet Ancon«

S. 73
Pabstes Klemens des Zwölften – Papst Clemens XII. (1652–1740, im Amt seit 1730)

S. 74

Officium fanitatis commoditati nobilium – lat. die Sorge um das Wohlergehen (sanitas) obliegt den Edlen

S. 77

Santa Casa – kath. Wallfahrtsraum in der Basilika von Loreto, soll eine genaue Replik der Geburtsstätte Jesu darstellen

S. 84

Christina von Schweden – die schwedische Regentin Christina von Schweden (1626–1689), Tochter des protestantischen Schwedenkönigs Gustav Adolf, konvertierte 1654 zum Katholizismus und entsagte dabei ihrem Herrscheramt

Justus Lipsius – niederländischer Humanist (1547–1606), der nach protestantischer Konversion zum Katholizismus zurückgekehrt war

S. 85

Fayance – eigentl. Fayence (nach der Stadt Faenza in Italien), glasierte, meist blau bemalte Keramik, ähnlich der Majolika

S. 87

per Christo benedetto! – it. Gott verdamm' ich

S. 93

alla mercantile – it. hier: sparsam (gewissermaßen »economy class«) reisen

S. 95

der jüngere Plinius in seinen Briefen – gemeint sind die Epistulae des Gaius Plinius Caecilius Secundus (60 n. Chr. – 112 n. Chr.), Neffe des Gaius Plinius Secundus (Plinius der Ältere, Autor der *Historia Naturalis*), Moritz bezieht sich auf Buch VIII 8, wo ein Lobpreis auf die Quellen des Klitumnus angestimmt wird: »Vidistine aliquando

Clitumnum fontem? Si nondum (et puto nondum: alioqui narrasses mihi), vide; quem ego (paenitet tarditatis) proxime vidi. Modicus collis assurgit, antiqua cupressu nemorosus et opacus. Hunc subter exit fons et exprimitur pluribus venis sed imparibus, eluctatusque quem facit gurgitem lato gremio patescit, purus et vitreus, ut numerare jactas stipes et relucentes calculos possis ... Adjacet templum priscum et religiosum ...«

von welchem Virgil schon sang – vgl. Georgica II 146ff.: »hinc Albi, clitumne, greges et maxima taurus / victima saepe tuo perfusi flumine sacro / Romanos ad templa deum duxere triumphos«

S. 99
Tacitus – der römische Geschichtsschreiber Publius Cornelius Tacitus (58 n. Chr.–120 n. Chr.), Biographisches über ihn wird v. a. in den Briefen des Plinius d. J. erwähnt

S. 104
Via Flaminia – antiker Hauptverbindungsweg Roms zur Adria

S. 105
Pons Milvius – Tiberbrücke im Norden Roms an der Via Flaminia, bekannt durch die »Schlacht an der Milvischen Brücke« (312 n. Chr.), mit der sich Konstantin die Macht über Westrom sicherte
der majestätische Obelisk – altägypt. Obelisk (ca. 1200 v. Chr.), den Kaiser Augustus um 10 v. Chr. in Rom aufstellen ließ; vgl. Moritz' eigene Angaben S. 137f.

S. 106
Salus Intrantibus! – lat. Heil den Eintretenden!

S. 107
Vidimus Flavum Tiberim! – vgl. Horaz, Oden I, 2: »Vidimus flavum tiberim retortis / Litore etrusco violenter undis / Ire deiectum

monumentum regis / Templaque vestae« (»Sahn wir doch den
Tiber die gelben Wogen / mächtig her vom tuskischen Strande wäl-
zen, / um die Königsburg und den Vestatempel / niederzustrecken«,
Übersetzung Manfred Simon)

S. 115
mundus patens der Alten – im altröm. Ritual dreimal jährlich geöffneter
Eingang zur Unterwelt

S. 116
Titus ... Vespasian – röm. Kaiser des 1. Jh. n. Chr.
Septimus Severus – röm. Kaiser (146–211 n. Chr., Regent seit 193)

S. 125
das große Theater Aliberti – das röm. Teatro Alibert o delle Dame spielte
von 1717 bis 1863

S. 129
Herme – antiker Säulenschaft mit Kopfverzierung
Silen – kleinerer gr. Waldgott ähnlich dem Faun oder Satyr

S. 131
Hr. v. G. – Johann Wolfgang Goethe war am 1. November 1786 in Rom eingetroffen und gab sich dort zunächst als Maler »Filippo Miller« aus

S. 134
das griechische Kaffeehaus – das seit 1760 urkundlich erwähnte Caffè
Greco

S. 135
Roma antica e moderna – das in Rom 1765 erschienene dreibändige, opu-
lent illustrierte Werk *Roma antica e moderna o sua nuova descrizione
di tutti gl'edifizi antichi, e moderni sacri e profani della citta di Roma*

S. 136

Hallesches Tor – zu Moritz' Zeit im Süden Berlins gelegenes Stadttor (an das heute nur noch die U-Bahn-Station Hallesches Tor in Kreuzberg erinnert), eines der wenigen Stadttore, durch das Juden der Zutritt nach Berlin gestattet war; die röm. Porta del Popolo ist hingegen die einzige Eintrittsmöglichkeit für von Norden kommende Fremde nach Rom gewesen

S. 141

dulce desipere in loco – Horaz, Oden IV, 12: »dulce est desipere in loco« (»Süß ist Leichtsinn am rechten Ort«)
Beschreibung des römischen Karnevals von Göthe – Die Schrift *Das römische Karneval* war 1789 mit Illustrationen von Georg Melchior Kraus bei Ettinger (Gotha, Weimar) und Unger (Berlin – auch einer von Moritz' Verlegern) ohne Goethes Verfassernamen erschienen

S. 146

Darstellung des Virgil – Vergils Aeneis, in welcher der Untergang Trojas und die Flucht des Aeneas nach Latium dargestellt sind

S. 147

L. und B. – Bei L. und B. dürfte es sich um die beiden Moritz und Goethe nahestehenden Maler Johann Heinrich Lips (1758–1817) und Friedrich Bury (1763–1823) handeln

S. 149

Ihr Spiel … – gemeint ist das Boccia
Villa Ludovisi – heute nicht mehr existierende, 1622 eingerichtete, 30 ha große Park- und Schlossanlage des einflussreichen Kardinals Ludovico Ludovisi (1595–1632) auf dem Monte Pincio im Norden Roms (Nähe Piazza del Popolo / Villa Borghese), entworfen vom it. Maler Domenichino und dem Versailler Landschaftsarchitekten André Le Nôtre

S. 153

Cirkus des Nero ... – dem röm. Kaiser Nero (37–68 n. Chr., Regent seit 54) wurden Pogrome an den Christen angelastet, die als Sündenböcke für den Brand Roms (64 n. Chr.) herhalten mussten, als dessen Urheber er lange Zeit selber galt; die Kirchengeschichtsschreibung sah daher in ihm den Antichristen schlechthin. – Moritz bezieht sich im Laufe seiner *Reisen* mehrfach auf Neros Regentschaft, deren Ende unter dem Zeichen von Verschwendungssucht, Pomp und aufwendigen künstlerisch-sportlichen Wettkämpfen stand, an denen sich jedoch nicht nur Sklaven und Gefangene als Gladiatoren, sondern auch Angehörige der röm. Nobilität zu beteiligen hatten

S. 154

Grabmal des Scipio – die unterirdische Grabstätte der Scipionenfamilie in der Nähe der antiken Porta Appia (heute Porta San Sebastiano), als deren bedeutendster Vertreter der gegen Hannibal agierende Publius Cornelius Scipio Africanus (235 v. Chr.–183 v. Chr.) gilt; die Gruft wurde 1780 wiederentdeckt und von Giovanni Piranesi in Stichen dargestellt

S. 160

Julius der zweite – Papst Julius II. (1443–1513, im Amt seit 1503), legte 1506 den Grundstein zum Bau des Petersdoms; führte darüber hinaus die Schweizergarden als päpstl. Schutztruppe ein

Bramante – Donato Bramante (1444–1514), von Julius ii. 1506 zum Architekten des Petersdoms ernannt

Michel Angelo ... fünf Päbste – Michelangelo Buonarroti lebte von 1475 bis 1564

S. 161

della Porta – Giacomo della Porta, it. Bildhauer und Architekt (1532–1602), gemeinsam mit D. Fontana Fertigstellung der Petersdomkuppel 1588–90 nach Plänen Michelangelos

Fontana – Domenico Fontana, aus dem Tessin stammender it. Maler und Architekt (1543–1607)

Karlo Moderno – Carlo Maderno (1556–1629), wie sein Onkel D. Fontana aus dem Tessin stammender Architekt, der nach dem erzwungenen Ausscheiden Fontanas 1594 und dem Tod della Portas 1602 die Vollendung des Petersdoms federführend vorantrieb

Bernini – Giovanni Lorenzo Bernini (1598–1680), it. manieristischer Bildhauer, vollendete als Architekt die Bebauung des Petersplatzes und des Palazzo Barberini

S. 162

Augustinus – 354–430 n. Chr., Bischof von Hippo Regius/Numidien (heute Algerien), Autor der *confessiones* (Bekenntnisse)

Ambrosius – 339–397 n. Chr., Bischof von Mailand

Athanasius – um 298–373 n. Chr., Bischof von Alexandria

Chrysostomos – um 344–407 n. Chr., Erzbischof von Konstantinopel

Raphael – das von Raffael (1483–1520) und seinen Schülern angefertigte Gemälde *Jesus übergibt Petrus die Schlüssel zum Paradies*

S. 163

Pabstes Urban des achten – Papst Urban VIII. (1568–1644, im Amt seit 1623), aus dem Geschlecht der Barberini, auf deren die antiken Überreste Roms stark dezimierende Bautätigkeit sich das Diktum »quod non fecerunt Barbari, fecerunt Barberini« (Was die Barbaren nicht schafften, gelang den Barberini) bezieht; in sein Pontifikat fällt das Inquisitionsverfahren gegen Galileo Galilei, zu dem er gleichwohl in freundschaftlichem Kontakt stand

Königin Christina – vgl. Anm. zu S. 84

S. 164

Ananias – initiierte nach Apostelgesch. 9:10–19 durch göttliche Eingebung die Bekehrung des Saulus zu Paulus, indem er diesem die Hand auflegte

Kommentare 647

S. 166

Pyramide des Cestius – Grabmal des röm. Prätors Caius Cestius Epulo (Ende 1. Jh. v. Chr.) im ägypt. Stil an der nach Ostia führenden Porta San Paolo, an dessen Westseite sich seit 1738 der sogenannte *cimitero acattolico,* die Begräbnisstätte für in Rom Verstorbene Nicht-Katholiken befindet; Moritz hielt dort in der Nacht des 23. September 1787 die Predigt für den verstorbenen Malerfreund August Christoph Kirsch (vgl. seine Darstellung im zweiten Buch der *Reisen*)

S. 168

Ich stand auf dem hohen Janikulus... – Moritz teilt die Vorliebe für diesen röm. Hügel – einen der sieben mythischen Berge Roms – mit dem röm. Dichter Martial, in dessen Epigrammen (vgl. u. a. Buch IV 64) dieser als ein Ort der Stille, Einkehr und Erhabenheit geschildert wird; vgl. auch im zweiten Buch der *Reisen* den Eintrag unter dem 16. Februar 1788 »Geräusch und Lärm in dem alten und neuern Rom«

S. 170/171

Kolossäum ... Solitudines – Kaiser Vespasian (9–79 n. Chr., Regent seit 69) ließ das Kolosseum zwischen 72 und 80 n. Chr. auf dem Märzfeld über dem Goldenen Palast Neros nicht nur mit der Muskelkraft in Gefangenschaft geratener Juden, sondern auch finanziell dank des im Jüdischen Krieg 70 n. Chr. bei der Zerstörung Jersualems erbeuteten Tempelschatzes bauen; zu Nero vgl. Anm. zu S. 153

S. 174

Via Sacra – die alte röm. Hauptstraße zwischen Kapitol und Kolosseum entlang des Forum Romanum

S. 175
Pabst Sylvester – Papst Silvester I. (gest. 335, Amtszeit 314–335)
goldne Haus des Nero – Neros Goldener Palast, der sogenannte domus aureo; vgl. Anm. zu S. 153 und 171

S. 176
Kaiser Antonin und seiner Gemahlin Faustina – der röm. Kaiser Antonius Pius (86–161 n. Chr., Regent seit 138) ließ seiner 140 n. Chr. verstorbenen und göttlich gesprochenen Gattin 141 einen Tempel erbauen, der nach seinem Tod auch ihm geweiht war

S. 177
riscatto – it. Lösegeld

S. 178
Augustus – erster röm. Kaiser (63 v. Chr. – 14. n. Chr., Imperator seit 30 v. Chr.)

S. 179
Schädel des Raphael – vgl. Anm. zu S. 162

S. 180
carcere – it. Gefängnis

S. 182
Livius – Titus Livius (59 v. Chr. – 17 n. Chr.), röm. Geschichtsschreiber aus der Ära des Augustus

S. 185
Cicero – Marcus Tullius Cicero (106–43 v. Chr.), röm. Staatsmann, Orator und Philosoph
Kuria hostilia – Versammlungsort des röm. Senats

S. 186

Cicero seine Reden gegen den Catilina – Ciceros Reden gegen die Verschwörung des Catilina im Jahre 63 v. Chr. waren ein eindringlicher Appell zur Erhaltung der röm. Republik

Zweiter Teil

S. 189

Aeneas landete – Nach Vergil Aeneis VII landet der trojanische Held und spätere mythische Stadtgründer Roms nach langen Kämpfen und Irrfahrten an der Küste Latiums

Ulysses … Circe – Moritz bezieht sich hier auf den Monte Circeo, einen Küstenvorsprung des Tyrrhenischen Meeres im Süden Latiums bei San Felice Croceo, der im röm. Altertum mit Aiaia, der Insel der Kirke (Odyssee X) gleichgesetzt wurde

Gm. – der Kupferstecher Wilhelm Friedrich Gmelin (1760–1820) war 1786 nach Rom gekommen und ging 1790 nach Neapel zu Jakob Philipp Hackert; seit 1801 dauerhaft in Rom

S. 190

Aricia – heute Ariccia, Kleinstadt südöstlich von Rom, in der Antike beliebter Sommerwohnsitz der wohlhabenden Römer, in der Goethezeit häufig Motiv für Landschaftsmaler; zu Horaz vgl. die »Reise nach Brundisium« Satiren 1 5, 1f.: »Egressum magna me accepit Aricia Roma / Hospito modico« (»Hinter mir lagen die Tore der Hauptstadt; Aricia gewährte mir / leidliche Bleibe«, Übers. M. Simon)

Velletri – Stadt in den Albaner Bergen 40 km südlich von Rom

S. 191

Terracina – Stadt an der tyrrhenischen Küste im Süden Latiums mit Blick auf den Monte Circeo

S. 192

Monte Circello – gemeint ist der Monte Circeo (vgl. Anm. zu *Reisen II* S. 189)

Anxur – vgl. Horaz, Satiren I 5, 25f.: »Milia tum pransi milia tum repimus, atque supimus / Impositum saxis late candentibus Anxur« (»Wir ... hielten Mittagsmahl und krochen dann drei lange Meilen weiter, / bis Anxur, das von seinem weißen Felsen / weit in der Ferne glänzte, erstiegen war.« Übers. Christoph Martin Wieland)

Forum Appii – ca. 70 km südlich von Rom gelegene einstige Station an der alten Via Appia, vgl. Horaz, Satiren I 5, 3f.: »Inde forum Appi, / Differtum nautis, cauponibus, atque malignis.«

S. 193

Wielandschen Uebersetzung – *Horazens Satyren. Aus dem Lateinischen übersezt und mit Einleitung und erläuternden Anmerkungen versehen von C. M. Wieland* war 1786 in zwei Bänden (Leipzig: Weidmanns Erben) erschienen, Moritz hatte sie also druckfrisch aus Deutschland nach Italien eingeführt; die »lustige Erzählung«, auf die er sich bezieht, liefert Horaz direkt vor der geschilderten Ankunft in Anxur

Pomptinischen Sümpfe – die Trockenlegung der weitflächigen feuchten Ebene der Pontinischen Sümpfe südlich von Rom, durch die auch Goethe mit Tischbein auf dem Weg nach Neapel reiste (Erster römischer Aufenthalt, 23. Februar 1787), glückte erst Mussolini im faschistischen Italien

S. 194

Fondi – Stadt auf halbem Weg zwischen Rom und Neapel an der Via Appia

S. 196

Cäkuber Wein ... Formiani colles – vgl. Horaz, Oden I 20, 9–12: »Caecubum et prelo domitam / Caleno tu bibes uvam: mea nec /

Falernae temperant vites neque / Formiani pocula colles.« (»Wohl schlürfst sonst du Käkuber, Saft von Trauben / aus kalen'schen Keltern: Doch meine Becher / füllen nicht falernische Reben, füllt kein / Weinberg aus Formiae.« Übers. M. Simon)

S. 197
Villa des Cicero – in der Stadt Formia im Süden Latiums befindet sich noch das Grab Ciceros, der dort im Jahr 43 v. Chr. an der Via Appia ermordet wurde
Munatius Plankus – röm. Feldherr und Senator (87–16 v. Chr.), Bekannter Ciceros

S. 198
Gaeta ... Amme des Aeneas – antiker Name dieser Stadt nördlich von Neapel war Caieta; zum Aeneas-Mythos vgl. Vergil, Aeneis VII 1–9
Lästrygonen ... Die Gefährten des Ulysses – vgl. Homer, Odyssee X 103ff.

S. 199
Liris ... der genügsame Dichter – vgl. Horaz, Oden I 31: »Quid dedicatum poscit Apollinem / vates ... non rura quae Liris quieta / mordet aqua taciturnus amnis« (»Was wünscht sich wohl der Sänger am Weihefest / Apollos? ... nicht Auen, die der Strom des Liris / schweigend benetzet mit sanfter Welle«, Übers. M. Simon)

S. 200
Kapua ... Hannibal – der karthagische Feldherr nahm die Fronten wechselnde Stadt im Jahr 212 v. Chr. im Zweiten Punischen Krieg kampflos ein, verlor sie jedoch im darauffolgenden Jahr wieder an Rom – die Einwohner Capuas hatten ihren Übertritt durch Lösegelder und Versklavung zu bezahlen
Aversa ... Atella – nach der antiken Stadt Atella in Kampanien waren die volkstümlichen Komödien des alten Rom, die Atellae, benannt

S. 201

Lazzaroni – zeitgenössische Spottbezeichnung für die neapolitan. Gassenjungen; vgl. Moritz' eigene Charakterisierung ihrer Erscheinung *Reisen II* S. 202f.

S. 203

Cyniker – antike philosophische Schule, die auf Bedürfnislosigkeit und Skepsis abzielte; als berühmtester Vertreter gilt Diogenes von Sinope (5. Jh. v. Chr., »Diogenes in der Tonne«)

S. 206

Gefrornes – gemeint ist Speiseeis
Hackert – der Landschaftsmaler Jakob Philipp Hackert (1737–1807), seit 1768 in Italien, residierte bis 1800 als Hofmaler des Königs Ferdinand IV. in Neapel, wo ihn Goethe auf seiner Italienischen Reise im Februar 1787 besuchte; 1807 widmete er ihm einen Nachruf

S. 207

Der König – Ferdinand IV. (1751–1825), Infant von Spanien

S. 209

Virgils Grab – der Ort ist nur im bei Sueton überlieferten Epigramm genannt: »Mantua me genuit, Calabri rapuere, tenet nunc / Parthenope; cecini pascua, rura, duces.« (»Mantua brachte mich hervor, Kalabrien raubte mich, auf dem Parthenope / verbleibe ich; Wiesen, Auen, Helden galt mein Gesang.«)

S. 211

Januarius – Schutzheiliger Neapels; vgl. Moritz' Beschreibung des Festes *Reisen II* S. 257

S. 212

Kaligula – der röm.e Kaiser Caligula (12–41 n. Chr., Regent seit 37 n. Chr.)

S. 214

Cumäischen Sibylle – Orakelpriesterin des 6. Jh. v. Chr., die in der von Moritz beschriebenen Höhle bei Cumae geweissagt haben soll

S. 218

Lüdke – Peter Ludwig Lütke (1759–1831), Berliner Maler und Radierer, in Italien Schüler von Hackert; seit seiner Rückkehr 1789 wie Moritz Professor an der Berliner Akademie; von L. stammen die Vorlagen zu den Titelkupfern der drei Bände von Moritz' *Reisen*

Arends – Johann August Arens (1757–1807), Architekt und Maler; entwarf 1790 u. a. das Römische Haus im Weimarer Ilmpark

Scheffauer – Philipp Jakob von Scheffauer (1757–1808), Stuttgarter Bildhauer, war Studienfreund Johann Heinrich Danneckers an der Karlsschule

S. 219

phlegräischen Gefilde – die sich durch ihre heftige vulkanische Aktivität (wie von Moritz dargestellt) auszeichnenden phlegräischen Felder erstrecken sich um Pozzuoli herum am Tyrrhenischen Meer bis zum Averner und Lucriner See im Osten sowie den Inseln Procida und Ischia im Westen

S. 220

Pozzolana – das heute u. a. in Zementmischungen verwendete Vulkanaschengestein (dt. Puzzolane) benutzte Michelangelo als Putz in den Fresken der Sixtinischen Kapelle; Moritz' Etymologie ist willkürlich – der Name des Porzellans geht eigentlich auf den it. Namen der Kaurischnecken (Cypraeidae), »porcellana«, zurück

S. 221

Vorgebirge der Minerva – die Punta della Campanella bei Positano (Golf von Salerno) besaß in der röm. Antike einen Tempel der Minerva; von den zuvor dort siedelnden Griechen war die Küstenerhebung bereits der ihr mythologisch entsprechenden Athene geweiht worden

S. 222

die unglücklichen Opfer seiner Grausaumkeit – der Überlieferung nach soll sich der röm. Kaiser Tiberius (42 v. Chr. –37 n. Chr.) auf seinem Alterssitz, der Villa Jovis auf Capri, sadistischen und päderastischen Ausschweifungen hingegeben haben

S. 226f.
Vorgebürge der Minerva – s. Anm. zu *Reisen II* S. 221

S. 232
Hackert – s. Anm. zu *Reisen II* S. 206; es handelt sich um das 1787 entstandene Gemälde »Stapellauf der Partenope in der Werft von Castellamare di Stabia«, das sich im Schloss von Caserta befindet

S. 234
Museum zu Portici – der 1738 errichtete Palazzo Reale des neapolitan. Königs Karl III. (1716–1788, König von Neapel seit 1735, seit 1759 auch König von Spanien)

S. 240
des ältern und jüngern Balbus – röm. Konsuln (2. Jh. v. Chr.)

S. 241
das Museum zu Portici – vgl. Anm. zu *Reisen II* S. 234

S. 245
Philodemus – der in Herculaneum verstorbene epikureische Philosoph Philodemos von Gadara (110 v. Chr. – 35 v. Chr.), u. a. Gesprächspartner Vergils und Horaz'

S. 246

Chaise – frz. leichte Personenkutsche

S. 249

König David ... Bathseba – vgl. zur Geschichte von David und Bathseba 2 Sam 11

S. 250

mox – lat. bald

Luca Giordano – neapolitan. Maler und Graphiker (1632–1705)

S. 251

Kapo di Monte – heute die *Galleria Nazionale di Capodimonte* in Neapel, 1738 unter Karl III. (s. Anm. zu *Reisen II* S. 234) eingerichtet

Reparateur Anders – vgl. Goethe, Italienische Reise, Erster römischer Aufenthalt, Caserta 15. März 1787: »Mehrere vergnügte und bedeutende Stunden brachten wir bei dem Restaurator Andres zu, welcher, von Rom berufen, auch hier in dem alten Schloss wohnt und seine Arbeiten, für die sich der König interessiert, emsig fortsetzt. Von seiner Gewandtheit, alte Bilder wiederherzustellen, darf ich zu erzählen nicht anfangen, weil man zugleich die schwere Aufgabe und die glückliche Lösung, womit sich diese eigene Handwerkskunst beschäftigt, entwickeln müsste.«

S. 254

Lacrymae Christi – Lacryma Christi ist eine typische Neapolitaner Weinsorte

Zähren – poet. Tränen (lat. lacrimae)

S. 258

Trinitarier – katholischer Mönchsorden (dt. »Orden der heiligen Dreifaltigkeit«)

S. 263
Villa Millini – eigentlich Villa Mellini, im 15. Jh. Kardinal Mario Mellini gehörend, nach welchem auch der sie beherbergende Monte Mario benannt ist; heute befindet sich in der Villa eine Sternwarte

S. 265
Beschreibung Martials – Moritz bezieht sich auf Martial, Epigramme IV 64, das den Panorama-Rundblick über Rom von der Warte des Ianiculus, heute Monte Mario, aus beschreibt

S. 266
Lüdke – der Maler Peter Ludwig Lütke, s. Anm. zu *Reisen II* S. 218

S. 267
Sopra la Minerva – die Kirche Santa Maria sopra Minerva in der Nähe des Pantheons, geweiht im Jahre 1370, gilt als einzige röm. Kirche im gotischen Stil

S. 269
Basrelief – (frz.) auch Flachrelief; bildhauerisch herausgearbeitete künstlerische Darstellung auf ebener, zweidimensionaler, an Malerei erinnernder Grundfläche aus Stein, Holz, Elfenbein u. Ä.
jüngere Faustina – die Gemahlin des röm. Kaisers Mark Aurel (121–180 n. Chr.), Annia Galeria Faustina (130–176 n. Chr.)

S. 270
Juno Sospita von Lanuvium – Juno war altröm. Muttergöttin analog zur gr. Hera; in Lanuvium in der Nähe Roms befand sich in der Antike der weithin verehrte Tempel der Juno Sospes
pudicitia – it. Schamhaftigkeit

S. 271
Tiberius Claudius – röm. Kaiser (10 v. Chr. – 54 n. Chr., Regent seit 41)

S. 272

Alexander dem siebenten – Papst Alexander VII. (1599–1667, im Amt seit 1655)

Westmünsterabtei – Westminster Abbey, die Moritz 1782 in London besucht hatte

St. Denis – die Kathedrale von St. Denis bei Paris beherbergt die Grabstätten der französischen Könige

Zenobia – Anführerin einer Revolte gegen Rom in der Provinz Syria (240–274 n. Chr.)

S. 273

Terminus – röm. Gott der Grenzsteine

Diana ... Endymion – röm. Göttin der Jagd (analog zur gr. Artemis), liebte den jugendlichen Jäger Endymion nächtlich zur Zeit des Mondscheins: »Oft senkte sie nun nachher den Schlummer auf Endymions Augenlider, der schlafend des Glücks genoß, das Göttern und Menschen noch nie zu teil ward.« (Moritz, *Götterlehre*)

Amor und Psyche – In seiner *Götterlehre* widmet sich Moritz ausführlich dem u. a. durch Ovid in die Literatur eingeführten Mythos: »Unter der Psyche, mit Schmetterlingsflügeln abgebildet, dachte man sich gleichsam ein zartes geistiges Wesen, das, aus einer gröbern Hülle sich emporschwingend und verfeinert zu einem höhern Dasein, zu schön für diese Erde, durch Amors Liebe selbst beglückt, zuletzt mit ihm vermählt ward und an der Seligkeit der himmlischen Götter selbst teilnahm. – Der Name Psyche selbst bedeutet sowohl einen Schmetterling als die Seele. – Die zartesten Begriffe von Tod und Leben sind dieser Dichtung eingewebt, welche gleichsam über die Schauer der Schattenwelt einen sanften Schleier deckt ...«

S. 274

Makrinus – röm. Kaiser 217/218; ließ Caracalla ermorden und wurde selber durch Elagabal gestürzt und ermordet

S. 275

Diana und Endymion – s. Anm. zu *Reisen II* S. 273

Morpheus – röm. Gott des Schlafes

Amoretten – kleine Liebesgötter

Parzen – die Schicksalsgöttinnen

Pluto – röm. Gott der Unterwelt

Proserpina – Tochter der Ceres und des Jupiter, von Pluto in die Unterwelt entführt; auf Bitten der Ceres durfte sie jeweils einen Teil des Jahres in der Oberwelt verbringen

Merkur – »Er ist der behände Götterbote, der Gott der Rede, der Gott der Wege; in ihm verjüngt sich das schnelle geflügelte Wort und wiederholt sich auf seinen Lippen, wenn er die Befehle der Götter überbringt. Darum ist auch sein erhabenes Urbild die Rede selber, welche als der zarteste Hauch der Luft sich in den mächtigen Zusammenhang der Dinge gleichsam stehlen muß, um durch den Gedanken und die Klugheit zu ersetzen, was ihrer Wirksamkeit an Macht entgeht.« (Moritz, *Götterlehre*)

S. 276

Grabmal der Cecilia Metella – berühmte turmartige Begräbnisstätte für die Tochter des röm. Konsuls Quintus Caecilius Metullus (1. Jh. v. Chr.); figuriert im Mittelgrund von Tischbeins Gemälde *Goethe in der Campagna* sowie auf einem der Titelkupfer von Moritz' *Reisen*

»*Lächelt doch kein Winkel ...*« – Horaz, Oden II 6, 13–16: »ille terrarum mihi praeter omnis / angulus ridet, ubi non Hymetto / mella decedunt virdique certat / baca Venafro« (»Lacht mir doch kein Winkel der Welt wie dieser, / wo der Honig dem vom Hymettus gleichkommt / und die Frucht des Ölbaums es aufnimmt mit dem /

grünen Venafrum«, Übers. M. Simon); Horaz bedankt sich in diesem Gedicht bei seinem Gönner Maecenas für das Landgut bei »Tibur«, dem heutigen Tivoli, das ihm dieser geschenkt hat

S. 277
Anio – Nebenfluss des Tiber bei Tivoli (heute Aniene)

S. 278
Albuneens wiedertönende Halle – vgl. Horaz, Oden I 7, 14–16: »quam domus Albuneae resonantis / et praeceps Anio ac Tiburni lucus et uda / mobilibus pomaria rivis.« (»... ich lobe mir einzig / nur Albuneas rauschende Grotte, // Anios stürzende Fluten, den Hain des Tiburnus und feuchte / Rieselgärten, mit Früchten beladen.« Übers. M. Simon)

Vesta – altitalische Erd- und Feuergöttin: »Die den Erdkreis mit heiliger Glut belebt, ist selbst unter den neuern Göttern ein geheimnisvolles Wesen; sie blieb jungfräulich unter den Göttern des Saturnus und der Rhea, und der keusche Schleier hüllt ihre Bildung ein.« (Moritz, *Götterlehre*)

S. 279
Blandusiens Quell – Horaz spricht in Oden III 13, 1 von »fons Bandusiae«, also eigentlich Bandusiens Quelle; auch im *Anton Reiser* bezieht sich Moritz (mit derselben Interferenz) auf diese Stelle

Cynthia ... Properz – die Elegien des Sextus Propertius (um 45 v. Chr. – um 15 n. Chr.) sind thematisch wiederkehrend maßgeblich der Liebe zu seiner »Cynthia« gewidmet

S. 280
Senatus populusque Tiburtensis – lat. der Senat und die Bewohner von Tivoli

S. 281

Quintilus Varus – der röm. Feldherr Publius Quinctilius Varus (47 v. Chr. – 9 n. Chr.), dem die Germanen unter Arminius im Jahre 9 die berühmte Niederlage im Teutoburger Wald zufügten

S. 282

uda mobilibus pomaria rivis – Horaz, Oden 1 7, vgl. Anm. zu *Reisen II* S. 278

S. 284

misericordia – lat. Barmherzigkeit

S. 285

Panem et Circenses – lat. Brot und Zirkusspiele, geflügeltes Wort für die Dekadenz des alten Rom nach Juvenal Satiren x 81

S. 286

Naumachien – gr. Bezeichnung für (sowohl faktische als auch fingierte) Seeschlachten
Theater della Valle – das Teatro Valle (gegr. 1727) ist heute das älteste noch betriebene Theater Roms

S. 287

Girandola – it. Feuerwerk

S. 293

Garofolo – gemeint ist der it. Manierist Benvenuto Tisi Garofalo (1481–1559), benannt nach der Nelke (it. garofalo) in seinem Wappen

S. 294

Albano – der it. Barockmaler Francesco Albani (1578–1660)
Palast Kolonna – Palast auf dem Quirinalshügel in Rom, der eine

bedeutende Gemäldegalerie der it. Renaissance- bis Barockzeit, die Galleria Colonna, enthält

Phidias – gilt als größter Bildhauer der gr. Antike (480–430 v. Chr.)

S. 295
Abbate – it. Abt

S. 296
Subiako – Subiaco, Ort in Latium 70 km östlich von Rom, in welchem Nero eine Villa besaß

S. 297
Villeggiatura – ländliche Einkehr

S. 298
Klerisey – Kirchenleute, Kleriker

S. 299
Ara Cöli – die Kirche Santa Maria in Aracoeli aus dem 8. Jh., erbaut auf den Grundfesten eines Juno- (und nicht, wie Moritz schreibt, eines Jupiter-)Tempels

Jupiter Feretrius – lat. »Jupiter der Edelbeutetragende«, ältestes röm. Jupiterheiligtum

S. 300
Decius – Gaius Messius Traianus Quintus Decius (190–251 n. Chr.), aus Illyrien (heute Serbien) stammender röm. Kaiser von 249–251

S. 301
Sphinx – mythologisches Orakelwesen ägypt. Ursprungs, gewöhnlich mit Tierleib- und Menschenhaupt

Kamillus – Marcus Furius Camillus (446–365 v. Chr.), vom Historiker Titus Livius (59 v. Chr.– 17 n. Chr.) als ›zweiter Gründer Roms‹ gefeierter röm. Feldherr, Tribun und mehrfacher Diktator

S. 304
luoghi – it. Plätze, Orte

S. 306
Styx – antiker Totenfluss; Moritz darüber in der *Götterlehre*: »... bei der furchtbaren Styx, dem unterirdischen Quell, dessen Wasser im nächtlichen Dunkel vom hoch sich wölbenden Felsen träufelt und den Fluß bildet, über welchen keine Rückkehr stattfindet, schwören die Götter den schrecklichen unverletzlichen Schwur, von dessen Banden keine Macht im Himmel und auf Erden befreien kann. ... Denn da, wo sich der schwarze Styx ergießt, ist der finstere Tartarus mit eherner Mauer umschlossen und von dreifacher Nacht umgeben. Hier ist es, wo die Titanen im dunkeln Kerker sitzen. Hier sind aber auch zugleich nach der alten Dichtung die Grundsäulen der Erde, des Meeres und des gestirnten Himmels.«

Ulysses ... das Haupt der Gorgo – die drei Schreckgestalten der antiken Unterwelt (Gorgonen), von denen Perseus die Medusa enthauptete; Moritz bezieht sich auf Odysseus' Totenbeschwörung im elften Gesang der Odyssee

S. 307
August Kirsch – die hier wiedergegebene Würdigung des Malers Christoph August Kirsch hatte Moritz zuvor bereits im ersten Band der Berliner Zeitschrift *Italien und Deutschland in Rücksicht auf Sitten, Gebräuche, Litteratur und Kunst* drucken lassen, die er 1789–93 mit Aloys Ludwig Hirt herausgab

S. 309
Bossiren – unter Bossieren versteht man die künstlerische Formung zuvor geschmeidig gemachter Stoffe wie Wachs, Ton oder Gips

S. 311
Pyramide des Cestius – vgl. Anm. zu *Reisen 1* S. 166

S. 312

Bocca della verità – antikes Relief an der röm. Kirche Santa Maria in Cosmedin

Trastevere – Viertel am westlichen Ufer des Tiber, in dem vorzüglich die niederen, jüdischen und anderen nichtkatholischen Schichten Roms wohnten; vgl. Moritz' Glosse in *Reisen III* S. 427

S. 314

Sbirren – Spitzel und Angehörige der päpstlichen Geheimpolizei

S. 319

Piranese – Giovanni Battista Piranesi (1720–1778), it. Radierer und Kupferstecher, Schöpfer phantastischer röm. Stadtansichten und der berühmten grotesken *Carceri d'invenzione*

S. 320

Makko – der dt. Porträt- und Historienmaler Alexander Macco (1767–1849, in Rom 1784–1798)

S. 322

den Macchiavelli – das Hauptwerk der ›schwarzen‹ Staatskunst, *Il Principe* (Der Fürst, 1513), von Niccolò Machiavelli (1469–1527)
non si da – it. es wird nicht verliehen

S. 323

Hannibal Carracci – der it. Barockmaler Annibale Carracci (1560–1609)

S. 324

ara Neptuni – lat. der Altar des Neptun
ara tranquillitatis – lat. der Altar der Stille
ara ventorum – lat. der Altar der Winde

S. 328

Kommodus – der röm. Kaiser Commodus (161–192, Regent seit 180; ermordet)

Sueton – der röm. Geschichtsschreiber Gaius Suetonius Tranquilius (70–122 n. Chr.) schilderte das Leben der röm. Imperatoren von Caesar bis Domitian

Gemmen – fein gearbeitete antike Schmuck- und Siegelsteine

S. 329

Giostra – it. Kampf- und Turnierspiel; hier: Stierkampf

S. 336

per l'amor di dio! – it. um Gottes willen

S. 337

jähnt – gähnt

S. 339

Konversazion – gesellige Runde

S. 340

nel quartetto … – it. »ins Quartett soll ich einstimmen und nicht pausieren«

matta, matta, maledetta – it. »Dumme, Dumme, Verfluchte«

Hekuba – Königin des antiken Troja

Pyrrhus – Heerführer der Epirer und Molosser im Kampf gegen das alte Rom (3. Jh. v. Chr.; »Pyrrhussieg«)

S. 341

Cosi voi regolatevi … – it. »So beschenkt ihr euch / Und der Maestro darauf / Lässt seine Musik erklingen / Das Stück beginnen«

ancora – it. noch mehr

Nepoten – it. »Neffen«, familiär Begünstigte des Regenten (Nepotismus)

S. 342

Ganganelli – Lorenzo Ganganelli (1705–1775), als Papst Clemens XIV. im Amt seit 1769

S. 343

Annona – die städtischen Getreideeintreiber

S. 344

Aeskulap – gr. Asklepios, Gott der Heilkunst

S. 345

Phaeton – Sohn des Sonnengottes Helios, der beim Versuch, den Sonnenwagen seines Vaters für einen Tag zu lenken, scheiterte und tot in den Eridanus stürzte; von Ovid in den *Metamorphosen* dargestellt

S. 348

Winckelmann – Johann Joachim Winckelmann (1717–1768), Begründer der modernen Archäologie und Kunstgeschichte; 1763 von Papst Clemens XIII. zum Oberaufseher über die vatikanischen Altertümer ernannt; seine *Gedanken über die Nachahmung der griechischen Werke in der Malerey und Bildhauerkunst* (1756) sowie seine *Geschichte der Kunst des Althertums* initiierten den deutschen Klassizismus; auch wenn Moritz als Romreisender (wie Goethe) ausdrücklich in Winckelmanns Tradition steht, so ist er dennoch bestrebt, sich in Art der Darstellung und Theorie deutlich von ihm abzusetzen, was sich besonders im dritten Teil der *Reisen* durch Spitzen gegen Winckelmanns als unanschaulich empfundenen Stil äußert

S. 349

Apoll und Daphne – zum mythologischen Hintergrund von Berninis (vgl. Anm. zu *Reisen 1* S. 161) Skulptur vgl. Moritz' *Götterlehre*:

»Auch Daphne entschlüpfte der Umarmung des Apollo. Als sie, von ihm verfolgt, nicht weiter fliehen konnte, flehte sie ihren Vater, den Flußgott Peneus, um Rettung an, und dieser verwandelte sie in einen Lorbeerbaum, der nachher dem Apollo beständig heilig war und mit dessen Zweigen er seine Schläfe umkränzte.«

S. 351
Cicerone – it. Fremdenführer

S. 353
Nathan ... Nur das Gemeine ... – vgl. Lessing, *Nathan der Weise*, II 5
porta trigemina – in der Gracchenzeit (2. Jh. v. Chr.) Schauplatz erbitterter Kämpfe verfeindeter röm. Familien

S. 355
Grabmal Hadrians – die heutige Engelsburg (Castello S. Angelo, in Mittelalter und früher Neuzeit als vatikanisches Gefängnis genutzt) geht auf das 139 n. Chr. dort errichtete Mausoleum des röm. Imperators Hadrian (76–138, Regent seit 117 n. Chr.) zurück
Pius des sechsten – der zu Moritz' Zeit amtierende Papst Pius VI. (vgl. Anm. zu *Reisen I* S. 27)

Drittes Buch

S. 363
date mi qualcosa ... – it. gebt mir um Gottes willen etwas

S. 364
le povere anime ... – it. die armen gesegneten Seelen aus dem Fegefeuer

S. 367
io sono ... – it. ich bin deine Schwester; ich bin deine Mutter

S. 369

Shakespear – William Shakespeare galt der Ästhetik des Sturm und Drang als das poetische Originalgenie; indem Moritz Michelangelo diesem gleichsetzt, erklärt er ihn zum Prototyp des künstlerischen Originalgenies; vgl. Moritz' Glosse »Shakespear« im Anschluss (*Reisen III* S. 404)

S. 370

Titian – der venezianische Renaissancemaler Tizian (vor 1490–1576)

S. 372

Improvisatoren – Stegreifkünstler

S. 375

Phidias und Praxiteles – legendärer Bildhauer bzw. Maler der gr. Antike
Kastor und Pollux – unzertrennliches Zwillingspaar (Dioskuren) der antiken Mythologie, von denen jedoch nur der eine (Pollux) unsterblich ist
Bucephalos – legendäres Reitpferd Alexanders des Großen

S. 378

Promenade – Spaziergang

S. 380

St. Carlo – die Kirche San Carlo alle Quattro Fontane am Quirinalshügel; 1677 von Francesco Borromini fertiggestellt

S. 382

Sangue di Dio – it. wörtlich ›beim Blute Gottes‹
cospetto di bacco – it. wörtlich ›beim Angesicht des Bacchus‹
Sbirren – Angehörige der päpstlichen Geheimpolizei; Spitzel, Häscher
Brindisi – Stadt im äußersten Süden Italiens, das antike Brundisium, nach welchem Horaz, Satiren V unterwegs ist

S. 383
gia – it. schon

S. 385
Apollo Musagetes – gr. ›der den Musen vorstehende Apoll‹

S. 386
Medusa – eine der drei Gorgonen, welche von Perseus enthauptet wurde: »Mit dem unsichtbar machenden Helm des Orkus, den Flügeln des Merkur und dem Schilde der Minerva, von den Göttern selbst ausgerüstet, unternahm er die kühne Tat mit weggewandtem Blick, indem er das Bild der schlummernden Medusa erst in dem Spiegel seines Schildes sah und Minerva unsichtbar den Arm ihm lenkte, damit er nicht seines Ziels verfehlte. Als nun Perseus den tödlichen Hieb vollführt hatte, so seufzten und ächzten Stheno und Euryale, die beiden unsterblichen Schwestern der Medusa, so laut über diesen Anblick ... daß Minerva, dadurch gerührt, eine Flöte erfand, wodurch sie die Vorstellung dieser traurigen Töne, durch verschiedene Arten des Schalls, wieder zu erwecken versuchte. – Mitten im furchtbaren blutigen Werke schimmert die Göttin der Künste hervor. ... der geflügelte Pegasus [sprang] aus ihrem Blute hervor, der auf den Befehl der Götter die Überwinder der Ungeheuer, den Perseus und nach ihm den Bellerophon, trug.« (Moritz, *Götterlehre*; vgl. auch Anm. zu *Reisen II* S. 307)

S. 390
Pietro von Kortona – die geschilderten Deckenfresken im Palazzo Barberini gehören zu den Hauptwerken des röm. Barockmalers Pietro da Cortona (1598–1669)
Parzen – die drei Schicksalsgöttinnen Lachesis, Klotho und Atropos
Vulkan – röm. Gott des Feuers, des (Kunst-)Handwerks, der Schmiede Kunst analog zum gr. Hephaistos

S. 391

Schlacht des Konstantin – das im »Sala di Constantino« abgebildete Fresko »Die Schlacht an der milvischen Brücke«, eine der Stanzen Raffaels, die er mit seinen Schülern um 1520 in den Gemächern des Apostolinischen Palastes schuf

S. 393

der junge Maler Kirsch – vgl. Anm. zu *Reisen II* S. 307

S. 400

Camillus – Marcus Furius Camillus, vgl. die Anm. zu *Reisen II* S. 301

Veji – antike etruskische Stadt nördlich von Rom; Rivale Roms in der Zeit des Marcus Furius Camillus, der sich laut Titus Livius 396 v. Chr. durch eine List gegen sie durchsetzen konnte und sie zerstörte

S. 405

Belvedere – Teil der heutigen vatikanischen Museen

S. 406

Heiligen-Tabernakel – im katholischen Glauben Bildstockpfeiler mit Heiligendarstellungen

Franziskaner – von Franz von Assisi (1181–1226) gegründeter katholischer Bettelmönchsorden

Einförmigkeit und Mannigfaltigkeit – Moritz entwickelt auf den folgenden Seiten zentrale Aspekte seiner ästhetischen Theorie

S. 410

Laokoon – die sogenannte Laokoon-Gruppe im Vatikanischen Museum war zentraler Stichwortgeber für die kunsttheoretischen Diskurse des Klassizismus; Lessing bewegte sie zu der Schrift *Laokoon oder Über die Grenzen der Malerei und Poesie* (1766), in der die Möglichkeiten der bildenden Künste einerseits und der Dichtkunst andererseits erörtert werden, den Todeskampf des von Schlangen erwürgten Trojaners Laokoon und seiner Söhne adäquat darzustellen

S. 411

Gruppe der Niobe – »Mit dem Könige Amphion, der über Theben herrschte, war Niobe, die Tochter des Tantalus, vermählt; sie gebar dem Amphion sieben Söhne und sieben Töchter und spottete einst übermütig der Verehrung der Latona, welche nur einen Sohn und eine Tochter geboren. Kaum waren die frevelnden Worte über ihre Lippen, so flogen schon die unsichtbaren Pfeile des Apollo und der Diana in der Luft. Mit dem nie verfehlenden Bogen tötete Apollo ihre sieben Söhne, und Diana mit furchtbarem Geschoß tötete ihre sieben Töchter. Auf einmal aller ihrer Kinder beraubt, ward Niobe, in Tränen aufgelöst, in einen Stein verwandelt, der auf dem Berge Sipylon, noch immer von Tränen träufelnd, ein Zeuge ihres ewigen Kummers ward.« (Moritz, *Götterlehre*)

S. 415

Aurora von Guido – Guido Renis (1557–1642) Gemälde der Göttin der Morgenröte von 1610

Palast Ruspigliosi – der Anfang des 17. Jh. von Carlo Maderno vollendete Palazzo Rospigliosi in der Nähe des Quirinals war Stammsitz der Familie Papst Clemens' IX. (Rospigliosi) und beherbergt noch heute die hier geschilderte Kunstsammlung

S. 419

guadatevi – (eigentlich guardate vi) it. ›seht euch vor‹

S. 420

Diokletian – röm. Kaiser (um 240–312; alleiniger Imperator 284–305, danach Tetrarch); bekannt wegen der unter seiner Herrschaft durchgeführten Christenverfolgungen; die Thermen Diokletians waren neben den Caracallathermen die größten Bäder des alten Rom

S. 422
Si tibi mens ... – Martial, Epigramme X 13, 9/10

S. 424
Copri miseria – it. ›bedecke das Elend‹

S. 428
Livia – Gemahlin des röm. Kaisers Augustus, nach ihrem Tod von ihrem Enkel Claudius zur Göttin erhoben (58 v. Chr. – 29 n. Chr.), Mutter des Tiberius, Urgroßmutter Caligulas, Ururgroßmutter Neros

S. 429
Romulus – mythischer Stadtgründer Roms

S. 431
porphirnen – aus Porphyrgestein

S. 432
Borromino – Francesco Borromini (1599–1667), aus der Schweiz stammender röm. Architekt und Maler

S. 434
Haus des Nero – Neros Domus Aurea

S. 435
Roma quadrata – legendärer erster Siedlungskern des antiken Rom auf dem Palatinischen Berg

S. 437
Cirkus Maximus – der größte Zirkus im antiken Rom fasste über 200.000 Menschen
Romulus ... Remus – legendärer Stadtgründer Roms

S. 438

Fumantia Tomacla – Martial spricht in Epigramme 1 41,9 von den dampfenden Bratwürsten, die bei einem Spaziergang durch die Gassen im Stadtteil jenseits des Tiber neben anderen für edle röm. Gaumen unappetitlichen Dingen in den Buden des niederen Volkes feilgeboten werden: »quod fumantia qui tomacla raucus«

S. 440

Kardinal Albani – Giovanni Francesco Albani (1720–1803), seit 1775 Kardinalbischof von Ostia und Kardinaldekan

S. 441

Plautius – Tiberius Plautius Silvanus Aelianus (gest. 79 n. Chr.), röm. Senator
Cybele – antike Erd- und Muttergöttin

S. 444

velocia munera – lat. schnell erbaut; vgl. Martial, Liber Spectaculorum 2, 7: »Hic ubi miramur velocia munera thermas« (»hier wo wir die schnell erbauten Thermen bewundern«)
Nero ... solitudines – vgl. Anm. zu *Reisen I* S. 104
»Hier, wo wir ...« – vgl. Martial, Liber Spectaculorum 2, 7/8

S. 445

Plinius – vgl. Anm. zu Moritz *Reisen I* S. 95

S. 446

Vescovo – it. Bischof

S. 447

Die Schule von Athen – Raffaels gleichnamiges Gemälde in den Stanzen des Vatikan (1511)

S. 451

Signatur des Schönen – auf den folgenden Seiten entwickelt Moritz weitere zentrale Begriffe seiner kunsttheoretischen Anschauungen

S. 454

campo vaccino – it. Kuhweide

S. 460

Martial – vgl. Epigramme XII 57, 26–28: »Nos transeuntis risus excitat turbae, / et ad cubile est Romae. Taedio fessi / dormire quotiens libuit, imus ad villam!« (»Wir gingen vorbei an dem von Gelächter wogenden Gedränge / und ans Bett hat Rom sich gedrängt. Wenn mich der Trubel nervt, / geh ich lieber in mein Landhaus zum Schlaf!«); vgl. auch Anm. zu *Reisen I* S. 108 und 168

S. 462

Winkelmann – Die Zitate Winckelmanns stammen aus seiner Beschreibung des Apollo von Belvedere in *Geschichte der Kunst des Altertums* (1764)

S. 467

Cora – antiker Name des heutigen Cori in den Albaner Bergen südöstlich von Rom

Arends – vgl. Anm. zu *Reisen II* S. 218

vacuus cantat coram latrone viator – lat. Sprichwort nach Juvenal, Satiren X: ›Der Reisende mit nichts bei sich fängt vor dem Dieb zu singen an‹

S. 468

sta viator! – lat. Gib acht vor Wegelagerern!

S. 469

Domitian … Fisch – vgl. Juvenal, Satiren IV (»Fischsatire«); Domitian (51–96 n. Chr., Imperator seit 81)

S. 471

Roquelaure – knielange, oft mit Seide und Fell besetzte Kutte, die im 18. Jh. getragen wurde

galant huomini – it. eigentlich galant' uomini, Edelmänner

S. 478

Prinz Chigi – Sigismondo Chigi (1735–1793); die it. Adelsfamilie der Chigi stellte vom 17. bis 20. Jh. zahlreiche geistliche Würdenträger, darunter einige Päpste

Nemi – in dem Dorf südöstlich von Rom befand sich in antiker Zeit ein Heiligtum der Diana und Zentrum der vorröm. latin. Kultur; im Vulkansee von Nemi wurden Schiffe aus der Zeit Caligulas (1. Jh. n. Chr.) gefunden

S. 481

Volatera – der it. Maler Daniele da Volterra (1509–1566)

Die heilige Cecilia – das Thema der durch die Macht der Musik erleuchteten Heiligen beschäftigte Moritz weiter bis zu seiner späten, fragmentarisch gebliebenen Erzählung »Die neue Cecilia« (1793); Moritz bezieht sich auf die Fresken Domenichinos in der Kirche San Luigi di Francesi von 1614; die röm. Kirche »jenseit der Tiber« ist die ihr geweihte *Santa Cecilia in Trastevere*

S. 484

Cecilia Metella – vgl. Anm. zu *Reisen II* S. 276

Egeria – Quellnymphe der röm. Mythologie

Lütke – s. Anm. zu *Reisen II* S. 27

S. 485

Daniel Berger – Gottlob Daniel Berger (1744–1825), Berliner Kupferstecher, seit 1787 Professor an der Akademie der Künste

Bachus – Bacchus, röm. Gott des Weins, analog zum gr. Dionysos

S. 491

der Dichter Martial die melancholische Zeit ... – vgl. Martial, Epigramme XIII 19f.: »Alea parva nuces et non damnosa videtur; / Saepe tamen pueris abstulit illa natis.«

S. 492

in hoc signo vinces – lat. unter diesem Zeichen wirst du siegen

S. 493

Pandekten – spätantike Sammlung röm. Rechtsbeschreibungen, auch Digesten genannt; von Kaiser Justinian (483–565, Regent seit 527) als geltendes Recht ins oström. Reich übernommen

Gregorius der Neunte – Papst Gregor IX. (1167–1241, im Amt seit 1227)

Leo der Vierte – Papst Leo IV. (790–855, seit 847 im Amt), errang 849 in der Seeschlacht von Ostia einen Sieg gegen die Sarazenen

S. 495

Boskets – Wäldchen

S. 497

Sibyllen – Orakelpriesterinnen

S. 498

das feuchte Kapenische Tor – vgl. Martial, Epigramme III 47,1: »Capena grandi porta qua pluit gutta«; sowie Juvenal, Satire III 11: »veteres arcus madidamque Capenam«

S. 499

»Wo der Almo ...« – Martial, Epigramma III 47, 2f.: » Phrygiumque Matris Almo qua lavat ferrum, / Horatiorum qua viret sacer campus«

S. 500

Marcellus – Marcus Claudius Marcellus (42 v. Chr. – 23 n. Chr.) Neffe des röm. Kaisers Augustus

in suburrae faucibus – Martial, Epigramme II 17: »Tonstrix // Suburae faucibus sedet primis, / Cruenta pendent qua flagella tortorum / Argique letum multus obsidet sutor. / Sed ista tonstrix, Ammiane, non tondet, / Non tondet, inquam. Quid igitur facit? Radit.«

S. 501

»*Du willst lieber* …« – Martial, Epigramme I 3, 1f.: »Argiletanas mavis habitare tabernas, / Cum tibi, parve liber, scrinia nostra vacent.«

S. 505

janus quadrifons – Janusbogen in Rom; wörtlich: vierseitiger (viergesichtiger) Janus

der Dichter Martial … – vgl. Martial, Epigramme X 27, 4: »Plurima qua medium Roma terebat iter«

S. 506

Persius – Aulus Persius Flaccus (34–62 n. Chr.), röm. Satirendichter

»*Quantum est in rebus inane!*« – sprichwörtlich gewordener Vers aus den Satiren des Persius (»Wieviel Hohlheit steckt doch in den Dingen!«)

S. 508

der verstorbene Papst Ganganelli – Papst Clemens XIV. (1705–1774, im Amt seit 1769)

S. 510

collis hortulorum – lat. Hügel der Gärten

S. 513

Galathea – »Den schönen Schäfer Acis in Sizilien liebte Galatea, eine der Nereiden. Vergebens warb der ungeheure Polyphem um ihre

Gunst. Als er aber einst am Fuß des Ätna die Nymphe den schönen Acis umarmend erblickte, riß er voll wütender Eifersucht einen Felsen los und schleuderte ihn, die Liebenden zu zerschmettern. Die Nymphe entfloh ins Meer, den Acis traf der Stein, und plötzlich löste sein Wesen in einen Bach sich auf, der nachher seinen Namen führte.« (Moritz, *Götterlehre*)

S. 514

Omphale – »Als Herkules ... auf einem seiner letzten Züge nach Euböa kam, erblickte er Iolen, die Tochter des Eurytus ... und warb um sie bei ihrem Vater. Als dieser sein Verlangen abschlug, verließ er zürnend und auf Rache sinnend die Wohnung seines Gastfreundes. Und als bald darauf Iphitus, des Eurytus Sohn, beim Herkules seine entlaufenen Stuten suchte, führte ihn dieser ... auf einen Hügel und stürzte den Sohn seines Gastfreundes ... vom jähen Felsen herab. Durch diese Tat befleckte Herkules seinen Ruhm und mußte auch auf den Befehl der Götter auf eine schändliche Weise dafür büßen. Er mußte sich der wollüstigen Königin Omphale in Lydien zum Sklaven verkaufen lassen und weibliche Geschäfte auf ihren Befehl verrichten.« (Moritz, *Götterlehre*)

Anchises – »Venus ... war es, welche den Blick der Götter selbst auf Jugend und Schönheit in sterblichen Hüllen lenkte und triumphierend ihrer Macht sich freute, bis auch sie erlag, dem blühenden Anchises sich in die Arme werfend, von welchem sie Äneas, den göttergleichen Held, gebar.« (Moritz, *Götterlehre*)

Andromeda – »... Perseus, auf die phönizische Küste hinunterblickend, [sah] ein Mädchen an einen Felsen geschmiedet und ein Ungeheuer, sie zu verschlingen, aus dem Meer aufsteigend, indes ihre Eltern verzweiflungsvoll die Hände ringend am Ufer standen. Perseus stürzte sich auf das Ungeheuer hinab, das gerade seinen Raub zu verschlingen im Begriff war, und befreite die schöne Andromeda, welche, den Zorn der beleidigten Gottheit über die Vermessenheit ihrer Mutter zu versöhnen, als ein unschuldiges Opfer dastand.

Denn Kassiopeia, die Mutter der Andromeda und Gemahlin des Cepheus, hatte es gewagt, den mächtigen Nereiden an Schönheit sich gleich zu schätzen.« (Moritz, *Götterlehre*)

S. 515
Bordirung – Borte

S. 516
Arabesken – auf den folgenden Seiten demonstriert Moritz anhand von Raffaels Grotesken weitere zentrale Aspekte seiner in Rom neu gewonnenen Ästhetik
»*Mahlern und Dichtern war von jeder alles zu wagen erlaubt*« – vgl. Horaz, Ars Poetica v 9f.: »Pictoribus atque poetis quidlibet audendi semper fuit aequa potestas.«

S. 517
Johann von Udino – Giovanni da Udine (1487–1567), it. Groteskenmaler aus der Werkstatt Raffaels

S. 522
Flora – röm. Göttin des Pflanzenreichs

S. 530
»*Dem Dienst der Minerva gewidmet ...*« – Martial, Epigramme V 40: »Pinxisti Venerem, colis, Artemidore, Minervam: / Et miraris, opus displicuisse tuum?«

S. 532
Juvenal ... Juden – vgl. Sat XIV 96–104

S. 533
G. – Goethe
Io sono Romana – it. Ich bin Römerin

S. 540

Quintus Fabius – die in Livius VIII 31–36 überlieferte Anekdote spielte sich um 325 v. Chr. zwischen dem Diktator Lucius Papirius Cursor und dem Quintus Fabius Maximus Rullianus ab

S. 541

Spinelli – Fernando Spinelli (1728–1795), 1785 zum Kardinalbischof der röm. Kirche S. Maria in Cosmedin ernannt, war 1778–1785 päpstlicher Statthalter gewesen

S. 542

Fürst Rezzoniko – Abbondio Rezzonico (1742–1810), Neffe von Papst Clemens XIII.

Zimmermanns Buch vom Nationalstolz – Der Schweizer Arzt und Aufklärer Johann Georg Zimmermann (1728–1795) veröffentlichte die Schrift *Von dem Nationalstolze* erstmals in Zürich 1758. Bis 1789 erlebte sie fünf Auflagen

S. 543

Zelter – edles Reitpferd (poet.)

S. 547

Grascia – Moritz leitet es von it. grasso, ›Fett‹, ab

S. 549

Hyperboräer – bei Herodot die mythischen Bewohner der nördlichen Weltregion

Cimmerischer Wüsten – Kimmerien war bei Herodot die weitgehend unbekannte, in den nördlichen (hyperboräischen) Regionen liegende Welt

S. 551

Rockelor – Roquelaure, vgl. Anm. zu *Reisen II* S. 471

S. 553

Herder – Johann Gottfried Herder war im September 1788 in Rom eingetroffen und hielt sich dort bis Mai 1789 auf

S. 554

Cremera – in der bei Livius II 44–50 überlieferten Schlacht von Cremera im Jahre 476 v. Chr. konnten die Römer den Etruskern unter Verlust von 300 Kriegern aus der Nobilenfamilie der Fabier widerstehen

S. 555

Sorakte – Monte Soratte, weithin sichtbarer Berggipfel im Tal des Tiber nördlich von Rom (Sabiner Berge), bei Horaz, Vergil und Plinius erwähnt; seit dem Mittelalter Ansiedlung zahlreicher Klöster

Ronciglione – Kleinstadt im Nordwesten Latiums bei Viterbo

S. Oreste – christlicher Märtyrer (auch S. Ariste oder S. Ediste), der Legende nach um 60 n. Chr. in Rom hingerichtet; Name eines Dorfes am Südosthang des Monte Soratte

Cyminus – Cimino, Gebirgslandschaft bei Viterbo

S. 556

Montetaskone – Montefiascone bei Viterbo

See Bolsena – Lago di Bolsena an der Grenze zu Umbrien und der Toskana; vulkanischen Ursprungs

Accisebedienten – Steuerbeamte

S. 557

Radicofani – toskanisches Dorf in der Provinz Siena

S. 558

Maremma – Flachland zwischen der südlichen Toskana und dem nördlichen Latium entlang des Tyrrhenischen Meers

S. 560

Kreussteuereinnehmer Weiße – der Aufklärungs-Autor und -Pädagoge Christian Felix Weiße (1726–1804)

S. 563

General Tilly – Führer der katholischen Liga im Dreißigjährigen Krieg (1559–1632)

Graf Almaviva – Figur in Mozarts Oper *Die Hochzeit des Figaro* (1786)

S. 564

Lysippus – Lysippos oder Lysipp, gr. Bildhauer unter Alexander dem Großen

S. 566

Alexandrien – Alexandria

S. 567

Virgil am Ufer des Mincius – vgl. Anm. zu *Reisen 1* S. 5

Bildnachweis

12	Forum Romanum mit Saturntempel und Chiesa dei Santi Luca e Martina
16, 17	Die Berge der Brenta
18	Die Arena in Verona
21	Andes (Virgilio), bei Mantua
23	Taxifahrer am Hafen in Napoli
25	A14 Richtung Rimini
30, 31	Ponte di Tiberio, auch Ponte d' Augusto genannt
32, 33	La Rocca o Guaita (hinten) und La Cesta o Fratta, San Marino
38	Blick von San Marino ins Tal
39	Il Montale, Terza Torre, San Marino
40	Basilika San Marino
41	Chiesa di San Quirino e Convento dei Cappuccini, San Marino
43	Piazza Cavour mit der Statue von Papst Paul V., Rimini
44	Triumphbogen des Augustus, Rimini
45	Julius-Caesar-Statue, Rimini
48	Tempio Malatestiano, Rimini
49	Tempio Malatestiano, Fresko von Piero della Francesca, Rimini
55	Casa Rossini, Piazza del Popolo, Pesaro
56, 57	Buchinstallation im Museo Civico, Pesaro
60	La Rocco di Senigallia
61	Skulptur der Penelope, Senegallia
64	Porta Pia, Ancona
70	Cattedrale di San Ciriaco, Ancona / Lazarett, Ancona
71	Lazarett, Ancona / Piazza del Plebiscito mit Papst Clemens XII. und die Kirche Sant' Antonio
80	Basilica della Santa Casa, Loreto
83	Schwarze Maria von Loreto in der Basilica della Santa Casa
90	Tolentino / Landschaft bei Spoleto
91	Trevi

97	Ponte delle Torri, Spoleto
99	A1 Richtung Rom
102	Civita Castellana / Porta del Popolo
103	Blick auf den Berg Soratte / Porta del Popolo
110	Via di Ripetta
117	Castor-und-Pollux- oder Dioskuren-Tempel / Titusbogen, Rom
119	Engelsbrücke und Engelsburg, Rom
124	Piazza di Spagna, Rom
128	Villa Medici, Rom
132	Goethe-Statue im Park der Villa Borghese, Rom
134	Caffé Greco, Via Condotti 86, Rom
135	Travestere, Rom
142	Via del Corso, Rom
143	Piazza di Spagna, Rom
150	Marktplatz, Frascati / Petersplatz, Rom
151	Blick vom Petersdom, Rom
166	Protestantischer Friedhof bei der Cestia-Pyramide, Rom
169	Blick vom Piazzale Guiseppe Garibaldi, Rom
171	Titusbogen, Rom
173	Colosseo, Rom / Via Sacra, Rom
180	Forum Romanum mit Titusbogen, Rom
183	Castor-und-Pollux- oder Dioskuren-Tempel, Rom / Romulus-und-Remus Statue, Piazza Campidoglio, Rom
187	Forum Romanum, Rom
188	Tomba di Virgilio, Grabstätte Vergils, Neapel
196	Blick auf Gaeta
197	Grab des Lucius Munatius Caieta, Gaeta
203	In den Straßen von Neapel
204	Castel Nuovo, Neapel
205	Blick auf Neapel mit Vesuv von Posillipo
207	Villa Cellammare (Villa Franka), Neapel
210	Tomba di Virgilio, Neapel

213	Lago d'Verno, bei Pozzuoli
219	Tempel der Serapide, Pozzuoli
222	Blick auf Capri von Sorrento
225	Hafen, Sorrento / Die schmalen Gassen von Sorrento
228/29	Sedil Dominova, Sorrento
233	Tempelanlage, Pompeji
237	Tempel der Isis, Pompeji
239	Archäologisches Museum, Neapel
246	Herkules-Statue im Archäologischen Museum, Neapel
248	Neapel
252	Blick auf Neapel mit Vesuv
259	Via Appia ca. 80km vor Rom
262	Vatikanische Museen, Petersdomkuppel im Hintergrund
267	Capitol
268	Himmelstreppe zur Santa Maria in Ara-Coeli und Treppe zum Kapitolisches Museum, Rom / Piazza della Minerva, Rom
277	Chiesa di Quintiliolo, Tivoli
282	Santurio della Madonna di Quintiliolo, Tivoli
287	Staßenbahnhaltestelle vor dem Colosseo
295	Fontana della Barcaccia auf der Piazza di Spagna vor der Spanischen Treppe
302	Mark-Aurel-Statue im Kapitolischen Museum, Rom
303	Kirche Santa Maria in Aracoeli, Rom
308	Cestia-Pyramide
313	Grabmal August von Goethe, Sohn von J.W. von Goethe / Bocca della Verità, Rom
316	Auf dem Dach des Petersdoms, Rom
317	Auf dem Dach des Petersdoms, Rom
318	Verwaltungsgebäude des Vatikans
324	Raphael Fresko »Isarah« in der Sant Agostino Kirche, Rom
325	Sterbender Fechter im Kapitolischen Museum, Rom
335	Piazza Campo de' Fiori, Rom
344	Villa Borghese, Rom

345	Tempel des Aesculap im See der Gartenanlage der Villa Borghese
352	August-Caesar-Statue im Hof des Vatikan Museums, Rom
354	Basilika San Paolo, Rom
356	Engelsbrücke und Engelsburg, Rom
358	Tafeln, die die Gemälde der Sixtinischen Kapelle zeigen im Hof des Vatikan Museums, Rom
361	Am Fuß des Kapitols, Rom
365	Vor der Kirche Santa Maria Maggiore, Rom
377	Quirinalsplatz, Rom
378	Via del Corso 494, Rom
379	Caffé Greco, Via Condotti 86, Rom
381	Demonstration der Gewerkschaften vor dem Colosseo, Rom
402	Liberia galleria il museo del louvre, Rom
403	Via die Fori Imperial beim Colosseo
409	Schweizer Garde, Petersdom
412	Santa Maria Maggiore, Rom
414	Piazza di Spagna vor der Spanischen Treppe, Rom
426	Vor dem Pantheon, Rom
427	In der Nähe der Piazza Campo de' Fiori, Rom
436	Modell des antiken Rom im Museo della Civiltà, Rom
439	Teatro Marcello, Rom
440	Tiberinsel, Rom
450	Porta del Popolo, Rom
456	Via del Corso, Rom
458	Colosseo mit dem Triumphbogen des Konstantin, Rom
459	Colosseo, Rom
465	Blick auf Rom vom Flugzeug
466	In der Nähe der Piazza Campo de' Fiori, Rom
467	Tempel des Hercules, Cori
472/73	Tempel des Hercules, Cori
473	Vespa Club, Cori
488	Piazza Colonna, Rom

496 Villa Farnesina, Rom
499 Cestia-Pyramide
500 Piazzale Giuseppe Garibaldi
503 Santa Maria Maggiore, Rom
507 Via die Fori Imperiali, Rom
524/25 Engelsbrücke und Engelsburg, Rom
534 Via del Corso 121, Rom
536 Bei einem Zeitungsverkäufer auf dem Corso, Rom
550 Piazza del Popolo, Rom
554 Die deutsche Buchhandlung Herder auf der Piazza di Montecitorio, Rom
570/71 Blick auf Mantua
572 Blick auf Capri von Sorrento
688/89 Grab des Cicero, Formia
690/91 Fortunato, kleiner Ort and der Amalfiküste
692/93 Blick aus dem Fenster der Villa Tuscolana

Reisen eines Deutschen in Italien in den Jahren 1786 bis 1788
von Karl Philipp Moritz ist im Januar 2013 als dreihundertsiebenunddreißigster Band der *Anderen Bibliothek* erschienen.

Herausgabe und Lektorat lagen in den Händen von Christian Döring.
Die Bildredaktion besorgte Linda Vogt

Die Textvorlage geht zurück auf die bei Friedrich Maurer in Berlin 1792–1793 erschienene dreibändige Erstausgabe und wurde von der Klassik Stiftung Weimar/Herzogin Anna Amalia Bibliothek (Signatur: J8:64) dankenswerterweise zur Verfügung gestellt.
Die Fotografien von Alexander Paul Englert sind im April und November 2012 entstanden. Jan Volker Röhnert hat das Nachwort verfasst. Beiden gilt unser Dank.

Karl Philipp Moritz
wurde 1756 in Hameln geboren. Seine pädagogischen, philosophischen und kunsttheoretischen Schriften zeugen von einer enormen Bandbreite des Denkens, die auch seinen Freund Goethe beeinflusst haben. Der autobiographische Roman *Anton Reiser (1785–1790)* machte ihn weltberühmt. Karl Philipp Moritz ist ein spät entdeckter moderner Klassiker. 1793 ist er in Berlin gestorben.

Dieses Buch wurde von Wim Westerveld gestaltet und aus der Beta-Version der *Romulus* (Dutch Type Library) gesetzt, unter Mitarbeit von Christoph Holzki. Die Herstellung betreute Renate Stefan, Berlin. Das Memminger MedienCentrum druckte auf 100 g/m² holz- und säurefreies, ungestrichenes Munken Lynx. Dieses wurde von Arctic Paper ressourcenschonend hergestellt. Den Einband besorgte die Buchbinderei Lachenmaier in Reutlingen.

Die Originalausgaben der ANDEREN BIBLIOTHEK sind limitiert und nummeriert.

1. – 4.444   2013

Dieses Buch trägt die Nummer:

ISBN 978-3-8477-0337-2
AB – Die Andere Bibliothek GmbH & CO. KG
Berlin 2013

Die Andere Bibliothek